山西省明长城资源调查报告

山西省文物局　编著

第 三 册

文物出版社

第十一章　山阴县长城

山阴县位于山西省中北部，东与怀仁县及应县、南与代县、西与朔城区和平鲁区、北与左云县和右玉县相邻。山西省明代长城资源调查二队从 2007 年 10 月 25 日~11 月 13 日，调查五队从 2007 年 10 月 15 日~11 月 6 日，对该县明代长城资源进行了调查。

一　长城资源调查数据

山阴县调查长城墙体 9 段，总长 29467 米；关堡 8 座，其中关 2 座、堡 6 座；单体建筑共 174 座，其中敌台 56 座、烽火台 118 座（地图一一）。

（一）长城墙体

山阴县明长城属明代内长城，从应县下马峪乡东安峪村南进入山阴县境，沿县境东南部恒山北麓与桑干河盆地相交地带延伸，大致呈东北一西南走向，经马营庄乡苏家场村、胡峪口村、东寨村、沙家寺村，后所乡水峪口村，张家庄乡南寺村、天圪佬村、皂银洼村，至新广武村，由村南向西南进入代县县境（表 297）。

表 297　山阴县长城墙体一览表（单位：米）

长城墙体段落名称	总长	保存较好	保存一般	保存较差	保存差	消失	类型	省/县属
苏家场长城	2200	2200	0	0	0	0	山险	山阴县
胡峪口长城	514	0	0	246	0	268	砖墙	山阴县
胡峪口一南寺长城	16000	16000	0	0	0	0	山险	山阴县
南寺长城	1886	0	154	295	900	537	砖墙	山阴县
新广武长城 1 段	1770	260	600	630	140	140	石墙	山阴县
新广武长城 2 段	1864	0	1514	0	30	320	砖墙	山阴县
新广武长城 3 段	3630	95	3402	0	0	133	砖墙	山阴县
新广武南内长城 1 段	1082	0	415	506	0	161	砖墙	山阴县

长城墙体段落名称	总长	保存较好	保存一般	保存较差	保存差	消失	类型	省/县属
新广武南内长城2段	521	0	0	521	0	0	砖墙	山阴县
合计	29467	18555	6085	2198	1070	1559		
百分比（%）	100	63	21	7	4	5		

1. 苏家场长城

起点位于应县下马峪乡东安峪村南 1.3 千米处，高程 1246 米；止点位于山阴县马营庄乡苏家场村西南 0.6 千米处，高程 1196 米。大致呈东北—西南走向。全长 2200 米，保存较好。本段长城为山险，东北接应县东安峪长城，西南连山阴县胡峪口长城。山阴县 G0005（止点、材质变化点）东北 0.06 千米处有胡峪口东山堡。长城沿线分布有胡峪口 1、2 号烽火台（图三六二）。

图三六二　苏家场长城走向示意图

本段长城共测 GPS 点 2 个（应县 G0222、山阴县 G0005），仅 1 小段，叙述如下。

应县 G0222（起点）—山阴县 G0005（止点、材质变化点）。长 2200 米，东北—西南走向，保存较好。

2. 胡峪口长城

起点位于马营庄乡苏家场村西南 0.6 千米处，高程 1196 米；止点位于马营庄乡胡峪口村南山坡，高程 1184 米。大致呈东北—西南走向。全长 514 米，其中保存较差 246、消失 268 米。墙体为砖墙，

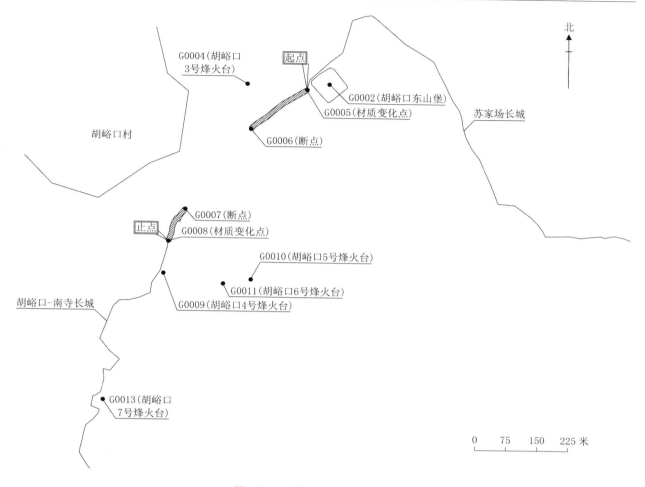

图三六三　胡峪口长城走向示意图

外部砖砌；内部为夯土墙体，夯层厚 0.16~0.32 米。外部包砖大多无存；现存墙体剖面大致呈不规则梯形，底宽 3.6~8.8、顶宽 1.2~3.4、残高 1.2~3.1 米。本段长城东北接苏家场长城，西南连胡峪口—南寺长城，长城沿线分布有胡峪口 3 号烽火台（图三六三）。

本段长城共测 GPS 点 4 个（G0005—G0008），可分为为 3 小段，分述如下。

第 1 小段：G0005（起点、材质变化点）—G0006（断点），长 158 米，东北—西南走向，保存较差。墙体底宽 8.4~8.8、顶宽 2.6~3.4、北侧残高 2.4~2.6、南侧残高 1.2~1.6 米。

第 2 小段：G0006（断点）—G0007（断点），长 268 米，东北—西南走向。墙体地处胡峪口沟谷口，被洪水冲刷损毁消失。

第 3 小段：G0007（断点）—G0008（止点、材质变化点），长 88 米，东北—西南走向，保存较差。墙体底宽 3.6、顶宽 1.2~2.2、残高 2.5~3.1 米（彩图六二七）。

墙体整体保存较差。造成损毁的自然因素有洪水冲刷、风雨侵蚀、植物生长等；人为因素有拆毁包砖、农业生产活动破坏等。

3. 胡峪口—南寺长城

起点位于马营庄乡胡峪口村南山坡上，高程 1184 米；止点位于张家庄乡南寺村南 0.1 千米处，高程 1308 米。大致呈东北—西南走向。全长 16000 米，保存较好。本段长城为山险，东北接胡峪口长

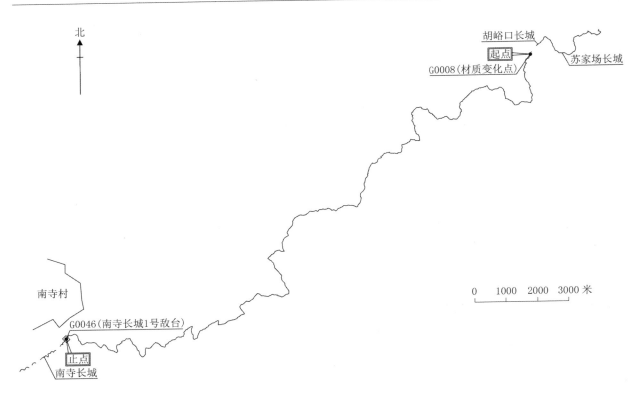

图三六四　胡峪口—南寺长城走向示意图

城，西南连南寺长城。长城沿线分布有胡峪口4~7号烽火台、盆峪口烽火台、东寨烽火台、沙家寺村南烽火台、水峪口1~17号烽火台、大泉沟1~10号烽火台（图三六四）。

本段长城共测GPS点2个（G0008、G0046），仅1小段，叙述如下。

G0008（起点、材质变化点）—G0046（止点、南寺长城1号敌台），长16000米，东北—西南走向，保存较好。

4. 南寺长城

起点位于张家庄乡南寺村东0.1千米处，高程1308米；止点位于南寺村西南2千米处，高程1290米。大致呈东北—西南走向。全长1886米，其中保存一般154、较差295、差900、消失537米。墙体为砖墙，具体构筑方式有两种：一是外部砖石砌筑，底部条石垒砌，上部砖砌；内部为夯土墙体，夯层厚0.14~0.18米。外部砖石无存，有第3小段，现存墙体剖面大致呈不规则梯形，底宽1.6、顶宽0.8~1.3、残高0.6~1.4米。另一种是沿山梁北侧铲削成墙，外部用砖石砌筑，底部条石垒砌，上部砖砌。外部砖石大多无存，有第1、4~7、9~11、13~16小段，现存墙体剖面大致呈不规则梯形，残高1.2~6.4米。条石长36~66、高16~38、厚9~22厘米，砖长38、宽18、厚9厘米。本段长城东北接胡峪口—南寺长城，西南连新广武长城1段。南寺1~12号敌台位于墙体上，敌台间距0.02~0.263千米，南寺1号敌台系南寺长城起点。长城沿线分布有南寺1、2号烽火台（图三六五）。

本段墙体共测GPS点17个（G0046~G0049、G0051~G0063），可分为16小段，分述如下。

第1小段：G0046（南寺1号敌台）—G0047（南寺2号敌台），长219米，东北—西南走向，保存差。墙体西北侧残高4.2~5.6米。

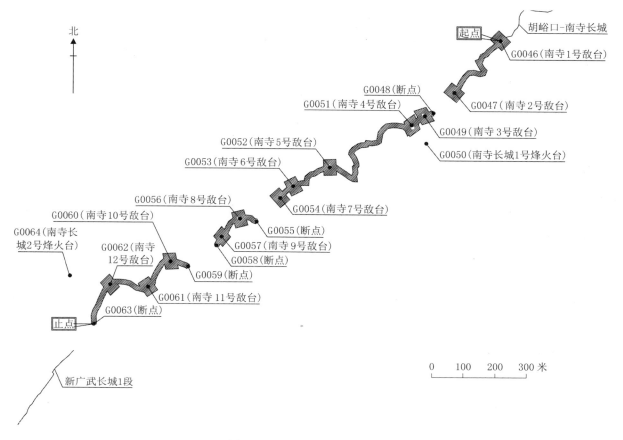

北

胡峪口-南寺长城

起点

G0046（南寺1号敌台）

G0048（断点）

G0051（南寺4号敌台）

G0047（南寺2号敌台）

G0049（南寺3号敌台）

G0052（南寺5号敌台）

G0050（南寺长城1号烽火台）

G0053（南寺6号敌台）

G0056（南寺8号敌台）

G0060（南寺10号敌台）

G0054（南寺7号敌台）

G0064（南寺长城2号烽火台）

G0062（南寺12号敌台）

G0055（断点）

G0057（南寺9号敌台）

G0058（断点）

G0059（断点）

G0061（南寺11号敌台）

止点

G0063（断点）

0　100　200　300 米

新广武长城1段

图三六五　南寺长城走向示意图

第 2 小段：G0047（南寺 2 号敌台）—G0048（断点），长 190 米，东北—西南走向。墙体被洪水冲刷损毁消失。

第 3 小段：G0048（断点）—G0049（南寺 3 号敌台），长 40 米，东—西走向，保存较差。墙体外部砖石无存。墙体底宽 1.6、顶宽 0.8~1.3、残高 0.6~1.4 米。

第 4 小段：G0049（南寺 3 号敌台）—G0051（南寺 4 号敌台），长 114 米，东北—西南走向，保存差。墙体残高 4.5~5.4 米。

第 5 小段：G0051（南寺 4 号敌台）—G0052（南寺 5 号敌台），长 235 米，东北—西南走向，保存差。墙体残高 4.6~5.2 米。

第 6 小段：G0052（南寺 5 号敌台）—G0053（南寺 6 号敌台），长 120 米，东北—西南走向，保存较差。墙体残高 5.2~6.1 米。

第 7 小段：G0053（南寺 6 号敌台）—G0054（南寺 7 号敌台），长 71 米，东北—西南走向，保存较差。墙体残高 5.6~6.4 米。

第 8 小段：G0054（南寺 7 号敌台、断点）—G0055（断点），长 217 米，东北—西南走向。墙体被洪水冲刷损毁消失。

第 9 小段：G0055（断点）—G0056（南寺 8 号敌台），长 46 米，东—西走向，保存一般。墙体底部条石基础残高 3.4、厚 0.65 米，墙体北侧残高 6.2 米。

第 10 小段：G0056（南寺 8 号敌台）—G0057（南寺 9 号敌台），长 108 米，东北—西南走向，保存一般。墙体底部条石基础残高 3.2、墙体残高 6.2 米（彩图六二八）。

第 11 小段：G0057（南寺 9 号敌台）—G0058（断点），长 30 米，东北—西南走向，保存较差。墙体残高 4.1～4.6 米。

第 12 小段：G0058（断点）—G0059（断点），长 135 米，东北—西南走向。墙体被洪水冲刷损毁消失。

第 13 小段：G0059（断点）—G0060（南寺 10 号敌台），长 34 米，东—西走向，保存较差。墙体残高 3.4～4.2 米。

第 14 小段：G0060（南寺 10 号敌台）—G0061（南寺 11 号敌台），长 20 米，东北—西南走向，保存差。墙体残高 1.2 米。

第 15 小段：G0061（南寺 11 号敌台）—G0062（南寺 12 号敌台），长 212 米，东—西走向，保存差。墙体残高 3.2～4.6 米。

第 16 小段：G0062（南寺 12 号敌台）—G0063（止点、断点），长 150 米，东北—西南走向，保存差。

墙体整体保存差。造成损毁的自然因素有洪水冲刷、风雨侵蚀、植物生长等；人为因素有拆毁砖石等。

5. 新广武长城 1 段

起点位于张家庄乡天圪佬村东南 1.5 千米处，高程 1290 米；止点位于张家庄乡新广武村东 0.8 千米处，高程 1376 米。大致呈东北—西南走向。全长 1770 米，其中保存较好 260、一般 600、较差 630、差 140、消失 140 米。墙体为石墙，构筑方式多样，或为土石混筑（第 2 小段）；或为石片垒砌（第 6 小段）；或外部条石、石块砌筑，内部为夯土墙体，夯层厚 0.08～0.22 米（第 3、7、8、12 小段）；或沿山梁北侧铲削成墙，外部再用条石砌筑（第 4、5、9、11 小段）。现存墙体剖面大致呈不规则梯形，底宽 4.3～5.8、顶宽 0.6～2.6、残高 0.3～7.4 米（彩图六二九）。条石长 40～52、宽 22～24 厘米。G0071（新广武 1 段 4 号敌台）—G0072（新广武 1 段 5 号敌台）间墙体顶部残存砖砌垛口墙，宽 0.5、残高 0.1 米。本段长城东北接南寺长城，西南连新广武长城 2 段。新广武 1 段 1～8 号敌台位于墙体上，敌台间距 0.14～0.432 千米（新广武 1 段 1 号敌台东北距南寺 12 号敌台 0.35 千米），新广武 1 段 8 号敌台系新广武长城 1 段止点。长城沿线分布有天圪佬烽火台、新广武 1 号烽火台（图三六六）。

本段长城共测 GPS 点 13 个（G0063、G0065、G0066、G0068～G0076、G0078），可分为为 12 小段，分述如下。

第 1 小段：G0063（起点、断点）—G0065（断点），长 104 米，东北—西南走向。墙体被洪水冲刷损毁消失。

第 2 小段：G0065（断点）—G0066（新广武 1 段 1 号敌台），长 96 米，东北—西南走向，保存较差。墙体底宽 5.2、顶宽 1.5～2.6、残高 0.3～1.2 米。

第 3 小段：G0066（新广武 1 段 1 号敌台）—G0068（新广武 1 段 2 号敌台），长 432 米，东北—西南走向，保存一般。墙体底宽 4.3～4.6、顶宽 1.5～1.7、残高 3.7～5.8 米。

第 4 小段：G0068（新广武 1 段 2 号敌台）—G0069（拐点），长 138 米，北—南走向，保存较差。

第 5 小段：G0069（拐点）—G0070（新广武 1 段 3 号敌台），长 140 米，东—西走向，保存差。

第 6 小段：G0070（新广武 1 段 3 号敌台）—G0071（新广武 1 段 4 号敌台），长 140 米，东—西

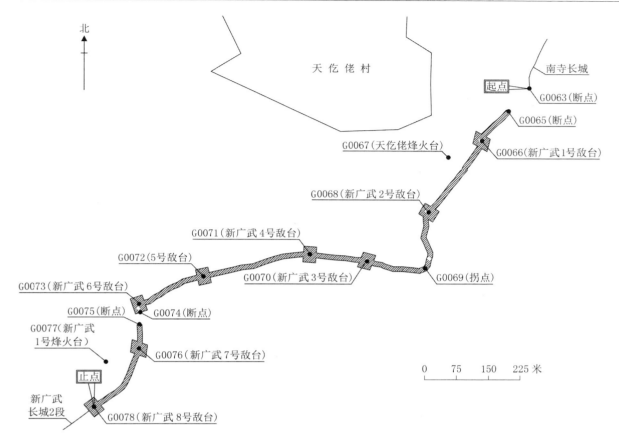

图三六六　新广武 1 段长城走向示意图

走向，保存较差。

第 7 小段：G0071（新广武 1 段 4 号敌台）—G0072（新广武 1 段 5 号敌台），长 260 米，东北—西南走向，保存较好。墙体顶部残存砖砌垛口墙。墙体顶宽 2.2、南侧高 0.5～1、北侧高 5.8～6.1 米，垛口墙宽 0.5、残高 0.1 米。

第 8 小段：G0072（新广武 1 段 5 号敌台）—G0073（新广武 1 段 6 号敌台），长 168 米，东北—西南走向，保存较差。墙体底宽 5.8、顶宽 1.8～2.2、南侧高 1.3、北侧高 4.8 米。

第 9 小段：G0073（新广武 1 段 6 号敌台）—G0074（断点），长 28 米，北—南走向，保存较差。墙体残高 4.6～5.1 米。

第 10 小段：G0074（断点）—G0075（断点），长 36 米，北—南走向。墙体被洪水冲刷损毁消失。

第 11 小段：G0075（断点）—G0076（新广武 1 段 7 号敌台），长 60 米，北—南走向。保存较差。

第 12 小段：G0076（新广武 1 段 7 号敌台）—G0078（止点、新广武 1 段 8 号敌台），长 168 米，东北—西南走向，保存一般。墙体底宽 5.2、顶宽 0.6～1.3、残高 0.8～7.4 米。

墙体整体保存较差。造成损毁的自然因素有洪水冲刷、风雨侵蚀、植物生长等；人为因素有拆毁包石等。

6. 新广武长城 2 段

起点位于张家庄乡新广武村东 0.8 千米处，高程 1376 米；止点位于新广武村 208 国道东，高程 1226 米。大致呈东北—西南走向。全长 1864 米，其中保存一般 1514、差 30、消失 320 米。墙体为砖墙，外部砖石砌筑；内部为夯土墙体，夯层厚0.12~0.2米。外部砖石无存，墙体附近散落砖石。现存墙体剖面大致呈不规则梯形，底宽3.5~7.2、顶宽0.3~4、残高0.2~7.4米。条石长30~42、宽22~24厘米，砖长38、宽19、厚9厘米。本段长城东北接新广武长城1段，南连新广武长城3段，南邻新广武南内长城1、2段，南距新广武南内长城1段最近处0.06千米。新广武北关倚墙而建，位于墙体东南侧。新广武1段8号敌台、新广武2段1~11号敌台位于墙体上，敌台间距0.093~0.241千米。长城沿线分布有新广武2、3、12号烽火台（图三六七）。

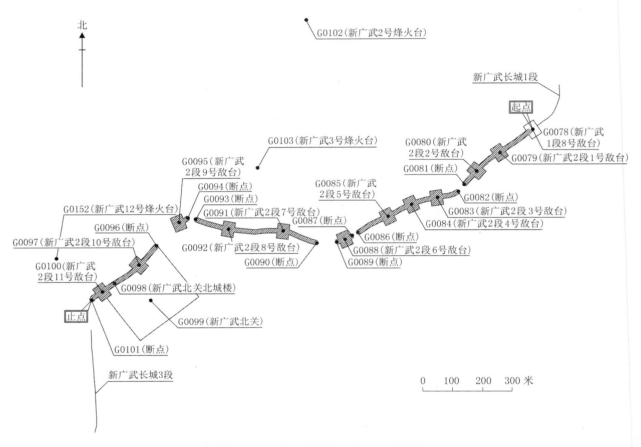

图三六七　新广武长城2段走向示意图

本段长城共测GPS点23个（G0078~0098、G0100、G0101），可分为22小段，分述如下。

第1小段：G0078（起点、新广武1段8号敌台）—G0079（新广武2段1号敌台），长198米，东北—西南走向，保存一般。底部条石基础残高3.4、厚0.65米。墙体底宽5.2、顶宽2.2、残高6.2~7.3米（彩图六三〇）。

第2小段：G0079（新广武2段1号敌台）—G0080（新广武2段2号敌台），长166米，东北—西南走向，保存一般。墙体底宽5.4、顶宽2.2、残高5.4~6.8米。

第3小段：G0080（新广武2段2号敌台）—G0081（断点），长50米，东北—西南走向，保存一般（彩图六三一）。

第4小段：G0081（断点）—G0082（断点），长86米，东北—西南走向。墙体被洪水冲刷损毁消失。

第5小段：G0082（断点）—G0083（新广武2段3号敌台），长73米，东北—西南走向，保存一般。墙体底宽 4.8、顶宽 2.5、残高 5.5~5.8 米。

第 6 小段：G0083（新广武 2 段 3 号敌台）—G0084（新广武 2 段 4 号敌台），长 93 米，东北—西南走向，保存一般。墙体底宽 5.4、顶宽 3.5、南侧高 4.5、北侧高 5.6 米。

第 7 小段：G0084（新广武 2 段 4 号敌台）—G0085（新广武 2 段 5 号敌台），长 145 米，东北—西南走向，保存一般。墙体底宽 3.5~4.2、顶宽 0.3~0.5、残高 5.5 米。

第 8 小段：G0085（新广武 2 段 5 号敌台）—G0086（断点），长 132 米，东北—西南走向，保存一般。墙体底宽 5.8、顶宽 3.4、残高 5.8 米。

第 9 小段：G0086（断点）—G0087（断点），长 14 米，东—西走向。墙体被挖断形成通道而消失。

第 10 小段：G0087（断点）—G0088（新广武 2 段 6 号敌台），长 36 米，东—西走向。保存一般。墙体底部条石基础残高 3.6 米。墙体底宽 4.8~5.6、顶宽 1~3.2、残高 6.2 米。

第 11 小段：G0088（新广武 2 段 6 号敌台）—G0089（断点），长 21 米，东—西走向，保存一般。墙体底宽 6.5、顶宽 2.8~3.5、残高 5.8~6.1 米。

第 12 小段：G0089（断点）—G0090（断点），长 96 米，东—西走向。墙体被洪水冲刷损毁消失。

第 13 小段：G0090（断点）—G0091（新广武 2 段 7 号敌台），长 124 米，东南—西北走向。保存一般。墙体底宽 5.2、顶宽 2.8、残高 5.8 米。

第 14 小段：G0091（新广武 2 段 7 号敌台）—G0092（新广武 2 段 8 号敌台），长 186 米，东—西走向，保存一般。墙体底宽 5.6、顶宽 0.5~2.6、残高 5.7 米。

第 15 小段：G0092（新广武 2 段 8 号敌台）—G0093（断点），长 119 米，东南—西北走向，保存一般。墙体顶部有近代修建的水泥掩体。墙体底宽 6.1、顶宽 2.6、残高 7.2 米。

第 16 小段：G0093（断点）—G0094（断点），长 22 米，东—西走向。现为耕地。

第 17 小段：G0094（断点）—G0095（新广武 2 段 9 号敌台），长 30 米，东北—西南走向，保存差。墙体底宽 5.2、顶宽 4、残高 0.2~1.4 米。

第 18 小段：G0095（新广武 2 段 9 号敌台）—G0096（断点），长 101 米，东北—西南走向。墙体被洪水冲刷损毁消失。

第 19 小段：G0096（断点）—G0097（新广武 2 段 10 号敌台），长 102 米，东北—西南走向，保存一般。墙体底宽 4.2、顶宽 1~2.2、残高 5.2 米。

第 20 小段：G0097（新广武 2 段 10 号敌台）—G0098（新广武北关北城门楼），长 84 米，东北—西南走向，保存一般。墙体底宽 7.2、顶宽 2.2~3.4、残高 7.4 米。

第 21 小段：G0098（新广武北关北城门楼）—G0100（新广武 2 段 11 号敌台），长 82 米，东北—西南走向，保存一般。墙体底宽 6.4、顶宽 1.2~2.4、残高 7.2 米。

第 22 小段：G0100（新广武 2 段 11 号敌台）—G0101（止点、断点），长 9 米，东北—西南走向，保存一般。墙体底宽 6.4、顶宽 2.4、残高 6.8 米。

墙体整体保存一般。造成损毁的自然因素有洪水冲刷、风雨侵蚀、植物生长等；人为因素有拆毁砖石、农业生产活动破坏、居民生活活动破坏、挖断墙体形成通道等。

7. 新广武长城 3 段

起点位于张家庄乡新广武村 208 国道东，高程 1226 米；止点位于新广武村南 2.6 千米的猴儿岭峰，高程 1724 米。大致呈北—南走向。全长 3630 米，其中保存较好 95、一般 3402、消失 133 米。墙体为砖墙，外部砖石砌筑；内部为夯土墙体，夯层厚 0.08 ~ 0.18 米。外部砖石大多无存。现存墙体剖面大致呈不规则梯形，底宽 4.8 ~ 7、顶宽 1 ~ 3.7、残高 1 ~ 8.3 米。条石长 38 ~ 46、宽 24 ~ 26 厘米。部分段墙体顶部残存垛口墙和铺砖。本段长城东北接新广武长城 2 段，南连代县白草口长城 1 段，东邻新广武南内长城 1、2 段，东距新广武南内长城 1 段最近处仅 0.04 千米。新广武 3 段 1 ~ 20 号敌台、代县白草口 1 段 1 号敌台位于墙体上，敌台间距 0.063 ~ 0.362 千米，新广武 3 段 1 号敌台北距新广武 2 段 11 号敌台 0.313 千米，代县白草口 1 段 1 号敌台系新广武长城 3 段止点。长城沿线分布有新广武 9 ~ 11 号烽火台（图三六八）。

本段长城共测 GPS 点 26 个（G0101、G0125 ~ G0129、G0131 ~ G0135、G0137 ~ G0151），可分为 24 小段，分述如下。

第 1 小段：G0101（起点、断点）—G0125（断点），长 100 米，北—南走向，墙体消失。现为 208 国道。

第 2 小段：G0125（断点）—G0126（新广武 3 段 1 号敌台），长 204 米，北—南走向，保存一般。墙体底宽 5.4、残高 5.8 ~ 6.1 米。

第 3 小段：G0126（新广武 3 段 1 号敌台）—G0127（新广武 3 段 2 号敌台），长 193 米，北—南走向，保存一般。墙体底宽 6.2、顶宽 1.8 ~ 2、残高 5.8 ~ 6 米。

第 4 小段：G0127（新广武 3 段 2 号敌台）—G0128（新广武 3 段 3 号敌台），长 121 米，东北—西南走向，保存一般。墙体底宽 6.2、顶宽 3、残高 5.8 米。

第 5 小段：G0128（新广武 3 段 3 号敌台）—G0129（新广武 3 段 4 号敌台），长 307 米，东北—西南走向，保存一般。墙体底宽 5.6、顶宽 1 ~ 2.4、残高 4.8 ~ 6.2 米。

第 6 小段：G0129（新广武 3 段 4 号敌台）—G0131（新广武 3 段 5 号敌台），长 101 米，东北—西南走向，保存一般。墙体底宽 6.8、顶宽 2.8、残高 7.2 米。

第 7 小段：G0131（新广武 3 段 5 号敌台）—G0132（新广武 3 段 6 号敌台），长 127 米，东北—西南走向，保存一般。墙体底宽 6.2、顶宽 3.2、残高 6.1 米。

第 8 小段：G0132（新广武 3 段 6 号敌台）—G0133（新广武 3 段 7 号敌台），长 156 米，东北—西南走向，保存一般。墙体底部条石基础残高 1.2、厚 0.65 米，墙体底宽 5.4、顶宽 3.4 米。

第 9 小段：G0133（新广武 3 段 7 号敌台）—G0134（断点），长 26 米，北—南走向，保存一般。墙体底宽 4.8、顶宽 1.6、残高 6.4 米。

第 10 小段：G0134（断点）—G0135（断点），长 33 米，北—南走向，墙体消失。现为小路。

第 11 小段：G0135（断点）—G0137（新广武 3 段 8 号敌台），长 66 米，北—南走向，保存一般。墙体底宽 4.8、顶宽 2.1、残高 5.8 米。

第 12 小段：G0137（新广武 3 段 8 号敌台）—G0138（新广武 3 段 9 号敌台），长 145 米，北—南走向，保存一般。墙体底部条石基础残高 1.2、厚 0.65 米。墙体底宽 5.4、顶宽 3.6、残高 7.6 米。

第 13 小段：G0138（新广武 3 段 9 号敌台）—G0139（新广武 3 段 10 号敌台），长 63 米，北—南走向，保存一般。墙体底宽 5.6、顶宽 3.4、残高 5.6 ~ 7.1 米。

第 14 小段：G0139（新广武 3 段 10 号敌台）—G0140（拐点），长 239 米，北—南走向，保存一般。墙体底部条石基础残高 0.8、厚 0.65 ~ 1.3 米，上部砖墙厚 0.65 ~ 1.1 米。墙体底宽 6.2、顶宽 3.7、残高 6.4 米。

第 15 小段：G0140（拐点）—G0141（新广武 3 段 11 号敌台），长 123 米，北—南走向，保存一

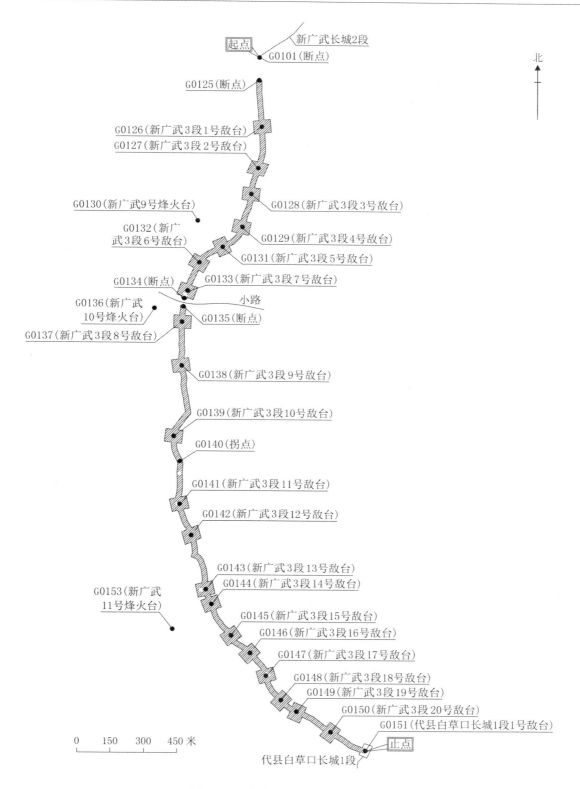

北

图三六八　新广武长城 3 段走向示意图

般（彩图六三二）。

　　第 16 小段：G0141（新广武 3 段 11 号敌台）—G0142（新广武 3 段 12 号敌台），长 169 米，西

北—东南走向，保存一般。墙体底部条石基础残高 1.4 米。墙体底宽 6.8、顶宽 3.7、东侧高 4.6 ~ 5.8、西侧高 7.4 米。

第 17 小段：G0142（新广武 3 段 12 号敌台）—G0143（新广武 3 段 13 号敌台），长 138 米，西北—东南走向，保存一般。

第 18 小段：G0143（新广武 3 段 13 号敌台）—G0144（新广武 3 段 14 号敌台），长 168 米，西北—东南走向，保存一般。

第 19 小段：G0144（新广武 3 段 14 号敌台）—G0145（新广武 3 段 15 号敌台），长 258 米，西北—东南走向，保存一般。

第 20 小段：G0145（新广武 3 段 15 号敌台）—G0146（新广武 3 段 16 号敌台），长 249 米，西北—东南走向，保存一般。

第 21 小段：G0146（新广武 3 段 16 号敌台）—G0147（新广武 3 段 17 号敌台），长 210 米，西北—东南走向，保存一般（彩图六三三）。

第 22 小段：G0147（新广武 3 段 17 号敌台）—G0148（新广武 3 段 18 号敌台），长 168 米，西北—东南走向，保存一般。

第 23 小段：G0148（新广武 3 段 18 号敌台）—G0149（新广武 3 段 19 号敌台），长 95 米，西北—东南走向，保存较好。墙体底部条石基础残高 1.3 米。墙体底宽 6.8、顶宽 3.4、东北侧高 3 ~ 4、西南侧高 8.3 米。

第 24 小段：G0149（新广武 3 段 19 号敌台）—G0151（止点、代县白草口 1 段 1 号敌台），长 171 米，西北—东南走向，保存一般。墙体底宽 7、顶宽 3.4、东北侧高 1 ~ 3、西南侧高 6 ~ 7 米。新广武 3 段 20 号敌台位于墙体上。

墙体整体保存一般。造成损毁的自然因素有风雨侵蚀、植物生长等；人为因素有拆毁砖石、修建道路破坏等。

8. 新广武南内长城 1 段

起点位于张家庄乡新广武村中，高程 1260 米；止点位于新广武村西南 0.4 千米处，高程 1270 米。大致呈东北—西南走向。全长 1082 米，其中保存一般 415、较差 506、消失 161 米。墙体为砖墙，外部砖石砌筑；内部为夯土墙体，夯层厚 0.14 ~ 0.22 米。外部砖石大多无存，墙体附近散落砖石。现存墙体剖面大致呈不规则梯形，底宽 4.6 ~ 5.8、顶宽 0.3 ~ 1.8、残高 4.4 ~ 6.4 米。本段长城北邻新广武长城 2 段（相距最近处仅 0.06 千米），西邻新广武长城 3 段（相距最近处仅 0.04 千米），南邻新广武南内长城 2 段。新广武城关倚墙而建，位于墙体南侧（彩图六三四）。新广武南内 1 段 1 ~ 4 号敌台位于墙体上，敌台间距 0.162 ~ 0.518 千米，新广武南内 1 段 4 号敌台系新广武南内长城 1 段止点。长城沿线分布有新广武 4 ~ 8 号烽火台（图三六九）。

本段长城共测 GPS 点 12 个（G0104、G0105、G0108 ~ G0117），可分为 11 小段，分述如下。

第 1 小段：G0104（起点）—G0105（新广武南内 1 段 1 号敌台），长 86 米，东北—西南走向，保存一般。墙体底宽 5.6、顶宽 1.8、残高 5.7 ~ 6.1 米。

第 2 小段：G0105（新广武南内 1 段 1 号敌台）—G0108（拐点），长 206 米，东北—西南走向，保存一般。墙体底宽 5.2、顶宽 1.3、残高 4.6 米。

第 3 小段：G0108（拐点）—G0109（新广武南内 1 段 2 号敌台），长 110 米，东—西走向，保存较差。墙体底宽 5.8、顶宽 0.3 ~ 0.6、残高 4.8 米。

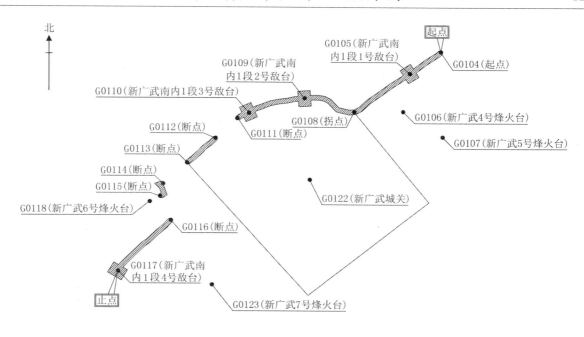

图三六九　新广武南内长城1段走向示意图

第4小段：G0109（新广武南内1段2号敌台）—G0110（新广武南内1段3号敌台），长162米，东北—西南走向，保存较差。墙体底宽5.4、顶宽0.3~0.8、残高4.8米。

第5小段：G0110（新广武南内1段3号敌台）—G0111（断点），长24米，东—西走向，保存较差。墙体底宽5.4、顶宽0.6~1.1、残高4.8米。

第6小段：G0111（断点）—G0112（断点），长50米，东北—西南走向。墙体被洪水冲刷损毁消失。

第7小段：G0112（断点）—G0113（断点），长123米，东北—西南走向，保存一般。墙体底宽5.2、顶宽0.8~1.4、残高6.4米。

第8小段：G0113（断点）—G0114（断点），长94米，东北—西南走向，墙体消失。现为208国道。

第9小段：G0114（断点）—G0115（断点），长40米，北—南走向，保存较差。墙体底宽4.6、顶宽1.8、残高4.4米。

第10小段：G0115（断点）—G0116（断点），长17米，北—南走向。墙体被洪水冲刷损毁消失。

第11小段：G0116（断点）—G0117（止点、新广武南内1段4号敌台），长170米，东北—西南走向，保存较差。墙体底宽4.6、顶宽1.8、残高4.8米。

墙体整体保存差。造成损毁的自然因素有洪水冲刷、风雨侵蚀、植物生长等；人为因素有拆毁砖石、农业生产活动破坏、居民生活活动破坏、修建房屋及道路破坏、墙体内修建战备地道等。

9. 新广武南内长城 2 段

起点位于张家庄乡新广武村东南，高程 1205 米；止点位于新广武村南，高程 1241 米。大致呈东南—西北走向。全长 521 米，全部保存较差。墙体为砖墙，外部砖石砌筑；内部为夯土墙体，夯层厚 0.08～0.26 米。外部砖石无存，墙体附近散落砖石。现存墙体剖面大致呈不规则梯形，底宽 3.6～4.2、顶宽 0.6～1.1、残高 2.6～3.6 米。本段长城北邻新广武长城 2 段、新广武南内长城 1 段，西邻新广武长城 3 段。新广武南内 2 段敌台位于墙体上（图三七〇）。

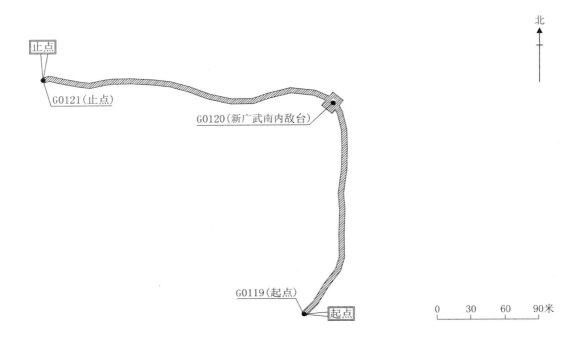

图三七〇　新广武南内长城 2 段走向示意图

本段长城共测 GPS 点 3 个（G0119～G0121），可分为 2 小段，分述如下。

第 1 小段：G0119（起点）—G0120（新广武南内 2 段敌台），长 218 米，南—北走向，保存较差。墙体底宽 4.2、顶宽 0.6～1.1、残高 2.6 米。

第 2 小段：G0120（新广武南内 2 段敌台）—G0121（止点），长 303 米，东—西走向，保存较差。墙体底宽 3.6、顶宽 1.1、残高 3.6 米。

墙体整体保存差。造成损毁的自然因素有风雨侵蚀、植物生长等；人为因素有拆毁砖石、农业生产活动破坏等。

（二）关堡

山阴县共调查关堡 8 座，其中关 2 座、堡 6 座（表 298）。

表298 山阴县关堡一览表

乡镇	关堡名称	数量（座）
马营庄乡	胡峪口东山堡、辛寨堡	2
后所乡	水峪口堡	1
张家庄乡	新广武北关、新广武城关	2
古城镇	山阴城	1
安荣乡	河阳堡	1
北周庄镇	郑庄堡	1
合计		8

1. 胡峪口东山堡

在张家庄乡胡峪口村东，位于苏家场长城 G0005 （止点、材质变化点）东北 0.06 千米处，高程 1193 米。

堡平面呈矩形，坐北朝南，边长 60 米，周长 240 米，占地面积 3600 平方米。现存主要设施、遗迹有堡墙、敌台 1 座、堡内外建筑基址等（图三七一；彩图六三五）。堡墙为砖墙，外部砖石砌筑；内部为夯土墙体，夯层厚 0.2 ~ 0.28 米。墙体底宽 6、顶宽 3 ~ 4、残高 3 ~ 7.2 米。南墙中部设城门 1 座，现为豁口，宽 4、进深 6 米。北墙上设敌台 1 座，凸出墙体 7 米。堡内有砖石建筑基址。南门外有石砌建筑基址，残高 1.2 米。

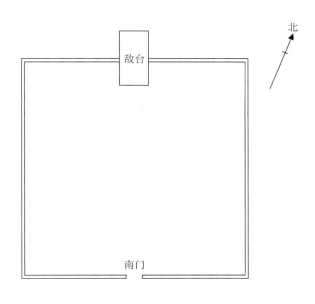

北

敌台

南门

0 10 20 30米

图三七一 胡峪口东山堡平面示意图

堡整体保存一般。东、西、北墙仅存地面痕迹，堡墙外部砖石无存，堡内为耕地。造成损毁的自然因素有风雨侵蚀、植物生长等；人为因素有拆毁砖石、农业生产活动破坏、居民生活活动破坏等。

2. 辛寨堡

位于马营庄乡南辛寨村北，高程 1004 米。

堡平面呈矩形，坐北朝南，周长 346 米，占地面积 7110 平方米。现存主要设施、遗迹有堡墙、城门 1 座、角台 1 座、马面 1 座等（图三七二）。堡墙为土墙，墙体顶宽 0.7 米。南墙中部设城门 1 座，砖券拱门，五伏五券，宽 3.5、高 2.54、进深 2.3 米。门额有石匾，横书"辛寨堡"，右侧竖刻"万历四年（1576 年）丙午月吉日"。堡墙四角原设角台，仅存东北角台。北墙中部设马面 1 座。堡外西侧现有玉皇阁，损毁严重，庙内有壁画，存清同治元年（1862 年）石碑 1 块。

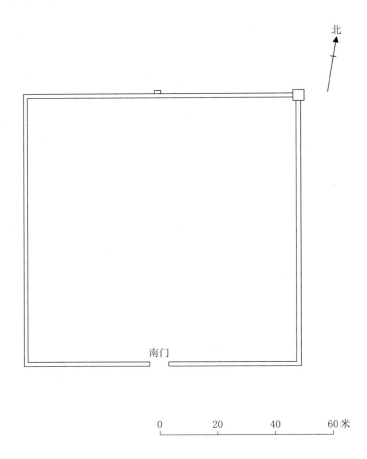

图三七二　辛寨堡平面示意图

堡整体保存一般。墙体被修建房屋破坏，堡内外有民居。造成损毁的自然因素有风雨侵蚀、植物生长等；人为因素有农业生产活动破坏、居民生活活动破坏、修建房屋破坏等。

3. 水峪口堡

位于后所乡水峪口村中，高程 1187 米。

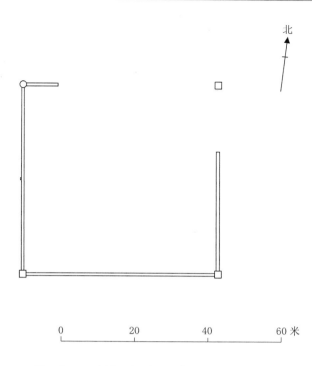

图三七三　水峪口堡平面示意图

堡平面呈矩形，坐西朝东，东西 40、南北 50 米，周长 180 米，占地面积 2000 平方米。现存主要设施、遗迹有堡墙、角台 4 座、马面 2 座等（图三七三；彩图六三六）。堡墙为砖墙，外部砖石砌筑；内部为夯土墙体，夯层厚 0.2～0.26 米。东墙残长 28、北墙残长 10 米。堡墙外部砖石无存。墙体底宽 4～6、顶宽 1～3、残高 1～7 米。东墙原设城门 1 座，现无存。堡墙四角设角台，西北角台平面呈圆形，底径 11、残高 6 米。马面存 2 座，其中西墙马面底宽 15、凸出墙体 5、残高 8 米。

堡整体保存一般。东门无存。堡内建筑无存，有民居。造成损毁的自然因素有风雨侵蚀、植物生长等；人为因素有拆毁砖石、农业生产活动破坏、居民生活活动破坏等。

4. 新广武北关

位于张家庄乡新广武村中，新广武长城 2 段东南侧，倚墙而建，高程 1227 米。

关平面呈矩形，坐北朝南，东西 130、南北 150 米，周长 560 米，占地面积 19500 平方米。现存主要设施、遗迹有关墙、城门 1 座、敌台 1 等（图三七四；彩图六三七）。关墙为砖墙，外部砖石砌筑，内部为夯土墙体。北墙为长城墙体，东墙残长 130、南墙残长 95、西墙残长 140 米。南墙中部设城门 1 座，为条石基础的砖券拱门，内宽 3、外宽 2.5、内高 4.5、外高 2.8、进深 10 米。北墙中部有敌台 1 座。

关整体保存一般。关墙外部砖石大多无存，关内建筑无存，关内外为民居。造成损毁的自然因素有风雨侵蚀、植物生长等；人为因素有拆毁砖石、农业生产活动破坏等。

5. 新广武城关

位于张家庄乡新广武村南，新广武南内长城 1 段墙体南侧，倚长城墙体而建，高程 1223 米。

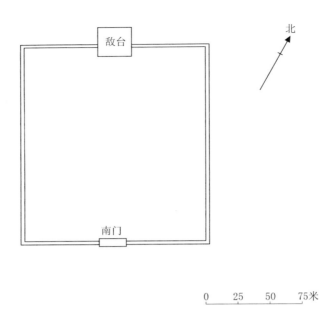

图三七四　新广武北关平面示意图

关平面呈不规则矩形，坐北朝南，东西 400、南北 300 米，周长 1960 米，占地面积 139500 平方米。现存主要设施、遗迹有关墙、角台 4 座、马面 3 座等（彩图六三八）。关墙为砖墙，外部砖石砌筑，内部为夯土墙体。北墙为长城墙体，南墙残长 200、西墙残长 200 米。关墙底宽 5~8、顶宽 0.5~5、残高 2~6 米。关墙四角设角台，其中东南角台底宽 9、凸出墙体 3、残高 8 米。马面存 3 座，其中西墙马面底宽 15、凸出墙体 8、残高 6 米。

关整体保存一般。关墙外部砖石大多无存，西墙有出入关内外的洞穴。关内建筑无存，为耕地。造成损毁的自然因素有风雨侵蚀、植物生长等；人为因素有拆毁砖石、农业生产活动破坏、挖断墙体形成通道等。

6. 山阴城

位于古城镇古城村中，高程 1015 米。

城平面呈矩形，坐西朝东。现存主要设施、遗迹有城墙、瓮城 1 座、角台 1 座等。城墙为土墙，夯筑而成，夯层厚 0.14~0.2 米。东墙顶宽 0.9、残存最高 5.72、西墙最高 5.15 米。东墙设城门 1 座，现为豁口，宽 12.67、高 10.2 米。东门外有瓮城，南墙残长 2.9、底宽 5.2 米，北墙残长 5.6 米。城墙四角设角台，仅存西南角台。

城整体保存较差。墙体坍塌损毁严重，东、南墙被修建房屋破坏，西墙顶部有人为踩踏形成的小路，北墙仅存两小段。城内建筑无存，城内外有民居。造成损毁的自然因素有风雨侵蚀、植物生长等；人为因素有农业生产活动破坏、居民生活活动破坏、修建房屋破坏、取土挖损破坏等。

7. 河阳堡

位于安荣乡河阳堡村东南 0.5 千米处，高程 1021 米。

堡平面呈矩形，西墙方向为北偏西 45°，坐西北朝东南，东、北墙长 189、南墙长 184、西墙长

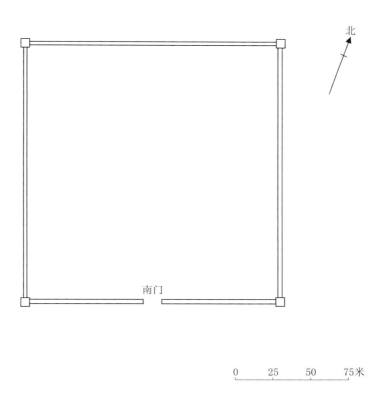

图三七五　河阳堡平面示意图

185 米，周长 747 米，占地面积 34691 平方米。现存主要设施、遗迹有堡墙、城门 1 座、角台 4 座等（图三七五）。堡墙为土墙，夯筑而成，夯层厚 0.13～0.25 米。墙体底宽 7.56、顶宽 1.3、残存最高 14.2 米。南墙中部设城门 1 座，宽 7.52 米。堡墙四角设角台，角台底宽 11.65、凸出墙体7.84、残高 14.67 米。

堡整体保存一般。北墙北段有两处豁口，其中一处是出入堡内外的通道，宽 6.5 米。南门被用砖封堵。堡内建筑无存，为耕地和荒地。造成损毁的自然因素有风雨侵蚀、植物生长等；人为因素有农业生产活动破坏、挖断墙体形成通道等。

8. 郑庄堡

位于北周庄镇郑庄村中南部，高程 1034 米。

堡平面呈矩形，坐北朝南，东墙长 149、南墙长 103、西墙长 144、北墙长 110 米，周长 506 米，占地面积 15607 平方米。现存主要设施、遗迹有堡墙、角台 3 座、街道 1 条等（图三七六）。堡墙为土墙，夯筑而成，夯层厚 0.16 米。墙体顶宽 0.5～2.2、残存最高 8.3 米。南、北墙各设城门 1 座，现为豁口，南门豁口宽 11.1 米，北门豁口宽 8.8 米。堡墙四角设角台，东北角台无存，东南角台顶宽 5.6、凸出墙体 3.5、残高 9.8 米，西南角台顶宽 1.5、凸出墙体 4.7、残高 11.7 米，西北角台顶宽 6、凸出墙体 2.9、残高 9.1 米。西墙外侧距西南角台 0.108 千米处有凸出的可能是马面的设施。堡内有一条南北向的街道穿过南、北门。

堡整体保存一般。堡墙内壁被修建房屋破坏。东北角台无存，现为房屋。堡内外有民居。造成损毁的自然因素有风雨侵蚀、植物生长等；人为因素有农业生产活动破坏、居民生活活动破坏、修建房

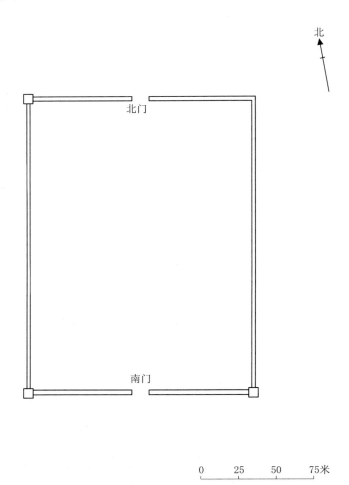

图三七六　郑庄堡平面示意图

屋破坏等。

（三）单体建筑

1. 敌台

山阴县长城墙体上共调查敌台 56 座（表 299，见本章末附表）。代县白草口 1 段 1 号敌台系新广武长城 3 段止点、代县白草口长城 1 段起点，其信息详见代县调查报告。

2. 烽火台

山阴县发现烽火台 118 座，其中长城沿线烽火台 52 座（表 300，见本章末附表），长城北侧腹里烽火台 66 座（表 301，见本章末附表）。

二　长城资源调查资料分析

（一）长城墙体

1. 长城墙体的材质类型及建筑方式、形制

山阴县长城墙体类型有砖墙、石墙和山险三类，以山险为主，砖墙次之，石墙仅见 1 段（表302）。

表302　山阴县长城墙体类型一览表

类型	段数	长度（米）	百分比（%）
砖墙	6	9497	32
石墙	1	1770	6
山险	2	18200	62
合计	9	29467	100

（1）砖墙

山阴县砖墙共6段，长9497米。墙体外部砖石砌筑，底部条石垒砌，上部砖砌；内部为夯土墙体，夯层厚0.08～0.32米。条石长30～46、宽22～26厘米，砖长38、宽19、厚9厘米。现存墙体剖面大致呈不规则梯形，底宽1.6～8.8、顶宽0.3～4、残高0.2～8.3米（表303）。

表303　山阴县砖墙建筑方式及形制一览表（单位：米）

长城墙体段落名称	建筑材料及方式	剖面形制	尺寸		
			底宽	顶宽	残高
胡峪口长城	外部砖砌；内部为夯土墙体，夯层厚0.16～0.32米	不规则梯形	3.6～8.8	1.2～3.4	1.2～3.1
南寺长城	一种是外部砖石砌筑，底部条石垒砌，上部砖砌；内部为夯土墙体，夯层厚0.14～0.18米	不规则梯形	1.6	0.8～1.3	0.6～1.4
	另一种是沿山梁北侧铲削成墙，外部再用砖石砌筑，底部条石垒砌，上部砖砌	不规则梯形	不详	不详	1.2～6.4
新广武长城2段	外部砖石砌筑；内部为夯土墙体，夯层厚0.12～0.2米。条石长30～42、宽22～24厘米，砖长38、宽19、厚9厘米	不规则梯形	3.5～7.2	0.3～4	0.2～7.4
新广武长城3段	外部砖石砌筑；内部为夯土墙体，夯层厚0.08～0.18米。条石长38～46、宽24～26厘米	不规则梯形	4.8～7	1～3.7	1～8.3
新广武南内长城1段	外部砖石砌筑；内部为夯土墙体，夯层厚0.14～0.22米	不规则梯形	4.6～5.8	0.3～1.8	4.4～6.4
新广武南内长城2段	外部砖石砌筑；内部为夯土墙体，夯层厚0.08～0.26米	不规则梯形	3.6～4.2	0.6～1.1	2.6～3.6

砖墙附属设施除关、敌台外，新广武长城3段的部分墙体顶部还残存垛口墙。

（2）石墙

山阴县石墙有1段，即新广武长城1段，长1770米。墙体构筑方式多样，或为土石混筑；或为石片垒砌；或外部条石、石块砌筑，内部为夯土墙体，夯层厚0.08~0.22米；或沿山梁北侧铲削成墙，外部再用条石砌筑。现存墙体剖面大致呈不规则梯形，底宽4.3~5.8、顶宽0.6~2.6、残高0.3~7.4米。条石长40~52、宽22~24厘米。部分段墙体顶部残存砖砌垛口墙，宽0.5、残高0.1米。

（3）山险

山阴县山险有2段，即苏家场长城和胡峪口—南寺长城，长18200米。

2. 长城墙体的分布特点

山阴县明代长城分布于县境东南部恒山北麓与桑干河盆地相交地带，大致呈东北—西南向延伸，称之为主线长城。张家庄乡新广武村南分布有两段未与主线长城相连接的长城，称之为支线长城。

3. 长城墙体的保存状况

（1）砖墙

表304　山阴县砖墙保存状况一览表（单位：米）

长城墙体段落名称	总长度	保存较好	保存一般	保存较差	保存差	消失
胡峪口长城	514	0	0	246	0	268
南寺长城	1886	0	154	295	900	537
新广武长城2段	1864	0	1514	0	30	320
新广武长城3段	3630	95	3402	0	0	133
新广武南内长城1段	1082	0	415	506	0	161
新广武南内长城2段	521	0	0	521	0	0
合计	9497	95	5485	1568	930	1419
百分比（%）	100	1	58	16	10	15

砖墙以保存一般为主，占58%；保存较差占16%、差占10%、较好占1%、消失者占15%（表304）。造成损毁的自然因素有洪水冲刷、风雨侵蚀、植物生长等；人为因素有拆毁砖石、农业生产活动破坏、居民生活活动破坏、修建房屋及道路破坏、挖断墙体形成通道、墙体内修建战备地道等。

（2）石墙

石墙以保存一般和较差为主，分别占33.9%和35.6%，保存较好占14.7%、差占7.9%、消失占7.9%。造成损毁的自然因素有洪水冲刷、风雨侵蚀、植物生长等；人为因素有拆毁包石等。

（3）山险

山险有2段，保存较好。

（二）关堡

山阴县有关堡8座，其中关2座、城堡6座。

1. 关堡的形制、残存设施和遗迹

表305　山阴县关堡形状、尺寸、残存设施遗迹及保存状况一览表

名称	形状	朝向	周长（米）	面积（平方米）	残存设施遗迹	保存状况
胡峪口东山堡	矩形	坐北朝南	240	3600	堡墙、敌台1座、堡内外建筑基址	一般
辛寨堡	矩形	坐北朝南	346	7110	堡墙、城门1座、角台1座、马面1座	一般
水峪口堡	矩形	坐西朝东	180	2000	堡墙、角台4座、马面2座	一般
新广武北关	矩形	坐北朝南	560	19500	关墙、城门1座	一般
新广武城关	不规则矩形	坐北朝南	1960	139500	关墙、角台4座、马面3座	一般
山阴城	矩形	坐西朝东	不详	不详	城墙、瓮城1座、角台1座	较差
河阳堡	矩形	坐西北朝东南	747	34691	堡墙、城门1座、角台4座	一般
郑庄堡	矩形	坐北朝南	506	15607	堡墙、角台3座、街道1条	一般

山阴县关堡平面均呈矩形，有5座坐北朝南、2座坐西朝东、1座坐西北朝东南。关堡的规模按周长和面积大致可区分为大、中、小三类，大致以面积5万、10万平方米为界。除山阴城面积不详外，新广武城关属大型关，其余关堡属小型关堡，面积2000～34691平方米。未见面积5万～10万平方米的中型关堡（表305）。

关堡墙体有4座为砖墙、4座为土墙。砖墙外部砖石砌筑，内部为夯土墙体。土墙均为夯筑而成。砖墙、土墙有夯层厚度数据者多在0.13～0.28米（表306），与长城墙体的夯层厚度基本一致。

表306　山阴县关堡墙体建筑方式及尺寸一览表（单位：米）

名称	墙体建筑方式	尺寸		
		底宽	顶宽	残高
胡峪口东山堡	砖墙。外部砖石砌筑；内部为夯土墙体，夯层厚0.2～0.28	6	3～4	3～7.2
辛寨堡	土墙	不详	0.7	不详
水峪口堡	砖墙。外部砖石砌筑；内部为夯土墙体，夯层厚0.2～0.26	4～6	1～3	1～7
新广武北关	砖墙。外部砖石砌筑，内部为夯土墙体	不详	不详	不详
新广武城关	砖墙。外部砖石砌筑，内部为夯土墙体	5～8	0.5～5	2～6
山阴城	土墙。夯筑而成，夯层厚0.14～0.2	不详	0.9	残存最高5.72
河阳堡	土墙。夯筑而成，夯层厚0.13～0.25	7.56	1.3	残存最高14.2
郑庄堡	土墙。夯筑而成，夯层厚0.16	不详	0.5～2.2	残存最高8.3

至于除关堡墙体外的设施和遗迹，由于保存原因，现存并不能反映其原始风貌。主要设施遗迹的种类除城门、瓮城、角台、马面等常见设施外，胡峪口东山堡有敌台和堡内外建筑基址，郑庄堡内有街道一条。

2. 关堡的分布特点

山阴县新广武北关和新广武城关倚长城墙体而建，位于长城墙体南侧（即背向内蒙古、面向山西的一侧）。长城沿线有2座堡，即胡峪口东山堡和水峪口堡。非长城沿线有4座城堡，即辛寨堡、山阴城、河阳堡和郑庄堡。

长城沿线关堡与长城一样，分布于县境东南部恒山北麓与桑干河盆地相交地带。非长城沿线的城堡分布于县境中部桑干河盆地。

就关堡墙体类型而言，长城沿线关堡均为砖墙，非长城沿线城堡均为土墙。

3. 关堡的保存状况

关堡保存一般者 7 座、较差者 1 座。关堡墙体坍塌损毁，部分段消失，砖墙者砖石大多损毁。城门多为豁口或消失，部分角台、马面消失，关堡内建筑几乎无存。造成损毁的自然因素有风雨侵蚀、植物生长等；人为因素有拆毁砖石、农业生产活动破坏、居民生活活动破坏、修建房屋破坏、挖断墙体形成通道、取土挖损破坏等。

（三）单体建筑

1. 敌台

（1）敌台的类型与形制

山阴县调查敌台 56 座，有 12 座骑墙而建，其余 44 座均倚墙而建。材质类型有砖质、石质和土质三种。砖质敌台数量最多，有 51 座，另有石质敌台 3 座，敌台土质 2 座。敌台平面形制均呈矩形，剖面形制均呈梯形。

砖质敌台外部砖石砌筑，内部为夯土台体，夯层厚 0.12～0.28 米；底部周长 26.2～64.8、残高 1.5～12.9 米。石质敌台外部石砌，内部为夯土台体，夯层厚 0.18～0.2 米；底部周长 26～36、残高 4.5～5.8 米。土质敌台为夯筑而成，夯层厚 0.16～0.26 米；底部周长 29.8～44、残高 4.8～6.5 米（表 307）。

表 307　山阴县敌台材质、形制及保存状况一览表（单位：米）

名称	材质	平面形制	剖面形制	底部周长	残高	保存状况
南寺 1 号敌台	砖	矩形	梯形	36.2	1.5～6	一般
南寺 2 号敌台	砖	矩形	梯形	41.6	3.2～6.8	一般
南寺 3 号敌台	砖	矩形	梯形	48	8.8	一般
南寺 4 号敌台	砖	矩形	梯形	26.2	5.8	一般
南寺 5 号敌台	砖	矩形	梯形	40	9	一般
南寺 6 号敌台	砖	矩形	梯形	48	5.8	一般
南寺 7 号敌台	砖	矩形	梯形	29.6	6.2	一般
南寺 8 号敌台	砖	矩形	梯形	54	8.2	一般
南寺 9 号敌台	砖	矩形	梯形	40	6.6	一般
南寺 10 号敌台	砖	矩形	梯形	37.6	7.6	一般
南寺 11 号敌台	砖	矩形	梯形	33.8	5.8	一般
南寺 12 号敌台	土	矩形	梯形	29.8	6.5	一般
新广武 1 段 1 号敌台	土	矩形	梯形	44	4.8	较差
新广武 1 段 2 号敌台	石	矩形	梯形	26	5.5	一般
新广武 1 段 3 号敌台	石	矩形	梯形	26	4.5	较差
新广武 1 段 4 号敌台	石	矩形	梯形	36	5.8	一般

名称	材质	平面形制	剖面形制	底部周长	残高	保存状况
新广武 1 段 5 号敌台	砖	矩形	梯形	44	5.2	一般
新广武 1 段 6 号敌台	砖	矩形	梯形	43.6	7.8	一般
新广武 1 段 7 号敌台	砖	矩形	梯形	57	7.2	一般
新广武 1 段 8 号敌台	砖	矩形	梯形	40	7.2	一般
新广武 2 段 1 号敌台	砖	矩形	梯形	48.8	12.6	较好
新广武 2 段 2 号敌台	砖	矩形	梯形	48	6.8	一般
新广武 2 段 3 号敌台	砖	矩形	梯形	50	6	一般
新广武 2 段 4 号敌台	砖	矩形	梯形	30	5.2	一般
新广武 2 段 5 号敌台	砖	矩形	梯形	39	6	一般
新广武 2 段 6 号敌台	砖	矩形	梯形	27	6.2	一般
新广武 2 段 7 号敌台	砖	矩形	梯形	36	6	一般
新广武 2 段 8 号敌台	砖	矩形	梯形	28	7.2	一般
新广武 2 段 9 号敌台	砖	矩形	梯形	51.6	12	较好
新广武 2 段 10 号敌台	砖	矩形	梯形	31	8	一般
新广武 2 段 11 号敌台	砖	矩形	梯形	40	7.2	一般
新广武 3 段 1 号敌台	砖	矩形	梯形	36	5.2	一般
新广武 3 段 2 号敌台	砖	矩形	梯形	42	6.2	一般
新广武 3 段 3 号敌台	砖	矩形	梯形	34	7.3	一般
新广武 3 段 4 号敌台	砖	矩形	梯形	38	7.4	一般
新广武 3 段 5 号敌台	砖	矩形	梯形	34	8.2	一般
新广武 3 段 6 号敌台	砖	矩形	梯形	40	7.3	一般
新广武 3 段 7 号敌台	砖	矩形	梯形	32	7.3	一般
新广武 3 段 8 号敌台	砖	矩形	梯形	48	7.4	一般
新广武 3 段 9 号敌台	砖	矩形	梯形	38	7.3	一般
新广武 3 段 10 号敌台	砖	矩形	梯形	48	8.1	一般
新广武 3 段 11 号敌台	砖	矩形	梯形	32	7.5	一般
新广武 3 段 12 号敌台	砖	矩形	梯形	42	7.1	一般
新广武 3 段 13 号敌台	砖	矩形	梯形	64.8	11.2	较好
新广武 3 段 14 号敌台	砖	矩形	梯形	40	7.2	一般
新广武 3 段 15 号敌台	砖	矩形	梯形	64	12.2	较好
新广武 3 段 16 号敌台	砖	矩形	梯形	40	7.4	一般
新广武 3 段 17 号敌台	砖	矩形	梯形	49	12.9	较好
新广武 3 段 18 号敌台	砖	矩形	梯形	27	9.2	较好
新广武 3 段 19 号敌台	砖	矩形	梯形	50.4	12.5	较好
新广武 3 段 20 号敌台	砖	矩形	梯形	27	10	较好
新广武南内 1 段 1 号敌台	砖	矩形	梯形	50.8	8.1	一般
新广武南内 1 段 2 号敌台	砖	矩形	梯形	47.2	8.8	一般
新广武南内 1 段 3 号敌台	砖	矩形	梯形	56.8	7.8	一般
新广武南内 1 段 4 号敌台	砖	矩形	梯形	45.2	11.4	较好
新广武南内 2 段敌台	砖	矩形	梯形	49.6	4.6	一般

附属设施仅见于砖质敌台。新广武2段1、9号敌台，新广武3段13、15、17、19号敌台，台体一侧或两侧有砖券拱门，多数拱门门额嵌有石匾，台体三壁或四壁有砖券箭窗2~3个，台体内部为回廊结构，有阶梯式踏道可登顶。新广武3段19号敌台台体顶部有砖砌建筑基址，残高2米。另外新广武3段10号敌台台体顶部北侧残存砖墙，长5.2、残高4.8米。

（2）敌台的分布特点

①主线长城从南寺长城及向西南延伸的新广武长城1~3段均设置有敌台，敌台间距0.02~0.422千米。支线长城的新广武南内长城1段有4座敌台，敌台间距0.162~0.518千米；新广武南内长城2段有1座敌台。

②山阴县敌台以砖质为主，石质敌台均分布在石墙上。

③尝试对砖质敌台进行大小划分，依据敌台的底部周长，按≥50、40~50、<40米三个标准进行分类，以残高作为参考（表308）。

表308　山阴县砖质敌台分类统计表

	按底部周长分类	底部周长（米）	数量（座）	百分比（%）	残高（米）
大型敌台	≥50米	50~64.8	9	16.1	1.5~12.2
中型敌台	40~50米	40~49.6	23	41.1	3.2~12.9
小型敌台	<40米	26~39	24	42.8	6~12.5
合计		26~64.8	56	100	1.5~12.9

从上表中可以看出，山阴县砖质敌台以中小型为主。与此相对应的是，土质敌台也为中小型，石质敌台均为小型。有附属设施的仅见于大中型台体，小型台体未见附属设施。

（3）敌台保存状况

山阴县敌台绝大多数保存一般，有45座，保存较好9座、较差2座。造成损毁的自然因素有风雨侵蚀、植物生长等；人为因素有拆毁砖石、挖掘洞穴等。

2. 烽火台

山阴县共调查烽火台118座，其中长城沿线烽火台52座、长城北侧腹里烽火台66座。

（1）烽火台的类型与形制

山阴县118座烽火台的材质类型以土质为主，有83座，占70.3%；砖质有33座，占28%；石质有2座，占1.7%（表309）。

表309　山阴县烽火台材质类型一览表

材质类型	长城沿线烽火台（座）	腹里烽火台（座）	合计（座）	百分比（%）
土质烽火台	19	64	83	70.3
砖质烽火台	33	0	33	28
石质烽火台	0	2	2	1.7
合计	52	66	118	100

长城沿线烽火台以砖质为主，有33座，外部砖石砌筑，内部为夯土台体，夯层厚0.1~0.28米；土质烽火台有19座，均为夯筑而成，夯层厚0.08~0.28米。

　　腹里烽火台绝大多数为土质，有 64 座，1 座不详，1 座为土坯与竹枝夹筑而成，土坯层厚 0.18 ~ 0.22 米；其余均夯筑而成，夯层厚 0.12 ~ 0.32 米。石质烽火台有 2 座，外部石片或石块砌筑。

　　长城沿线砖质烽火台的平面形制绝大多数呈矩形，仅 3 座为圆形，剖面形制均呈梯形；土质烽火台的平面形制均呈矩形，剖面形制均呈梯形。砖质矩形烽火台底部周长 22 ~ 64、残高 1.8 ~ 12 米，砖质圆形烽火台底部周长 17.9 ~ 36.4、残高 6.4 ~ 7.8 米，土质矩形烽火台底部周长 20 ~ 55.2、残高 1.8 ~ 9.2 米（表 310）。

　　腹里土质烽火台平面形制绝大多数呈矩形，仅 3 座为圆形或椭圆形，剖面形制均呈梯形；石质烽火台的平面形制均呈矩形，剖面形制均呈梯形。土质矩形烽火台底部周长 13.4 ~ 111、残高 1.6 ~ 14.89 米，土质圆形或椭圆形烽火台底部周长 9.1 ~ 35.5、残高 3.6 ~ 4.24 米，石质矩形烽火台底部周长 36.6 ~ 40.6、残高 5.3 ~ 6.01 米（表 311）。

表 310　山阴县长城沿线烽火台材质、形制及保存状况一览表（单位：米）

名称	材质	平面形制	剖面形制	底部周长	残高	保存状况
胡峪口 1 号烽火台	土	矩形	梯形	28	5.3	一般
胡峪口 2 号烽火台	土	矩形	梯形	36	7.2	一般
胡峪口 3 号烽火台	砖	圆形	梯形	17.9	6.4	一般
胡峪口 4 号烽火台	土	矩形	梯形	45.2	4.8	一般
胡峪口 5 号烽火台	土	矩形	梯形	32	7.2	一般
胡峪口 6 号烽火台	土	矩形	梯形	43.8	7.6	一般
胡峪口 7 号烽火台	砖	矩形	梯形	32	7.8	一般
盆峪口烽火台	砖	矩形	梯形	52.8	6.7	一般
东寨村烽火台	土	矩形	梯形	36	5	一般
沙家寺村南烽火台	土	矩形	梯形	39.6	6	一般
水峪口 1 号烽火台	砖	矩形	梯形	36.8	5.2	一般
水峪口 2 号烽火台	砖	矩形	梯形	64	6 ~ 12	一般
水峪口 3 号烽火台	土	矩形	梯形	35.6	4.8	一般
水峪口 4 号烽火台	砖	矩形	梯形	50	不详	一般
水峪口 5 号烽火台	砖	矩形	梯形	28	5.2	一般
水峪口 6 号烽火台	砖	矩形	梯形	48	8	一般
水峪口 7 号烽火台	砖	矩形	梯形	36	6.8	一般
水峪口 8 号烽火台	砖	矩形	梯形	28	6.8	一般
水峪口 9 号烽火台	砖	矩形	梯形	32	9.5	一般
水峪口 10 号烽火台	砖	矩形	梯形	42	8.5	一般
水峪口 11 号烽火台	砖	矩形	梯形	28.4	3 ~ 6	一般
水峪口 12 号烽火台	砖	矩形	梯形	32	1.8 ~ 6	较差
水峪口 13 号烽火台	砖	矩形	梯形	不	不详	一般
水峪口 14 号烽火台	砖	矩形	梯形	不详	不详	一般
水峪口 15 号烽火台	砖	矩形	梯形	不详	不详	一般
水峪口 16 号烽火台	砖	矩形	梯形	不详	不详	一般
水峪口 17 号烽火台	砖	矩形	梯形	不详	不详	一般

名称	材质	平面形制	剖面形制	底部周长	残高	保存状况
大泉沟 1 号烽火台	土	矩形	梯形	36.2	5.1	一般
大泉沟 2 号烽火台	土	矩形	梯形	55.2	8.8	一般
大泉沟 3 号烽火台	土	矩形	梯形	44	6.2	一般
大泉沟 4 号烽火台	土	矩形	梯形	27.4	5.2	一般
大泉沟 5 号烽火台	土	矩形	梯形	20	3	较差
大泉沟 6 号烽火台	土	矩形	梯形	26	4.8	较差
大泉沟 7 号烽火台	土	矩形	梯形	28	1.8~6.3	一般
大泉沟 8 号烽火台	土	矩形	梯形	49.2	8.2	一般
大泉沟 9 号烽火台	土	矩形	梯形	42	9.2	较好
大泉沟 10 号烽火台	土	矩形	梯形	32.8	7.8	一般
南寺 1 号烽火台	砖	矩形	梯形	48	6.5	一般
南寺 2 号烽火台	砖	矩形	梯形	52	8.2	一般
天圪老烽火台	土	矩形	梯形	21	4.2	较差
新广武 1 号烽火台	砖	矩形	梯形	22	5.4	较差
新广武 2 号烽火台	砖	矩形	梯形	57	9.2	较好
新广武 3 号烽火台	砖	矩形	梯形	46.2	8	一般
新广武 4 号烽火台	砖	矩形	梯形	40.8	9.2	较好
新广武 5 号烽火台	砖	矩形	梯形	46.8	8.2	一般
新广武 6 号烽火台	砖	矩形	梯形	39.2	8.2	一般
新广武 7 号烽火台	砖	矩形	梯形	60.8	8.4	一般
新广武 8 号烽火台	砖	矩形	梯形	46.4	8.2	一般
新广武 9 号烽火台	砖	圆形	梯形	36.4	7.8	一般
新广武 10 号烽火台	砖	圆形	梯形	36.4	7.8	一般
新广武 11 号烽火台	砖	矩形	梯形	44	8.2	一般
新广武 12 号烽火台	砖	矩形	梯形	54	8	一般

表 311　山阴县腹里烽火台材质、形制及保存状况一览表（单位：米）

名称	材质	平面形制	剖面形制	底部周长	残高	保存状况
南口前烽火台	土	矩形	梯形	43.5	10.3	较好
大柴棚烽火台	土	矩形	梯形	48.6	10.89	较好
陈家庄烽火台	土	矩形	梯形	45.7	9.78	较好
马营庄烽火台	土	矩形	梯形	36.4	3.86	较差
南辛寨烽火台	土	矩形	梯形	74	14.89	较好
南辛庄烽火台	土	矩形	梯形	32.7	9.2	较好
西沙堆烽火台	土	矩形	梯形	46.4	2.1	较差
辛立庄烽火台	土	矩形	梯形	38	6.68	较差
南州庄 1 号烽火台	土	矩形	梯形	18.8	8.6	一般
南州庄 2 号烽火台	土	矩形	梯形	不详	5.6	较差
林桥烽火台	土	矩形	梯形	13.4	1.6	较差

续表 311

名称	材质	平面形制	剖面形制	底部周长	残高	保存状况
察罕铺 2 号烽火台	土	矩形	梯形	24.4	5.2	较差
察罕铺 1 号烽火台	土	矩形	梯形	23.8	4.67	一般
水河铺烽火台	土	矩形	梯形	50.3	8.25	较好
王庄烽火台	土	矩形	梯形	26.8	5.3	一般
西盐池 1 号烽火台	土	椭圆形	梯形	9.1	3.6	较差
西盐池 2 号烽火台	土	矩形	梯形	36.2	5.4~7.5	一般
西盐池 3 号烽火台	土	矩形	梯形	19	4.3	较差
后黄台烽火台	土	矩形	梯形	30.8	2.25	较差
小圪塔烽火台	土	矩形	梯形	不详	不详	差
快乐村烽火台	土	矩形	梯形	29.4	6.1	一般
白坊 2 号烽火台	土	圆形	梯形	不详	4.24	较差
白坊 1 号烽火台	土	矩形	梯形	29.8	4.8	较差
庞家堡烽火台	土	矩形	梯形	24.4	4.71	较差
辛兴铺烽火台	土	矩形	梯形	30.9	7.16	一般
豆庄烽火台	土	矩形	梯形	45.4	8	一般
河头烽火台	土	矩形	梯形	30.4	11	一般
上小河村 1 号烽火台	土	矩形	梯形	36.5	6.47	一般
上小河村 2 号烽火台	土	矩形	梯形	111	4.8	一般
黄巍村 1 号烽火台	土	矩形	梯形	20.4	8.4	一般
黄巍村 2 号烽火台	土	矩形	梯形	25.8	5.9	较差
高山疃烽火台	土	矩形	梯形	21.3	5.77	较差
大虫堡烽火台	土	圆形	梯形	35.5	不详	较差
刘家岭烽火台	土	矩形	梯形	26.5	9.96	一般
新大滩烽火台	土	矩形	梯形	22.2	4.14	较差
安祥寺烽火台	土	矩形	梯形	31.6	5.4	一般
王家涧烽火台	土	矩形	梯形	47	9.7	较好
黄羊坡烽火台	土	矩形	梯形	25.2	6.4	一般
安荣村 7 号烽火台	土	矩形	梯形	57.8	13.04	较好
安荣村 6 号烽火台	土	矩形	梯形	61	10.86	较好
安荣村 5 号烽火台	土	矩形	梯形	40.6	13.19	较好
安荣村 4 号烽火台	土	矩形	梯形	31.8	10.9	一般
安荣村 3 号烽火台	土	矩形	梯形	45.6	11.37	较好
安荣村 1 号烽火台	土	矩形	梯形	39	7.1	一般
安荣村 2 号烽火台	土	矩形	梯形	27.1	5.7	较差
河阳堡 2 号烽火台	土	矩形	梯形	31.3	2.34	较差
河阳堡 1 号烽火台	土	矩形	梯形	37.4	4.92	一般
河阳堡 3 号烽火台	土	矩形	梯形	13.8	3.3	较差
泥河 2 号烽火台	土	矩形	梯形	20.7	5.71	较差
泥河 1 号烽火台	土	矩形	梯形	31.3	5.73~8.02	一般
西鄯河烽火台	土	矩形	梯形	18.6	6.2	较差
西沟村烽火台	土	矩形	梯形	46.5	9.81	较好

名称	材质	平面形制	剖面形制	底部周长	残高	保存状况
大羊村烽火台	土	矩形	梯形	32.8	6.4	一般
安岸庄烽火台	土	矩形	梯形	30.4	11	一般
郑庄烽火台	土	矩形	梯形	35.4	7.3	一般
棋道地2号烽火台	土	矩形	梯形	28.4	7.4	一般
棋道地1号烽火台	土	矩形	梯形	36.6	6.2	一般
白淀沟烽火台	土	矩形	梯形	38	6.8	一般
上神泉烽火台	土	矩形	梯形	29.7	8.01	一般
燕庄2号烽火台	土	矩形	梯形	不详	不详	较好
燕庄1号烽火台	石	矩形	梯形	40.6	6.01	一般
贺庄烽火台	土	矩形	梯形	31.8	7.56	一般
柏坡烽火台	土	矩形	梯形	21.2	5.2	一般
梁头烽火台	石	矩形	梯形	36.6	5.3	一般
井沟烽火台	土	矩形	梯形	31.6	7.2	一般
台墩山烽火台	土	矩形	梯形	46.8	8.8	较好

　　长城沿线烽火台，有1座砖质圆形和2座砖质矩形烽火台，见有围墙、台基和登顶坡道等附属设施。腹里烽火台，有21座土质烽火台见有围墙、短墙、台基、通顶孔洞或登顶脚窝以及火池等，2座石质烽火台见有围墙、台基和登顶坡道等附属设施。

　　（2）烽火台的分布特点

　　①长城沿线烽火台的走向大致与长城墙体一致。长城沿线烽火台以砖质为主，其中苏家场长城、胡峪口长城和胡峪口—南寺长城沿线有砖质烽火台19座、土质烽火台18座，南寺长城、新广武长城1~3段、新广武南内长城1段沿线有砖质烽火台14座、土质烽火台仅1座。砖质烽火台主要集中在县境内长城西段，东段砖质、土质烽火台数量相当。

　　②腹里烽火台大部分位于县境中部桑干河盆地，少数位于县境东南部恒山北麓与桑干河盆地相交地带和北部洪涛山东南麓与桑干河盆地相交地带。县境中部桑干河盆地和东南部恒山北麓的烽火台均为土质，有2座石质烽火台位于北部洪涛山东南麓。

　　③长城沿线烽火台少见附属设施，腹里烽火台有一定数量的附属设施。

　　④尝试对烽火台大小进行划分，依据烽火台的底部周长，按≥50、40~50、<40米三个标准进行分类，以残高作为参考（表312~314）。

表312　山阴县长城沿线砖质矩形烽火台分类统计表

	底部周长分类	底部周长（米）	数量（座）	百分比（%）	残高（米）
大型台体	≥50米	50~64	7	23.3	6~12
中型台体	40~50米	40.8~48	8	26.7	6.5~9.2
小型台体	<40米	22~39.2	10	33.3	1.8~9.5
不详	不详	不详	5	16.7	不详
合计		22~64	30	100	1.8~12

表313　山阴县长城沿线土质矩形烽火台分类统计表

	底部周长分类	底部周长（米）	数量（座）	百分比（%）	残高（米）
大型台体	≥50米	55.2	1	5.3	8.8
中型台体	40~50米	42~49.2	5	26.3	4.8~9.2
小型台体	<40米	20~39.6	13	68.4	1.8~7.8
合计		20~55.2	19	100	1.8~9.2

表314　山阴县腹里土质矩形烽火台分类统计表

	底部周长分类	底部周长（米）	数量（座）	百分比（%）	残高（米）
大型台体	≥50米	50.3~111	5	8.2	4.8~14.89
中型台体	40~50米	40.6~48.6	10	16.4	2.1~13.19
小型台体	<40米	13.4~39	43	70.5	1.6~11
不详	不详	不详	3	4.9	5.6
合计		13.4~111	61	100	1.6~14.89

从上表中可以看出，砖质烽火台小型台体较多，大型台体也有一定数量。土质烽火台无论长城沿线还是腹里，小型台体占多数，大型台体数量很少。与此相对应，为数不多的长城沿线砖质圆形烽火台、腹里土质圆形或椭圆形烽火台及石质矩形烽火台为中小型台体，未见大型台体。有一座大型腹里土质矩形烽火台有短墙和通顶孔洞的附属设施，其余附属设施见于中小型台体。

（3）烽火台保存状况

山阴县烽火台保存一般者居多，有74座，保存较好者17座、较差者26座、差者1座。造成损毁的自然因素有风雨侵蚀、植物生长等；人为因素有拆毁砖石、农业生产活动破坏、居民生活活动破坏、修建窑洞、房屋破坏、挖掘洞穴、取土挖损破坏、不合理修缮、人为踩踏、台基上种植物树木等。

三　自然与人文环境

（一）自然环境

山阴县位于山西省北中部，主要是第四纪地层分布区域。第四纪地层由细砂、泥灰岩、红色土、黄土及近代冲积层组成。山阴县地势南北高、中间低，东南部为恒山山地，西北部为洪涛山山地，中部为桑干河河谷盆地。山阴县明长城分布于山阴县东南部恒山北麓与桑干河盆地相交地带。桑干河及其支流黄水河从西南向东北流经县境。属温带大陆性半干旱季风气候，年均气温7℃，年均降水量400毫米。县境土壤主要有淡栗钙土、淡栗钙土性土。植被属于暖温带落阔叶林向温带草原的过渡区域类型。

（二）人文环境

山阴县明长城沿线村庄居民人数从数十人到约1000人。村庄居民以农业和家畜饲养业为主，农作物主要有玉米、高粱、谷子等，饲养的家畜有奶牛、猪、羊等。山阴县交通便利，（大）同蒲（州）铁路、大（同）运（城）高速公路、208 国道和 206 省道纵贯县境，211 省道从西北向东南斜贯县境，303 省道东西向横穿县境，县境西北有 241 省道。长城沿线村庄有水泥路、土路与外界相通。

四　保护与管理状况

　　山阴县长城保护管理机构是山阴县文物管理所。目前有关长城资源的保护范围、建设控制地带、保护标志、记录档案等工作有待规定或完善。

表299　山阴县敌台一览表

名称	地点	高程	与其他遗存的位置关系	材质	建筑方式	平面形制	剖面形制	尺寸	附属设施	修缮情况	保存状况
南寺1号敌台	张家庄乡南寺村东0.1千米	1308米	骑墙而建。位于南寺长城墙体上,系胡峪口一南寺长城起止点,南寺长城起点	砖	外部砖石砌筑;内部为夯土台体,夯层厚0.15~0.28米	矩形	梯形	底部东西8.9,南北9.2米,顶部东西2.8,南北4.3米,南侧残高6米	无	无	保存一般
南寺2号敌台	张家庄乡南寺村南	1311米	骑墙而建。位于南寺长城墙体上	砖	外部砖石砌筑;内部为夯土台体,夯层厚0.15~0.28米	矩形	梯形	底部东西10.2,南北10.6米,顶部东西6.2,南北5.8米,南侧残高3.2,北侧残高6.8米	无	无	保存一般
南寺3号敌台	张家庄乡南寺村南	1320米	倚墙而建。位于南寺长城墙体上	砖	外部砖石砌筑;内部为夯土台体,夯层厚0.18~0.26米	矩形	梯形	底部边长12,顶部边长6.2,残高8.8米	无	无	保存一般
南寺4号敌台	张家庄乡南寺村南	1339米	倚墙而建。位于南寺长城墙体上	砖	外部砖石砌筑;内部为夯土台体,夯层厚0.2米	矩形	梯形	底部东西8.5,顶部东西4.6米,南北3米,残高5.8米	无	无	保存一般
南寺5号敌台	张家庄乡南寺村南	1328米	倚墙而建。位于南寺长城墙体上	砖	外部砖石砌筑;内部为夯土台体,夯层厚0.2米	矩形	梯形	底部边长10,顶部边长8,残高9米	无	无	保存一般
南寺6号敌台	张家庄乡南寺村西南	1312米	倚墙而建。位于南寺长城墙体上	砖	外部砖石砌筑;内部为夯土台体,夯层厚0.2米	矩形	梯形	底部边长12米,顶部东西7.8,南北7.5米,残高5.8米	无	无	保存一般
南寺7号敌台	张家庄乡南寺村西南	1306米	倚墙而建。位于南寺长城墙体上	砖	外部砖石砌筑;内部为夯土台体,夯层厚0.2米。底部石砌基础残高2.5米	矩形	梯形	底部东西8,南北6.8米,顶部东西6,南北5米,残高6.2米	无	无	保存一般
南寺8号敌台	张家庄乡南寺村西南	1328米	倚墙而建。位于南寺长城墙体上	砖	外部砖石砌筑;内部为夯土台体,夯层厚0.2~0.26米	矩形	梯形	底部东西16,南北11米,顶部东西12,南北1.5米,北侧残高8.2米	无	无	保存一般
南寺9号敌台	张家庄乡南寺村西南	1322米	倚墙而建。位于南寺长城墙体上	砖	外部砖石砌筑;内部为夯土台体,夯层厚0.2~0.26米	矩形	梯形	底部东西11.2,南北8.8米,顶部东西8.2,南北6.4米,残高6.6米	无	无	保存一般

续表299

名称	地点	高程	与其他遗存的位置关系	材质	建筑方式	平面形制	剖面形制	尺寸	附属设施	修缮情况	保存状况
南寺10号敌台	张家庄乡南寺村西南	1339米	倚墙而建。位于南寺长城墙体上	砖	外部砖石砌筑;内部为夯土台体,夯层厚0.2米	矩形	梯形	底部东西10,南部东西8.8,顶部东西6.2,南北7.2米,残高7.6米	无	无	保存一般
南寺11号敌台	张家庄乡南寺村西南	1342米	倚墙而建。位于南寺长城墙体上	砖	外部砖石砌筑;内部为夯土台体,夯层厚0.16~0.2米	矩形	梯形	底部东西8.2,南部东西8.7米,顶部东西6.2,南北5.7米,残高5.8米	无	无	保存一般
南寺12号敌台	张家庄乡南寺村西南	1321米	骑墙而建。位于南寺长城墙体上	土	夯筑而成,夯层厚0.2~0.26米	矩形	梯形	底部东西8.2,南部东西6.7米,顶部东西3.8,南北4.3米,残高6.5米	无	无	保存一般
新广武1段1号敌台	张家庄乡天仡佬村东南	1376米	倚墙而建。位于新广武长城1段墙体上	土	夯筑而成,夯层厚0.16~0.2米	矩形	梯形	底部东西10,南北12米,顶部边长4米,残高4.8米	无	无	保存较差
新广武1段2号敌台	张家庄乡天仡佬村西南	1436米	倚墙而建。位于新广武长城1段墙体上	石	外部石砌;内部为夯土台体,夯层厚0.2米	矩形	梯形	底部东西7,南北6米,顶部东西6,南北5.5米,残高5米	无	无	保存一般
新广武1段3号敌台	张家庄乡天仡佬村南	1437米	骑墙而建。位于新广武长城1段墙体上	石	外部石砌	矩形	梯形	底部东西6,南北7米,顶部东西5,南北4.5米,残高4米	无	无	保存较差
新广武1段4号敌台	张家庄乡天仡佬村南	1429米	倚墙而建。位于新广武长城1段墙体上	石	外部石砌	矩形	梯形	底部边长9米,顶部东西7,南北6米,残高5.8米	无	无	保存一般
新广武1段5号敌台	张家庄乡天仡佬村西南	1394米	倚墙而建。位于新广武长城1段墙体上	砖	外部砖石砌筑;内部为夯土台体,夯层厚0.18~0.22米	矩形	梯形	底部东西12,南北10米,顶部东西9,残高5.2米	无	无	保存一般
新广武1段6号敌台	张家庄乡天仡佬村西南	1397米	倚墙而建。位于新广武长城1段墙体上	砖	外部砖石砌筑;内部为夯土台体,夯层厚0.18~0.22米	矩形	梯形	底部东西12,南北9,顶部东西9,南北7.8米	无	无	保存一般
新广武1段7号敌台(彩图六三九)	张家庄乡天仡佬村西南	1378米	倚墙而建。位于新广武长城1段墙体上	砖	外部砖石砌筑;内部为夯土台体,夯层厚0.18~0.22米	矩形	梯形	底部东西15,南部东西13.5米,顶部东西13,南北12米,残高7.2米	无	无	保存一般

续表299

名称	号	地点	高程	与其他遗存的位置关系	材质	建筑方式	平面形制	剖面形制	尺寸	附属设施	修缮情况	保存状况
新广武1段8号敌台（彩图六四○）		张家庄乡新广武村东0.8千米	1376米	倚墙而建。位于新广武长城1段上，系新广武长城1段止点，新广武长城2段起点	砖	外部砖石砌筑；内部夯土台体，夯层厚0.18~0.22米	矩形	梯形	底部边长10米，顶部东西7.2，南北7.5米，残高7.2米	无	无	保存一般
新广武2段1号敌台		张家庄乡新广武村东	1362米	倚墙而建。位于新广武长城2段墙体上	砖	外部砖石砌筑	矩形	梯形	底部东西13.9，南北10.5米，顶部东西11.5，南北10.5米，残高12.6米	台体上部南壁有砖券拱门，东、西、北壁各有砖券箭窗3个，内部为回廊结构，东南角有阶梯式蹬道可登顶	无	保存较好
新广武2段2号敌台		张家庄乡新广武村东中	1351米	倚墙而建。位于新广武长城2段墙体上	砖	外部砖石砌筑；内部夯土台体，夯层厚0.2~0.26米	矩形	梯形	底部边长12，顶部边长8，残高6.8米	无	无	保存一般
新广武2段3号敌台		张家庄乡新广武村中	1279米	骑墙而建。位于新广武长城2段墙体上	砖	外部砖石砌筑；内部夯土台体，夯层厚0.18~0.26米	矩形	梯形	底部东西11，南北14米，顶部东西8，南北10米，残高6米	无	无	保存一般
新广武2段4号敌台		张家庄乡新广武村中	1298米	倚墙而建。位于新广武长城2段墙体上	砖	外部砖石砌筑；内部夯土台体，夯层厚0.15~0.2米	矩形	梯形	底部东西9，南北6米，顶部东西8，南北5.2米，残高5米	无	无	保存一般
新广武2段5号敌台		张家庄乡新广武村东0.3千米	1294米	骑墙而建。位于新广武长城2段墙体上	砖	外部砖石砌筑；内部夯土台体，夯层厚0.2米	矩形	梯形	底部东西11，南北8米，顶部东西6.5，南北8米，残高6米	无	无	保存一般
新广武2段6号敌台		张家庄乡新广武村中	1271米	倚墙而建。位于新广武长城2段墙体上	砖	外部砖石砌筑；内部夯土台体，夯层厚0.12~0.2米	矩形	梯形	底部东西9.5，南北5米，顶部东西8.5，南北4米，残高6.2米	无	无	保存一般
新广武2段7号敌台		张家庄乡新广武村中	1256米	骑墙而建。位于新广武长城2段墙体上	砖	外部砖石砌筑；内部夯土台体，夯层厚0.12~0.2米	矩形	梯形	底部边长9，顶部边长7，残高6米	无	不清	保存一般
新广武2段8号敌台		张家庄乡新广武村中	1231米	倚墙而建。位于新广武长城2段墙体上	砖	外部砖石砌筑；内部夯土台体，夯层厚0.12~0.2米	矩形	梯形	底部东西11，南北8米，顶部东西2.8米，残高7.2米	无	无	保存一般
新广武2段9号敌台		张家庄乡新广武村中	1235米	骑墙而建。位于新广武长城2段墙体上	砖	外部砖石砌筑	矩形	梯形	底部东西13，南北12.8米，顶部边长8.8米，残高12米	台体上部东壁有砖券拱门，南、北壁上分别有砖券箭窗2、3个，内部为回廊结构，西南角有阶梯式蹬道可登顶	无	保存较好。台体北侧地下挖掘有防空洞

续表299

名称	地点	高程	与其他遗存的位置关系	材质	建筑方式	平面形制	剖面形制	尺寸	附属设施	修缮情况	保存状况
新广武2段10号敌台(彩图六四一)	张家庄乡新广武村中	1232米	倚墙而建。位于新广武长城2段墙体上	砖	外部砖石砌筑;内部夯为夯土台体,夯层厚0.15~0.2米	矩形	梯形	底部东西9,南北6.5米,顶部东西8,南北8米,残高8米	无	无	保存一般
新广武2段11号敌台	张家庄乡新广武村中	1228米	骑墙而建。位于新广武长城2段墙体上	砖	外部砖石砌筑	矩形	梯形	底部东西9,南北11米,顶部东西8,南北10米,残高7.2米	无	无	保存一般
新广武3段1号敌台	张家庄乡新广武村西南	1264米	倚墙而建。位于新广武长城3段墙体上	砖	外部砖石砌筑;内部夯为夯土台体,夯层厚0.2~0.26米	矩形	梯形	底部边长9,顶部边长8,残高5.2米	无	无	保存一般。敌台外壁包砌的砖石,被当地居民拆毁用于修建房屋等,台心土台基本完整
新广武3段2号敌台	张家庄乡新广武村西南	1290米	倚墙而建。位于新广武长城3段墙体上	砖	外部砖石砌筑;内部夯为夯土台体,夯层厚0.2~0.26米	矩形	梯形	底部东西12,南北9米,顶部东西11,南北8米,残高6.2米	无	无	保存一般
新广武3段3号敌台	张家庄乡新广武村西南	1304米	倚墙而建。位于新广武长城3段墙体上	砖	外部砖石砌筑;内部夯为夯土台体,夯层厚0.2~0.26米	矩形	梯形	底部东西8,南北9米,顶部东西8,南北7.3米,残高7米	无	无	保存一般
新广武3段4号敌台	张家庄乡新广武村西南	1317米	倚墙而建。位于新广武长城3段墙体上	砖	外部砖石砌筑;内部夯为夯土台体,夯层厚0.2米	矩形	梯形	底部东西10,南北9米,顶部东西9,南北8米,残高7.4米	无	无	保存一般
新广武3段5号敌台	张家庄乡新广武村西南	1346米	倚墙而建。位于新广武长城3段墙体上	砖	外部砖石砌筑;内部夯为夯土台体,夯层厚0.2~0.26米	矩形	梯形	底部东西9,南北8米,顶部东西8,南北7米,残高8.2米	无	无	保存一般
新广武3段6号敌台	张家庄乡新广武村西南	1355米	倚墙而建。位于新广武长城3段墙体上	砖	外部砖石砌筑;内部夯为夯土台体,夯层厚0.2米	矩形	梯形	底部边长10,顶部边长8,残高7.3米	无	无	保存一般
新广武3段7号敌台	张家庄乡新广武村西南	1357米	倚墙而建。位于新广武长城3段墙体上	砖	外部砖石砌筑;内部夯为夯土台体,夯层厚0.2~0.26米	矩形	梯形	底部边长8,顶部边长7,残高7.3米	无	无	保存一般
新广武3段8号敌台	张家庄乡新广武村西南	1409米	骑墙而建。位于新广武长城3段墙体上	砖	外部砖石砌筑;内部夯为夯土台体,夯层厚0.2米	矩形	梯形	底部东西13,南北11米,顶部东西10,南北10米,残高7.4米	无	无	保存一般

续表 299

名称	地点	高程	与其他遗存的位置关系	材质	建筑方式	平面形制	剖面形制	尺寸	附属设施	修缮情况	保存状况
新广武3段9号敌台	张家庄乡新广武村西南	1439米	倚墙而建。位于新广武长城3段墙体上	砖	外部砖石砌筑;内部为夯土台体,夯层厚0.22米	矩形	梯形	底部东西8,南北11米,顶部东西7,南北9米,残高7.3米	无	无	保存一般
新广武3段10号敌台	张家庄乡新广武村西南	1461米	倚墙而建。位于新广武长城3段墙体上	砖	外部砖石砌筑;内部为夯土台体,夯层厚0.2~0.26米	矩形	梯形	底部东西9,南北15米,顶部东西7,南北11米,残高8.1米	台体顶部北侧残存砖墙,长5.2,残高4.8米	无	保存一般
新广武3段11号敌台	张家庄乡新广武村西南	1502米	倚墙而建。位于新广武长城3段墙体上	砖	外部砖石砌筑;内部为夯土台体,夯层厚0.2~0.28米	矩形	梯形	底部边长8米,顶部东西6,南北5米,残高7.5米	无	无	保存一般
新广武3段12号敌台	张家庄乡新广武村西南	1524米	倚墙而建。位于新广武长城3段墙体上	砖	外部砖石砌筑;内部为夯土台体,夯层厚0.2米	矩形	梯形	底部东西9,南北12米,顶部东西7,南北10米,残高7.1米	无	无	保存一般
新广武3段13号敌台	张家庄乡新广武村西南	1532米		砖	外部砖石砌筑;内部为夯土台体,夯层厚0.24米	矩形	梯形	底部边长16.2,残高11.2米	台体上部东壁有砖券门,门上嵌有石匾,匾上阴刻"镇宁"二字,署"万历丙午中秋之吉,巡抚都御使李景元,兵备副使李茂春,左参将陈天爵,管粮通判蒲嘉轮立";南、西、北壁各有砖券箭窗3个,内部为回廊结构,西南角有阶梯式踏道可登顶	无	保存较好
新广武3段14号敌台(彩图六四二)	张家庄乡新广武村西南	1530米	倚墙而建。位于新广武长城3段墙体上	砖	外部砖石砌筑;内部为夯土台体,夯层厚0.2米	矩形	梯形	底部东西9,南北11米,顶部东西8,南北10米,残高7.2米	无	无	保存一般
新广武3段15号敌台	张家庄乡新广武村西南	1565米	倚墙而建。位于新广武长城3段墙体上	砖	外部砖石砌筑	矩形	梯形	底部边长16,顶部边长12,残高12.2米	台体上部东壁有砖券门,门额嵌有石匾,匾上阴刻"控扼"二字,署"万历丙午中秋之吉,巡抚都御使李景元,兵备副使李茂春,左参将陈天爵,管粮通判蒲嘉轮立";南、西、北壁各有砖券箭窗3个,内部为回廊结构,东北角有阶梯式踏道可登顶	无	保存较好

名称	地点	高程	与其他遗存的位置关系	材质	建筑方式	平面形制	剖面形制	尺寸	附属设施	修缮情况	保存状况
新广武3段16号敌台	张家庄乡新广武村西南	1595米	倚墙而建。位于新广武长城3段墙体上	砖	外部砖石砌筑；内部夯土台体，夯层厚0.2~0.26米	矩形	梯形	底部东西11，南北9米，顶部东西7，南北5.4米，残高7.4米	无	无	保存一般
新广武3段17号敌台	张家庄乡新广武村西南	1658米	倚墙而建。位于新广武长城3段墙体上	砖	外部砖石砌筑	矩形	梯形	底部东西11.5米，顶部东西10.3，南北9.2米，残高12.9米	台体南、北壁上部有石匾，匾上分别阴刻"雄皋"二字和"壮猷"二字，署"万历丙午中秋之吉，巡抚都御使李茂春，左参将陈天爵，兵备副使蒲潆嘉轮立；南、北壁砖券拱门两侧各有砖券箭窗2,3个；内部为回廊结构，东部有梯式蹬道可登顶	无	保存较好
新广武3段18号敌台	张家庄乡新广武村西南	1670米	倚墙而建。位于新广武长城3段墙体上	砖	外部砖石砌筑；内部夯土台体	矩形	梯形	底部东西3.5，南北10米，顶部东西3，南北9.2米，残高9.2米	无	无	保存较好
新广武3段19号敌台	张家庄乡新广武村西南	1669米	倚墙而建。位于新广武长城3段墙体上	砖	外部砖石砌筑	矩形	梯形	底部东西14.6米，顶部东西8.6，南北13.2米，残高12.5米	台体上部东壁有砖券拱门，门额嵌有石匾，匾上阴刻"天山"二字，署"万历丙午中秋之吉，巡抚邦御使李茂春，兵备副使判潆蒲立李爵，左参将陈天爵，判潆蒲箭窗2,3,2个；内部别有砖券为回廊结构，西南角有阶梯式蹬道可登顶。台体顶部有砖砌建筑基址，残高2米	无	保存较好
新广武3段20号敌台	张家庄乡新广武村西南	1678米	骑墙而建。位于新广武长城3段止点上	砖	外部砖石砌筑；内部夯土台体0.2米	矩形	梯形	底部东西8，南北5.5米，顶部东西2.5，南北5.5米，残高10米	无	无	保存较好
新广武南内1段1号敌台	张家庄乡新广武村中	1291米	倚墙而建。位于新广武南内长城1段墙体上	砖	外部砖石砌筑；内部夯土台体，夯层厚0.16~0.2米	矩形	梯形	底部东西14.8米，顶部东西10.6，南北13.5米，残高8.1米	无	无	保存一般

续表 299

名称	地点	高程	与其他遗存的位置关系	材质	建筑方式	平面形制	剖面形制	尺寸	附属设施	修缮情况	保存状况
新广武南内1段2号敌台	张家庄乡新广武村中	1236米	倚墙而建。位于新广武南内长城1段墙体上	砖	外部砖石砌筑;内部为夯土台体,夯层厚0.22米	矩形	梯形	底部边长11.8,顶部边长6.2,残高8.8米	无	无	保存一般
新广武南内1段3号敌台	张家庄乡新广武村中	1204米	倚墙而建。位于新广武南内长城1段墙体上	砖	外部砖石砌筑;内部为夯土台体,夯层厚0.2米	矩形	梯形	底部东西14.8,顶部东西13.6米,南北13.2,南北11.8米,残高7.8米	无	无	保存一般
新广武南内1段4号敌台	张家庄乡新广武村西南0.4千米	1270米	倚墙而建。位于新广武南内长城1段墙体上,系新广武南内长城1段止点	砖	外部砖石砌筑;内部为夯土台体,夯层厚0.2~0.26米	矩形	梯形	底部东西8,南北14.6米,顶部东西7,南北8米,残高11.4米	无	无	保存较好
新广武南内2段敌台	张家庄乡新广武村东南	1316米	骑墙而建。位于新广武南内长城2段墙体上	砖	外部砖石砌筑;内部为夯土台体,夯层厚0.2~0.26米	矩形	梯形	底部边长12.4,顶部边长8,残高4.6米	无	无	保存一般

表300 山阴县长城沿线烽火台一览表

名称	地点	高程	与其他遗存的位置关系	材质	建筑方式	平面形制	剖面形制	尺寸	附属设施	修缮情况	保存状况
胡峪口1号烽火台	马营庄乡胡峪口村东1.5千米	1228米	位于苏家疃长城沿线	土	夯筑而成，夯层厚0.2~0.28米	矩形	梯形	底部边长7，顶部边长3.2，残高5.3米	无	无	保存一般
胡峪口2号烽火台	马营庄乡胡峪口村东	1154米	位于苏家疃长城沿线	土	夯筑而成，夯层厚0.2~0.28米	矩形	梯形	底部边长9，顶部边长6，残高7.2米	无	无	保存一般
胡峪口3号烽火台	马营庄乡胡峪口村东	1161米	位于胡峪口长城沿线	砖	外部砖砌筑；内部为夯土台体，夯层厚0.2~0.22米	圆形	梯形	底径5.7，残高6.4米	台基两层，下层夯筑而成，平面呈矩形，边长35，残高1.5米；上层石砌而成，平面呈圆形，底径19，顶径11.7，残高2.1米	无	保存一般
胡峪口4号烽火台	马营庄乡胡峪口村南	1235米	位于胡峪口寺长城沿线	土	夯筑而成，夯层厚0.08~0.12米	矩形	梯形	底部东西13.8，南北8.8米，顶部东西8.8，南北6.2米，残高4.8米	无	无	保存一般
胡峪口5号烽火台	马营庄乡胡峪口村东南	1158米	位于胡峪口寺长城沿线	土	夯筑而成，夯层厚0.22~0.26米	矩形	梯形	底部东西8.2，南北7.8米，顶部东西7.6，南北7米，残高7.2米	无	无	保存一般
胡峪口6号烽火台	马营庄乡胡峪口村东南	1156米	位于胡峪口寺长城沿线	土	夯筑而成，夯层厚0.12~0.18米	矩形	梯形	底部东西9.8，南北12.1米，顶部东西7.8，南北8.7米，残高7.6米	无	无	保存一般
胡峪口7号烽火台	马营庄乡胡峪口村南	1418米	位于胡峪口寺长城沿线	砖	外部砖砌筑；内部为夯土台体，夯层厚0.16~0.26米	矩形	梯形	底部边长8，顶部边长3.5，残高7.8米	无	无	保存一般
盆峪口烽火台	马营庄乡西安峪村西0.8千米	1201米	位于胡峪口寺长城沿线	砖	外部砖砌筑；内部为夯土台体，夯层厚0.26米	矩形	梯形	底部东西13.6，南北12.8米，顶部东西9.8，南北8.6米，残高6.7米	无	无	保存一般
东寨村村南烽火台	马营庄乡东寨村南0.2千米	1272米	位于胡峪口寺长城沿线	土	夯筑而成，夯层厚0.2~0.26米	矩形	梯形	底部东西10，南北8米，顶部东西7，南北6米，残高5米	无	无	保存一般
沙家寺村南烽火台（彩图六四三）	马营庄乡沙家寺村南0.2千米	1271米	位于胡峪口寺长城沿线	土	夯筑而成，夯层厚0.2~0.26米	矩形	梯形	底部东西10，南北9.8米，顶部边长4米，残高6米	无	无	保存一般

续表300

名称	地点	高程	与其他遗存的位置关系	材质	建筑方式	平面形制	剖面形制	尺寸	附属设施	修缮情况	保存状况
水峪口1号烽火台	后所乡水峪口村东北1.2千米	不详	位于胡峪口—南寺长城沿线	砖	外部砖石砌筑;内部为夯土台体,夯层厚0.1~0.2米	矩形	梯形	底部边长9.2,顶部边长1,残高5.2米	围墙平面呈矩形,边长31,残存最高1米	无	保存一般
水峪口2号烽火台	后所乡水峪口村南0.3千米	1221米	位于胡峪口—南寺长城沿线	砖	外部砖石砌筑;内部为夯土台体,夯层厚0.12~0.2米	矩形	梯形	底部边长16,顶部边长8,南侧残高6,北侧残高12米	无	无	保存一般。南壁有洞穴,宽1,进深3米
水峪口3号烽火台	后所乡水峪口村南0.3千米	1282米	位于胡峪口—南寺长城沿线	土	夯筑而成,夯层厚0.18~0.2米	矩形	梯形	底部东西9.2,南北8.6米,顶部东西6.2,南北5.6米,残高4.8米	无	无	保存一般
水峪口4号烽火台	后所乡水峪口村南0.2千米	1206米	位于胡峪口—南寺长城沿线	砖	外部砖石砌筑;内部为夯土台体,夯层厚0.18~0.26米	矩形	梯形	底部东西12,南北13米,顶部东西8,南北9米,残高9米	无	无	保存一般
水峪口5号烽火台	后所乡水峪口村西南1千米	1268米	位于胡峪口—南寺长城沿线	砖	外部砖石砌筑;内部为夯土台体,夯层厚0.12~0.18米	矩形	梯形	底部东西7.2,南北6.8米,顶部东西5,南北1.8米,残高5.2米	无	无	保存一般
水峪口6号烽火台	后所乡水峪口村西南1千米	1284米	位于胡峪口—南寺长城沿线	砖	外部砖石砌筑;内部为夯土台体,夯层厚0.12~0.24米	矩形	梯形	底部边长12,顶部边长8,残高8米	南壁中部距地表2米处有登顶坡道,宽1.8,高6,深6米	无	保存一般
水峪口7号烽火台	后所乡水峪口村西南1千米	1320米	位于胡峪口—南寺长城沿线	砖	外部砖石砌筑;内部为夯土台体,夯层厚0.18~0.26米	矩形	梯形	底部东西8.2,南北9.8米,顶部东西5.8,南北6.2米,残高6.8米	无	无	保存一般
水峪口8号烽火台	后所乡水峪口村西南1.4千米	1240米	位于胡峪口—南寺长城沿线	砖	外部砖石砌筑;内部为夯土台体,夯层厚0.2~0.26米	矩形	梯形	底部边长8.8米,顶部东西5.2,南北6.2米,残高6.8米	无	无	保存一般
水峪口9号烽火台	后所乡水峪口村西0.5千米	1280米	位于胡峪口—南寺长城沿线	砖	外部砖石砌筑;内部为夯土台体,夯层厚0.2~0.26米	矩形	梯形	底部边长8,顶部边长3,残高9.5米	无	无	保存一般
水峪口10号烽火台	后所乡水峪口村西1千米	1182米	位于胡峪口—南寺长城沿线	砖	外部砖石砌筑;内部为夯土台体,夯层厚0.2~0.26米	矩形	梯形	底部东西11,南北10米,顶部东西8米,残高8.5米	无	无	保存一般
水峪口11号烽火台	后所乡水峪口村西南2千米	1308米	位于胡峪口—南寺长城沿线	砖	外部砖石砌筑;内部为夯土台体,夯层厚0.2~0.26米	矩形	梯形	底部东西7,南北7.2米,顶部东西6,南北6.2米,南侧残高3,北侧残高6米	无	无	保存一般

续表300

名称	地点	高程	与其他遗存的位置关系	材质	建筑方式	平面形制	剖面形制	尺寸	附属设施	修缮情况	保存状况
水峪口12号烽火台	后所乡水峪口村西南	1289米	位于胡峪口—南寺长城沿线	砖	外部砖石砌筑;内部为夯土台体,夯层厚0.18~0.2米,厚0.04~0.06米	矩形	梯形	底部边长8米,顶部东西5,南北1米,东侧残高1.8,西侧残高6米	无	无	保存较差
水峪口13号烽火台(彩图六四四)	后所乡水峪口村西南	1297米	位于胡峪口—南寺长城沿线	砖	外部砖石砌筑;内部为夯土台体,夯层厚0.16~0.2米	矩形	梯形	不详	无	无	保存一般
水峪口14号烽火台	后所乡水峪口村西南	1407米	位于胡峪口—南寺长城沿线	砖	外部砖石砌筑;内部为夯土台体,夯层厚0.16~0.2米	矩形	梯形	不详	无	无	保存一般
水峪口15号烽火台	后所乡水峪口村西南	1400米	位于胡峪口—南寺长城沿线	砖	外部砖石砌筑;内部为夯土台体,夯层厚0.16~0.2米	矩形	梯形	不详	无	无	保存一般
水峪口16号烽火台	后所乡水峪口村西南	1368米	位于胡峪口—南寺长城沿线	砖	外部砖石砌筑;内部为夯土台体,夯层厚0.16~0.2米	矩形	梯形	不详	无	无	保存一般
水峪口17号烽火台	后所乡水峪口村西南	1370米	位于胡峪口—南寺长城沿线	砖	外部砖石砌筑;内部为夯土台体,夯层厚0.16~0.2米	矩形	梯形	不详	无	无	保存一般
大泉沟1号烽火台	张家庄乡大泉沟村	1309米	位于胡峪口—南寺长城沿线	土	夯筑而成,夯层厚0.16~0.2米	矩形	梯形	底部东西9.5,南北8.6米,顶部东西6.8,南北5.2米,残高5.1米	无	无	保存一般
大泉沟2号烽火台	张家庄乡大泉沟村	1315米	位于胡峪口—南寺长城沿线	土	夯筑而成,夯层厚0.2~0.26米	矩形	梯形	底部东西13.4,南北14.2米,顶部东西10.2,南北11.3米,残高8.8米	无	无	保存一般
大泉沟3号烽火台	张家庄乡大泉沟村	1327米	位于胡峪口—南寺长城沿线	土	夯筑而成,夯层厚0.18米	矩形	梯形	底部东西11.2,南北10.8米,顶部东西7.4,南北7米,残高6.2米	无	无	保存一般
大泉沟4号烽火台	张家庄乡大泉沟村	1342米	位于胡峪口—南寺长城沿线	土	夯筑而成,夯层厚0.18~0.2米	矩形	梯形	底部东西5.6,南北9.1米,顶部东西1,南北6米,残高5.2米	无	无	保存一般
大泉沟5号烽火台	张家庄乡大泉沟村	1338米	位于胡峪口—南寺长城沿线	土	夯筑而成,夯层厚0.2米	矩形	梯形	底部东西4.8,南北5.2米,顶部呈东西2.5,南北4米,残高3米	无	无	保存较差

续表300

名称	地点	高程	与其他遗存的位置关系	材质	建筑方式	平面形制	剖面形制	尺寸	附属设施	修缮情况	保存状况
大泉沟6号烽火台	张家庄乡大泉沟村中	1331米	位于胡峪口—南寺长城沿线	土	夯筑而成,夯层厚0.18~0.2米	矩形	梯形	底部东西2~5,南北8米,顶部东西3,南北5米,残高4.8米	无	无	保存较差
大泉沟7号烽火台	张家庄乡大泉沟村中	1326米	位于胡峪口—南寺长城沿线	土	夯筑而成,夯层厚0.18~0.2米	矩形	梯形	底部东西8,南北6米,顶部东西3,南北2米,南侧残高1.8,北侧残高6.3米	无	无	保存一般
大泉沟8号烽火台(彩图六四五)	张家庄乡大泉沟村中	1346米	位于胡峪口—南寺长城沿线	土	夯筑而成,夯层厚0.18~0.2米	矩形	梯形	底部边长12.3,顶部边长7.2,残高8.2米	无	无	保存一般
大泉沟9号烽火台(彩图六四六)	张家庄乡大泉沟村中	1278米	位于胡峪口—南寺长城沿线	土	夯筑而成,夯层厚0.16~0.26米	矩形	梯形	底部边长10.5,顶部边长6.8,残高9.2米	无	无	保存较好
大泉沟10号烽火台	张家庄乡大泉沟村中	1262米	位于胡峪口—南寺长城沿线	土	夯筑而成,夯层厚0.18~0.2米	矩形	梯形	底部东西7.6,南北8.8米,顶部东西4,南北4.8米,残高7.8米	无	无	保存一般
南寺1号烽火台	张家庄乡南寺村南	1355米	位于南寺长城沿线	砖	外部砖石砌筑;内部为夯土台体,夯层厚0.2米	矩形	梯形	底部边长12,顶部边长8,残高6.5米	无	无	保存一般
南寺2号烽火台	张家庄乡南寺村西南2千米	1275米	位于南寺长城沿线	砖	外部砖石砌筑;内部为夯土台体,夯层厚0.2~0.26米	矩形	梯形	底部边长13,顶部边长10,残高8.2米	无	无	保存一般
天圪佬烽火台	张家庄乡天圪佬村东南1千米	1414米	位于新广武长城1段沿线	土	夯筑而成,夯层厚0.16~0.22米	矩形	梯形	底部东西4.5,南北6米,顶部东西2.5,南北4米,残高4.2米	无	无	保存较差
新广武1号烽火台	张家庄乡新广武村东	1372米	位于新广武长城1段沿线	砖	外部砖石砌筑;内部为夯土台体,夯层厚0.18~0.22米	矩形	梯形	底部东西6,南北5米,顶部东西2,南北1.5米,残高5.4米	无	无	保存较差
新广武2号烽火台	张家庄乡新广武村北	1222米	位于新广武长城2段沿线	砖	外部砖石砌筑;内部为夯土台体,夯层厚0.16~0.2米	矩形	梯形	底部东西15,南北13.5米,顶部东西13,南北11米,残高9.2米	无	无	保存较好
新广武3号烽火台	张家庄乡新广武村北	1241米	位于新广武长城2段沿线	砖	外部砖石砌筑;内部为夯土台体,夯层厚0.16~0.2米	矩形	梯形	底部东西11.8,南北11.3米,顶部东西边长9米,残高8米	无	无	保存一般

续表300

名称	地点	高程	与其他遗存的位置关系	材质	建筑方式	平面形制	剖面形制	尺寸	附属设施	修缮情况	保存状况
新广武4号烽火台	张家庄乡新广武村东南	1291米	位于新广武南内长城1段沿线	砖	外部砖石砌筑;内部为夯土台体,夯层厚0.2~0.28米	矩形	梯形	底部边长10.2,顶部边长6.2,残高9.2米	无	无	保存较好
新广武5号烽火台	张家庄乡新广武村东南	1302米	位于新广武南内长城1段沿线	砖	外部砖石砌筑;内部为夯土台体,夯层厚0.28米	矩形	梯形	底部东西13.2,南北10.2米,顶部边长6.2米,残高8.2米	无	无	保存一般
新广武6号烽火台	张家庄乡新广武村南	1250米	位于新广武南内长城1段沿线	砖	外部砖石砌筑;内部为夯土台体,夯层厚0.2~0.26米	矩形	梯形	底部边长9.8,顶部边长7.6,残高8.2米	无	无	保存一般
新广武7号烽火台(彩图六四七)	张家庄乡新广武村西南	1258米	位于新广武南内长城1段沿线	砖	外部砖石砌筑;内部为夯土台体,夯层厚0.08~0.22米	矩形	梯形	底部边长15.2,顶部边长13,残高8.4米	无	无	保存一般
新广武8号烽火台	张家庄乡新广武村西南	1321米	位于新广武南内长城1段沿线	砖	外部砖石砌筑;内部为夯土台体,夯层厚0.2~0.22米	矩形	梯形	底部边长11.6,顶部边长8.1,残高8.2米	无	无	保存一般
新广武9号烽火台(彩图六四八)	张家庄乡新广武村西南	1341米	位于新广武长城3段沿线	砖	外部砖石砌筑;内部为夯土台体,0.2米	圆形	梯形	底径11.6,顶径6.4,残高7.8米	无	无	保存一般
新广武10号烽火台	张家庄乡新广武村西南	1397米	位于新广武长城3段沿线	砖	外部砖石砌筑;内部为夯土台体,0.22米	圆形	梯形	底径11.6,顶径6.6,残高7.8米	无	无	保存一般
新广武11号烽火台(彩图六四九)	张家庄乡新广武村西南	1503米	位于新广武长城3段沿线	砖	外部砖石砌筑;内部为夯土台体,夯层厚0.15~0.18米	矩形	梯形	底部东西10,南北12米,顶部东西8,南北10米,残高8.2米	无	无	保存一般
新广武12号烽火台	张家庄乡新广武村西北	1192米	位于新广武长城2段沿线	砖	外部砖石砌筑;内部为夯土台体	矩形	梯形	底部东西17,南北10米,顶部东西15,南北8米,残高8米	无	无	保存一般。底部有洞穴贯通南北,宽1.5,高12.5米

表301　山阴县长城北侧腹里烽火台一览表

名称	地点	高程	与其他遗存的位置关系	材质	建筑方式	平面形制	剖面形制	尺寸	附属设施	修缮情况	保存状况
南口前烽火台	马营庄乡南口前村东南0.5千米	1109米	西北有大柴棚烽火台	土	夯筑而成，夯层厚0.15~0.2米	矩形	梯形	底部东西10.28，南北11.47米,顶部东西5.08，南北4.76米,残高10.3米	有围墙和台基。围墙仅残存南墙,残高0.6米。台基平面呈矩形,东西22.41,南北20.75,残高1.6米	无	保存较好
大柴棚烽火台	马营庄乡大柴棚村南0.25千米	1060米	东有南口前烽火台,东北有陈家庄烽火台,西有南辛寨烽火台	土	夯筑而成，夯层厚0.18~0.22米	矩形	梯形	底部东西12.24，南北12.04米,顶部东西5.4，南北5.8米,残高10.89米	无	无	保存较好
陈家庄烽火台	马营庄乡陈家庄村东北0.15千米	1054米	西南有大柴棚烽火台,西北有马营庄烽火台	土	夯筑而成，夯层厚0.2~0.27米	矩形	梯形	底部东西10.02，南北12.82米,顶部东西5.2，南北4.1米,残高9.78米	无	无	保存较好
马营庄烽火台	马营庄乡马营庄村中	1027米	东南有陈家庄烽火台	土	夯筑而成，夯层厚0.15~0.23米	矩形	梯形	底部东西8.96，南北9.23米,顶部东西5.3，南北5.53米,残高3.86米		无	保存较差
南辛寨烽火台	马营庄乡南辛寨村北	1050米	南有大柴棚烽火台,东有南辛寨堡,西南有马营庄烽火台,西有西沙堆烽火台	土	夯筑而成，夯层厚0.17~0.21米	矩形	梯形	底部东西18.75，南北18.23米,顶部东西4.53，南北5.14米,残高14.89米	无	无	保存较好
南辛庄烽火台	后所乡南辛庄村东南1.25千米	1148米	东北有南辛寨烽火台,西南有辛立庄烽火台,北有西沙堆烽火台	土	夯筑而成，夯层厚0.17~0.2米	矩形	梯形	底部东西7.52，南北8.82米,顶部东西3.3，南北4.5米,残高9.2米	无	无	保存较好
西沙堆烽火台	后所乡西沙堆村西北部	1034米	东有南辛庄烽火台,南有南辛庄烽火台	土	夯筑而成，夯层厚0.17~0.19米	矩形	梯形	底部东西6.97，南北16.24米,顶部东西4，南北1.3米,残高2.1米	无	无	保存较差
辛立庄烽火台	后所乡辛立庄村西部	1053米	东北有水峪口堡,东南有南州庄烽火台	土	夯筑而成，夯层厚0.21~0.25米	矩形	梯形	底部东西9.61，南北9.39米,顶部南北4.6米,残高6.68米	台基残存北部,残长13.97，残宽2.85米	无	保存较差
南州庄1号烽火台	后所乡南州庄村西0.45千米的河滩中	1107米	西南有辛立庄烽火台,东北有南州庄2号烽火台	土	夯筑而成，夯层厚0.16~0.19米	矩形	梯形	底部东西4.3，南北5.1，残高8.6米	无	无	保存一般

续表 301

名称	地点	高程	与其他遗存的位置关系	材质	建筑方式	平面形制	剖面形制	尺寸	附属设施	修缮情况	保存状况
南州庄2号烽火台	后所乡南州庄村西南0.55千米	不详	西南有水峪口堡。东北有辛立庄乡烽火台，西北有南州庄1号烽火台	土	夯筑而成，夯层厚0.17~0.21米	矩形	梯形	底部边长8.64，顶部边长0.7，残高5.6米	围墙平面呈矩形，东西25.77，南北26.48米，底宽2.2，残高1.2米。西墙中部设门，高1.2米。台基平面呈矩形，东西16.03，南北13.58，残高1.1米	无	保存较差
林桥烽火台	张家庄乡林桥村南0.03千米	1025米	东南有水峪口堡。东有南州庄1、2号烽火台	土	夯筑而成，夯层厚0.19米	矩形	梯形	底部南北4.2米，顶部东西2.5，南北3.3米，残高1.6米	无	无	保存较差
蔡罕铺2号烽火台	张家庄乡蔡罕铺村北0.15千米	1060米	东北有林桥烽火台，南有蔡罕铺1号烽火台	土	夯筑而成，夯层厚0.18~0.2米	矩形	梯形	底部东西4.8，南北7.4，残高5.2米	无	无	保存较差
蔡罕铺1号烽火台	张家庄乡蔡罕铺村西南0.1千米	1068米	北有蔡罕铺2号烽火台，西南有水河铺烽火台	土	夯筑而成，夯层厚0.13~0.22米	矩形	梯形	底部边长6.63，南边长5.36，北边长4.9，西边长6.87米，顶部东边长4.9米，残高4.67米	台基仅存地面痕迹	无	保存一般。东、西壁下部中央有窑洞，东窑洞宽0.95，进深2.21米，西壁窑洞宽0.95，残高0.78，进深2.64米。台体顶部中央有圆形竖洞，口、底径1.86，深2.5米
水河铺烽火台	张家庄乡水河铺村西南0.2千米的广武汉墓群中	1130米	东北有蔡罕铺1号烽火台	土	夯筑而成，夯层厚0.22~0.24米	矩形	梯形	底部东西13.66，南北11.47米，顶部东西9.78，南北8.25米，残高8.25米	无	无	保存较好。东壁中部有洞穴，宽2.23，残高1.98，进深2.23米
王庄烽火台	古城镇王庄村北0.2千米	1013米	西有山阴城	土	土坯与竹夹层而成，土坯层厚0.18~0.22米	矩形	梯形	底部东西7，南北6.4米，顶部东西4.2，南北3.9米，残高5.3米	无	无	保存一般
西盐池1号烽火台	古城镇西盐池村东北0.3千米	1009米	东有山盐池2、3号烽火台，北有快乐村烽火台	土	夯筑而成，夯层厚0.2~0.32米	椭圆形	梯形	底部东西3.5，南北2.3，残高3.6米	无	无	保存较差

续表 301

名称	地点	高程	与其他遗存的位置关系	材质	建筑方式	平面形制	剖面形制	尺寸	附属设施	修缮情况	保存状况
西盐池2号烽火台	古城镇西盐池村西南侧村边	1013米	东北有西盐池1号烽火台,西南有西盐池3号烽火台	土	夯筑而成,夯层厚0.18~0.24米	矩形	梯形	底部东西9.49,南北8.59米,顶部东西3.8,南北4.8米,残高5.4~7.5米	无	无	保存一般。台体底部四周有洞穴,洞口直径0.6~0.9,进深2.3~3.2米
西盐池3号烽火台	古城镇西盐池村西南1.5千米	1018米	东北有西盐池1,2号烽火台,南有后黄台烽火台	土	夯筑而成,夯层厚0.17~0.25米	矩形	梯形	底部东西5.52,南北4,残高4.3米	无	无	保存较差
后黄台烽火台	古城镇黄台村西北0.8千米	1023米	北有西盐池1~3号烽火台	土	夯筑而成,夯层厚0.2米	矩形	梯形	底部东西9.31,南北6.09米,顶部东西6.69,南北2米,残高2.25米	无	无	保存较差
小吃塔烽火台	古城镇小吃塔村中	1013米	南有山阴城,西南有快乐村烽火台	土	夯筑而成	矩形	梯形	不详	无	无	保存差。用台体修建成庙宇"佛光阁"
快乐村烽火台	古城镇快乐村中	1017米	东南有山阴城,东北有小吃塔烽火台,南有西盐池1号烽火台	土	夯筑而成,夯层厚0.14~0.18米	矩形	梯形	底部东西7.2,南北7.5米,顶部东西3.75,南北4.35米,残高6.1米	台基残存台基西部,南北7.04,残高0.7米,台基上有两个窑穴	无	保存一般。台基上有两个窑穴
白坊2号烽火台	薛圐圙乡白坊村东南1.3千米	1022米	西北有白坊1号烽火台,东有西盐池1~3号烽火台	土	夯筑而成,夯层厚0.21~0.25米	圆形	梯形	残4.24米	无	无	保存较差。东壁被利用修建有三间房屋;台体南侧有神龛
白坊1号烽火台	薛圐圙乡白坊村西北0.35千米	1041米	东南有白坊2号烽火台	土	夯筑而成,夯层厚0.17~0.2米	矩形	梯形	底部东西9.63,南北1.8米,顶部东西5.28米,残高4.8米	无	无	保存较差
庞家堡烽火台	薛圐圙乡庞家堡村中	1020米	西北距河阴堡2.2千米,东南有白坊1号烽火台	土	夯筑而成,夯层厚0.14~0.22米	矩形	梯形	底部东西3,南北4.2,残高4.71米	无	无	保存较差
辛兴铺烽火台	薛圐圙乡辛兴铺村东北0.25千米	1031米	西南有豆庄烽火台	土	夯筑而成,夯层厚0.21~0.25米	矩形	梯形	底部东西8.08,南北7.37,顶部东西2.2,南北0.8米,残高7.16米	无	无	保存一般
豆庄烽火台	薛圐圙乡豆庄村北0.1千米	1039米	东北有辛兴铺烽火台	土	夯筑而成,夯层厚0.15~0.2米	矩形	梯形	底部东西12.7,南北10,残高8米	无	无	保存一般

续表301

名称	地点	高程	与其他遗存的位置关系	材质	建筑方式	平面形制	剖面形制	尺寸	附属设施	修缮情况	保存状况
河头烽火台	合盛堡乡河头村东北部	1055米	西有上小河村1、2号烽火台	土	夯筑而成,夯层厚0.15~0.21米	矩形	梯形	底部东西8.8,南北6.4,残高11米	无	无	保存一般
上小河村1号烽火台	合盛堡乡上小河村北0.035千米的耕地中	1017米	东有河头烽火台,南有上小河村2号烽火台	土	夯筑而成,夯层厚0.14~0.2米	矩形	梯形	底部东西8.79,南北9.48米,顶部东西4.1,南北4.6米,残高6.47米	台体内有通顶孔洞,有砖砌阶梯;洞口在南壁,直径0.8米;顶部矩形斜洞宽0.7,深3.07米。北壁中部有登顶脚窝	无	保存一般
上小河村2号烽火台	合盛堡乡上小河村西南0.75千米	1016米	东北有上小河村1号烽火台,南有小吃塔烽火台	土	夯筑而成,夯层厚0.15~0.22米	矩形	梯形	底部东西34.42米,顶部东西6.04,南北6.22米,残高4.8米	无	无	保存一般
黄魏村1号烽火台	合盛堡乡黄魏村东0.01千米	不详	西有黄魏村2号烽火台,南有上小河村1、2号烽火台	土	夯筑而成,夯层厚0.17~0.2米	矩形	梯形	底部东西5.59,南北4.29,残高8.4米	无	无	保存一般
黄魏村2号烽火台	合盛堡乡黄魏村偏东部	1021米	东有黄魏村1号烽火台,西有高山疃烽火台,南有上小河村1、2号烽火台	土	夯筑而成,夯层厚0.16~0.23米	矩形	梯形	底部东西6.71,南北6.2,残高5.9米	无	无	保存较差
高山疃烽火台	合盛堡乡高山疃村东南部蔬菜温室园中	不详	东有黄魏村2号烽火台	土	夯筑而成,夯层厚0.17~0.2米	矩形	梯形	底部东西6.21,残高5.77米	无	无	保存较差
大虫堡烽火台	合盛堡乡大虫堡村西南1.1千米	1018米	南有高山疃烽火台,西有安崖庄烽火台	土	夯筑而成,夯层厚0.2~0.23米	圆形	梯形	底径11.31米;顶部平面呈椭圆形,东西4.3,南北3.2米	台基平面呈矩形,东西19.66,南北22.13米	无	保存较差
刘家岭烽火台	岱岳乡刘家岭村东部	1017米	西有新大滩烽火台,东北有高山疃烽火台,东有上小河村1、2号烽火台	土	夯筑而成,夯层厚0.14~0.2米	矩形	梯形	底部东西6.5,南北6.74米,顶部东西4.5,南北3.7米,残高9.96米	无	无	保存一般。台体顶部有矩形竖洞,东西3.24,南北1.89,最深4.12米
新大滩烽火台	岱岳乡新大滩移民村北0.2千米的缓坡上	1038米	东有刘家岭烽火台,西有安祥寺烽火台	土	夯筑而成,夯层厚0.2~0.24米	矩形	梯形	底部东西5.21,南北5.9米,顶部东西2.9,南北2.1,残高4.14米	台基平面呈矩形,东西15.93,南北18.19米	无	保存较差

续表301

名称	地点	高程	与其他遗存的位置关系	材质	建筑方式	平面形制	剖面形制	尺寸	附属设施	修缮情况	保存状况
安祥寺烽火台	岱岳乡安祥寺村中	981米	东有新大滩烽火台,西北有王家涧烽火台	土	夯筑而成	矩形	梯形	底部东西12.21,南北3.6,残高5.4米	无	无	保存一般。台体周围堆积有生活垃圾
王家涧烽火台	岱岳乡王家涧村北部	1099米	东南有安祥寺烽火台	土	夯筑而成,夯层厚0.17~0.25米	矩形	梯形	底部东西14.5,南北9米,顶部东西6.7,南北4.1米,残高9.7米	无	无	保存较好。南壁被利用修建成房屋
黄羊坡烽火台	岱岳乡兰窑村西北部1.1千米的黄羊坡山顶上	1278米	西北有白淀沟烽火台	土	夯筑而成,夯层厚0.25米	矩形	梯形	底部东西7.6,南北5米,顶部东西3.4,南北1.9米,残高6.4米	无	无	保存一般。东壁底部有洞穴,宽1.1,残高0.8,进深2.7米
安荣村7号烽火台	安荣乡安荣村南部	1039米	西北距安荣村6号火台0.01千米	土	夯筑而成,夯层厚0.16~0.23米,夯层间有夹层,厚0.03米	矩形	梯形	底部东西15.92,南北12.96米,顶部东西6.8,南北6.4米,残高13.04米	西南角向西南延伸出一段土墙,夯筑而成,夯层厚0.21~0.28米,残长58,底宽2.2,残高1.2~4.4米。台体内有通顶孔洞,洞口在西壁中部	无	保存较好
安荣村6号烽火台	安荣乡安荣村南部	不详	东南距安荣村7号火台0.01千米	土	夯筑而成,夯层厚0.2~0.26米	矩形	梯形	底部东西16.95,南北13.54米,顶部东西10.7,南北4.1米,残高10.86米	无	无	保存较好。西、北壁有洞穴。西壁洞穴宽1.69,残高1.87,进深5.43米;北壁西侧石券洞穴宽1.16,残高0.5米,被堵塞,当地人称为"大仙庙"。石券洞穴上部洞穴宽1.45,残高1.65,进深9米,与西壁洞穴相通。北壁中部洞穴宽2.3,残高0.88,进深1.93米
安荣村5号烽火台	安荣乡安荣村南部	1038米	西南距安荣村4号火台0.09千米	土	夯筑而成,夯层厚0.15~0.19米	矩形	梯形	底部东西11.46,南北8.83米,顶部东西5.1,南北1.9米,残高13.19米	无	无	保存较好。西壁下部有窑洞,宽4.01,残高2.47,进深3.2米
安荣村4号烽火台	安荣乡安荣村南部	1021米	东北距安荣村5号火台0.09千米	土	夯筑而成,夯层厚0.18~0.22米	矩形	梯形	底部东西6.3,南北9.59,残高10.9米	无	无	保存一般

名称	地点	高程	与其他遗存的位置关系	材质	建筑方式	平面形制	剖面形制	尺寸	附属设施	修缮情况	保存状况
安荣村3号烽火台	安荣乡安荣村中部	1037米	东南距安荣村4号烽火台0.4千米	土	夯筑而成,夯层厚0.19~0.22米	矩形	梯形	底部东西11.42、南北11.39米,顶部东西2.5、南北3.6米,残高11.37米	无	无	保存较好。东壁东南角有窑洞
安荣村1号烽火台	安荣乡安荣村西南部	1036米	东北距安荣村3号烽火台0.37千米,西南距安荣村2号烽火台0.05千米	土	夯筑而成,夯层厚0.17~0.24米	矩形	梯形	底部东西9.23、南北10.27,残高7.1米	无	无	保存一般
安荣村2号烽火台	安荣乡安荣村西南部	1036米	东北距安荣村1号烽火台0.05千米	土	夯筑而成,夯层厚0.17~0.24米	矩形	梯形	底部东西8.57、南北4.97,残高5.7米	无	无	保存较差。台体西南部破坏利用修建成牛圈,紧邻台体北壁有房屋围墙
河阳堡1号烽火台	安荣乡河阳堡村东南0.5千米	1018米	西南距河阳堡1号烽火台0.07千米	土	夯筑而成,夯层厚0.13~0.16米	矩形	梯形	底部东西8.16、南北7.48米,顶部东西2.2、南北5.2米,残高2.34米	台基仅存地面痕迹	无	保存较差
河阳堡1号烽火台	安荣乡河阳堡村东南0.1千米	1009米	南距河阳堡0.23千米,东北距河阳堡2号烽火台0.07千米	土	夯筑而成,夯层厚0.14~0.22米	矩形	梯形	底部东西10.26、南北8.44米,顶部东西3.7、南北4.8米,残高4.92米		无	保存一般
河阳堡3号烽火台	安荣乡河阳堡村西南0.75千米	1044米	东北距河阳堡1.2千米,东南距庞家堡烽火台3.1千米	土	夯筑而成,夯层厚0.15~0.18米	矩形	梯形	底部东西3.4、南北3.5,残高3.3米	无	无	保存较差
泥河2号烽火台	安荣乡泥河村南0.1千米	981米	东北有河阳堡3号烽火台,西北有泥河1号烽火台	土	夯筑而成,夯层厚0.2米	矩形	梯形	底部东西5.32、南北5.04,残高5.71米	无	无	保存较差
泥河1号烽火台	安荣乡泥河村西0.05千米	1042米	东北有河阳堡3号烽火台,东南有泥河2号烽火台	土	夯筑而成,夯层厚0.2~0.23米	矩形	梯形	底部东西7.88、南北7.76米,顶部东西5.5、南北4.2米,南壁残高5.73、北壁残高8.02米	台体内部有通顶孔洞,洞口在南壁,宽0.84,残高1.52,进深2.23米	无	保存一般
西酆河烽火台	安荣乡西酆河村北0.2千米	1049米	东北有泥河1、2号烽火台	土	夯筑而成,夯层厚0.2米	矩形	梯形	底部东西3.1、南北6.2米,顶部东西2.2、南北2.6米,残高6.2米	无	无	保存较差

续表301

名称	地点	高程	与其他遗存的位置关系	材质	建筑方式	平面形制	剖面形制	尺寸	附属设施	修缮情况	保存状况
西沟村烽火台	安荣乡西沟村东北1.3千米	1234米	东南距安荣村1,2号烽火台6.1千米	土	夯筑而成,夯层厚0.12~0.21米	矩形	梯形	底部东西11.61,南北11.65米,顶部东西5.1,南北4.9米,残高9.81米	围墙平面呈矩形东西23.98,南北23.73米,底宽1.7,残宽0.4~1.8米,夯层厚0.15~0.2米;东墙中部设门,宽2.93米。台基残高1.5米	无	保存较好。西北角有挖掘形成的登顶脚窝,台基上种植有小松树
大羊村烽火台	安荣乡大羊村北0.1千米的缓坡上	1139米	东南距河阴堡3号烽火台3.3千米	土	夯筑而成,夯层厚0.17~0.22米	矩形	梯形	底部东西7.16,南北9.23米,顶部东西4.5,南北4.1米,残高6.4米	无	无	保存一般。东、西壁有窑洞
安岸庄烽火台	北周庄镇安岸庄村西北0.01千米	1055米	东南有大虫堡烽火台	土	夯筑而成	矩形	梯形	底部东西8.8,南北6.4米,顶部东西4.2,南北1.8米,残高11米	台体内有通顶孔洞,洞口在南壁底部,宽1.5,残高1.6,距东南角3.5米	无	保存一般
郑庄烽火台	北周庄镇郑庄村6区10号院东北侧	1036米	北有棋道地1,2号烽火台	土	夯筑而成,夯层厚0.15~0.2米	矩形	梯形	底部东西10,南北7.7米,顶部东西7.2,南北5.5米,残高7.3米	台体内有通顶孔洞,洞口在南壁下部,宽0.8,距地面0.5米,距西南角2.6米;顶部洞口东西3.7,南北3.1米	无	保存一般。西壁被利用修建成房屋
棋道地2号烽火台	北周庄镇棋道地村东北1.15千米的黄花岭上	1108米	西北有棋道地1号烽火台,南有郑庄烽火台	土	夯筑而成,夯层厚0.15~0.2米	矩形	梯形	底部东西7,南北7.2米,顶部东西2.3,南北1.6米,残高7.4米	无	无	保存一般
棋道地1号烽火台	北周庄镇棋道地村北0.2千米的耕地中	1044米	东南有棋道地2号烽火台	土	夯筑而成,夯层厚0.2~0.23米	矩形	梯形	底部东西10.9,南北7.4米,顶部东西5.1,南北2.5米,残高6.2米	围墙平面呈矩形,残高1.5米。台基平面呈矩形,东西20.5,南北27.7米,残高1.2~1.6米。围墙和台基东部为耕地	无	保存一般。围墙和台基东部为耕地
白淀沟烽火台	北周庄镇白淀沟村北0.6千米的山顶上	1397米	东北有上神泉烽火台,东南南有黄羊坡烽火台	土	夯筑而成,夯层厚0.28~0.32米	矩形	梯形	底部东西10,南北9米,顶部东西3.1,南北3.7米,残高6.8米	东南角有登顶脚窝	无	保存一般。东壁有洞穴,宽1.15,高0.9,进深2.9米
上神泉烽火台	北周庄镇上神泉村中偏南部	1280米	西南有白淀沟烽火台,东北有燕庄2号烽火台	土	夯筑而成,夯层厚0.2~0.3米	矩形	梯形	底部东西6.76,南北8.09米,顶部东西2.9,南北3.5米,残高8.01米	无	无	保存一般。南壁有砖券窑洞

续表301

名称	地点	高程	与其他遗存的位置关系	材质	建筑方式	平面形制	剖面形制	尺寸	附属设施	修缮情况	保存状况
燕庄2号烽火台	北周庄镇燕庄村东1.75千米	不详	西南有上神泉烽火台,西北有燕庄1号烽火台	土	不详	矩形	梯形	不详	台体内有通顶孔洞,洞口在西壁中下部	无	保存较好
燕庄1号烽火台	北周庄镇燕庄村西北2千米处的燕家洞山顶上	1874米	东南有燕庄2号烽火台,东北有贺庄烽火台	石	石块、石片垒砌而成	矩形	梯形	底部东西10.17,南北10.14米,顶部东西5,南北6.1米,残高6.01米	围墙石砌而成,平面呈圆角矩形,东西14.89,南北15.46米,底宽1.5,顶宽0.6,内高1.55,外高2.25米;南墙中部设门,宽0.8米;西壁有登顶坡道,宽1.65米	无	保存一般。台体顶部东南侧有近现代的石砌圆柱体设施
贺庄烽火台	北周庄镇贺庄村西1.15千米处的山坡上	1434米	西南有燕庄1号烽火台,东北有柏坡烽火台	土	夯筑而成,夯层厚0.23~0.26米;夯层同有夹层,厚0.09米	矩形	梯形	底部西边长7.1、北边长8.8米,顶部西边长3、北边长3.8米,残高7.56米	围墙残高1.8米。台基平面呈矩形,东边长22.46、南边长27.35米,南边残高3.5米	无	保存一般
柏坡烽火台	北周庄镇柏坡村东0.8千米	1292米	西南有贺庄烽火台	土	夯筑而成,夯层厚0.16~0.2米	矩形	梯形	底部东西5.6、南北5米,顶部东西2.6、南北2.2米,残高5.2米	台基石砌而成,平面呈矩形,东边长8.7,残高0.9米	无	保存一般
梁头烽火台	马营乡梁头村西南0.9千米处的山顶上	1818米	西有井沟烽火台,西南有柏坡烽火台	石	外部石片砌筑;内部为夯土台体,夯层厚0.16~0.2米	矩形	梯形	底部东西9.3、南北9米,顶部东西5.7、南北3.5米,残高5.3米	台基石砌而成,平面呈矩形,东边长8.7,残高0.9米	无	保存一般
井沟烽火台	马营乡井沟村北0.02千米	1569米	东有梁头烽火台	土	夯筑而成,夯层厚0.2米	矩形	梯形	底部东西9、南北6.8米,顶部东西6.8、南北3.5米,残高7.2米	台体顶部有火池,平面呈圆角矩形,坑壁有砖,东西3.1,南北3.5,深1.2米	无	保存一般
台墩山烽火台	玉井镇南祖村东北2千米处的台墩山顶上	1695米	东北有井沟烽火台	土	夯筑而成,夯层厚0.2~0.27米	矩形	梯形	底部东西12.2、南北11.2米,顶部东西4.1、南北3.9米,残高8.8米	台基平面呈矩形,东西25.5、南北25,残高1.7米。东南角有登顶胸墙	无	保存较好

第十二章 代县长城

代县位于山西省北中部，东邻繁峙县，南与五台县接壤、西与原平市相接，北与山阴县、东北及西北一角与应县和朔城区毗邻。山西省明长城资源调查二队从 2007 年 11 月 13 日~2008 年 5 月 20 日，对该县明长城资源进行了调查。

一　长城资源调查数据

代县调查长城墙体 4 段，长 7818 米；堡 4 座；单体建筑有敌台 14 座、烽火台 23 座（地图一二）。

（一）长城墙体

代县明长城属明代内长城，由山阴县张家庄乡新广武村向西南，进入代县境，经雁门关乡白草口村、王庄村，向西南延伸至原平市，与原平市段家堡乡老窝村附近的早期长城相接。长城位于县境西北部与山阴县、朔城区、原平市相邻的山地（表 315）。

表 315　代县长城墙体一览表（单位：米）

长城墙体段落名称	总长	保存较好	保存一般	保存较差	保存差	消失	类型	县属
白草口长城 1 段	2190	1044	846	58	87	155	砖墙	代县
白草口长城 2 段	1017	130	0	70	421	396	砖墙	代县
白草口长城 3 段	1011	0	0	796	215	0	石墙	代县
白草口—王庄长城	3600	3600	0	0	0	0	山险	代县
合计	7818	4774	846	924	723	551		
百分比（%）	100	61.06	10.82	11.82	9.25	7.05		

1. 白草口长城 1 段

起点位于雁门关乡白草口村东北 3 千米处的猴儿岭峰，高程 1724 米；止点位于雁门关乡白草口村东北 0.3 千米处，高程 1293 米。大致呈东北—西南走向。全长 2190 米，其中保存较好 1044、一般 846、较差 58、差 87、消失 155 米。墙体为砖墙，将山脊西、北侧铲削成陡壁，西、北侧砖石砌筑，石条长 42～54、厚 22～24 厘米，青砖长 38、宽 19、厚 9 厘米。现存墙体剖面大致呈不规则梯形，底宽 4.4～6.6、顶宽 0.3～4.1 米，东、南侧残高 1.6～4.6 米，西、北侧残高 4.6～8.2 米。墙体顶部残存垛口墙、女墙，部分段只设垛口墙，直接在山脊岩石上砌筑垛口墙（彩图六五〇）。垛口墙宽 0.46～0.58、残高 0.36～2.4 米，垛口长 0.54～1.1、高 0.6～1.1 米，女墙宽 0.54 米。垛口墙下有射孔，平面呈矩形，边长 0.25 米。本段长城西北接山阴县新广武长城 3 段，西连白草口长城 2 段。白草口 1 段 1～10 号敌台倚墙而建，位于墙体西、北侧，白草口 1 段 1、10 号敌台分别系白草口长城 1 段起、止点。白草口 6 号烽火台位于墙体南侧（图三七七）。

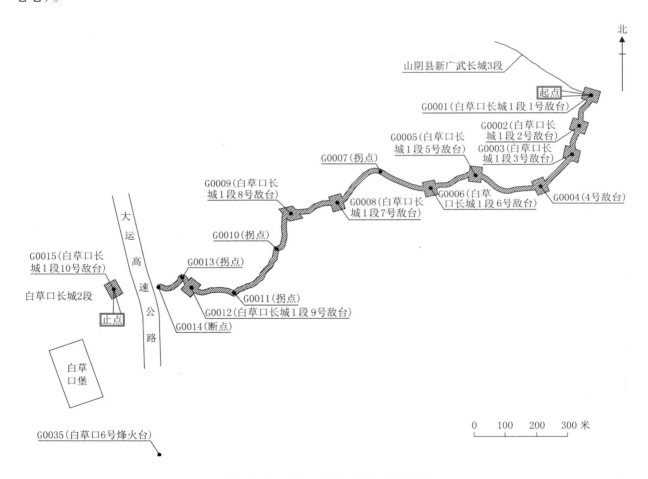

图三七七　白草口长城 1 段走向示意图

本段墙体共测 GPS 点 15 个（G0001～G0015），可分为 14 小段，分述如下。

第 1 小段：G0001（起点、白草口 1 段 1 号敌台）—G0002（白草口 1 段 2 号敌台），长 113 米，东北—西南走向，保存较好。墙体顶宽 0.3～1.3、西侧残高 6.8～7.2 米，垛口墙宽 0.56、残高

0.36 米。

第 2 小段：G0002（白草口 1 段 2 号敌台）—G0003（白草口 1 段 3 号敌台），长 94 米，东北—西南走向，保存较好。墙体顶宽 1.3、西侧残高 7.6 米，垛口墙宽 0.56、残高 1.2 米。垛口墙下有射孔，平面呈矩形，边长 0.25 米（彩图六五一）。

第 3 小段：G0003（白草口 1 段 3 号敌台）—G0004（白草口 1 段 4 号敌台），长 160 米，东北—西南走向，保存一般。墙体顶宽 1.6～3.4、西侧残高 7.6 米，垛口墙宽 0.46、残高 0.4 米。垛口墙下有射孔，间距 1.6 米，平面呈矩形，边长 0.25 米。

第 4 小段：G0004（白草口 1 段 4 号敌台）—G0005（白草口 1 段 5 号敌台），长 282 米，东—西走向，保存一般。墙体底宽 6.4、顶宽 2.4、北侧残高 4.6～5.2 米。顶部垛口墙坍塌。

第 5 小段：G0005（白草口 1 段 5 号敌台）—G0006（白草口 1 段 6 号敌台）。长 150 米，东北—西南走向，保存较好。墙体底宽 6.4、顶宽 2.4、北侧残高 6.4 米。

第 6 小段：G0006（白草口 1 段 6 号敌台）—G0007（拐点），长 176 米，东南—西北走向，保存一般。墙体底宽 6.6、顶宽 3.8、北侧残高 5.6～6.2 米。

第 7 小段：G0007（拐点）—G0008（白草口 1 段 7 号敌台），长 144 米，东北—西南走向，保存较好。墙体顶宽 1.4～2.8、北侧残高 8.2 米，垛口墙宽 0.48、残高 1.4 米。

第 8 小段：G0008（白草口 1 段 7 号敌台）—G0009（白草口 1 段 8 号敌台），长 247 米，东—西走向，保存较好。墙体底宽 6.6、顶宽 2.8、北侧残高 7.6 米。

第 9 小段：G0009（白草口 1 段 8 号敌台）—G0010（拐点），长 135 米，东北—西南走向，保存较好。墙体顶宽 2.8、东侧残高 3.4～4.6、西侧残高 7.4 米。垛口墙宽 0.54、残高 1.1 米，垛口长 0.54、高 0.6 米（彩图六五二、六五三）。

第 10 小段：G0010（拐点）—G0011（拐点），长 161 米，东北—西南走向，保存较好。垛口墙直接砌筑在山脊岩石上，呈阶梯状。垛口墙宽 0.58、残高 2.4 米，垛口长 1.1、高 1.1 米。

第 11 小段：G0011（拐点）—G0012（白草口 1 段 9 号敌台），长 228 米，东—西走向，保存一般。墙体顶宽 4.1 米，垛口墙、女墙宽 0.54 米。

第 12 小段：G0012（白草口 1 段 9 号敌台）—G0013（拐点），长 58 米，东南—西北走向，保存较差。墙体底宽 4.4、顶宽 2.8、东北侧残高 5.4、西南侧残高 1.6 米。

第 13 小段：G0013（拐点）—G0014（断点），长 87 米，东北—西南走向，保存差。

第 14 小段：G0014（断点）—G0015（止点、白草口 1 段 10 号敌台），长 155 米，东—西走向，墙体消失。有大（同）运（城）高速公路白草口隧道。

墙体整体保存一般。造成损毁的自然因素主要有山体滑坡、风雨侵蚀和植物生长等；人为因素主要是拆毁墙体砖石、修路破坏墙体等。

2. 白草口长城 2 段

起点位于雁门关乡白草口村东北 0.3 千米处，高程 1293 米；止点位于雁门关乡白草口村西北 1 千米处，高程 1525 米。大致呈东—西走向。全长 1017 米，其中保存较好 130、较差 70、差 421、消失 396 米。墙体为砖墙，两侧砖石砌筑，内部为夯土墙体；或将山脊北侧铲削成陡壁，北侧砖石砌筑。现存墙体剖面大致呈不规则梯形，底宽 5.4、顶宽 1～4、北侧残高 2～6.2 米。墙体顶部残存女墙，女墙宽 0.5、残高 0.18 米（彩图六五四）。本段长城东接白草口长城 1 段，西南连白草口长城 3 段。白草口堡位于墙体南0.2千米处。白草口1段10号敌台、白草口2段敌台倚墙而建，位于墙体北侧。白草口1段10号敌台系白草口长城2段起点。白草口1、2、7号烽火台位于墙体北侧，白草口4、5号烽火台位于墙体南侧（图三七八）。

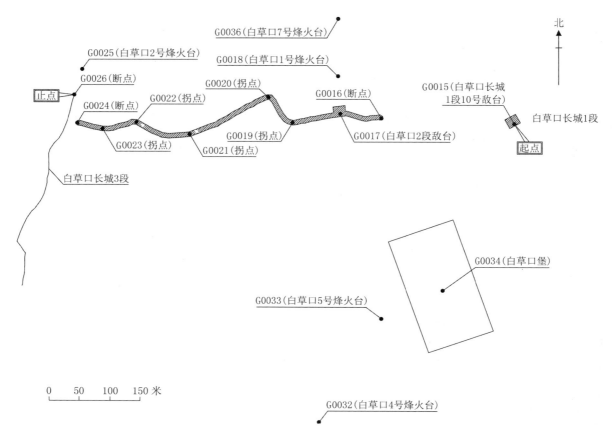

图三七八　白草口长城2段走向示意图

本段墙体共测GPS点10个（G0015 ~ G0017、G0019 ~ G0024、G0026），可分为9小段，分述如下。

第1小段：G0015（起点、白草口1段10号敌台）—G0016（断点），长297米，东—西走向，墙体遭白草口河洪水冲毁消失。

第2小段：G0016（断点）—G0017（白草口2段敌台），长70米，东—西走向，保存较差。包砖无存，仅存基石。墙体底宽5.4、顶宽1 ~ 2.2、北侧残高4.2米。

第3小段：G0017（白草口2段2号敌台）—G0019（拐点），长109米，东—西走向，保存差。墙体系将山脊北侧铲削成陡壁，砌筑砖石，现包砖无存。墙体北侧残高2 ~ 3.5米（彩图六五五）。

第4小段：G0019（拐点）—G0020（拐点），长44米，东南—西北走向，保存差。墙体系将山脊北侧铲削成陡壁，砌筑砖石，现砖石无存。墙体残高2 ~ 3.4米。

第5小段：G0020（拐点）—G0021（拐点），长122米，东北—西南走向，保存差。墙体系将山脊北侧铲削成陡壁，砌筑砖石，现砖石无存。

第6小段：G0021（拐点）—G0022（拐点），长130米，东—西走向，保存较好。墙体系将山脊北侧铲削成陡壁，砌筑砖石。墙体顶宽4、北侧残高6.2米，女墙宽0.5、残高0.18米。

第7小段：G0022（拐点）—G0023（拐点），长94米，东—西走向，保存差。

第8小段：G0023（拐点）—G0024（断点），长52米，东—西走向，保存差。墙体北侧残高2.3米。

第9小段：G0024（断点）—G0026（止点、断点），长99米，东南—西北走向，墙体遭洪水冲毁消失。

墙体整体保存差。造成损毁的自然因素主要有洪水冲刷、风雨侵蚀和植物生长等；人为因素主要是农业生产活动破坏、拆毁墙体砖石等。

3. 白草口长城3段

起点位于雁门关乡白草口村西北1千米处，高程1525米；止点位于白草口村西1.5千米处，高程1618米。大致呈东北—西南走向。全长1011米，其中保存较差796、差215米。墙体为石墙，两侧石块垒砌，内部填以碎石泥土。现存墙体剖面大致呈不规则梯形，底宽3.4~4、顶宽0.8~2.2、残高0.6~2.3米。本段长城东南接白草口长城2段，西南连白草口—王庄长城。白草口3段1~3号敌台倚墙而建，位于墙体西、北侧。白草口3号烽火台位于墙体北侧（图三七九；彩图六五六）。

图三七九　白草口长城3段走向示意图

本段墙体共测GPS点5个（G0026、G0027、G0029~G0031），可分为4小段，分述如下。

第1小段：G0026（起点、断点）—G0027（白草口3段1号敌台），长215米，东北—西南走向，保存差。墙体底宽3.4、顶宽0.8、残高0.6~1.4米。

第2小段：G0027（白草口3段1号敌台）—G0029（白草口3段2号敌台），长340米，东北—西南走向，保存较差。墙体底宽4、顶宽2.2、北侧残高2.3米。

第3小段：G0029（白草口3段2号敌台）—G0030（白草口3段3号敌台），长401米，东北—西南走向，保存较差。墙体底宽3.6、顶宽1.4、残高1.6~1.8米。

第 4 小段：G0030（白草口 3 段 3 号敌台）—G0031（止点、材质变化点），长 55 米，东—西走向，保存较差。墙体底宽 3.6、顶宽 1.2～1.4、残高 0.8～1.6 米（彩图六五七）。

墙体整体保存较差。造成损毁的自然因素主要有风雨侵蚀和植物生长等；人为因素主要是农业生产活动破坏、拆毁墙体包石等。

4. 白草口—王庄长城

起点位于雁门关乡白草口村西北 1.5 千米处，高程 1618 米；止点位于雁门关乡王庄西 1.1 千米处，高程 1834 米。大致呈东北—西南走向。全长 3600 米，全部保存较好。本段长城为山险，东北接白草口长城 3 段，西南与原平市段家堡乡老窝村附近的早期长城相连。

本段墙体共测 GPS 点 2 个（G0031、G0055），仅 1 小段。

G0031（起点、材质变化点）—G0055（止点），长 3600 米，东北—西南走向，保存较好。

（二）关堡

代县调查堡 4 座。

1. 白草口堡

位于雁门关乡白草口村中，白草口长城 2 段南 0.2 千米处，高程 1313 米。白草口 5 号烽火台位于白草口堡西 2 米处。

堡平面呈矩形，坐南朝北，东西 60、南北 50 米，周长 220 米，占地面积 3000 平方米。现存主要设施、遗迹有堡墙、北门、敌台 1 座、楼台 1 座等（图三八〇）。堡墙为砖墙，两侧砖石砌筑；内部为夯土墙体，夯层厚 0.2 米。墙体底宽 5、顶宽 1、残高 6～8 米，南墙无存，西、北墙包砖大多无存，

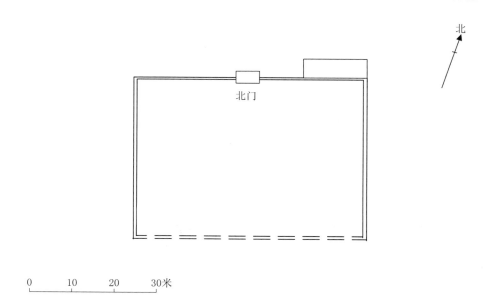

北

北门

0　　　10　　　20　　　30米

图三八〇　白草口堡平面示意图

基石保存，东墙砖石较完整。北墙中部设城门 1 座，有条石基础的砖券拱门，宽 3、高 5、进深 6.5 米；门额横书"容民畜众"四字，上署"万历甲寅年（1614 年）秋"，下题"布政使阎士选立"。北门东北侧有 1 座敌台，有砖墙与堡北墙相连，砖墙长 20 米。敌台底部包石，上部包砖，平面呈矩形，底部边长 17、顶部边长 15、残高 17 米。敌台西壁有砖券拱门，门额横书"巩固"二字，上署"万历四十二年（1614 年）秋吉立，巡抚山西都御史吴度"，下题"整饬雁平兵备道布政使阎士选立"，拱门两侧各有 1 个窗，其余三壁各有 3 个窗。敌台南、西、北壁各有 1 个排水槽。堡内东北部有座楼台基址，平面呈矩形，东西 7、南北 9、残高 4 米。

堡整体保存一般。堡内有民居。造成损毁的自然因素主要有风雨侵蚀和植物生长等；人为因素主要是拆毁墙体砖石等。

2. 雁门关堡

俗称"雁门关"，位于雁门关乡雁门关村东 0.1 千米，山阴县新广武长城 2 段东南 6 千米处。高程 1595 米。据《宣大山西三镇图说》载："国初设关于此，盖重之矣！城依山就险。嘉靖间（1522～1566 年）重修，万历二十六年（1598 年）更新砖包。周二里零三百五十步，高三丈五尺。"

堡平面呈不规则矩形，坐北朝南，东西 500、南北 200～250 米，周长 1400 米，占地面积 10 万平方米。现存主要设施、遗迹有堡墙、城门 2 座、瓮城 1 座等（图三八一）。堡墙为砖墙，两侧砖石砌筑。墙体底宽 4.5～5、顶宽 0.5～3、残高 0.5～6 米，南墙残长 300 米、北墙残长 50 米。东、北墙各

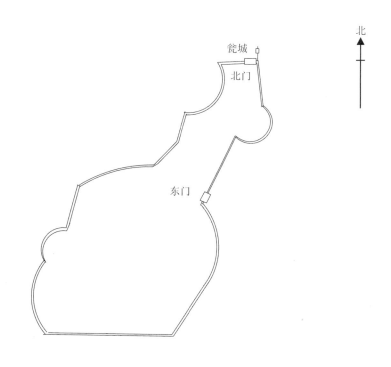

图三八一　雁门关堡平面示意图

设城门 1 座，东门为条石基础的砖券拱门，外宽 3.34、外高 4.065、进深 20.75 米，门额横书"天险"二字（测绘图四八、四九；彩图六五八）；北门为条石基础的砖券拱门，外宽 3.23、外高 4.025、内高 5.03、进深 20.49 米，门额横书"地利"二字（测绘图五〇、五一）。北门外设瓮城，残存部分东墙，其余墙体无存；瓮城东墙北段设瓮城门，瓮城门经现代重修；瓮城外侧有一道南北向砖墙，与堡墙相连，砖墙中部有门，砖券拱顶，宽 3.55、高 4、进深 5.3 米。1986 年，忻州市文物管理处修建了东门城楼（测绘图五二、五三）。

堡整体保存一般。堡墙坍塌损毁，部分段无存，现雁门关堡开辟为旅游区。造成损毁的自然因素主要有风雨侵蚀和植物生长等；人为因素主要是拆毁墙体砖石等[1]。

3. 二十里铺堡

位于枣林镇二十里铺村中，高程 893 米。

堡平面呈矩形，坐西朝东，边长 150 米，周长 600 米，占地面积 2250 平方米。现存主要设施、遗迹有堡墙、城门 2 座、角台 1 座、马面 1 座等（图三八二）。堡墙为砖墙，两侧砖石砌筑。南、西墙无存，东墙残长 16 米，北墙底宽 5.5、顶宽 2.4、残高 5.2 米。北墙砖石无存，有利用墙体修建的房屋。原设东、西城门，西门无存，东门较完整（彩图六五九）。仅存西北角台，宽 6.2、凸出墙体 3.5、残高 5.2 米。马面仅存北墙 1 座，位于北墙中部，宽 6.2、凸出墙体 3.5、残高 5.2 米。

堡整体保存较差。堡内为民居。造成损毁的自然因素主要有洪水冲刷、风雨侵蚀和植物生长等；人为因素主要是拆毁墙体砖石、利用墙体修建房屋等。

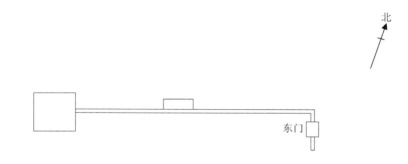

北

东门

0　　20　　40　　60 米

图三八二　二十里铺堡平面示意图

---

〔1〕　山西省基础地理信息院在 2009 年编写《山西省明长城重点地段测绘工程》时，雁门关堡东、北城门正在进行重修。

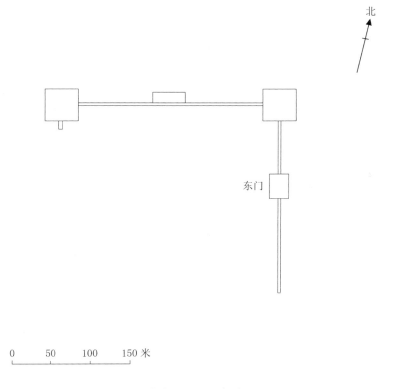

图三八三　清淳堡平面示意图

4. 清淳堡

位于上磨房乡磨房村中，高程 876 米。

堡平面呈矩形，坐西朝东，边长 260 米，周长 1040 米，占地面积 67600 平方米。现存主要设施、遗迹有堡墙、城门 2 座、角台 2 座、马面 1 座等（图三八三）。堡墙为砖墙，两侧砖石砌筑。墙体底宽 5.6、顶宽 3.3、残高 6.6 米。南墙无存，西墙北段残长 22 米，东、北墙较完整。墙体砖石无存。原设东、西城门，西门无存，有现代建筑；东门位于东墙中部，外侧为石券拱门，其上为砖墙，内侧为砖券拱门，门洞外宽 3、内宽 3.8、外高 3.3、进深 8 米；东门外侧门额嵌石匾，长 1.5、高 0.7 米，阴刻横书"清淳堡"3 字（彩图六六〇、六六一）。存东北、西北角台，东北角台底部边长 6.5、顶部边长 5.4、残高 6 米，西北角台凸出西墙 2、凸出北墙 4.2 米。马面仅存北墙 1 座，位于北墙中部，底宽 6.2、凸出墙体 4.2、残高 6.6 米。

堡整体保存较差。堡内为民居。造成损毁的自然因素主要有洪水冲刷、风雨侵蚀和植物生长等；人为因素主要是拆毁墙体砖石等。

（三）单体建筑

代县调查单体建筑有敌台 14 座（表 316，见本章末附表）、烽火台 23 座（表 317、318，见本章末附表）。

二　长城资源调查资料分析

（一）长城墙体

1. 长城墙体的材质类型及建筑方式、形制

代县长城墙体类型有砖墙、石墙和山险三类，砖墙有2段，石墙和山险各有1段（表319）。

表319　代县长城墙体类型一览表

类型	段数	长度（米）	百分比（%）
砖墙	2	3207	41
石墙	1	1011	13
山险	1	3600	46
合计	4	7818	100

（1）砖墙

代县砖墙有2段，即白草口长城1、2段，共长3207米。砖墙的构筑方式有两种：①两侧砖石砌筑，内部为夯土墙体；②将山脊西、北侧铲削成陡壁，用砖石砌筑。白草口长城1段属第一种类型，白草口长城2段两种皆有。现存墙体剖面大致呈不规则梯形，底宽4.4~6.6、顶宽0.3~4.1米，东、南侧残高1.6~4.6米，西、北侧残高2~8.2米。

墙体设施见有垛口墙、女墙、射孔等。白草口长城1段墙体顶部残存垛口墙、女墙，部分段只设垛口墙，直接在山脊岩石上砌筑垛口墙。垛口墙宽0.46~0.58、残高0.36~2.4米，垛口长0.54~1.1、高0.6~1.1米，女墙宽0.54米。垛口墙下有射孔，平面呈矩形，边长0.25米。白草口长城2段墙体顶部残存女墙，宽0.5、残高0.18米。

代县砖墙通常西、北侧（面向内蒙古一侧）要高于东、南侧（面向山西一侧），面向内蒙古一侧设有垛口墙，说明长城墙体的防御方向是内蒙古一侧。

（2）石墙

代县有石墙1段，即白草口长城3段，长1011米。石墙系两侧石块垒砌，内部填以碎石泥土。现存墙体剖面大致呈不规则梯形，底宽3.4~4、顶宽0.8~2.2、残高0.6~2.3米。

（3）山险

代县有山险1段，即白草口—王庄长城，长3600米。

2. 长城墙体的分布特点

代县明代长城属明代内长城，白草口长城1~3段，从代县、山阴两县交界处的恒山山脉翠微山猴儿岭起，沿山脊向西南延伸至白草口河河谷东岸，越河谷沿西岸山脊继续向西南延伸，经白草口—王庄长城（山险）入原平市境，与原平市段家堡乡老窝村附近的早期长城相接。长城位于县境西北部与山阴县、朔城区、原平市相邻的山地。

3. 长城墙体的保存状况

代县砖墙以保存较好和一般者为主，共占63%，保存差占15.8%，消失占17.2%，余保存较差。造成损毁的自然因素主要有洪水冲刷、山体滑坡、风雨侵蚀和植物生长等；人为因素主要是农业生产活动破坏、拆毁墙体砖石、修路破坏墙体等。

石墙保存较差或差。造成损毁的自然因素主要有风雨侵蚀和植物生长等；人为因素主要是农业生产活动破坏、拆毁墙体包石等。

山险保存较好。

（二）关堡

代县调查堡4座。

1. 堡的形制、残存设施和遗迹（表320）

表320　代县堡形状、尺寸、残存设施遗迹及保存现状一览表

名称	形状	朝向	边长（米）	周长（米）	面积（平方米）	残存设施遗迹	保存现状
白草口堡	矩形	坐南朝北	东西60、南北50	220	3000	堡墙、北门、敌台1座、楼台1座等	一般
雁门关堡	不规则矩形	坐北朝南	东西500、南北200~250	1400	10万	堡墙、城门2座、瓮城1座等	一般
二十里铺堡	矩形	坐西朝东	150	600	2250	堡墙、城门2座、角台1座、马面1座等	较差
清淳堡	矩形	坐西朝东	260	1040	67600	堡墙、城门2座、角台2座、马面1座等	较差

堡平面呈矩形或不规则矩形。白草口堡为坐南朝北，即朝向长城墙体。雁门关堡为坐北朝南，滹沱河北岸的二十里铺堡、清淳堡为坐西朝东。雁门关堡规模最大，面积10万平方米；清淳堡规模次之，面积7600平方米；白草口堡、二十里铺堡规模较小，约两三千平方米。

堡墙均为砖墙，两侧砖石砌筑。至于除堡墙外的设施和遗迹，由于保存原因，现存并不能反映其原始风貌。主要设施遗迹的种类有城门、瓮城、角台、马面等，白草口堡内还有1座楼台基址。

2. 堡的分布特点

（1）堡所处地势及与长城的位置关系

白草口堡和雁门关堡地处代县西北部山地，长城南侧，白草口堡位于白草口长城2段南0.2千米处，雁门关堡位于山阴县新广武长城2段东南6千米处。二十里铺堡和清淳堡远离长城，位于滹沱河北岸的谷地。

（2）城堡与烽火台的位置关系

白草口堡附近有白草口1~7号烽火台，属长城沿线烽火台。雁门关堡附近未见烽火台，二十里铺堡和清淳堡北侧有朴村烽火台（详见烽火台部分）。

3. 堡的保存状况

白草口堡和雁门关堡保存一般，二十里铺堡和清淳堡保存较差。堡墙坍塌损毁，部分段消失，砖

石大多损毁，部分城门、角台、马面无存，堡内建筑几乎无存，白草口堡内存一座楼台基址。造成损毁的自然因素主要有洪水冲刷、风雨侵蚀和植物生长等；人为因素主要是拆毁墙体砖石、利用墙体修建房屋等。

（三）单体建筑

1. 敌台

代县调查敌台 14 座。

（1）敌台的类型、建筑方式及形制

代县 14 座敌台均倚墙而建，位于长城墙体西侧或北侧，即面向内蒙古一侧。除白草口 1 段 10 号敌台不详外，其余敌台材质类型均为砖质，外部砖石砌筑，内部为夯土台体。敌台平面形制均为矩形，剖面形制均呈梯形，底部周长 18 ~ 52、顶部周长 14 ~ 41.6、残高 2.2 ~ 15 米（表 321）。

表 321　代县敌台形制及保存状况一览表（单位：米）

名称	材质	平面形制	剖面形制	底部周长	顶部周长	残高	保存状况
白草口 1 段 1 号敌台	砖	矩形	梯形	44	不详	2.2	较差
白草口 1 段 2 号敌台	砖	矩形	梯形	36	28	8.2	一般
白草口 1 段 3 号敌台	砖	矩形	梯形	36	28	8.2	一般
白草口 1 段 4 号敌台	砖	矩形	梯形	40	32	不详	一般
白草口 1 段 5 号敌台	砖	矩形	梯形	不详	41.6	12.8	较好
白草口 1 段 6 号敌台	砖	矩形	梯形	46	不详	15	一般
白草口 1 段 7 号敌台	砖	矩形	梯形	44	不详	9	一般
白草口 1 段 8 号敌台	砖	矩形	梯形	不详	22.6	10.5	较好
白草口 1 段 9 号敌台	砖	矩形	梯形	18	14	5.6	一般
白草口 1 段 10 号敌台	不详	不详	不详	不详	不详	不详	不详
白草口 2 段敌台	砖	矩形	梯形	52	40	9.2	一般
白草口 3 段 1 号敌台	砖	矩形	梯形	28	19.2	6.5	一般
白草口 3 段 2 号敌台	砖	矩形	梯形	42	23.2	7.8	一般
白草口 3 段 3 号敌台	砖	矩形	梯形	32	15.6	4.8	一般

白草口 1 段 5、8 号敌台有砖券拱门、窗、拱顶的台阶式踏道、顶部建筑等附属设施（表 322）。

表322　代县敌台附属设施一览表

敌台	附属设施
白草口1段5号敌台	台体南壁有砖券拱门，门额有匾，字迹遭人为破坏不清。东壁有2个窗，西、北壁各有3个窗。台体内部为空心，西部有拱顶的台阶式踏道，可登顶。台体顶部残存矩形建筑
白草口1段8号敌台	台体南壁有砖券拱门，门额原有匾，现无存。东、西壁各有1个窗，北壁有3个窗。台体内部为空心，西北部有拱顶的台阶式踏道，可登顶

（2）敌台保存状况

代县敌台除1座不详外，其余13座保存一般最多，有10座；保存较好2座、较差1座。台体坍塌损毁，砖石多无存。造成损毁的自然因素主要有山体滑坡、风雨侵蚀和植物生长等；人为因素主要是拆毁台体砖石、顶部建筑等。

2. 烽火台

代县调查烽火台23座。依据与长城位置关系，分为长城沿线烽火台和腹里烽火台两大类，长城沿线烽火台有7座，腹里烽火台有16座。

（1）烽火台的类型及建筑方式

长城沿线烽火台有7座，为白草口1~7号烽火台。材质类型均为砖质，外部砖石砌筑；内部为夯土台体，夯层厚0.04~0.26米，一座夯层厚0.04~0.16米，其余集中在0.16~0.26米。

腹里烽火台16座。材质类型有三种：①砖质。烽火台外部砖石砌筑；内部为夯土台体，夯层厚0.16~0.32米。有5座，包括前腰铺烽火台、南口烽火台、北辛庄烽火台、陈家庄烽火台、王里烽火台。②土质。烽火台为黄土夯筑而成，夯层厚0.18~0.32米。有9座，包括北王庄村烽火台、磨盘梁1号烽火台、黄花梁烽火台、分水岭村南1号和2号烽火台、孤孤墩烽火台、沙沟烽火台、东留属烽火台和朴村烽火台。③石质。烽火台底部外部石块砌筑，包石高0.6~0.8米；上部和内部为夯土台体，夯层厚0.2~0.26米。有2座，为磨盘梁2、3号烽火台。

（2）烽火台形制

长城沿线烽火台平面形制均为矩形，剖面形制均为梯形，底部周长14.8~48、顶部周长6~40、残高3.4~13米。腹里砖质、土质烽火台的平面形制均为矩形，剖面形制均为梯形，砖质烽火台底部周长20~52、顶部周长12~40、残高5~13米；土质烽火台底部周长18.4~45.4、顶部周长8~28、残高2.2~9.2米；2座腹里石质烽火台平面形制为圆形，剖面形制为梯形，底部周长22.6~31.4、顶部周长3.1~3.8、残高5.6~9米（表323）。可以看出，代县烽火台矩形台体占绝大多数，数量很少的圆形台体仅见于腹里石质烽火台。

表323　代县烽火台形制及保存状况一览表（单位：米）

名称	材质	平面形制	剖面形制	底部周长	顶部周长	残高	保存状况
白草口6号烽火台	砖	矩形	梯形	48	36	7.2	一般
白草口1号烽火台	砖	矩形	梯形	41.2	32	7.4	一般
白草口7号烽火台	砖	矩形	梯形	14.8	10	3.4	较差
白草口2号烽火台	砖	矩形	梯形	48	40	8.2	一般
白草口5号烽火台	砖	矩形	梯形	44	32	8.2	一般

名称	材质	平面形制	剖面形制	底部周长	顶部周长	残高	保存状况
白草口 4 号烽火台	砖	矩形	梯形	32.8	22.8	5.4	一般
白草口 3 号烽火台	砖	矩形	梯形	28	6	7.5	一般
前腰铺烽火台	砖	矩形	梯形	52	32	8.2	一般
南口烽火台	砖	矩形	梯形	35.2	22.4	6.8	一般
北王庄村烽火台	土	矩形	梯形	36.8	15.2	7.8	一般
北辛庄烽火台	砖	矩形	梯形	48	20	13	一般
陈家庄烽火台	砖	矩形	梯形	48	40	10	一般
磨盘梁 1 号烽火台	土	矩形	梯形	28	20	7.2	一般
磨盘梁 2 号烽火台	石	圆形	梯形	22.6	3.8	5.6	一般
磨盘梁 3 号烽火台	石	圆形	梯形	31.4	3.1	9	一般
王里烽火台	砖	矩形	梯形	20	12	5	一般
朴村烽火台	土	矩形	梯形	20	8	2.2	较差
黄花梁烽火台	土	矩形	梯形	36.2	24	4.8	一般
分水岭村南 1 号烽火台	土	矩形	梯形	32.8	22.4	6.1	一般
分水岭村南 2 号烽火台	土	矩形	梯形	31.2	24.4	5.3	一般
孤孤墩烽火台	土	矩形	梯形	45.4	28	9.2	一般
沙沟烽火台	土	矩形	梯形	18.4	10	4	较差
东留属烽火台	土	矩形	梯形	21.6	15.2	6.2	一般

烽火台的附属设施仅个别砖质烽火台见有围墙、斜坡踏道等（表 324）。

表 324　代县烽火台附属设施一览表

烽火台	附属设施
白草口 6 号烽火台	台体南壁露出斜坡踏道，宽 2、高 0.2~3.5、进深 6 米
白草口 2 号烽火台	台体东南部出露拱顶的斜坡踏道，宽 0.8、高 1.4 米
南口烽火台	台体东侧有围墙，平面呈三角状，由东北墙、东南墙、西墙组成，烽火台位于西墙上。围墙边长 50、顶部最宽 0.8、内侧最高 1.6、外侧高 2~3.8 米

（3）烽火台的分布特点

①长城沿线烽火台沿长城南、北侧均有分布，均为砖质矩形台体。

②腹里烽火台分布于代县北部山地、中部滹沱河谷地及之间的山前丘陵地带。以砖质、土质矩形台体占绝大多数，有 2 座石质圆形台体。

③腹里烽火台的传烽线路大致有两组，西部白草口堡、雁门关堡至代县县城、二十里铺堡和清漳堡为一组，东部从东北部山地至中部滹沱河谷地为一组。西部一组有前腰铺烽火台、南口烽火台、北王庄村烽火台、北辛庄烽火台、陈家庄烽火台、磨盘梁 1~3 号烽火台、王里烽火台、朴村烽火台，有 10 座。东部一组有黄花梁烽火台、分水岭村南 1、2 号烽火台、孤孤墩烽火台、沙沟烽火台、东留属烽火台，有 6 座。

结合烽火台的材质类型、平面形制，西部一组有砖质、土质、石质三种材质类型，平面形制有矩形、圆形两种。东部一组均为土质矩形台体。

④烽火台的底部周长相差很悬殊，最小者14.8、最大者52米。尝试对烽火台的大小进行划分，依据台体的底部周长，按≥50、40~50、<40米三个标准进行分类，以残高作为参考（表325）。

表325　代县烽火台分类统计表

	底部周长分类	底部周长（米）	数量（座）	百分比（%）	残高（米）
大型台体	≥50米	52	1	4.4	8.2
中型台体	40~50米	41.2~48	7	30.4	7.2~13
小型台体	<40米	14.8~36.8	15	65.2	2.2~9.2
合有		14.8~52	23	100	2.2~13

可以看出，代县烽火台以中小型台体为主，唯一一座大型台体是砖质矩形的前腰铺烽火台。若以材质类型来区分，土质、石质台体均为小型；砖质台体有6座为中型，5座为小型，1座为大型。

（4）烽火台保存状况

代县烽火台保存一般者最多，有20座，其余保存较差。台体坍塌损毁，砖石多无存。造成损毁的自然因素主要有洪水冲刷、风雨侵蚀和植物生长等；人为因素主要是农业生产活动破坏、拆毁台体砖石、修路挖损破坏、采矿挖掘破坏、取土挖损等。

三　自然与人文环境

（一）自然环境

代县位于山西省北中部，北、西北、南、东南均为山地，中部为东北—西南向的滹沱河及其谷地（忻定盆地），北部馒头山、草垛山、雁门山属恒山山脉，海拔1800~2000米，其中馒头山最高，海拔2426米。南部是五台山西端的余脉。中部滹沱河两岸地势平坦，土壤肥沃，是重要的灌溉农作区。中部滹沱河谷地与南、北山地之间为山前丘陵地区。滹沱河的支流发源于两侧山地，主要有峨河、中解河、峪口河等。白草口长城2段所经白草口河为季节性河流。滹沱河谷地土壤主要为灰褐土、灰褐土性土，北部山地土壤主要为山地淡栗钙土，南部山地土壤主要为山地褐土、淋溶褐土。年均气温8.4℃，年均降水量约450毫米。长城所处区域植被稀疏，有蒿草、灌木和少量杨树、松树、桦树等。野生动物有野兔、蛇类、鼠类等。

（二）人文环境

代县长城和烽火台分布地区的村庄居民人数从数十人至2000余人。居民以农业和家畜饲养为主，农作物主要有玉米、高粱、谷类、豆类、莜麦、马铃薯等，家畜有奶牛、羊等，副业有采矿、运输等。（北）京（太）原铁路和108国道横贯全境，西部有大（同）运（城）高速公路和208国道。长城和烽火台附近多有省道、县乡公路、土路与外界相通。

四　保护与管理状况

代县长城的保护管理机构是代县文管所。目前有关长城的保护范围、建设控制地带、保护标志、记录档案等工作有待规划或完善。目前仅雁门关堡立有保护标志，青石质，横长方形，下有水泥座，从上至下阴刻"省级重点文物保护单位/雁门关/山西省人民政府/一九八六年八月十八日公布/代县人民政府立"。

表316　代县敌台一览表

名称	地点	高程	与其他遗存的位置关系	材质	建筑方式	平面形制	剖面形制	尺寸	附属设施	修缮情况	保存状况	损毁原因及存在病害
白草口1段1号敌台	雁门关乡白草口村东北3千米的猴儿岭峰	1724米	倚墙而建。位于白草口长城1段（外侧），系白草口长城1段起点	砖	外部砖石砌筑，石条长30~65、宽25厘米，砖长38、宽18、厚8厘米	矩形	梯形	底部东西12、南北10、残高2.2米	无	无	保存较差。台体坍塌损毁严重	自然因素主要有山体滑坡、风雨侵蚀和植物生长等
白草口1段2号敌台（彩图六六二）	雁门关乡白草口村东北2.8千米	1719米	倚墙而建。位于白草口长城1段西侧（外侧）	砖	外部砖石砌筑，内部为夯土台体，夯层厚0.2米。石条长30~65、厚25厘米，砖长38、宽18、厚8厘米	矩形	梯形	底部东西8、南北10米，顶部东西8、南北6米，残高8.2米	无	无	保存一般。台体坍塌损毁严重，南壁砖石保存，其余三壁砖石无存	自然因素主要有风雨侵蚀和植物生长等
白草口1段3号敌台	雁门关乡白草口村东北2.7千米	1746米	倚墙而建。位于白草口长城1段西侧（外侧）	砖	外部砖石砌筑，石条长30~65、厚25厘米，砖长38、宽18、厚8厘米	矩形	梯形	底部东西8、南北10米，顶部东西8、南北6米，残高8.2米	无	无	保存一般。砖石有所坍塌损毁	自然因素主要有风雨侵蚀和植物生长等
白草口1段4号敌台	雁门关乡白草口村东北2.6千米	1700米	倚墙而建。位于白草口长城1段北侧（外侧）	砖	外部砖石砌筑，内部为夯土台体，夯层厚0.2米。石条长28~65、厚20厘米，砖长38、宽18、厚8厘米	矩形	梯形	底部东西14、南北6米，顶部东西11、南北5米	无	无	保存一般。台体部分坍塌损毁	自然因素主要有风雨侵蚀和植物生长等
白草口1段5号敌台（彩图六六三）	雁门关乡白草口村东北2.4千米	1689米	倚墙而建。位于白草口长城1段北侧（外侧）	砖	外部砖石基础，石基础16层，高2.3米，条石长25~32、厚10~20厘米，砖长38、宽18、厚8厘米	矩形	梯形	底部北壁长13米，顶部东西9、南北11.8米，残高12.8米	台体南壁有砖券拱门，门额有匾、字迹漫漶不清。东、西壁各有2个窗，北壁有3个窗。台体为空心，西部有拱顶，可登顶。台阶式蹬道，台体顶部残存有矩形建筑	无	保存较好	自然因素有风雨侵蚀和植物生长等；人为因素主要是拆毁顶部建筑等
白草口1段6号敌台	雁门关乡白草口村东北2.2千米	1660米	倚墙而建。位于白草口长城1段北侧（外侧）	砖	外部砖石砌筑，石条长20~60、厚25厘米，砖长38、宽18、厚8厘米	矩形	梯形	底部东西15、南北8、残高15米	无	无	保存一般	自然因素主要有风雨侵蚀和植物生长等

续表 316

名称	地点	高程	与其他遗存的位置关系	材质	建筑方式	平面形制	剖面形制	尺寸	附属设施	修缮情况	保存状况	损毁原因及存在病害
白草口1段7号敌台	雁门关乡白草口村东北1.8千米	1601米	倚墙而建。位于白草口长城1段（外侧）	砖	外部砖石砌筑，砖长38、宽18、厚8厘米	矩形	梯形	底部东西14，南北8，残高9米	无	无	保存一般	自然因素主要有山体滑坡、风雨侵蚀和植物生长等
白草口1段8号敌台（彩图六六四）	雁门关乡白草口村东北1.6千米	1580米	倚墙而建。位于白草口长城1段（外侧）	砖	外部砖石砌筑，条石基础12层，高2米	矩形	梯形	底部东西10米，顶部东西7.5、南北3.8米，残高10.5米	台体南壁有砖券拱门，门额原有匾，现无存。东、西壁各有一个窗，北壁有3个窗。台体空心，西北部有拱顶式踏道，可登顶	无	保存较好	自然因素主要有风雨侵蚀等；人为因素主要是拆毁台体顶部建筑等
白草口1段9号敌台	雁门关乡白草口村东北1千米	1395米	倚墙而建。位于白草口长城1段（外侧）	砖	外部砖石砌筑；内部为夯土台体，夯层厚0.12~0.28米。石条长28~65、厚25厘米，砖长38、宽18、厚8厘米	矩形	梯形	底部东西6，南北3米，顶部东西5、南北2米，残高5.6米	无	无	保存一般	自然因素主要有风雨侵蚀等；人为因素主要是拆毁台体砖石等
白草口1段10号敌台	雁门关乡白草口村东北0.3千米	1293米	倚墙而建。位于白草口长城1段（外侧），白草口长城1段止点，白草口长城2段起点	不详	不详	不详	不详	不详	不详	不详	不详	不详
白草口2段敌台（彩图六六五）	雁门关乡白草口村北0.2千米	1339米	倚墙而建。位于白草口长城2段（外侧）	砖	外部砖石砌筑；内部为夯土，夯层厚0.2~0.24米。石条长20~60、厚25厘米，砖长38、宽18、厚8厘米	矩形	梯形	底部边长13，顶部边长10，残高9.2米	无	无	保存一般。砖石大部分无存	自然因素主要有风雨侵蚀和植物生长等；人为因素主要是拆毁台体砖石等
白草口3段1号敌台（彩图六六六）	雁门关乡白草口村西北1.1千米	1558米	倚墙而建。位于白草口长城3段西侧（外侧）	砖	外部砖石砌筑，内部为夯土台体，夯层厚0.2~0.36米	矩形	梯形	底部边长4.8、顶部边长7，残高6.5米	无	无	保存一般。砖石无存	自然因素主要有风雨侵蚀和植物生长等；人为因素主要是拆毁台体砖石等

续表 316

名称	地点	高程	与其他遗存的位置关系	材质	建筑方式	平面形制	剖面形制	尺寸	附属设施	修缮情况	保存状况	损毁原因及存在病害
白草口3段2号敌台	雁门关乡白草口村西北1.2千米	1590米	倚墙而建。位于白草口长城3段北侧(外侧)	砖	外部砖石砌筑,内部为夯土台体,夯土层厚0.1~0.22米	矩形	梯形	底部东西11.2,南北9.8米,顶部东西6.4,南北5.2米,残高7.8米	无	无	保存一般。砖石无存	自然因素主要有风雨侵蚀和植物生长等;人为因素主要是拆毁台体、砖石等
白草口3段3号敌台	雁门关乡白草口村西北1.5千米	1601米	倚墙而建。位于白草口长城3段北侧(外侧)	砖	外部砖石砌筑,内部为夯土台体,夯土层厚0.2~0.26米	矩形	梯形	底部边长8米,顶部东西3.8,南北4米,残高4.8米	无	无	保存一般。砖石无存	自然因素主要有风雨侵蚀和植物生长等;人为因素主要是拆毁台体、砖石等

表317　代县长城沿线烽火台一览表

名称	地点		与其他遗存的位置关系	材质	建筑方式	平面形制	剖面形制	尺寸	附属设施	修缮情况	保存状况	损毁原因及存在病害
白草口6号烽火台（彩图六七）	雁门关乡白草口村东山体台地上	1380米	位于白草口长城1段南侧	砖	外部砖石砌筑；内部为夯土台体，夯层厚0.16~0.2米	矩形	梯形	底部边长12，顶部边长9，残高7.2米	台体南壁露出斜坡踏道，宽2，高0.2~3.5，进深6米	无	保存一般。砖石无存	自然因素主要有风雨侵蚀和植物生长等；人为因素主要是拆毁台体砖石等
白草口1号烽火台（彩图六八）	雁门关乡白草口村北	1326米	位于白草口长城2段北0.03千米	砖	外部砖石砌筑；内部为夯土台体，夯层厚0.2米	矩形	梯形	底部边长10.3，顶部边长8，残高7.4米	无	无	保存一般。砖石大部分无存。台体顶部有条南北向壕沟，宽2，深2.5米，性质不详	自然因素主要有风雨侵蚀和植物生长等；人为因素主要是拆毁台体砖石等
白草口7号烽火台	雁门关乡白草口村	1310米	位于白草口长城2段北0.1千米	砖	外部砖石砌筑；内部为夯土台体，夯层厚0.2米	矩形	梯形	底部东西4.3，南北3.1，顶部东西3，南北2米，残高3.4米	无	无	保存较差。砖石无存	自然因素主要有风雨侵蚀和植物生长等；人为因素主要是拆毁台体砖石等
白草口2号烽火台（彩图六九）	雁门关乡白草口村西北1千米的山梁顶部	1524米	位于白草口长城2段北侧	砖	外部砖石砌筑；内部为夯土台体，夯层厚0.2米。基础高2.8~3.5米，石条长30~65，厚25厘米，砖长38，宽18，厚8厘米	矩形	梯形	底部边长12，顶部边长10，残高8.2米	台体东南部露出拱顶的斜坡踏道，宽0.8，高1.4米	无	保存一般。砖石大部分无存	自然因素主要有风雨侵蚀和植物生长等；人为因素主要是拆毁台体砖石等
白草口5号烽火台（彩图七〇）	雁门关乡白草口村	1338米	位于白草口长城2段南侧	砖	外部砖石砌筑；内部为夯土台体，夯层厚0.2~0.26米	矩形	梯形	底部东西10，南北12米，顶部东西7，南北9米，残高8.2米	无	无	保存一般。砖石无存	自然因素主要有洪水冲刷、风雨侵蚀和植物生长等；人为因素主要是拆毁台体砖石等
白草口4号烽火台	雁门关乡白草口村西1.2千米的山梁顶部	1416米	位于白草口长城2段南侧	砖	外部砖石砌筑；内部为夯土台体，夯层厚0.18~0.22米	矩形	梯形	底部边长8.2米，顶部东西6.1，南北5.3米，残高5.4米	无	无	保存一般。砖石无存	自然因素主要有风雨侵蚀和植物生长等；人为因素主要是拆毁台体砖石等
白草口3号烽火台（彩图七一、七二）	雁门关乡白草口村	1568米	位于白草口长城3段北侧	砖	外部砖石砌筑；内部为夯土台体，夯层厚0.04~0.16米	矩形	梯形	底部边长7米，顶部东西2，南北1米，残高7.5米	无	无	保存一般。砖石无存	自然因素主要有风雨侵蚀和植物生长等；人为因素主要是拆毁台体砖石等

表318　代县腹里烽火台一览表

名称	地点	高程	与其他遗存的位置关系	材质	建筑方式	平面形制	剖面形制	尺寸	附属设施	修缮情况	保存状况	损毁原因及存在病害
前腰铺烽火台	雁门关乡前腰铺村西山顶	1349米	无	砖	外部砖石砌筑;内部为夯土台体,夯层厚0.2～0.26米	矩形	梯形	底部边长13,顶部边长8,残高8.2米	无	无	保存一般。包砖无存,包石大部分无存	自然因素主要有风雨侵蚀和植物生长等;人为因素主要是拆毁台体砖石等
南口烽火台	雁门关乡南口村西	1207米	无	砖	外部砖石砌筑;内部为夯土台体,夯层厚0.2～0.32米	矩形	梯形	底部边长8.8,顶部边长5.6,残高6.8米	台体东侧有围墙,平面呈三角状,由东北、东南、西墙组成,台体位于西墙上。顶部边长50,顶围墙宽0.8,内侧高最高1.6,外侧高2～3.8米	无	保存一般。砖石无存。围墙坍塌损毁严重,围墙内为耕地	自然因素主要有风雨侵蚀和植物生长等;人为因素主要是农业生产活动破坏、拆毁台体砖石等
北王庄村烽火台	雁门关乡北王庄村东0.3千米	1203米	无	土	黄土夯筑而成,夯层厚0.28～0.3米	矩形	梯形	底部边长9.2,顶部边长3.8,残高7.8米	无	无	保存一般	自然因素主要有风雨侵蚀和植物生长等
北辛庄烽火台(彩图六三、六四)	雁门关乡北辛庄村东南1.2千米	1185米	无	砖	外部砖石砌筑;内部为夯土台体,夯层厚0.2～0.26米	矩形	梯形	底部边长12,顶部边长5,残高13米	无	无	保存一般。砖石无存	自然因素主要有风雨侵蚀和植物生长等;人为因素主要是拆毁台体砖石等
陈家烽火台	雁门关乡陈家庄村东1千米	975米	无	砖	外部砖石砌筑;内部为夯土台体,夯层厚0.16～0.22米	矩形	梯形	底部边长12,顶部边长10,残高10米	无	无	保存一般。砖石无存,台体周围散落残碎砖石	自然因素主要有风雨侵蚀和植物生长等;人为因素主要是拆毁台体砖石等
磨盘梁1号烽火台	上馆镇富家窑村北0.5千米	1264米	无	土	黄土夯筑而成,夯层厚0.2～0.32米	矩形	梯形	底部东西6,南北8米,顶部东西4,南北6米,残高7.2米	无	无	保存一般。台体坍塌损毁严重	自然因素主要有风雨侵蚀和植物生长等
磨盘梁2号烽火台	上馆镇富家窑村东北0.5千米	1220米	无	石	底部外部石块砌筑,包石高0.6,上部和内部为夯土台体,夯层厚0.2～0.26米	圆形	梯形	底径7.2,顶径1.2,残高5.6米	无	无	保存一般。台体坍塌损毁严重,包石大部分无存	自然因素主要有风雨侵蚀和植物生长等;人为因素主要是拆毁台体包石等

续表318

名称	地点	高程	与其他遗存的位置关系	材质	建筑方式	平面形制	剖面形制	尺寸	附属设施	修缮情况	保存状况	损毁原因及存在病害
磨盘梁3号烽火台	上馆镇富家窑村东0.8千米	1170米	无	石	底部外部石块砌筑,包石高0.8米;上部和内部为夯土台体,夯层厚0.2~0.26米	圆形	梯形	底径10,顶径1,残高9米	无	无	保存一般。包石大部分无存	自然因素主要有风雨侵蚀和植物生长等;人为因素主要是拆毁台体包石等
王里烽火台	上馆镇王里村西北1.2千米	881米	无	砖	外部砖石砌筑;内部为夯土台体,夯层厚0.16~0.22米	矩形	梯形	底部边长5,顶部边长3,残高5米	无	无	保存一般。台体塌损严重,砖石无存	自然因素主要有风雨侵蚀和植物生长等;人为因素主要是拆毁台体砖石等
朴村烽火台	上磨坊乡朴村北1.2千米	918米	无	土	黄土夯筑而成,夯层厚0.18~0.22米	矩形	梯形	底部东西6,南北4米,顶部东西3,南北2.2米,残高2.2米	无	无	保存较差。台体塌损严重	自然因素主要有风雨侵蚀和植物生长等;人为因素主要是取土挖损等
黄花梁烽火台	胡峪乡黄花梁村西北0.2千米	1815米	西南距分水岭村南烽火台2.7千米	土	黄土夯筑而成,夯层厚0.2~0.28米	矩形	梯形	底部东西9.2,南北8.9米,顶部东西6.2,南北5.8米,残高4.8米	无	无	保存一般。台体塌损严重,西北角下有采矿挖掘的大坑	自然因素主要有风雨侵蚀和植物生长等;人为因素主要是采矿挖掘破坏等
分水岭村南1号烽火台	胡峪乡分水岭村南0.8千米	1781米	东北距黄花梁烽火台2.7千米,南距分水岭村南2号烽火台0.03千米	土	黄土夯筑而成,夯层厚0.2米	矩形	梯形	底部边长8.2,顶部边长5.6,残高6.1米	无	无	保存一般。台体塌损严重	自然因素主要有风雨侵蚀和植物生长等
分水岭村南2号烽火台	胡峪乡分水岭村南0.8千米	1779米	北距分水岭村南1号烽火台0.03千米	土	黄土夯筑而成,夯层厚0.2米	矩形	梯形	底部边长6.1,顶部边长5.3米	无	无	保存一般。台体塌损严重	自然因素主要有风雨侵蚀和植物生长等
孤孤墩烽火台	胡峪乡大平岭村东南1.2千米处的山顶	1365米	无	土	黄土夯筑而成,夯层厚0.2~0.28米	矩形	梯形	底部东西11.2,南北11.5米,顶部东西6.8,南北7.2米,残高9.2米	无	无	保存一般。台体塌损严重	自然因素主要有风雨侵蚀和植物生长等
沙沟烽火台	枣林镇沙沟村东北1.2千米	982米	东南距雷留属烽火台3.2千米	土	黄土夯筑而成,夯层厚0.2~0.28米	矩形	梯形	底部东西5.2,南北4米,顶部东西4,南北1米,残高4米	无	无	保存较差。台体遭农业生产活动破坏和修路挖损破坏严重	自然因素主要有风雨侵蚀和植物生长等;人为因素主要是农业生产活动破坏、修路挖损破坏等
东留属烽火台(彩图六七五)	枣林镇雷留属村东南0.5千米	902米	西北距沙沟烽火台3.2千米	土	黄土夯筑而成,夯层厚0.2~0.26米	矩形	梯形	底部边长5.4,顶部边长3.8,残高6.2米	无	无	保存一般。台体塌损严重	自然因素主要有风雨侵蚀和植物生长等

第十三章　原平市长城

原平市位于山西省北中部，东邻代县及五台县，南与定襄县及忻府区接壤，西和西北与宁武县毗邻、北接朔城区。山西省明代长城资源调查一队从 2007 年 5 月 25 日~2008 年 8 月 25 日，调查二队从 2008 年 4 月 24 日~6 月 10 日对该县明代长城资源进行了调查。

一　长城资源调查数据

原平市调查长城墙体 3 段，共长 2794.8 米；堡 2 座；单体建筑有敌台 2 座、烽火台 19 座。

（一）长城墙体

原平市明长城属明代内长城，位于市境北端原平市与朔城区交界的山地，东与原平市段家堡乡老窝村附近的早期长城相接，大致呈东南—西北走向，经段家堡乡立梁泉村、张其沟村延伸至宁武县与朔城区的交界处（宁武县段庄长城）（表 326）。

表 326　原平市长城墙体一览表（单位：米）

长城墙体段落名称	总长	保存较好	保存一般	保存较差	保存差	消失	类型	县属
张其沟长城 1 段	2500	2500	0	0	0	0	山险	原平市/朔城区
张其沟长城 2 段	39.8	0	0	35.8	0	4	土墙	原平市/朔城区
张其沟长城 3 段	255	0	205	50	0	0	石墙	原平市/朔城区
合计	2794.8	2500	205	85.8	0	4		
百分比（%）	100	89.45	7.34	3.07	0	0.14		

1. 张其沟长城 1 段

起点位于段家堡乡立梁泉村西北 1.9 千米处，高程 2253 米；止点位于段家堡乡张其沟西北 1.05 千米处，高程 2076 米。大致呈东南—西北走向。全长 2500 米，全部保存较好。本段长城为山险，位于原平市与朔城区的交界处，东与原平市段家堡乡老窝村附近的早期长城相接，西连张其沟长城 2 段（图三八四）。

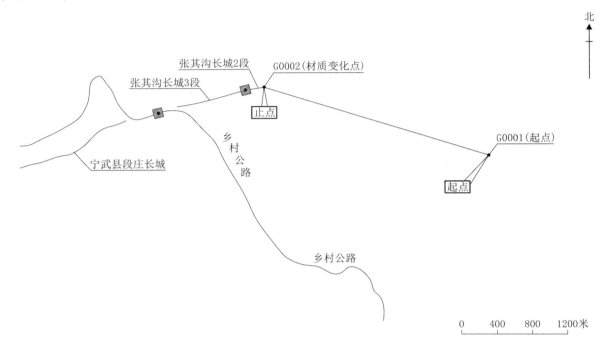

图三八四　张其沟长城 1 段走向示意图

本段墙体共测 GPS 点 2 个（G0001、G0002），仅 1 小段，叙述如下。

G0001（起点）—G0002（止点、材质变化点），长 2500 米，东南—西北走向，保存较好。

山险整体保存较好。因近年大规模采矿挖煤严重破坏了原有的山体地貌。

2. 张其沟长城 2 段

起点位于段家堡乡张其沟西北 1.05 千米处，高程 2076 米；止点位于张其沟村西北 1.1 千米处，高程 2077 米。大致呈东—西走向。全长 39.8 米，其中保存较差 35.8、消失 4 米。墙体为土墙。现存墙体剖面大致呈不规则梯形，底宽 3、顶宽 1.6、残高 1.3 米。本段长城位于原平市与朔城区交界处，东南接张其沟长城 1 段，西连张其沟长城 3 段。张其沟 1 号敌台位于墙体上，系张其沟长城 2 段止点（图三八五）。

本段墙体共测 GPS 点 2 个（G0002、G0003），仅 1 小段，叙述如下。

G0002（起点、材质变化点）—G0003（止点、张其沟 1 号敌台），长 39.8 米，东—西走向，保存较差 35.8 米、消失 4 米。G0003（止点、张其沟 1 号敌台）东侧墙体被小路截断，消失 4 米。墙体底宽 3、顶宽 1.6、残高 1.3 米。

山险整体保存较差。造成损毁的自然因素主要是风雨侵蚀和植物生长等；人为因素主要是墙体被

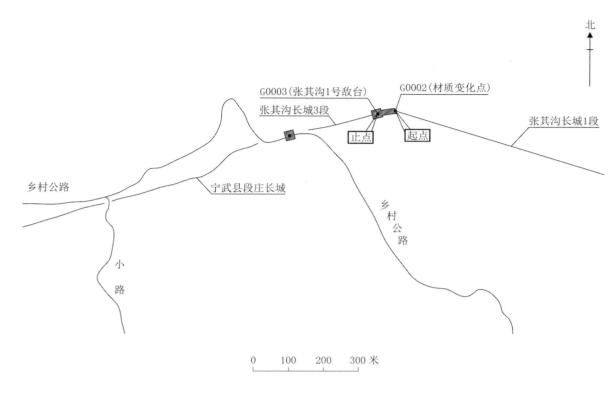

图三八五　张其沟长城 2 段走向示意图

小路截断等。

3. 张其沟长城 3 段

起点位于段家堡乡张其沟村西北 1.1 千米处，高程 2077 米；止点位于张其沟村西北 1.3 千米处，高程 2041 米。大致呈东—西走向。全长 255 米，其中保存一般 205、较差 50 米。墙体为石墙，两侧石块垒砌。现存墙体剖面大致呈不规则梯形，底宽 5~8、顶宽 1~3.2、残高 2.5~3 米。本段长城位于原平市与朔城区交界处，东接张其沟长城 2 段，西连宁武县薛家洼乡段庄长城。张其沟 1、2 号敌台位于墙体上，分别系张其沟长城 3 段起、止点（图三八六）。

本段墙体共测 GPS 点 3 个（G0003—G0005），可分为 2 小段，分述如下。

第 1 小段：G0003（起点、张其沟 1 号敌台）—G0004（断点），长 205 米，东—西走向，保存一般。墙体底宽 7~8、顶宽 1~3.2、残高 2.5~3 米。

第 2 小段：G0004（断点）—G0005（止点、张其沟 2 号敌台），长 50 米，东—西走向，保存较差。墙体仅存底部，成为路基。墙体底宽 5~6 米。

墙体整体保存一般。造成损毁的自然因素主要是风雨侵蚀和植物生长等；人为因素主要是墙体被利用为路基等。

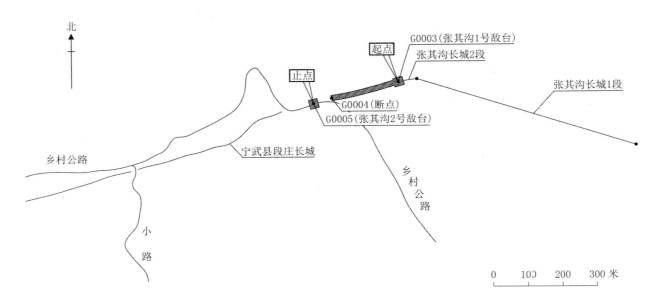

图三八六　张其沟长城 3 段走向示意图

（二）关堡

原平市共调查堡 2 座。

1. 阳武口堡

位于轩岗镇马圈村南南山山体前沿，高程 1219 米。西距马圈 3 号烽火台 0.02 千米。

堡平面呈矩形，东西 80、南北 45 米，周长 250 米，占地面积 3600 平方米。现存主要设施、遗迹仅有堡墙（图三八七）。堡墙为土墙，黄土夯筑而成，夯层厚 0.25 米。墙体底宽 3.5、顶宽 0.8～1.5、残高 1.5 米。

堡整体保存较差。堡墙坍塌损毁严重，部分段无存。堡墙和堡内设施、建筑无存，堡内为耕地。造成损毁的自然因素主要是风雨侵蚀和植物生长等；人为因素主要是取土挖损破坏等。

2. 后儿子堡

位于大牛店镇后儿子村西北的山顶上，高程 1055 米。西距后儿子烽火台 0.03 千米。

堡平面呈不规则形，东西 45、南北 15 米，周长 120 米，占地面积 675 平方米。现存主要设施、遗迹仅有堡墙和角台 2 座（图三八八）。堡北侧紧邻深沟，未建北墙，东墙无存，西墙仅存地面痕迹，南墙底宽 3.2、顶宽 0.5～1.8、残高 0.8～3.8 米。南墙东段和中部各有一处豁口，分别长 6.3、12 米，墙体无存。角台存东南、西南角 2 座，东南角台底部东西 6.8、南北 7.2 米，顶部东西 4.3、南北 5.1 米，残高 6.2 米；西南角台底部东西 6.2、南北 7.2 米，顶部东西 4.4、南北 4.6 米。

堡整体保存较差。堡内无人居住，堡东侧有关帝庙。造成损毁的自然因素主要是风雨侵蚀和植物

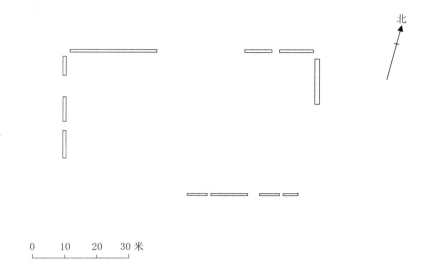

图三八七　阳武口堡平面示意图

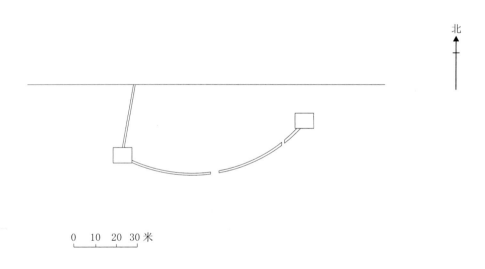

图三八八　后儿子堡平面示意图

生长等；人为因素主要是取土挖损破坏等。

（三）单体建筑

原平市调查单体建筑有敌台 2 座（表 327，见本章末附表）、烽火台 19 座（表 328，见本章末附表）。

二 长城资源调查资料分析

（一）长城墙体

1. 长城墙体的材质类型及建筑方式、形制

原平市长城墙体类型有土墙、石墙和山险三类，各1段（表329）。

表329 原平市长城墙体类型一览表

类型	段数	长度（米）	百分比（%）
土墙	1	39.8	1
石墙	1	255	9
山险	1	2500	90
合有	3	2794.8	100

土墙1段，即张其沟长城2段，长39.8米。现存墙体剖面大致呈不规则梯形，底宽3、顶宽1.6、残高1.3米。

石墙1段，即张其沟长城3段，长255米。石墙系两侧石块垒砌。现存墙体剖面大致呈不规则梯形，底宽5~8、顶宽1~3.2、残高2.5~3米。

山险1段，即张其沟长城1段，长2500米。

2. 长城墙体的分布特点

原平市明长城属明代内长城，位于市境北端原平市与朔城区交界的山地上，地处恒山山脉西段，东与原平市段家堡乡老窝村附近的早期长城相接，大致呈东南—西北走向，经段家堡乡立梁泉村、张其沟村延伸至宁武县与朔城区交界处。

3. 长城墙体的保存状况

土墙保存较差者35.8米，消失者4米。石墙保存一般者205米、较差者50米。山险保存较好。

造成损毁的自然因素主要是风雨侵蚀和植物生长等；人为因素主要是墙体被小路打断、墙体被利用为公路路基等。张其沟长城1段所在山体因近年大规模采矿挖煤，严重破坏了原有的风貌。

（二）关堡

原平市调查堡2座，平面呈矩形或不规则矩形，由于堡门无存，朝向不详。与代县的堡相对照，阳武口堡和后儿子堡的规模均较小，面积仅有数百平方米和3000多平方米。设施和遗迹除堡墙外，由于保存原因，仅有角台（表330）。

表330　原平市堡形状、尺寸、残存设施遗迹及保存现状一览表

名称	形状	边长	周长（米）	面积（平方米）	残存设施遗迹	保存状况
阳武口堡	矩形	东西80、南北45米	250	3600	堡墙	较差
后儿子堡	不规则矩形	东西45、南北15米	120	675	堡墙，角台2座等	较差

阳武口堡位于西部山地，后儿子堡位于西部山地和中部滹沱河谷地之间的山前丘陵地区，两者远离长城。阳武口堡附近有7座烽火台，即芦沟村东北烽火台、芦沟村南烽火台、马圈1~3号烽火台、轩岗烽火台和后口烽火台。后儿子堡附近有3座烽火台，即后儿子烽火台、浮图寺烽火台和神山烽火台。

两座堡均保存较差。堡墙坍塌损毁，部分段消失，城门、马面无存，仅见角台2座。堡内建筑无存。造成损毁的自然因素主要是风雨侵蚀和植物生长等；人为因素主要是取土挖损破坏等。

（三）单体建筑

1. 敌台

原平市共调查敌台2座，为骑墙而建的砖质台体。平面形制均呈矩形，剖面形制均呈梯形。张其沟1号敌台残高7.8米，张其沟2号敌台底部周长66、残高3~4米。均保存一般。造成损毁的自然因素主要是风雨侵蚀和植物生长等。

2. 烽火台

原平市共调查烽火台19座，距长城均较远，属腹里烽火台。

（1）烽火台的类型、建筑方式及形制

19座烽火台的材质类型有三种：①土质。黄土夯筑而成，夯层厚0.12~0.28米，有17座，包括墩底窑烽火台、贺家窑烽火台、新小营1号和2号烽火台、大道口烽火台、南村烽火台、芦沟村南烽火台、马圈1~3号烽火台、轩岗烽火台、后口烽火台、后儿子烽火台、浮图寺烽火台、神山烽火台、梅家庄烽火台和新郭下烽火台；②砖质。外部砖石砌筑；内部为夯土台体，夯层厚0.2~0.22米。仅1座，即大营村烽火台；③石质。底部外部石块砌筑，包石高1.5米；上部和内部为夯土台体，夯层厚0.22~0.28米。仅1座，即芦沟村东北烽火台。总体而言，以土质烽火台为主，占90%。包括砖质、石质烽火台内部夯土台体在内，夯层厚0.12~0.28米。

烽火台平面形制均呈矩形，剖面形制均呈梯形。土质烽火台底部周长24~60、顶部周长14~42、残高5~12米，砖质烽火台底部周长23.2、顶部周长16.8、残高5.2米，石质烽火台底部周长32、顶部周长14、残高5米（表331）。

表331　原平市烽火台形制及保存状况一览表（单位：米）

名称	材质类型	平面形制	剖面形制	底部周长	顶部周长	残高	保存状况
墩底窑烽火台	土	矩形	梯形	50	42	10	较好
贺家窑烽火台	土	矩形	梯形	31.6	14	8.8	一般
新小营1号烽火台	土	矩形	梯形	42	32.4	10.5	一般

名称	材质类型	平面形制	剖面形制	底部周长	顶部周长	残高	保存状况
新小营 2 号烽火台	土	矩形	梯形	24	15.2	7.8	一般
大营村烽火台	砖	矩形	梯形	23.2	16.8	5.2	一般
大道口烽火台	土	矩形	梯形	31.6	14	8.8	一般
南村烽火台	土	矩形	梯形	42	32.8	8.6	较好
芦沟村东北烽火台	石	矩形	梯形	32	14	5	一般
芦沟村南烽火台	土	矩形	梯形	40.8	23.8	6.8	一般
马圈 1 号烽火台	土	矩形	梯形	34	24	6.2	一般
马圈 2 号烽火台	土	矩形	梯形	52	32.8	8.5	一般
马圈 3 号烽火台	土	矩形	梯形	46	30	8~10	一般
轩岗烽火台	土	矩形	梯形	52	32	10.2	一般
后口烽火台	土	矩形	梯形	42	29.4	5	一般
后儿子烽火台	土	矩形	梯形	27.2	21.6	5.8	一般
浮图寺烽火台	土	矩形	梯形	34.8	20	6.8	一般
神山烽火台	土	矩形	梯形	27.2	21.6	5.8	一般
梅家庄烽火台	土	矩形	梯形	60	24	12	较好
新郭下烽火台	土	矩形	梯形	48	24	8.2	较好

（2）烽火台的分布特点

①原平市的烽火台距长城均较远，均属腹里烽火台。材质类型以土质占绝大多数。烽火台平面形制均呈矩形，剖面形制均呈梯形。

②腹里烽火台分布于原平市境西部山地和中部滹沱河谷地及两者之间的山前丘陵地区。

③腹里烽火台的传烽线路大致有两组，东部的从东北部山地至中部滹沱河谷地为一组，西部的阳武口堡和后儿子堡至中部滹沱河谷地为一组。东部一组有墩底窑烽火台、贺家窑烽火台、新小营 1~2 号烽火台、大营村烽火台、大道口烽火台和南村烽火台，有 7 座；西部一组有芦沟村东北烽火台、芦沟村南烽火台、马圈 1~3 号烽火台、轩岗烽火台、后口烽火台、后儿子烽火台、浮图寺烽火台、神山烽火台、梅家庄烽火台、新郭下烽火台，有 12 座。

④烽火台的底部周长相差很悬殊，最小者 23.2、最大者 60 米。尝试对烽火台进行大小划分，依据台体的底部周长，按≥50、40~50、<40 米三个标准进行分类，以残高作为参考（表 332）。

表 332　原平市烽火台分类统计表

	底部周长分类	底部周长（米）	数量（座）	百分比（%）	残高（米）
大型台体	≥50 米	50~60	4	21.1	8.5~12
中型台体	40~50 米	40.8~48	6	31.6	5~10.5
小型台体	<40 米	23.2~34	9	47.3	5~8.8
合计		23.2~60	19	100	5~12

可以看出，原平市烽火台以中小型台体为主，大型占有一定比例。若以材质类型区分，砖质、石质台体均为小型，土质台体则大、中、小型各占有一定数量。

（3）烽火台保存状况

19 座烽火台保存一般或较好。造成损毁的自然因素主要有风雨侵蚀和植物生长等；人为因素主要是挖掘洞穴、取土挖损破坏、拆毁台体砖石等

三　自然与人文环境

（一）自然环境

原平市位于山西省北中部。市境东西两面山岭高峻，五台山雄踞县东；西部轩岗镇以南为云中山，主峰水背尖海拔 2364 米；轩岗镇以北的崞山系恒山支脉，主峰海拔 2252 米；中部为南北向的滹沱河谷地（忻定盆地），地势平坦，土壤肥沃，是本市重要的灌溉农作区。境内河流滹沱河最大，由北而南贯穿全市；滹沱河支流有阳武河、永兴河等。土壤主要为山地淡栗钙土、灰褐土、灰褐土性土等。年均气温 8℃，年均降水量约 475 毫米。市境植被主要为树林、灌木及杂草丛，树林以杨树林居多。

（二）人文环境

原平市长城和烽火台分布地区的村庄居民人数从数十人至 3000 余人，轩岗村为镇政府和大型煤矿所在地，人口 2 万余人。居民以农业和家畜饲养为主，农作物主要有玉米、高粱、谷类、豆类、莜麦、胡麻、马铃薯、向日葵等，家畜有牛、羊等，副业有采矿、运输、旅馆和饭店服务业等。原平市交通发达，同蒲铁路、（北）京原（平）铁路、朔黄铁路和大（同）运（城）高速公路、108 国道（208 国道）南北纵贯市境，中西部有 305、206 省道，东南部有 310 省道。长城和烽火台附近多有省道、县乡公路、土路与外界相通。

四　保护与管理状况

原平市长城保护管理机构是原平市文化体育局。目前有关长城资源的保护范围、建设控制地带、保护标志、记录档案等工作有待规定或完善。

表327　原平市敌台一览表

名称	地点	高程	与其他遗存的位置关系	材质	建筑方式	平面形制	剖面形制	尺寸	附属设施	修缮情况	保存状况	损毁原因及存在病害
张其沟1号敌台	段家堡乡张其沟村西北1.1千米	2077米	骑墙而建。位于张其沟长城2段墙体上,系张其沟长城2段止点,3段起点	砖	砖砌而成,砖长43,宽20,厚9厘米	矩形	梯形	残高7.8米	无	无	保存一般	自然因素主要有风雨侵蚀和植物生长等
张其沟2号敌台	段家堡乡张其沟村西北1.3千米	2041米	骑墙而建。位于张其沟长城3段墙体上,系张其沟长城3段止点	砖	砖砌而成	矩形	梯形	底部东西18,南北15,残高3~4米	无	无	保存一般	自然因素主要有风雨侵蚀和植物生长等

表328 原平市烽火台一览表

名称	地点	与其他遗存的位置关系	材质	建筑方式	平面形制	剖面形制	尺寸	附属设施	修缮情况	保存状况	损毁原因及存在病害
墩底窑烽火台（彩图六七六）	沿沟乡墩底窑村北 0.5 千米的山顶上	无	土	黄土夯筑而成，夯层厚 0.16~0.22 米	矩形	梯形	底部东西 13，南北 12 米，顶部东西 11，南北 10 米，残高 10 米	无	无	保存较好	自然因素主要有风雨侵蚀和植物生长等
贺家窑烽火台	沿沟乡贺家窑村北 2.5 千米西的山顶上	无	土	黄土夯筑而成，夯层厚 0.16~0.2 米	矩形	梯形	底部东西 8.2，南北 7.6 米，顶部东西 3.8，南北 3.2 米，残高 8.8 米	无	无	保存一般。南壁底部中央有现代洞穴，宽、高，进深均 1 米	自然因素主要有风雨侵蚀和植物生长等；人为因素主要是挖掘洞穴等
新小营 1 号烽火台	沿沟乡新小营村东北 1 千米	南距新小营 2 号烽火台 0.12 千米	土	黄土夯筑而成，夯层厚 0.2~0.24 米	矩形	梯形	底部东西 10，南北 11 米，顶部东西 7.5 米，残高 10.5 米	无	无	保存一般。南壁底部中央有现代洞穴，宽 2.5，进深 1.5 米	自然因素主要有风雨侵蚀和植物生长等；人为因素主要是挖掘洞穴等
新小营 2 号烽火台	沿沟乡新小营村东 1 千米	北距新小营 1 号烽火台 0.12 千米	土	黄土夯筑而成，夯层厚 0.16~0.22 米	矩形	梯形	底部边长 6，顶部边长 3.8，残高 7.8 米	无	无	保存一般	自然因素主要有风雨侵蚀和植物生长等
大营村烽火台（彩图六七七）	沿沟乡大营村东 0.2 千米的台地上	无	砖	外部底部砖石砌筑；内部为夯土台体，夯层厚 0.2~0.22 米	矩形	梯形	底部边长 5.8，顶部边长 4.2，残高 5.2 米	无	无	保存一般。砖石无存	自然因素主要有风雨侵蚀和植物生长等；人为因素主要是拆毁台体砖石等
大道口烽火台	崞阳镇大道口村北 1 千米的山顶上	无	土	黄土夯筑而成，夯层厚 0.16~0.2 米	矩形	梯形	底部东西 8.2，南北 7.6 米，顶部东西 3.8，南北 3.2 米，残高 8.8 米	无	无	保存一般	自然因素主要有风雨侵蚀和植物生长等
南村烽火台	崞阳镇南村村西 0.3 千米的台地上	无	土	黄土夯筑而成，夯层厚 0.12~0.22 米	矩形	梯形	底部边长 10.5，顶部边长 8.2，残高 8.6 米	无	无	保存较好	自然因素主要有风雨侵蚀和植物生长等
芦沟村东北烽火台（彩图六七八）	轩岗镇芦沟村东北 0.8 千米的山顶上	无	石	外部底部石块砌筑，包石高 1.5 米，上部和内部为夯土台体，夯层厚 0.22~0.28 米	矩形	梯形	底部边长 8，顶部边长 3.5，残高 5 米	无	无	保存一般。包石大部分无存	自然因素主要有风雨侵蚀和植物生长等；人为因素主要是拆毁包石等
芦沟村南烽火台	轩岗镇芦沟村南 0.5 千米的山顶上	无	土	黄土夯筑而成，夯层厚 0.2 米	矩形	梯形	底部边长 10.2，顶部东西 6.1，南北 5.8 米，残高 6.8 米	无	无	保存一般	自然因素主要有风雨侵蚀和植物生长等

续表328

名称	地点		与其他遗存的位置关系	材质	建筑方式	平面形制	剖面形制	尺寸	附属设施	修缮情况	保存状况	损毁原因及存在病害
马圈1号烽火台	轩岗镇马圈北村的山顶上	1344米	西距马圈2号烽火台0.2千米	土	黄土夯筑而成，夯层厚0.15~0.26米	矩形	梯形	底部东西8.2，南北6.2，顶部东西5.8，南北6.2米	无	无	保存一般。台体东0.5千米处有龙宫火力发电站	自然因素主要有风雨侵蚀和植物生长等
马圈2号烽火台	轩岗镇马圈村北的山顶上	1262米	东距马圈1号烽火台0.2千米	土	黄土夯筑而成，夯层厚0.2~0.26米	矩形	梯形	底部边长13，顶部边长8.2，残高8.5米	无	无	保存一般	自然因素主要有风雨侵蚀和植物生长等
马圈3号烽火台	轩岗镇南村山山体前沿处	1224米	东距阳武口堡0.02千米	土	黄土夯筑而成，夯层厚0.22米	矩形	梯形	底部东西12，南北11米，顶部东西8，南北7米，南壁残高8、北壁残高10米	无	无	保存一般	自然因素主要有风雨侵蚀和植物生长等
轩岗烽火台（彩图六七九）	轩岗镇轩岗村西南的山地上	1335米	无	土	黄土夯筑而成，夯层厚0.2~0.22米	矩形	梯形	底部边长13，顶部边长8，残高10.2米	无	无	保存一般。南壁有一处现代洞穴，北壁南部有两处现代洞穴	自然因素主要有风雨侵蚀和植物生长等；人为因素主要是挖掘洞穴
后口烽火台	轩岗镇后口村西0.5千米	1399米	无	土	黄土夯筑而成，夯层厚0.2~0.22米	矩形	梯形	底部东西10，南北11米，顶部东西7.2，南北7.5米，残高5米	无	无	保存一般	自然因素主要有风雨侵蚀和植物生长等
后儿子烽火台	大牛店镇后儿子村西梁上	1060米	东距后儿子堡0.03千米	土	黄土夯筑而成，夯层厚0.18~0.22米	矩形	梯形	底部边长6.8，顶部边长5.8米	无	无	保存一般	自然因素主要有风雨侵蚀和植物生长等
浮图寺烽火台	大牛店镇浮图寺村东北1千米	1049米	无	土	黄土夯筑而成，夯层厚0.2~0.22米	矩形	梯形	底部东西8.6，南北8.8米，顶部东西4.8，南北6.8米	无	无	保存一般	自然因素主要有风雨侵蚀和植物生长等
神山烽火台	大牛店镇神山村北0.5千米的山顶上	985米	无	土	黄土夯筑而成，夯层厚0.2~0.21米	矩形	梯形	底部边长6.8，顶部边长5.8米	无	无	保存一般。西底部遭受取土挖损	自然因素主要有风雨侵蚀和植物生长等；人为因素主要是取土挖损破坏等
梅家庄烽火台	西镇乡梅家庄村西0.2千米的山顶上	914米	无	土	黄土夯筑而成，夯层厚0.2~0.24米	矩形	梯形	底部边长15，残高12米	无	无	保存较好	自然因素主要有风雨侵蚀和植物生长等
新郭下烽火台	新原乡新郭下村南0.5千米的平川上	829米	无	土	黄土夯筑而成，夯层厚0.2~0.28米	矩形	梯形	底部边长12，顶部边长8.2米	无	无	保存较好	自然因素主要有风雨侵蚀和植物生长等

第十四章　宁武县长城

宁武县位于山西省北中部，东与原平市、南与忻府区及静乐县、西与岢岚县及五寨县、北与神池县和朔城区相邻。山西省明代长城资源调查一队从 2007 年 5 月 23 日~6 月 15 日，调查二队从 2008 年 6 月 11 日~6 月 21 日对该县明代长城资源进行了调查。

一　长城资源调查数据

宁武县调查长城墙体共 28 段，总长 39068.4 米；关堡 20 座，其中关 6 座、城堡 14 座（宁武城情况特殊，未进行调查）；单体建筑共 208 座，其中敌台 9 座、马面 138 座、烽火台 61 座；相关遗存有壕沟 9 段、采石场 3 座、挡马墙 2 段、戍卒墓 1 座；采集文物标本 1 件（地图一三）。

（一）长城墙体

宁武县明长城属明代内长城，从原平市段家堡乡张其沟村西北的原平市与朔城区交界处（原平市张其沟长城 3 段），进入薛家洼乡段庄村北的宁武县与朔城区交界处（宁武县段庄长城），大致呈东北—西南走向，沿恒山西端余脉盘道梁山脊顶部，经薛家洼乡郭家庄村、盘道梁村、宽草坪村、西地村、洞上村、贾家窑村、西沟村、麻地沟村，进入阳方口镇，在阳方口镇大致呈东南—西北走向，经郭家窑村、半山村、黄草梁村、达达庄村、袁家窑村、阳方口镇，过恢河，再经河西村，至宁武县与朔城区交界处（宁武县河西长城 2 段、大水口长城 1 段），继经宁武县阳方口镇大水口村，向西北进入神池县与朔城区交界处（神池县龙元长城 1 段）（表333）。

表 333　宁武县长城墙体一览表（单位：米）

长城墙体段落名称	总长	保存较好	保存一般	保存较差	保存差	消失	类型	省/县属
段庄长城	1186	0	1070	0	0	116	砖墙	宁武县/朔城区
郭家庄长城 1 段	483	0	480	0	0	3	石墙	宁武县
郭家庄长城 2 段	1237.5	200	980.3	0	0	57.2	石墙	宁武县
盘道梁长城 1 段	1488	670	755	8	0	55	石墙	宁武县
盘道梁长城 2 段	1676	260	470	340	0	606	石墙	宁武县

长城墙体段落名称	总长	保存较好	保存一般	保存较差	保存差	消失	类型	省/县属
盘道梁长城 3 段	1530	290	995	180	0	65	石墙	宁武县
宽草坪长城 1 段	1495	0	1045	0	0	450	石墙	宁武县
宽草坪长城 2 段	1631	0	1620	0	0	11	石墙	宁武县
宽草坪长城 3 段	1701.4	0	1220	220	0	261.4	石墙	宁武县
西地长城 1 段	1755	0	1743	0	0	12	石墙	宁武县
西地长城 2 段	941	0	920	0	0	21	石墙	宁武县
洞上长城 1 段	440	440	0	0	0	0	山险	宁武县
洞上长城 2 段	1027	230	760	0	0	37	石墙	宁武县
洞上长城 3 段	1465	395	870	0	0	200	石墙	宁武县
西沟长城	1554	1130	420	0	0	4	石墙	宁武县
麻地沟长城	1544	160	1138	0	0	246	石墙	宁武县
郭家窑长城	1568	0	1502	0	0	66	石墙	宁武县
半山长城 1 段	1389	0	1145	0	0	244	石墙	宁武县
半山长城 2 段	994	0	910	0	0	84	土墙	宁武县
黄草梁长城	1907.5	1100	206	390	0	211.5	土墙	宁武县
袁家窑长城	2250	2120	0	0	0	130	土墙	宁武县
阳方口长城 1 段	1575	920	115	0	0	540	砖墙	宁武县
阳方口长城 2 段	380	380	0	0	0	0	河险	宁武县
河西长城 1 段	1959	760	855	0	0	344	土墙	宁武县
河西长城 2 段	1460	0	1420	0	0	40	土墙	宁武县/朔城区
大水口长城 1 段	1970	860	710	400	0	0	土墙	宁武县/朔城区
大水口长城 2 段	1240	1050	26	0	0	164	土墙	宁武县
大水口长城 3 段	1222	0	1216	0	0	6	土墙	宁武县
合计	39068.4	10965	22591.3	1538	0	3974.1		
百分比（%）	100	28	58	4	0	10		

1. 段庄长城

起点位于原平市段家堡乡张其沟村西北 1.3 千米处，高程 2041 米；止点位于宁武县薛家洼乡段庄村西北 0.86 千米处，高程 2125 米。大致呈东北—西南走向。全长 1186 米，其中保存一般 1070、消失 116 米。墙体为砖墙，外部下部条石或片石砌筑，上部青砖砌筑，砖石多无存；内部为夯土墙体，黄土夯筑而成，夯层厚 0.13~0.16 米。个别段墙体顶部残存铺砖，砖宽 15、厚 7~8 厘米。个别段有修缮痕迹，G0007（段庄马面）—G0008（拐点）间墙体外部条石层系补筑，厚 0.7 米。现存墙体剖面大致呈不规则梯形，底宽 7~8、顶宽 1~2.8、残高 3~5 米。本段长城位于宁武县与朔城区交界处，东接原平市张其沟长城 3 段，西南连宁武县郭家庄长城 1 段。段庄敌台位于墙体上，系段庄长城止点；段庄马面位于墙体上；段庄采石场位于墙体北 0.06 千米（图三八九）。

本段墙体共测 GPS 点 9 个（G0001~G0009），可分为 8 小段，分述如下。

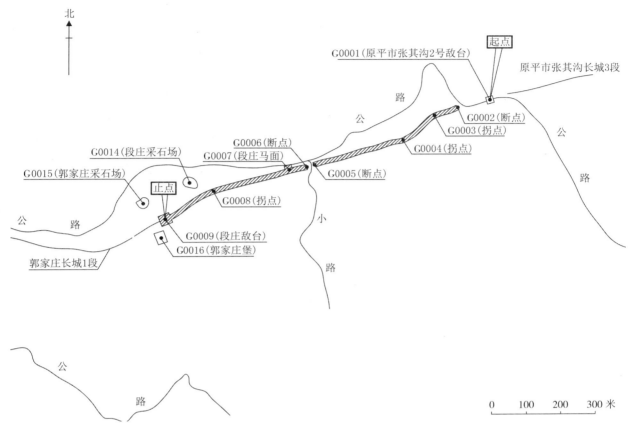

图三八九　段庄长城走向示意图

第1小段：G0001（起点、原平市张其沟2号敌台）—G0002（断点），长100米，东北—西南走向。墙体被挖断形成道路而消失。

第2小段：G0002（断点）—G0003（拐点），长70米，东北—西南走向，保存一般。墙体顶部散落砖块，砖宽0.15、厚0.07～0.08米。墙体底宽7～8、顶宽1～1.5、残高3～5米。

第3小段：G0003（拐点）—G0004（拐点），长120米，东北—西南走向，保存一般。

第4小段：G0004（拐点）—G0005（断点），长270米，东北—西南走向，保存一般。G0005（断点）处墙体剖面夯层明显，厚0.13～0.16米。

第5小段：G0005（断点）—G0006（断点），长16米，东北—西南走向。墙体被挖断形成道路致墙体消失。

第6小段：G0006（断点）—G0007（段庄马面），长70米，东北—西南走向，保存一般。

第7小段：G0007（段庄马面）—G0008（拐点），长375米，东北—西南走向，保存一般。墙体底部残存部分包石。墙体有修缮痕迹，外部条石层系补筑，厚0.7米。墙体底宽7～8、顶宽1.9～2.8米。

第8小段：G0008（拐点）—G0009（止点、段庄敌台），长165米，东北—西南走向，保存一般。

墙体整体保存一般。由于风雨侵蚀、植物生长等自然因素造成墙体的坍塌脱落；人为损毁严重，如拆毁墙体砖石、将墙体挖断形成道路等。

2. 郭家庄长城 1 段

起点位于薛家洼乡段庄村西北 0.86 千米处，高程 2125 米；止点位于薛家洼乡郭家庄村西北 1 千米处，高程 2106 米。大致呈东—西走向，全长 483 米，其中保存一般 480、消失 3 米。墙体为石墙，错缝砌筑，白灰勾缝，条石长 40～100、厚 20～30 厘米；外部条石砌筑，内部为夯土墙体。个别段有修缮痕迹，G0009（起点、段庄敌台）—G0010（断点）间墙体外部条石坍塌，露出内部较完整的片石垒砌的墙壁，外部条石层系补筑，厚 0.7 米。现存墙体剖面大致呈不规则梯形，底宽 7～8、顶宽 1.8～2.9、残高 4～5 米（彩图六八〇）。本段长城东接段庄长城，西连郭家庄长城 2 段。段庄敌台位于墙体上，系郭家庄长城 1 段起点。郭家庄 1 号马面位于墙体上，系郭家庄长城 1 段止点。郭家庄堡位于墙体南 0.03 千米处，郭家庄采石场位于墙体北 0.07 千米处（图三九〇）。

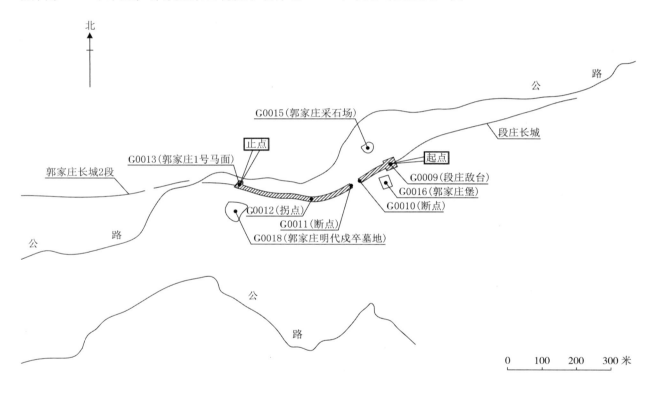

图三九〇　郭家庄长城 1 段走向示意图

本段墙体共测 GPS 点 5 个（G0009～G00013），可分为 4 小段，分述如下。

第 1 小段：G0009（起点、段庄敌台）—G0010（断点），长 110 米，东北—西南走向，保存较好。墙体有修缮痕迹。G0009（起点、段庄敌台）西 10 米处墙体外部条石坍塌，露出内部较完整的片石垒砌的墙壁；外部条石层系补筑，厚 0.7 米。墙体底宽 7～8、顶宽 1.8～2.9、残高 4～5 米。

第 2 小段：G0010（断点）—G0011（断点），长 3 米，东北—西南走向，消失。墙体南 0.065 千米有蓄水池。

第 3 小段：G0011（断点）—G0012（拐点），长 140 米，东北—西南走向，保存较好。墙体上有一处豁口，宽 2 米。

第 4 小段：G0012（拐点）—G0013（止点、郭家庄 1 号马面），长 230 米，东南—西北走向，保存较好。

墙体整体保存一般。由于风雨侵蚀、植物生长等自然因素造成墙体的坍塌脱落；人为损毁严重，如拆毁墙体包石、取土挖损破坏等。

3. 郭家庄长城 2 段

起点位于薛家洼乡郭家庄村西北 1 千米处，高程 2106 米；止点位于薛家洼乡盘道梁村东南 1.7 千米处，高程 2081 米。大致呈东北—西南走向。全长 1237.5 米，其中保存较好 200、一般 980.3、消失 57.2 米。墙体为石墙，外部条石错缝砌筑，内部为夯土墙体。部分段有修缮痕迹，G0013（起点、郭家庄 1 号马面）—G0019（断点）、G0033（郭家庄 5 号马面）—G0034（止点、郭家庄 6 号马面）间墙体外部条石层系补筑。现存墙体剖面大致呈不规则梯形，墙体底宽 7~8、顶宽 1~2、残高 3~5 米。本段长城东接郭家庄长城 1 段，西南连盘道梁长城 1 段。郭家庄 1~6 号马面位于墙体上，郭家庄 1 号马面系郭家庄长城 2 段起点，郭家庄 6 号马面系郭家庄长城 2 段止点。郭家庄明代戍卒墓地位于墙体南 0.14 千米处（图三九一）。

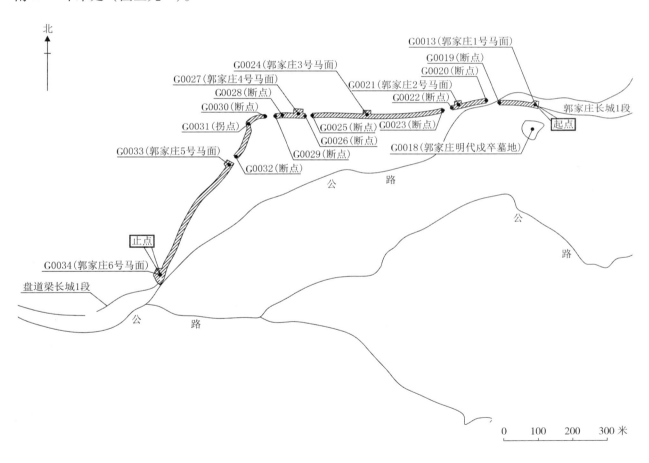

图三九一　郭家庄 2 段长城走向示意图

本段墙体共测 GPS 点 17 个（G0013、G0019~G0034），可分为 16 小段，分述如下。

第 1 小段：G0013（起点、郭家庄 1 号马面）—G0019（断点），长 140 米，东—西走向，保存较好。墙体外部条石层系补筑。墙体底宽 7~8、顶宽 1~2、残高 3~3.5 米。

第 2 小段：G0019（断点）—G0020（断点），长 22 米，东—西走向。墙体被挖断形成道路而消失。

第 3 小段：G0020（断点）—G0021（郭家庄 2 号马面），长 60 米，东北—西南走向，保存较好。

第 4 小段：G0021（郭家庄 2 号马面）—G0022（断点），长 15 米，东北—西南走向，保存一般。

第 5 小段：G0022（断点）—G0023（断点），长 10 米，东—西走向，墙体消失。

第 6 小段：G0023（断点）—G0024（郭家庄 3 号马面），长 250 米，东—西走向，保存一般。墙体底部残存部分条石，底宽 7～8、顶宽 1～1.5、残高 4～5 米。

第 7 小段：G0024（郭家庄 3 号马面）—G0025（断点），长 169 米，东—西走向，保存一般。墙体底部残存部分条石。

第 8 小段：G0025（断点）—G0026（断点），长 11.2 米，东—西走向，墙体消失。

第 9 小段：G0026（断点）—G0027（郭家庄 4 号马面），长 15 米，东—西走向，保存一般。墙体底部残存部分条石。

第 10 小段：G0027（郭家庄 4 号马面）—G0028（断点），长 60 米，东—西走向，保存一般。墙体底部残存部分条石。G0028（断点）东侧墙体被小路打断，小路宽 2 米。

第 11 小段：G0028（断点）—G0029（断点），长 21.3 米，东—西走向，保存一般。墙体底部残存部分条石。

第 12 小段：G0029（断点）—G0030（断点），长 9 米，东—西走向，墙体消失。

第 13 小段：G0030（断点）—G0031（拐点），长 30 米，东北—西南走向，保存一般。墙体底部残存部分条石。

第 14 小段：G0031（拐点）—G0032（断点），长 30 米，东北—西南走向，保存一般。墙体底部残存部分条石（彩图六八一）。

第 15 小段：G0032（断点）—G0033（郭家庄 5 号马面），长 5 米，东北—西南走向，墙体消失。

第 16 小段：G0033（郭家庄 5 号马面）—G0034（止点、郭家庄 6 号马面），长 390 米，东北—西南走向，保存一般。墙体外部条石层系补筑。

墙体整体保存一般。由于风雨侵蚀、植物生长等自然因素造成墙体坍塌脱落；人为损毁严重，如拆毁墙体包石、将墙体挖断形成道路、取土挖损破坏等。

4. 盘道梁长城 1 段

起点位于薛家洼乡盘道梁村东南 1.7 千米处，高程 2081 米；止点位于盘道梁村东 0.3 千米处，高程 2029 米。大致呈东南—西北走向。全长 1488 米，其中保存较好 670、一般 755、较差 8、消失 55 米。墙体为石墙，外部条石错缝砌筑，内部夯土墙体，夯层厚 0.09～0.17 米。G0042（盘道梁 4 号马面）—G0043（盘道梁 5 号马面）间一些坍塌墙体烦内部土、石、砖混筑，部分段墙体内部砌筑有间隔的砖柱，相距 2.5～3 米。个别段墙体顶部残存铺砖，个别段有修缮痕迹。G0047（盘道梁 6 号马面）—G0048（止点、断点）间墙体外部条石坍塌，露出内部片石垒砌的墙壁，外部条石层系补筑。现存墙体剖面大致呈不规则梯形，底宽 5～12、顶宽 2～4、残高 3.5～8 米。本段长城东北接郭家庄长城 2 段，西北连宁武盘道梁长城 2 段。郭家庄 6 号马面、盘道梁 1～6 号马面位于墙体上，郭家庄 6 号马面系盘道梁长城 1 段起点（图三九二）。

本段墙体共测 GPS 点 15 个（G0034～G0048），可分为 14 小段，分述如下。

第 1 小段：G0034（起点、郭家庄 6 号马面）—G0035（盘道梁 1 号马面），长 190 米，东北—西

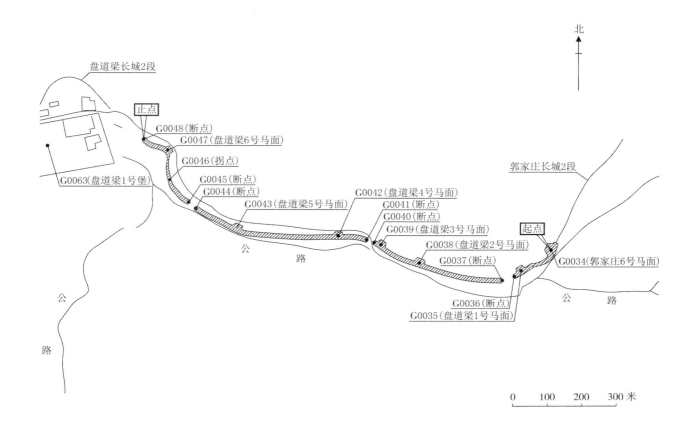

图三九二　盘道梁长城1段走向示意图

南走向，保存较好。墙体底宽12、顶宽2～3、残高7～8米（彩图六八二）。

第2小段：G0035（盘道梁1号马面）—G0036（断点），长8米，东北—西南走向，保存较差。墙体包石无存。

第3小段：G0036（断点）—G0037（断点），长15米，东—西走向，墙体消失。

第4小段：G0037（断点）—G0038（盘道梁2号马面），长260米，东南—西北走向，保存一般。墙体底部残存部分条石，顶部残存铺砖，底宽10～12、顶宽2～3、残高7～8米。

第5小段：G0038（盘道梁2号马面）—G0039（盘道梁3号马面），长130米，东南—西北走向，保存一般。

第6小段：G0039（盘道梁3号马面）—G0040（断点），长15米，东南—西北走向，保存一般。

第7小段：G0040（断点）—G0041（断点），长20米，东—西走向。墙体被挖断形成道路而消失。

第8小段：G0041（断点）—G0042（盘道梁4号马面），长90米，东—西走向，保存一般。墙体底宽5～6、顶宽3～3.5、残高3.5米。

第9小段：G0042（盘道梁4号马面）—G0043（盘道梁5号马面），长300米，东—西走向，保存较好。墙体底宽6～7、顶宽3～4、残高4～5米。部分坍塌墙体内部土、石、砖混筑，部分段墙体内部砌筑有间隔的砖柱，相距2.5～3米。

第10小段：G0043（盘道梁5号马面）—G0044（断点），长180米，东南—西北走向，保存较好。

第 11 小段：G0044（断点）—G0045（断点），长 20 米，东南—西北走向。墙体被挖断形成道路而消失。

第 12 小段：G0045（断点）—G0046（拐点），长 80 米，东南—西北走向，保存较好。

第 13 小段：G0046（拐点）—G0047（盘道梁 6 号马面），长 100 米，南—北走向，保存一般。

第 14 小段：G0047（盘道梁 6 号马面）—G0048（止点、断点），长 80 米，东南—西北走向，保存一般。墙体外部条石坍塌，露出内部片石垒砌的墙壁，外部条石层系补筑。

墙体整体保存一般。由于风雨侵蚀、植物生长等自然因素造成墙体的坍塌脱落；人为损毁严重，如拆毁墙体包石、将墙体挖断形成道路、取土挖损破坏等。

5. 盘道梁长城 2 段

起点位于薛家洼乡盘道梁村东 0.3 千米处，高程 2029 米；止点位于盘道梁村西南 1.5 千米处，高程 2025 米。大致呈东北—西南走向。全长 1676 米，其中保存较好 260、一般 470、较差 340、消失 606 米。墙体为石墙，外部条石或片石砌筑；内部为夯土墙体，夯层厚 0.09～0.13 米。个别段有修缮痕迹。G0074（断点）处墙体剖面可见内部夯土墙体，夯层厚 0.09～0.13 米，外侧为土石混筑，最外侧为条石层。土石混筑部分的夯层与内侧夯层明显不整合，夯层厚 0.16 米，系补筑。现存墙体剖面大致呈不规则梯形，底宽 2～10、顶宽 1～4、残高 1～6 米。本段长城东南接盘道梁长城 1 段，西南连盘道梁长城 3 段。盘道梁 7～10 号马面位于墙体上，盘道梁 10 号马面系盘道梁长城 2 段止点。盘道梁 1 号堡位于墙体南 0.213 千米处，盘道梁 2 号堡位于墙体北 0.22 千米处，盘道梁 1～4 号烽火台分别位于墙体北 0.53、0.36、0.35、0.1 千米处，盘道梁挡马墙位于墙体北 0.36 千米（图三九三）。

本段墙体共测 GPS 点 22 个（G0048～G0062、G0068、G0070～G0075），可分为 21 小段，分述如下。

第 1 小段：G0048（断点）—G0049（断点），长 70 米，东南—西北走向，墙体消失。

第 2 小段：G0049（断点）—G0050（断点），长 60 米，东南—西北走向，保存较差。墙体底宽 3.5、顶宽 1～2、残高 1～2 米。

第 3 小段：G0050（断点）—G0051（断点），长 2 米，东南—西北走向。墙体被挖断形成道路而消失。

第 4 小段：G0051（断点）—G0052（断点），长 80 米，东南—西北走向，保存较差。

第 5 小段：G0052（断点）—G0053（断点），长 60 米，东南—西北走向，墙体消失。

第 6 小段：G0053（断点）—G0054（断点），长 140 米，东北—西南走向，墙体消失。

第 7 小段：G0054（断点）—G0055（断点），长 70 米，东—西走向，墙体消失。

第 8 小段：G0055（断点）—G0056（断点），长 30 米，东—西走向，保存较差。墙体仅底部残存一段条石，底宽 2～3、顶宽 1～2、残高 1～2 米。

第 9 小段：G0056（断点）—G0057（断点），长 4 米，东—西走向。墙体被挖断形成道路而消失。

第 10 小段：G0057（断点）—G0058（断点），长 100 米，东北—西南走向，保存较差。

第 11 小段：G0058（断点）—G0059（断点），长 80 米，东—西走向，墙体消失。

第 12 小段：G0059（断点）—G0060（盘道梁 7 号马面），长 70 米，东北—西南走向，保存较差，墙体南侧遭取土挖损破坏。

第 13 小段：G0060（盘道梁 7 号马面）—G0061（断点），长 50 米，东北—西南走向，保存一般。

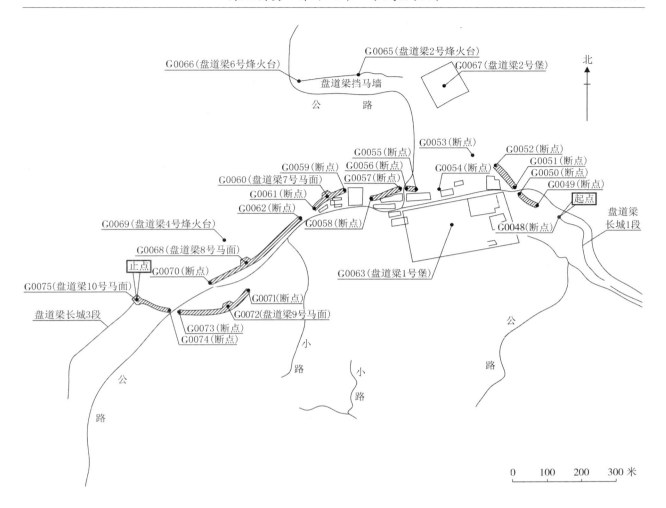

图三九三 盘道梁长城2段走向示意图

墙体底宽 7~8、顶宽 2~3、残高 5 米。

第 14 小段：G0061（断点）—G0062（断点），长 60 米，东北—西南走向，墙体消失。

第 15 小段：G0062（断点）—G0068（盘道梁 8 号马面），长 220 米，东北—西南走向，保存一般。墙体底宽 10、顶宽 3~4、残高 2~3 米。

第 16 小段：G0068（盘道梁 8 号马面）—G0070（断点），长 120 米，东北—西南走向，保存一般。

第 17 小段：G0070（断点）—G0071（断点），长 110 米，东北—西南走向。墙体被挖断形成道路而消失。

第 18 小段：G0071（断点）—G0072（盘道梁 9 号马面），长 80 米，东北—西南走向，保存一般。

第 19 小段：G0072（盘道梁 9 号马面）—G0073（断点），长 150 米，东—西走向，保存较好。墙体底宽 9~10、顶宽 3、残高 5~6 米。

第 20 小段：G0073（断点）—G0074（断点），长 10 米，东—西走向。墙体被挖断形成道路而消失。

第 21 小段：G0074（断点）—G0075（止点、盘道梁 10 号马面），长 110 米，东南—西北走向，保存较好。G0074（断点）处墙体剖面可见内部夯土墙体，夯层厚 0.09 ~ 0.13 米，再外侧为土石混筑，最外侧为条石层。土石混筑部分的夯层与内侧夯层明显不整合，夯层厚 0.16 米，系补筑。

墙体整体保存较差。由于风雨侵蚀、植物生长等自然因素造成墙体的坍塌脱落。人为损毁严重，如拆毁墙体包石、将墙体挖断形成道路、取土挖损破坏等。

6. 盘道梁长城 3 段

起点位于薛家洼乡盘道梁村西南 1.5 千米处，高程 2025 米；止点位于薛家洼乡宽草坪村东北 0.65 千米处，高程 1991 米。大致呈东北—西南走向。全长 1530 米，其中保存较好 290、一般 995、较差 180、消失 65 米。墙体为石墙，外部条石砌筑，内部为夯土墙体，夯层厚 0.12 ~ 0.2 米。个别段墙体顶部残存女墙，个别段有修缮痕迹。G0087（断点）东 0.1 千米处有一段砖墙，夹有大量白灰及砂石，应系补筑。现存墙体剖面大致呈不规则梯形，底宽 7 ~ 13、顶宽 2 ~ 4、残高 4.5 ~ 5 米。本段长城东接盘道梁长城 2 段，西连宽草坪长城 1 段。盘道梁敌台、盘道梁 10 ~ 14 号马面位于墙体上，盘道梁 10、14 号马面分别为盘道梁长城 3 段的起、止点（图三九四）。

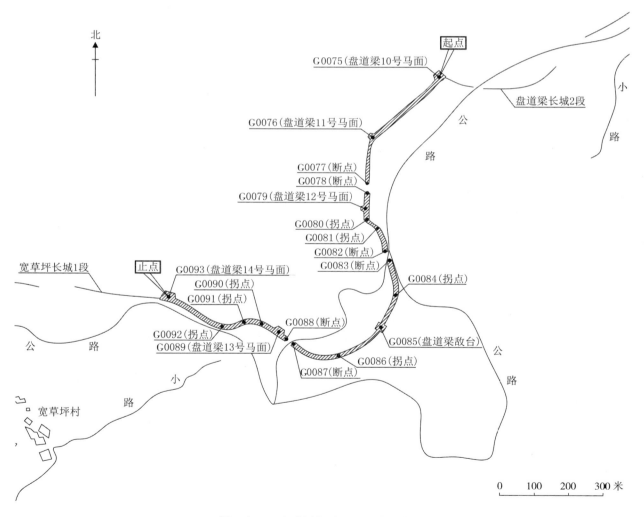

图三九四　盘道梁长城 3 段走向示意图

本段墙体共测 GPS 点 19 个（G0075～G0093），可分为 18 小段，分述如下。

第 1 小段：G0075（盘道梁 10 号马面）—G0076（盘道梁 11 号马面），长 260 米，东北—西南走向，保存一般。墙体底宽 7～8、顶宽 2～3、残高 5 米。

第 2 小段：G0076（盘道梁 11 号马面）—G0077（断点），长 150 米，北—南走向，保存一般。

第 3 小段：G0077（断点）—G0078（断点），长 20 米，北—南走向，墙体消失。

第 4 小段：G0078（断点）—G0079（盘道梁 12 号马面），长 50 米，北—南走向，保存一般。

第 5 小段：G0079（盘道梁 12 号马面）—G0080（拐点），长 40 米，北—南走向，保存一般。

第 6 小段：G0080（拐点）—G0081（拐点），长 50 米，西北—东南走向，保存一般。

第 7 小段：G0081（拐点）—G0082（断点），长 50 米，西北—东南走向，保存一般。

第 8 小段：G0082（断点）—G0083（断点），长 30 米，北—南走向。墙体被挖断形成道路而消失。

第 9 小段：G0083（断点）—G0084（拐点），长 100 米，北—南走向，保存一般。

第 10 小段：G0084（拐点）—G0085（盘道梁敌台），长 110 米，东北—西南走向，保存一般。

第 11 小段：G0085（盘道梁敌台）—G0086（拐点），长 150 米，东北—西南走向，保存较好。墙体顶部残存女墙，墙体底宽 13、顶宽 4、残高 4.5～5 米。

第 12 小段：G0086（拐点）—G0087（断点），长 140 米，东南—西北走向，保存较好。G0087（断点）东 0.1 千米处有一段砖墙，夹有大量白灰及砂石，应系补筑。

第 13 小段：G0087（断点）—G0088（断点），长 15 米，东南—西北走向。墙体被挖断形成道路而消失。

第 14 小段：G0088（断点）—G0089（盘道梁 13 号马面），长 25 米，东南—西北走向，保存一般。

第 15 小段：G0089（盘道梁 13 号马面）—G0090（拐点），长 60 米，东南—西北走向，保存一般。

第 16 小段：G0090（拐点）—G0091（拐点），长 40 米，东—西走向，保存一般。

第 17 小段：G0091（拐点）—G0092（拐点），长 60 米，东—西走向，保存一般。

第 18 小段：G0092（拐点）—G0093（止点、盘道梁 14 号马面），长 180 米，东南—西北走向，保存较差。墙体遭修路挖损破坏。

墙体整体保存一般。由于风雨侵蚀、植物生长等自然因素造成墙体的坍塌脱落；人为损毁严重，如拆毁墙体包石、将墙体挖断形成道路、修路挖损破坏、取土挖损破坏等。

7. 宽草坪长城 1 段

起点位于薛家洼乡宽草坪村东北 0.65 千米处，高程 1991 米；止点位于宽草坪村西北 0.6 千米处，高程 1973 米。大致呈东北—西南走向。全长 1495 米，其中保存一般 1045、消失 450 米。墙体为石墙，外部条石或片石砌筑，内部为夯土墙体。现存墙体剖面大致呈不规则梯形，底宽 5～6、顶宽 2～3、残高 4～5 米。本段长城东接盘道梁长城 3 段；西南连宽草坪长城 2 段。宽草坪敌台位于墙体上，系宽草坪长城 1 段止点。盘道梁 14 号马面、宽草坪 1～3 号马面位于墙体上，盘道梁 14 号马面系宽草坪长城 1 段起点。宽草坪堡位于墙体南 0.12 千米处，宽草坪 1 号烽火台位于墙体北 0.72 千米处，宽草坪 1 号壕沟位于墙体北 0.75 千米处（图三九五）。

本段墙体共测 GPS 点 11 个（G0093、G0095～G0099、G0101、G0102、G0106、G0108、G0109），

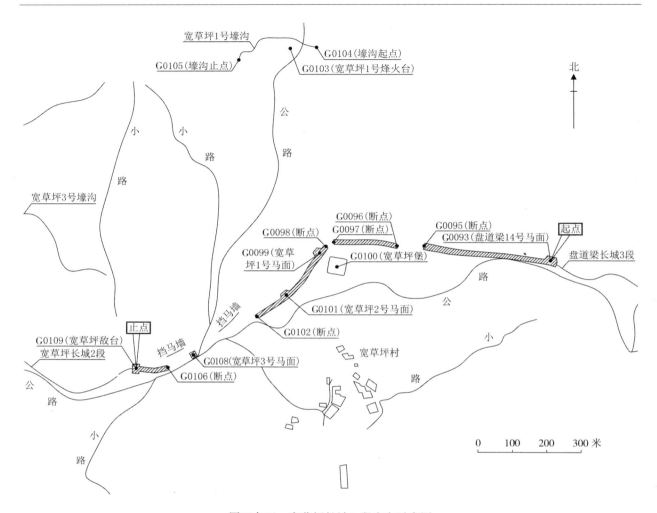

图三九五　宽草坪长城 1 段走向示意图

可分为 9 小段，分述如下。

　　第 1 小段：G0093（起点、盘道梁 14 号马面）—G0095（断点），长 390 米，东—西走向，保存一般。墙体底宽 5～6、顶宽 2～3、残高 4～5 米。

　　第 2 小段：G0095（断点）—G0096（断点），长 100 米，东—西走向。墙体遭采矿活动破坏而消失。

　　第 3 小段：G0096（断点）—G0097（断点），长 180 米，东—西走向，保存一般。

　　第 4 小段：G0097（断点）—G0098（断点），长 30 米，东北—西南走向，墙体消失。

　　第 5 小段：G0098（断点）—G0099（宽草坪 1 号马面），长 10 米，东北—西南走向，保存一般。

　　第 6 小段：G0099（宽草坪 1 号马面）—G0101（宽草坪 2 号马面），长 190 米，东北—西南走向，保存一般。

　　第 7 小段：G0101（宽草坪 2 号马面）—G0102（断点），长 115 米，东北—西南走向，保存一般。

　　第 8 小段：G0102（断点）—G0106（断点），长 320 米，东北—西南走向。墙体被挖断形成道路而消失，宽草坪 3 号马面位于墙体上，墙体北有东西两段挡马墙。

　　第 9 小段：G0106（断点）—G0109（止点、宽草坪敌台），长 160 米，东—西走向，保存一般。

　　墙体整体保存一般。由于风雨侵蚀、植物生长等自然因素造成墙体的坍塌脱落；人为损毁严重，如拆毁墙体包石、将墙体挖断形成道路、采矿活动破坏等。

8. 宽草坪长城 2 段

起点位于薛家洼乡宽草坪村西北 0.6 千米处，高程 1973 米；止点位于宽草坪村西 1.3 千米处，高程 2031 米。大致呈东北—西南走向。全长 1631 米，其中保存一般 1620、消失 11 米。墙体为石墙，外部条石砌筑，内部为夯土墙体。现存墙体剖面大致呈不规则梯形，底宽 7~16、顶宽 1~3、残高 3~7 米。本段长城东接宽草坪长城 1 段，西南连宽草坪长城 3 段。宽草坪敌台位于墙体上，系宽草坪长城 2 段起点。宽草坪 4~6 号马面位于墙体上，宽草坪 6 号马面系宽草坪长城 2 段止点。宽草坪 2 号烽火台位于墙体北 0.12 千米，宽草坪 2 号壕沟位于墙体北 0.28 千米、宽草坪 3 号壕沟位于墙体北 0.38~0.6 千米、宽草坪 2 号壕沟北侧，相距 0.17 千米（图三九六）。

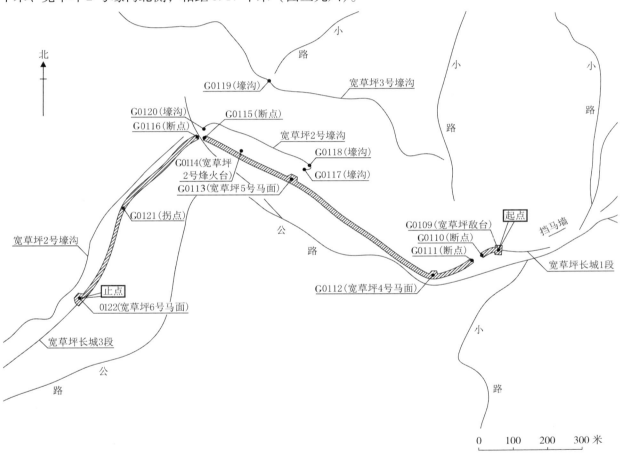

图三九六 宽草坪长城 2 段走向示意图

本段墙体共测 GPS 点 9 个（G0109~G0113、G0115、G0116、G0121、G0122），可分为 8 小段，分述如下。

第 1 小段：G0109（宽草坪敌台）—G0110（断点），长 60 米，东北—西南走向，保存一般。墙体底宽 7~8、顶宽 1~3、残高 3~3.5 米（彩图六八三）。

第 2 小段：G0110（断点）—G0111（断点），长 5 米，东北—西南走向，墙体消失。

第 3 小段：G0111（断点）—G0112（宽草坪 4 号马面），长 130 米，东北—西南走向，保存一般。

第 4 小段：G0112（宽草坪 4 号马面）—G0113（宽草坪 5 号马面），长 520 米，东南—西北走向，保存一般。

第 5 小段：G0113（宽草坪 5 号马面）—G0115（断点），长 290 米，东南—西北走向，保存一般（彩图六八四）。

第 6 小段：G0115（断点）—G0116（断点），长 6 米，东南—西北走向。墙体被挖断形成道路而消失。

第 7 小段：G0116（断点）—G0121（拐点），长 310 米，东北—西南走向，保存一般。

第 8 小段：G0121（拐点）—G0122（止点、宽草坪 6 号马面），长 310 米，东北—西南走向，保存一般。墙体底宽 15~16、顶宽 2~3、残高 6~7 米。

墙体整体保存一般。由于风雨侵蚀、植物生长等自然因素造成墙体的坍塌脱落；人为损毁严重，如拆毁墙体包石、将墙体挖断形成道路等。

9. 宽草坪长城 3 段

起点位于薛家洼乡宽草坪村西 1.79 千米处，高程 2031 米；止点位于薛家洼乡西地村东北 1.3 千米处，高程 2030 米。大致呈东北—西南走向，全长 1701.4 米，其中保存一般 1220、较差 220、消失 261.4 米。墙体为石墙，外部条石砌筑，内部为夯土墙体。现存墙体剖面大致呈不规则梯形，底宽 2~16、顶宽 2~3、残高 4~7 米。本段长城东北接宽草坪长城 2 段，西连西地长城 1 段。宽草坪 6~9 号马面位于墙体上，宽草坪 6 号马面系宽草坪长城 3 段起点，宽草坪 9 号马面系宽草坪长城 3 段止点。宽草坪 2 号壕沟位于墙体北 0.07 千米处（图三九七）。

本段墙体共测 GPS 点 19 个（G0122~G0125、G0127~G0133、G0135~G0141、G0143），可分为 18 小段，分述如下。

第 1 小段：G0122（宽草坪 6 号马面）—G0123（宽草坪 7 号马面），长 400 米，东北—西南走向，保存一般。墙体底宽 15~16、顶宽 2~3、残高 6~7 米。

第 2 小段：G0123（宽草坪 7 号马面）—G0124（断点），长 150 米，东北—西南走向，保存一般。

第 3 小段：G0124（断点）—G0125（断点），长 100 米，东北—西南走向。墙体被挖断形成道路而消失。

第 4 小段：G0125（断点）—G0127（断点），长 100 米，东北—西南走向，保存一般。

第 5 小段：G0127（断点）—G0128（断点），长 70 米，东北—西南走向，墙体消失。

第 6 小段：G0128（断点）—G0129（断点），长 110 米，东北—西南走向，保存一般。墙体底宽 7~8、顶宽 2~3、残高 4~5 米。

第 7 小段：G0129（断点）—G0130（断点），长 30 米，东北—西南走向。墙体被挖断形成道路而消失。

第 8 小段：G0130（断点）—G0131（宽草坪 8 号马面），长 10 米，东北—西南走向，保存一般。

第 9 小段：G0131（宽草坪 8 号马面）—G0132（断点），长 80 米，东北—西南走向，保存较差。墙体遭修路挖损破坏，残宽 2~3 米。

第 10 小段：G0132（断点）—G0133（断点），长 9.4 米，东—西走向，墙体消失。

第 11 小段：G0133（断点）—G0135（断点），长 140 米，东—西走向，保存较差。墙体被修路挖损破坏，残宽 2~3 米。

第 12 小段：G0135（断点）—G0136（断点），长 18 米，东—西走向，墙体消失。

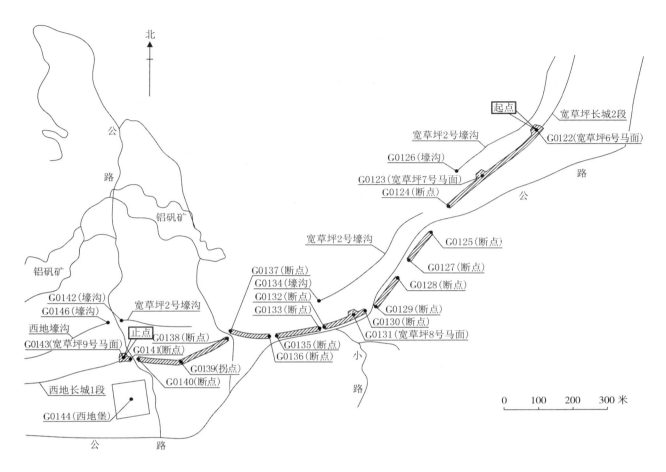

图三九七　宽草坪长城3段走向示意图

第13小段：G0136（断点）—G0137（断点），长110米，东—西走向，保存一般。墙体底宽7~8、顶宽2~3、残高4~5米。

第14小段：G0137（断点）—G0138（断点），长24米，东北—西南走向。墙体被挖断形成道路而消失。

第15小段：G0138（断点）—G0139（拐点），长200米，东北—西南走向，保存一般。

第16小段：G0139（拐点）—G0140（断点），长90米，东—西走向，保存一般。

第17小段：G0140（断点）—G0141（断点），长10米，东—西走向。墙体被挖断形成道路而消失。

第18小段：G0141（断点）—G0143（止点、宽草坪9号马面），长50米，东—西走向，保存一般。

墙体整体保存一般。由于风雨侵蚀、植物生长等自然因素造成墙体的坍塌脱落；人为损毁严重，如拆毁墙体包石、将墙体挖断形成道路、修路挖损破坏等。

10. 西地长城1段

起点位于薛家洼乡西地村东北1.3千米处，高程2030米；止点位于西地村西北1.47千米处，高程1962米。大致呈东南—西北向，全长1755米，其中保存一般1743、消失12米。墙体为石墙，外部条石砌筑，内部为夯土墙体。现存墙体剖面大致呈不规则梯形，底宽 15、顶宽 2～3、残高 3.5～5 米。本段长城东接宽草坪长城 3 段，西北连西地长城 2 段。宽草坪 9 号马面，西地 1、2 号马面位于墙体上，宽草坪 9 号马面系西地长城 1 段起点，西地 2 号马面系西地长城 1 段止点。西地堡位于墙体南 0.07 千米处，西地 1、2 号烽火台分别位于墙体北、东北 0.07、0.17 千米处，西地壕沟位于墙体北、东北 0.12 千米处（图三九八）。

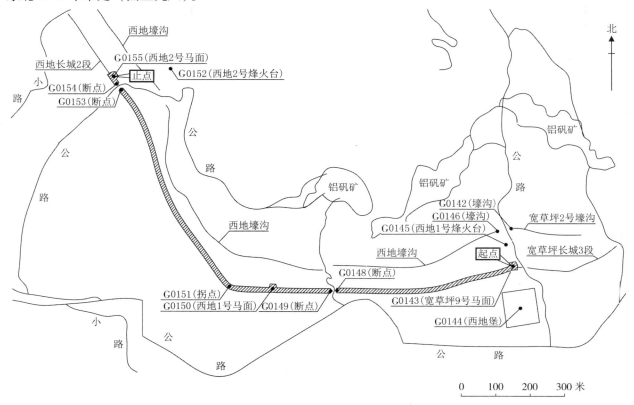

图三九八　西地长城 1 段走向示意图

本段墙体共测 GPS 点 8 个（G0143、G0148～G0151、G0153～G0155），可分为 7 小段，分述如下。

第 1 小段：G0143（起点、宽草坪 9 号马面）—G0148（断点），长 725 米，东—西走向，保存一般。墙体底宽 15、顶宽 2～3、残高 4～5 米。

第 2 小段：G0148（断点）—G0149（断点），长 4 米，东—西走向。墙体被挖断形成道路而消失。

第 3 小段：G0149（断点）—G0150（西地 1 号马面），长 170 米，东—西走向，保存一般。

第 4 小段：G0150（西地 1 号马面）—G0151（拐点），长 120 米，东—西走向，保存一般。

第 5 小段：G0151（拐点）—G0153（断点），长 710 米，东南—西北走向，保存一般。G0151（拐点）西北 0.32 千米处有一段东北壁保存较完整的石墙，长 15、残高 3.5 米，行錾砂质岩（彩图六八五）。

第 6 小段：G0153（断点）—G0154（断点），长 8 米，东南—西北走向。墙体被挖断形成道路而消失。

第 7 小段：G0154（断点）—G0155（止点、西地 2 号马面），长 18 米，东南—西北走向，保存一般。

墙体整体保存一般。由于风雨侵蚀、植物生长等自然因素造成墙体的坍塌脱落；人为损毁严重，如拆毁墙体包石、将墙体挖断形成道路等。

11. 西地长城 2 段

起点位于薛家洼乡西地村西北 1.47 千米处，高程 1962 米；止点位于薛家洼乡洞上村东北 0.92 千米处，高程 1791 米。大致呈东南—西北走向。全长 941 米，其中保存一般 920、消失 21 米。墙体为石墙，外部条石砌筑，内部为夯土墙体，夯层厚 0.06 ~ 0.22 米。部分段有修缮痕迹。G0156（断点）、G0161（断点）、G0166（断点）、G0167（断点）处墙体剖面可见墙体内部为夯土墙体，夯层厚 0.06 ~ 0.22 米，再外侧为土石混筑或夯土墙体，最外侧为条石层。土石混筑或夯土墙体部分的夯层与内侧夯层明显不整合，夯层厚 0.12 ~ 0.19 米，系补筑。现存墙体剖面大致呈不规则梯形，底宽 4 ~ 15、顶宽 2 ~ 4、残高 2.5 ~ 5 米。本段长城东南接西地长城 1 段，西南连洞上长城 1 段。西地敌台位于墙体上，系西地长城 2 段止点。西地 2 号马面位于墙体上，系西地长城 2 段起点。西地 3 号烽火台位于墙体东北 0.14 千米处，洞上 1 ~ 3 号烽火台分别位于墙体北 0.1、0.18、0.45 千米处，西地壕沟位于墙体东北、北 0.15 千米处（图三九九）。

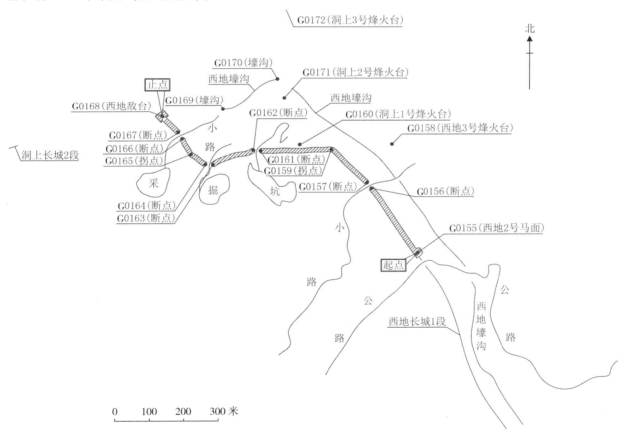

图三九九　西地长城 2 段走向示意图

本段墙体共测 GPS 点 12 个（G0155 ~ G0157、G0159、G0161 ~ G0168），可分为 11 小段，分述如下。

第 1 小段：G0155（西地 2 号马面）—G0156（断点），长 240 米，东南—西北走向，保存一般。墙体底宽 13 ~ 15、顶宽 2 ~ 4、残高 2.5 ~ 5 米。

第 2 小段：G0156（断点）—G0157（断点），长 5 米，东南—西北走向。墙体被挖断形成道路而消失。

第 3 小段：G0157（断点）—G0159（拐点），长 150 米，东南—西北走向，保存一般。

第 4 小段：G0159（拐点）—G0161（断点），长 220 米，东—西走向，保存一般。墙体底宽 13 ~ 15、顶宽 2 ~ 3、残高 4 ~ 5 米。

第 5 小段：G0161（断点）—G0162（断点），长 3 米，东—西走向。墙体被挖断形成道路而消失。

第 6 小段：G0162（断点）—G0163（断点），长 130 米，东北—西南走向，保存一般。

第 7 小段：G0163（断点）—G0164（断点），长 6 米，东—西走向。墙体被挖断形成道路而消失。

第 8 小段：G0164（断点）—G0165（拐点），长 60 为米，东南—西北走向，保存一般。

第 9 小段：G0165（拐点）—G0166（断点），长 60 米，东南—西北走向，保存一般。

第 10 小段：G0166（断点）—G0167（断点），长 7 米，东南—西北走向。墙体被挖断形成道路而消失。

第 11 小段：G0167（断点）—G0168（止点、西地敌台），长 60 米，东南—西北走向，保存一般。墙体底宽 4 ~ 5、顶宽 4、残高 2.5 ~ 3 米。

墙体整体保存一般。由于风雨侵蚀、植物生长等自然因素造成墙体的坍塌脱落；人为损毁严重，如拆毁墙体包石、将墙体挖断形成道路等。

12. 洞上长城 1 段

起点位于薛家洼乡洞上村东北 0.92 千米处，高程 1791 米；止点位于洞上村东北 0.53 千米处，高程 1842 米。大致呈东北—西南走向，全长 440 米，全部保存较好。本段长城为山险东南接西地长城 2 段，西南连洞上长城 2 段（图四〇〇）。

本段墙体共测 GPS 点 2 个（G0168、G0173），仅 1 小段，叙述如下。

G0168（起点、西地敌台）—G0173（止点、材质变化点），长 440 米，东北—西南走向，保存较好。

13. 洞上长城 2 段

起点位于薛家洼乡洞上村东北 0.53 千米处，高程 1842 米；止点位于洞上村西 0.58 千米处，高程 1719 米。大致呈东北—西南走向，全长 1027 米，其中保存较好 230、一般 760、消失 37 米。墙体为石墙，外部条石或片石砌筑，内部为土石混筑墙体。G0177 处有排水设施。现存墙体剖面大致呈不规则梯形，底宽 5 ~ 6、顶宽 1.5 ~ 4.5、残高 3 ~ 5 米。本段长城东北接洞上长城 1 段，西连洞上长城 3 段。洞上 1、2 号马面位于墙体上。洞上堡位于墙体南 0.12 千米处，洞上 4 号烽火台位于墙体北 0.11 千米处，洞上 5 号烽火台位于墙体南 0.94 千米处，洞上壕沟位于墙体北 0.06 千米处，洞上采石场位于墙体南 0.12 千米处（图四〇一）。

本段墙体共测 GPS 点 11 个（G0173、G0177 ~ G0182、G0184、G0185、G0187、G0188），可分为 10 小段，分述如下。

第 1 小段：G0173（起点、材质变化点）—G0177（墙体排水设施），长 180 米，东北—西南走向，保存一般。墙体底宽 5、顶宽 1.5 ~ 2、残高 3 米。

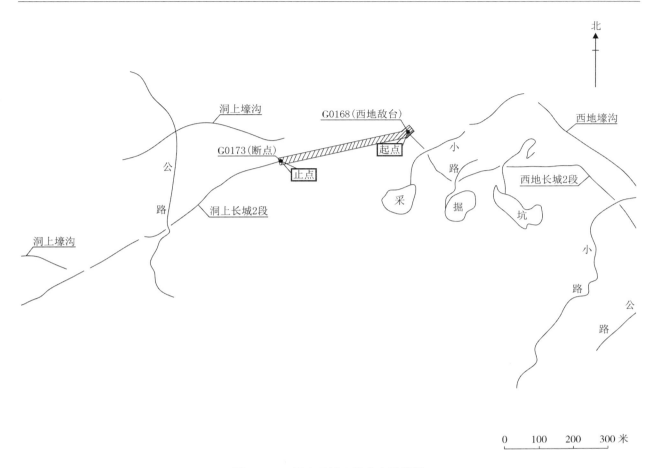

图四〇〇　洞上长城1段走向示意图

第2小段：G0177（墙体排水设施）—G0178（断点），长190米，东北—西南走向，保存一般。

第3小段：G0178（断点）—G0179（断点），长8米，东北—西南走向。墙体遭洪水冲刷损毁消失，现有道路。

第4小段：G0179（断点）—G0180（洞上1号马面），长10米，东北—西南走向，保存一般。

第5小段：G0180（洞上1号马面）—G0181（断点），长40米，东北—西南走向，保存一般。

第6小段：G0181（断点）—G0182（断点），长14米，东北—西南走向墙体消失。消失处现有现代垒砌的石墙，长14、宽1.8米。

第7小段：G0182（断点）—G0184（断点），长160米，东北—西南走向，墙体消失。

第8小段：G0184（断点）—G0185（断点），长15米，东北—西南走向，墙体消失。

第9小段：G0185（断点）—G0187（洞上2号马面），长180米，东北—西南走向，保存一般。

第10小段：G0187（洞上2号马面）—G0188（止点、断点），长230米，东北—西南走向，保存较好。墙体地处沟谷东坡，附近生长有树木、灌木，杂草丛生。由于地处坡地，顶部砌成阶梯状。墙体底宽6、顶宽4.5、残高4.5～5米（彩图六八六）。

墙体整体保存一般。由于洪水冲刷、风雨侵蚀、植物生长等造成墙体的坍塌脱落；人为损毁严重，如拆毁墙体包石等。

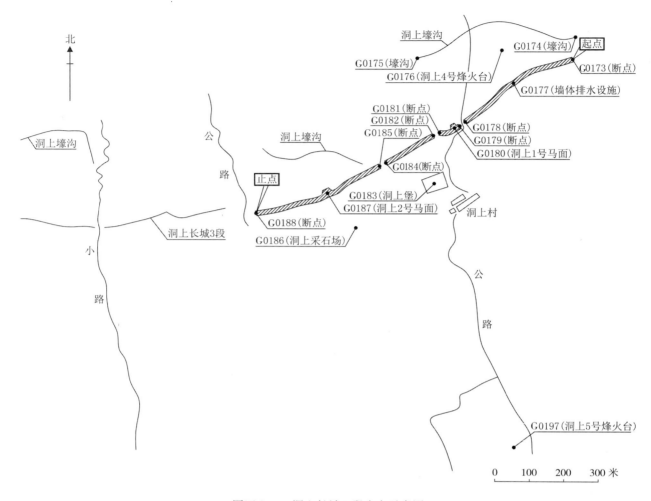

图四〇一　洞上长城 2 段走向示意图

14. 洞上长城 3 段

起点位于薛家洼乡洞上村西 0.58 千米处，高程 1719 米；止点位于薛家洼乡贾家窑村西南 1.23 千米处，高程 1587 米。大致呈东—西走向。全长 1465 米，其中保存较好 395、一般 870、消失 200 米。墙体为石墙，外部条石砌筑，内部为土石混筑墙体。现存墙体剖面大致呈不规则梯形，底宽 5.5、顶宽 3~4、残高 4.5~5 米。本段长城东接洞上长城 2 段，西连西沟长城。洞上 3、4 号马面位于墙体上，洞上 6、7 号烽火台分别位于墙体北 0.13、0.07 千米处，洞上壕沟位于墙体北 0.14 千米处（图四〇二）。

本段墙体共测 GPS 点 8 个（G0188~G0190、G0192、G0194~G0196、G0198），可分为 7 小段，分述如下。

第 1 小段：G0188（起点、断点）—G0189（断点），长 90 米，东—西走向。墙体遭洪水冲刷损毁消失，现有道路。

第 2 小段：G0189（断点）—G0190（洞上 3 号马面），长 175 米，东—西走向，保存较好。

第 3 小段：G0190（洞上 3 号马面）—G0192（断点），长 220 米，东—西走向，保存较好。墙体底宽 5.5、顶宽 3~4、残高 4.5~5 米。

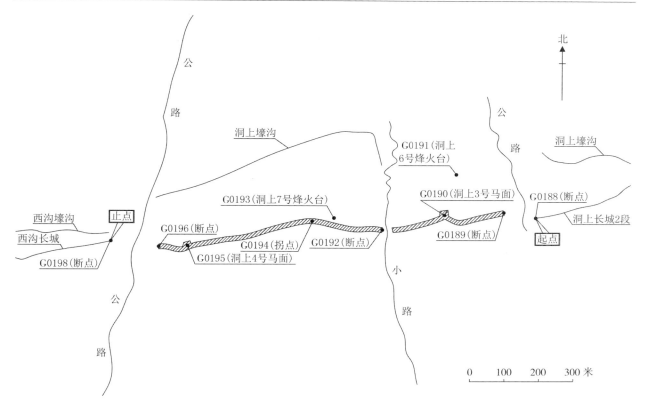

图四〇二　洞上长城 3 段走向示意图

第 4 小段：G0192（断点）—G0194（拐点），长 210 米，东—西走向，保存一般。

第 5 小段：G0194（拐点）—G0195（洞上 4 号马面），长 480 米，东北—西南走向，保存一般。

第 6 小段：G0195（洞上 4 号马面）—G0196（断点），长 180 米，东—西走向，保存一般。

第 7 小段：G0196（断点）—G0198（止点、断点），长 110 米，东南—西北走向。墙体被挖断形成道路而消失。

墙体整体保存一般。由于洪水冲刷、风雨侵蚀、植物生长等造成墙体的坍塌脱落；人为损毁严重，如拆毁墙体包石、将墙体挖断形成道路等。

15. 西沟长城

起点位于薛家洼乡贾家窑村西南 1.23 千米处，高程 1587 米；止点位于薛家洼乡西沟村东南 1.38 千米处，高程 1866 米。大致呈东北—西南走向。全长 1554 米，其中保存较好 1130、一般 420、消失 4 米。墙体为石墙，外部条石或片石砌筑，内部为夯土墙体。个别段墙体顶部残存铺砖。现存墙体剖面大致呈不规则梯形，底宽 5～15、顶宽 2～5、残高 2～6 米。本段长城东接洞上长城 3 段，西南连麻地沟长城。西沟 1～3 号马面位于墙体上，西沟 3 号马面系西沟长城止点。贾家窑烽火台位于墙体北 0.025 千米处，西沟 1～3 号烽火台分别位于墙体西 0.16、0.06、0.22 千米处，西沟壕沟位于墙体北 0.07 千米处。贾家窑挡马墙位于墙体北侧，止于贾家窑烽火台，北距西沟壕沟 0.04 千米（图四〇三）。

本段墙体共测 GPS 点 8 个（G0198、G0202～G0205、G0207、G0210、G0211），可分为 7 小段，分述如下。

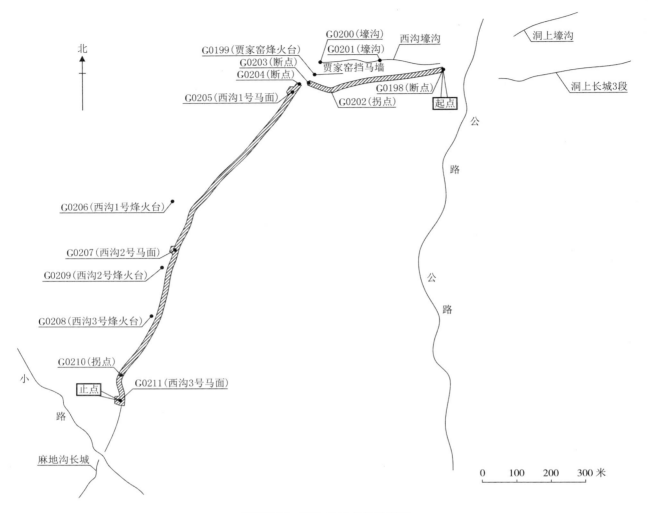

图四〇三　西沟长城走向示意图

第 1 段：G0198（起点、断点）—G0202（拐点），长 320 米，东北—西南走向，保存一般。墙体底宽 5~6、顶宽 2、残高 4.5 米。

第 2 段：G0202（拐点）—G0203（断点），长 70 米，东南—西北走向，保存一般。

第 3 段：G0203（断点）—G0204（断点），长 4 米，东—西走向。墙体被挖断形成道路而消失。

第 4 段：G0204（断点）—G0205（西沟 1 号马面），长 30 米，东北—西南走向，保存一般。

第 5 段：G0205（西沟 1 号马面）—G0207（西沟 2 号马面），长 630 米，东北—西南走向，保存一般。墙体顶部残存铺砖。墙体底宽 7~8、顶宽 4~5、东侧残高 2~3、西侧残高 4 米。

第 6 段：G0207（西沟 2 号马面）—G0210（拐点），长 420 米，东北—西南走向，保存较好。墙体底宽 14~15、顶宽 4~5、西侧残高 5~6 米。

第 7 段：G0210（拐点）—G0211（止点、西沟 3 号马面），长 80 米，南—北走向，保存较好。

墙体整体保存一般。由于风雨侵蚀、植物生长等自然因素造成墙体的坍塌脱落；人为损毁严重，如拆毁墙体包石、将墙体挖断形成道路等。

16. 麻地沟长城

起点位于薛家洼乡西沟村东南 1.38 千米处，高程 1866 米；止点位于薛家洼乡麻地沟村西北 0.82 千米处，高程 1912 米。大致呈东北—西南走向。全长 1544 米，其中保存较好 160、一般 1138、消失 246 米。墙体为石墙，外部条石或片石砌筑；内部为夯土墙体，夯层厚 0.2～0.25 米。现存墙体剖面大致呈不规则梯形，底宽 14～15、顶宽 4、残高 5～6 米。本段长城东北接西沟长城，西南连郭家窑长城。西沟 3 号马面、麻地沟 1～6 号马面位于墙体上，西沟 3 号马面系麻地沟长城起点，麻地沟 6 号马面系麻地沟长城止点。西沟 4～6 号烽火台分别位于墙体西北 0.3、0.26、0.16 千米处（图四〇四）。

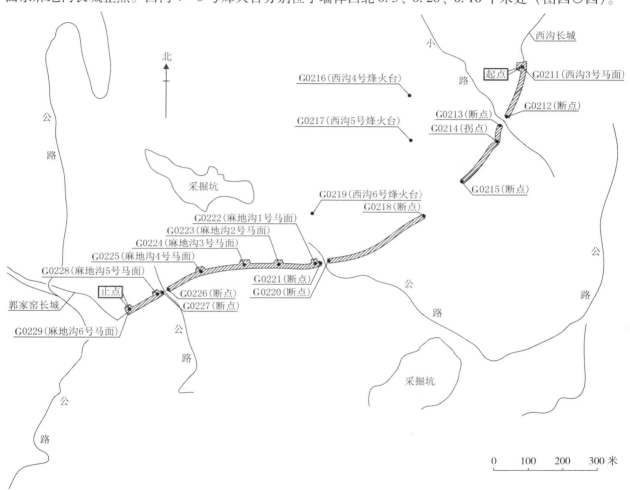

图四〇四　麻地沟长城走向示意图

本段墙体共测 GPS 点 16 个（G0211～G0215、G0218、G0220～G0229），可分为 15 小段，分述如下。

第 1 小段：G0211（起点、西沟 3 号马面）—G0212（断点），长 160 米，东北—西南走向，保存较好。墙体底宽 14～15、顶宽 4、残高 5～6 米。

第 2 小段：G0212（断点）—G0213（断点），长 40 米，东北—西南走向。墙体遭洪水冲刷损毁消失，现有道路。

第 3 小段：G0213（断点）—G0214（拐点），长 50 米，北—南走向，保存一般。

第 4 小段：G0214（拐点）—G0215（断点），长 160 米，东北—西南走向，保存一般。

第 5 小段：G0215（断点）—G0218（断点），长 160 米，东北—西南走向。墙体遭采矿活动破坏而消失。

第 6 小段：G0218（断点）—G0220（断点），长 330 米，东北—西南走向，保存一般。

第 7 小段：G0220（断点）—G0221（断点），长 6 米，东—西走向。墙体被挖断形成道路而消失。

第 8 小段：G0221（断点）—G0222（麻地沟 1 号马面），长 15 米，东—西走向，保存一般。

第 9 小段：G0222（麻地沟 1 号马面）—G0223（麻地沟 2 号马面），长 110 米，东—西走向，保存一般。

第 10 小段：G0223（麻地沟 2 号马面）—G0224（麻地沟 3 号马面），长 100 米，东—西走向，保存一般。

第 11 小段：G0224（麻地沟 3 号马面）—G0225（麻地沟 4 号马面），长 140 米，东—西走向，保存一般。

第 12 小段：G0225（麻地沟 4 号马面）—G0226（断点），长 120 米，东北—西南走向，保存一般。

第 13 小段：G0226（断点）—G0227（断点），长 40 米，东北—西南走向。墙体被挖断形成道路而消失。

第 14 小段：G0227（断点）—G0228（麻地沟 5 号马面），长 3 米，东北—西南走向，保存一般。

第 15 小段：G0228（麻地沟 5 号马面）—G0229（止点、麻地沟 6 号马面），长 110 米，东北—西南走向，保存一般。

墙体整体保存一般。由于洪水冲刷、风雨侵蚀、植物生长等造成墙体的坍塌脱落；人为损毁严重，如拆毁墙体包石、将墙体挖断形成道路、采矿活动破坏等。

17. 郭家窑长城

起点位于薛家洼乡麻地沟村西北 0.82 千米处，高程 1912 米；止点位于薛家洼乡西沟村西南 1.1 千米处，高程 1888 米。大致呈东南—西北走向。全长 1568 米，其中保存一般 1502、消失 66 米。墙体为石墙，外部片石砌筑，内部为夯土墙体。个别段有修缮痕迹。G0233（断点）、G0234（断点）处墙体剖面可见片石墙体外有土墙，系补筑。现存墙体剖面大致呈不规则梯形，底宽 12、顶宽 2~3.5、残高 5~6 米。本段长城东接麻地沟长城，北连半山长城 1 段。麻地沟 6 号马面、郭家窑 1~11 号马面位于墙体上，麻地沟 6 号马面系郭家窑长城起点，郭家窑 11 号马面系郭家窑长城止点。半山堡位于墙体西 0.1 千米处，麻地沟烽火台位于墙体南 0.06 千米处，半山 1 号烽火台位于墙体西 0.06 千米处，西沟壕沟位于墙体东 0.04 千米处（图四〇五）。

本段墙体共测 GPS 点 22 个（GP0229、G0230、G0232~G0244、G0246、G0247、G0249~G0253），可分为 21 小段，分述如下。

第 1 小段：G0229（起点、麻地沟 6 号马面）—G0230（拐点），长 60 米，东北—西南走向，保存一般。墙体底宽 12、顶宽 2~3.5、残高 5~6 米。

第 2 小段：G0230（拐点）—G0232（郭家窑 1 号马面），长 120 米，东南—西北走向，保存一般。

第 3 小段：G0232（郭家窑 1 号马面）—G0233（断点），长 110 米，东南—西北走向，保存一般。

第 4 小段：G0233（断点）—G0234（断点），长 18 米，东—西走向。墙体被挖断形成道路而消失。G0233（断点）、G0234（断点）处墙体剖面可见片石墙体外有土墙，系补筑。

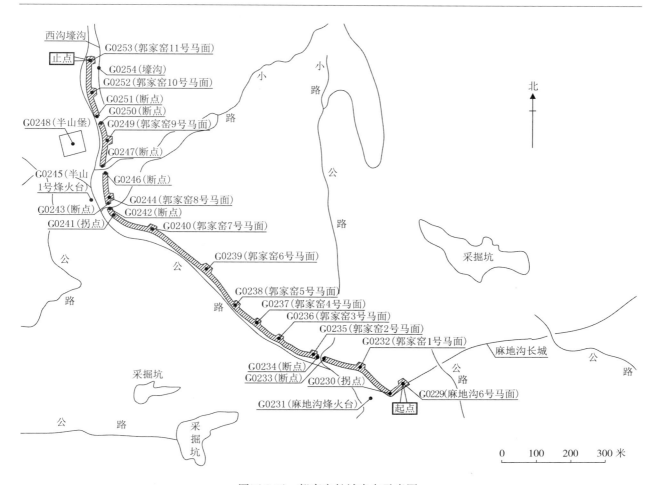

图四〇五 郭家窑长城走向示意图

第5小段：G0234（断点）—G0235（郭家窑2号马面），长6米，东南—西北走向，保存一般。

第6小段：G0235（郭家窑2号马面）—G0236（郭家窑3号马面），长120米，东南—西北走向，保存一般。

第7小段：G0236（郭家窑3号马面）—G0237（郭家窑4号马面），长80米，东南—西北走向，保存一般。

第8小段：G0237（郭家窑4号马面）—G0238（郭家窑5号马面），长80米，东南—西北走向，保存一般。

第9小段：G0238（郭家窑5号马面）—G0239（郭家窑6号马面），长140米，东南—西北走向，保存一般（彩图六八七）。

第10小段：G0239（郭家窑6号马面）—G0240（郭家窑7号马面），长210米，东南—西北走向，保存一般。

第11小段：G0240（郭家窑7号马面）—G0241（拐点），长130米，东南—西北走向，保存一般。

第12小段：G0241（拐点）—G0242（断点），长30米，东南—西北走向，保存一般。

第13小段：G0242（断点）—G0243（断点），长3米，南—北走向。墙体被挖断形成道路而消失。

第 14 小段：G0243（断点）—G0244（郭家窑 8 号马面），长 6 米，南—北走向，保存一般。

第 15 小段：G0244（郭家窑 8 号马面）—G0246（断点），长 80 米，南—北走向，保存一般。

第 16 小段：G0246（断点）—G0247（断点），长 25 米，南—北走向。墙体遭洪水冲刷损毁消失，现有道路。

第 17 小段：G0247（断点）—G0249（郭家窑 9 号马面），长 80 米，南—北走向，保存一般。

第 18 小段：G0249（郭家窑 9 号马面）—G0250（断点），长 60 米，东南—西北走向，保存一般。

第 19 小段：G0250（断点）—G0251（断点），长 20 米，东南—西北走向。墙体被洪水冲刷损毁消失。

第 20 小段：G0251（断点）—G0252（郭家窑 10 号马面），长 80 米，东南—西北走向，保存一般。

第 21 小段：G0252（郭家窑 10 号马面）—G0253（止点、郭家窑 11 号马面），长 110 米，南—北走向，保存一般。

墙体整体保存一般。由于洪水冲刷、风雨侵蚀、植物生长等造成墙体的坍塌脱落；人为损毁严重，如拆毁墙体包石、将墙体挖断形成道路等。

18. 半山长城 1 段

起点位于薛家洼乡西沟村西南 1.1 千米处，高程 1888 米；止点位于阳方口镇半山村北 1.15 千米处，高程 1955 米。大致呈东南—西北走向。全长 1389 米，其中保存一般 1145、消失 244 米。墙体为石墙，外部片石砌筑，内部为夯土墙体或土石混筑墙体。现存墙体剖面大致呈不规则梯形，底宽 4~6、顶宽 1.5~2、残高 3~5 米。本段长城南接郭家窑长城，西连半山长城 2 段。郭家窑 11 号马面、半山 1~3 号马面位于墙体上，郭家窑 11 号马面系半山长城 1 段起点，半山 3 号马面系半山长城 1 段止点。半山关倚墙而建，位于墙体东北侧。西沟 7 号烽火台位于墙体东北 0.69 千米处，半山 2 号烽火台位于墙体东 0.08 千米处，半山 3 号烽火台位于墙体西 0.05 千米处，西沟壕沟位于墙体东侧，半山壕沟位于墙体东北侧（图四〇六）。

本段墙体共测 GPS 点 16 个（G0253、G0257、G0259~G0266、G0268、G0271~G0275），可分为 15 小段，分述如下。

第 1 小段：G0253（起点、郭家窑 11 号马面）—G0257（断点），长 210 米，南—北走向。墙体被挖断形成道路致墙体消失。

第 2 小段：G0257（断点）—G0259（半山 1 号马面），长 140 米，东南—西北走向，保存一般。墙体底宽 5~6、顶宽 1.5、残高 4~5 米。

第 3 小段：G0259（半山 1 号马面）—G0260（断点），长 30 米，东南—西北走向，保存一般。

第 4 小段：G0260（断点）—G0261（断点），长 5 米，东南—西北走向，墙体消失。

第 5 小段：G0261（断点）—G0262（半山 2 号马面），长 470 米，东南—西北走向，保存一般。

第 6 小段：G0262（半山 2 号马面）—G0263（断点），长 20 米，东南—西北走向，保存一般。

第 7 小段：G0263（断点）—G0264（断点），长 6 米，东南—西北走向，墙体消失。

第 8 段：G0264（断点）—G0265（断点），长 40 米，东南—西北走向，保存一般。

第 9 段：G0265（断点）—G0266（断点），长 10 米，东南—西北走向，墙体消失。

第 10 段：G0266（断点）—G0268（关墙节点），长 160 米，东南—西北走向，保存一般。G0268（关墙节点）系长城与半山关关墙相接处。

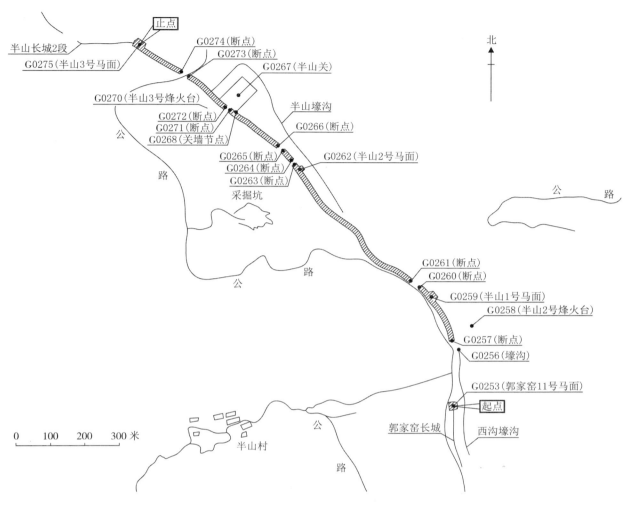

图四〇六　半山长城1段走向示意图

第11段：G0268（关墙节点）—G0271（断点），长5米，东南—西北走向，保存一般。

第12段：G0271（断点）—G0272（断点），长9米，东南—西北走向。墙体被挖断形成道路而消失。

第13段：G0272（断点）—G0273（断点），长140米，东南—西北走向，保存一般。

第14段：G0273（断点）—G0274（断点），长4米，东南—西北走向。墙体被挖断形成道路而消失。

第15段：G0274（断点）—G0275（止点、半山3号马面），长140米，东南—西北走向，保存一般。墙体底宽4~5、顶宽1.5~2、残高3~3.5米。

墙体整体保存一般。由于风雨侵蚀、植物生长等自然因素造成墙体的坍塌脱落；人为损毁严重，如拆毁墙体包石、将墙体挖断形成道路等。

19. 半山长城2段

起点位于阳方口镇半山村北1.15千米处，高程1955米；止点位于阳方口镇黄草梁村东南0.74千米处，高程1717米。大致呈东南—西北走向。全长994米，其中保存一般910、消失84米。墙体为土墙，夯筑而成，偶含碎石，夯层厚0.08~0.15米。现存墙体剖面大致呈不规则梯形，底宽5、顶宽1

~2、残高 3 ~3.5 米。本段长城东南接半山长城 1 段，西北连黄草梁长城。半山敌台位于墙体上，系半山长城 2 段止点。半山 3 号马面位于墙体上，系半山长城 2 段起点（图四○七）。

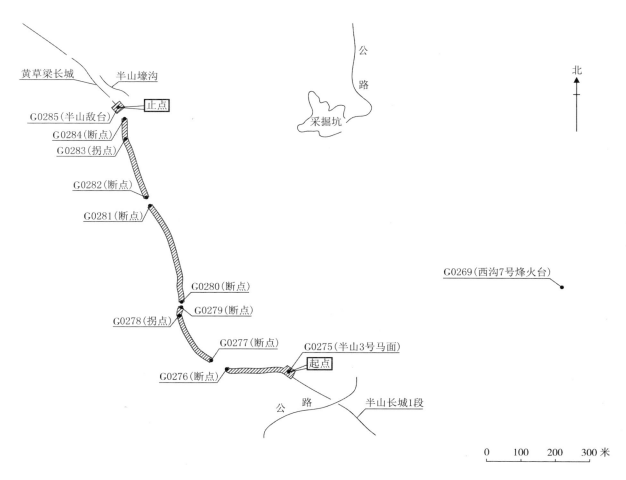

图四○七　半山长城 2 段走向示意图

　　本段墙体共测 GPS 点 11 个（G0275 ~ G0285），可以分为 10 小段，分述如下。

　　第 1 小段：G0275（起点、半山 3 号马面）—G0276（断点），长 180 米，东—西走向，保存一般。墙体底宽 5、顶宽 1 ~2、残高 3 ~3.5 米。

　　第 2 小段：G0276（断点）—G0277（断点），长 60 米，东南—西北走向。墙体被洪水冲刷损毁消失。

　　第 3 小段：G0277（断点）—G0278（拐点），长 160 米，东南—西北走向，保存一般（彩图六八八）。

　　第 4 小段：G0278（拐点）—G0279（断点），长 20 米，西南—东北走向，保存一般。

　　第 5 小段：G0279（断点）—G0280（断点），长 5 米，南—北走向。墙体被洪水冲刷损毁消失。

　　第 6 小段：G0280（断点）—G0281（断点），长 310 米，东南—西北走向，保存一般。

　　第 7 小段：G0281（断点）—G0282（断点），长 7 米，东南—西北走向，墙体消失。

　　第 8 小段：G0282（断点）—G0283（拐点），长 180 米，东南—西北走向，保存一般。

　　第 9 小段：G0283（拐点）—G0284（断点），长 60 米，南—北走向，保存一般。

第 10 小段：G0284（断点）—G0285（止点、半山敌台），长 12 米，东南—西北走向，墙体消失。

墙体整体保存一般。由于洪水冲刷、风雨侵蚀、植物生长等造成墙体的坍塌脱落；人为损毁严重，如取土挖损破坏等。

20. 黄草梁长城

起点位于阳方口镇黄草梁村东南 0.74 千米处，高程 1717 米；止点位于阳方口镇达达庄村东北 0.65 千米处，高程 1493 米。大致呈东南—西走北向。全长 1907.5 米，其中保存较好 1100、一般 206、较差 390、消失 211.5 米。墙体为土墙，夯筑而成，夯层厚 0.2～0.24 米。部分段墙体顶部残存女墙。现存墙体剖面大致呈不规则梯形，底宽 2.5～8、顶宽 1.5～5、残高 4～6 米。本段长城南接半山长城 2 段，西北连袁家窑长城。半山敌台位于墙体上，系黄草梁长城起点。黄草梁 1～15 号马面位于墙体上，黄草梁 15 号马面系黄草梁长城止点。黄草梁关倚墙而建，位于墙体西南侧。半山壕沟位于墙体东北 0.02 千米处（图四〇八）。

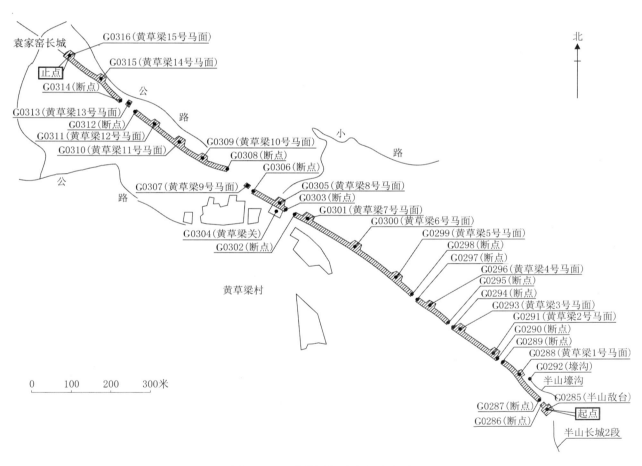

图四〇八　黄草梁长城走向示意图

本段墙体共测 GPS 点 30 个（G0285～G00291、G0293～G0303、G0305～G0316），可分为 27 小段，分述如下。

第 1 小段：G0285（起点、半山敌台）—G0286（断点），长 25 米，东南—西北走向，保存较好。墙体底宽 7～8、顶宽 4～5、残高 5～6 米。

第 2 小段：G0286（断点）—G0287（断点），长 2.5 米，东南—西北走向，墙体消失。

第 3 小段：G0287（断点）—G0288（黄草梁 1 号马面），长 90 米，东南—西北走向，保存较好。

第 4 小段：G0288（黄草梁 1 号马面）—G0289（断点），长 60 米，东南—西北走向，保存较好（彩图六八九）。

第 5 小段：G0289（断点）—G0290（断点），长 5 米，东南—西北走向，墙体消失。

第 6 小段：G0290（断点）—G0291（黄草梁 2 号马面），长 4 米，东南—西北走向，保存较好。

第 7 小段：G0291（黄草梁 2 号马面）—G0293（黄草梁 3 号马面），长 150 米，东南—西北走向，保存较好。墙体顶部东北侧残存女墙，宽 1.5、残高 0.5～0.7 米。

第 8 小段：G0293（黄草梁 3 马面）—G0294（断点），长 5 米，东南—西北走向，保存较好。

第 9 小段：G0294（断点）—G0295（断点），长 10 米，东南—西北走向，墙体消失。

第 10 小段：G0295（断点）—G0296（黄草梁 4 号马面），长 80 米，东南—西北走向，保存较好。

第 11 小段：G0296（黄草梁 4 号马面）—G0297（断点），长 40 米，东南—西北走向，保存较好。

第 12 小段：G0297（断点）—G0298（断点），长 4 米，东南—西北走向，墙体消失。

第 13 小段：G0298（断点）—G0299（黄草梁 5 号马面），长 70 米，东南—西北走向，保存较好。墙体顶部东北侧残存女墙，长 15、宽 1.2、残高 0.6 米。

第 14 小段：G0299（黄草梁 5 号马面）—G0300（黄草梁 6 号马面），长 150 米，东南—西北走向，保存较好。墙体顶部东北侧残存女墙。

第 15 小段：G0300（黄草梁 6 号马面）—G0301（黄草梁 7 号马面），长 190 米，东南—西北走向，保存较好。墙体顶部东北侧残存女墙。

第 16 小段：G0301（黄草梁 7 号马面）—G0302（断点），长 70 米，东南—西北走向，保存较好。墙体顶部东北侧残存女墙。

第 17 小段：G0302（断点）—G0303（断点），长 10 米，东南—西北走向，墙体消失。

第 18 小段：G0303（断点）—G0305（黄草梁 8 号马面），长 12 米，东南—西北走向，保存较好。墙体顶部东北侧残存女墙。

第 19 小段：G0305（黄草梁 8 号马面）—G0306（断点），长 90 米，东南—西北走向，保存较好。

第 20 小段：G0306（断点）—G0308（断点），长 130 米，东南—西北走向。墙体被挖断形成道路而消失。黄草梁 9 号马面位于墙体上。

第 21 小段：G0308（断点）—G0309（黄草梁 10 号马面），长 80 米，东南—西北走向，保存较好。墙体底宽 7～8、顶宽 1.5～2、残高 6 米，夯层厚 0.2～0.24 米。

第 22 小段：G0309（黄草梁 10 号马面）—G0310（黄草梁 11 号马面），长 120 米，东南—西北走向，保存较差。墙体西南侧有取土挖损形成的沟槽。墙体底宽 2.5、残高 4 米。

第 23 小段：G0310（黄草梁 11 号马面）—G0311（黄草梁 12 号马面），长 120 米，东南—西北走向，保存较差。墙体西南侧有取土挖损形成的沟槽。

第 24 小段：G0311（黄草梁 12 号马面）—G0312（断点），长 70 米，东南—西北走向，保存较差。墙体顶部发现一块人字形坡顶砖，宽 30、厚 12.5 厘米。

第 25 小段：G0312（断点）—G0314（断点），长 50 米，东南—西北走向。墙体被洪水冲刷损毁消失。黄草梁 13 号马面位于墙体上。

第 26 小段：G0314（断点）—G0315（黄草梁 14 号马面），长 80 米，东南—西北走向，保存较差。墙体南侧遭洪水冲刷损毁严重。

第27小段：G0315（黄草梁14号马面）—G0316（止点、黄草梁15号马面），长190米，东南—西北走向，保存一般。

墙体整体保存一般。由于洪水冲刷、风雨侵蚀、植物生长等造成墙体的坍塌脱落；人为损毁严重，如将墙体挖断形成道路、取土挖损破坏等。

21. 袁家窑长城

起点位于阳方口镇达达庄村东北0.65千米处，高程1493米；止点位于阳方口镇袁家窑村北0.38千米处，高程1322米。大致呈东南—西北走向。全长2250米，其中保存较好2120、消失130米。墙体为土墙，夯筑而成，夯层厚0.16~0.24米。个别段墙体顶部残存女墙，墙体南壁残存登墙步道。现存墙体剖面大致呈不规则梯形，底宽7~10、顶宽3.5~5、残高5~6米。本段长城东南接黄草梁长城，西连阳方口长城1段。黄草梁15号马面、袁家窑1~17号马面位于墙体上，黄草梁15号马面系袁家窑长城起点，袁家窑17号马面系袁家窑长城止点。袁家窑关倚墙而建，位于墙体西南侧（图四〇九）。

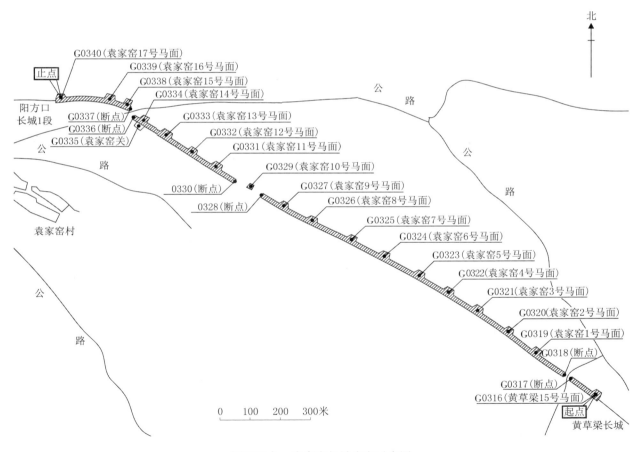

图四〇九 袁家窑长城走向示意图

本段墙体共测GPS点24个（G0316~G0334、G0336~G0340），可分为22小段，分述如下。

第1小段：G0316（起点、黄草梁15号马面）—G0317（断点），长90米，东南—西北走向，保存较好。墙体底宽9~10、顶宽4~5、残高5~6米。

第2小段：G0317（断点）—G0318（断点），长20米，东南—西北走向。墙体被挖断形成道路而消失。

　　第 3 小段：G0318（断点）—G0319（袁家窑 1 号马面），长 110 米，东南—西北走向，保存较好。

　　第 4 小段：G0319（袁家窑 1 号马面）—G0320（袁家窑 2 号马面），长 110 米，东南—西北走向，保存较好。

　　第 5 小段：G0320（袁家窑 2 号马面）—G0321（袁家窑 3 号马面），长 110 米，东南—西北走向，保存较好。

　　第 6 小段：G0321（袁家窑 3 号马面）—G0322（袁家窑 4 号马面），长 100 米，东南—西北走向，保存较好。

　　第 7 小段：G0322（袁家窑 4 号马面）—G0323（袁家窑 5 号马面），长 110 米，东南—西北走向，保存较好。

　　第 8 小段：G0323（袁家窑 5 号马面）—G0324（袁家窑 6 号马面），长 120 米，东南—西北走向，保存较好。

　　第 9 小段：G0324（袁家窑 6 号马面）—G0325（袁家窑 7 号马面），长 120 米，东南—西北走向，保存较好。

　　第 10 小段：G0325（袁家窑 7 号马面）—G0326（袁家窑 8 号马面），长 200 米，东南—西北走向，保存较好。

　　第 11 小段：G0326（袁家窑 8 号马面）—G0327（袁家窑 9 号马面），长 100 米，东南—西北走向，保存较好。

　　第 12 小段：G0327（袁家窑 9 号马面）—G0328（断点），长 70 米，东南—西北走向，保存较好。

　　第 13 小段：G0328（断点）—G0330（断点），长 90 米，东南—西北走向，墙体消失。袁家窑 10 号马面位于墙体上。

　　第 14 小段：G0330（断点）—G0331（袁家窑 11 号马面），长 120 米，东南—西北走向，保存较好。

　　第 15 小段：G0331（袁家窑 11 号马面）—G0332（袁家窑 12 号马面），长 140 米，东南—西北走向，保存较好。

　　第 16 小段：G0332（袁家窑 12 号马面）—G0333（袁家窑 13 号马面），长 170 米，东南—西北走向，保存较好，墙体顶部残存女墙，墙体底宽 8~9、顶宽 3.5、残高 6 米。女墙宽 1.3、残高 0.4~0.5 米。

　　第 17 小段：G0333（袁家窑 13 号马面）—G0334（袁家窑 14 号马面），长 150 米，东南—西北走向，保存较好。

　　第 18 小段：G0334（袁家窑 14 号马面）—G0336（断点），长 30 米，东南—西北走向，保存较好。

　　第 19 小段：G0336（断点）—G0337（断点），长 20 米，东南—西北走向。墙体被挖断形成道路而消失。

　　第 20 小段：G0337（断点）—G0338（袁家窑 15 号马面），长 7 米，东南—西北走向，保存较好。

　　第 21 小段：G0338（袁家窑 15 号马面）—G0339（袁家窑 16 号马面），长 50 米，东南—西北走向，保存较好。墙体南壁残存"Z"形登墙步道。

　　第 22 小段：G0339（袁家窑 16 号马面）—G0340（止点、袁家窑 17 号马面），长 150 米，东—西走向，保存较好。墙体底宽 7~8、顶宽 5 米。

墙体整体保存较好。由于风雨侵蚀、植物生长等自然因素造成墙体的坍塌脱落；人为损毁严重，如将墙体挖断形成道路、取土挖损破坏等。

22. 阳方口长城 1 段

起点位于阳方口镇袁家窑村北 0.38 千米处，高程 1322 米；止点位于阳方口镇北城门西 0.01 千米处，高程 1256 米。大致呈东南—西北走向。全长 1575 米，其中保存较好 920、一般 115、消失 540 米。墙体为砖墙，外部砖石砌筑，内部为夯土墙体，夯层厚 0.08~0.25 米。个别段墙体顶部两侧残存垛口墙，顶部残存铺砖。现存墙体剖面大致呈不规则梯形，底宽 7.5、顶宽 3~5、残高 6 米。本段长城东接袁家窑长城，西南连阳方口长城 2 段。阳方口 1、2 号敌台，袁家窑 17 号马面、阳方口 1~5 号马面位于墙体上，袁家窑 17 号马面系阳方口长城 1 段起点。阳方口关倚墙而建，位于墙体南侧。袁家窑烽火台位于墙体北 0.08 千米处（图四一○）。

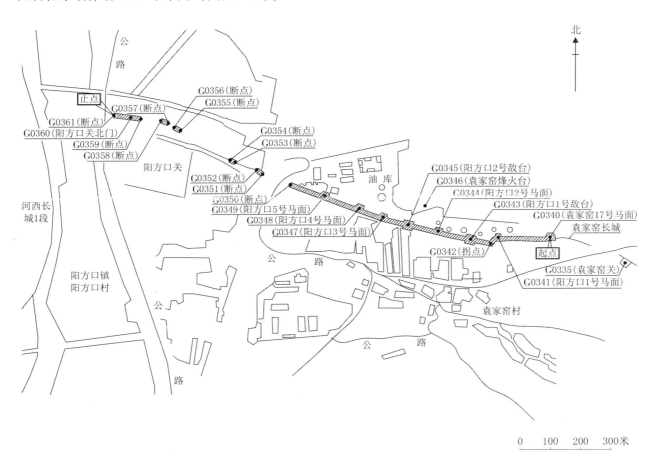

图四一○ 阳方口长城 1 段走向示意图

本段墙体共测 GPS 点 21 个（G0340~G0345、G0347~G0361），可分为 20 小段，分述如下。

第 1 小段：G0340（起点、袁家窑 17 号马面）—G0341（阳方口 1 号马面），长 170 米，东—西走向，保存较好。墙体顶部两侧残存垛口墙，顶部残存铺砖。墙体底宽 7.5、顶宽 5、残高 6 米。

第 2 小段：G0341（阳方口 1 号马面）—G0342（拐点），长 30 米，东北—西南走向，保存较好。

第 3 小段：G0342（拐点）—G0343（阳方口 1 号敌台），长 70 米，东南—西北走向，保存较好。

第 4 小段：G0343（阳方口 1 号敌台）—G0344（阳方口 2 号马面），长 100 米，东南—西北走向，保存较好。

第 5 小段：G0344（阳方口 2 号马面）—G0345（阳方口 2 号敌台），长 100 米，东南—西北走向，保存较好。

第 6 小段：G0345（阳方口 2 号敌台）—G0347（阳方口 3 号马面），长 90 米，东南—西北走向，保存较好。

第 7 小段：G0347（阳方口 3 号马面）—G0348（阳方口 4 号马面），长 90 米，东南—西北走向，保存较好。

第 8 小段：G0348（阳方口 4 号马面）—G0349（阳方口 5 号马面），长 120 米，东南—西北走向，保存较好。

第 9 小段：G0349（阳方口 5 号马面）—G0350（断点），长 130 米，东南—西北走向，保存较好。

第 10 小段：G0350（断点）—G0351（断点），长 90 米，东南—西北走向。墙体被挖断形成道路而消失。

第 11 小段：G0351（断点）—G0352（断点），长 20 米，东南—西北走向，保存较好。

第 12 小段：G0352（断点）—G0353（断点），长 70 米，东南—西北走向，墙体消失。

第 13 小段：G0353（断点）—G0354（断点），长 20 米，东南—西北走向，保存一般。墙体底宽 7.5、顶宽 3～4、残高 6 米。

第 14 小段：G0354（断点）—G0355（断点），长 220 米，东南—西北走向，墙体消失。

第 15 小段：G0355（断点）—G0356（断点），长 20 米，东南—西北走向，保存一般。墙体底宽 7.5、顶宽 5、残高 6 米。

第 16 小段：G0356（断点）—G0357（断点），长 100 米，东南—西北走向，墙体消失。

第 17 小段：G0357（断点）—G0358（断点），长 30 米，东南—西北走向，保存一般。墙体底宽 7.5、顶宽 3～4、残高 6 米。

第 18 小段：G0358（断点）—G0359（断点），长 60 米，东南—西北走向，墙体消失。

第 19 小段：G0359（断点）—G0360（阳方口关门），长 25 米，东—西走向，保存一般。墙体底宽 7.5、顶宽 3～4、残高 6 米。

第 20 小段：G0360（阳方口关门）—G0361（止点、材质变化点），长 20 米，东—西走向，保存一般。

墙体整体保存一般。由于风雨侵蚀、植物生长等自然因素造成墙体的坍塌脱落；由于长城临近村庄，人为损毁严重，如拆毁墙体砖石、将墙体挖断形成道路、取土挖损破坏、工业生产、居民生活活动破坏等。

23. 阳方口长城 2 段

起点位于阳方口镇北城门西 0.01 千米处，高程 1256 米；止点位于阳方口镇恢河西岸岸边，高程 1271 米。大致呈东北—西南走向。全长 380 米，全部保存较好。本段长城为河险，东接阳方口长城 1 段，西连河西长城 1 段（图四一一）。

本段长城共测 GPS 点 2 个，仅 1 段，叙述如下。

G0361—G0362，长 380 米，东北—西南走向，保存较好。

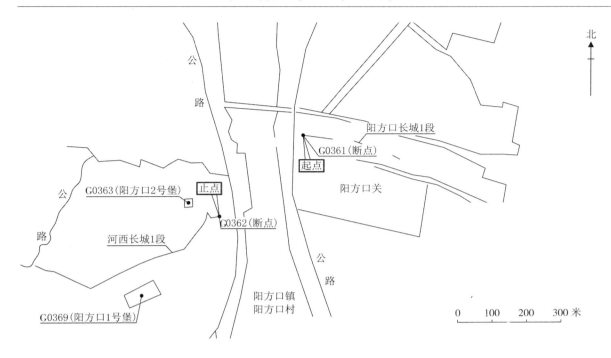

图四一一　阳方口长城 2 段走向示意图

24. 河西长城 1 段

起点位于宁武县阳方口镇恢河西岸岸边，高程 1271 米；止点位于朔城区窑子头乡马家梁村南 1.07 千米处，高程 1415 米。大致呈东—西走向。全长 1959 米，其中保存较好 760、一般 885、消失 344 米。墙体为土墙，夯筑而成，夯层厚 0.08～0.12 米。部分段墙体顶部残存女墙，顶部残存铺砖。现存墙体剖面大致呈不规则梯形，底宽 5～6、顶宽 4、残高 4～5 米。本段长城东北接阳方口长城 2 段，西连河西长城 2 段。河西 1～8 号马面位于墙体上，河西 8 号马面系河西长城 1 段止点。阳方口 2 号堡位于墙体北 0.06 千米处，阳方口 1 号堡位于墙体南 0.08 千米处，阳方口 1、3～5 号烽火台分别位于墙体南 0.01、0.07、0.07、0.04 千米处，阳方口 2、6 号烽火台位于墙体北 0.11、0.08 千米处，暖水湾 1、2 号烽火台位于墙体南 0.1、0.21 千米处（图四一二）。

本段墙体共测 GPS 点 22 个（G0362、G0365、G0366、G0368、G0371～G0378、G0380～G0384、G0386～G0389、G0392），可分为 21 小段，分述如下。

第 1 小段：G0362（起点、材质变化点）—G0365（拐点），长 25 米，东—西走向，保存一般。墙体顶部残存女墙。底宽 5～6、顶宽 4、残高 4～5 米，女墙宽 1.2、残高 1.6 米，夯层厚 0.07～0.08 米。

第 2 小段：G0365（拐点）—G0366（拐点），长 20 米，南—北走向，保存一般。

第 3 小段：G0366（拐点）—G0368（拐点），长 130 米，东北—西南走向，保存一般。墙体顶部残存女墙。

第 4 小段：G0368（拐点）—G0371（拐点），长 290 米，东北—西南走向，保存一般（彩图六九○）。

第 5 小段：G0371（拐点）—G0372（河西 1 号马面），长 130 米，东南—西北走向，保存较好。个别段墙体顶部残存铺砖和人字形坡顶砖，铺砖长 40、宽 21、厚 9 厘米。

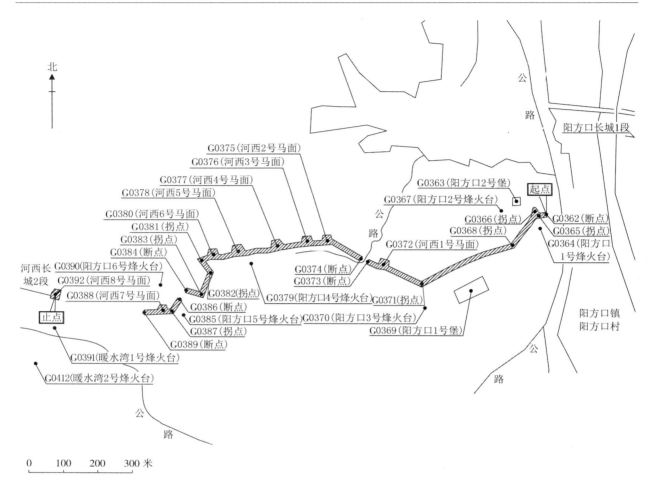

图四一二　河西长城1段走向示意图

　　第6小段：G0372（河西1号马面）—G0373（断点），长50米，东南—西北走向，保存一般。

　　第7小段：G0373（断点）—G0374（断点），长4米，东南—西北走向。墙体被挖断形成道路而消失。

　　第8小段：G0374（断点）—G0375（河西2号马面），长140米，东南—西北走向，保存较好。

　　第9小段：G0375（河西2号马面）—G0376（河西3号马面），长120米，东—西走向，保存较好。

　　第10小段：G0376（河西3号马面）—G0377（河西4号马面），长130米，东—西走向，保存较好。

　　第11小段：G0377（河西4号马面）—G0378（河西5号马面），长120米，东—西走向，保存较好。

　　第12小段：G0378（河西5号马面）—G0380（河西6号马面），长120米，东—西走向，保存较好。

　　第13小段：G0380（河西6号马面）—G0381（拐点），长40米，东—西走向，保存一般。

　　第14小段：G0381（拐点）—G0382（拐点），长50米，西北—东南走向，保存一般。

　　第15小段：G0382（拐点）—G0383（拐点），长80米，东北—西南走向，保存一般。

第 16 小段：G0383（拐点）—G0384（断点），长 50 米，东南—西北走向，保存一般。

第 17 小段：G0384（断点）—G0386（断点），长 30 米，东北—西南走向，墙体消失。

第 18 小段：G0386（断点）—G0387（拐点），长 40 米，东北—西南走向，保存一般。

第 19 小段：G0387（拐点）—G0388（河西 7 号马面），长 30 米，东—西走向，保存一般。

第 20 小段：G0388（河西 7 号马面）—G0389（断点），长 50 米，东—西走向，保存一般。

第 21 小段：G0389（断点）—G0392（止点、河西 8 号马面、断点），长 310 米，东—西走向，墙体被洪水冲刷损毁消失。

墙体整体保存一般。由于洪水冲刷、风雨侵蚀、植物生长等造成墙体的坍塌脱落；人为损毁严重，如将墙体挖断形成道路、取土挖损破坏等。

25. 河西长城 2 段

起点位于朔城区窑子头乡马家梁村南 1.07 千米处，高程 1415 米；止点位于宁武县阳方口镇大水口村东南 1.88 千米处，高程 1449 米。大致呈东—西走向。全长 1460 米，其中保存一般 1420、消失 40 米。墙体为土墙，夯筑而成，夯层厚 0.1 ~ 0.15 米。现存墙体剖面大致呈不规则梯形，底宽 7 ~ 8、顶宽 1.5 ~ 3、残高 5.5 ~ 6 米。本段长城位于宁武县与朔城区交界处，东接河西长城 1 段，西北连大水口长城 1 段。河西 8 ~ 20 号马面位于墙体上，河西 8 号马面系河西长城 2 段起点，河西 20 号马面系河西长城 2 段止点。大水口 1 号关倚墙而建，位于墙体南侧。朔城区马家梁 1、2 号烽火台位于墙体北 0.08、0.32 千米处，暖水湾 3 ~ 6 号烽火台分别位于墙体南 0.53、0.47、0.39、0.31 千米处。大水口 1 号壕沟位于墙体北 0.07 千米处（图四一三）。

本段墙体共测 GPS 点 17 个（G0392 ~ G0394、G0396、G0399 ~ G0406、G0408 ~ G0410、G0416、G0417），可分为 16 小段，分述如下。

第 1 小段：G0392（起点、河西 8 号马面）—G0393（河西 9 号马面），长 130 米，东南—西北走向，保存一般。墙体底宽 7 ~ 8、顶宽 1.5 ~ 3、残高 5.5 ~ 6 米。

第 2 小段：G0393（河西 9 号马面）—G0394（河西 10 号马面），长 100 米，东南—西北走向，保存一般。

第 3 小段：G0394（河西 10 号马面）—G0396（河西 11 号马面），长 100 米，东—西走向，保存一般。

第 4 小段：G0396（河西 11 号马面）—G0399（断点），长 90 米，东—西走向，保存一般。

第 5 小段：G0399（断点）—G0400（断点），长 20 米，东北—西南走向。墙体被挖断形成道路而消失。

第 6 小段：G0400（断点）—G0401（河西 12 号马面），长 20 米，东北—西南走向，保存一般。

第 7 小段：G0401（河西 12 号马面）—G0402（河西 13 号马面），长 100 米，东北—西南走向，保存一般。

第 8 小段：G0402（河西 13 号马面）—G0403（河西 14 号马面），长 130 米，东北—西南走向，保存一般。

第 9 小段：G0403（河西 14 号马面）—G0404（河西 15 号马面），长 130 米，东北—西南走向，保存一般。

第 10 小段：G0404（河西 15 号马面）—G0405（河西 16 号马面），长 110 米，东北—西南走向，保存一般。

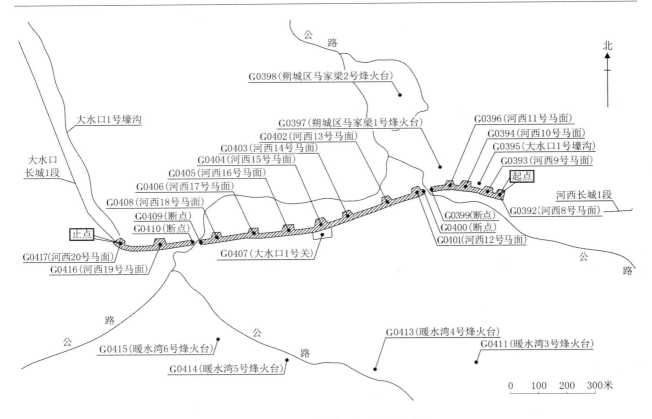

图四一三　河西长城 2 段走向示意图

　　第 11 小段：G0405（河西 16 号马面）—G0406（河西 17 号马面），长 110 米，东—西走向，保存一般。

　　第 12 小段：G0406（河西 17 号马面）—G0408（河西 18 号马面），长 110 米，东北—西南走向，保存一般。

　　第 13 小段：G0408（河西 18 号马面）—G0409（断点），长 50 米，东—西走向，保存一般。

　　第 14 小段：G0409（断点）—G0410（断点），长 20 米，东—西走向。墙体被挖断形成道路而消失。

　　第 15 小段：G0410（断点）—G0416（河西 19 号马面），长 90 米，东北—西南走向，保存一般。

　　第 16 小段：G0416（河西 19 号马面）—G0417（止点、河西 20 号马面），长 150 米，东—西走向，保存一般。

　　墙体整体保存一般。由于风雨侵蚀、植物生长等自然因素造成墙体的坍塌脱落；人为损毁严重，如将墙体挖断形成道路、取土挖损破坏等。

26. 大水口长城 1 段

　　起点位于阳方口镇大水口村东南 1.88 千米处，高程 1449 米；止点位于大水口村内，高程 1289 米。大致呈东南—西北走向。全长 1970 米，其中保存较好 860、一般 710、较差 400 米。墙体为土墙，夯筑而成，夯层厚 0.12 ~ 0.17 米。墙体西壁残存登墙步道。现存墙体剖面大致呈不规则梯形，底宽 4 ~ 8、顶宽 0.5 ~ 2.5、残高 4.5 ~ 7 米（彩图六九一）。本段长城位于宁武县与朔城区交界处，东接河西长城 2 段，西连大水口长城 2 段。河西 20 号马面、大水口 1 ~ 9 号马面位于墙体上，河西 20 号马面系大水口长城1段起点。大水口1号烽火台位于墙体东0.024千米处，大水口1号壕沟位于墙体东0.01千米处（图四一四）。

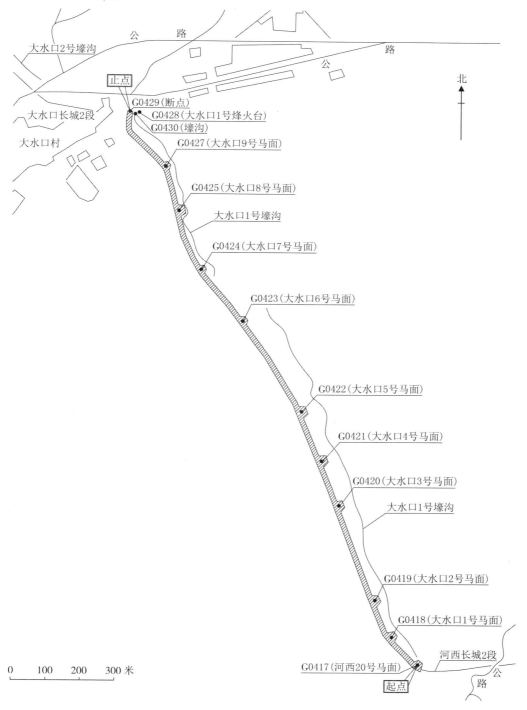

大水口2号壕沟

公　路

路

公

北

正点

G0429（断点）

G0428（大水口1号烽火台）

大水口长城2段

G0430（壕沟）

大水口村

G0427（大水口9号马面）

G0425（大水口8号马面）

大水口1号壕沟

G0424（大水口7号马面）

G0423（大水口6号马面）

G0422（大水口5号马面）

G0421（大水口4号马面）

G0420（大水口3号马面）

大水口1号壕沟

G0419（大水口2号马面）

G0418（大水口1号马面）

河西长城2段

G0417（河西20号马面）

起点

公

路

0　100　200　300 米

图四一四　大水口长城1段走向示意图

本段墙体共测GPS点11个（G0417~G0425、G0427、G0429），可分为10小段，分述如下。

第1小段：G0417（起点、河西20号马面）—G0418（大水口1号马面），长120米，东南—西北走向，保存一般。墙体底宽4~5.5、顶宽1.5~2、残高4.5~5米。

第 2 小段：G0418（大水口 1 号马面）—G0419（大水口 2 号马面），长 130 米，东南—西北走向，保存一般。墙体底宽 6～7、顶宽 0.5～1.5、残高 7 米。

第 3 小段：G0419（大水口 2 号马面）—G0420（大水口 3 号马面），长 310 米，东南—西北走向，保存一般。

第 4 小段：G0420（大水口 3 号马面）—G0421（大水口 4 号马面），长 150 米，东南—西北走向，保存一般。

第 5 小段：G0421（大水口 4 号马面）—G0422（大水口 5 号马面），长 160 米，东南—西北走向，保存较好。墙体底宽 7～8、顶宽 2～2.5、残高 7 米。

第 6 小段：G0422（大水口 5 号马面）—G0423（大水口 6 号马面），长 320 米，东南—西北走向，保存较好。

第 7 小段：G0423（大水口 6 号马面）—G0424（大水口 7 号马面），长 200 米，东南—西北走向，保存较差。墙体底宽 4～5、残高 5 米。

第 8 小段：G0424（大水口 7 号马面）—G0425（大水口 8 号马面），长 200 米，东南—西北走向，保存较差。

第 9 小段：G0425（大水口 8 号马面）—G0427（大水口 9 号马面），长 140 米，东南—西北走向，保存较好。墙体底宽 7～8、顶宽 1.5～2.5、残高 6 米。G0425（大水口 8 号马面）西北 0.02 千米处残存登墙步道。

第 10 小段：G0427（大水口 9 号马面）—G0429（止点、断点），长 240 米，东南—西北走向，保存较好。

墙体整体保存一般。由于风雨侵蚀、植物生长等自然因素造成墙体的坍塌脱落；由于墙体临近村庄，人为损毁严重，如将墙体挖断形成道路、取土挖损破坏、居民生活活动破坏等。

27. 大水口长城 2 段

起点位于阳方口镇大水口村内，高程 1289 米；止点位于大水口村西北 1.05 千米处，高程 1369 米。大致呈东南—西北走向。全长 1240 米，其中保存较好 1050、一般 26、消失 164 米。墙体为土墙，夯筑而成，夯层厚 0.15～0.18 米。个别段墙体顶部北侧残存女墙，墙体西南壁残存登墙步道。现存墙体剖面大致呈不规则梯形，底宽 7～8、顶宽 1～3、残高 4～6 米。本段长城东南接大水口长城 1 段，西北连大水口长城 3 段。大水口 1 号敌台位于墙体上，系大水口长城 2 段止点。大水口 10～17 号马面位于墙体上。大水口 2 号关倚墙而建，位于墙体西南侧。大水口堡位于墙体西南 0.1 千米处，大水口 2 号烽火台位于墙体东北 0.04 千米处，大水口 2 号壕沟位于墙体东北 0.04 千米处（图四一五）。

本段墙体共测 GPS 点 17 个（G0429、G0431～G0435、G0437、G0438、G0440、G0442～G0449），可分为 16 小段，分述如下。

第 1 小段：G0429（起点）—G0431（大水口 10 号马面），长 120 米，东—西走向。墙体被洪水冲刷损毁消失。

第 2 小段：G0431（大水口 10 号马面）—G0432（大水口 11 号马面），长 100 米，东南—西北走向，保存较好。墙体顶部北侧残存女墙，墙体底宽 7～8、顶宽 1～3、残高 5～6 米，女墙宽 1.1、残高 1 米。

第 3 小段：G0432（大水口 11 号马面）—G0433（拐点），长 40 米，东南—西北走向，保存较好。

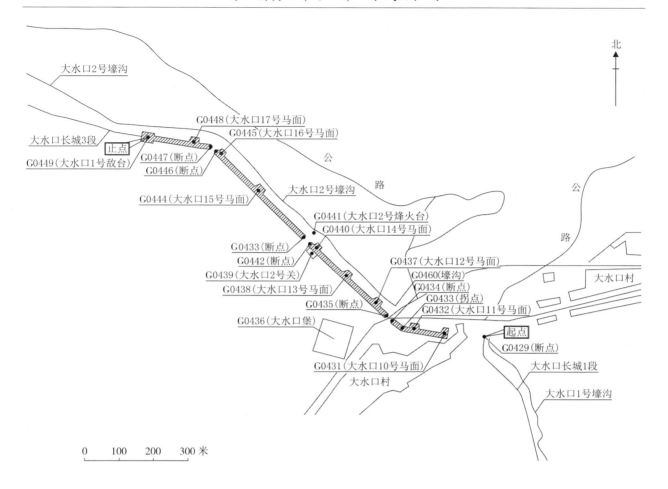

图四一五　大水口长城2段走向示意图

　　第4小段：G0433（拐点）—G0434（断点），长60米，东南—西北走向，保存较好。

　　第5小段：G0434（断点）—G0435（断点），长25米，东南—西北走向。墙体被挖断形成道路而消失。

　　第6小段：G0435（断点）—G0437（大水口12号马面），长50米，东南—西北走向，保存较好。

　　第7小段：G0437（大水口12号马面）—G0438（大水口13号马面），长130米，东南—西北走向，保存较好。

　　第8小段：G0438（大水口13号马面）—G0440（大水口14号马面），长120米，东南—西北走向，保存较好。

　　第9小段：G0440（大水口14号马面）—G0442（断点），长20米，东南—西北走向，保存一般。墙体西南侧残存登墙步道，长16.9、宽1.6米。

　　第10小段：G0442（断点）—G0443（断点），长15米，东南—西北走向。墙体被洪水冲刷损毁消失。

　　第11小段：G0443（断点）—G0444（大水口15号马面），长200米，东南—西北走向，保存一般。

　　第12小段：G0444（大水口15号马面）—G0445（大水口16号马面），长160米，东南—西北走向，保存较好。

第 13 小段：G0445（大水口 16 号马面）—G0446（断点），长 6 米，东南—西北走向，保存一般。墙体残高 4 米。

第 14 小段：G0446（断点）—G0447（断点），长 4 米，东南—西北走向，墙体消失。

第 15 小段：G0447（断点）—G0448（大水口 17 号马面），长 50 米，东南—西北走向，保存较好。墙体东邻深沟，面临坍塌的危险。

第 16 小段：G0448（大水口 17 号马面）—G0449（止点、大水口 1 号敌台），长 140 米，东南—西北走向，保存较好。

墙体整体保存一般。由于洪水冲刷、风雨侵蚀、植物生长等造成墙体的坍塌脱落；由于这段墙体临近村庄，人为损毁严重，如将墙体挖断形成道路、取土挖损破坏、居民生活活动破坏等。

28. 大水口长城 3 段

起点位于阳方口镇大水口村西北 1.05 千米处，高程 1369 米；止点位于大水口村西北 2.024 千米处，高程 1532 米。大致呈东南—西北走向。全长 1222 米，其中保存一般 1216、消失 6 米。墙体为土墙，夯筑而成，夯层厚 0.12 ~ 0.19 米。现存墙体剖面大致呈不规则梯形，底宽 5 ~ 6、顶宽 1.5 ~ 2、残高 5 米。本段长城东南接大水口长城 2 段，西北连神池县龙元长城 1 段。大水口 1、2 号敌台位于墙体上，大水口 1 号敌台系大水口长城 3 段起点。大水口 18 ~ 22 号马面位于墙体上，大水口 2 号壕沟位于墙体北 0.03 千米处（图四一六）。

本段墙体共测 GPS 点 10 个（G0449 ~ G0454、G0456 ~ G0459），可分为 9 小段，分述如下。

第 1 小段：G0449（起点、大水口 1 号敌台）—G0450（大水口 18 号马面），长 150 米，东南—西北走向，保存一般。墙体东邻深沟，面临坍塌的危险。墙体底宽 5 ~ 6 米。

第 2 小段：G0450（大水口 18 号马面）—G0451（大水口 19 号马面），长 210 米，东南—西北走向，保存一般。墙体底宽 5 ~ 6 米。

第 3 小段：G0451（大水口 19 号马面）—G0452（大水口 20 号马面），长 170 米，东南—西北走向，保存一般。墙体底宽 5 ~ 6 米。

第 4 小段：G0452（大水口 20 号马面）—G0453（大水口 2 号敌台），长 210 米，东南—西北走向，保存一般。墙体底宽 5 ~ 6 米。

第 5 小段：G0453（大水口 2 号敌台）—G0454（大水口 21 号马面），长 140 米，东南—西北走向，保存一般。墙体底宽 5 ~ 6 米。

第 6 小段：G0454（大水口 21 号马面）—G0456（断点），长 6 米，东南—西北走向，保存一般。墙体底宽 5 ~ 6 米。

第 7 小段：G0456（断点）—G0457（断点），长 6 米，东南—西北走向。墙体被挖断形成道路而消失。

第 8 小段：G0457（断点）—G0458（大水口 22 号马面），长 40 米，东南—西北走向，保存一般。墙体底宽 5、顶宽 1.5 ~ 2、残高 5 米。

第 9 小段：G0458（大水口 22 号马面）—G0459（断点、止点），长 290 米，东南—西北走向，保存一般。

墙体整体保存一般。由于洪水冲刷、风雨侵蚀、植物生长等造成墙体的坍塌脱落；人为损毁严重，如将墙体挖断形成道路、取土挖损破坏等。

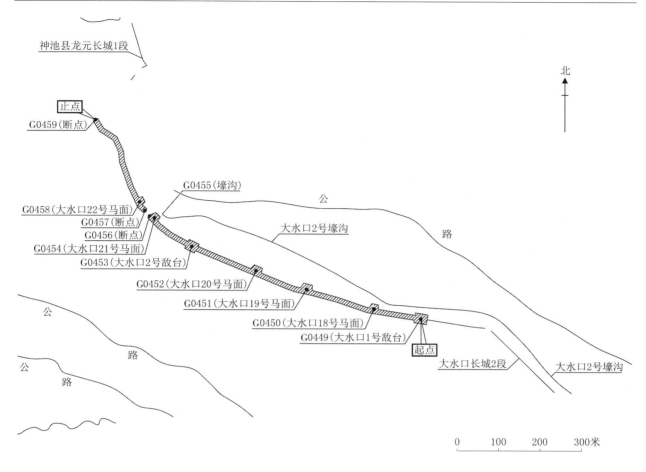

图四一六　大水口长城 3 段走向示意图

（二）关堡

宁武县有关堡 20 座，其中调查了 19 座，宁武城由于情况特殊，未进行调查。调查的 19 座关堡中，有关 6 座、城堡 13 座（表 334）。

表 334　宁武县关堡一览表

所属乡镇	名称
薛家洼乡	郭家庄堡，盘道梁 1、2 号堡，宽草坪堡，西地堡，洞上堡，朔宁堡
阳方口镇	半山堡，半山关，黄草梁关，袁家窑关，阳方口关，阳方口 1、2 号堡，大水口 1、2 号关，大水口堡
凤凰镇	宁武城
东寨镇	二马营堡
化北乡	宁化古城

1. 郭家庄堡

位于薛家洼乡郭家庄村东北 1 千米，郭家庄长城 1 段南 0.03 千米处，高程 2110 米。

堡平面呈矩形，朝向不详，东西 21、南北 17 米，周长 81.4 米，占地面积 413.7 平方米。现存主要设施、遗迹仅有堡墙。堡墙为砖墙，砖石砌筑而成，残存最高 1 米。堡内散落砖、瓦、条石等，砖长 35、宽 17、厚 7 厘米；瓦为板瓦，内模印布纹，条石长 105～160、宽 45、厚 17 厘米。堡外西 0.1 千米处有洼地，平面呈不规则形，洼地四周片石垒砌，残存最高 0.4 米，东侧有进水口，宽 1.5 米，因堡周围无任何水源，该处洼地应是郭家庄堡的蓄水池。

堡整体保存差。堡墙坍塌损毁严重，堡内建筑无存，为荒地。造成损毁的自然因素有风雨侵蚀、植物生长等；人为因素有拆毁堡墙砖石等。

2. 盘道梁 1 号堡

又称金汤城，位于薛家洼乡盘道梁村中，盘道梁长城 2 段南 0.213 千米处，高程 2005 米。

堡平面呈矩形，朝向不详，东西 277、南北 150 米，周长 854 米，占地面积 41550 平方米。现存主要设施、遗迹有堡墙、角台 3 座、堡内城隍庙前石阶、水井和街道 2 条等（图四一七）。堡墙为砖墙，

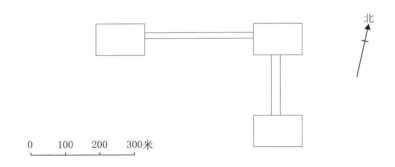

图四一七　盘道梁 1 号堡平面示意图

残高 1～3.4 米。堡墙四角设角台，现存东北、东南、西北角台，东北角台长 6.4、宽 4.7、残高 3.9 米，东南角台长 2.5、宽 2、残高 1.8 米，西北角台长 3.5、宽 1.8、残高 3.5 米。堡内中部原有城隍庙，东有观音庙，东北角有儒学，西有马王爷庙，北有老爷庙，堡内设施、遗迹除城隍庙前石阶、水井和街道 2 条外均无存。堡外东侧原有马道，东北有菜地，西有校场，西北有蚜蚄庙，北有三神庙，4 座城门处原有五道爷庙，现无存。

堡整体保存较差。堡墙坍塌损毁严重，南、西墙无存，北墙仅存数段。角台上部坍塌损毁。堡内有民居。造成损毁的自然因素有风雨侵蚀、植物生长等；人为因素有拆毁堡墙砖石、农业生产活动、居民生活活动破坏等。

3. 盘道梁 2 号堡

位于薛家洼乡盘道梁村北，盘道梁长城 2 段北 0.22 千米，南距盘道梁 1 号堡 0.285 千米处，高程 2009 米。

堡平面呈矩形，坐北朝南，东西 105、南北 92 米，周长 534.7 米，占地面积 11533 平方米。现存主要设施、遗迹有堡墙、城门 1 座、瓮城 1 座、角台 4 座、马面 1 座等（图四一八）。堡墙为砖墙，残

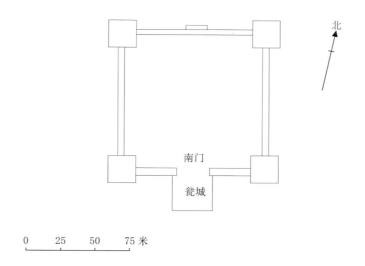

图四一八　盘道梁 2 号堡平面示意图

高 3~6.8 米。南墙设城门 1 座，现为豁口，宽 8.2 米。门外有瓮城，平面呈矩形，东西 34、南北 30 米。堡墙四角设角台，东北角台长 5、宽 4、残高 6.2 米，东南角台长 5、宽 5.4、残高 6 米，西南角台长 5.1、宽 4.2、残高 5.5 米，西北角台长 5、宽 4.7、残高 6.5 米。北墙设马面 1 座，顶部边长 9 米。堡南门和瓮城门散落大量残砖碎瓦。

堡整体保存一般。堡墙砖石无存。堡内建筑无存，为荒地。造成损毁的自然因素有风雨侵蚀、植物生长等；人为因素有拆毁堡墙砖石、农业生产活动破坏等。

4. 宽草坪堡

即《山西通志》卷 46 所载之夹柳树堡，位于薛家洼乡宽草坪村北 0.38 千米，宽草坪长城 1 段南 0.12 千米处，高程 1986 米。

堡平面呈矩形，坐北朝南，东西 56.5、南北 42 米，周长 197 米，占地面积 2373 平方米。现存主要设施、遗迹有堡墙、城门 1 座、马面 1 座、碑座 1 块等（图四一九）。堡墙为砖墙，墙体内高 2.8~5.5、外高 8~10.6 米。南墙中部设城门 1 座，宽 7.5 米。北墙中部设马面 1 座，东西 14、南北 8.5、顶部高出墙体 1~3 米，夯层厚 0.16~0.2 米。堡内发现碑座 1 块，平面呈矩形，剖面呈梯形，顶部正中有口大底小的插槽，碑座长 35、宽 23、深 17 米。堡内散落残砖碎瓦、陶瓷碎片，包括人字形坡顶砖、褐瓷瓮口沿、罐腹残片、碗足等。

堡整体保存较差。堡墙坍塌损毁严重。堡内建筑无存，为荒地。造成损毁的自然因素有风雨侵蚀、植物生长等；人为因素有拆毁堡墙砖石、农业生产活动破坏等。

5. 西地堡

即《山西通志》卷 46 所载之燕儿水堡，位于薛家洼乡西地村东北 1.25 千米，西地长城 1 段南 0.07 千米处，高程 2034 米。

堡平面呈矩形，坐北朝南，东西 108、南北 109 米，周长 470 米，占地面积 12140 平方米。现存主

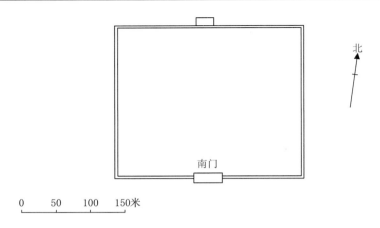

0　　50　　100　　150米

图四一九　宽草坪堡平面示意图

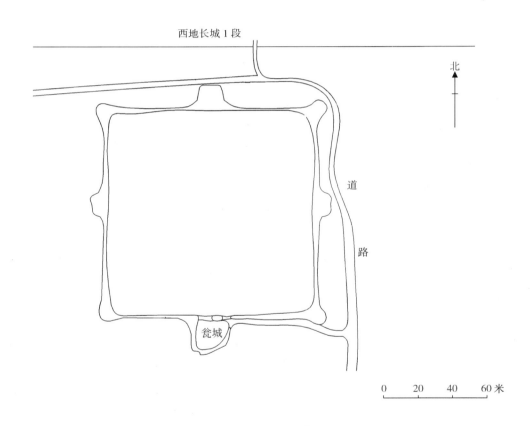

0　　20　　40　　60米

图四二○　西地堡平面示意图

要设施、遗迹有堡墙、瓮城 1 座、角台 4 座、马面 3 座等（图四二○）。堡墙为砖墙，残高 4.5～8.2 米。南墙原设城门 1 座，现无存。南门外有瓮城，平面呈矩形，东西 19、南北 18 米；瓮城南墙残存部分包砖，包砖墙体长 5、厚 1.1 米，砖长 37、宽 18、厚 9 厘米；瓮城东墙中部偏北设城门。堡墙四角设角台，东北角台长 8、宽 8、残高 6.9 米，东南角台长 6.5、宽 5.8、残高 5.4 米，西南角台长 6.8、宽 6、残高 7 米，西北角台长 7、宽 6.3、残高 6.8 米。东、西、北墙中部各设马面 1 座，顶部高出墙体 1～3 米，东墙马面长 6.3 米，西墙马面长 6、宽 13、残高 7.1 米，北墙马面长 8、宽 15、残高

7.9 米。

　　堡整体保存一般。堡墙坍塌损毁严重，堡墙砖石大部分无存，堡内建筑无存，为荒地。造成损毁的自然因素有风雨侵蚀、植物生长等；人为因素有拆毁堡墙砖石、农业生产活动破坏等。

6. 洞上堡

　　位于薛家洼乡洞上村西北 0.17 千米，洞上长城 2 段南 0.12 千米处，高程 1897 米。

　　堡平面呈矩形，坐北朝南，东西 55.5、南北 47.3 米，周长 205.6 米，占地面积 2625 平方米。现存主要设施、遗迹有堡墙、城门 1 座、马面 1 座等（图四二一）。堡墙为石墙，墙体残存最高

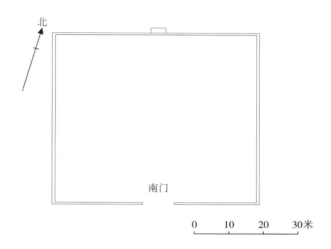

图四二一　洞上堡平面示意图

4.25 米。南墙中部设城门 1 座。墙中部设马面 1 座，长 7.6、宽 9.8、残高 5.95、顶部高出墙体 1.7 米，夯层厚 0.16～0.22 米。堡内散落残砖碎瓦、陶瓷碎片；发现 1 件铁箭头，长 10.7 厘米，保存完整。

　　堡整体保存较差，堡墙坍塌损毁严重，堡内建筑无存，为荒地。造成损毁的自然因素有风雨侵蚀、植物生长等；人为因素有拆毁堡墙包石等。

7. 朔宁堡

　　位于薛家洼乡贾家窑村东 1.5 千米、洞上长城 2 段北 1.5 千米处，高程 1627 米。

　　堡平面呈矩形，坐北朝南，东西 250、南北 120 米，周长 740 米，占地面积 3 万平方米。现存主要设施、遗迹有堡墙、城门 1 座、瓮城 1 座等（彩图六九二）。堡墙为土墙，夯筑而成，夯层厚 0.18～0.26 米。墙体底宽 4、顶宽 0.5～2.5、内高 0.8～3.2、外高 4.2～6.2 米。南、北墙中部设各城门 1 座，南门无存；北门现为豁口，宽 8 米。北门外有瓮城，平面呈矩形，东西 20、南北 5 米，瓮城墙体残高 6 米，瓮城西墙设瓮城门。

　　堡整体保存一般，堡内建筑无存，为荒地、耕地。造成损毁的自然因素有风雨侵蚀、植物生长等；人为因素有农业生产活动破坏、取土挖损堡墙等。

8. 半山堡

　　又称薛牛堡、雕窝梁堡，位于阳方口镇半山村东南 0.6 千米，郭家窑长城西 0.1 千米处，高程

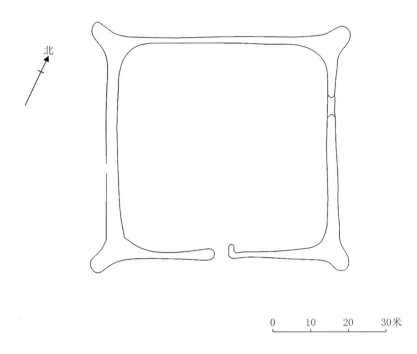

图四二二　半山堡平面图

1905 米。

堡平面呈矩形，坐北朝南，东西 68、南北 66 米，周长 268 米，占地面积 4556 平方米。现存主要设施、遗迹有堡墙、城门 1 座、角台 4 等（图四二二）。堡墙为石墙，残存最高 4.2 米。南墙中部设城门 1 座，现为豁口，宽 4.1 米。堡墙四角设角台，东北角台长 7、宽 6.4、残高 4 米，东南角台长 5.5、宽 6、残高 4.2 米，西南角台长 4.5、宽 5.5、残高 4.2 米，西北角台长 7.1、宽 5.5、残高 4.2 米。

堡整体保存较差。堡墙大部分包石无存。堡内建筑无存，为荒地。造成损毁的自然因素有风雨侵蚀、植物生长等；人为因素有拆毁堡墙包石、农业生产活动破坏等。

9. 半山关

位于阳方口镇半山村北 0.9 千米处，半山长城 1 段墙体东北侧，倚墙而建，高程 2025 米。

关平面呈矩形，坐北朝南，东西 90、南北 45.5 米，周长 271 米，占地面积 4095 平方米。现存主要设施、遗迹有关墙、角台 2 座、马面 1 座等（图四二三）。关墙为土墙，夯筑而成。西墙即为长城墙体，墙体底宽 7.2、残高 3~6 米。西墙两端各设角台 1 座，边长 3、残高 3 米。东墙中部设马面 1 座，长 11、宽 9.5、残高 6 米。关内发现一块整砖，长 49、宽 18、厚 7.5 厘米。

关整体保存一般。关墙、角台上部坍塌损毁；关门不详，西墙南侧有豁口，可能是关门所在；关内建筑无存，为荒地。造成损毁的自然因素有风雨侵蚀、植物生长等；人为因素有农业生产活动破坏等。

10. 黄草梁关

又称圈马堡，位于阳方口镇黄草梁村北，黄草梁长城西南侧，倚墙而建，高程 1582 米。

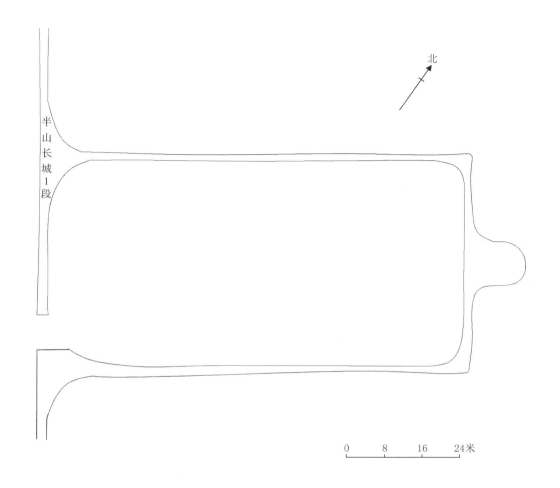

图四二三　半山关平面图

关平面呈矩形，朝向不详，长 29、宽 19.5 米，周长 97 米，占地面积 565.5 平方米。现存主要设施、遗迹有关墙。墙体为砖墙，外部砖石砌筑；内部为夯土墙体，夯层厚 0.08 ~ 0.11 米。

关整体保存差。南墙、东墙和西墙南段均无存，关墙砖石无存，关内有一户居民。造成损毁的自然因素有风雨侵蚀、植物生长等；人为因素有拆毁关墙砖石、关墙上挖掘洞穴等。

11. 袁家窑关

该关位于阳方口镇袁家窑村东北 0.4 千米处，袁家窑长城西南侧，倚墙而建，高程 1334 米。

关平面呈矩形，朝向不详，长 25.7、宽 25 米，周长 101.4 米，占地面积 642.5 平方米。现存主要设施、遗迹仅有关墙（图四二四）。关墙为砖墙，外部砖石砌筑；内部为夯土墙体，夯层厚 0.13 ~ 0.15 米。墙体底宽 1.5 ~ 2、顶宽 1.2 ~ 1.4、残高 2.4 ~ 2.8 米。

关整体保存差。关墙砖石无存，关内建筑无存，为耕地。造成损毁的自然因素有风雨侵蚀、植物生长等；人为因素有拆毁关墙砖石等。

12. 阳方口关

又称阳方口堡，位于阳方口镇，阳方口长城 1 段南侧，倚墙而建，高程 1253 米。

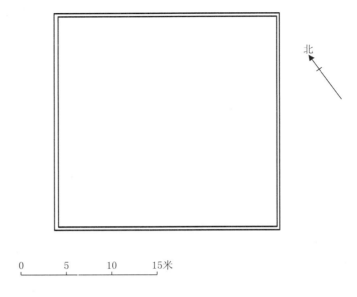

0　　　　5　　　　10　　　　15米

图四二四　袁家窑关平面示意图

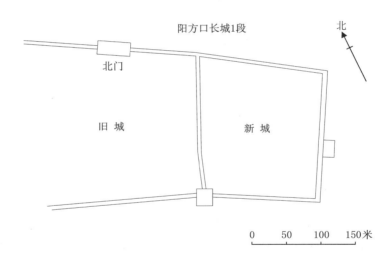

0　　　50　　　100　　　150米

图四二五　阳方口关平面示意图

关平面呈矩形，坐北朝南，由新、旧两城组成。新城位于旧城的东侧，系扩建而成，总周长1200米，占地面积88319平方米。现存主要设施、遗迹有关墙、城门1座、角台1座、马面1座等（图四二五）。关东墙原长180、残长160米，南墙原长345、残长160米，北墙原长341、残长87.6米，西墙无存。旧城设北门，仅存门洞，东、南、西门均无存。旧城东南角与新城相接处设角台1座，长11.3、宽11.3、残高9.1米。新城东墙中部设马面1座，长9、宽10、残高6米。

关整体保存较差。东、南、北有数处无存。关内建筑无存，满布民居。造成损毁的自然因素有洪水冲刷、风雨侵蚀、植物生长等；人为因素有居民生活破坏等。

13. 阳方口2号堡

位于阳方口镇西，河西长城1段北0.06千米处，高程1283米。

堡平面呈矩形，朝向不详，东西 29、南北 20 米，周长 98 米，占地面积 580 平方米。现存主要设施、遗迹仅堡墙。堡墙为土墙，夯筑而成，墙体残存最高 1.5 米（彩图六九三）。堡内残存近代晋绥军修筑的掩体基址，堡外散落残砖碎瓦。

堡整体保存差。堡墙坍塌损毁严重。堡内建筑无存，为荒地。造成损毁的自然因素有风雨侵蚀、植物生长等；人为因素有战争破坏等。

14. 阳方口 1 号堡

位于阳方口镇西，河西长城 1 段南 0.08 千米处，高程 1346 米。

堡平面呈矩形，坐北朝南，东西 100、南北 45.8 米，周长 291.6 米，占地面积 4580 平方米。现存主要设施、遗迹有堡墙、城门 1 座等（图四二六）。堡墙为石墙，残存最高 5.1 米。南墙设城门 1 座，

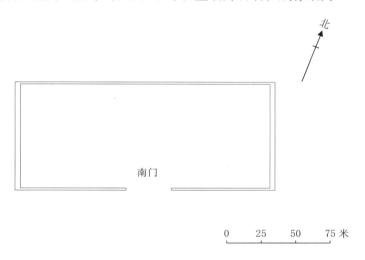

图四二六　阳方口 1 号堡平面示意图

现为豁口。

堡整体保存差。堡墙坍塌损毁严重；堡内建筑无存，为荒地。造成损毁的自然因素有风雨侵蚀、植物生长等；人为因素有拆毁堡墙包石等。

15. 大水口 1 号关

位于阳方口镇大水口村东南 1 千米处，河西长城 2 段南侧，倚墙而建，高程 1474 米。

关平面呈矩形，朝向不详，东西 62、南北 16 米，周长 156 米，占地面积为 992 平方米。现存主要设施、遗迹有关墙（图四二七）。

关整体保存差。关墙有多处无存；关内建筑无存，为荒地。造成损毁的自然因素有风雨侵蚀、植物生长等；人为因素有农业生产活动破坏等。

16. 大水口 2 号关

位于阳方口镇大水口村西北 0.4 千米处，大水口长城 2 段西南侧，倚墙而建，高程 1314 米。

关平面呈矩形，坐北朝南，东西 26、南北 20 米，周长 92 米，占地面积为 520 平方米。现存主要设施、遗迹有关墙、关门 1 座等（图四二八）。关墙为土墙，夯筑而成，夯层厚 0.08 ~ 0.12 米，墙体

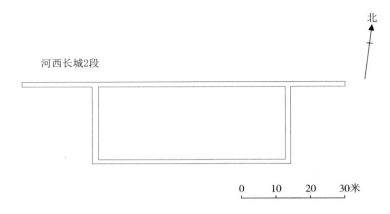

图四二七　大水口 1 号关平面示意图

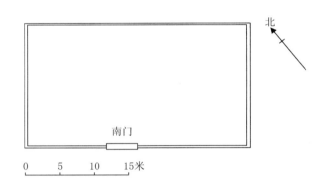

图四二八　大水口 2 号关平面示意图

底宽 2.5、顶宽 0.6~0.7、残高 2 米。南墙中部设关门 1 座，宽 1.4 米。

关整体保存差。关墙有多处无存。关内建筑无存，为荒地。造成损毁的自然因素有风雨侵蚀、植物生长等；人为因素有农业生产活动破坏等。

17. 大水口堡

位于阳方口镇大水口村，大水口长城 2 段墙体西南 0.1 千米处，北距大水口 2 号关 0.09 千米，高程 1303 米。

堡平面呈矩形，坐北朝南，东西 99、南北 97.6 米，周长 392 米，占地面积 9662 平方米。现存主要设施、遗迹有堡墙、城门 1 座、角台 3 座等（图四二九）。堡墙为砖墙，内部为夯土墙体，夯层厚 0.13~0.17 米。墙体底宽 7.2、顶宽 1~5.1、残高 5.6~8.1 米。西墙中部设城门 1 座，宽 9.9 米。堡墙四角设角台，现存 3 座，东南角台长 6、宽 5.4、残高 8.1 米，西南角台长 6.5、宽 6.5、残高 8 米，东北角台长 6.9、宽 6.4、残高 5.5 米。

堡整体保存一般。堡墙砖石无存，堡内仅存矩形建筑基址，堡内现为养鸡场。造成损毁的自然因素有风雨侵蚀、植物生长等；人为因素有拆毁堡墙砖石、农业生产活动破坏等。

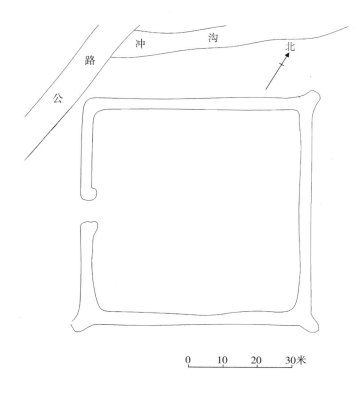

图四二九　大水口堡平面示意图

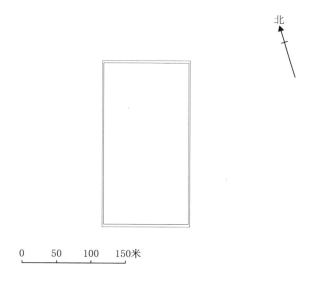

图四三〇　二马营堡平面示意图

18. 二马营堡

位于东寨镇二马营村西山梁上，高程 1602 米。堡平面呈不规则形，坐西朝东，东西 50～85、南北 100 米，周长 370 米，占地面积 750 平方米。现存主要设施、遗迹仅堡墙（图四三〇；彩图六九四）。堡墙为土墙，夯筑而成，夯层厚 0.18~0.26 米。墙体底宽 8~8.6、顶宽 1~4、内高 2.5~12.2、外高 3.2~13.2 米。东墙近东北角处原设城门 1 座，现无存。堡整体保存一般。堡墙保存较完整。堡内建筑无存，现为耕地。造成损毁的自然因素有风雨侵蚀、植物生长等；人为因素有农业生产活动破坏等。

19. 宁化古城

位于化北屯乡宁化村中，高程 1434 米。古城平面呈不规则梯形，坐北朝南，东西 400、南北 350 米，周长 1500 米，占地面积为 14 万平方米。现存主要设施、遗迹有城墙、城门 3 座、瓮城 2 座、马面 8 座、护城河等。城墙为砖墙，外部砖石砌筑，内部为夯土台体（彩图六九五），夯层厚 0.12~0.15 米。墙体底宽 8~9、残高 10 米。南、西、北墙各设城门 1 座，砖券拱门（测绘图五四、五五、五八、五九；彩图六九六）。南、北门外设瓮城，平面呈矩形，边长 10 米，墙体底宽 5.5、残高 3.6 米（测绘图五六、五七）。城外东、南、北侧辟护城河。古城整体保存一般。城墙砖石无存，城内无人居住。造成损毁的自然因素有风雨侵蚀、植物生长等；人为因素有拆毁城墙砖石、农业生产活动破坏、居民生活活动破坏等。

（三）单体建筑

1. 敌台

宁武县调查敌台 9 座（表 335，见本章末附表）。

2. 马面

宁武县调查马面 138 座（表 336，见本章末附表）。

3. 烽火台

宁武县调查烽火台 61 座，包括长城沿线烽火台 43 座（表 337，见本章末附表）、腹里烽火台 18 座（表 338，见本章末附表）。

（四）相关遗存

宁武县调查的相关遗存有壕沟 9 段、采石场 3 座、挡马墙 2、戍卒墓地 1 座（表 339）。

表 339　宁武县相关遗存一览表

	所属乡镇	名称
壕沟	薛家洼乡	宽草坪 1~3 号壕沟、西地壕沟、洞上壕沟、西沟壕沟
	阳方口镇	半山壕沟，大水口 1、2 号壕沟
采石场	薛家洼乡	段庄采石场、郭家庄采石场、洞上采石场
挡马墙		盘道梁挡马墙、贾家窑挡马墙
戍卒墓地		郭家庄明代戍卒墓地

1. 宽草坪 1 号壕沟

起点高程 1897 米，止点高程 1855 米。位于宽草坪长城 1 段北 0.75 千米处。大致呈东—西走向，长 460、宽 8.5、深 3~5.4 米，外墙土石混筑，残高 2.2 米；内墙夯筑，夯层厚 0.1~0.2 米，残高 0.8~1 米，南高北低。整体保存一般。造成损毁的自然因素有风雨侵蚀、植物生长等；人为因素有修路挖损破坏等（彩图七—七）。

2. 宽草坪 2 号壕沟

位于宽草坪长城 2、3 段北 0.07~0.28 千米。起点高程 2017 米，止点高程 1972 米。大致呈东北—西南走向，长 1370、宽 5~7、深 3~4 米，外墙底宽 3.5、残高 1~1.6 米，内墙底宽 7~8、残高 3~4 米。整体保存一般。整段壕沟存为 4 段。造成损毁的自然因素有风雨侵蚀、植物生长等；人为因素有修路挖损破坏等。

3. 宽草坪 3 号壕沟

位于宽草坪长城 2 段北 0.38~0.6 千米，宽草坪 2 号壕沟北侧，相距 0.17 千米。高程 1949 米。大致呈东南—西北走向，长 1740、宽 4~7 米。仅存外墙，底宽 3~4、顶宽 1~2 米，南高北低。整体保存一般。整段壕沟存为 2 段。造成损毁的自然因素有风雨侵蚀、植物生长等；人为因素有修路挖损破坏、农业生产活动破坏等。

4. 西地壕沟

位于西地长城 1、2 段北、东北 0.12~0.15 千米。起点高程 2018 米，止点高程 1816 米。大致呈东南—西北走向，长 2650、宽 5~7、深 3~4 米，墙体土石混筑，外墙底宽 3.5、残高 1.6~2 米，内墙底宽 7~8、残高 3~4 米。整体保存一般。整段壕沟存为 5 段。造成损毁的自然因素有风雨侵蚀、植物生长等；人为因素有修路挖损破坏等。

5. 洞上壕沟

位于洞上长城 2、3 段北 0.06~0.14 千米。起点高程 1820 米。大致呈东北—西南走向，长 2230、宽 4~6 米，墙体土石混筑，外墙底宽 4~5、残高 2 米，内墙底宽 5、顶宽 2、残高 3~4 米。整体保存一般。壕沟北 0.1 千米处有近代晋绥军修筑的战壕及碉堡。整段壕沟存为 3 段。造成损毁的自然因素有风雨侵蚀、植物生长等；人为因素有修路挖损破坏等。

6. 西沟壕沟

位于西沟长城北 0.07 千米，郭家窑长城东 0.04 千米，半山长城 1 段东侧。起点高程 1736 米，止点高程 1881 米。大致呈东—西走向，长 2230、宽 4~7 米。墙体土石混筑，外墙底宽 2~3、残高 1.5 米，内墙底宽 2~5、残高 2~3 米。整体保存一般。整段壕沟存为 2 段。造成损毁的自然因素有风雨侵蚀、植物生长等；人为因素有修路挖损破坏等。

7. 半山壕沟

位于半山长城 1 段东北侧，黄草梁长城东北 0.02 千米。起点高程 1886 米，止点高程 1687 米。大致呈东南—西北走向，长 1150、宽 3~4 米，外墙宽 3、残高 1~1.5 米，内墙宽 3、残高 1.5 米。整体保存一般。整段壕沟存为 3 段。造成损毁的自然因素有风雨侵蚀、植物生长等；人为因素有修路挖损破坏等。

8. 大水口 1 号壕沟

位于河西长城 2 段北 0.07 千米，大水口长城 1 段东 0.01 千米。起点高程 1441 米，止点高程 1282 米。大致呈东南—西北走向，长 1670、宽 4~7 米。整体保存一般。整段壕沟存为 3 段。造成损毁的自然因素有洪水冲刷、风雨侵蚀、植物生长等；人为因素有修路挖损破坏等。

9. 大水口 2 号壕沟

位于大水口长城 2、3 段东北、北 0.03~0.04 千米。起点高程 1322 米，止点高程 1444 米。大致呈东南—西北走向，长 1700、宽 7~8 米，墙体残高 1.7~1.9 米。整体保存较好。造成损毁的自然因素有洪水冲刷、风雨侵蚀、植物生长等；人为因素有修路挖损破坏等。

7. 段庄采石场

位于段庄长城北 0.06 千米，高程 2092 米。采石场长 50、宽 40 米，面积 2000 平方米。东部有东、西 2 个坑，深 1~2 米，东侧坑长 14、宽 9 米，西侧坑长 9、宽 8 米，两坑相距 7 米。西部有南、北 2 个坑，南侧坑长 16、宽 13 米，北侧坑长 20、宽 10 米。采石场岩石为石灰岩质，石灰岩层厚度不一，0.1~0.4 米居多，易于开采条石。地表未发现其他遗物。整体保存一般。西部采石坑被近代晋绥军辟为防空设施。造成损毁的自然因素有风雨侵蚀、植物生长等；人为因素有战争破坏等。

8. 郭家庄采石场

位于郭家庄长城 1 段北 0.07 千米，高程 2105 米。采石场东西 60、南北 30 米，面积 1800 平方米。有东西 2 个采石点，东采石点东西 25、南北 30、最深 5~6 米，西采石点东西 20、南北 30 米，两采石点相距 15 米。采石场岩石为石灰岩质，石灰岩层厚不一，易于开采条石。整体保存较好。西部采石点南侧山体被近代晋绥军辟为防空洞。造成损毁的自然因素有风雨侵蚀、植物生长等，人为因素有战争破坏等。

9. 洞上采石场

位于薛家洼乡洞上村西 0.3 千米，洞上长城 2 段南 0.12 千米，高程 1867 米。采石场平面呈东西向矩形，东高西低，长 15、宽 8 米，面积 120 平方米。采石场岩石为石灰岩质，石灰岩层厚度不一，0.2~0.5 米居多，易于开采条石。整体保存较好。造成损毁的自然因素有风雨侵蚀、植物生长等。

10. 盘道梁挡马墙

位于薛家洼乡盘道梁村西北 0.36 千米，盘道梁长城 2 段北 0.36 千米，高程 1998 米。大致呈东—西走向，堆土而成，长 340、底宽 1.8~3、顶宽 1~1.5、残高 1~1.8 米。挡马墙分东西 2 段，东段东端原与盘道梁 2 号堡西北角台、西端与盘道梁 2 号烽火台相连接，残长 140 米、消失 50 米；西段东端与盘道梁 2 号烽火台、西端与盘道梁 3 号烽火台相连接，长 150 米。挡马墙附近未发现其他遗迹，未采集到相关标本。整体保存较好。东段消失 50 米，挡马墙南 0.05 千米处有移动通讯塔架。造成损毁的自然因素有风雨侵蚀、植物生长等（彩图七一八）。

11. 贾家窑挡马墙

位于薛家洼乡贾家窑村西南 1.23 千米，西沟长城北侧，止于贾家窑烽火台，北距西沟壕沟 0.04 千米，高程 1753 米。大致呈东—西走向，土石混筑而成，长 60、底宽 2、残高 1～1.5 米。整体保存一般。造成损毁的自然因素有风雨侵蚀、植物生长等；人为因素有取土挖损破坏、农业生产破坏等。

12. 郭家庄明代戍卒墓地

位于薛家洼乡郭家庄村西北 1 千米，郭家庄长城 2 段南 0.14 千米，高程 2097 米。墓地南低北高，长 50、宽 30 米，面积 1500 平方米。存封土堆 4 座，无排列规律，封土堆直约径 3、残高 0.5～1.5 米。墓地东南角有一块马鞍形砂岩，平面呈矩形，略外拱，背部正中有插孔，孔径 0.03、深 0.06 米，两端有"V"形卯口，砂岩周身有錾刻痕迹，砂岩是否与墓地有关不得而知。整体保存较好。造成损毁的自然因素有风雨侵蚀、植物生长等。

（五）采（征）集标本

宁武县采集文物标本 1 件。

薛家洼乡洞上堡堡内采集 1 件铁箭头，铁质，长 10.7、头部长 2、翼宽 1 厘米（彩图七一九）。

二　长城资源调查资料分析

（一）长城墙体

1. 长城墙体的材质类型及建筑方式、形制

宁武县长城墙体类型有石墙、土墙、砖墙和自然险（包括山险、河险各 1 段）4 类。石墙为主，土墙次之，砖墙较少，山险和河险各见 1 段（表 340）。

表 340　宁武县长城墙体类型一览表

墙体类型	段数	长度（米）	百分比（%）
石墙	16	22484.9	58
土墙	8	13002.5	33
砖墙	2	2761	7
山险、河险	2	820	2
合计	28	39068.4	100

（1）石墙

宁武县石墙共 16 段，长 22484.9 米。墙体外部条石或片石砌筑；内部为夯土或土石混筑墙体，夯层厚 0.06～0.25 米。现存墙体剖面大致呈不规则梯形，底宽 2～16、顶宽 1～5、残高 1～8 米（表

341）。

表 341　宁武县石墙建筑方式及形制一览表（单位：米）

长城墙体段落名称	建筑材料及方式	剖面形制	尺寸		
			底宽	顶宽	残高
郭家庄长城 1 段	外部条石砌筑，内部为夯土墙体。外部条石错缝砌筑，白灰勾缝，条石长 40~100、厚 20~30 厘米	不规则梯形	7~8	1.8~2.9	4~5
郭家庄长城 2 段	外部条石砌筑，内部为夯土墙体。外部条石错缝砌筑	不规则梯形	7~8	1~2	3~5
盘道梁长城 1 段	外部条石砌筑，内部为夯土墙体。外部条石错缝砌筑；内部夯土墙体，夯层厚 0.09~0.17 米	不规则梯形	5~12	2~4	3.5~8
盘道梁长城 2 段	外部条石或片石砌筑；内部为夯土墙体，夯层厚 0.09~0.13 米	不规则梯形	2~10	1~4	1~6
盘道梁长城 3 段	外部条石砌筑；内部为夯土墙体，夯层厚 0.12~0.2 米	不规则梯形	7~13	2~4	4.5~5
宽草坪长城 1 段	外部条石或片石砌筑，内部为夯土墙体	不规则梯形	5~6	2~3	4~5
宽草坪长城 2 段	外部条石砌筑，内部为夯土墙体	不规则梯形	7~16	1~3	3~7
宽草坪长城 3 段	外部条石砌筑，内部为夯土墙体	不规则梯形	2~16	2~3	4~7
西地长城 1 段	外部条石砌筑，内部为夯土墙体	不规则梯形	15	2~3	3.5~5
西地长城 2 段	外部条石砌筑；内部为夯土墙体，夯层厚 0.06~0.22 米	不规则梯形	4~15	2~4	2.5~5
洞上长城 2 段	外部条石或片石砌筑，内部为土石混筑墙体	不规则梯形	5~6	1.5~4.5	3~5
洞上长城 3 段	外部条石砌筑，内部为土石混筑墙体	不规则梯形	5.5	3~4	4.5~5
西沟长城	外部条石或片石砌筑，内部为夯土墙体	不规则梯形	5~15	2~5	2~6
麻地沟长城	外部条石或片石砌筑；内部为夯土墙体，夯层厚 0.2~0.25 米	不规则梯形	14~15	4	5~6
郭家窑长城	外部片石砌筑，内部为夯土墙体	不规则梯形	12	2~3.5	5~6
半山长城 1 段	外部片石砌筑，内部为夯土墙体或土石混筑墙体	不规则梯形	4~6	1.5~2	3~5

　　石墙附属设施除关、敌台、马面外，还见有女墙、排水设施等。女墙见于盘道梁长城 3 段墙体顶部，排水设施见于洞上长城 2 段。

　　部分段有修缮痕迹。郭家庄长城 1 段 G0009（起点、段庄敌台）—G0010（断点）间墙体外部条石坍塌，露出内部较完整的片石垒砌的墙壁，外部条石层系补筑，厚 0.7 米。

　　郭家庄长城 2 段 G0013（起点、郭家庄 1 号马面）—G0019（断点），G0033（郭家庄 5 号马面）—G0034（止点、郭家庄 6 号马面）间墙体外部条石层系补筑。

　　盘道梁长城 1 段 G0047（盘道梁 6 号马面）—G0048（止点、断点）间墙体外部条石坍塌，露出内部片石垒砌的墙壁，外部条石层系补筑。盘道梁长城 2 段 G0074（断点）处墙体剖面，可见墙体内部夯土墙体，夯层厚 0.09~0.13 米，再外侧为土石混筑，最外侧为条石层。土石混筑部分的夯层与内侧夯层明显不整合，夯层厚 0.16 米，系补筑。盘道梁长城 3 段 G0087（断点）东 0.1 千米处有一段砖墙，夹有大量白灰及砂石，应系补筑。

　　西地长城 2 段 G0156（断点）、G0161（断点）、G0166（断点）、G0167（断点）处墙体剖面，可见墙体内部夯土墙体，夯层厚 0.06~0.22 米，再外侧为土石混筑或夯土墙体，最外侧为条石层。土石混筑或夯土墙体部分的夯层与内侧夯层明显不整合，夯层厚 0.12~0.19 米，系补筑。

　　郭家窑长城 G0233（断点）、G0234（断点）处墙体剖面，可见片石墙体之外有土墙，系补筑。

（2）土墙

宁武县土墙共 8 段，长 13002.5 米。墙体均系夯筑而成，夯层厚 0.08 ~ 0.24 米。现存墙体剖面大致呈不规则梯形，底宽 2.5 ~ 10、顶宽 0.5 ~ 5、残高 3 ~ 7 米（表 342）。

表 342　宁武县土墙建筑方式及形制一览表（单位：米）

长城墙体段落名称	建筑材料及方式	剖面形制	尺寸		
			底宽	顶宽	残高
半山长城 2 段	夯筑而成，偶含碎石，夯层厚 0.08 ~ 0.15 米	不规则梯形	5	1 ~ 2	3 ~ 3.5
黄草梁长城	夯筑而成，夯层厚 0.2 ~ 0.24 米	不规则梯形	2.5 ~ 8	1.5 ~ 5	4 ~ 6
袁家窑长城	夯筑而成，夯层厚 0.16 ~ 0.24 米	不规则梯形	7 ~ 10	3.5 ~ 5	5 ~ 6
河西长城 1 段	夯筑而成，夯层厚 0.08 ~ 0.12 米	不规则梯形	5 ~ 6	4	4 ~ 5
河西长城 2 段	夯筑而成，夯层厚 0.1 ~ 0.15 米	不规则梯形	7 ~ 8	1.5 ~ 3	5.5 ~ 6
大水口长城 1 段	夯筑而成，夯层厚 0.12 ~ 0.17 米	不规则梯形	4 ~ 8	0.5 ~ 2.5	4.5 ~ 7
大水口长城 2 段	夯筑而成，夯层厚 0.15 ~ 0.18 米	不规则梯形	7 ~ 8	1 ~ 3	4 ~ 6
大水口长城 3 段	夯筑而成，夯层厚 0.12 ~ 0.19 米	不规则梯形	5 ~ 6	1.5 ~ 2	.5

土墙附属设施除关、敌台、马面外，还见有女墙、登墙步道等。女墙见于黄草梁长城、袁家窑长城、河西长城 1 段、大水口长城 2 段墙体顶部，登墙步道见于袁家窑长城和大水口长城 1、2 段。

（3）砖墙

宁武县砖墙共 2 段，长 2761 米。段庄长城墙体外部砖石砌筑，内部为夯土墙体。外部下部条石或片石砌筑，上部青砖砌筑，砖石多无存；内部夯土墙体，黄土夯筑而成，夯层厚 0.13 ~ 0.16 米。现存墙体剖面大致呈不规则梯形，底宽 7 ~ 8、顶宽 1 ~ 2.8、残高 3 ~ 5 米。阳方口长城 1 段墙体外部砖石砌筑，内部为夯土墙体，夯层厚 0.08 ~ 0.25 米，现存墙体剖面大致呈不规则梯形，墙体底宽 7.5、顶宽 3 ~ 5、残高 6 米。

砖墙附属设施除敌台、马面外，还见有垛口墙。垛口墙见于阳方口长城 1 段墙体顶部。

段庄长城有修缮痕迹，G0007（段庄马面）—G0008（拐点）间墙体外部条石层系补筑，厚 0.7 米。

（4）山险、河险

宁武县有山险 1 段，即洞上长城 1 段，长 440 米。河险 1 段，即阳方口长城 2 段，长 380 米。

2. 长城墙体的分布特点

宁武县长城分布于县境北部恒山山地以及恒山山地与管涔山之间的恢河谷地。

段庄长城，郭家庄长城 1、2 段，盘道梁长城 1 ~ 3 段，宽草坪长城 1 ~ 3 段，西地长城 1、2 段，洞上长城 1 ~ 3 段，西沟长城，麻地沟长城，郭家窑长城，半山长城 1、2 段，位于恒山西端余脉盘道梁山脊顶部，地势高耸，海拔 1250 ~ 2125 米。黄草梁长城，位于恒山山脉西端与恢河谷地之间的坡地上，地势东高西低，海拔 1493~1717 米。袁家窑长城，位于恢河谷地东坡，地势东高西低，海拔 1322~1493 米。阳方口长城 1、2 段，河西长城 1、2 段，位于恢河谷地，海拔 1250~1475 米。大水口长城 1~3 段，位于恢河谷地与管涔山余脉之间的坡地上，地势东南低、西北高，海拔 1289~1449 米。位于恒山山地的 19 段长城，除 1 段砖墙、1 段山险外，其余均为石墙。位于恢河谷地的 9 段长城，除 1 段砖墙、1 段河险外，其余均为土墙。可以看出，山地地带长城墙体以石墙为主，河谷谷地长城墙体以土墙为主。

3. 长城墙体的保存状况

（1）石墙

表 343　宁武县石墙保存状况一览表（单位：米）

长城墙体段落名称	总长	保存较好	保存一般	保存较差	保存差	消失	类型	省/县属
郭家庄长城 1 段	483	0	480	0	0	3	石墙	宁武县
郭家庄长城 2 段	1237.5	200	980.3	0	0	57.2	石墙	宁武县
盘道梁长城 1 段	1488	670	755	8	0	55	石墙	宁武县
盘道梁长城 2 段	1676	260	470	340	0	606	石墙	宁武县
盘道梁长城 3 段	1530	290	995	180	0	65	石墙	宁武县
宽草坪长城 1 段	1495	0	1045	0	0	450	石墙	宁武县
宽草坪长城 2 段	1631	0	1620	0	0	11	石墙	宁武县
宽草坪长城 3 段	1701.4	0	1220	220	0	261.4	石墙	宁武县
西地长城 1 段	1755	0	1743	0	0	12	石墙	宁武县
西地长城 2 段	941	0	920	0	0	21	石墙	宁武县
洞上长城 2 段	1027	230	760	0	0	37	石墙	宁武县
洞上长城 3 段	1465	395	870	0	0	200	石墙	宁武县
西沟长城	1554	1130	420	0	0	4	石墙	宁武县
麻地沟长城	1544	160	1138	0	0	246	石墙	宁武县
郭家窑长城	1568	0	1502	0	0	66	石墙	宁武县
半山长城 1 段	1389	0	1145	0	0	244	石墙	宁武县
合计	22484.9	3335	16063.3	748	0	2338.6		
百分比（%）	100	15	71	3	0	10		

石墙以保存一般为主，占 71%，保存较好占 15%、较差占 3%、消失占 10%，未见保存差者（表 343）。造成损毁的自然因素有洪水冲刷、风雨侵蚀、植物生长等；人为因素有拆毁墙体包石、将墙体挖断形成道路、修路挖损破坏、取土挖损破坏、采矿活动破坏等。

（2）土墙

表344　宁武县土墙保存状况一览表（单位：米）

长城墙体段落名称	总长	保存较好	保存一般	保存较差	保存差	消失	类型	省/县属
半山长城2段	994	0	910	0	0	84	土墙	宁武县
黄草梁长城	1907.5	1100	206	390	0	211.5	土墙	宁武县
袁家窑长城	2250	2120	0	0	0	130	土墙	宁武县
河西长城1段	1959	760	855	0	0	344	土墙	宁武县
河西长城2段	1460	0	1420	0	0	40	土墙	宁武县/朔城区
大水口长城1段	1970	860	710	400	0	0	土墙	宁武县/朔城区
大水口长城2段	1240	1050	26	0	0	164	土墙	宁武县
大水口长城3段	1222	0	1216	0	0	6	土墙	宁武县
合计	13002.5	5890	5343	790	0	979.5		
百分比（%）	100	45	41	6	0	8		

土墙以保存较好和一般为主，分别占45%和41%，保存较差占6%、消失占8%，未见保存差者（表344）。造成损毁的自然因素有洪水冲刷、风雨侵蚀、植物生长等；人为因素有将墙体挖断形成道路、取土挖损破坏、居民生活活动破坏等。

（3）砖墙

表345　宁武县砖墙保存状况一览表（单位：米）

长城墙体段落名称	总长	保存较好	保存一般	保存较差	保存差	消失	类型	省/县属
段庄长城	1186	0	1070	0	0	116	砖墙	宁武县/朔城区
阳方口长城1段	1575	920	115	0	0	540	砖墙	宁武县
合计	2761	920	1185	0	0	656		
百分比（%）	100	33	43	0	0	24		

砖墙以保存较好和一般为主，分别占33%和43%，消失占24%，未见保存较差或差者（表345）。造成损毁的自然因素有风雨侵蚀，植物生长等；人为因素有拆毁墙体砖石、将墙体挖断形成道路、取土挖损破坏、工业生产及居民生活活动破坏等。

（4）山险、河险

山险和河险各1段，保存较好。

（二）关堡

宁武县共有关堡20座，其中调查了19座，宁武城情况特殊，未进行调查。调查的19座关堡中，有关6座、城堡13座。

1. 关堡的形制、残存设施和遗迹

详见下表（表346）。

表346 宁武县关堡形状、尺寸、残存设施遗迹及保存状况一览表

名称	形状	朝向	周长（米）	面积（平方米）	残存设施遗迹	保存状况
半山关	矩形	坐北朝南	271	4095	关墙、角台2座、马面1座等	一般
黄草梁关	矩形	朝向不详	97	565.5	关墙	差
袁家窑关	矩形	朝向不详	101.4	642.5	关墙	差
阳方口关	矩形，由新、旧两城组成	坐北朝南	1200	88319	关墙、城门1座、角台1座、马面1座等	较差
大水口1号关	矩形	朝向不详	156	992	关墙	差
大水口2号关	矩形	坐北朝南	92	520	关墙、城门1座等	差
郭家庄堡	矩形	朝向不详	81.4	413.7	堡墙	差
盘道梁1号堡	矩形	朝向不详	854	41550	堡墙、角台3座、堡内城隍庙庙前石阶、水井和街道2条等	较差
盘道梁2号堡	矩形	坐北朝南	534.7	11533	堡墙、城门1座、瓮城1座、角台4座、马面1座等	一般
宽草坪堡	矩形	坐北朝南	197	2373	堡墙、城门1座、马面1座、碑座1块等	较差
西地堡	矩形	坐北朝南	470	12140	堡墙、瓮城1座、角台4座、马面3座等	一般
洞上堡	矩形	坐北朝南	205.6	2625	堡墙、城门1座、马面1座等	较差
朔宁堡	矩形	坐北朝南	740	3万	堡墙、城门1座、瓮城1座等	一般
半山堡	矩形	坐北朝南	268	4556	堡墙、城门1座、角台4等	较差
阳方口2号堡	矩形	朝向不详	98	580	堡墙	差
阳方口1号堡	矩形	坐北朝南	291.6	4580	堡墙、城门1座等	差
大水口堡	矩形	坐北朝南	392	9662	堡墙、城门1座、角台3座等	一般
二马营堡	不规则形	坐西朝东	370	750	堡墙	一般
宁化古城	不规则梯形	坐北朝南	1500	14万	城墙、城门3座、瓮城2座、马面8座、护城河等	一般

宁武县关堡平面绝大多数呈矩形，仅二马营堡呈不规则形、宁化古城呈不规则梯形。关堡除6座朝向不详外，其余13座坐北朝南者最多，有12座，1座坐西朝东。关堡的规模按周长和面积大致可区分为大、中、小三类，划分大致以周长900、1400米为界，面积以5万、10万平方米为界。从下表可见，宁武县关堡以小型居多，有4座关、3座堡的面积在1000平方米以下（表347）。

表347 宁武县关堡大小分类一览表

分类	标准	周长（米）	面积（平方米）	关堡	数量（座）
大型	周长1400米以上，面积10万平方米以上	1500	14万	宁化古城	1
中型	周长900～1400米，面积5～10万平方米	1200	88319	阳方口关	1

分类	标准	周长（米）	面积（平方米）	关堡	数量（座）
小型	周长 900 米以下，面积 5 万平方米以下	81.4～854	520～41550	半山关，黄草梁关，袁家窑关，大水口 1、2 号关，郭家庄堡，盘道梁 1、2 号堡，宽草坪堡，西地堡，洞上堡，朔宁堡，半山堡，阳方口 1、2 号堡，大水口堡，二马营堡	17

　　关堡墙体除 2 座不详外，有砖墙（9 座）、石墙（3 座）和土墙（5 座）三种类型。砖、石墙的形制为外部砖石砌筑，内部为夯土墙体。土墙夯筑而成。砖、石、土墙有夯层厚度数据者，夯层厚0.08～0.26 米（表 348）。夯层厚度的特点与长城墙体相符合。

表 348　宁武县关堡墙体建筑方式及尺寸一览表（单位：米）

名称	墙体建筑方式	尺寸		
		底宽	顶宽	残高
半山关	土墙。夯筑而成	7.2	不详	3～6
黄草梁关	砖墙。外部砖石砌筑；内部为夯土墙体，夯层厚 0.08～0.11 米	不详	不详	不详
袁家窑关	砖墙。外部砖石砌筑；内部为夯土墙体，夯层厚 0.13～0.15 米	1.5～2	1.2～1.4	2.4～2.8
阳方口关	不详	不详	不详	不详
大水口 1 号关	不详	不详	不详	不详
大水口 2 号关	土墙。夯筑而成，夯层厚 0.08～0.12 米	2.5	0.6～0.7	2
郭家庄堡	砖墙。砖石砌筑而成	不详	不详	最高 1
盘道梁 1 号堡	砖墙	不详	不详	1～3.4
盘道梁 2 号堡	砖墙	不详	不详	3～6.8
宽草坪堡	砖墙	不详	不详	内高 2.8～5.5、外高 8～10.6
西地堡	砖墙	不详	不详	4.5～8.2
洞上堡	石墙	不详	不详	最高 4.25
朔宁堡	土墙。夯筑而成，夯层厚 0.18～0.26 米	4	0.5～2.5	内高 0.8～3.2、外高 4.2～6.2
半山堡	石墙	不详	不详	最高 4.2
阳方口 2 号堡	土墙。夯筑而成	不详	不详	最高 1.5
阳方口 1 号堡	石墙	不详	不详	最高 5.1
大水口堡	砖墙。内部为夯土墙体，夯层厚 0.13～0.17 米	7.2	1～5.1	5.6～8.1
二马营堡	土墙。夯筑而成，夯层厚 0.18～0.26 米	8～8.6	1～4	内高 2.5～12.2、外高 3.2～13.2
宁化古城	砖墙。外部砖石砌筑；内部为夯土台体，夯层厚 0.12～0.15 米	8～9	不详	10

　　至于除关堡墙体外的设施和遗迹，由于保存原因，现存并不能反映其原始风貌。主要设施遗迹的种类有城门、瓮城、角台、马面等常见的墙体设施，其他设施遗迹有护城河、关堡内的城隍庙前石阶、水井和街道、碑座等。

2. 关堡的分布特点

（1）关堡所处地势及与长城的位置关系

　　宁武的 6 座关均倚长城墙体而建，除半山关位于长城墙体面向内蒙古自治区一侧外，其余均位于长城墙体面向山西省一侧。

长城沿线的堡有 11 座，其中郭家庄堡、盘道梁 1 号堡、宽草坪堡、西地堡、洞上堡、半山堡、阳方口 1 号堡和大水口堡，位于长城墙体面向山西省一侧，距长城 0.03~0.213 千米；盘道梁 2 号堡、朔宁堡、半山堡、阳方口 2 号堡，位于长城墙体面向内蒙古自治区一侧，距长城 0.06~1.5 千米。

从分布地势而言，位于恒山山地的有半山关，郭家庄堡，盘道梁 1、2 号堡，宽草坪堡，西地堡，洞上堡，朔宁堡和半山堡；位于恢河谷地及两侧坡地的有黄草梁关，袁家窑关，阳方口关，大水口 1、2 号关，阳方口 1、2 号堡和大水口堡。可以看出，关主要分布于恢河谷地及两侧坡地，堡多数分布于恒山山地。

非长城沿线的城堡有 2 座，即二马营堡和宁化古城，分布于汾河两岸地区。

（2）关堡与烽火台的位置关系

多数关堡沿长城分布，与长城墙体、敌台、马面和长城沿线烽火台构成完整的防御体系。非长城沿线城堡附近也分布有烽火台（详见烽火台部分）。

3. 关堡的保存状况

关堡保存一般者 7 座、较差者 5 座、差者 7 座。关堡墙体坍塌损毁，部分段消失，砖石墙者砖石大多损毁；城门多已为豁口或消失；部分角台、马面消失；关堡内建筑几乎无存。造成损毁的自然因素主要有洪水冲刷、风雨侵蚀、植物生长等；人为因素主要有拆毁堡墙砖石、农业生产活动破坏、居民生活活动破坏、取土挖损破坏、墙体上挖掘洞穴、战争破坏等。

（三）单体建筑

1. 敌台

宁武县共调查敌台 9 座，骑墙而建。材质类型除 5 座不详外，砖质、土质各 2 座。平、剖面形制除 2 座不详外，其余平面形制均呈矩形、剖面形制均呈梯形。敌台底部周长 44~176、顶部周长 13.6~68、残高 2.7~12 米（表 349）。

表 349　宁武县敌台材质、形制及保存状况一览表（单位：米）

名称	材质	平面形制	剖面形制	底部周长	顶部周长	残高	保存状况
段庄敌台	不详	不详	不详	不详	不详	不详	差
盘道梁敌台	不详	矩形	梯形	176	68	8~10	一般
宽草坪敌台	不详	矩形	梯形	58	46	7	一般
西地敌台	不详	不详	不详	不详	13.6	2.7	较差
半山敌台	土	矩形	梯形	64	不详	11~12	较好
阳方口 1 号敌台	砖	矩形	梯形	不详	不详	11.3	较好
阳方口 2 号敌台	砖	矩形	梯形	不详	不详	9.1	较好
大水口 1 号敌台	不详	矩形	梯形	44	32	5~6	一般
大水口 2 号敌台	土	矩形	梯形	50	不详	6	一般

附属设施见于半山敌台和阳方口 1、2 号敌台，半山敌台台体底部有二层台基。阳方口 1、2 号敌

台上部东、西、北壁各设 3 个箭窗，南壁有门洞与墙体相连，内部为回廊结构，有登顶步道，顶部残存有垛口墙，东、西、北壁顶部垛口墙下有排水设施。

敌台保存较好者 3 座、一般者 4 座、较差者和差者各 1 座。造成损毁的自然因素有风雨侵蚀、植物生长等；人为因素有拆毁砖石等。

2. 马面

（1）马面的类型与形制

宁武县共调查马面 138 座，倚墙而建，均位于长城墙体面向内蒙古自治区一侧。材质类型有 76 座不详，其余有石质 37 座、砖质 12 座、土质 13 座。

石质马面，外部条石或石块砌筑；内部为夯土台体，夯层厚 0.1～0.3 米，建于石质长城墙体上。平面形制均呈矩形，剖面形制均呈梯形，底部周长 32～63、顶部周长 22～52、残高 4～17 米。

砖质马面，外部砖石砌筑，建于郭家窑长城（石墙）墙体上，有 10 座。阳方口长城 1 段（砖墙）墙体上有 2 座砖质马面。平面形制均呈矩形，剖面形制均呈梯形，底部周长 34～60、顶部周长 27～48、残高 6～15 米。

土质马面，均为夯筑而成，夯层厚 0.06～0.18 米。土质马面均建于土质长城墙体上。平面形制均呈矩形，剖面形制均呈梯形，底部周长 42～76、顶部周长 34～57、残高 3.5～10 米。

材质不详的马面平、剖面形制除 10 座不详外，其余平面形制均呈矩形、剖面形制均呈梯形，底部周长 19～74、顶部周长 23.2～52、残高 2～12 米（表 350）。

表 350　宁武县马面材质、形制及保存状况一览表（单位：米）

名称	材质	平面形制	剖面形制	底部周长	顶部周长	残高	保存状况
段庄马面	不详	矩形	梯形	60	28	7～8	一般
郭家庄 1 号马面	石	矩形	梯形	56	42.8	6	一般
郭家庄 2 号马面	石	矩形	梯形	49.4	36	6.2	一般
郭家庄 3 号马面	不详	不详	不详	不详	不详	不详	不详
郭家庄 4 号马面	石	矩形	梯形	46	34	8	一般
郭家庄 5 号马面	石	矩形	梯形	46	34	6.5	一般
郭家庄 6 号马面	石	矩形	梯形	52	38	17	较好
盘道梁 1 号马面	不详	不详	不详	不详	不详	不详	不详
盘道梁 2 号马面	石	矩形	梯形	46.4	30	10	一般
盘道梁 3 号马面	石	矩形	梯形	60.4	40	8	一般
盘道梁 4 号马面	石	矩形	梯形	不详	32.6	6.8	一般
盘道梁 5 号马面	石	矩形	梯形	63	44	7	一般
盘道梁 6 号马面	石	矩形	梯形	62	46	7	一般
盘道梁 7 号马面	不详	矩形	梯形	74	不详	2～4	一般
盘道梁 8 号马面	不详	矩形	梯形	60	40	5	一般
盘道梁 9 号马面	石	矩形	梯形	50	36	6	一般
盘道梁 10 号马面	不详	矩形	梯形	48	不详	5	一般
盘道梁 11 号马面	石	矩形	梯形	38	22	6	一般
盘道梁 12 号马面	石	矩形	梯形	48	30	5～6	一般

名称	材质	平面形制	剖面形制	底部周长	顶部周长	残高	保存状况
盘道梁 13 号马面	石	矩形	梯形	43	33	5~6	一般
盘道梁 14 号马面	石	矩形	梯形	42	28	6~7	一般
宽草坪 1 号马面	不详	矩形	梯形	40	30	5	一般
宽草坪 2 号马面	不详	矩形	梯形	48	38	7~8	一般
宽草坪 3 号马面	不详	矩形	梯形	34	不详	不详	较差
宽草坪 4 号马面	石	矩形	梯形	56	44	5~6	一般
宽草坪 5 号马面	石	矩形	梯形	48	36	5~6	一般
宽草坪 6 号马面	石	矩形	梯形	58	46	8~9	一般
宽草坪 7 号马面	石	矩形	梯形	60	48	5~6	一般
宽草坪 8 号马面	石	矩形	梯形	52	40	5~6	一般
宽草坪 9 号马面	石	矩形	梯形	46	36	4~5	一般
西地 1 号马面	石	矩形	梯形	58	50	5~6	一般
西地 2 号马面	不详	矩形	梯形	56	48	4~12	一般
洞上 1 号马面	不详	不详	不详	不详	不详	不详	不详
洞上 2 号马面	石	矩形	梯形	32	不详	4	一般
洞上 3 号马面	石	矩形	梯形	38	28	4.8	一般
洞上 4 号马面	石	矩形	梯形	44	38.2	6	一般
西沟 1 号马面	石	矩形	梯形	36	25	6~7	一般
西沟 2 号马面	石	矩形	梯形	46	38	6	一般
西沟 3 号马面	石	矩形	梯形	48	36	5~6	一般
麻地沟 1 号马面	石	矩形	梯形	48	36	6~7	一般
麻地沟 2 号马面	石	矩形	梯形	44	32	8~9	一般
麻地沟 3 号马面	石	矩形	梯形	60	50	8~9	一般
麻地沟 4 号马面	石	矩形	梯形	52	42	8~9	一般
麻地沟 5 号马面	石	矩形	梯形	60	52	5~6	一般
麻地沟 6 号马面	石	矩形	梯形	52	46	6~7	一般
郭家窑 1 号马面	石	矩形	梯形	54	44	10	一般
郭家窑 2 号马面	砖	矩形	梯形	34	27	7	一般
郭家窑 3 号马面	砖	矩形	梯形	50	36	10	一般
郭家窑 4 号马面	砖	矩形	梯形	48	34	12	一般
郭家窑 5 号马面	砖	矩形	梯形	42	28	15	一般
郭家窑 6 号马面	砖	矩形	梯形	52	36	10	一般
郭家窑 7 号马面	砖	矩形	梯形	54	36	10	一般
郭家窑 8 号马面	砖	矩形	梯形	48	36	9	一般
郭家窑 9 号马面	砖	矩形	梯形	42	28	15	一般
郭家窑 10 号马面	砖	矩形	梯形	46	30	10	一般
郭家窑 11 号马面	砖	矩形	梯形	46	30	6	一般
半山 1 号马面	不详	矩形	梯形	36	28	6	一般

名称	材质	平面形制	剖面形制	底部周长	顶部周长	残高	保存状况
半山 2 号马面	石	矩形	梯形	50	38	7~8	一般
半山 3 号马面	石	矩形	梯形	38	26	不详	一般
黄草梁 1 号马面	不详	矩形	梯形	54	46	7	一般
黄草梁 2 号马面	土	矩形	梯形	53.4	38	10	较好
黄草梁 3 号马面	土	矩形	梯形	50	36	9	较好
黄草梁 4 号马面	不详	矩形	梯形	55.4	41.2	9	较好
黄草梁 5 号马面	不详	矩形	梯形	47.6	34.6	6	一般
黄草梁 6 号马面	不详	矩形	梯形	48	34	6	一般
黄草梁 7 号马面	不详	矩形	梯形	51.6	38.4	9	较好
黄草梁 8 号马面	不详	矩形	梯形	46	32 米	6~7	一般
黄草梁 9 号马面	不详	不详	不详	不详	不详	不详	差
黄草梁 10 号马面	不详	矩形	梯形	46	28	6~7	一般
黄草梁 11 号马面	不详	矩形	梯形	48	39	6~7	较好
黄草梁 12 号马面	不详	矩形	梯形	47	37	7	一般
黄草梁 13 号马面	不详	矩形	梯形	24	不详	5	较差
黄草梁 14 号马面	不详	不详	不详	不	不详	不详	不详
黄草梁 15 号马面	不详	矩形	梯形	54	44	5	一般
袁家窑 1 号马面	不详	矩形	梯形	56	44	7	一般
袁家窑 2 号马面	不详	矩形	梯形	55	44	7	一般
袁家窑 3 号马面	不详	矩形	梯形	50	42	7	一般
袁家窑 4 号马面	不详	矩形	梯形	54	40	8	一般
袁家窑 5 号马面	不详	矩形	梯形	53.6	40	7 米	一般
袁家窑 6 号马面	不详	矩形	梯形	52	39.2	6	一般
袁家窑 7 号马面	不详	矩形	梯形	54.2	40.4	不详	一般
袁家窑 8 号马面	不详	矩形	梯形	54	39.6	不详	一般
袁家窑 9 号马面	不详	矩形	梯形	54	44	5~6	一般
袁家窑 10 号马面	不详	矩形	梯形	20	不详	4~5	较差
袁家窑 11 号马面	不详	矩形	梯形	20	不详	4~5	较差
袁家窑 12 号马面	不详	矩形	梯形	51.6	38 米	9	较好
袁家窑 13 号马面	不详	矩形	梯形	50	不详	6	一般
袁家窑 14 号马面	不详	矩形	梯形	54	42	6~7	一般
袁家窑 15 号马面	不详	矩形	梯形	52	38	6	一般
袁家窑 16 号马面	不详	矩形	梯形	44	32	6	一般
袁家窑 17 号马面	不详	矩形	梯形	56	46	5~6	一般
阳方口 1 号马面	不详	不详	不详	不详	不详	不详	不详
阳方口 2 号马面	砖	矩形	梯形	60	48	不详	较好
阳方口 3 号马面	不详	不详	不详	不详	不详	不详	不详
阳方口 4 号马面	砖	矩形	梯形	49.8	37.8	6~6.5	一般

名称	材质	平面形制	剖面形制	底部周长	顶部周长	残高	保存状况
阳方口 5 号马面	不详	矩形	梯形	48	36	6~7	一般
河西 1 号马面	土	矩形	梯形	52.6	37	4.5	一般
河西 2 号马面	土	矩形	梯形	53	37	5	一般
河西 3 号马面	土	矩形	梯形	50.2	42.2	5	一般
河西 4 号马面	土	矩形	梯形	52	42	5	一般
河西 5 号马面	不详	矩形	梯形	33.2	23.2	5~6	一般
河西 6 号马面	土	矩形	梯形	48	34	5	一般
河西 7 号马面	不详	矩形	梯形	55.6	44.4	5	一般
河西 8 号马面	不详	不详	不详	不详	不详	不详	不详
河西 9 号马面	土	矩形	梯形	53	43	5~6	一般
河西 10 号马面	不详	矩形	梯形	43	不详	5	一般
河西 11 号马面	土	矩形	梯形	56	不详	3.5~4	较差
河西 12 号马面	土	矩形	梯形	50	39	4.5	较差
河西 13 号马面	土	矩形	梯形	42	38	3.5	较差
河西 14 号马面	不详	矩形	梯形	52	不详	5	较差
河西 15 号马面	不详	矩形	梯形	50	不详	5	较差
河西 16 号马面	不详	矩形	梯形	48	38	4~5	较差
河西 17 号马面	不详	矩形	梯形	42	不详	4~5	较差
河西 18 号马面	不详	矩形	梯形	47	不详	5	较差
河西 19 号马面	不详	矩形	梯形	42	31	5	一般
河西 20 号马面	不详	不详	不详	不详	不详	不详	不详
大水口 1 号马面	土	矩形	梯形	52	39	10	一般
大水口 2 号马面	不详	矩形	梯形	60	44	6	一般
大水口 3 号马面	不详	矩形	梯形	70	52	6	一般
大水口 4 号马面	不详	矩形	梯形	60	46	6	一般
大水口 5 号马面	不详	矩形	梯形	56	44	6.5	一般
大水口 6 号马面	土	矩形	梯形	76	57	9~10	一般
大水口 7 号马面	不详	矩形	梯形	19	不详	3~4	较差
大水口 8 号马面	不详	矩形	梯形	60	46	8~9	一般
大水口 9 号马面	不详	矩形	梯形	50	35	5	一般
大水口 10 号马面	不详	矩形	梯形	46.6	34.8	6	一般
大水口 11 号马面	不详	矩形	梯形	54	42	7	一般
大水口 12 号马面	不详	矩形	梯形	48	35	6	较好
大水口 13 号马面	不详	矩形	梯形	62	不详	3~4	较差
大水口 14 号马面	不详	不详	不详	不详	不详	不详	一般
大水口 15 号马面	不详	矩形	梯形	54	38	6	一般
大水口 16 号马面	不详	矩形	梯形	52	38	6	一般

续表350

名称	材质	平面形制	剖面形制	底部周长	顶部周长	残高	保存状况
大水口17号马面	不详	矩形	梯形	46	34	6	较差
大水口18号马面	不详	矩形	梯形	42	34	6	一般
大水口19号马面	不详	矩形	梯形	44	32	不详	一般
大水口20号马面	不详	矩形	梯形	52	40	7~8	一般
大水口21号马面	不详	矩形	梯形	52	40	8	一般
大水口22号马面	不详	矩形	梯形	44	36	5.5	一般

马面附属设施较为少见，有女墙、"U"形沟槽、凹形掩体、排水沟槽等。女墙见于黄草梁7号马面、袁家窑13号马面，"U"形沟槽见于黄草梁3号马面、盘道梁7号马面，凹形掩体见于盘道梁10号马面，排水沟槽见于西沟2号马面。

（2）马面的分布特点

结合马面材质类型和大小分类，可以看出宁武县马面的分布有以下特点。

①石质马面均建于石质长城墙体上，砖质马面集中建于郭家窑长城（石墙）墙体上，阳方口长城1段（砖墙）墙体上有2座砖质马面，土质马面均建于土质长城墙体上。

②尝试对马面进行了大小的划分，分依据马面的底部周长，按≥50、40~50、<40米三个标准进行分类，以残高作为参考（表351~354）。

表351　宁武县石质马面分类统计表

	底部周长分类	底部周长（米）	数量（座）	百分比（%）	残高（米）
大型马面	≥50米	50~63	17	46	5~17
中型马面	40~50米	42~49.4	14	37.8	4~10
小型马面	<40米	32~38	5	13.5	4~7
不详	不详	不详	1	2.7	6.8
合计		32~63	37	100	4~17米

表352　宁武县砖质马面分类统计表

	底部周长分类	底部周长（米）	数量（座）	百分比（%）	残高（米）
大型马面	≥50米	50~60米	4	33.3	7米
中型马面	40~50米	42~49.8米	7	58.3	6~15米
小型马面	<40米	34米	1	8.4	10米
合计		34~60米	12	100	6~15米

表 353　宁武县土质马面分类统计表

	底部周长长度	底部周长范围	数量（座）	百分比（%）	残高（米）
大型马面	≥50 米	50.2～76 米	11	84.6	3.5～10 米
中型马面	40～50 米	42～48 米	2	15.4	3.5～5 米
小型马面	< 40 米	无	0	0	无
合计		42～76 米	13	100	3.5～10 米

表 354　宁武县材质不详马面分类统计表

	底部周长长度	底部周长范围	数量（座）	百分比（%）	残高（米）
大型马面	≥50 米	50～74 米	37	48.7	2～12 米
中型马面	40～50 米	40～48 米	22	28.9	4～8 米
小型马面	< 40 米	19～36 米	7	9.2	3～6 米
不详	不详	不详	10	13.2	不详
合计		19～74 米	76	100	2～12 米

从上表中可以看出，马面以大中型为主，土质马面大型占绝大多数。

（3）马面保存状况

宁武县马面绝大多数保存一般，有 105 座，占 76.1%，保存较好者 9 座、较差者 15 座、差者 1 座，8 座保存状况不详。造成损毁的自然因素有风雨侵蚀、植物生长等；人为因素有拆毁砖石、修路挖损破坏、取土挖损破坏、挖掘洞穴、马面顶部栽立电线杆等。

3. 烽火台

宁武县调查烽火台 61 座，划分为长城沿线烽火台和腹里烽火台两部分。长城沿线烽火台距离长城墙体 0.01～0.94 千米，有 43 座；腹里烽火台有 18 座。

（1）烽火台的类型与形制

宁武县 61 座烽火台的材质类型以土质烽火台和砖质烽火台为主，有 56 座，石质烽火台有 5 座（表 355）。烽火台的平面形制均呈矩形，剖面形制均呈梯形。

表 355　宁武县烽火台材质类型一览表

材质类型	长城沿线烽火台（座）	腹里烽火台（座）	合计（座）	百分比（%）
土质烽火台	17	13	30	49.2
砖质烽火台	25	1	26	42.6
石质烽火台	1	4	5	8.2
合计	43	18	61	100

土质烽火台夯筑而成，夯层厚 0.08～0.28 米。长城沿线烽火台底部周长 20.6～100、顶部周长 17～66、残高 3.5～9 米，腹里烽火台底部周长 28.8～72、顶部周长 2～48、残高 6.2～11 米。

砖质烽火台外部砖石砌筑，内部为夯土台体，夯层厚 0.07～0.28 米。长城沿线烽火台底部周长 11.6～80、顶部周长 10～35、残高 3～8 米，腹里烽火台底部周长 48、顶部周长 27.6、残高 7.8 米。

石质烽火台外部石片或石块砌筑，内部为夯土台体，夯层厚 0.15～0.28 米。长城沿线烽火台底部周长68.6、残高9.5米，腹里烽火台底部周长27.2~48、顶部周长12.2~40、残高5.6~8.9米（表356、357）。

表356　宁武县长城沿线烽火台材质、形制及保存状况一览表（单位：米）

名称	材质	平面形制	剖面形制	底部周长	顶部周长	残高	保存状况
盘道梁1号烽火台	砖	矩形	梯形	66	28	6.2	一般
盘道梁2号烽火台	砖	矩形	梯形	80	20	4~5	一般
盘道梁3号烽火台	砖	矩形	梯形	66	26	3~5	一般
盘道梁4号烽火台	砖	矩形	距形	66	26	3~5	一般
宽草坪1号烽火台	砖	矩形	梯形	80	16	6~6.5	一般
宽草坪2号烽火台	砖	矩形	梯形	52	不详	6~7	一般
西地1号烽火台	砖	矩形	梯形	72	16	6	一般
西地2号烽火台	砖	矩形	梯形	42	10	5.5	一般
西地3号烽火台	砖	矩形	梯形	48	12	5.5	一般
洞上1号烽火台	砖	矩形	梯形	68	12.4	5~6	一般
洞上2号烽火台	砖	矩形	梯形	50	不详	3~5	一般
洞上3号烽火台	砖	矩形	梯形	42	不详	5~6	一般
洞上4号烽火台	砖	矩形	梯形	52	16	7	一般
洞上5号烽火台	砖	矩形	梯形	48	16	4	一般
洞上6号烽火台	砖	矩形	梯形	48	15	6	一般
洞上7号烽火台	砖	矩形	梯形	52	16	7	一般
贾家窑烽火台	土	矩形	梯形	72	25	6	一般
西沟1号烽火台	土	矩形	梯形	36	17	7~8	一般
西沟2号烽火台	土	矩形	梯形	32	不详	6~7	一般
西沟3号烽火台	土	矩形	梯形	40	不详	7	一般
西沟4号烽火台	土	矩形	梯形	48	不详	6~7	一般
西沟5号烽火台	土	矩形	梯形	28	不详	4	一般
西沟6号烽火台	土	矩形	梯形	86	24	6~7	一般
麻地沟烽火台	土	矩形	梯形	60	46	6~7	一般
半山1号烽火台	土	矩形	梯形	100	66	9	一般
半山2号烽火台	石	矩形	梯形	68.6	不详	9.5	一般
西沟7号烽火台	土	矩形	梯形	88	46	6~7	一般
半山3号烽火台	土	矩形	梯形	64	27	4~5	一般
袁家窑烽火台	砖	矩形	梯形	44	不详	5~6	一般
阳方口1号烽火台	砖	矩形	梯形	52	19	6.5	一般
阳方口2号烽火台	砖	矩形	梯形	56.4	35	7.7	一般
阳方口3号烽火台	砖	矩形	梯形	56	19	8	一般
阳方口4号烽火台	砖	矩形	梯形	11.6	不详	4	较差
阳方口5号烽火台	土	矩形	梯形	26	不详	3.5~4	较差
阳方口6号烽火台	砖	矩形	梯形	46.2	32	5.5	一般
暖水湾1号烽火台	土	矩形	梯形	20.6	不详	4.5	较差

名称	材质	平面形制	剖面形制	底部周长	顶部周长	残高	保存状况
暖水湾 2 号烽火台	土	矩形	梯形	36	22	5~6	一般
暖水湾 3 号烽火台	土	矩形	梯形	26.4	不详	5	一般
暖水湾 4 号烽火台	土	矩形	梯形	22	不详	5	一般
暖水湾 5 号烽火台	土	矩形	梯形	22	不详	4.5~5	一般
暖水湾 6 号烽火台	砖	矩形	梯形	34	21	5	一般
大水口 1 号烽火台	砖	矩形	梯形	20	28	4.5	一般
大水口 2 号烽火台	砖	矩形	梯形	52	28	4.55	一般

表 357　宁武县腹里烽火台材质、形制及保存状况一览表（单位：米）

名称	材质	平面形制	剖面形制	底部周长	顶部周长	残高	保存状况
东麻地沟烽火台	土	矩形	梯形	28.8	6.8	10.2	较好
下白泉烽火台	土	矩形	梯形	56.8	33.2	8.2	较好
梨元坡烽火台	土	矩形	梯形	56	26.4	8.1	较好
顶家山烽火台	土	矩形	梯形	45.2	33.2	9.4	较好
西麻峪烽火台	石	矩形	梯形	27.2	12.8	5.6	一般
张家窑烽火台	石	矩形	梯形	48	32.8	8.9	一般
东梁坡烽火台	石	矩形	梯形	48	40	6.8	一般
西梁坡烽火台	砖	矩形	梯形	48	27.6	7.8	一般
凤凰山烽火台	土	矩形	梯形	52	40	10.5	较好
余庄烽火台	土	矩形	梯形	40.8	24.4	8.2	较好
分水岭烽火台	土	矩形	梯形	72	48	6.8	一般
上鸾桥烽火台	土	矩形	梯形	56	22	10	较好
棋盘山烽火台	石	矩形	梯形	35.2	12.2	6.8	一般
二马营 1 号烽火台	土	矩形	梯形	31.2	2	6.2	一般
二马营 2 号烽火台	土	矩形	梯形	48	27.2	7.8	一般
南山上烽火台	土	矩形	梯形	48	36	11	较好
化北屯烽火台	土	矩形	梯形	32	28	7	一般
宁化烽火台	土	矩形	梯形	48	28	10	较好

烽火台附属设施少见，有围墙、台基、壕沟等。围墙见于半山 2 号烽火台，台基见于分水岭烽火台，壕沟见于西沟 7 号烽火台。

（2）烽火台的分布特点

①长城沿线烽火台的走向大致与长城墙体一致，距长城墙体 0.01~0.94 千米，其中位于长城墙体面向内蒙古自治区一侧的有 29 座，距长城墙体 0.024~0.72 千米；位于长城墙体面向山西省一侧有 14 座，距长城墙体 0.01~0.94 千米。

②腹里烽火台大部分沿恢河谷地和汾河谷地分布，少数位于北部恒山山地北坡，与北部朔城区烽火台相联系。

③尝试对烽火台进行了大小的划分，依据烽火台的底部周长，按≥50、40~50、<40 米三个标准进行分类，并以残高作为参考（表 358~363）。

表358 宁武县长城沿线土质烽火台分类统计表

	底部周长分类	底部周长（米）	数量（座）	百分比（%）	残高（米）
大型台体	≥50 米	60～100	6	35.3	4～9
中型台体	40～50 米	40～48	2	11.8	6～7
小型台体	< 40 米	20.6～36	9	52.9	3.5～8
合计		20.6～100	17	100	3.5～9

表359 宁武县腹里土质烽火台分类统计表

	底部周长分类	底部周长（米）	数量（座）	百分比（%）	残高（米）
大型台体	≥50 米	52～72	5	38.5	6.8～10.5
中型台体	40～50 米	40.8～48	5	38.5	7.8～11
小型台体	< 40 米	28.8～32	3	23	6.2～10.2
合计		28.8～72	13	100	6.2～11

表360 宁武县长城沿线砖质烽火台分类统计表

	底部周长分类	底部周长（米）	数量（座）	百分比（%）	残高（米）
大型台体	≥50 米	50～80	15	60	3～8
中型台体	40～50 米	42～48	7	28	4～6
小型台体	< 40 米	11.6～34	3	12	4～5
合计		11.6～80	25	100	3～8

表361 宁武县腹里砖质烽火台分类统计表

	底部周长分类	底部周长（米）	数量（座）	百分比（%）	残高（米）
中型台体	40～50 米	48	1	100	7.8
合计		48	1	100	7.8

表362 宁武县长城沿线石质烽火台分类统计表

	底部周长分类	底部周长（米）	数量（座）	百分比（%）	残高（米）
大型台体	≥50 米	68.6	1	100	9.5
合计		68.6	1	100	9.5

表363 宁武县腹里石质烽火台分类统计表

	底部周长分类	底部周长（米）	数量（座）	百分比（%）	残高（米）
中型台体	40～50 米	48	2	50	6.8～8.9
小型台体	< 40 米	27.2～35.2	2	50	5.6～6.8
合计		27.2～48	4	100	5.6～8.9

从上表中可以看出，土质烽火台长城沿线小型较多，其次是大型，腹里以大中型为主。砖质烽火

台长城沿线以大中型为主，腹里仅 1 座中型。石质烽火台大、中、小型均有。总体而言，大型者数量略多；腹里烽火台仅土质烽火台有大型，砖、石质烽火台仅见中小型。

（3）烽火台保存状况

宁武县长城沿线烽火台除 3 座保存较差外，其余绝大多数保存一般。腹里烽火台保存较好和一般者各有 9 座。砖、石质烽火台外部砖石大多无存，土、砖质烽火台台体有洞穴，少量砖质烽火台曾在近代被晋绥军利用为防空设施。造成损毁的自然因素有风雨侵蚀、植物生长等；人为因素有拆毁砖石、农业生产破坏、修路挖损破坏、挖掘洞穴、战争破坏等。

（四）相关遗存

宁武县调查的相关遗存有壕沟 9 段、采石场 3 座、挡马墙 2 段、戍卒墓地 1 座。

宁武县壕沟均位于长城墙体面向内蒙古自治区一侧，距长城墙体 0.02 ~ 0.75 千米，走向大致与长城墙体平行。壕沟系直接在山坡上掘土挖沟而成，宽 3 ~ 8.5、深 3 ~ 5.4 米。壕沟两侧墙体为土石混筑或夯筑而成，外墙底宽 2 ~ 5、残高 1 ~ 2.2 米，内墙底宽 2 ~ 8、残高 0.8 ~ 4 米。

宁武县采石场位于长城墙体两侧，距长城墙体 0.06 ~ 0.12 千米。采石场面积在 120 ~ 2000 平方米。采石场附近的长城墙体、马面或烽火台基本为石质。

宁武县挡马墙位于长城墙体面向内蒙古自治区一侧，堆土或土石混筑而成，底宽 1.8 ~ 3、顶宽 1 ~ 1.5、残高 1 ~ 1.8 米。

三　自然与人文环境

（一）自然环境

宁武县位于山西省北中部，地势高峻，山脉纵横，山地占总面积的以上。县境东部有云中山，以土石山为主，西部有管涔山、芦芽山，北部有恒山西端余脉。东、西部山地之间，汾河（黄河第二长支流）从北向南、恢河（海河支流）从南向北纵贯县境。明代长城分布于县境北部恒山山地以及恒山山地与管涔山之间的恢河谷地。宁武县属北温带大陆性气候，属高山严寒区和寒冷干燥区，气候寒冷，多大风，无霜期短，温度差别大，山区雨多，其他地区雨量偏少，降雨高度集中于 7 月和 8 月。年均气温 6.2℃，年均降水量 590 毫米。长城沿线地区土壤主要是山地淡栗钙土和灰褐土性土。宁武县森林资源丰富，长城沿线地区山地北坡有成片桦树林和灌木林，恢河谷地主要是草本植物。

（二）人文环境

宁武县长城沿线村庄居民人数从数十人到约 1000 人，阳方口村为阳方口镇政府所在地，人口聚集，有约 15000 人。薛家洼乡洞上村无人居住，阳方口镇半山村有居民 1 人。

村庄居民以农业和家畜饲养业为主，农作物主要有莜麦、马铃薯、豌豆、胡麻等，饲养的家畜有牛、驴、绵羊等。长城沿线附近山区有煤和铝矾土矿等，私挖乱采十分严重，破坏了周围的原生态植被和地貌环境，有的甚至直接破坏长城墙体。宁武县交通便利，同（大）蒲（州）铁路、朔（州）黄

（骈）铁路、206 及 305 省道位于县境北部，在阳方口镇交汇集中，宁静铁路、215 及 312 省道位于县境中南部。长城沿线村庄有省道、县乡公路、土路与外界相通。

四　保护与管理状况

宁武县长城资源的保护管理机构是宁武县教育文化体育局。目前有关长城资源的保护范围、建设控制地带、保护标志、记录档案等工作有待规定或完善。

表 335　宁武县敌台一览表

名称	地点	高程	与其他遗存的位置关系	材质	建筑方式	平面形制	剖面形制	尺寸	附属设施	修缮情况	保存状况	损毁原因及存在病害
段庄敌台	薛家洼乡段庄村西北0.86千米	2125米	骑墙而建。位于段庄长城上,系正庄长城止点,郭家庄长城1段起点	不详	不详	不详	不详	不详	无	无	保存差	自然因素有风雨侵蚀、植物生长等
盘道梁敌台	薛家洼乡盘道梁村西南	2041米	骑墙而建。位于盘道梁长城3段上	不详	不详	矩形	梯形	底部东西43,南北45米,顶部边长17米,残高8～10米	无	无	保存一般	自然因素有风雨侵蚀、植物生长等
宽草坪敌台	薛家洼乡宽草坪村西北0.6千米	1973米	骑墙而建。位于宽草坪长城1段上,系宽草坪长城1段止点	不详	不详	矩形	梯形	底部东西13,南北16米,顶部东西10,南北13米,残高7米	无	无	保存一般	自然因素有风雨侵蚀、植物生长等
西地敌台	薛家洼乡洞上村东北0.92千米	1791米	骑墙而建。位于西地长城2段上,系西地长城2段止点	不详	不详	不详	不详	顶部长3.1,宽3.7,残高2.7米	无	无	保存较差	自然因素有风雨侵蚀、植物生长等
半山敌台	阳方口镇黄草梁村东南0.74千米	1717米	骑墙而建。位于半山长城2段上,系半山长城2段止点	土	夯筑而成,夯层厚0.08～0.15米	矩形	梯形	底部边长16,残高11～12米	台体底部有两层台基。底层东西20,南北18,残高1.5～1.8米,上层内收1,残高2米	无	无	保存较好	自然因素有风雨侵蚀、植物生长等
阳方口1号敌台(图四〇九;彩图六七一~六七〇二)	阳方口镇石油库南墙东段	1306米	倚墙而建。位于阳方口长城1段北侧	砖	外部砖砌筑,砖长42,宽21,厚8.5厘米	矩形	梯形	顶部东西12.155,南北10.125,残高11.3米	上部东、西、南壁有门洞与墙体相连,内部为回廊结构,有登顶步道。残口东、西、北壁顶部残口墙下有排水设施	无	无	保存较好	自然因素有风雨侵蚀、植物生长等;人为因素有拆毁砖石等
阳方口2号敌台(彩图七〇三、七〇四)	阳方口镇石油库北墙西北0.02千米	1307米	倚墙而建。位于阳方口长城1段北侧	砖	外部砖砌筑,砖长42,宽21,厚8.5厘米	矩形	梯形	顶部东西13.855,南北10.905,残高9.1米	上部东、西、北壁各设3个箭窗,南壁有门洞与墙体相连,内部为回廊结构,有登顶步道。存残口顶部残口墙口墙下有排水设施	无	无	保存较好	自然因素有风雨侵蚀、植物生长等;人为因素有拆毁砖石等
大水口1号敌台	阳方口镇大水口村西北1.05千米	1369米	骑墙而建。位于大水口长城2段上,系大水口长城2段止点,大水口长城3段起点	不详	不详	矩形	梯形	底部东西10,顶部东西12,南北9米,残高5～6米	无	无	保存一般	自然因素有风雨侵蚀、植物生长等
大水口2号敌台	阳方口镇大水口村西北	1412米	骑墙而建。位于大水口长城3段上	土	夯筑而成,夯层厚0.08～0.15米	矩形	梯形	底部东西,南北18,残高6米	无	无	保存一般	自然因素有风雨侵蚀、植物生长等

表 336　宁武县马面一览表

名称	地点	高程	与其他遗存的位置关系	材质	建筑方式	平面形制	剖面形制	尺寸	附属设施	修缮情况	保存状况	损毁原因及存在病害
段庄马面	薛家洼乡段庄村西北	2073 米	倚墙而建。位于段庄村西北侧	不详	不详	矩形	梯形	底部东西 14、南北 16 米,顶部边长 7 米,残高 7~8 米	无	无	保存一般	自然因素有风雨侵蚀、植物生长等
郭家庄 1 号马面	薛家洼乡郭家庄村西北 1 千米	2106 米	倚墙而建。位于郭家庄 1 段北侧,系郭家庄 1 段止点	石	外部条石砌筑	矩形	梯形	底部东西 17、南北 11 米,顶部东西 13.6、南北 7.8 米,残高 6 米	无	无	保存一般	自然因素有风雨侵蚀、植物生长等;人为因素有拆毁包石等
郭家庄 2 号马面	薛家洼乡郭家庄村西北	2091 米	倚墙而建。位于郭家庄长城 2 段北侧	石	外部条石砌筑	矩形	梯形	底部东西 13.7、南北 11 米,顶部东西 9.4、南北 8.6 米,残高 6.2 米	无	无	保存一般	自然因素有风雨侵蚀、植物生长等;人为因素有拆毁包石等
郭家庄 3 号马面	薛家洼乡郭家庄村西北	2080 米	倚墙而建。位于郭家庄长城 2 段西北侧	不详	不详	不详	不详	不详	不详	不详	不详	不详
郭家庄 4 号马面	薛家洼乡郭家庄村西北	2043 米	倚墙而建。位于郭家庄长城 2 段北侧	石	外部条石砌筑	矩形	梯形	底部东西 11、南北 12 米,顶部东西 8、南北 9 米,残高 8 米	无	无	保存一般	自然因素有风雨侵蚀、植物生长等;人为因素有拆毁包石等
郭家庄 5 号马面	薛家洼乡盘道梁村东南	2053 米	倚墙而建。位于郭家庄长城 2 段西北侧	石	外部条石砌筑	矩形	梯形	底部东西 12.7、南北 10.3 米,顶部东西 8、南北 9 米,残高 6.5 米	无	无	保存一般	自然因素有风雨侵蚀、植物生长等;人为因素有拆毁包石等
郭家庄 6 号马面	薛家洼乡盘道梁村东南 1.7 千米	2081 米	倚墙而建。位于郭家庄长城 2 段西北侧	石	外部条石砌筑	矩形	梯形	底部东西 11、南北 15 米,顶部东西长 7、南北 12 米,残高 17 米	无	无	保存较好	自然因素有风雨侵蚀、植物生长等;人为因素有拆毁包石等
盘道梁 1 号马面	薛家洼乡盘道梁村东南	2076 米	倚墙而建。位于盘道梁长城 1 段北侧	不详	不详	不详	不详	不详	不详	不详	不详	不详
盘道梁 2 号马面	薛家洼乡盘道梁村东南	2078 米	倚墙而建。位于盘道梁长城 1 段西北侧	石	外部条石砌筑	矩形	梯形	底部东西 14.6、南北 8.6 米,顶部东西 9、南北 6 米,残高 10、顶部高出墙体 1.5~2 米	马面东南角有一敞形柱础,直径 0.325 厘米,表面錾刻规整。马面顶部残存筒瓦残片,推测马面顶部原有房屋建筑	无	保存一般	自然因素有风雨侵蚀、植物生长等;人为因素有拆毁包石等

续表336

名称	地点	高程	与其他遗存的位置关系	材质	建筑方式	平面形制	剖面形制	尺寸	附属设施	修缮情况	保存状况	损毁原因及存在病害
盘道梁3号马面	薛家洼乡盘道梁村东南	2075米	倚墙而建。位于盘道梁长城1段北侧	石	外部条石砌筑	矩形	梯形	底部东西12.2米,南北8米,顶部东西12,南北8米,残高8米	马面顶部残存砖雕残片,推测马面顶部原有房屋建筑	无	保存一般	自然因素有风雨侵蚀,植物生长等;人为因素有拆毁包石等
盘道梁4号马面	薛家洼乡盘道梁村东南	2065米	倚墙而建。位于盘道梁长城1段北侧	石	外部条石砌筑	矩形	梯形	顶部东西9.1,南北7.2,残高6.8米	马面顶部残存纹瓦残片,推测马面顶部原有房屋建筑	无	保存一般	自然因素有风雨侵蚀,植物生长等;人为因素有拆毁包石等
盘道梁5号马面	薛家洼乡盘道梁村东南	2043米	倚墙而建。位于盘道梁长城1段北侧	石	外部条石砌筑	矩形	梯形	底部东西19.5,南北12米,顶部东西13,南北9米,残高7,顶部出墙体2.5米	无	无	保存一般	自然因素有风雨侵蚀,植物生长等;人为因素有拆毁包石等
盘道梁6号马面	薛家洼乡盘道梁村东	2044米	倚墙而建。位于盘道梁长城1段东北侧	石	外部条石砌筑	矩形	梯形	底部东西19,南北14,顶部东西12,南北9米,残高7,顶部出墙体3~4米	无	无	保存一般	自然因素有风雨侵蚀,植物生长等;人为因素有拆毁包石等
盘道梁7号马面	薛家洼乡盘道梁村西	1999米	倚墙而建。位于盘道梁长城2段西北侧	不详	不详	矩形	梯形	底部东西27,南北10,残高2~4米	马面顶部有"U"形沟槽,宽2~3,深1~1.5米	无	保存一般	自然因素有风雨侵蚀,植物生长等
盘道梁8号马面	薛家洼乡盘道梁村西南	2024米	倚墙而建。位于盘道梁长城2段西北侧	不详	不详	矩形	梯形	底部东西16,南北14米,顶部东西11,南北5,残高9米,顶部出墙体2米	无	无	保存一般	自然因素有风雨侵蚀,植物生长等
盘道梁9号马面	薛家洼乡盘道梁村西南	2013米	倚墙而建。位于盘道梁长城2段北侧	石	外部条石砌筑	矩形	梯形	底部东西16,南北9,顶部东西12,南北6米,残高6米	无	无	保存一般	自然因素有风雨侵蚀,植物生长等;人为因素有拆毁包石等
盘道梁10号马面	薛家洼乡盘道梁村西南1.5千米	2025米	倚墙而建。位于盘道梁长城2段北侧	不详	不详	矩形	梯形	底部东西16,南北8,残高5米	马面顶部有凹形掩体	无	保存一般	自然因素有风雨侵蚀,植物生长等
盘道梁11号马面	薛家洼乡盘道梁村西南	2040米	倚墙而建。位于盘道梁长城3段西侧	石	外部条石砌筑	矩形	梯形	底部东西10,南北9米,顶部东西6,南北5米,残高6米	无	无	保存一般	自然因素有风雨侵蚀,植物生长等;人为因素有拆毁包石等

续表 336

名称	地点	高程	与其他遗存的位置关系	材质	建筑方式	平面形制	剖面形制	尺寸	附属设施	修缮情况	保存状况	损毁原因及存在病害
盘道梁12号马面	薛家洼乡盘道梁村西南	2024米	倚墙而建。位于盘道梁长城3段西侧	石	外部条石砌筑	矩形	梯形	底部东西7~8,南北16米,顶部东西5,南北10米,残高5~6米	无	无	保存一般	自然因素有风雨侵蚀,植物生长等;人为因素有拆毁包石等
盘道梁13号马面	薛家洼乡盘道梁村西南	2006米	倚墙而建。位于盘道梁长城3段西侧	石	外部条石砌筑	矩形	梯形	底部东西12.5,南北9.5,南北7米,残高5~6,顶部高出墙体1~1.5米	无	无	保存一般	自然因素有风雨侵蚀,植物生长等;人为因素有拆毁包石等
盘道梁14号马面	薛家洼乡宽草坪村东北0.65千米	1991米	倚墙而建。位于盘道梁长城3段北侧	石	外部条石砌筑	矩形	梯形	底部东西13,南北7~8米,顶部东西9,南北5米,残高5米	无	无	保存一般	自然因素有风雨侵蚀,植物生长等;人为因素有拆毁包石等
宽草坪1号马面	薛家洼乡宽草坪村北	1984米	倚墙而建。位于宽草坪长城1段西北侧	不详	不详	矩形	梯形	底部东西11,南北9米,顶部东西8,南北7米,残高5米	无	无	保存一般	自然因素有风雨侵蚀,植物生长等
宽草坪2号马面	薛家洼乡宽草坪村北	1983米	倚墙而建。位于宽草坪长城1段西北侧	不详	不详	矩形	梯形	底部东西15,南北9米,顶部东西12,南北7~8米,残高7~8米	无	无	保存一般	自然因素有风雨侵蚀,植物生长等
宽草坪3号马面	薛家洼乡宽草坪村西北	1945米	倚墙而建。位于宽草坪长城1段东北侧	不详	不详	矩形	梯形	底部东西9,南北8米	无	无	保存较差	自然因素有风雨侵蚀,植物生长等
宽草坪4号马面	薛家洼乡宽草坪村西	1989米	倚墙而建。位于宽草坪长城1段北侧	石	外部条石砌筑	矩形	梯形	底部东西17,南北11米,顶部东西14,南北8米,残高5~6米	无	无	保存一般	自然因素有风雨侵蚀,植物生长等;有拆毁包石等
宽草坪5号马面	薛家洼乡宽草坪村西北	2028米	倚墙而建。位于宽草坪长城2段东北侧	石	外部条石砌筑	矩形	梯形	底部东西14,南北10米,顶部东西11,南北7米,残高5~6米	无	无	保存一般	自然因素有风雨侵蚀,植物生长等;有拆毁包石等
宽草坪6号马面	薛家洼乡宽草坪村西1.3千米	2031米	倚墙而建。位于宽草坪长城2段北侧	石	外部条石砌筑	矩形	梯形	底部东西10,南北19米,顶部东西7,南北16米,残高8~9米,顶部高出墙体2~3米	无	无	保存一般	自然因素有风雨侵蚀,植物生长等;有拆毁包石等

续表 336

名称	地点	高程	与其他遗存的位置关系	材质	建筑方式	平面形制	剖面形制	尺寸	附属设施	修缮情况	保存状况	损毁原因及存在病害
宽草坪7号马面	薛家洼乡宽草坪村西	2019米	倚墙而建。位于宽草坪长城3段西北侧	石	外部条石砌筑	矩形	梯形	底部东西11米,顶部东西8,南北16米,残高5~6米	无	无	保存一般	自然因素有风雨侵蚀、植物生长等;人为因素有拆毁包石等
宽草坪8号马面	薛家洼乡宽草坪村西	1992米	倚墙而建。位于宽草坪长城3段西北侧	石	外部条石砌筑	矩形	梯形	底部东西15,南北11米,顶部东西12,南北8米,残高5~6米	无	无	保存一般	自然因素有风雨侵蚀、植物生长等;人为因素有拆毁包石等
宽草坪9号马面	薛家洼乡西地村东北1.3千米	2030米	倚墙而建。位于宽草坪长城3段北侧	石	外部条石砌筑	矩形	梯形	底部东西13,南北10米,顶部东西11,南北7米,残高4~5米	无	无	保存一般	自然因素有风雨侵蚀、植物生长等;人为因素有拆毁包石等
西地1号马面	薛家洼乡西地村西北	2016米	倚墙而建。位于西地长城北侧	石	外部条石砌筑	矩形	梯形	底部东西16,南北13米,顶部东西14,南北11米,残高5~6米	无	无	保存一般	自然因素有风雨侵蚀、植物生长等;人为因素有拆毁包石等
西地2号马面	薛家洼乡西地村西北1.47千米	1962米	倚墙而建。位于西地长城东北侧	不详	不详	矩形	梯形	底部东西15,南北13米,顶部东西13,南北11米,残高4~12米	无	无	保存一般	自然因素有风雨侵蚀、植物生长等
洞上1号马面	薛家洼乡洞上村北	1867米	倚墙而建。位于洞上长城2段北侧	不详	不详	不详	不详	不详	不详	不详	不详	不详
洞上2号马面	薛家洼乡洞上村西	1842米	倚墙而建。位于洞上长城2段北侧	石	外部条石砌筑	矩形	梯形	底部东西6,南北10,残高4米	无	无	保存一般	自然因素有风雨侵蚀、植物生长等;人为因素有拆毁包石等
洞上3号马面	薛家洼乡洞上村西	1775米	倚墙而建。位于洞上长城3段北侧	石	外部条石砌筑	矩形	梯形	底部东西11,南北8米,顶部东西8,南北6米,残高4.8米	无	无	保存一般	自然因素有风雨侵蚀、植物生长等;人为因素有拆毁包石等
洞上4号马面（彩图七〇五）	薛家洼乡洞上村西	1686米	倚墙而建。位于洞上长城3段北侧	石	外部条石砌筑	矩形	梯形	底部东西12,南北10米,顶部东西10,南北9.1米,残高6米	无	无	保存一般	自然因素有风雨侵蚀、植物生长等;人为因素有拆毁包石等
西沟1号马面	薛家洼乡西沟村东南	1768米	倚墙而建。位于西沟长城西侧	石	外部条石砌筑	矩形	梯形	底部东西12,南北6米,顶部东西8,南北4.5米,残高6~7米	无	无	保存一般	自然因素有风雨侵蚀、植物生长等;人为因素有拆毁包石等

续表 336

名称	地点	高程	与其他遗存的位置关系	材质	建筑方式	平面形制	剖面形制	尺寸	附属设施	修缮情况	保存状况	损毁原因及存在病害
西沟 2 号马面	薛家洼乡西沟村东南	1842 米	倚墙而建。位于西沟长城西侧	石	外部条石砌筑	矩形	梯形	底部东西 14,南北 9 米,顶部东西 12,南北 7 米,残高 6 米	马面近墙体处有排水沟槽	无	保存一般	自然因素有风雨侵蚀,植物生长等;人为因素有拆毁包石等
西沟 3 号马面	薛家洼乡西沟村东南 1.38 千米	1866 米	倚墙而建。位于西沟长城西侧	石	外部条石砌筑	矩形	梯形	底部东西 10,南北 14 米,顶部东西 7,南北 11 米,残高 5~6 米	马面顶部发现一人字形坡顶砖,长 40,宽 28 厘米	无	保存一般	自然因素有风雨侵蚀,植物生长等;人为因素有拆毁包石等
麻地沟 1 号马面	薛家洼乡麻地沟村西北	1956 米	倚墙而建。位于麻地沟长城北侧	石	外部条石砌筑;内部为夯土台体,夯层厚 0.25~0.3 米	矩形	梯形	底部东西 13,南北 11 米,顶部东西 10,南北 8 米,残高 6~7 米	无	无	保存一般	自然因素有风雨侵蚀,植物生长等;人为因素有拆毁包石等
麻地沟 2 号马面	薛家洼乡麻地沟村西北	1952 米	倚墙而建。位于麻地沟长城北侧	石	外部条石砌筑;内部为夯土台体,夯层厚 0.2~0.25 米	矩形	梯形	底部东西 7,南北 15 米,顶部东西 4,南北 12 米,残高 8~9,顶部出墙体 2~3 米	无	无	保存一般	自然因素有风雨侵蚀,植物生长等;人为因素有拆毁包石等
麻地沟 3 号马面	薛家洼乡麻地沟村西北	1939 米	倚墙而建。位于麻地沟长城北侧	石	外部条石砌筑	矩形	梯形	底部东西 13,南北 17 米,顶部东西 10,南北 15 米,残高 8~9 米	无	无	保存一般	自然因素有风雨侵蚀,植物生长等;人为因素有拆毁包石等
麻地沟 4 号马面	薛家洼乡麻地沟村西北	1922 米	倚墙而建。位于麻地沟长城西北侧	石	外部条石砌筑;内部为夯土台体,夯层厚 0.2 米	矩形	梯形	底部东西 11,南北 15 米,顶部东西 8,南北 13 米,残高 8~9,顶部出墙体 4 米	无	无	保存一般	自然因素有风雨侵蚀,植物生长等;人为因素有拆毁包石等
麻地沟 5 号马面	薛家洼乡麻地沟村西北	1905 米	倚墙而建。位于麻地沟长城西北侧	石	外部条石砌筑;内部为夯土台体,夯层厚 0.1~0.13 米	矩形	梯形	底部东西 14,南北 16 米,顶部东西 12,南北 14 米,残高 5~6 米	无	无	保存一般	自然因素有风雨侵蚀,植物生长等;人为因素有拆毁包石等
麻地沟 6 号马面	薛家洼乡麻地沟村西北 0.82 千米	1912 米	倚墙而建。位于麻地沟长城西北侧	石	外部条石砌筑	矩形	梯形	底部东西 15,南北 11 米,顶部东西 14,南北 6~7 米	无	无	保存一般	自然因素有风雨侵蚀,植物生长等;人为因素有拆毁包石等

续表336

名称	地点	高程	与其他遗存的位置关系	材质	建筑方式	平面形制	剖面形制	尺寸	附属设施	修缮情况	保存状况	损毁原因及存在病害
郭家窑1号马面	薛家洼乡西沟村西南	1923米	倚墙而建。位于郭家窑长城西北侧	石	外部条石砌筑	矩形	梯形	底部东西12、南北15米，顶部东西9、南北13米，残高10米	无	无	保存一般	自然因素有风雨侵蚀，植物生长等；人为因素有拆毁包石等
郭家窑2号马面	薛家洼乡西沟村西南	1913米	倚墙而建。位于郭家窑长城东北侧	砖	外部砖石砌筑，砖长40、宽20、厚7.5厘米	矩形	梯形	底部东西9、南北8米，顶部东西7、南北6.5米，残高7米	无	无	保存一般，台体遭修路挖损破坏	自然因素有风雨侵蚀，植物生长等；人为因素有拆毁砖石，修路挖损破坏等
郭家窑3号马面	薛家洼乡西沟村西南	1912米	倚墙而建。位于郭家窑长城东北侧	砖	外部砖石砌筑	矩形	梯形	底部东西13、南北12米，顶部东西10、南北8米，残高10米	无	无	保存一般	自然因素有风雨侵蚀，植物生长等；人为因素有拆毁砖石等
郭家窑4号马面	薛家洼乡西沟村西南	1914米	倚墙而建。位于郭家窑长城东北侧	砖	外部砖石砌筑	矩形	梯形	底部边长12米，顶部东西9、南北8米，残高12米	无	无	保存一般	自然因素有风雨侵蚀，植物生长等；人为因素有拆毁砖石等
郭家窑5号马面	薛家洼乡西沟村西南	1917米	倚墙而建。位于郭家窑长城东北侧	砖	外部砖石砌筑	矩形	梯形	底部东西9、南北12米，顶部东西6、南北8米，残高15米	无	无	保存一般	自然因素有风雨侵蚀，植物生长等；人为因素有拆毁砖石等
郭家窑6号马面	薛家洼乡西沟村西南	1921米	倚墙而建。位于郭家窑长城东北侧	砖	外部砖石砌筑	矩形	梯形	底部东西11、南北15米，顶部东西7、南北11米，残高10米	无	无	保存一般	自然因素有风雨侵蚀，植物生长等；人为因素有拆毁砖石等
郭家窑7号马面	薛家洼乡西沟村西南	1911米	倚墙而建。位于郭家窑长城北侧	砖	外部砖石砌筑	矩形	梯形	底部东西12、南北15米，顶部东西8、南北10米，残高10米	无	无	保存一般	自然因素有风雨侵蚀，植物生长等；人为因素有拆毁砖石等
郭家窑8号马面	薛家洼乡西沟村西南	1898米	倚墙而建。位于郭家窑长城东侧	砖	外部砖石砌筑	矩形	梯形	底部东西13、南北11米，顶部东西10、南北9米，残高9米	无	无	保存一般	自然因素有风雨侵蚀，植物生长等；人为因素有拆毁砖石等
郭家窑9号马面	薛家洼乡西沟村西南	1894米	倚墙而建。位于郭家窑长城东侧	砖	外部砖石砌筑	矩形	梯形	底部东西9、南北12米，顶部东西6、南北8米，残高15米	无	无	保存一般	自然因素有风雨侵蚀，植物生长等；人为因素有拆毁砖石等
郭家窑10号马面	薛家洼乡西沟村西南	1893米	倚墙而建。位于郭家窑长城东侧	砖	外部砖石砌筑	矩形	梯形	底部东西12、南北11米，顶部东西8、南北7米，残高10米	无	无	保存一般	自然因素有风雨侵蚀，植物生长等；人为因素有拆毁砖石等

续表 336

名称	地点	高程	与其他遗存的位置关系	材质	建筑方式	平面形制	剖面形制	尺寸	附属设施	修缮情况	保存状况	损毁原因及存在病害
郭家窑 11 号马面	薛家洼乡西沟村西南 1.1 千米	1888 米	倚墙而建。位于郭家窑长城东侧	砖	外部砖石砌筑	矩形	梯形	底部东西 11，南北 12 米，顶部东西 7，南北 8 米，残高 6 米	无	无	保存一般	自然因素有风雨侵蚀，植物生长等；人为因素有拆毁砖石等
半山 1 号马面	阳方口镇半山村东北	1916 米	倚墙而建。位于半山长城 1 段东北侧	不详	不详	矩形	梯形	底部东西 8，南北 10 米，顶部东西 6，南北 8 米，残高 6 米	无	无	保存一般	自然因素有风雨侵蚀，植物生长等
半山 2 号马面	阳方口镇半山村北	2003 米	倚墙而建。位于半山长城 1 段东北侧	石	外部石块砌筑	矩形	梯形	底部东西 10，南北 15 米，顶部东西 7，南北 12 米，残高 7~8 米	无	无	保存一般	自然因素有风雨侵蚀，植物生长等；人为因素有拆毁包石等
半山 3 号马面	阳方口镇半山村北 1.15 千米	1955 米	倚墙而建。位于半山长城 1 段东北侧	石	外部石块砌筑	矩形	梯形	底部东西 11，南北 8 米，顶部东西 8，南北 5 米	马面顶部散落残砖	无	保存一般	自然因素有风雨侵蚀，植物生长等；人为因素有拆毁包石等
黄草梁 1 号马面	阳方口镇黄草梁村东南	1704 米	倚墙而建。位于黄草梁长城东南侧	不详	不详	矩形	梯形	底部东西 17，南北 10 米，顶部东西 15，南北 8 米，残高 7 米	马面顶部散落残砖砖碎瓦	无	保存一般	自然因素有风雨侵蚀，植物生长等
黄草梁 2 号马面	阳方口镇黄草梁村东南	1675 米	倚墙而建。位于黄草梁长城东北侧	土	夯筑而成，夯层 0.08~0.17 米	矩形	梯形	底部东西 14.7，南北 12 米，顶部东西 10，南北 9 米，残高 10 米	无	无	保存较好	自然因素有风雨侵蚀，植物生长等
黄草梁 3 号马面	阳方口镇黄草梁村东	1661 米	倚墙而建。位于黄草梁长城东北侧	土	夯筑而成，夯层 0.08~0.17 米	矩形	梯形	底部东西 14，南北 11 米，顶部东西 10，南北 8 米，残高 9 米	马面顶部有 "U" 形沟槽，散落有碎瓦	无	保存较好	自然因素有风雨侵蚀，植物生长等
黄草梁 4 号马面	阳方口镇黄草梁村东	1632 米	倚墙而建。位于黄草梁长城东北侧	不详	不详	矩形	梯形	底部东西 14.7，南北 13 米，顶部东西 11，南北 9.6 米，残高 9 米	马面顶部散落残砖碎瓦	无	保存较好	自然因素有风雨侵蚀，植物生长等
黄草梁 5 号马面	阳方口镇黄草梁村东	1630 米	倚墙而建。位于黄草梁长城东北侧	不详	不详	矩形	梯形	底部东西 9.8，南北 14 米，顶部东西 6.8，南北 10.5 米，残高 6 米	无	无	保存一般	自然因素有风雨侵蚀，植物生长等
黄草梁 6 号马面	阳方口镇黄草梁村东	1614 米	倚墙而建。位于黄草梁长城东北侧	不详	不详	矩形	梯形	底部东西 10.2，南北 13.8 米，顶部东西 7，南北 10 米，残高 6 米	无	无	保存一般	自然因素有风雨侵蚀，植物生长等

续表336

名称	地点	高程	与其他遗存的位置关系	材质	建筑方式	平面形制	剖面形制	尺寸	附属设施	修缮情况	保存状况	损毁原因及存在病害
黄草梁7号马面	阳方口镇黄草梁村北	1599米	倚墙而建。位于黄草梁长城东北侧	不详	不详	矩形	梯形	底部东西11.8，南北14米，顶部东西9，南北10.2米，残高9米	马面顶部东、南、北侧有女墙	无	保存较好	自然因素有风雨侵蚀、植物生长等
黄草梁8号马面	阳方口镇黄草梁村北	1593米	倚墙而建。位于黄草梁长城东北侧	不详	不详	矩形	梯形	底部东西13，南北10，顶部东西9，南北7米，残高6~7米	无	无	保存一般	自然因素有风雨侵蚀、植物生长等
黄草梁9号马面	阳方口镇黄草梁村北	1570米	倚墙而建。位于黄草梁长城东北侧	不详	不详	不详	不详	不详	不详	不详	保存差	自然因素有风雨侵蚀、植物生长等
黄草梁10号马面	阳方口镇黄草梁村北	1562米	倚墙而建。位于黄草梁长城东北侧	不详	不详	矩形	梯形	底部东西10，南北13米，顶部边长7米，残高6~7米	无	马面西侧地面散落有大量碎砖，推测是修缮遗迹	保存一般	自然因素有风雨侵蚀、植物生长等
黄草梁11号马面	阳方口镇黄草梁村北	1549米	倚墙而建。位于黄草梁长城东北侧	不详	不详	矩形	梯形	底部东西10，南北14，顶部东西8.5，南北11米，残高6~7米	无	无	保存较好	自然因素有风雨侵蚀、植物生长等
黄草梁12号马面	阳方口镇黄草梁村西北	1536米	倚墙而建。位于黄草梁长城东北侧	不详	不详	矩形	梯形	底部东西11，南北12.5米，顶部东西8，南北10.5米，残高7米	无	无	保存一般	自然因素有风雨侵蚀、植物生长等
黄草梁13号马面	阳方口镇黄草梁村西北	1520米	倚墙而建。位于黄草梁长城东北侧	不详	不详	矩形	梯形	底部边长6，残高5米	无	无	保存较差	自然因素有风雨侵蚀、植物生长等
黄草梁14号马面	阳方口镇黄草梁村西北	1507米	倚墙而建。位于黄草梁长城东北侧	不详	不详	不详	不详	不详	不详	不详	不详	不详
黄草梁15号马面	阳方口镇达庄村东北0.65千米	1493米	倚墙而建。位于黄草梁长城东北侧	不详	不详	矩形	梯形	底部东西16，南北11米，顶部东西14，南北8米，残高5米	无	无	保存一般	自然因素有风雨侵蚀、植物生长等
袁家窑1号马面	阳方口镇袁家窑村东南	1465米	倚墙而建。位于黄草梁长城北侧	不详	不详	矩形	梯形	底部东西17，南北11米，顶部东西14，南北8米，残高7米	马面顶部散落残砖碎瓦	无	保存一般	自然因素有风雨侵蚀、植物生长等

续表336

名称	地点	高程	与其他遗存的位置关系	材质	建筑方式	平面形制	剖面形制	尺寸	附属设施	修缮情况	保存状况	损毁原因及存在病害
袁家窑2号马面	阳方口镇袁家窑村东南	1461米	倚墙而建。位于袁家窑村长城北侧	不详	不详	矩形	梯形	底部东西16，南北11.5米，顶部东西14，南北8，残高7米	马面顶部散落残砖碎瓦	无	保存一般	自然因素有风雨侵蚀，植物生长等
袁家窑3号马面	阳方口镇袁家窑村东南	1452米	倚墙而建。位于袁家窑村长城北侧	不详	不详	矩形	梯形	底部东西9，南北16米，顶部东西7，南北14米，残高7米	马面顶部散落残砖碎瓦	无	保存一般	自然因素有风雨侵蚀，植物生长等
袁家窑4号马面	阳方口镇袁家窑村东南	1444米	倚墙而建。位于袁家窑村长城北侧	不详	不详	矩形	梯形	底部东西11，南北16米，顶部东西8，南北12米，残高8，顶部高出墙体2米	马面顶部散落残砖	无	保存一般	自然因素有风雨侵蚀，植物生长等
袁家窑5号马面	阳方口镇袁家窑村东南	1436米	倚墙而建。位于袁家窑村长城北侧	不详	不详	矩形	梯形	底部东西11，南北15.8米，顶部东西8，南北12米，残高7米	马面顶部散落残砖	无	保存一般	自然因素有风雨侵蚀，植物生长等
袁家窑6号马面	阳方口镇袁家窑村东南	1426米	倚墙而建。位于袁家窑村长城北侧	不详	不详	矩形	梯形	底部东西11，南北15米，顶部东西8，南北11.6米，残高6米	马面顶部散落残砖	无	保存一般	自然因素有风雨侵蚀，植物生长等；人为因素有挖掘洞穴等
袁家窑7号马面	阳方口镇袁家窑村东南	1420米	倚墙而建。位于袁家窑村长城北侧	不详	不详	矩形	梯形	底部东西11.4，南北15.7米，顶部东西8.4，南北11.8米	马面顶部散落残砖	无	保存一般	自然因素有风雨侵蚀，植物生长等
袁家窑8号马面	阳方口镇袁家窑村东	1407米	倚墙而建。位于袁家窑村长城北侧	不详	不详	矩形	梯形	底部东西11，南北16米，顶部东西8，南北11.8米	马面顶部散落残砖	无	保存一般	自然因素有风雨侵蚀，植物生长等
袁家窑9号马面	阳方口镇袁家窑村东	1400米	倚墙而建。位于袁家窑村长城北侧	不详	不详	矩形	梯形	底部东西11，南北16米，顶部东西8，南北14米，残高5~6米	马面顶部散落残砖	无	保存一般	自然因素有风雨侵蚀，植物生长等
袁家窑10号马面	阳方口镇袁家窑村东	1385米	倚墙而建。位于袁家窑村长城北侧	不详	不详	矩形	梯形	底部东西4，南北6，残高4~5米	无	无	保存较差	自然因素有风雨侵蚀，植物生长等
袁家窑11号马面	阳方口镇袁家窑村东	1377米	倚墙而建。位于袁家窑村长城北侧	不详	不详	矩形	梯形	底部东西4，南北6，残高4~5米	无	无	保存较差	自然因素有风雨侵蚀，植物生长等

续表 336

名称	地点	高程	与其他遗存的位置关系	材质	建筑方式	平面形制	剖面形制	尺寸	修缮情况	附属设施	保存状况	损毁原因及存在病害
袁家窑12号马面	阳方口镇袁家窑村东	1376米	倚墙而建。位于袁家窑长城北侧	不详	不详	矩形	梯形	底部东西11.8,南北14米,顶部东西9,南北10米,残高9米	无	无	保存较好	自然因素有风雨侵蚀,植物生长等
袁家窑13号马面	阳方口镇袁家窑村东北	1351米	倚墙而建。位于袁家窑长城北侧	不详	不详	矩形	梯形	底部东西7,南北18,残高6米	无	马面顶部东、西侧残存女墙,宽0.9,残高0.8米	保存一般	自然因素有风雨侵蚀,植物生长等
袁家窑14号马面	阳方口镇袁家窑村东北	1340米	倚墙而建。位于袁家窑长城北侧	不详	不详	矩形	梯形	底部东西11,南北16米,顶部东西7,南北14米,残高6~7米	无	马面顶部散落残砖碎瓦	保存一般	自然因素有风雨侵蚀,植物生长等
袁家窑15号马面	阳方口镇袁家窑村北	1355米	倚墙而建。位于袁家窑长城北侧	不详	不详	矩形	梯形	底部东西10,南北16米,顶部东西7,南北12米,残高6米	无	马面顶部散落残砖	保存一般	自然因素有风雨侵蚀,植物生长等;有挖掘洞穴等
袁家窑16号马面	阳方口镇袁家窑村北	1333米	倚墙而建。位于袁家窑长城北侧	不详	不详	矩形	梯形	底部东西12,南北10米,顶部东西9,南北7米,残高6米	无	无	保存一般	自然因素有风雨侵蚀,植物生长等
袁家窑17号马面	阳方口镇袁家窑村北0.38千米	1322米	倚墙而建。位于袁家窑长城北侧,系长城止点	不详	不详	矩形	梯形	底部东西10,南北18米,顶部东西7,南北16米,残高5~6米	无	无	保存一般	自然因素有风雨侵蚀,植物生长等
阳方口1号马面	阳方口镇袁家窑村北	1318米	倚墙而建。位于阳方口长城1段北侧	不详	不详	不详	不详	不详	不详	不详	不详	不详
阳方口2号马面	阳方口镇阳方口村东	1313米	倚墙而建。位于阳方口长城1段北侧	砖	外部砖石砌筑	矩形	梯形	底部边长15,顶部边长12米	无	马面顶部散落残砖碎瓦	保存较好	自然因素有风雨侵蚀,植物生长等;有拆毁砖石等
阳方口3号马面	阳方口镇阳方口村东	1301米	倚墙而建。位于阳方口长城1段北侧	不详	不详	不详	不详	不详	不详	不详	不详	不详
阳方口4号马面(彩图七〇六)	阳方口镇阳方口村东	1294米	倚墙而建。位于阳方口长城1段北侧	砖	外部砖石砌筑	矩形	梯形	底部东西13.5,南北11.4米,顶部东西10.3,南北8.6米,残高6~6.5米	无	马面顶部散落残砖碎瓦	保存一般	自然因素有风雨侵蚀,植物生长等

续表 336

名称	地点	高程	与其他遗存的位置关系	材质	建筑方式	平面形制	剖面形制	尺寸	附属设施	修缮情况	保存状况	损毁原因及存在病害
阳方口5号马面	阳方口镇阳方口村东	1287米	倚墙而建。位于阳方口长城1段北东	不详	不详	矩形	梯形	底部东西13，南北11米，顶部东西10，南北8米，残高6~7米	无	无	保存一般	自然因素有风雨侵蚀、植物生长等
河西1号马面	阳方口镇河西村南	1338米	倚墙而建。位于河西长城1段北侧	土	夯筑而成，夯层厚0.1~0.16米	矩形	梯形	底部东西16.5米，顶部东西6.5，南北12米，残高4.5米	无	无	保存一般	自然因素有风雨侵蚀、植物生长等；人为因素有挖掘洞穴等
河西2号马面	阳方口镇河西村南	1338米	倚墙而建。位于河西西长城1段北侧	土	夯筑而成	矩形	梯形	底部东西10，南北10，顶部东西6，南北12.5米，残高5米	无	无	保存一般	自然因素有风雨侵蚀、植物生长等
河西3号马面	阳方口镇河西村西南	1343米	倚墙而建。位于河西西长城1段北侧	土	夯筑而成，夯层厚0.1~0.16米	矩形	梯形	底部东西9.8，南北15.3米，顶部东西7.5，南北13.6米，残高5米	无	无	保存一般	自然因素有风雨侵蚀、植物生长等
河西4号马面	阳方口镇河西村西南	1350米	倚墙而建。位于河西西长城1段北侧	土	夯筑而成，夯层厚0.12~0.16米	矩形	梯形	底部东西10，南北16米，顶部东西8，南北13米，残高5米	无	无	保存一般	自然因素有风雨侵蚀、植物生长等
河西5号马面	阳方口镇河西村西南	1353米	倚墙而建。位于河西西长城1段北侧	不详	不详	矩形	梯形	底部东西10.4，南北6.2米，顶部东西8，南北3.6米，残高5~6米	无	无	保存一般	自然因素有风雨侵蚀、植物生长等
河西6号马面	阳方口镇河西村西南	1354米	倚墙而建。位于河西西长城1段北侧	土	夯筑而成，夯层厚0.1~0.16米	矩形	梯形	底部东西10，南北14米，顶部东西6，南北11米，残高5米	无	无	保存一般	自然因素有风雨侵蚀、植物生长等
河西7号马面	阳方口镇河西村西南	1367米	倚墙而建。位于河西西长城1段北侧	不详	不详	矩形	梯形	底部东西12.8，南北15米，顶部东西9.2，南北13米，残高5米	无	无	保存一般	自然因素有风雨侵蚀、植物生长等
河西8号马面	朔城区窑子头乡马家梁村南1.07千米	1415米	倚墙而建。位于河西西长城1段北侧	不详	不详	不详	不详	不详	不详	不详	不详	不详

续表336

名称	地点	高程	与其他遗存的位置关系	材质	建筑方式	平面形制	剖面形制	尺寸	附属设施	修缮情况	保存状况	损毁原因及存在病害
河西9号马面	阳方口镇河西村西南	1437米	倚墙而建。位于河西长城2段北侧	土	夯筑而成，夯层厚0.1~0.15米	矩形	梯形	底部东西11，南北15.5米，顶部东西8，南北13.5米，残高5~6米	无	无	保存一般	自然因素有风雨侵蚀、植物生长等
河西10号马面	阳方口镇河西村西南	1446米	倚墙而建。位于河西长城2段北侧	不详	不详	矩形	梯形	底部东西12，南北9.5，残高5米	无	无	保存一般	自然因素有风雨侵蚀、植物生长等；人为因素有取土挖损破坏等
河西11号马面	阳方口镇河西村西南	1447米	倚墙而建。位于河西长城2段北侧	土	夯筑而成，夯层厚0.12~0.18米	矩形	梯形	底部东西12，南北16，残高3.5~4米	无	无	保存较差	自然因素有风雨侵蚀、植物生长等；人为因素有取土挖损破坏等
河西12号马面	阳方口镇河西村西南	1452米	倚墙而建。位于河西长城2段北侧	土	夯筑而成，夯层厚0.12~0.17米	矩形	梯形	底部东西13，南北12米，顶部东西10，南北9.5米，残高4.5米	无	无	保存较差	自然因素有风雨侵蚀、植物生长等
河西13号马面	阳方口镇河西村西南	1452米	倚墙而建。位于河西长城2段北侧	土	夯筑而成，夯层厚0.12~0.17米	矩形	梯形	底部东西11，南北10米，顶部东西9，南北3.5米，残高3.5米	无	无	保存较差	自然因素有风雨侵蚀、植物生长等
河西14号马面	阳方口镇河西村西南	1469米	倚墙而建。位于河西长城2段北侧	不详	不详	矩形	梯形	底部边长13，残高5米	无	无	保存较差	自然因素有风雨侵蚀、植物生长等；人为因素有取土挖损破坏等
河西15号马面	阳方口镇河西村西南	1474米	倚墙而建。位于河西长城2段北侧	不详	不详	矩形	梯形	底部东西13，南北12，残高5米	无	无	保存较差	自然因素有风雨侵蚀、植物生长等；人为因素有取土挖损破坏等
河西16号马面	阳方口镇河西村西南	1470米	倚墙而建。位于河西长城2段北侧	不详	不详	矩形	梯形	底部东西13，南北11米，顶部东西10，南北9米，残高4~5米	无	无	保存较差	自然因素有风雨侵蚀、植物生长等
河西17号马面	阳方口镇河西村西南	1475米	倚墙而建。位于河西长城2段北侧	不详	不详	矩形	梯形	底部东西9，南北12，残高4~5米	无	无	保存较差	自然因素有风雨侵蚀、植物生长等；人为因素有取土挖损破坏等
河西18号马面	阳方口镇河西村西南	1470米	倚墙而建。位于河西长城2段北侧	不详	不详	矩形	梯形	底部东西12.5，南北11，残高5米	无	无	保存较差	自然因素有风雨侵蚀、植物生长等；人为因素有取土挖损破坏等

续表336

名称	地点	高程	与其他遗存的位置关系	材质	建筑方式	平面形制	剖面形制	尺寸	附属设施	修缮情况	保存状况	损毁原因及存在病害
河西19号马面	阳方口镇河西村西南	1452米	倚墙而建。位于河西长城2段北侧	不详	不详	矩形	梯形	底部东西11,南北10米,顶部东西8,南北7.5米,残高5米	无	无	保存一般	自然因素有风雨侵蚀、植物生长等
河西20号马面	阳方口镇大水口村西南1.88千米	1449米	倚墙而建。位于河西西长城2段北侧	不详	不详	不详	不详	不详	不详	不详	不详	不详
大水口1号马面	阳方口镇大水口村东南	1439米	倚墙而建。位于大水口长城1段东北侧	土	夯筑而成,夯层厚0.12~0.16米	矩形	梯形	底部东西12,南北14米,顶部东西9,南北10.5米,残高10米	无	无	保存一般	自然因素有风雨侵蚀、植物生长等
大水口2号马面	阳方口镇大水口村东南	1424米	倚墙而建。位于大水口长城1段东北侧	不详	不详	矩形	梯形	底部东西11,南北19米,顶部东西8,南北14米,残高6米	无	无	保存一般	自然因素有风雨侵蚀、植物生长等
大水口3号马面	阳方口镇大水口村东南	1390米	倚墙而建。位于大水口长城1段东北侧	不详	不详	矩形	梯形	底部东西21,南北14米,顶部东西16,南北6米,残高6米	无	无	保存一般	自然因素有风雨侵蚀、植物生长等
大水口4号马面	阳方口镇大水口村东南	1372米	倚墙而建。位于大水口长城1段东北侧	不详	不详	矩形	梯形	底部东西19,南北11米,顶部东西15,南北8米,残高6米	无	无	保存一般	自然因素有风雨侵蚀、植物生长等
大水口5号马面	阳方口镇大水口村东南	1359米	倚墙而建。位于大水口长城1段东北侧	不详	不详	矩形	梯形	底部东西19,南北9米,顶部东西15,南北6.5米,残高7米	无	无	保存一般	自然因素有风雨侵蚀、植物生长等
大水口6号马面	阳方口镇大水口村东	1331米	倚墙而建。位于大水口长城1段东北侧	土	夯筑而成,夯层厚0.06~0.12米	矩形	梯形	底部东西22,南北16米,顶部东西17,南北11.5米,残高9~10米	无	无	保存一般	自然因素有风雨侵蚀、植物生长等
大水口7号马面	阳方口镇大水口村东	1324米	倚墙而建。位于大水口长城1段东北侧	不详	不详	矩形	梯形	底部东西4~5,南北4.5米,残高3~4米	无	无	保存较差	自然因素有风雨侵蚀、植物生长等
大水口8号马面	阳方口镇大水口村东	1315米	倚墙而建。位于大水口长城1段东北侧	不详	不详	矩形	梯形	底部东西19,南北11米,顶部东西14,南北9米,残高8~9米	无	无	保存一般	自然因素有风雨侵蚀、植物生长等

续表336

名称	地点	高程	与其他遗存的位置关系	材质	建筑方式	平面形制	剖面形制	尺寸	附属设施	修缮情况	保存状况	损毁原因及存在病害
大水口9号马面	阳方口镇大水口村东	1311米	倚墙而建。位于大水口长城1段东北侧	不详	不详	矩形	梯形	底部东西13,南部东西9,南北12米,南北8.5米,残高5米	无	无	保存一般	自然因素有风雨侵蚀、植物生长等
大水口10号马面	阳方口镇大水口村内	1292米	倚墙而建。位于大水口长城2段北侧	不详	不详	矩形	梯形	底部东西10,南北13.3米,顶部东西8,南北9.4米,残高6米	无	无	保存一般	自然因素有风雨侵蚀、植物生长等
大水口11号马面	阳方口镇大水口村内	1302米	倚墙而建。位于大水口长城2段北侧	不详	不详	矩形	梯形	底部东西11,南北16米,顶部东西8,南北13米,残高7米	无	无	保存一般	自然因素有风雨侵蚀、植物生长等;人为因素有在马面顶部栽立电线杆等
大水口12号马面	阳方口镇大水口村北	1312米	倚墙而建。位于大水口长城2段北侧	不详	不详	矩形	梯形	底部东西14.5,南北9.5米,顶部东西10.5,南北7米,残高6米	无	无	保存较好	自然因素有风雨侵蚀、植物生长等
大水口13号马面	阳方口镇大水口村北	1315米	倚墙而建。位于大水口长城2段北侧	不详	不详	矩形	梯形	东西20,南北11,残高3~4米	无	无	保存较差	自然因素有风雨侵蚀、植物生长等;人为因素有取土挖损破坏等
大水口14号马面	阳方口镇大水口村北	1321米	倚墙而建。位于大水口长城2段北侧	不详	不详	不详	不详	不详	无	无	保存一般	自然因素有风雨侵蚀、植物生长等;人为因素有挖掘洞穴等
大水口15号马面	阳方口镇大水口村西北	1333米	倚墙而建。位于大水口长城2段北侧	不详	不详	矩形	梯形	底部东西17,南北10米,顶部东西12,南北7米,残高6米	无	无	保存一般	自然因素有风雨侵蚀、植物生长等
大水口16号马面	阳方口镇大水口村西北	1343米	倚墙而建。位于大水口长城2段北侧	不详	不详	矩形	梯形	底部东西14,南北12米,顶部东西10,南北9米,残高6米。	无	无	保存一般	自然因素有风雨侵蚀、植物生长等
大水口17号马面	阳方口镇大水口村西北	1355米	倚墙而建。位于大水口长城2段北侧	不详	不详	矩形	梯形	底部东西13,南北10米,顶部东西10,南北7米,残高6米	无	无	保存较差	自然因素有风雨侵蚀、植物生长等
大水口18号马面	阳方口镇大水口村西北	1388米	倚墙而建。位于大水口长城3段北侧	不详	不详	矩形	梯形	底部东西12,南北9米,顶部东西10,南北7米,残高6米	无	无	保存一般	自然因素有风雨侵蚀、植物生长等

续表 336

名称	地点	高程	与其他遗存的位置关系	材质	建筑方式	平面形制	剖面形制	尺寸	附属设施	修缮情况	保存状况	损毁原因及存在病害
大水口 19 号马面	阳方口镇大水口村西北	1391 米	倚墙而建。位于大水口长城 3 段南侧	不详	不详	矩形	梯形	底部东西 12,南北 10 米,顶部东西 9,南北 7 米,顶部高出墙体 2 米	无	无	保存一般	自然因素有风雨侵蚀、植物生长等
大水口 20 号马面	阳方口镇大水口村西北	1403 米	倚墙而建。位于大水口长城 3 段北侧	不详	不详	矩形	梯形	底部东西 11,南北 15 米,顶部东西 7,南北 13 米,残高 7～8,顶部高出墙体 2 米	无	无	保存一般	自然因素有风雨侵蚀、植物生长等
大水口 21 号马面	阳方口镇大水口村西北	1427 米	倚墙而建。位于大水口长城 3 段东北侧	不详	不详	矩形	梯形	底部东西 12,南北 14 米,顶部东西 9,南北 11 米,残高 8 米	无	无	保存一般	自然因素有风雨侵蚀、植物生长等
大水口 22 号马面	阳方口镇大水口村西北	1483 米	倚墙而建。位于大水口长城 3 段东北侧	不详	不详	矩形	梯形	底部东西 10,南北 12 米,顶部东西 8,南北 10 米,残高 5.5 米	无	无	保存一般	自然因素有风雨侵蚀、植物生长等

表 337　宁武县长城沿线烽火台一览表

名称	地点	高程	与其他遗存的位置关系	材质	建筑方式	平面形制	剖面形制	尺寸	附属设施	修缮情况	保存状况	损毁原因及存在病害
盘道梁1号烽火台	薛家洼乡盘道梁村北0.69千米	1987米	位于盘道梁长城2段北0.53千米,西南距盘道梁2号堡0.285千米	砖	外部砖石砌筑,内部为夯土台体。夯土台体为黄土夯筑而成,含较多砂砾,夯层厚0.14~0.17米	矩形	梯形	底部边长16.5,顶部边长7,残高6.2米	无	无	保存一般,残存部分砖石。近代晋绥军曾利用台体修筑防空设施	自然因素有风雨侵蚀,植物生长等;人为因素有拆毁砖石,战争破坏等
盘道梁2号烽火台	薛家洼乡盘道梁村西北0.348千米	1998米	位于盘道梁长城2段北0.36千米,东南距盘道梁2号堡0.19千米	砖	外部砖石砌筑,内部为夯土台体。夯土台体为黄土夯筑而成,夯层厚0.17米	矩形	梯形	底部边长20,顶部边长5,残高4~5米	无	无	保存一般,残存部分砖石	自然因素有风雨侵蚀,植物生长等;人为因素有拆毁砖石等
盘道梁3号烽火台	薛家洼乡盘道梁村西北0.36千米	不详	位于盘道梁长城2段北0.35千米,东南距盘道梁2号堡0.36千米	砖	外部砖石砌筑,内部为夯土台体。夯土台体为黄土夯筑而成,夯层厚0.12~0.15米	矩形	梯形	底部东西17,南北16米,顶部东西6,南北7米,残高3~5米	无	无	保存一般,残存部分砖石	自然因素有风雨侵蚀,植物生长等;人为因素有拆毁砖石破坏等
盘道梁4号烽火台	薛家洼乡盘道梁村西0.8千米	2014米	位于盘道梁长城2段北0.1千米,东北距盘道梁3号烽火台0.72千米	砖	外部砖石砌筑,内部为夯土台体。夯土台体为黄土夯筑而成,夯层厚0.12~0.15米	矩形	距形	底部东西17,南北16米,顶部东西6,南北7米,残高3~5米	无	无	保存一般,残存部分砖石	自然因素有风雨侵蚀,植物生长等;人为因素有拆毁砖石破坏等
宽草坪1号烽火台(彩图七〇七)	薛家洼乡宽草坪村北1千米	1898米	位于宽草坪长城1段北0.72千米,东北距盘道梁4号烽火台2.1千米	砖	外部砖石砌筑,内部为夯土台体。夯土台体为黄土夯筑而成,夯层厚0.12~0.15米	矩形	梯形	底部边长20米,顶部东西4,南北3~4米,残高6~6.5米	无	无	保存一般,残存部分砖石	自然因素有风雨侵蚀,植物生长等;人为因素有拆毁砖石,农业生产破坏等
宽草坪2号烽火台	薛家洼乡宽草坪村西北1.4千米	2012米	位于宽草坪长城2段北0.12千米,东北距宽草坪1号烽火台1.4千米	砖	外部砖石砌筑,内部为夯土台体。夯土台体为黄土夯筑而成,夯层厚0.07~0.12米	矩形	梯形	底部东西16,南北10,残高6~7米	无	无	保存一般,残存部分砖石	自然因素有风雨侵蚀,植物生长等;人为因素有拆毁砖石,农业生产破坏等
西地1号烽火台	薛家洼乡西地村东北1.3千米	2023米	位于西地长城1段北0.07千米,东北距宽草坪2号烽火台2.2千米	砖	外部砖石砌筑,内部为夯土台体。夯土台体为黄土夯筑而成	矩形	梯形	底部边长18米,顶部东西3~4,南北4米,残高6米	无	无	保存一般,残存部分砖石	自然因素有风雨侵蚀,植物生长等;人为因素有拆毁砖石,农业生产破坏等

续表337

名称	地点	高程	与其他遗存的位置关系	材质	建筑方式	平面形制	剖面形制	尺寸	附属设施	修缮情况	保存状况	损毁原因及存在病害
西地2号烽火台	薛家洼乡西地村西北1.46千米	1952米	位于西地长城1段东北0.17千米,东南距西地1号烽火台1.3千米	砖	外部砖石砌筑,内部为夯土台体。夯土台体为黄土夯筑而成,夯层厚0.1~0.18米	矩形	梯形	底部东西10,南北11米,顶部边长2.5米,残高5.5米	无	无	保存一般,残存部分砖石	自然因素有风雨侵蚀,植物生长等;人为因素有拆毁砖石,农业生产破坏等
西地3号烽火台	薛家洼乡西地村西北1.8千米	1900米	位于西地长城2段东北0.14千米,东南距西地2号烽火台0.4千米	砖	外部砖石砌筑,内部为夯土台体。夯土台体为黄土夯筑而成,夯层厚0.1~0.18米	矩形	梯形	底部边长12,顶部边长3,残高5.5米	无	无	保存一般,残存部分砖石	自然因素有风雨侵蚀,植物生长等;人为因素有拆毁砖石,农业生产破坏等
洞上1号烽火台	薛家洼乡洞上村东北1.2千米	1882米	位于西地长城2段北0.1千米,距西地3号烽火台0.3千米	砖	外部砖石砌筑,内部为夯土台体。夯土台体为黄土夯筑而成,夯层厚0.09~0.15米	矩形	梯形	底部边长17米,顶部东西3.2,南北3米,残高5~6米	无	无	保存一般,残存部分砖石	自然因素有风雨侵蚀,植物生长等;人为因素有拆毁砖石,农业生产破坏等
洞上2号烽火台	薛家洼乡洞上村东北1.2千米	1843米	位于西地长城2段北0.18千米,距西地3号烽火台0.6千米	砖	外部砖石砌筑,内部为夯土台体。夯土台体为黄土夯筑而成,夯层厚0.13~0.15米	矩形	梯形	底部东西12,南北13,残高3~5米	无	无	保存一般,残存部分砖石	自然因素有风雨侵蚀,植物生长等;人为因素有拆毁砖石,修路挖洞穴,战争破坏等
洞上3号烽火台	薛家洼乡洞上村东北1.35千米	1804米	位于西地长城2段北0.45千米,南距洞上2号烽火台0.5千米	砖	外部砖石砌筑,内部为夯土台体。夯土台体为黄土夯筑而成,夯层厚0.11~0.17米	矩形	梯形	底部东西11,南北10,残高5~6米	无	无	保存部分砖石。近代晋绥军曾利用台体修筑防空设施	自然因素有风雨侵蚀,植物生长等;人为因素有拆毁砖石,挖掘洞穴,战争破坏等
洞上4号烽火台	薛家洼乡洞上村东北0.45千米	1836米	位于洞上长城2段北0.11千米	砖	外部砖石砌筑,内部为夯土台体。夯土台体为黄土夯筑而成,夯层厚0.08~0.13米	矩形	梯形	底部边长13,顶部边长4,残高7米	无	无	保存一般,残存部分砖石	自然因素有风雨侵蚀,植物生长等;人为因素有拆毁砖石等
洞上5号烽火台	薛家洼乡洞上村南0.73千米	1962米	位于洞上长城2段南0.94千米,北距洞上4号烽火台0.7千米	砖	外部砖石砌筑,内部为夯土台体。夯土台体为黄土夯筑而成	矩形	梯形	底部边长12,顶部边长4,残高4米	无	无	保存一般,残存部分砖石	自然因素有风雨侵蚀,植物生长等;人为因素有拆毁砖石等

续表337

名称	地点	高程	与其他遗存的位置关系	材质	建筑方式	平面形制	剖面形制	尺寸	附属设施	修缮情况	保存状况	损毁原因及存在病害
洞上6号烽火台	薛家洼乡洞上村西0.82千米	1757米	位于洞上长城3段北0.13千米，东南距洞上7号烽火台1千米	砖	外部砖石砌筑，内部为夯土台体。夯土为黄土夯筑而成，夯层厚0.18~0.2米	矩形	梯形	底部边长12米，顶部东西3.5，南北4米，残高6米	无	无	保存一般，残存部分砖石	自然因素有风雨侵蚀、植物生长等；人为因素有拆毁砖石等
洞上7号烽火台	薛家洼乡洞上村西1.2千米	1757米	位于洞上长城3段北0.07千米，东北距洞上6号烽火台0.2千米	砖	外部砖石砌筑，内部为夯土台体。夯土为黄土夯筑而成，含碎石，夯层厚0.08~0.13米	矩形	梯形	底部边长13，顶部边长4残高7米	无	无	保存一般，残存部分砖石	自然因素有风雨侵蚀、植物生长等；人为因素有拆毁砖石等
贾家峰火台（彩图七〇八）	薛家洼乡贾家村西南1.23千米	1753米	位于西沟长城北0.025千米，东距7号烽火台1.4千米	土	黄土夯筑而成，夯层厚0.1~0.2米	矩形	梯形	底部边长18米，南北6.5米，残高6米	无	无	保存一般	自然因素有风雨侵蚀、植物生长等
西沟1号烽火台	薛家洼乡西沟村东南0.98千米	1881米	位于西沟长城西0.16千米，东北距贾家窑峰火台0.6千米	土	黄土夯筑而成，夯层厚0.17~0.19米	矩形	梯形	底部边长9米，南北4米，残高7~8米	无	无	保存一般	自然因素有风雨侵蚀、植物生长等
西沟2号烽火台	薛家洼乡西沟村东南0.98千米	1855米	位于西沟长城西0.06千米，西南距1号烽火0.3千米	土	黄土夯筑而成，夯层厚0.1~0.17米	矩形	梯形	底部边长8，残高6~7米	无	无	保存一般	自然因素有风雨侵蚀、植物生长等
西沟3号烽火台	薛家洼乡西沟村东南1.18千米	1866米	位于西沟长城西0.22千米，东北距西沟2号烽火0.2千米	土	黄土夯筑而成，含碎石，夯层厚0.17~0.2米	矩形	梯形	底部边长10，残高7米	无	无	保存一般	自然因素有风雨侵蚀、植物生长等
西沟4号烽火台	薛家洼乡西沟村东南1.18千米	1885米	位于西沟麻地沟长城北0.3千米，东北距西沟3号烽火0.6千米	土	黄土夯筑而成，夯层厚0.18~0.24米	矩形	梯形	底部边长12，残高6~7米	无	无	保存一般	自然因素有风雨侵蚀、植物生长等
西沟5号烽火台	薛家洼乡西沟村东南1.2千米	1901米	位于西沟麻地沟长城北0.26千米，东北距西沟4号烽火0.3千米	土	黄土夯筑而成，夯层厚0.2~0.25米	矩形	梯形	底部边长7，残高4米	无	无	保存一般	自然因素有风雨侵蚀、植物生长等

名称	地点	高程	与其他遗存的位置关系	材质	建筑方式	平面形制	剖面形制	尺寸	附属设施	修缮情况	保存状况	损毁原因及存在病害
西沟6号烽火台	薛家洼乡西沟村东南1.28千米	1945米	位于麻地沟长城西北0.16千米，东北距西沟5号烽火台0.3千米	土	黄土夯筑而成	矩形	梯形	底部东西23，南北20米，顶部东西6.2，南北5.8米，残高6~7米	无	无	保存一般	自然因素有风雨侵蚀、植物生长等
麻地沟烽火台	薛家洼乡麻地沟村西北0.8千米	1928米	位于郭家窑长城南0.06千米，东北距西沟6号烽火台0.7千米	土	黄土夯筑而成	矩形	梯形	底部东西18，南北12米，顶部东西14，南北9米，残高6~7米	无	无	保存一般	自然因素有风雨侵蚀、植物生长等
半山1号烽火台（彩图七〇九）	阳方口镇半山村东南0.8千米	1906米	位于郭家窑长城西0.06千米，东南距麻地沟烽火台1.1千米	土	黄土夯筑而成，夯层厚0.1~0.2米	矩形	梯形	底部边长25米，顶部东西16，南北17米，残高9米	无	无	保存一般	自然因素有风雨侵蚀、植物生长等
半山2号烽火台（彩图七一〇）	阳方口镇半山村东0.7千米	1915米	位于半山长城1段东0.08千米，南距半山1号烽火台0.6千米	石	外部石片砌筑，内部为夯土台体。夯土台体为黄土夯筑而成，夯层厚0.15~0.21米	矩形	梯形	底部东西14.3，南北20，残高9.5米	由里向外依次有3道围墙：第一道围墙仅存西南部分，东西54.3，南北46.3，残高1米；第二道围墙东西56.5，南北71，底宽4.1，顶宽1，残高1.4米；第三道围墙东西66.9，南北77，底宽3.5，顶宽1~2，残高1~2米	无	保存一般	自然因素有风雨侵蚀、植物生长等；人为因素有拆毁包石等
西沟7号烽火台	薛家洼乡西沟村西北1.3千米	2013米	位于半山长城1段东北0.69千米，南距半山2号烽火台1千米	土	黄土夯筑而成，含碎砖、石，夯层厚0.1~0.2米	矩形	梯形	底部东西19，南北25，顶部东西11，南北12米，残高6~7米	台体外侧有一段壕沟，壕沟宽1.5~3，外墙残高1.5米	无	保存一般	自然因素有风雨侵蚀、植物生长等
半山3号烽火台	阳方口镇半山村北0.9千米	2030米	位于半山长城1段西北0.05千米，东北距西沟7号烽火台0.8千米	土	黄土夯筑而成	矩形	梯形	底部边长16米，顶部东西7，南北6.5米，残高4~5米	无	无	保存一般	自然因素有风雨侵蚀、植物生长等

续表337

名称	地点	高程	与其他遗存的位置关系	材质	建筑方式	平面形制	剖面形制	尺寸	附属设施	修缮情况	保存状况	损毁原因及存在病害
袁家窑烽火台	阳方口镇袁家窑村北0.12千米	1306米	位于阳方口长城1段北0.08千米	砖	外部砖石砌筑，内部为夯土台体。夯土台体为黄土夯筑而成，夯层厚0.12~0.18米	矩形	梯形	底部东西12，南北10，残高5~6米	无	无	保存一般，残存部分砖石	自然因素有风雨侵蚀，植物生长等；人为因素有拆毁砖石等
阳方口1号烽火台	阳方口镇西0.53千米	1280米	位于阳方口西长城1段南0.01千米，东距袁家窑烽火台1.3千米	砖	外部砖石砌筑，内部为夯土台体。夯土台体为黄土夯筑而成，夯层厚0.17~0.24米	矩形	梯形	底部东西14，南北12，顶部东西5，南北4.5米，残高6.5米	无	无	保存一般，残存部分砖石	自然因素有风雨侵蚀，植物生长等；人为因素有拆毁砖石等
阳方口2号烽火台	阳方口镇西0.4千米	1312米	位于阳方口西长城1段北0.11千米，东南距阳方口1号烽火台0.2千米	砖	外部砖石砌筑，内部为夯土台体。夯土台体为黄土夯筑而成，夯层厚0.07~0.16米	矩形	梯形	底部东西13.9，南北14.3米，顶部东西8.3，南北9.2米，残高7.7米	无	无	保存一般，残存部分砖石	自然因素有风雨侵蚀，植物生长等；人为因素有拆毁砖石等
阳方口3号烽火台	阳方口镇西0.6千米	1362米	位于阳方口西长城1段南0.07千米，东北距阳方口2号烽火台1.6千米	砖	外部砖石砌筑，内部为夯土台体。夯土台体为黄土夯筑而成，夯层厚0.15~0.18米	矩形	梯形	底部边长14米，顶部东西5，南北4.5米，残高8米	无	无	保存较差，残存部分砖石	自然因素有风雨侵蚀，植物生长等；人为因素有拆毁砖石等
阳方口4号烽火台	阳方口镇西0.8千米	1357米	位于阳方口西长城1段南0.07千米，东南距阳方口2号烽火台0.8千米	砖	外部砖石砌筑，内部为夯土台体。夯土台体为黄土夯筑而成，含砂砾，夯层厚0.18米	矩形	梯形	底部东西4，南北1.8，残高4米	无	无	保存较差，残存部分砖石	自然因素有风雨侵蚀，植物生长等；人为因素有拆毁砖石等
阳方口5号烽火台	阳方口镇西0.9千米	1362米	位于阳方口西长城1段南0.04千米，东北距阳方口4号烽火台0.3千米	土	黄土夯筑而成，含砂砾，夯层厚0.15米	矩形	梯形	底部东西10，南北3.5~4米，残高3.5~4米	无	无	保存较差	自然因素有风雨侵蚀，植物生长等
阳方口6号烽火台	阳方口镇西0.95千米	1376米	位于阳方口西长城1段北0.08千米，东南距阳方口5号烽火台0.2千米	砖	外部砖石砌筑，内部为夯土台体。夯土台体为黄土夯筑而成，夯层厚0.15~0.19米	矩形	梯形	底部东西11.8，南北边长8米，顶部边长8米，残高5.5米	无	无	保存一般，残存部分砖石	自然因素有风雨侵蚀，植物生长等；人为因素有拆毁砖石等

续表 337

名称	地点	高程	与其他遗存的位置关系	材质	建筑方式	平面形制	剖面形制	尺寸	附属设施	修缮情况	保存状况	损毁原因及存在病害
暖水湾1号烽火台	阳方口镇暖水湾村西北1.1千米	1381米	位于河西长城1段南0.1千米，东北距阳方口6号烽火台0.2千米	土	黄土夯筑而成，含砂砾，夯层厚0.15米	矩形	梯形	底部东西7，南北3.3，残高4.5米	无	无	保存较差	自然因素有风雨侵蚀、植物生长等
暖水湾2号烽火台	阳方口镇暖水湾村西北1.08千米	1370米	位于河西长城1段南0.21千米，东北距暖水湾1号烽火台0.1千米	土	黄土夯筑而成，夯层厚0.1~0.19米	矩形	梯形	底部东西8，南北10米，顶部东西5，南北6米，残高5~6米	无	无	保存一般	自然因素有风雨侵蚀、植物生长等
暖水湾3号烽火台	阳方口镇暖水湾村西北0.95千米	1407米	位于河西长城2段南0.53千米，东距暖水湾2号烽火台0.4千米	土	黄土夯筑而成，夯层厚0.12~0.2米	矩形	梯形	底部东西8，南北5.2，残高5米	无	无	保存一般	自然因素有风雨侵蚀、植物生长等
暖水湾4号烽火台	阳方口镇暖水湾村西北1.1千米	1430米	位于河西长城2段南0.47千米，东距暖水湾3号烽火台0.3千米	土	黄土夯筑而成，夯层厚0.15~0.18米	矩形	梯形	底部东西6，南北5，残高5米	无	无	保存一般	自然因素有风雨侵蚀、植物生长等
暖水湾5号烽火台	阳方口镇暖水湾村西北1.35千米	1445米	位于河西长城2段南0.39千米，东距暖水湾4号烽火台0.3千米	土	黄土夯筑而成，夯层厚0.15~0.22米	矩形	梯形	底部东西7，南北4，残高4.5~5米	无	无	保存一般	自然因素有风雨侵蚀、植物生长等
暖水湾6号烽火台	阳方口镇暖水湾村西北1.56千米	1451米	位于河西长城2段南0.31千米，东南距暖水湾5号烽火台0.2千米	砖	外部砖石砌筑，内部为夯土台体。夯土夯筑而成，夯层厚0.15~0.22米	矩形	梯形	底部东西9，南北8，顶部东西5.5，南北5米，残高5米	无	无	保存一般，外部砖石无存	自然因素有风雨侵蚀、植物生长等；人为因素有拆毁砖石等
大水口1号烽火台	阳方口镇大水口村东0.08千米	1294米	位于大水口长城1段东0.024千米	砖	外部砖石砌筑，内部为夯土台体。夯土夯筑而成，夯层厚0.1~0.12米	矩形	梯形	底部边长5米，残高4.5米	无	无	保存一般，外部砖石无存	自然因素有风雨侵蚀、植物生长等；人为因素有拆毁砖石等
大水口2号烽火台	阳方口镇大水口村北0.4千米	1306米	位于大水口长城2段东北0.04千米	砖	外部砖石砌筑，内部为夯土台体。夯土夯筑而成，夯层厚0.12~0.15米	矩形	梯形	底部边长13，顶部边长7，残高4.55米	无	无	保存一般，外部砖石无存，东壁下部有洞穴	自然因素有风雨侵蚀、植物生长等；人为因素有挖掘洞穴等

表338　宁武县腹里烽火台一览表

名称	地点	高程	与其他遗存的位置关系	材质	建筑方式	平面形制	剖面形制	尺寸	附属设施	修缮情况	保存状况	损毁原因及存在病害
东麻地沟烽火台（彩图七一一）	薛家洼乡东麻地沟村东0.8千米	1592米	东南距盘道梁1号烽火台1.8千米	土	黄土夯筑而成，夯层厚0.18~0.26米	矩形	梯形	底部边长7.2米，顶部东西2.2,南北1.2米，残高10.2米	无	无	保存较好	自然因素有风雨侵蚀、植物生长等
下白泉烽火台（彩图七一二）	薛家洼乡下白泉村东0.3千米	1445米	东南距东麻地沟烽火台4千米	土	黄土夯筑而成，夯层厚0.08~0.2米	矩形	梯形	底部边长14.2,顶部边长8.3,残高8.2米	无	无	保存较好，南壁有洞穴	自然因素有风雨侵蚀、植物生长等，人为因素有挖掘洞穴等
梨元坡烽火台	薛家洼乡梨元坡村南1.2千米	1406米	东南距下白泉烽火台0.6千米	土	黄土夯筑而成，夯层厚0.12~0.2米	矩形	梯形	底部东西14.2,南北13.8,顶部东西6.8,南北6.4米,残高8.1米	无	无	保存较好，北壁有洞穴	自然因素有风雨侵蚀、植物生长等，人为因素有挖掘洞穴等
项家山烽火台（彩图七一三）	薛家洼乡贾家窑村东1.7千米	1631米	西南距朔宁堡0.2千米	土	黄土夯筑而成，夯层厚0.08~0.12米	矩形	梯形	底部边长14.2米，顶部东西8.4,南北8.2米,残高9.4米	无	无	保存较好，东、西壁底部有洞穴	自然因素有风雨侵蚀、植物生长等，人为因素有挖掘洞穴等
西麻岭烽火台	阳方口镇西麻岭村西北0.15千米	不详	无	石	外部石块砌筑;内部为夯土台体,夯层厚0.2~0.28米	矩形	梯形	底部边长6.8,顶部边长3.2,残高5.6米	无	无	保存一般，外部包石无存	自然因素有风雨侵蚀、植物生长等，人为因素有拆毁包石等
张家窑烽火台	凤凰镇张家窑村东山梁上	1423米	东北距麻地沟烽火台9.4千米	石	外部石片砌筑;内部为夯土台体,夯层厚0.18~0.26米	矩形	梯形	底部边长12,顶部边长8.2,残高8.9米	无	无	保存一般，外部包石无存	自然因素有风雨侵蚀、植物生长等，人为因素有拆毁包石等
东梁坡烽火台（彩图七一四）	宁武县城北的山梁上	1483米	东北距张家窑烽火台2千米	石	外部石片砌筑;内部为夯土台体,夯层厚0.2~0.22米	矩形	梯形	底部边长12,顶部边长10,残高6.8米	无	无	保存一般，外部包石无存	自然因素有风雨侵蚀、植物生长等，人为因素有拆毁包石等
西梁坡烽火台	宁武县城西北的山梁上	1472米	东北距东梁坡烽火台6.7千米	砖	外部砖砌筑,内部为夯土台体,夯层厚0.2~0.28米	矩形	梯形	底部边长12,顶部边长6.9,残高7.8米	无	无	保存一般，外部砖石无存	自然因素有风雨侵蚀、植物生长等，人为因素有拆毁砖石等
凤凰山烽火台	凤凰镇前凤凰村北0.4千米	1643米	无	土	黄土夯筑而成，夯层厚0.2~0.28米	矩形	梯形	底部边长13,顶部边长10,残高10.5米	无	无	保存较好	自然因素有风雨侵蚀、植物生长等
余庄烽火台	余庄乡余庄村北	1691米	东北距西梁坡烽火台9.9千米	土	黄土夯筑而成，夯层厚0.2~0.22米	矩形	梯形	底部边长10.2,顶部边长6.1,残高8.2米	无	无	保存较好，南壁有洞穴	自然因素有风雨侵蚀、植物生长等，人为因素有挖掘洞穴等

续表338

名称	地点	高程	与其他遗存的位置关系	材质	建筑方式	平面形制	剖面形制	尺寸	附属设施	修缮情况	保存状况	损毁原因及存在病害
分水岭烽火台	余庄乡分水岭村东0.5千米	1849米	无	土	黄土夯筑而成，夯层厚0.2~0.28米	矩形	梯形	底部边长18，顶部边长12，残高6.8米	台体底部有台基，平面呈矩形，边长45，残高1.8米	无	保存一般	自然因素有风雨侵蚀、植物生长等
上鸾桥烽火台（彩图七一五）	东寨镇上鸾桥村西0.2千米	1750米	无	土	黄土夯筑而成，夯层厚0.2米	矩形	梯形	底部边长14米，顶部东西5，南北6米，残高10米	无	无	保存较好	自然因素有风雨侵蚀、植物生长等
棋盘山烽火台	东寨镇店耳上村东0.7千米	1445米	东北距上鸾桥烽火台5.3千米	石	外部片石砌筑；内部为夯土台体，夯层厚0.2~0.28米	矩形	梯形	底部边长8.8米，顶部东西4.3，南北1.8米，残高6.8米	无	无	保存一般。残存部分包石	自然因素有风雨侵蚀、植物生长等，有拆毁包石等
二马营1号烽火台	东寨镇二马营村南1千米	1519米	西北距二马营2号烽火台1.1千米	土	黄土夯筑而成，含碎石，夯层厚0.15米	矩形	梯形	底部边长7.8，顶部边长0.5，残高6.2米	无	无	保存一般	自然因素有风雨侵蚀、植物生长等
二马营2号烽火台	东寨镇二马营村中	1598米	无	土	黄土夯筑而成，夯层厚0.2~0.22米	矩形	梯形	底部边长12，顶部边长7.8米	无	无	保存一般	自然因素有风雨侵蚀、植物生长等
南山上烽火台	东寨镇二马营村中	1678米	西北距二马营1号烽火台1.2千米	土	黄土夯筑而成，夯层厚0.2~0.26米	矩形	梯形	底部边长12，顶部边长9，残高11米	无	无	保存较好	自然因素有风雨侵蚀、植物生长等
化北屯烽火台	化北屯乡化北屯村北1.8千米	1587米	无	土	黄土夯筑而成，夯层厚0.18~0.28米	矩形	梯形	底部边长8，顶部边长7，残高7米	无	无	保存一般	自然因素有风雨侵蚀、植物生长等
宁化烽火台（彩图七一六）	化北屯乡宁化古城北0.1千米	1445米	北距化北屯烽火台7.8千米	土	黄土夯筑而成，夯层厚0.2~0.22米	矩形	梯形	底部边长12，顶部边长7，残高10米	无	无	保存较好	自然因素有风雨侵蚀、植物生长等

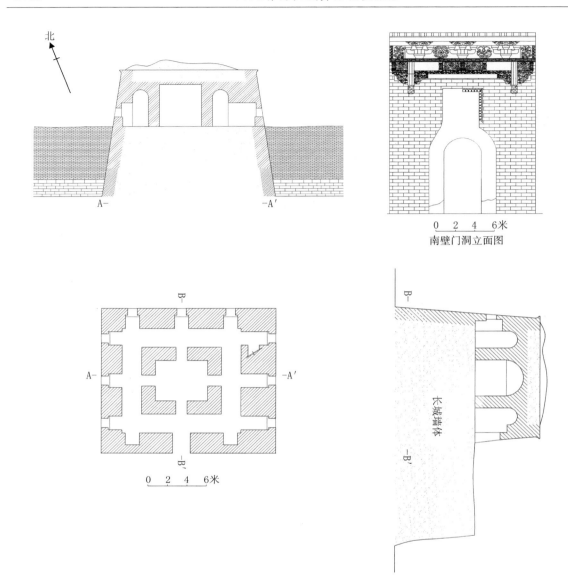

图四三一　阳方口 1 号敌台上层平、剖面及南壁门洞立面图

第十五章　神池县长城

神池县位于山西省北部，东与朔城区、东南与宁武县、西与五寨县、北与偏关县相邻，东北一隅与平鲁区相接。山西省明长城资源调查一队从 2007 年 6 月 29 日~8 月 16 日，调查二队从 2008 年 6 月 23 日~7 月 13 日对该县明长城进行了调查。

一　长城资源调查数据

神池县共调查长城墙体 14 段，总长 20746 米；关堡 14 座，其中关 4 座、堡 10 座；单体建筑共175 座，其中敌台 7 座、马面 98 座、烽火台 70 座；相关遗存有壕沟 2 段（地图一四）。

（一）长城墙体

神池县明长城属明代内长城，从宁武县阳方口镇大水口村西北进入神池县龙泉镇与朔城区窑子头乡交界处（神池县龙元长城 1 段），大致呈东南—西北走向，沿管涔山脉经龙泉镇龙元村、项家沟村、丁庄窝村，入朔城区窑子头乡石板沟村（朔城区石板沟长城 1 段），继之在朔城区西部山地从东南向西北延伸，在朔城区利民镇勒马沟村西南沿神池县烈堡乡与朔城区利民镇交界延伸（神池县鹞子沟长城1~3 段），再次进入朔城区利民镇蒋家峪村西南，经朔城区蒋家峪长城 1、2 段后，沿神池县烈堡乡与平鲁区下木角乡交界处延伸（神池县南寨长城 1、2 段），进入神池县烈堡乡大沟村，在大沟村西北进入偏关县南堡子乡（表364）。

表 364　神池县长城墙体一览表（单位：米）

长城墙体段落名称	总长	保存较好	保存一般	保存较差	保存差	消失	类型	省/县属
龙元长城 1 段	1996	290	1137	130	320	119	土墙	神池县/朔城区
龙元长城 2 段	1546	765	445	0	0	336	土墙	神池县
项家沟长城 1 段	1959	670	1196	51	0	42	土墙	神池县
项家沟长城 2 段	100	100	0	0	0	0	河险	神池县
项家沟长城 3 段	1663	80	1495	50	0	38	土墙	神池县
丁庄窝长城	487	320	160	0	0	7	石墙	神池县

长城墙体段落名称	总长	保存较好	保存一般	保存较差	保存差	消失	类型	省/县属
鹞子沟长城1段	1870	410	1455	0	0	5	石墙	神池县/朔城区
鹞子沟长城2段	1578	0	1568	0	0	10	石墙	神池县/朔城区
鹞子沟长城3段	1206	880	297	0	0	29	石墙	神池县/朔城区
南寨长城1段	1280	1280	0	0	0	0	石墙	神池县/平鲁区
南寨长城2段	1025	1000	10	0	0	15	土墙	神池县/平鲁区
野猪口长城1段	1920	440	1030	320	0	130	土墙	神池县
野猪口长城2段	2136	780	1338	0	0	18	土墙	神池县
野猪口长城3段	1980	510	873	580	0	17	土墙	神池县
合计	20746	7525	11004	1131	320	766		
百分比（％）	100	36.3	53	5.5	1.5	3.7		

1. 龙元长城1段

起点位于龙泉镇龙元村东南0.4千米神池县与朔城区交界处，高程1532米；止点位于龙元村东北1.6千米处，高程1566米。大致呈南—北走向。全长1996米，其中保存较好290、一般1137、较差130、差320、消失119米。墙体为土墙，夯土版筑而成，版宽1.5~3米，夯层厚0.05~0.1米；部分段墙体系堆筑而成。现存墙体剖面大致呈不规则梯形，底宽2~7、顶宽1.5~3、残高0.3~5米。部分段墙体顶部残存女墙，宽1.2~2米。本段长城位于神池县与朔城区交界处，南接宁武县大水口长城3段，北连神池县龙元长城2段，龙元1~6号马面位于墙体上，龙元6号马面系龙元长城1段止点，龙元1、2号堡分别位于墙体西0.06、0.04千米处，龙元1号烽火台位于墙体西0.05千米（图四三二）。

本段墙体共测GPS点25个（G0001、G0002、G0004~G0011、G0013~G0021、G0023~G0028），可分为24小段，分述如下。

第1小段：G0001（起点、断点）—G0002（断点），长15米，西南—东北走向。墙体被洪水冲刷损毁消失。龙元1号烽火台位于G0001（起点、断点）西0.05千米处。

第2小段：G0002（断点）—G0004（断点），长40米，西南—东北走向，保存一般。墙体顶部残存女墙。墙体底宽5~6、顶宽2~3、残高4~5米，女墙宽1.2~2米。

第3小段：G0004（断点）—G0005（断点），长3米，西南—东北走向。墙体因修路挖断损毁消失。

第4小段：G0005（断点）—G0006（龙元1号马面），长7米，南—北走向，保存一般。

第5小段：G0006（龙元1号马面）—G0007（断点），长130米，东南—西北走向，保存一般。

第6小段：G0007（断点）—G0008（断点），长6米，东南—西北走向。墙体因修路挖断损毁消失。

第7小段：G0008（断点）—G0009（拐点），长80米，南—北走向，保存一般。

第8小段：G0009（拐点）—G0010（龙元2号马面），长170米，西南—东北走向，保存一般（彩图七二〇）。

第9小段：G0010（龙元2号马面）—G0011（拐点），长10米，南—北走向，保存一般。

第10小段：G0011（拐点）—G0013（拐点），长160米，南—北走向，保存差。墙体东临陡坡。

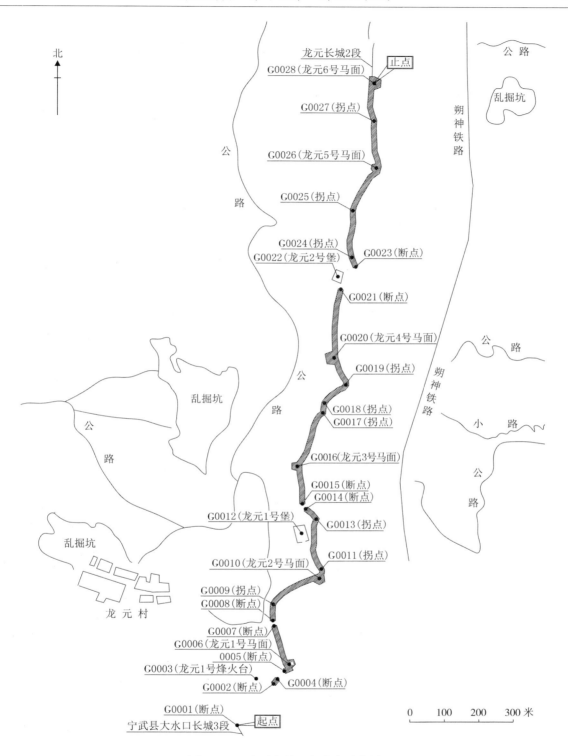

图四三二　龙元长城1段走向示意图

墙体低矮，宽2、残高0.3~0.4米。龙元1号堡位于墙体西0.06千米处。

第11小段：G0013（拐点）—G0014（断点），长40米，东南—西北走向，保存差。

第12小段：G0014（断点）—G0015（断点），长15米，东南—西北走向。墙体被洪水冲刷损毁消失。

第 13 小段：G0015（断点）—G0016（龙元 3 号马面），长 120 米，南—北走向，保存差。

第 14 小段：G0016（龙元 3 号马面）—G0017（拐点），长 170 米，西南—东北走向，保存一般。墙体底宽 2.5、残高 0.5 米。

第 15 小段：G0017（拐点）—G0018（拐点），长 50 米，西南—东北走向，保存一般。

第 16 小段：G0018（拐点）—G0019（拐点），长 70 米，西南—东北走向，保存一般。

第 17 小段：G0019（拐点）—G0020（龙元 4 号马面），长 90 米，东南—西北走向，保存一般。

第 18 小段：G0020（龙元 4 号马面）—G0021（断点），长 200 米，南—北走向，保存一般。

第 19 小段：G0021（断点）—G0023（断点），长 80 米，西南—东北走向。墙体被人为破坏损毁消失。龙元 2 号堡位于墙体西 0.04 千米处。

第 20 小段：G0023（断点）—G0024（拐点），长 30 米，南—北走向，保存较差。墙体系夯筑与堆筑而成。

第 21 小段：G0024（拐点）—G0025（拐点），长 130 米，南—北走向，保存较好。墙体底宽 7、顶宽 1.5~2.7、残高 4.5 米。

第 22 小段：G0025（拐点）—G0026（龙元 5 号马面），长 160 米，西南—东北走向，保存较好。

第 23 小段：G0026（龙元 5 号马面）—G0027（拐点），长 150 米，南—北走向，保存一般。墙体顶宽 1.5~2 米。

第 24 小段：G0027（拐点）—G0028（止点、龙元 6 号马面），长 100 米，南—北走向，保存较差。墙体宽 3、残高 1 米。

墙体整体保存一般。除洪水冲刷致墙体损毁消失外，风雨侵蚀、植物生长等也造成墙体的坍塌脱落；人为损毁严重，部分段墙体因修路挖断损毁消失。

2. 龙元长城 2 段

起点位于龙泉镇龙元村东北 1.6 千米处，高程 1566 米；止点位于龙泉镇项家沟村东南 0.4 千米处，高程 1523 米。大致呈东南—西北走向。全长 1546 米，其中保存较好 765、一般 445、消失 336 米。墙体为土墙，夯土版筑而成，版宽 1.5~3 米，夯层厚 0.12~0.18 米；部分段墙体系堆筑而成；现存墙体剖面大致呈不规则梯形，底宽 3~5、顶宽 2~3、残高 1~6 米。本段长城南接龙元长城 1 段，西北连项家沟长城 1 段，龙元敌台、龙元 6~12 号马面位于墙体上，龙元 6 号马面系龙元长城 2 段起点。项家沟 1、2 号关倚墙而建，分别位于墙体西南侧、西侧。龙元 2 号烽火台位于墙体西 0.07 千米处，龙元 3 号烽火台位于墙体东 0.05 千米处，项家沟 1 号烽火台位于墙体东北 0.25 千米处，朔城区上圪佬烽火台位于墙体东北 0.63 千米处（图四三三）。

本段墙体共测 GPS 点 24 个（G0028~G0035、G0038~G0043、G0046、G0047、G0049~G0053、G0055~G0057），可分为 23 小段，分述如下。

第 1 小段：G0028（起点、龙元 6 号马面）—G0029（断点），长 100 米，南—北走向，保存较差。墙体宽 3、残高 1 米。

第 2 小段：G0029（断点）—G0030（断点），长 35 米，南—北走向。墙体被洪水冲刷损毁消失。

第 3 小段：G0030（断点）—G0031（拐点），长 90 米，南—北走向，保存一般。

第 4 小段：G0031（拐点）—G0032（龙元 7 号马面），长 10 米，西南—东北走向，保存一般。

第 5 小段：G0032（龙元 7 号马面）—G0033（断点），长 10 米，东南—西北走向，保存一般。

第 6 小段：G0033（断点）—G0034（断点），长 4 米，南—北走向。墙体被洪水冲刷损毁消失。

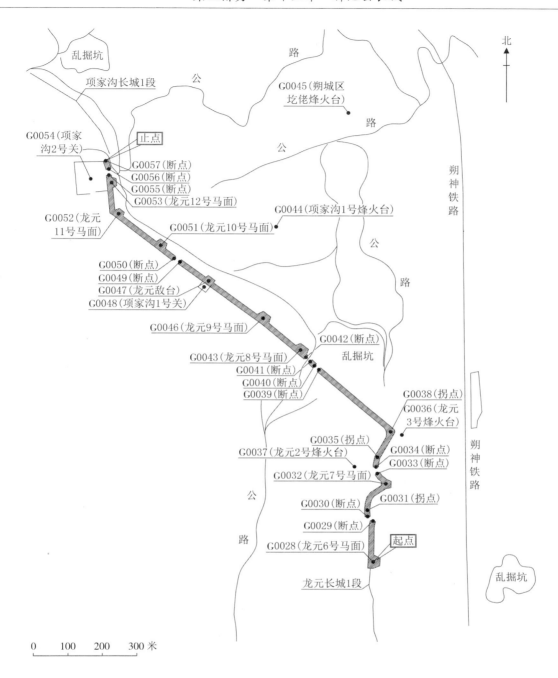

图四三三　龙元长城 2 段走向示意图

第 7 小段：G0034（断点）—G0035（拐点），长 80 米，西南—东北走向，保存一般。龙元 2 号烽火台位于 G0034（断点）西 0.07 千米。

第 8 小段：G0035（拐点）—G0038（拐点），长 70 米，西南—东北走向，保存一般。龙元 3 号烽火台位于墙体东 0.05 千米处。

第 9 小段：G0038（拐点）—G0039（断点），长 20 米，东南—西北走向，保存一般。

第 10 小段：G0039（断点）—G0040（断点），长 280 米，东南—西北走向。墙体被铝矾土矿采矿活动破坏损毁消失。

第 11 小段：G0040（断点）—G0041（断点），长 10 米，东南—西北走向，保存一般。

第 12 小段：G0041（断点）—G0042（断点），长 6 米，东南—西北走向。墙体因修路挖断损毁消失。

第 13 小段：G0042（断点）—G0043（龙元 8 号马面），长 20 米，东南—西北走向，保存一般。

第 14 小段：G0043（龙元 8 号马面）—G0046（龙元 9 号马面），长 140 米，东南—西北走向，保存较好。墙体底宽 5、顶宽 2~3、残高 5~6 米。

第 15 小段：G0046（龙元 9 号马面）—G0047（龙元敌台），长 190 米，东南—西北走向，保存较好。项家沟 1 号关倚墙而建，位于墙体西南侧。项家沟 1 号烽火台位于墙体东北 0.25 千米处，朔城区上圪佬烽火台位于墙体东北 0.63 千米处。

第 16 小段：G0047（龙元敌台）—G0049（断点），长 100 米，东南—西北走向，保存较好。

第 17 小段：G0049（断点）—G0050（断点），长 6 米，东南—西北走向。墙体因修路挖断损毁消失。

第 18 小段：G0050（断点）—G0051（龙元 10 号马面），长 55 米，东南—西北走向，保存较好。

第 19 小段：G0051（龙元 10 号马面）—G0052（龙元 11 号马面），长 150 米，东南—西北走向，保存较好。

第 20 小段：G0052（龙元 11 号马面）—G0053（龙元 12 号马面），长 100 米，东南—西北走向，保存较好。

第 21 小段：G0053（龙元 12 号马面）—G0055（断点），长 5 米，南—北走向，保存一般。项家沟 2 号关倚墙而建，位于墙体西侧。

第 22 小段：G0055（断点）—G0056（断点），长 5 米，南—北走向。墙体因修路挖断损毁消失。

第 23 小段：G0056（断点）—G0057（止点、断点），长 30 米，东南—西北走向，保存一般（彩图七二一）。

墙体整体保存一般。除洪水冲刷致墙体损毁消失外，风雨侵蚀、植物生长等也造成墙体的坍塌脱落；人为损毁严重，部分段墙体被修路挖断或采矿活动破坏损毁消失。

3. 项家沟长城 1 段

起点位于龙泉镇项家沟村东南 0.4 千米处，高程 1523 米；止点位于项家沟村西北 1.4 千米处，高程 1413 米。大致呈东南—西北走向。全长 1959 米，其中保存较好 670、一般 1196、较差 51、消失 42 米。墙体为土墙，夯土版筑而成，版宽 0.8~3.5 米，夯层厚 0.12~0.19 米；部分段墙体西侧系石块砌筑。现存墙体剖面大致呈不规则梯形，底宽 3~6、顶宽 1~3.4、残高 1~5 米。部分段墙体顶部残存女墙，宽 1.1~2.2、残高 0.6~1.1 米。部分段墙体西、西南壁有登墙步道，宽 2 米。本段长城南接龙元长城 2 段，西北连项家沟长城 2 段。项家沟 1~3 号敌台、项家沟 1~12 号马面位于墙体上，项家沟 12 号马面系项家沟长城 1 段止点。项家沟 2 号烽火台位于墙体东 0.06 千米处，丁庄窝 1 号烽火台位于墙体东 0.03 千米处，项家沟壕沟位于项家沟长城 1 段 G0067（项家沟 5 号马面）—项家沟长城 3 段 G0109（断点）间墙体东或东北 0.02~0.12 千米处（图四三四）。

本段墙体共测 GPS 点 27 个（G0057~G0067、G0070~G0077、G0079~G0081、G0083~G0087），可分为 26 小段，分述如下。

第 1 小段：G0057（起点、断点）—G0058（断点），长 4 米，南—北走向。墙体因修路挖断损毁消失。

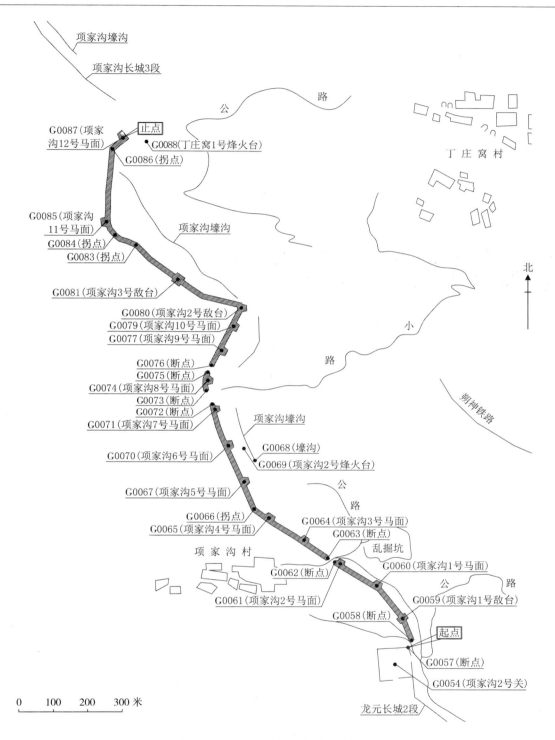

项家沟壕沟

项家沟长城3段

公　　　路

G0087（项家沟12号马面）　止点
　　　　　　　　　G0088（丁庄窝1号烽火台）
G0086（拐点）

丁庄窝村

G0085（项家沟11号马面）
G0084（拐点）　　项家沟壕沟
G0083（拐点）

北

G0081（项家沟3号敌台）

G0080（项家沟2号敌台）
G0079（项家沟10号马面）
G0077（项家沟9号马面）　　　小

G0076（断点）　　　　　路
G0075（断点）
G0074（项家沟8号马面）
G0073（断点）
G0072（断点）　　项家沟壕沟
G0071（项家沟7号马面）

朔神铁路

G0070（项家沟6号马面）　　G0068（壕沟）
　　　　　　　　　　　G0069（项家沟2号烽火台）

公
G0067（项家沟5号马面）　　　路

G0066（拐点）　　　G0064（项家沟3号马面）
G0065（项家沟4号马面）　G0063（断点）
　　　　　　　　　　乱掘坑
项家沟村　　　　　　　　　　G0060（项家沟1号马面）
　　　　　G0062（断点）　　　　　公　　路
　　　　　　　　　　　　　G0059（项家沟1号敌台）
G0061（项家沟2号马面）　G0058（断点）　起点

G0057（断点）
G0054（项家沟2号关）

龙元长城2段

0　100　200　300 米

图四三四　项家沟长城1段走向示意图

　　第2小段：G0058（断点）—G0059（项家沟1号敌台），长70米，东南—西北走向，保存较好。墙体底宽4.5、顶宽3.4、残高5米。墙体顶部残存女墙，长60、宽2.2米。女墙西侧为人行通道，宽1.2米。

　　第3小段：G0059（项家沟1号敌台）—G0060（项家沟1号马面），长120米，东南—西北走向，保存较好。墙体顶部残存女墙，宽 1.2～1.5 米，女墙西侧为人行通道，宽 0.5～0.6 米。

第 4 小段：G0060（项家沟 1 号马面）—G0061（项家沟 2 号马面），长 120 米，东南—西北走向，保存较好。

第 5 小段：G0061（项家沟 2 号马面）—G0062（断点），长 6 米，东南—西北走向，保存一般。

第 6 小段：G0062（断点）—G0063（断点），长 5 米，东南—西北走向。墙体因修路挖断损毁消失。

第 7 小段：G0063（断点）—G0064（项家沟 3 号马面），长 100 米，东南—西北走向，保存较好。

第 8 小段：G0064（项家沟 3 号马面）—G0065（项家沟 4 号马面），长 130 米，东南—西北走向，保存较好。墙体顶部残存女墙，宽 1.1 米。女墙西南侧为人行通道，宽 0.9 米。

第 9 小段：G0065（项家沟 4 号马面）—G0066（拐点），长 50 米，东南—西北走向，保存较好。

第 10 小段：G0066（拐点）—G0067（项家沟 5 号马面），长 80 米，东南—西北走向，保存较好。

第 11 小段：G0067（项家沟 5 号马面）—G0070（项家沟 6 号马面），长 120 米，东南—西北走向，保存一般。项家沟 2 号烽火台位于墙体东 0.06 千米处。

第 12 小段：G0070（项家沟 6 号马面）—G0071（项家沟 7 号马面），长 120 米，东南—西北走向，保存一般。墙体顶宽 1～1.5 米。

第 13 小段：G0071（项家沟 7 号马面）—G0072（断点），长 5 米，东南—西北走向，保存较差。

第 14 小段：G0072（断点）—G0073（断点），长 30 米，东南—西北走向。墙体被洪水冲刷损毁消失。

第 15 小段：G0073（断点）—G0074（项家沟 8 号马面），长 40 米，南—北走向，保存较差。墙体宽 3～4、残高 4 米。

第 16 小段：G0074（项家沟 8 号马面）—G0075（断点），长 6 米，南—北走向，保存较差。

第 17 小段：G0075（断点）—G0076（断点），长 3 米，西南—东北走向。墙体因修路挖断损毁消失。

第 18 小段：G0076（断点）—G0077（项家沟 9 号马面），长 60 米，西南—东北走向，保存一般。墙体底宽 4、顶宽 1.9、残高 3.5 米。墙体顶部残存女墙，宽 1.5、残高 0.6～1.1 米。女墙西侧为人行通道，宽 0.4 米。

第 19 小段：G0077（项家沟 9 号马面）—G0079（项家沟 10 号马面），长 80 米，西南—东北走向，保存一般。墙体西壁有登墙步道，长 15、宽 2 米。

第 20 小段：G0079（项家沟 10 号马面）—G0080（项家沟 2 号敌台），长 60 米，西南—东北走向，保存一般。

第 21 小段：G0080（项家沟 2 号敌台）—G0081（项家沟 3 号敌台），长 200 米，东南—西北走向，保存一般。墙体底宽 5、顶宽 2～3、残高 5 米。

第 22 小段：G0081（项家沟 3 号敌台）—G0083（拐点），长 160 米，东南—西北走向，保存一般。墙体西南壁有登墙步道，长 7、宽 2 米。

第 23 小段：G0083（拐点）—G0084（拐点），长 70 米，东南—西北走向，保存一般。

第 24 小段：G0084（拐点）—G0085（项家沟 11 号马面），长 50 米，东南—西北走向，保存一般（彩图七二二）。

第 25 小段：G0085（项家沟 11 号马面）—G0086（拐点），长 220 米，南—北走向，保存一般。中部有一段墙体西侧为石块砌筑，残高 1～2 米。

第 26 小段：G0086（拐点）—G0087（止点、项家沟 12 号马面），长 50 米，西南—东北走向，保存一般。墙体底宽 6、顶宽 2、残高 4～5 米。丁庄窝 1 号烽火台位于墙体东 0.03 千米处。

墙体整体保存一般。除洪水冲刷致墙体损毁消失外，风雨侵蚀、植物生长等也造成墙体的坍塌脱落；人为损毁严重，部分段墙体因修路挖断损毁消失。

4. 项家沟长城 2 段

起点位于龙泉镇项家沟村西北 1.4 千米处，高程 1413 米；止点位于项家沟村西北 1.46 千米处，高程 1386 米。大致呈东南—西北走向。全长 100 米，均保存较好。本段长城为河险，南接项家沟长城 1 段，西北连项家沟长城 3 段。丁庄窝 2 号烽火台位于墙体东 0.1 千米处（图四三五）。

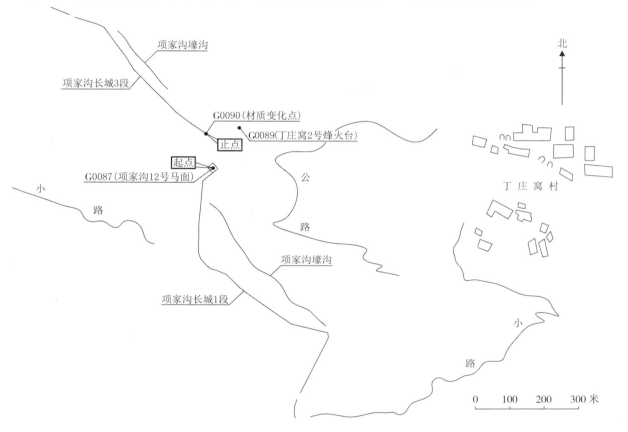

图四三五　项家沟长城 2 段走向示意图

本段墙体共测 GPS 点 2 个（G0087、G0090），仅 1 小段，叙述如下。

G0087（起点、项家沟 12 号马面）—G0090（止点、材质变化点），长 100 米，东南—西北走向，保存较好。丁庄窝 2 号烽火台位于墙体东 0.1 千米处。

5. 项家沟长城 3 段

起点位于龙泉镇项家沟村西北 1.46 千米处，高程 1386 米；止点位于项家沟村西北 2.2 千米处，高程 1622 米。大致呈东南—西北走向。全长 1663 米，其中保存较好 80、一般 1495、较差 50、消失 38 米。墙体为土墙，夯土版筑而成，版宽 0.8～3.5 米，夯层厚度不详，部分夯层间夹有石片；现存墙体剖面大致呈不规则梯形，底宽 3～6、顶宽 2.5～2.9、残高 3～6 米。部分段墙体顶部残存女墙，宽 1.5

~1.8、残高 0.2~0.3 米；部分段墙体西南壁有登墙步道，宽 1.6~2 米；部分段墙体有修缮痕迹。本段长城东南接项家沟长城 2 段，北连丁庄窝长城，项家沟 13~23 号马面位于墙体上（彩图七二三）。丁庄窝 3 号烽火台位于墙体西南 0.025 千米处。项家沟壕沟位于项家沟长城 1 段 G0067（项家沟 5 号马面）—项家沟长城 3 段 G0109（断点）间墙体东或东北 0.02~0.12 千米处（图四三六；彩图七二四）。

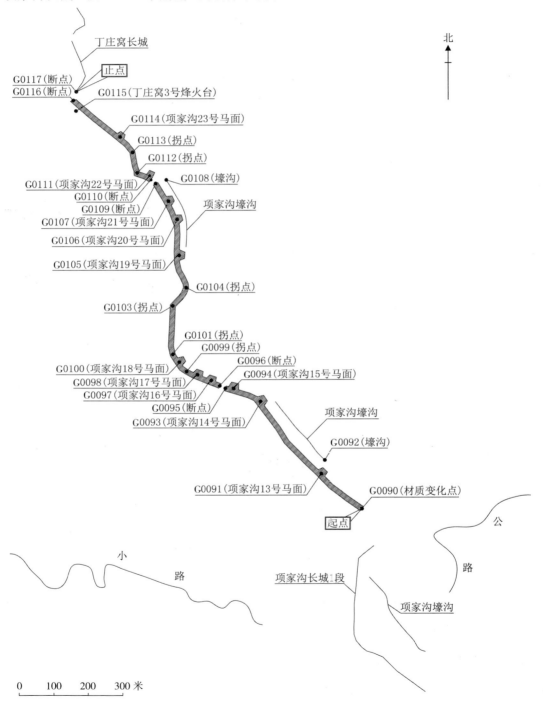

图四三六　项家沟长城 3 段走向示意图

本段墙体共测 GPS 点 24 个（G0090、G0091、G0093 ~ G0101、G0103 ~ G0107、G0109 ~ G0114、G0116、G0117），可分为 23 小段，分述如下。

第 1 小段：G0090（起点、材质变化点）—G0091（项家沟 13 号马面），长 160 米，东南—西北走向，保存一般。墙体底宽 3.5、顶宽 2.5、残高 4 ~ 5 米。墙体顶部残存女墙，宽 1.5 米。西南侧为人行通道，宽 0.8 米。墙体西南壁有登墙步道，长 10、宽 1.6 ~ 2 米。

第 2 小段：G0091（项家沟 13 号马面）—G0093（项家沟 14 号马面），长 280 米，东南—西北走向，保存一般。墙体顶部残存女墙，女墙西南侧为人行通道。

第 3 小段：G0093（项家沟 14 号马面）—G0094（项家沟 15 号马面），长 90 米，东南—西北走向，保存一般。墙体顶部残存女墙，女墙西南侧为人行通道。

第 4 小段：G0094（项家沟 15 号马面）—G0095（断点），长 50 米，东南—西北走向，保存较差。墙体宽 3 米。墙体东北侧被取土挖损破坏严重。

第 5 小段：G0095（断点）—G0096（断点），长 2 米，东南—西北走向。墙体因修路挖断损毁消失。

第 6 小段：G0096（断点）—G0097（项家沟 16 号马面），长 50 米，东南—西北走向，保存一般。墙体顶部残存女墙，女墙西南侧为人行通道。

第 7 小段：G0097（项家沟 16 号马面）—G0098（项家沟 17 号马面），长 50 米，东南—西北走向，保存一般。墙体顶部残存女墙，女墙西南侧为人行通道。

第 8 小段：G0098（项家沟 17 号马面）—G0099（拐点），长 30 米，东南—西北走向，保存较好。墙体底宽 6、顶宽 2.9、南高 6、北高 3 米，北壁夯层间夹有石片。

第 9 小段：G0099（拐点）—G0100（项家沟 18 号马面），长 50 米，东南—西北走向，保存较好。墙体顶部残存女墙，女墙西南侧为人行通道。

第 10 小段：G0100（项家沟 18 号马面）—G0101（拐点），长 30 米，东南—西北走向，保存一般。墙体顶部残存女墙，女墙西南侧为人行通道。

第 11 小段：G0101（拐点）—G0103（拐点），长 140 米，南—北走向，保存一般。墙体顶部残存女墙，石砌而成，长 15、宽 1.8、残高 0.2 ~ 0.3 米。部分段墙体两侧有石墙，系补筑。

第 12 小段：G0103（拐点）—G0104（拐点），长 60 米，西南—东北走向，保存一般。

第 13 小段：G0104（拐点）—G0105（项家沟 19 号马面），长 100 米，东南—西北走向，保存一般。墙体顶部残存女墙，女墙西侧为人行通道。

第 14 小段：G0105（项家沟 19 号马面）—G0106（项家沟 20 号马面），长 110 米，南—北走向，保存一般。墙体顶部残存女墙，女墙西侧为人行通道。

第 15 小段：G0106（项家沟 20 号马面）—G0107（项家沟 21 号马面），长 50 米，东南—西北走向，保存一般。墙体顶部残存女墙，女墙西南侧为人行通道。

第 16 小段：G0107（项家沟 21 号马面）—G0109（断点），长 60 米，东南—西北走向，保存一般。墙体顶部残存女墙，女墙西南侧为人行通道。

第 17 小段：G0109（断点）—G0110（断点），长 6 米，东南—西北走向。墙体被洪水冲刷损毁消失。

第 18 小段：G0110（断点）—G0111（项家沟 22 号马面），长 5 米，东南—西北走向，保存一般。墙体顶部残存女墙，女墙西南侧为人行通道。

第 19 小段：G0111（项家沟 22 号马面）—G0112（拐点），长 40 米，东南—西北走向，保存一般。墙体顶部残存女墙，女墙西南侧为人行通道。

第 20 小段：G0112（拐点）—G0113（拐点），长 50 米，东南—西北走向，保存一般。墙体顶部残存女墙，女墙西南侧为人行通道。

第 21 小段：G0113（拐点）—G0114（项家沟 23 号马面），长 50 米，东南—西北走向，保存一般。墙体顶部残存女墙，女墙西南侧为人行通道。

第 22 小段：G0114（项家沟 23 号马面）—G0116（断点），长 170 米，东南—西北走向，保存一般。墙体顶部残存女墙，女墙西南侧为人行通道。丁庄窝 3 号烽火台位于墙体西南 0.025 千米处。

第 23 小段：G0116（断点）—G0117（止点、断点），长 30 米，南—北走向。墙体被洪水冲刷损毁消失。

墙体整体保存一般。除洪水冲刷致墙体损毁消失外，风雨侵蚀、植物生长等也造成墙体的坍塌脱落；人为损毁严重，取土挖损破坏墙体，部分段墙体因修路挖断损毁消失。

6. 丁庄窝长城

起点位于龙泉镇丁庄窝村西北 2.2 千米处，高程 1622 米；止点位于丁庄窝村西北 2.4 千米处，高程 1770 米。大致呈西南—东北走向。全长 487 米，其中保存较好 320、一般 160、消失 7 米。墙体为石墙，外部条石或石片错缝砌筑；内部为夯土版筑墙体，版宽 1.5 ~ 3 米，夯层厚 0.12 ~ 0.14 米。现存墙体剖面大致呈不规则梯形，底宽 2 ~ 5、顶宽 1 ~ 4.3、残高 0.3 ~ 5 米（彩图七二五）。部分段墙体顶部残存女墙，宽 1、残高 0.5 ~ 1 米（彩图七二六）。本段长城南接项家沟长城 3 段，北连朔城区石板沟长城 1 段，丁庄窝 4、5 号烽火台分别位于墙体东 0.05、0.78 千米处（图四三七）。

本段墙体共测 GPS 点 7 个（G0117 ~ G0122、G0124），可分为 6 小段，分述如下。

第 1 小段：G0117（起点、断点）—G0118（拐点），长 50 米，西南—东北走向，保存一般。外部包石无存。墙体底宽 3.5、顶宽 1.5、残高 2 ~ 2.8 米。

第 2 小段：G0118（拐点）—G0119（断点），长 110 米，东南—西北走向，保存较好。墙体底宽 5、顶宽 4 ~ 4.3、残高 5 米。墙体顶部残存女墙，宽 1、残高 0.5 ~ 1 米。丁庄窝 5 号烽火台位于墙体东 0.78 千米。

第 3 小段：G0119（断点）—G0120（断点），长 7 米，南—北走向。墙体被洪水冲刷损毁消失。

第 4 小段：G0120（断点）—G0121（拐点），长 40 米，西南—东北走向，保存一般。墙体底宽 2 ~ 3、顶宽 1 ~ 1.5、东高 1.5 ~ 2、西高 0.3 ~ 1 米。

第 5 小段：G0121（拐点）—G0122（拐点），长 70 米，东南—西北走向，保存一般。墙体底宽 2 ~ 3、顶宽 1 ~ 1.5、东高 1.5 ~ 2、西高 0.3 ~ 1 米。

第 6 小段：G0122（拐点）—G0124（止点），长 210 米，西南—东北走向，保存较好。墙体底宽 5、顶宽 2 ~ 4.3、残高 4 米。丁庄窝 4 号烽火台位于墙体东 0.05 千米。

墙体整体保存一般。除洪水冲刷致墙体损毁消失外，风雨侵蚀、植物生长等也造成墙体的坍塌脱落；人为损毁有拆毁墙体包石等。

7. 鹞子沟长城 1 段

起点位于朔城区利民镇勒马沟村西南 2.1 千米处，高程 1995 米；止点位于神池县烈堡乡大井沟村东北 2.18 千米处，高程 1883 米。大致呈东南—西北走向。全长 1870 米，其中保存较好 410、一般 1455、消失 5 米。墙体为石墙，土石混筑而成。现存墙体剖面大致呈不规则梯形，底宽 5 ~ 18、顶宽

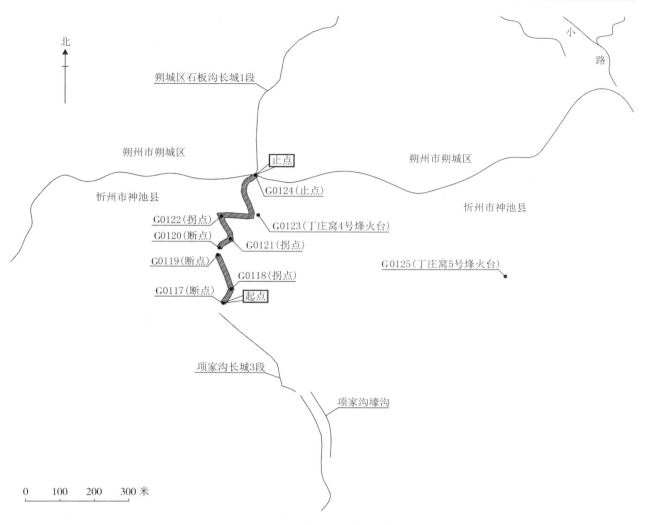

图四三七　丁庄窝长城走向示意图

1.7～2.7、残高 1.4～8 米。本段长城位于神池县与朔城区交界处，东接朔城区利民堡长城 3 段，西北连神池县鹞子沟长城 2 段，朔城区勒马沟外长城 G0010（拐点）—G0023（止点）间墙体位于鹞子沟长城 1 段墙体北侧，G0023（止点）与鹞子沟长城 1 段相连（彩图七二七），鹞子沟敌台、朔城区 152 号马面、鹞子沟 1～14 号马面位于墙体上，朔城区 152 号马面系鹞子沟长城 1 段起点，鹞子沟 14 号马面系鹞子沟长城 1 段止点。大井沟关倚墙而建，位于墙体西南侧。朔城区勒马沟 3 号壕沟位于鹞子沟长城 1 段 G0134（鹞子沟 5 号马面）—鹞子沟长城 3 段 G0171（鹞子沟 31 号马面）间墙体东或东北 0.02～0.16 千米处（图四三八）。

　　本段墙体共测 GPS 点 21 个（G0125～G0130、G0132～G0146），可分为 20 小段，分述如下。

　　第 1 小段：G0125（起点、朔城区 152 号马面）—G0126（拐点），长 60 米，东南—西北走向，保存较好。墙体底宽 5、顶宽 1.7、南高 1.4、北高 3～4 米。

　　第 2 小段：G0126（拐点）—G0127（鹞子沟 1 号马面），长 50 米，东南—西北走向，保存较好。

　　第 3 小段：G0127（鹞子沟 1 号马面）—G0128（鹞子沟 2 号马面），长 80 米，东南—西北走向，保存较好。

　　第 4 小段：G0128（鹞子沟 2 号马面）—G0129（鹞子沟 3 号马面），长 110 米，东南—西北走向，

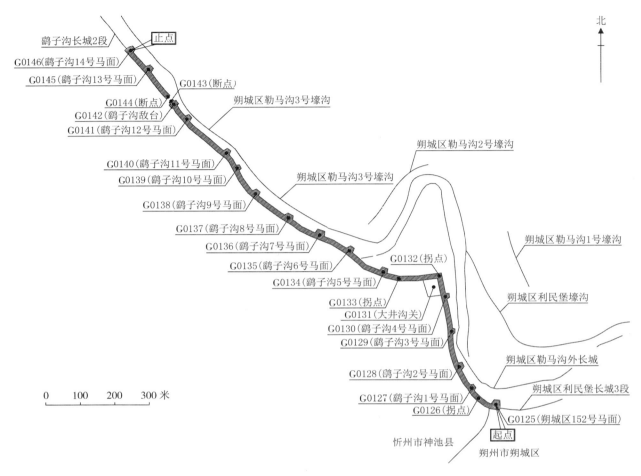

图四三八　鹞子沟长城1段走向示意图

保存较好。墙体底宽 17~18、顶宽 2.7、残高 7~8 米。

第5小段：G0129（鹞子沟3号马面）—G0130（鹞子沟4号马面），长 110 米，南—北走向，保存较好。墙体底宽 5、顶宽 1.7、南高 1.4、北高 3~4 米。

第6小段：G0130（鹞子沟4号马面）—G0132（拐点），长 60 米，东南—西北走向，保存一般。

第7小段：G0132（拐点）—G0133（拐点），长 130 米，东—西走向，保存一般。

第8小段：G0133（拐点）—G0134（鹞子沟5号马面），长 45 米，东南—西北走向，保存一般。

第9小段：G0134（鹞子沟5号马面）—G0135（鹞子沟6号马面），长 130 米，东南—西北走向，保存一般。

第10小段：G0135（鹞子沟6号马面）—G0136（鹞子沟7号马面），长 170 米，东南—西北走向，保存一般。

第11小段：G0136（鹞子沟7号马面）—G0137（鹞子沟8号马面），长 110 米，东南—西北走向，保存一般。

第12小段：G0137（鹞子沟8号马面）—G0138（鹞子沟9号马面），长 130 米，东南—西北走向，保存一般。

第13小段：G0138（鹞子沟9号马面）—G0139（鹞子沟10号马面），长 100 米，东南—西北走向，保存一般。

第 14 小段：G0139（鹞子沟 10 号马面）—G0140（鹞子沟 11 号马面），长 120 米，东南—西北走向，保存一般。

第 15 小段：G0140（鹞子沟 11 号马面）—G0141（鹞子沟 12 号马面），长 160 米，东南—西北走向，保存一般。

第 16 小段：G0141（鹞子沟 12 号马面）—G0142（鹞子沟敌台），长 60 米，东南—西北走向，保存一般。

第 17 小段：G0142（鹞子沟敌台）—G0143（断点），长 10 米，东南—西北走向，保存一般。

第 18 小段：G0143（断点）—G0144（断点），长 5 米，东南—西北走向。墙体被人为破坏损毁消失。

第 19 小段：G0144（断点）—G0145（鹞子沟 13 号马面），长 110 米，东南—西北走向，保存一般。

第 20 小段：G0145（鹞子沟 13 号马面）—G0146（止点、鹞子沟 14 号马面），长 120 米，东南—西北走向，保存一般。

墙体整体保存一般，风雨侵蚀、植物生长等造成墙体的坍塌脱落；人为损毁严重，部分段墙体被人为破坏损毁消失。

8. 鹞子沟长城 2 段

起点位于烈堡乡大井沟村东北 2.18 千米处，高程 1883 米；止点位于大井沟村东北 3.1 千米处，高程 1962 米。大致呈东南—西北走向。全长 1578 米，其中保存一般 1568、消失 10 米。墙体为石墙，土石混筑而成。现存墙体剖面大致呈不规则梯形，底宽 5~7、顶宽 1.5~2.7、残高 1.4~5 米。部分段墙体顶部残存女墙，宽 0.5~0.7、残高 0.2~0.5 米。本段长城位于神池县与朔城区交界处，东南接鹞子沟长城 1 段，西北连鹞子沟长城 3 段。鹞子沟 14~28 号马面位于墙体上，鹞子沟 14 号马面系鹞子沟长城 2 段起点，鹞子沟 28 号马面系鹞子沟长城 2 段止点。大井沟 1 号堡位于墙体西 0.13 千米处，大井沟烽火台位于墙体西南 0.88 千米处，朔城区勒马沟 3 号壕沟位于鹞子沟长城 1 段 G0134（鹞子沟 5 号马面）—鹞子沟长城 3 段 G0171（鹞子沟 31 号马面）间墙体东或东北 0.02~0.16 千米处（图四三九）。

本段墙体共测 GPS 点 19 个（G0146~G0148、G0151~G0166），可分为 18 小段，分述如下。

第 1 小段：G0146（起点、鹞子沟 14 号马面）—G0147（鹞子沟 15 号马面），长 110 米，东南—西北走向，保存一般。墙体底宽 5~7、顶宽 1.5~2.7、残高 4~5 米。

第 2 小段：G0147（鹞子沟 15 号马面）—G0148（鹞子沟 16 号马面），长 130 米，东南—西北走向，保存一般。G0147（鹞子沟 15 号马面）北 0.05 千米处发现一块人字形坡顶砖，长 36、宽 33、中脊高 9、坡沿厚 6 厘米。

第 3 小段：G0148（鹞子沟 16 号马面）—G0151（鹞子沟 17 号马面），长 130 米，东南—西北走向，保存一般。

第 4 小段：G0151（鹞子沟 17 号马面）—G0152（鹞子沟 18 号马面），长 80 米，东南—西北走向，保存一般。

第 5 小段：G0152（鹞子沟 18 号马面）—G0153（鹞子沟 19 号马面），长 90 米，东南—西北走向，保存一般。

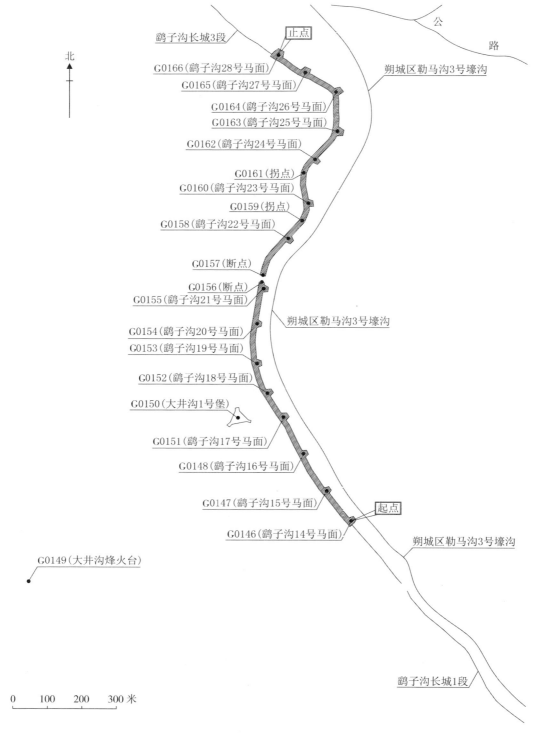

图四三九　鹞子沟长城 2 段走向示意图

第 6 小段：G0153（鹞子沟 19 号马面）—G0154（鹞子沟 20 号马面），长 120 米，南—北走向，保存一般。

第 7 小段：G0154（鹞子沟 20 号马面）—G0155（鹞子沟 21 号马面），长 100 米，南—北走向，保存一般。

第8小段：G0155（鹞子沟21号马面）—G0156（断点），长8米，南—北走向，保存一般。

第9小段：G0156（断点）—G0157（断点），长10米，南—北走向。墙体被洪水冲刷损毁消失。

第10小段：G0157（断点）—G0158（鹞子沟22号马面），长140米，西南—东北走向，保存一般。墙体底宽5、顶宽1.7、东高3~4、西高1.4米。

第11小段：G0158（鹞子沟22号马面）—G0159（拐点），长80米，西南—东北走向，保存一般。墙体顶部残存女墙，长20、宽0.5~0.7、残高0.2~0.5米。

第12小段：G0159（拐点）—G0160（鹞子沟23号马面），长30米，南—北走向，保存一般。

第13小段：G0160（鹞子沟23号马面）—G0161（拐点），长90米，南—北走向，保存一般。

第14小段：G0161（拐点）—G0162（鹞子沟24号马面），长50米，西南—东北走向，保存一般（彩图七二八）。

第15小段：G0162（鹞子沟24号马面）—G0163（鹞子沟25号马面），长100米，西南—东北走向，保存一般。

第16小段：G0163（鹞子沟25号马面）—G0164（鹞子沟26号马面），长120米，南—北走向，保存一般。

第17小段：G0164（鹞子沟26号马面）—G0165（鹞子沟27号马面），长100米，东南—西北走向，保存一般。

第18小段：G0165（鹞子沟27号马面）—G0166（鹞子沟28号马面），长90米，东南—西北走向，保存一般。墙体顶部残存石砌女墙残基，长8、宽0.7米。

墙体整体保存一般。除洪水冲刷致墙体损毁消失外，风雨侵蚀、植物生长等也造成墙体的坍塌脱落。

9. 鹞子沟长城3段

起点位于神池县烈堡乡大井沟村东北3.1千米处，高程1962米；止点位于朔城区利民镇兰家窑村东1.8千米处，高程1924米。大致呈东南—西北走向。全长1206米，其中保存较好880、一般297、消失29米。墙体为石墙，外部石片砌筑，内部为土石混筑墙体。现存墙体剖面大致呈不规则梯形，底宽5~7、顶宽1.5~3.1、残高4~5米。部分段墙体西壁有登墙步道，宽2.7米。部分段墙体有修缮痕迹。本段长城位于神池县与朔城区交界处，东南接鹞子沟长城2段，北连朔城区蒋家峪长城1段。鹞子沟28~37号马面位于墙体上，鹞子沟28号马面系鹞子沟长城3段起点，鹞子沟37号马面系鹞子沟长城3段止点。朔城区勒马沟3号壕沟位于鹞子沟长城1段G0134（鹞子沟5号马面）—鹞子沟长城3段G0171（鹞子沟31号马面）间墙体东或东北0.02~0.16千米处（图四四〇）。

本段墙体共测GPS点15个（G0166~G0180），可分为14小段，分述如下。

第1小段：G0166（起点、鹞子沟28号马面）—G0167（鹞子沟29号马面），长90米，东南—西北走向，保存一般。墙体底宽5~7、顶宽1.5~2.5、残高4~5米。

第2小段：G0167（鹞子沟29号马面）—G0168（鹞子沟30号马面），长120米，东南—西北走向，保存一般。

第3小段：G0168（鹞子沟30号马面）—G0169（断点），长70米，东南—西北走向，保存一般。

第4小段：G0169（断点）—G0170（断点），长4米，东南—西北走向。墙体因修路挖断损毁消失。从断点处墙体剖面可见，墙体两侧有土墙，系补筑。

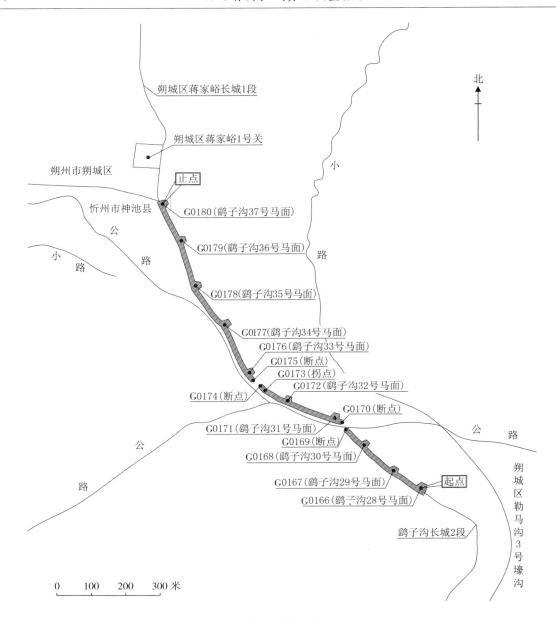

图四四○　鹞子沟长城 3 段走向示意图

第 5 小段：G0170（断点）—G0171（鹞子沟 31 号马面），长 7 米，东南—西北走向，保存一般。

第 6 小段：G0171（鹞子沟 31 号马面）—G0172（鹞子沟 32 号马面），长 150 米，东南—西北走向，保存较好。墙体两侧有土墙，系补筑。墙体底宽 6~7、顶宽 2.2、残高 4~5 米。

第 7 小段：G0172（鹞子沟 32 号马面）—G0173（拐点），长 50 米，东南—西北走向，保存较好。

第 8 小段：G0173（拐点）—G0174（断点），长 50 米，东南—西北走向，保存较好。

第 9 小段：G0174（断点）—G0175（断点），长 25 米，东南—西北走向。墙体被洪水冲刷损毁消失。

第 10 小段：G0175（断点）—G0176（鹞子沟 33 号马面），长 10 米，东南—西北走向，保存一般。

第 11 小段：G0176（鹞子沟 33 号马面）—G0177（鹞子沟 34 号马面），长 180 米，东南—西北走向，保存一般（彩图七二九）。G0176（鹞子沟33号马面）处墙体西壁有登墙步道，长15、宽2.7米。

第12小段：G0177（鹞子沟34号马面）—G0178（鹞子沟35号马面），长160米，东南—西北走向，保存较好。墙体底宽7、顶宽2.2～3.1、残高4～5米。

第13小段：G0178（鹞子沟35号马面）—G0179（鹞子沟36号马面），长150米，东南—西北走向，保存较好。

第14小段：G0179（鹞子沟36号马面）—G0180（止点、鹞子沟37号马面），长140米，东南—西北走向，保存较好。

墙体整体保存一般。除洪水冲刷致墙体损毁消失外，风雨侵蚀、植物生长等也造成墙体的坍塌脱落；人为损毁严重，拆毁墙体包石，部分段墙体因修路挖断损毁消失。

10. 南寨长城1段

起点位于烈堡乡南寨村东南1.86千米处，高程1868米；止点位于南寨村东0.98千米处，高程1708米。大致呈东南—西北走向。全长1280米，均保存较好。墙体为石墙，外部石片或条石错缝砌筑；内部为土石混筑墙体或夯筑墙体，夯层厚0.06～0.11米。现存墙体剖面大致呈不规则梯形，底宽5～6、顶宽2～4、残高3.1～6米（彩图七三〇）。本段长城位于神池县与平鲁区交界处，东接朔城区蒋家峪长城2段，西北连南寨长城2段。南寨敌台、朔城区185号马面、南寨1～8号马面位于墙体上，朔城区185号马面系南寨长城1段起点，南寨8号马面系南寨长城1段止点。南寨壕沟位于南寨长城1段G0181（起点、朔城区185号马面）—南寨长城2段G0194（南寨9号马面）间墙体东北侧（位于平鲁区下木角乡境内）（图四四一）。

本段墙体共测GPS点12个（G0181～G0190、G0192、G0193），可分为11小段，分述如下。

第1小段：G0181（起点、朔城区185号马面）—G0182（拐点），长50米，东—西走向，保存较好。墙体底宽5～6、顶宽2.4、内高4.5、外高6米。

第2小段：G0182（拐点）—G0183（南寨1号马面），长110米，东南—西北走向，保存较好。

第3小段：G0183（南寨1号马面）—G0184（南寨2号马面），长160米，东南—西北走向，保存较好。墙体底宽5～6、顶宽2.4～4、内高3.1～4.5、外高6米。

第4小段：G0184（南寨2号马面）—G0185（南寨3号马面），长140米，东南—西北走向，保存较好。墙体底宽5～6、顶宽2～2.4、内高4～5、外高5.5米。

第5小段：G0185（南寨3号马面）—G0186（南寨4号马面），长150米，东南—西北走向，保存较好。

第6小段：G0186（南寨4号马面）—G0187（南寨5号马面），长140米，东南—西北走向，保存较好。

第7小段：G0187（南寨5号马面）—G0188（南寨6号马面），长100米，东南—西北走向，保存较好。

第8小段：G0188（南寨6号马面）—G0189（南寨7号马面），长190米，东南—西北走向，保存较好。

第9小段：G0189（南寨7号马面）—G0190（南寨敌台），长120米，东南—西北走向，保存较好。

第10小段：G0190（南寨敌台）—G0192（拐点），长60米，东南—西北走向，保存较好。

第11小段：G0192（拐点）—G0193（止点、南寨8号马面），长60米，东南—西北走向，保存

图四四一　南寨长城 1 段走向示意图

较好。

墙体整体保存较好。风雨侵蚀、植物生长等自然因素造成墙体的坍塌脱落；人为损毁有拆毁墙体包石等。

11. 南寨长城 2 段

起点位于烈堡乡南寨村东 0.98 千米处，高程 1708 米；止点位于南寨村北 0.94 千米处，高程 1581 米。大致呈东南—西北走向。全长 1025 米，其中保存较好 1000、一般 10、消失 15 米。墙体为土墙，夯土版筑而成，版宽 2~3 米，夯层厚 0.12~0.15 米。现存墙体剖面大致呈不规则梯形，底宽 5~6、顶宽 2~3.2、残高 6~8 米。部分段墙体顶部残存铺砖。本段长城位于神池县与平鲁区交界处，东南接南寨长城 1 段，西北连野猪口长城 1 段。南寨 8~16 号马面位于墙体上，南寨 8 号马面系南寨长城 2 段起点。野猪沟堡位于墙体西 0.37 千米处，南寨壕沟位于南寨长城 1 段 G0185（起点、朔区 185 号马面）—南寨长城 2 段 G0194（南寨 9 号马面）间墙体东北侧（图四四二）。

本段墙体共测 GPS 点 13 个（G0193~G0205），可分为 12 小段，分述如下。

第 1 段：G0193（起点、南寨 8 号马面）—G0194（南寨 9 号马面），长 140 米，东南—西北走向，保存较好。墙体底宽 5~6、顶宽 2~3、残高 6 米。

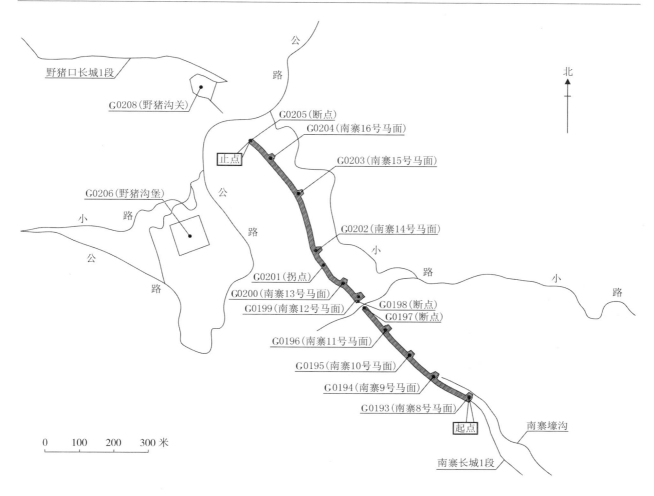

图四四二　南寨长城2段走向示意图

第2段：G0194（南寨9号马面）—G0195（南寨10号马面），长110米，东南—西北走向，保存较好。

第3段：G0195（南寨10号马面）—G0196（南寨11号马面），长110米，东南—西北走向，保存较好。

第4段：G0196（南寨11号马面）—G0197（断点），长90米，东南—西北走向，保存较好。

第5段：G0197（断点）—G0198（断点），长15米，东南—西北走向。墙体被洪水冲刷损毁消失。

第6段：G0198（断点）—G0199（南寨12号马面），长10米，东南—西北走向，保存一般。

第7段：G0199（南寨12号马面）—G0200（南寨13号马面），长90米，东南—西北走向，保存较好（彩图七三一）。

第8段：G0200（南寨13号马面）—G0201（拐点），长100米，东南—西北走向，保存较好。

第9段：G0201（拐点）—G0202（南寨14号马面），长50米，东南—西北走向，保存较好。

第10段：G0202（南寨14号马面）—G0203（南寨15号马面），长180米，东南—西北走向，保存较好。墙体底宽5~6、顶宽3.2、残高7~8米。

第11段：G0203（南寨15号马面）—G0204（南寨16号马面），长50米，东南—西北走向，保存较好。

第12段：G0204（南寨16号马面）—G0205（断点、止点），长80米，东南—西北走向，保存较好。

墙体整体保存较好。除洪水冲刷致墙体损毁消失外，风雨侵蚀、植物生长等也造成墙体的坍塌脱落。

12. 野猪口长城1段

起点位于烈堡乡南寨村北0.94千米处，高程1581米；止点位于烈堡乡大沟村东北1.4千米处，高程1773米，大致呈东南—西北走向。全长1920米，其中保存较好440、一般1030、较差320、消失130米。墙体为土墙，夯土版筑而成，版宽1.5～3米，夯层厚0.14～0.22米。现存墙体剖面大致呈不规则梯形，底宽1.5～5、顶宽0.5～3、残高1.5～5米。本段长城东南接南寨长城2段，西北连野猪口长城2段。野猪口敌台、野猪口1～3号马面位于墙体上，野猪口3号马面系野猪口长城1段止点。野猪沟关倚墙而建，位于墙体东侧。辛窑1～4号烽火台分别位于墙体北0.96、0.86、0.55、0.23千米处（图四四三）。

本段墙体共测GPS点14个（G0205、G0207、G0209～G0220），可分为13小段，分述如下。

第1小段：G0205（起点、断点）—G0207（断点），长130米，东南—西北走向。墙体被洪水冲刷损毁消失。

第2小段：G0207（断点）—G0209（拐点），长120米，东南—西北走向，保存一般。墙体底宽1.5、顶宽0.5、残高5米。

第3小段：G0209（拐点）—G0210（拐点），长40米，东南—西北走向，保存较差。墙体西南侧与地面齐平，东北侧残高2～2.5米。

第4小段：G0210（拐点）—G0211（野猪口敌台），长130米，西—东走向，保存较差。

第5小段：G0211（野猪口敌台）—G0212（拐点），长210米，东南—西北走向，保存较好。墙体底宽4.5、顶宽1～3、残高5米。

第6小段：G0212（拐点）—G0213（拐点），长230米，东—西走向，保存较好。

第7小段：G0213（拐点）—G0214（野猪口1号马面），长150米，东—西走向，保存较差。墙体底宽4～5、顶宽1.2、残高1.5～1.7米。

第8小段：G0214（野猪口1号马面）—G0215（拐点），长220米，东南—西北走向，保存一般。墙体底宽3、顶宽0.5～1.2、残高5米。

第9小段：G0215（拐点）—G0216（拐点），长60米，东南—西北走向，保存一般。

第10小段：G0216（拐点）—G0217（拐点），长280米，东南—西北走向，保存一般。

第11小段：G0217（拐点）—G0218（野猪口2号马面），长80米，东南—西北走向，保存一般。

第12小段：G0218（野猪口2号马面）—G0219（拐点），长90米，东南—西北走向，保存一般。

第13小段：G0219（拐点）—G0220（止点、野猪口3号马面），长180米，东—西走向，保存一般（彩图七三二）。

墙体整体保存一般。除洪水冲刷致墙体损毁消失外，风雨侵蚀、植物生长等也造成墙体的坍塌脱落。

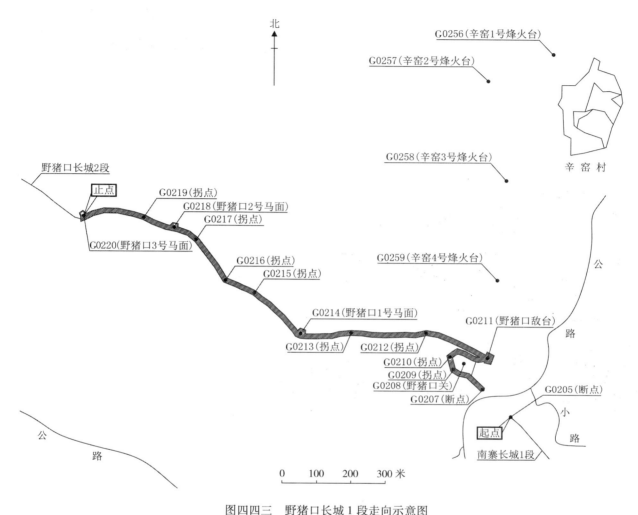

图四四三　野猪口长城 1 段走向示意图

13. 野猪口长城 2 段

　　起点位于烈堡乡大沟村东北 1.4 千米处，高程 1773 米；止点位于大沟村西北 0.8 千米，高程 1816 米。大致呈东—西走向。全长 2136 米，其中保存较好 780、一般 1338、消失 18 米。墙体为土墙，夯土版筑而成，版宽 1.5～3 米，夯层厚度不详。现存墙体剖面大致呈不规则梯形，底宽 3～5、顶宽 0.5 ～1.5、残高 4～5 米。本段长城东接野猪口长城 1 段，西北连野猪口长城 3 段。野猪口 3～6 号马面位于墙体上，野猪口 3 号马面系野猪口长城 2 段起点，野猪口 6 号马面系野猪口长城 2 段止点（图四四四）。

　　本段墙体共测 GPS 点 17 个（G0220～G0236），可分为 16 小段，分述如下。

　　第 1 小段：G0220（起点、野猪口 3 号马面）—G0221（拐点），长 8 米，东—西走向，保存一般。墙体底宽 5 米。

　　第 2 小段：G0221（拐点）—G0222（断点），长 190 米，东南—西北走向，保存一般。墙体底宽 3～5、顶宽 0.5～1.2、残高 5 米。

　　第 3 小段：G0222（断点）—G0223（断点），长 7 米，东南—西北走向。墙体因修路挖断损毁消

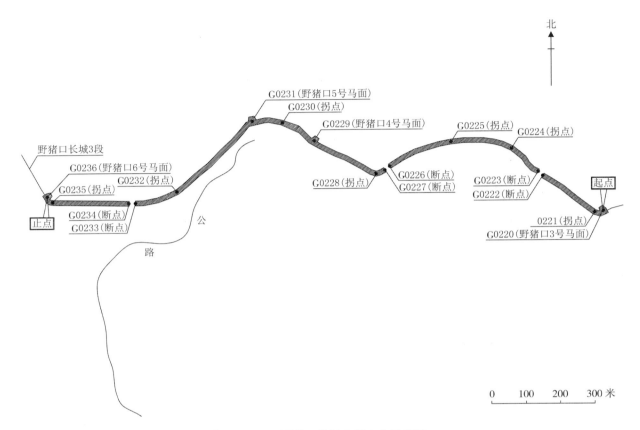

图四四四　野猪口长城 2 段走向示意图

失。

第 4 小段：G0223（断点）—G0224（拐点），长 110 米，东南—西北走向，保存较好。墙体底宽 4～5、顶宽 1.5、残高 5 米。

第 5 小段：G0224（拐点）—G0225（拐点），长 190 米，东—西走向，保存较好。

第 6 小段：G0225（拐点）—G0226（断点），长 210 米，东北—西南走向，保存较好。

第 7 小段：G0226（断点）—G0227（断点），长 3 米，东北—西南走向。墙体因修路挖断损毁消失。

第 8 小段：G0227（断点）—G0228（拐点），长 50 米，东北—西南走向，保存较好。

第 9 小段：G0228（拐点）—G0229（野猪口 4 号马面），长 220 米，东南—西北走向，保存较好（彩图七三三）。

第 10 小段：G0229（野猪口 4 号马面）—G0230（拐点），长 170 米，东南—西北走向，保存一般。墙体底宽 4～5、顶宽 1.3、残高 4 米。

第 11 小段：G0230（拐点）—G0231（野猪口 5 号马面），长 300 米，东—西走向，保存一般。

第 12 小段：G0231（野猪口 5 号马面）—G0232（拐点），长 330 米，东北—西南走向，保存一般。

第 13 小段：G0232（拐点）—G0233（断点），长 90 米，东北—西南走向，保存一般。

第 14 小段：G0233（断点）—G0234（断点），长 8 米，东—西走向。墙体因修路挖断损毁消失。

第 15 小段：G0234（断点）—G0235（拐点），长 220 米，东—西走向，保存一般。

第 16 小段：G0235（拐点）—G0236（野猪口 6 号马面），长 30 米，东南—西北走向，保存一般。

墙体整体保存一般。风雨侵蚀、植物生长等自然因素造成墙体的坍塌脱落；人为损毁严重，部分段墙体因修路挖断损毁消失。

14. 野猪口长城 3 段

起点位于烈堡乡大沟村西北 0.8 千米处，高程 1816 米；止点位于大沟村西北 2.5 千米处，高程 1802 米。大致呈东南—西北走向。全长 1980 米，其中保存较好 510、一般 873、较差 580、消失 17 米。墙体为土墙，夯土版筑而成，版宽 1.5～3 米，夯层厚 0.05～0.12 米，现存墙体剖面大致呈不规则梯形，底宽 4～5、顶宽 0.3～2.4、残高 4～6 米。部分段墙体有修缮痕迹。本段长城东接野猪口长城 2 段，西北连偏关县北场长城 1 段。野猪口 6～8 号马面位于墙体上，野猪口 6 号马面系野猪口长城 3 段起点（图四四五）。

本段墙体共测 GPS 点 20 个（G0236～G0255），可分为 19 小段，分述如下。

第 1 小段：G0236（起点、野猪口 6 号马面）—G0237（拐点），长 170 米，东南—西北走向，保存一般。墙体底宽 4～5、顶宽 0.3～1.2、残高 5 米。

第 2 小段：G0237（拐点）—G0238（拐点），长 60 米，东南—西北走向，保存一般。

第 3 小段：G0238（拐点）—G0239（拐点），长 90 米，东南—西北走向，保存一般。

第 4 小段：G0239（拐点）—G0240（断点），长 5 米，东南—西北走向，保存一般。

第 5 小段：G0240（断点）—G0241（断点），长 6 米，南—北走向。墙体因修路挖断损毁消失。

第 6 小段：G0241（断点）—G0242（断点），长 200 米，南—北走向，保存较好。墙体底宽 5、顶宽 1.5～2.4、残高 6 米。

第 7 小段：G0242（断点）—G0243（断点），长 2 米，南—北走向。墙体因修路挖断损毁消失。

第 8 小段：G0243（断点）—G0244（拐点），长 80 米，南—北走向，保存较好。

第 9 小段：G0244（拐点）—G0245（拐点），长 150 米，东南—西北走向，保存一般。个别段墙体两侧有石墙，系补筑。墙体底宽 4～5、顶宽 1.5～2、残高 4～5 米。

第 10 小段：G0245（拐点）—G0246（野猪口 7 号马面），长 80 米，西南—东北走向，保存较好。

第 11 小段：G0246（野猪口 7 号马面）—G0247（断点），长 8 米，西南—东北走向，保存一般。

第 12 小段：G0247（断点）—G0248（断点），长 2 米，西南—东北走向。墙体因修路挖断损毁消失。

第 13 小段：G0248（断点）—G0249（拐点），长 110 米，西南—东北走向，保存一般。

第 14 小段：G0249（拐点）—G0250（拐点），长 150 米，西南—东北走向，保存一般。

第 15 小段：G0250（拐点）—G0251（野猪口 8 号马面），长 280 米，西南—东北走向，保存一般。

第 16 小段：G0251（野猪口 8 号马面）—G0252（断点），长 300 米，东南—西北走向，保存较差。墙体顶宽 0.5～1.2 米。

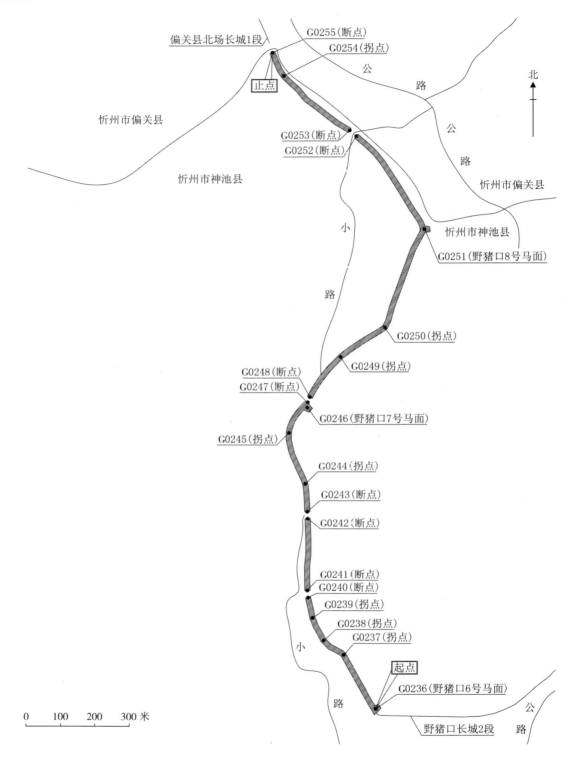

图四四五　野猪口长城 3 段走向示意图

第 17 小段：G0252（断点）—G0253（断点），长 7 米，东南—西北走向。墙体因修路挖断损毁消失。

第 18 小段：G0253（断点）—G0254（拐点），长 210 米，东南—西北走向，保存较差。

第 19 小段：G0254（拐点）—G0255（止点、断点），长 70 米，东南—西北走向，保存较差（彩图七三四）。

墙体整体保存一般。风雨侵蚀、植物生长等自然因素造成墙体的坍塌脱落；人为损毁严重，部分段墙体因修路挖断损毁消失。

（二）关堡

神池县共调查关堡 14 座，其中关 4 座、堡 10 座（表 365）。

表 365 神池县关堡一览表

所属乡镇	名称
龙泉镇	龙元 1、2 号堡，项家沟 1、2 号关
东湖乡	青羊泉堡、达木河堡
烈堡乡	大井沟关，大井沟 1、2 号堡，野猪沟堡，野猪沟关，烈堡
八角镇	八角堡、下石会堡

1. 龙元 1 号堡

位于龙泉镇龙元村东北 0.4 千米，龙元长城 1 段西 0.06 千米处，高程 1587 米。

堡平面呈矩形，坐北朝南，东西 31、南北 54.9 米，周长 171.8 米，占地面积 1701.9 平方米。现存主要设施、遗迹有堡墙和城门 1 座等（图四四六）。堡墙为土墙，底宽 3.4、顶宽 1.2～1.5、残高多不足 4.4 米，夯层厚 0.13～0.19 米。南墙中部设城门 1 座，外部砖石无存。

堡整体保存一般。东墙北段消失 18 米，西墙外侧被采矿活动破坏。堡内建筑无存，为荒地。造成损毁的自然因素有风雨侵蚀、植物生长等；人为因素有农业生产活动破坏、采矿活动破坏等。

2. 龙元 2 号堡

位于龙泉镇龙元村东北 1.05 千米，龙元长城 1 段西 0.04 千米处，南距龙元 1 号堡 0.38 千米，高程 1605 米。

堡平面呈矩形，坐北朝南，东西 24.5、南北 22 米，周长 93 米，占地面积 539 平方米。现存主要设施、遗迹仅有堡墙（图四四七）。堡墙为土墙，底宽 1.5、顶宽 0.5～0.8、残高 1.8 米，夯层厚 0.15～0.18 米。

堡整体保存较差。东墙无存，南、西、北墙部分无存；堡内建筑无存，为荒地。造成损毁的自然因素有风雨侵蚀、植物生长等；人为因素有农业生产活动破坏、采矿活动破坏等。

3. 项家沟 1 号关

位于龙泉镇项家沟村东南 0.8 千米，龙元长城 2 段西南侧，倚墙而建，高程 1504 米。

关平面呈矩形，朝向不详，东西 23、南北 15、周长 76 米，占地面积 345 平方米。现存主要设施、

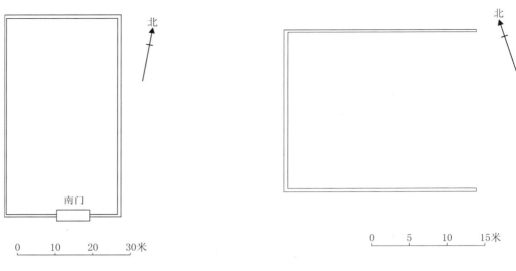

图四四六　龙元1号堡平面示意图　　　　　　　图四四七　龙元2号堡平面示意图

遗迹仅有关墙。关墙为土墙，底宽1.2～1.5、顶宽0.5～0.7米、残存最高1.7米。

关整体保存差。南墙无存；西墙仅存南段，长6米。关内建筑无存，为耕地。造成损毁的自然因素有风雨侵蚀、植物生长等；人为因素有农业生产活动破坏、取土挖损破坏、人畜踩踏等。

4. 项家沟2号关

位于龙泉镇项家沟村东南0.38千米，龙元长城2段西侧，倚墙而建，高程1518米。

关平面呈矩形，坐北朝南，东西108、南北94.8、周长405.6米，占地面积10238.4平方米。现存主要设施、遗迹有关墙、关门1座、角台2座等（图四四八）。关墙为土墙，底宽4.5～5、顶宽1.2～1.5、残高5.6～7.8米，夯层厚0.14～0.15米。南墙东段设关门1座，现为豁口，宽9.7米，关门内侧散落很多砖石。关墙设西南、西北角台。

关整体保存一般。关内建筑无存，现为耕地。造成损毁的自然因素有风雨侵蚀、植物生长等；人为因素有农业生产活动破坏、取土挖损破坏、人畜踩踏等。

5. 青羊泉堡

位于东湖乡青羊泉村北，高程1625米。

堡平面呈矩形，坐北朝南，东西50、南北30、周长160米，占地面积1500平方米。现存主要设施、遗迹有堡墙、城门1座、角台1座等（图四四九；彩图七三五）。堡墙为土墙，底宽6.2、顶宽0.8～2.4、内高4.2～4.8、外高6.2米。南墙中部设城门1座，现坍塌。堡墙东北角有角台，高出墙体4.2米。

堡整体保存较差。南墙无存，堡内建筑无存，堡内外为耕地。造成损毁的自然因素有风雨侵蚀、植物生长等；人为因素有农业生产活动破坏等。

6. 达木河堡

位于东湖乡达木河村，高程1668米。

堡平面呈矩形，朝向不详，边长200米，周长800米，占地面积4万平方米。现存主要设施、遗

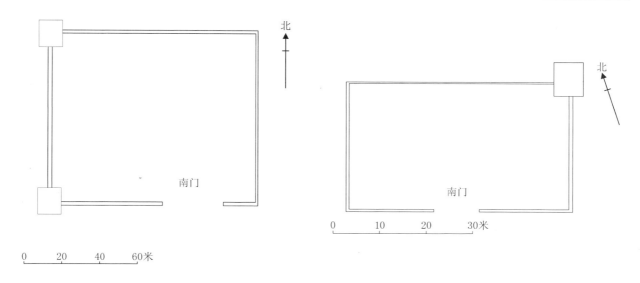

图四四八　项家沟 2 号关平面示意图　　　　　　图四四九　青羊泉堡平面示意图

迹有堡墙、城门 1 座、角台 4 座、马面 3 座等。堡墙为砖墙，外部砖砌，内部为夯土墙体，底宽 5、顶宽 0.5~2、残高 2~5 米（彩图七三六）。南墙中部设城门 1 座，现为豁口，宽 10、进深 7 米。堡墙四角设角台，东北角台底部宽 8、凸出墙体 5、残高 4 米。马面存 3 座，东墙马面底部宽 12、凸出墙体 4、残高 4 米。

堡整体保存一般。堡墙包砖无存，堡内建筑无存，堡内外为耕地。造成损毁的自然因素有风雨侵蚀、植物生长等；人为因素有农业生产活动破坏、拆毁砖石等。

7. 大井沟关

位于烈堡乡大井沟村东北 2.7 千米处，鹞子沟长城 1 段西南侧，倚墙而建，高程 1488 米。

关平面呈矩形，坐北朝南，周长 186 米，占地面积 2120 平方米。现存主要设施、遗迹有关墙、关门 1 座、关内建筑基址 1 处等（图四五〇）。关墙为土墙，东、北墙利用长城墙体，南墙底宽 6.2、顶宽 3.6、残高 2.2 米，西墙底宽 5~6、顶宽 2~3.5、残高 1.1 米。关墙西南角设关门 1 座。关内残存 1 处建筑基址，平面呈南北向的矩形，长 33、宽 9 米；西侧残存石基，残高 0.5~0.7 米。

关整体保存较差，关墙坍塌损毁严重。造成损毁的自然因素有风雨侵蚀、植物生长等；人为因素有农业生产活动破坏、取土挖损破坏等。

8. 大井沟 1 号堡

又名勒马沟堡，位于烈堡乡大井沟村东北 2.2 千

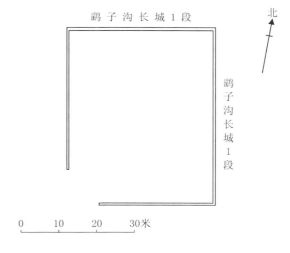

图四五〇　大井沟关平面示意图

米，鹞子沟长城 2 段西 0.13 千米处，高程 1946 米。

　　堡平面呈近三角形，朝向不详，周长 118.8 米，占地面积 1120 平方米。现存主要设施、遗迹有堡墙、角台 3 座、马面 1 座等。堡墙为石墙，片石砌筑而成，宽 1.5~2、残高 0.2~2.5 米。堡墙东北、东南、西南角设角台，西南角台长 1.6、宽 3.5、残高 2.5 米。西墙设马面 1 座。

　　堡整体保存较差。堡墙、角台、马面坍塌损毁严重，堡内建筑无存。造成损毁的自然因素有风雨侵蚀、植物生长等；人为因素有农业生产活动破坏、拆毁包石等。

9. 大井沟 2 号堡

　　位于烈堡乡大井沟村西北 1.5 千米处，高程 1639 米。

　　堡平面呈矩形，坐北朝南，周长 480 米，占地面积 14400 平方米。现存主要设施、遗迹有堡墙、城门 1 座、瓮城 1 座、角台 2 座等（图四五一；彩图七三七）。堡墙为土墙，底宽 5.5、顶宽 1.1、残

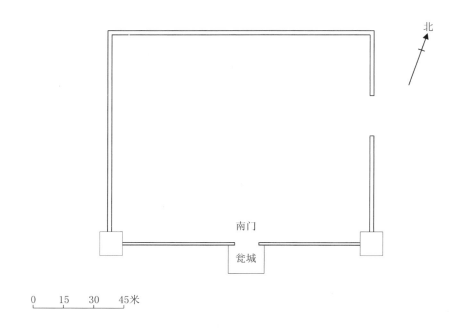

图四五一　大井沟 2 号堡平面示意图

高 2.2~4.2 米。南墙中部设城门 1 座，现为豁口，宽 6 米。南门外有瓮城，仅存地面痕迹。南墙东、西端各有角台 1 座。

　　堡整体保存一般。东墙中部有豁口，宽 28 米；堡内建筑无存，为荒地。造成损毁的自然因素有风雨侵蚀、植物生长等；人为因素有取土挖损破坏等。

10. 野猪沟堡

　　位于烈堡乡南寨村北 6.6 千米，南寨长城 2 段西 0.37 千米处，高程 1594 米。

　　堡平面呈矩形，坐北朝南，东西 94.8、南北 98.3 米，周长 386.2 米，占地面积 9318.8 平方米。现存主要设施、遗迹有堡墙、城门 1 座、角台 4 座、马面 1 座等。堡墙为土墙，底宽 6.5~7、顶宽 0.5~2、残高 2.8~6.1 米。南墙中部设城门 1 座，宽 7.7 米。堡墙四角设角台，东北角台长 13.1、宽 7.2、残高 8.4 米，西南角台长 8.4、宽 4.8、残高 6 米，西北角台长 8.1、宽 6.9、残高

6.5 米。西墙中部设马面 1 座，东西 5、南北 6.5、残高 7.1 米。堡内残存窑洞 1 孔，宽 5、进深 9 米，时代不详。

堡整体保存一般。南门外原有石狮一对，2007 年 4 月被盗。造成损毁的自然因素有风雨侵蚀、植物生长等；人为因素有农业生产活动破坏、取土挖损破坏等。

11. 野猪沟关

位于烈堡乡辛窑村西南 0.76 千米处，野猪口长城 1 段东侧，倚墙而建，高程 1612 米。

关平面呈不规则形，坐西朝东，周长 260 米，占地面积 4800 平方米。现存主要设施、遗迹有关墙、关门 1 座等。关墙为土墙，底宽 1.5~3.2、顶宽 0.5、残高 3.7~5 米。东墙设关门 1 座，宽 4.2 米，关门周围墙散落砖。

关整体保存较差。关墙坍塌损毁严重，关内建筑无存。造成损毁的自然因素有风雨侵蚀、植物生长等；人为因素有农业生产活动破坏、取土挖损破坏等。

12. 烈堡

位于烈堡乡烈堡村内西部，高程 1677 米。

堡平面呈矩形，朝向不详，边长 30 米，周长 120 米，占地面积 900 平方米。现存主要设施、遗迹有堡墙、角台 2 座等。堡墙为土墙，底宽 3.6、顶宽 0.5~1.2、残高 1.2 米。北墙东、西端各有角台 1 座，东北角台残高 3.2 米，西北角台残高 6.5 米。

堡整体保存较差。南、北墙无存；堡内建筑无存，有民居。造成损毁的自然因素有风雨侵蚀、植物生长等；人为因素有居民生活活动破坏、取土挖损破坏等。

13. 八角堡

位于八角镇八角堡村中，高程 1409 米。

堡平面呈矩形，坐北朝南，东西 450、南北 390 米，周长 1680 米，占地面积 175500 平方米。现存主要设施、遗迹有堡墙、堡门 2 座、瓮城 2 座、角台 4 座、马面 4 座等。堡墙为砖墙，外部砖石砌筑，内部为夯土墙体，底宽 8、顶宽 1~6、残高 5~11 米。东墙残长 380（彩图七三八）、西墙残长 350、北墙残长 440 米。设东、南城门（彩图七三九），城门外有瓮城，东门外瓮城东西 18、南北 20 米，南门外瓮城边长 30 米。堡墙四角设角台，东北角台底部宽 15、凸出墙体 3.5、残高 8 米。马面存 4 座，东墙马面底部宽 13、凸出墙体 7.5、残高 8 米。

堡整体保存较好。堡墙包砖不存，仅存部分包石。堡内建筑无存。造成损毁的自然因素有风雨侵蚀、植物生长等；人为因素有居民生活活动破坏、拆毁砖石等。

14. 下石会堡

位于八角镇下石会村西 0.2 千米处，高程 1469 米。

堡平面呈矩形，坐北朝南，边长 25 米，周长 100 米，占地面积 625 平方米。现存主要设施、遗迹有堡墙和城门 1 座等（图四五二；彩图七四○）。堡墙为土墙，底宽 3.6、顶宽 0.8~1.5、内高 5.5、外高 6.2 米，夯层厚 0.2~0.28 米。南墙中部设城门 1 座，拱门，宽 3、1.5 米。

堡整体保存一般。堡内建筑无存，为耕地。造成损毁的自然因素有风雨侵蚀、植物生长等；人为因素有居民生活活动破坏等。

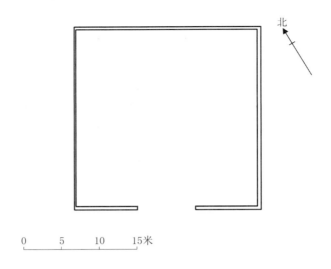

图四五二　下石会堡平面示意图

（三）单体建筑

1. 敌台

神池县共调查敌台 7 座（表 366，见本章末附表）。

2. 马面

神池县共调查马面 98 座（表 367，见本章末附表）。

3. 烽火台

神池县共调查烽火台 70 座，包括长城沿线烽火台 15 座、腹里烽火台 55 座（表 368、369，见本章末附表）。

（四）相关遗存

神池县调查的相关遗存有壕沟 2 段。

1. 项家沟壕沟

起点位于龙泉镇项家沟村北 0.3 千米，项家沟长城 1 段 G0067（项家沟 5 号马面）—项家沟长城 3 段 G0109（断点）间墙体东或东北 0.02～0.12 千米处，高程 1483 米。壕沟宽 2～7、深 1.5～2 米，墙体底宽 2～3、残高 1～2.5 米。整体保存一般。整段壕沟现存 4 段。造成损毁的自然因素有风雨侵蚀、植物生长等。

2. 南寨壕沟

起点位于烈堡乡南寨村东南，南寨长城 1 段 G0166（起点、鹞子沟 28 号马面）—南寨长城 2 段

G0194（南寨9号马面）间墙体东北侧（位于平鲁区下木角乡境内，为描述方便，将其列为神池县长城资源），高程1733米。壕沟中有5处较大的土堆，外墙东北侧有4座类似"马面"的设施，个别"马面"残存包石。壕沟宽5~7米，外墙底宽5~7、顶宽2~3、残高2~4米，内墙宽3~4、残高2~4米。整体保存较好。造成损毁的自然因素有风雨侵蚀、植物生长等；人为因素有农业生产破坏、取土挖损破坏、拆毁"马面"包石等。

二　长城资源调查资料分析

（一）长城墙体

1. 长城墙体的材质类型及建筑方式、形制

神池县长城墙体类型有土墙、石墙和河险三类。以土墙为主，石墙次之，河险仅1段（表370）。

表370　神池县长城墙体类型一览表

类型	段数	长度（米）	百分比（%）
土墙	8	14225	68.6
石墙	5	6421	31.0
河险	1	100	0.4
合计	14	20746	100

（1）土墙

神池县土墙共8段，长14225米。墙体均系夯筑而成，夯层厚0.05~0.22米。部分段墙体堆筑而成，或墙体西侧用石块砌筑。现存墙体剖面大致呈不规则梯形，底宽1.5~7、顶宽0.3~3.4、残高0.3~8米（表371）。

表371　神池县土墙建筑方式及形制一览表（单位：米）

长城墙体段落名称	建筑材料及方式	剖面形制	尺寸		
			底宽	顶宽	残高
龙元长城1段	夯土版筑而成，版宽1.5~3米，夯层厚0.05~0.1米。部分段墙体堆筑而成	不规则梯形	2~7	1.5~3	0.3~5
龙元长城2段	夯土版筑而成，版宽1.5~3米，夯层厚0.12~0.18米。部分段墙体堆筑而成	不规则梯形	3~5	2~3	1~6
项家沟长城1段	夯土版筑而成，版宽0.8~3.5米，夯层厚0.12~0.19米。部分段墙体西侧石块砌筑	不规则梯形	3~6	1~3.4	1~5
项家沟长城3段	夯土版筑而成，版宽0.8~3.5米，夯层厚度不详，部分夯层间夹有石片	不规则梯形	3~6	2.5~2.9	3~6
南寨长城2段	夯土版筑而成，版宽2~3米，夯层厚0.12~0.15米	不规则梯形	5~6	2~3.2	6~8
野猪口长城1段	夯土版筑而成，版宽1.5~3米，夯层厚0.14~0.22米	不规则梯形	1.5~5	0.5~3	1.5~5
野猪口长城2段	夯土版筑而成，版宽1.5~3米，夯层厚度不详	不规则梯形	3~5	0.5~1.5	4~5
野猪口长城3段	夯土版筑而成，版宽1.5~3米，夯层厚0.05~0.12米	不规则梯形	4~5	0.3~2.4	4~6

土墙附属设施除关、敌台、马面外，还见有女墙、登墙步道等。女墙见于龙元长城1段和项家沟长城1、3段墙体顶部，登墙步道见于项家沟长城1段和3段。

（2）石墙

神池县石墙共5段，长6421米。墙体土石混筑而成，或外部条石或片石错缝砌筑，内部为土石混筑墙体或夯筑墙体，夯层厚0.06～0.14米。现存墙体剖面大致呈不规则梯形，底宽2～18、顶宽1～4.3、残高0.3～8米（表372）。

表372　神池县石墙建筑方式及形制一览表（单位：米）

长城墙体段落名称	建筑材料及方式	剖面形制	尺寸		
			底宽	顶宽	残高
丁庄窝长城	外部条石或片石错缝砌筑；内部为夯土版筑墙体，版宽1.5～3米，夯层厚0.12～0.14米	不规则梯形	2～5	1～4.3	0.3～5
鹞子沟长城1段	土石混筑而成	不规则梯形	5～18	1.7～2.7	1.4～8
鹞子沟长城2段	土石混筑而成	不规则梯形	5～7	1.5～2.7	1.4～5
鹞子沟长城3段	外部片石砌筑；内部为土石混筑墙体	不规则梯形	5～7	1.5～3.1	4～5
南寨长城1段	外部片石或条石错缝砌筑；内部为土石混筑墙体或夯筑墙体，夯层厚0.06～0.11米	不规则梯形	5～6	2～4	3.1～6

石墙附属设施除关、敌台、马面外，还见有女墙、登墙步道等。女墙见于丁庄窝长城和鹞子沟长城2段墙体顶部，登墙步道见于鹞子沟长城3段。

（3）河险

神池县河险1段，即项家沟长城2段，长100米。

2. 长城墙体的分布特点

神池县长城分布于县境东北部、北部管涔山山地，地势高耸。

3. 长城墙体的保存状况

（1）土墙

详见下表（表373）。

表373　神池县土墙保存状况一览表（单位：米）

长城墙体段落名称	总长	保存较好	保存一般	保存较差	保存差	消失	类型	省/县属
龙元长城1段	1996	290	1137	130	320	119	土墙	神池县/朔城区
龙元长城2段	1546	765	445	0	0	336	土墙	神池县
项家沟长城1段	1959	670	1196	51	0	42	土墙	神池县
项家沟长城3段	1663	80	1495	50	0	38	土墙	神池县
南寨长城2段	1025	1000	10	0	0	15	土墙	神池县/平鲁区
野猪口长城1段	1920	440	1030	320	0	130	土墙	神池县
野猪口长城2段	2136	780	1338	0	0	18	土墙	神池县
野猪口长城3段	1980	510	873	580	0	17	土墙	神池县
合计	14225	4535	7524	1131	320	715		
百分比（%）	100	31.9	52.9	8	2.2	5		

土墙以保存较好和一般为主，分别占 31.9% 和 52.9%，保存较差 8%、差 2.2%、消失 5%。造成损毁的自然因素有洪水冲刷、风雨侵蚀、植物生长等；人为因素有修路挖断墙体、取土挖损破坏、采矿活动破坏等。

（2）石墙

详见下表（表 374）。

表 374　神池县石墙保存状况一览表（单位：米）

长城墙体段落名称	总长	保存较好	保存一般	保存较差	保存差	消失	类型	省/县属
丁庄窝长城	487	320	160	0	0	7	石墙	神池县
鹞子沟长城 1 段	1870	410	1455	0	0	5	石墙	神池县/朔城区
鹞子沟长城 2 段	1578	0	1568	0	0	10	石墙	神池县/朔城区
鹞子沟长城 3 段	1206	880	297	0	0	29	石墙	神池县/朔城区
南寨长城 1 段	1280	1280	0	0	0	0	石墙	神池县/平鲁区
合计	6421	2890	3480	0	0	51		
百分比（%）	100	45	54.2	0	0	0.8		

石墙以保存较好和一般为主，分别占 45% 和 54.2%，消失占 0.8%，未见保存较差或差者。造成损毁的自然因素有洪水冲刷、风雨侵蚀、植物生长等；人为因素有修路挖断墙体、拆毁墙体包石等。

（3）河险

河险有 1 段，保存较好。

（二）关堡

神池县有关堡 14 座，其中关 4 座、堡 10 座。

1. 关堡的形制、残存设施和遗迹

详见下表（表 375）。

表 375　神池县关堡形状、尺寸、残存设施遗迹及保存状况一览表

名称	形状	朝向	周长（米）	面积（平方米）	残存设施遗迹	保存状况
项家沟 1 号关	矩形	朝向不详	76	345	关墙	差
项家沟 2 号关	矩形	坐北朝南	405.6	10238.4	关墙、关门 1 座、角台 2 座等	一般
大井沟关	矩形	坐北朝南	186	2120	关墙、关门 1 座、关内建筑基址 1 处等	较差
野猪沟关	不规则形	坐西朝东	260	4800	关墙、关门 1 座等	较差
龙元 1 号堡	矩形	坐北朝南	171.8	1701.9	堡墙、堡门 1 座等	一般
龙元 2 号堡	矩形	坐北朝南	93	539	堡墙	较差
青羊泉堡	矩形	坐北朝南	160	1500	堡墙、堡门 1 座、角台 1 座等	较差
达木河堡	矩形	朝向不详	800	4 万	堡墙、城门 1 座、角台 4 座、马面 3 座等	一般

名称	形状	朝向	周长（米）	面积（平方米）	残存设施遗迹	保存状况
大井沟 1 号堡	近三角形	朝向不详	118.8	1120	堡墙、角台 3 座、马面 1 座等	较差
大井沟 2 号堡	矩形	坐北朝南	480	14400	堡墙、堡门 1 座、瓮城 1 座、角台 2 座等	一般
野猪沟堡	矩形	坐北朝南	386.2	9318.8	堡墙、堡门 1 座、角台 4 座、马面 1 座等	一般
烈堡	矩形	朝向不详	120	900	堡墙、角台 2 座等	较差
八角堡	矩形	坐北朝南	1680	175500	堡墙、堡门 2 座、瓮城 2 座、角台 4 座、马面 4 座等	较好
下石会堡	矩形	坐北朝南	100	625	堡墙、堡门 1 座等	一般

　　神池县关堡平面绝大多数呈矩形，仅野猪沟关呈不规则形，大井沟 1 号堡平面呈近三角形。4 座关倚长城墙体而建，位于长城墙体面向山西省一侧。10 座堡除 3 座朝向不详外，其余 7 座堡均坐北朝南。对照宁武县关堡大小的分类标准，神池县关堡小型占绝大多数，仅八角堡面积在 10 万平方米以上，属大型堡。小型关堡中有 4 座关堡面积在 1000 平方米以下。

　　关堡墙体有土墙（11 座）、砖墙（2 座）和石墙（1 座）三种类型。土墙均为夯筑而成，夯层厚 0.13～0.28 米。砖、石墙形制为外部砖石砌筑，内部为夯土墙体（表 376）。

表 376　神池县关堡墙体建筑方式及尺寸一览表（单位：米）

名称	墙体建筑方式	尺寸		
		底宽	顶宽	残高
项家沟 1 号关	土墙	1.2～1.5	0.5～0.7	残存最高 1.7
项家沟 2 号关	土墙。夯层厚 0.14～0.15 米	4.5～5	1.2～1.5	5.6～7.8
大井沟关	土墙	5～6.2	2～3.6	1.1～2.2
野猪沟关	土墙	1.5～3.2	0.5	3.7～5
龙元 1 号堡	土墙。夯层厚 0.13～0.19 米	3.4	1.2～1.5	不足 4.4
龙元 2 号堡	土墙。夯层厚 0.15～0.18 米	1.5	0.5～0.8	1.8
青羊泉堡	土墙	6.2	0.8～2.4	内高 4.2～4.8、外高 6.2
达木河堡	砖墙。外部砖砌，内部为夯土墙体	5	0.5～2	2～5
大井沟 1 号堡	石墙。片石砌筑而成	1.5～2	不详	0.2～2.5
大井沟 2 号堡	土墙	5.5	1.1	2.2～4.2
野猪沟堡	土墙	6.5～7	0.5～2	2.8～6.1
烈堡	土墙	3.6	0.5～1.2	1.2
八角堡	砖墙。外部砖石砌筑，内部为夯土墙体	8	1～6	5～11
下石会堡	土墙。夯层厚 0.2～0.28 米	3.6	0.8～1.5	内高 5.5、外高 6.2

　　至于除关堡墙体外的设施和遗迹，由于保存原因，现存并不能反映其原始风貌。主要设施遗迹的

种类有城门、瓮城、角台、马面等常见的墙体设施。大井沟关内残存一处建筑基址。

2. 关堡的分布特点

神池县 4 座关倚长城墙体而建，均位于长城墙体面向山西省一侧。

长城沿线的堡有 7 座，即龙元 1、2 号堡、青羊泉堡、达木河堡、大井沟 1、2 号堡、野猪沟堡位于神池县（包括神池县与朔城区、平鲁区交界处长城）或朔城区长城西南侧（面向山西省一侧）。

非长城沿线的城堡有 3 座，即烈堡、八角堡和下石会堡。

神池县境内的关和长城沿线诸堡以及非长城沿线的堡位于县境东北部、北部管涔山山地，非长城沿线的八角堡和下石会堡位于县境西部的丘陵地带。

多数关堡沿长城分布，与长城墙体、敌台、马面和长城沿线烽火台构成完整的防御体系。非长城沿线关堡附近分布有少数烽火台（详见烽火台部分）。

3. 关堡的保存状况

关堡保存一般和较差者各 6 座，较好者和差者各 1 座。关堡墙体坍塌损毁，部分段消失，砖石墙者砖石大多损毁；城门多为豁口或消失；部分角台、马面消失；关堡内建筑几乎无存。造成损毁的自然因素有风雨侵蚀、植物生长等；人为因素主要有居民生活活动破坏、农业生产活动破坏，取土挖损破坏、采矿活动破坏、人畜踩踏、拆毁砖石等。

（三）单体建筑

1. 敌台

敌台的类型、建筑方式及形制

神池县共调查敌台 7 座，均骑墙而建，材质类型除 3 座不详外，其余均为土质，夯筑而成，夯层厚 0.08 ~ 0.23 米。平面形制均呈矩形，剖面形制均呈梯形。敌台底部周长 34 ~ 62、顶部周长 30 ~ 48、残高 5 ~ 12 米（表 377）。

表 377　神池县敌台材质、形制及保存状况一览表（单位：米）

名称	材质	平面形制	剖面形制	底部周长	顶部周长	残高	保存状况
龙元敌台	不详	矩形	梯形	62	48	12	较好
项家沟 1 号敌台	土	矩形	梯形	50	34	6 ~ 6.5	一般
项家沟 2 号敌台	不详	矩形	梯形	56	42	8 ~ 9	较好
项家沟 3 号敌台	不详	矩形	梯形	46	30	5	一般
鹞子沟敌台	土	矩形	梯形	40	不详	7 ~ 8	一般
南寨敌台	土	矩形	梯形	34	不详	5 ~ 6	一般
野猪口敌台	土	矩形	梯形	48	30	不详	较好

附属设施仅项家沟 3 号敌台台体顶部有掩体。

敌台保存较好者 3 座、一般者 4 座。自然损毁因素有风雨侵蚀、植物生长等；人为损毁因素有挖掘洞穴等。

2. 马面

（1）马面的类型与形制

神池县共调查马面 98 座，均倚墙而建，绝大多数位于长城墙体面向内蒙古自治区一侧，5 座马面位于面向山西省一侧。材质类型有 61 座不详，其余有土质 32 座、石质 5 座。

土质马面夯筑而成，夯层厚 0.04 ~ 0.27 米，建于土质、石质长城墙体上。平面形制均呈矩形，剖面形制均呈梯形，底部周长 25 ~ 72、顶部周长 16 ~ 60、残高 5 ~ 10 米。

石质马面石砌或土石混筑而成。除南寨 16 号马面一座建于土质长城墙体上，其余均建于石质长城墙体上。平面形制均呈矩形，剖面形制均呈梯形，底部周长 36 ~ 52、顶部周长 24 ~ 44、残高 5 ~ 7 米。

材质不详的马面平面形制均呈矩形，剖面形制均呈梯形，底部周长 16 ~ 66、顶部周长 18 ~ 48、残高 2 ~ 8 米（表 378）。

表 378　神池县马面材质、形制及保存状况一览表（单位：米）

名称	材质	平面形制	剖面形制	底部周长	顶部周长	残高	保存状况
龙元 1 号马面	土	矩形	梯形	52	38	7	一般
龙元 2 号马面	不详	矩形	梯形	26	不详	5	一般
龙元 3 号马面	土	矩形	梯形	40	28	5	一般
龙元 4 号马面	土	矩形	梯形	42	30	6 ~ 7	一般
龙元 5 号马面	不详	矩形	梯形	38	26	5 ~ 6	一般
龙元 6 号马面	不详	矩形	梯形	16	不详	5	较差
龙元 7 号马面	不详	矩形	梯形	16	不详	2	较差
龙元 8 号马面	不详	矩形	梯形	40	27	4.5	一般
龙元 9 号马面	土	矩形	梯形	52	34	7	一般
龙元 10 号马面	不详	矩形	梯形	45	30	7 ~ 8	一般
龙元 11 号马面	不详	矩形	梯形	40	32	8	一般
龙元 12 号马面	土	矩形	梯形	52	40	7 ~ 8	一般
项家沟 1 号马面	不详	矩形	梯形	60	42	6	一般
项家沟 2 号马面	不详	矩形	梯形	48	32	5 ~ 6	一般
项家沟 3 号马面	不详	矩形	梯形	30	不详	5 ~ 6	一般
项家沟 4 号马面	不详	矩形	梯形	46	30	5 ~ 6	一般
项家沟 5 号马面	不详	矩形	梯形	30	不详	5 ~ 6	一般
项家沟 6 号马面	不详	矩形	梯形	48	38	6	一般

名称	材质	平面形制	剖面形制	底部周长	顶部周长	残高	保存状况
项家沟 7 号马面	不详	矩形	梯形	25	不详	5	较差
项家沟 8 号马面	不详	矩形	梯形	44	29	5~6	一般
项家沟 9 号马面	不详	矩形	梯形	44	29	5~6	一般
项家沟 10 号马面	土	矩形	梯形	44	29	5~6	一般
项家沟 11 号马面	不详	矩形	梯形	21	不详	3~4	较差
项家沟 12 号马面	不详	矩形	梯形	40	32	5	一般
项家沟 13 号马面	不详	矩形	梯形	52	40	5~6	一般
项家沟 14 号马面	不详	矩形	梯形	54	42	6~7	一般
项家沟 15 号马面	不详	矩形	梯形	49	40	6	一般
项家沟 16 号马面	不详	矩形	梯形	50	40	5.5	一般
项家沟 17 号马面	不详	矩形	梯形	52	42	6	一般
项家沟 18 号马面	土	矩形	梯形	25	不详	5~6	一般
项家沟 19 号马面	不详	矩形	梯形	40	28	6	一般
项家沟 20 号马面	土	矩形	梯形	48	32	6	一般
项家沟 21 号马面	不详	矩形	梯形	42	25	6	一般
项家沟 22 号马面	不详	矩形	梯形	46	28	5~6	一般
项家沟 23 号马面	不详	矩形	梯形	50	38	5~6	一般
朔城区 152 号马面	石	矩形	梯形	36	24	5	一般
鹞子沟 1 号马面	土	矩形	梯形	40	28	5~6	一般
鹞子沟 2 号马面	土	矩形	梯形	36	24	5~6	一般
鹞子沟 3 号马面	土	矩形	梯形	不详	不详	不详	一般
鹞子沟 4 号马面	土	矩形	梯形	32	20	5~6	一般
鹞子沟 5 号马面	不详	矩形	梯形	34	22	5	一般
鹞子沟 6 号马面	不详	矩形	梯形	32	20	8	一般
鹞子沟 7 号马面	不详	矩形	梯形	32	20	6	一般
鹞子沟 8 号马面	不详	矩形	梯形	38	26	6	一般
鹞子沟 9 号马面	土	矩形	梯形	36	24	5~6	一般
鹞子沟 10 号马面	不详	矩形	梯形	34	22	5~6	一般
鹞子沟 11 号马面	不详	矩形	梯形	52	36	5	一般
鹞子沟 12 号马面	不详	矩形	梯形	30	18	5	一般
鹞子沟 13 号马面	不详	矩形	梯形	34	20	5~6	一般
鹞子沟 14 号马面	不详	矩形	梯形	36	24	5	一般
鹞子沟 15 号马面	不详	矩形	梯形	40	28	5	一般
鹞子沟 16 号马面	土	矩形	梯形	不详	16	5~6	一般
鹞子沟 17 号马面	土	矩形	梯形	40	28	5~6	一般
鹞子沟 18 号马面	土	矩形	梯形	38	26	6	一般

名称	材质	平面形制	剖面形制	底部周长	顶部周长	残高	保存状况
鹞子沟 19 号马面	不详	矩形	梯形	36	24	5～6	一般
鹞子沟 20 号马面	不详	矩形	梯形	42	30	5～6	一般
鹞子沟 21 号马面	不详	矩形	梯形	40	28	5～6	一般
鹞子沟 22 号马面	土	矩形	梯形	46	34	7～8	一般
鹞子沟 23 号马面	不详	矩形	梯形	44	32	5～6	一般
鹞子沟 24 号马面	石	矩形	梯形	44	32	6	一般
鹞子沟 25 号马面	不详	矩形	梯形	38	26	7～8	一般
鹞子沟 26 号马面	不详	矩形	梯形	38	26	6～7	一般
鹞子沟 27 号马面	不详	矩形	梯形	44	32	7～8	一般
鹞子沟 28 号马面	不详	矩形	梯形	52	40	6～7	一般
鹞子沟 29 号马面	不详	矩形	梯形	46	30	6	一般
鹞子沟 30 号马面	不详	矩形	梯形	46	34	6～7	一般
鹞子沟 31 号马面	不详	矩形	梯形	44	32	6～7	一般
鹞子沟 32 号马面	不详	矩形	梯形	46	36	7～8	一般
鹞子沟 33 号马面	不详	矩形	梯形	44	32	8	一般
鹞子沟 34 号马面	不详	矩形	梯形	44	38	8	一般
鹞子沟 35 号马面	不详	矩形	梯形	50	38	5	一般
鹞子沟 36 号马面	不详	矩形	梯形	46	34	6	一般
鹞子沟 37 号马面	不详	矩形	梯形	42	32	6	一般
朔 185 号马面	石	矩形	梯形	42	30	6～7	一般
南寨 1 号马面	土	矩形	梯形	46	34	7～8	一般
南寨 2 号马面	土	矩形	梯形	40	28	5～6	一般
南寨 3 号马面	石	矩形	梯形	48	36	5～6	一般
南寨 4 号马面	土	矩形	梯形	34	22	8	一般
南寨 5 号马面	不详	矩形	梯形	36	24	5～6	一般
南寨 6 号马面	不详	矩形	梯形	42	30	5～6	一般
南寨 7 号马面	不详	矩形	梯形	42	30	5～6	一般
南寨 8 号马面	不详	矩形	梯形	46	38	5～6	一般
南寨 9 号马面	土	矩形	梯形	64	60	7	较好
南寨 10 号马面	土	矩形	梯形	72	60	6	较好
南寨 11 号马面	不详	矩形	梯形	54	44	6	较好
南寨 12 号马面	不详	矩形	梯形	36	24	5～6	一般
南寨 13 号马面	土	矩形	梯形	50	42	6	一般
南寨 14 号马面	土	矩形	梯形	52	38	6	一般
南寨 15 号马面	不详	矩形	梯形	66	48	7～8	较好
南寨 16 号马面	石	矩形	梯形	52	44	5～6	一般
野猪口 1 号马面	土	矩形	梯形	32	24	5	一般
野猪口 2 号马面	土	矩形	梯形	44	28	5	一般

续表378

名称	材质	平面形制	剖面形制	底部周长	顶部周长	残高	保存状况
野猪口3号马面	土	矩形	梯形	40	30	6~7	一般
野猪口4号马面	土	矩形	梯形	46	34	7	一般
野猪口5号马面	土	矩形	梯形	38	26	6~7	一般
野猪口6号马面	土	矩形	梯形	36	24	5~6	一般
野猪口7号马面	土	矩形	梯形	52	38	不详	较好
野猪口8号马面	土	矩形	梯形	44	32	10	较好

马面附属设施非常少见，顶部仅有掩体或石砌基础等。掩体见于龙元10号马面，项家沟8、9、22号马面，鹞子沟3号马面，南寨14号马面；石砌基础仅见于鹞子沟12、23号马面。

（2）马面的分布特点

结合马面材质类型和大小分类，可以看出，神池县马面的分布有以下特点。

①土质马面建于土质或石质长城墙体上。石质马面除一座建于土质长城墙体上，其余均建于石质长城墙体上。

②马面绝大多数位于长城墙体面向内蒙古自治区一侧，仅5座马面位于面向山西省一侧。

③尝试对马面进行大小划分，依据马面的底部周长，按≥50、40~50、<40米三个标准进行分类，以残高作为参考（表379~381）。

表379　神池县土质马面分类统计表

	底部周长分类	底部周长（米）	数量（座）	百分比（%）	残高（米）
大型马面	≥50米	50~72	8	25	6~8
中型马面	40~50米	40~48	13	40.6	5~10
小型马面	<40米	25~38	9	28.1	5~8
不详	不详	无	2	6.3	5~6
合计		25~72	32	100	5~10

表380　神池县石质马面分类统计表

	底部周长分类	底部周长（米）	数量（座）	百分比（%）	残高（米）
大型马面	≥50米	52	1	20	5~6
中型马面	40~50米	42~48	3	60	5~7
小型马面	<40米	36	1	20	5
合计		36~5	5	100	5~7

表381　神池县材质不详马面分类统计表

	底部周长分类	底部周长（米）	数量（座）	百分比（%）	残高（米）
大型马面	≥50米	50~66	11	18	5~8
中型马面	40~50米	40~49	29	47.5	4.5~8
小型马面	<40米	16~38	21	34.5	2~8
合计		16~66	61	100	2~8

从上表中可以看出，神池县马面以中小型为主，土质马面大型略多。

（3）马面的保存状况

神池县马面绝大多数保存一般，有88座，占89.8%，保存较好者6座、保较差者4座。造成损毁的自然因素有洪水冲刷、风雨侵蚀、植物生长等；人为因素有拆毁包石、挖掘洞穴等。

3. 烽火台

神池县共调查烽火台70座，划分为长城沿线烽火台和腹里烽火台两部分。长城沿线烽火台距离长城墙体0.025～0.96千米，有15座。腹里烽火台有55座。

（1）烽火台的类型与形制

神池县境内的70座烽火台的材质类型有土质和石质两类，其中土质烽火台64座、石质烽火台6座（表382）。烽火台平面形制均呈矩形，剖面形制均呈梯形。

表382　神池县烽火台材质类型一览表

材质类型	长城沿线烽火台（座）	腹里烽火台（座）	合计（座）	百分比（%）
土质烽火台	14	50	64	91.4
石质烽火台	1	5	6	8.6
合计	15	55	70	100

土质烽火台均为夯筑而成，夯层厚0.1～0.32米。长城沿线烽火台底部周长22～55、顶部周长20～40.6、残高4～10.8米，腹里烽火台底部周长21.4～80、顶部周长6～40、残高2.2～12米。

石质烽火台外部片石或石块砌筑，内部为土石混筑台体或夯土台体，夯层厚0.2～0.28米，个别为土石混筑而成。长城沿线烽火台底部周长44、残高4.5米，腹里烽火台底部周长32～56、顶部周长12～32、残高4.5～10.5米（表383、384）。

表383　神池县长城沿线烽火台材质、形制及保存状况一览表（单位：米）

名称	材质	平面形制	剖面形制	底部周长	顶部周长	残高	保存状况
龙元1号烽火台	土	矩形	梯形	49.8	26.6	8.5	一般
龙元2号烽火台	土	矩形	梯形	53	28	4.5	一般
龙元3号烽火台	土	矩形	梯形	22	不详	4.6	较差
项家沟1号烽火台	土	矩形	梯形	55	40.6	10.8	较好
项家沟2号烽火台	土	矩形	梯形	39	不详	5.5	一般
丁庄窝1号烽火台	土	矩形	梯形	34	不详	5～6	一般
丁庄窝2号烽火台	土	矩形	梯形	48	20	5～6	一般
丁庄窝3号烽火台	土	矩形	梯形	36.8	不详	5.5	一般
丁庄窝4号烽火台	石	矩形	梯形	44	不详	4.5	一般
丁庄窝5号烽火台	土	矩形	梯形	38	不详	5～6	一般
大井沟烽火台	土	矩形	梯形	28	不详	5	一般
辛窑1号烽火台	土	矩形	梯形	36	不详	5	一般
辛窑2号烽火台	土	矩形	梯形	34	不详	6	一般
辛窑3号烽火台	土	矩形	梯形	28	不详	4～5	较差
辛窑4号烽火台	土	矩形	梯形	30	不详	4	较差

表384 神池县腹里烽火台材质、形制及保存状况一览表（单位：米）

名称	材质	平面形制	剖面形制	底部周长	顶部周长	残高	保存状况
大沟儿洞1号烽火台	土	矩形	梯形	27.2	26	2.2	较差
大沟儿洞2号烽火台	土	矩形	梯形	54	40	8.8	一般
斗沟1号烽火台	土	矩形	梯形	28.8	14.4	7.5	一般
斗沟2号烽火台	土	矩形	梯形	24.8	10.6	6.2	一般
斗沟3号烽火台	土	矩形	梯形	28	11.2	6.8	一般
斗沟4号烽火台	土	矩形	梯形	21.4	13.8	5.6	一般
斗沟5号烽火台	土	矩形	梯形	29.4	21.8	8.2	一般
斗沟6号烽火台	土	矩形	梯形	29.4	22	6.8	一般
斗沟7号烽火台	土	矩形	梯形	24.8	12.8	5.8	一般
龙泉西烽火台	土	矩形	梯形	24	16	3.5	较差
达木河烽火台	石	矩形	梯形	48	20	8	一般
羊坊烽火台	土	矩形	梯形	35.2	12.8	5.2	一般
柳沟烽火台	土	矩形	梯形	80	12	10	较好
小寨烽火台	石	矩形	梯形	32.8	24	4.5	较差
九姑村烽火台	土	矩形	梯形	52	不详	9.6	一般
段笏咀烽火台	土	矩形	梯形	30	不详	9.8	一般
三山烽火台	土	矩形	梯形	22	不详	4.5	较差
小赵庄烽火台	土	矩形	梯形	54	30	7	一般
余庄村西北烽火台	石	矩形	梯形	56	32	10.5	较好
六家河烽火台	土	矩形	梯形	48	12	8.9	一般
马坊烽火台	土	矩形	梯形	40	10	7.4	一般
大羊泉烽火台	土	矩形	梯形	40	6	9.8	一般
大严备烽火台	土	矩形	梯形	44	31.2	10.5	较好
郝家坡1号烽火台	土	矩形	梯形	32	16	8.8	一般
郝家坡2号烽火台	土	矩形	梯形	80	24	12	较好
杨家坡烽火台	土	矩形	梯形	64	20	9.8	较好
凤凰山烽火台	土	矩形	梯形	36	24	6.2	一般
银洞宓1号烽火台	土	矩形	梯形	64	18	10	一般
银洞宓2号烽火台	石	矩形	梯形	32	12	6.8	一般
马家山烽火台	土	矩形	梯形	52	24	9.8	较好
义井村东南烽火台	土	矩形	梯形	40	16	8.2	一般
永祥山烽火台	土	矩形	梯形	32	12	6.8	一般
小辛庄村西北烽火台	土	矩形	梯形	40	27.2	7.8	一般
小黑庄村西烽火台	土	矩形	梯形	32	24	8.5	一般
山脚底村东北烽火台	土	矩形	梯形	36	26	8.2	一般
小严备烽火台	土	矩形	梯形	35.6	22.4	7.8	一般
郭家村1号烽火台	土	矩形	梯形	39.2	25.2	8.4	一般
郭家村2号烽火台	土	矩形	梯形	50	15	10.5	较好
王家寨烽火台	土	矩形	梯形	42	27.2	10	较好

名称	材质	平面形制	剖面形制	底部周长	顶部周长	残高	保存状况
下石会烽火台	土	矩形	梯形	27.2	11.8	4.2	较差
上八角烽火台	石	矩形	梯形	32.8	16.8	4.8	较差
三道沟烽火台	土	矩形	梯形	48	32	11.2	较好
营头镇烽火台	土	矩形	梯形	44	32	10.2	较好
刘家山烽火台	土	矩形	梯形	40	16	8.9	较好
乱马营烽火台	土	矩形	梯形	36	24	8.2	一般
史家庄烽火台	土	矩形	梯形	40	32	4.2	较差
红崖子烽火台	土	矩形	梯形	40	16	8.9	一般
辛窑坪烽火台	土	矩形	梯形	52	32	11	较好
北沙城 1 号烽火台	土	矩形	梯形	48	24	8.8	一般
北沙城 2 号烽火台	土	矩形	梯形	48	40	10	较好
长畛烽火台	土	矩形	梯形	52	32	9.2 米	一般
水碾烽火台	土	矩形	梯形	48	12	5	一般
仁义烽火台	土	矩形	梯形	40	24	6.8	一般
孙家湾村西烽火台	土	矩形	梯形	32	8	6.8	一般
贺职村东北烽火台	土	矩形	梯形	32	6	5.8	一般

烽火台附属设施较为少见，仅有围墙、台基等。围墙见于长城沿线龙元 1 号烽火台、丁庄窝 4 号烽火台（石质），腹里余庄村西北烽火台（石质）、义井村东南烽火台、上八角烽火台（石质）、刘家山烽火台、辛窑坪烽火台、北沙城 1 号烽火台和长畛烽火台。台基仅见于大井沟烽火台和辛窑 1 号烽火台，大井沟烽火台台体南侧残存有一段石墙。

（2）烽火台的分布特点

①长城沿线烽火台的走向大致与长城墙体一致，距长城墙体 0.025～0.96 千米，其中位于长城墙体面向内蒙古自治区一侧有 11 座，距长城墙体 0.03～0.96 千米；位于长城墙体面向山西省一侧有 4 座（龙元 1、2 号烽火台、丁庄窝 3 号烽火台、大井沟烽火台），距长城墙体 0.025～0.88 千米。

②腹里烽火台大部分位于县境西部丘陵和中部盆地的沟谷沿线，少数位于东北部、北部管涔山山地南坡。将大部分腹里烽火台与长城墙体联系起来，腹里烽火台的设置有一个特点，即沿交通要道呈线状分布，305、306 省道以及数条县道沿线分布有较多的烽火台。

③尝试对烽火台进行了大小划分，划分依据烽火台的底部周长，按≥50、40～50、< 40 米三个标准进行分类，以残高作为参考（表 385、386）。

表 385　神池县长城沿线土质烽火台分类统计表

	底部周长分类	底部周长（米）	数量（座）	百分比（%）	残高（米）
大型台体	≥50 米	53～55	2	14.3	4.5～10.8
中型台体	40～50 米	48～49.8	2	14.3	5～8.5
小型台体	< 40 米	22～39	10	71.4	4～6
合计		22～55	14	100	4～10.8

表386　神池县腹里土质烽火台分类统计表

	底部周长分类	底部周长（米）	数量（座）	百分比（%）	残高（米）
大型台体	≥50米	50～80	11	22	7～12
中型台体	40～50米	40～48	16	32	4.2～11.2
小型台体	< 40米	21.4～39.2	23	46	2.2～9.8
合计		21.4～80	50	100	2.2～12

从上表中可以看出，土质烽火台无论是长城沿线还是腹里烽火台，均以小型台体为主，其次是中型台体，大型台体数量较少。石质烽火台以中小型台体为主，大型台体仅见1座。

（3）烽火台保存状况

神池县境内烽火台保存状况以一般者居多，有46座，保存较好14座、较差10座。造成损毁的自然因素有风雨侵蚀、植物生长等；人为因素有挖掘洞穴、拆毁包石等。

（四）相关遗存

神池县调查的相关遗存有壕沟2段。

神池县壕沟均位于长城墙体面向内蒙古自治区一侧，走向大致与长城墙体平行。壕沟均系直接在山坡上掘土挖沟而成，宽2～7、深1.5～2米；壕沟两侧墙体底宽2～7、残高1～4米。

三　自然与人文环境

（一）自然环境

神池县位于山西省北部，地层主要由奥陶系中下统地层和第四系地层组成。奥陶系中下统地层主要是灰岩，下统地层多由白云质灰岩、厚层白云岩含薄层泥质灰岩、竹叶状灰岩组成；中统地层主要为深灰色厚层纯灰岩夹薄层灰岩及豹皮灰岩，上部为石膏层。第四系地层由细砂、泥灰岩、红色土、黄土及近代冲积层组成。县境东、北部为管涔山山地，西部为丘陵，中部有小型盆地。县境南部朱家川河从东向西进入五寨县，西北部为县川河上游，均为季节性河流。属北温带大陆性气候，年均气温4.7℃，年均降水量487毫米。县境土壤主要是山地淡栗钙土、淡栗钙土性土和灰褐土性土。南部管涔山地区森林资源丰富，长城沿线地区植被主要是灌木、草本植物。

（二）人文环境

神池县长城沿线村庄居民人数从数十人到约300人。村庄居民以农业和家畜饲养业为主，农作物主要有莜麦、玉米、马铃薯、豌豆、胡麻等。县境东部长城沿线的的龙元村、项家沟村、丁庄窝村一带有煤矿、铝钒土矿开采业。县境南部有宁（武）岢（岚）铁路、朔（州）神（木）铁路、神（池）河（曲）铁路，305、306省道东西横贯。长城沿线一带村庄有县乡公路、土路与外界相通。

四　保护与管理状况

神池县长城资源的保护管理机构是神池县文化体育中心。目前有关长城资源的保护范围、建设控制地带、保护标志、记录档案等工作有待规定或完善。

表366　神池县敌台一览表

名称	地点	高程	与其他遗存的位置关系	材质	建筑方式	平面形制	剖面形制	尺寸	附属设施	修缮情况	保存状况	损毁原因及存在病害
龙元敌台	龙泉镇龙元村东北	1507米	骑墙而建。位于龙元长城2段墙体上	不详	不详	矩形	梯形	底部东西11,南北20米,顶部东西7~8,南北16米,残高12米	无	无	保存较好	自然因素有风雨侵蚀,植物生长等
项家沟1号敌台	龙泉镇项家沟村东南	1542米	骑墙而建。位于项家沟长城1段墙体上	土	夯筑而成,夯层墙厚0.13米	矩形	梯形	底部东西13,南北12米,顶部东西9,南北8米,残高6~6.5米	台体顶部散落砖石	无	保存一般	自然因素有风雨侵蚀,植物生长等
项家沟2号敌台	龙泉镇项家沟村北	1510米	骑墙而建。位于项家沟长城1段墙体上	不详	不详	矩形	梯形	底部东西18,南北10米,顶部东西14,南北7米,残高8~9米	台体顶部散落砖石	无	保存较好	自然因素有风雨侵蚀,植物生长等
项家沟3号敌台	龙泉镇项家沟村上	1525米	骑墙而建。位于项家沟长城1段墙体上	不详	不详	矩形	梯形	底部东西12,南北11米,顶部东西8,南北7米,残高5米	台体顶部有掩体	无	保存一般	自然因素有风雨侵蚀,植物生长等
鹞子沟敌台	烈堡乡大井沟东北	1899米	骑墙而建。位于鹞子沟长城1段墙体上	土	夯筑而成,含石片,夯层厚0.2~0.23米	矩形	梯形	底部边长10米,残高7~8米	无	无	保存一般	自然因素有风雨侵蚀,植物生长等
南寨敌台	烈堡乡南寨村东	1747米	骑墙而建。位于南寨长城1段墙体上	土	夯筑而成	矩形	梯形	底部东西9,南北8米,残高5~6米	无	无	保存一般	自然因素有风雨侵蚀,植物生长等
野猪口敌台	烈堡乡南寨村北	956米	骑墙而建。位于野猪口长城1段墙体上	土	夯筑而成,夯层厚0.08~0.14米	矩形	梯形	底部边长12米,顶部东西8,南北7米	无	无	保存较好。底部有洞穴	自然因素有风雨,植物生长等;人为因素有挖掘洞穴等

表367　神池县马面一览表

名称	地点	高程	与其他遗存的位置关系	材质	建筑方式	平面形制	剖面形制	尺寸	附属设施	修缮情况	保存状况	损毁原因及存在病害
龙元1号马面	龙泉镇龙元村东南	1554米	倚墙而建。位于龙元长城1段东侧	土	夯筑而成,夯层厚0.12~0.17米	矩形	梯形	底部东西17,南北9米,顶部东西12,南北7米,残高7米	无	无	保存一般	自然因素有风雨侵蚀、植物生长等
龙元2号马面	龙泉镇龙元村东	1585米	倚墙而建。位于龙元长城1段东南侧	不详	不详	矩形	梯形	底部东西8,南北5,残高5米	无	无	保存一般	自然因素有风雨侵蚀、植物生长等
龙元3号马面	龙泉镇龙元村东	868米	倚墙而建。位于龙元长城1段西侧	土	夯筑而成,夯层厚0.22~0.24米	矩形	梯形	底部东西9,南北11米,顶部东西6,南北8米,残高5米	无	无	保存一般	自然因素有风雨侵蚀、植物生长等
龙元4号马面	龙泉镇龙元村东北	1591米	倚墙而建。位于龙元长城1段西侧	土	夯筑而成,夯层厚0.22~0.24米	矩形	梯形	底部东西9,南北12米,顶部东西7,南北8米,残高6~7米	马面附近散落砖,板瓦、筒瓦等,砖长30,宽17,厚5.5厘米	无	保存一般	自然因素有风雨侵蚀、植物生长等
龙元5号马面	龙泉镇龙元村东北	1581米	倚墙而建。位于龙元长城墙体西侧	不详	不详	矩形	梯形	底部东西10,南北9米,顶部东西7,南北6米,残高5~6米	马面四周散落砖瓦	无	保存一般	自然因素有风雨侵蚀、植物生长等
龙元6号马面	龙泉镇龙元村东北1.6千米	1566米	倚墙而建。位于龙元长城1段东侧,系龙元长城1段止点	不详	不详	矩形	梯形	底部东西5,南北2.5~3,残高5米	无	无	保存较差	自然因素有风雨侵蚀、植物生长等
龙元7号马面	龙泉镇龙元村东北	1545米	倚墙而建。位于龙元长城2段东侧	不详	不详	矩形	梯形	底部东西4~5,南北2~3,残高2米	无	无	保存较差	自然因素有风雨侵蚀、植物生长等
龙元8号马面	龙泉镇龙元村东北	867米	倚墙而建。位于龙元长城2段东北侧	不详	不详	矩形	梯形	底部东西7~8,南北5.5,顶部东西5.5,南北8米,残高4.5米	无	无	保存一般	自然因素有风雨侵蚀、植物生长等
龙元9号马面	龙泉镇龙元村东北	1508米	倚墙而建。位于龙元长城2段东北侧	土	夯筑而成,夯层厚0.12~0.18米	矩形	梯形	底部边长13米,顶部东西9,南北8米,残高7米	无	无	保存一般	自然因素有风雨侵蚀、植物生长等

续表 367

名称	地点	高程	与其他遗存的位置关系	材质	建筑方式	平面形制	剖面形制	尺寸	附属设施	修缮情况	保存状况	损毁原因及存在病害
龙元10号马面	龙泉镇龙元村东北	1521米	倚墙而建。位于龙元长城2段墙体东北侧	不详	不详	矩形	梯形	底部东西13，南北9.5米，顶部东西7，南北8米，残高7~8米	马面顶部有掩体，周围散落碎瓦	无	保存一般	自然因素有风雨侵蚀、植物生长等
龙元11号马面	龙泉镇龙元村东北	1525米	倚墙而建。位于龙元长城2段东北侧	不详	不详	矩形	梯形	底部边长10，顶部边长8，残高8米	无	无	保存一般	自然因素有风雨侵蚀、植物生长等
龙元12号马面	龙泉镇龙元村东北	1525米	倚墙而建。位于龙元长城2段东侧	土	夯筑而成，夯层0.12~0.16米	矩形	梯形	底部边长13，顶部边长10，残高7~8米	无	无	保存一般	自然因素有风雨侵蚀、植物生长等
项家沟1号马面	龙泉镇项家沟村东	1536米	倚墙而建。位于项家沟长城1段东北侧	不详	不详	矩形	梯形	底部东西16，南北14，顶部东西10，南北11米，残高6米	马面顶部散落砖石	无	保存一般	自然因素有风雨侵蚀、植物生长等
项家沟2号马面	龙泉镇项家沟村东	1525米	倚墙而建。位于项家沟长城1段东北侧	不详	不详	矩形	梯形	底部边长12，顶部边长8，残高5~6米	马面顶部散落砖石	无	保存一般	自然因素有风雨侵蚀、植物生长等
项家沟3号马面	龙泉镇项家沟村东	1528米	倚墙而建。位于项家沟长城1段东北侧	不详	不详	矩形	梯形	底部东西10，南北5米，残高5~6米	无	无	保存一般	自然因素有风雨侵蚀、植物生长等
项家沟4号马面	龙泉镇项家沟村东北	1525米	倚墙而建。位于项家沟长城1段东北侧	不详	不详	矩形	梯形	底部东西14，南北10，顶部东西10，南北5米，残高5~6米	马面顶部散落砖石	无	保存一般	自然因素有风雨侵蚀、植物生长等
项家沟5号马面	龙泉镇项家沟村北	1496米	倚墙而建。位于项家沟长城1段东侧	不详	不详	矩形	梯形	底部东西7，南北8米，残高5~6米	无	无	保存一般	自然因素有风雨侵蚀、植物生长等

续表367

名称	地点	高程	与其他遗存的位置关系	材质	建筑方式	平面形制	剖面形制	尺寸	附属设施	修缮情况	保存状况	损毁原因及存在病害
项家沟6号马面	龙泉镇项家沟村北	1476米	倚墙而建。位于项家沟长城1段东侧	不详	不详	矩形	梯形	底部东西13,南北11米,顶部东西10,南北9米,残高6米	无	无	保存一般	自然因素有风雨侵蚀,植物生长等
项家沟7号马面	龙泉镇项家沟村北	1457米	倚墙而建。位于项家沟长城1段东侧	不详	不详	矩形	梯形	底部东西9,南北3.5米,残高5米	无	无	保存较差。马面西侧、北侧邻深沟,遭洪水冲刷损毁严重	自然因素有洪水冲刷,风雨侵蚀,植物生长等
项家沟8号马面	龙泉镇项家沟村北	1459米	倚墙而建。位于项家沟长城1段东侧	不详	不详	矩形	梯形	底部东西12,南北10米,顶部东西8,南北6.5米,残高5~6米	马面顶部有掩体,周围散落砖石	无	保存一般	自然因素有风雨侵蚀,植物生长等
项家沟9号马面	龙泉镇项家沟村北	1459米	倚墙而建。位于项家沟长城1段东侧	不详	不详	矩形	梯形	底东西12,南北10米,顶部东西8,南北6.5米,残高5~6米	马面顶部有掩体,周围散落砖石	无	保存一般	自然因素有风雨侵蚀,植物生长等
项家沟10号马面	龙泉镇项家沟村北	1493米	倚墙而建。位于项家沟长城1段东侧	土	夯筑而成,夯层厚0.12~0.17米	矩形	梯形	底部东西12,南北10米,顶部东西8,南北6.5米,残高5~6米	马面顶部散落砖石	无	保存一般	自然因素有风雨侵蚀,植物生长等
项家沟11号马面	龙泉镇项家沟村西北	1514米	倚墙而建。位于项家沟长城1段西侧	不详	不详	矩形	梯形	底部东西5.5,南北5米,残高3~4米	无	无	保存较差	自然因素有风雨侵蚀,植物生长等
项家沟12号马面	龙泉镇项家沟村西北1.4千米	1413米	倚墙而建。位于项家沟长城1段西北侧,系项家沟长城1段止点	不详	不详	矩形	梯形	底部东西9,南北11米,顶部东西7,南北9米,残高5米	无	无	保存一般	自然因素有风雨侵蚀,植物生长等
项家沟13号马面	龙泉镇项家沟村西北	1402米	倚墙而建。位于项家沟长城3段东北侧	不详	不详	矩形	梯形	底部东西15,南北11米,顶部东西12,南北8米,残高5~6米	无	无	保存一般	自然因素有风雨侵蚀,植物生长等
项家沟14号马面	龙泉镇项家沟村西北	1433米	倚墙而建。位于项家沟长城3段东北侧	不详	不详	矩形	梯形	底部东西12,南北15米,顶部东西9,南北12米,残高6~7米	马面顶部散落砖石	无	保存一般	自然因素有风雨侵蚀,植物生长等

名称	地点	高程	与其他遗存的位置关系	材质	建筑方式	平面形制	剖面形制	尺寸	附属设施	修缮情况	保存状况	损毁原因及存在病害
项家沟15号马面	龙泉镇项家沟村西北	1452米	倚墙而建。位于项家沟长城3段西北侧	不详	不详	矩形	梯形	底部东西14,南北10.5米,顶部东西12,南北8米,残高6米	马面顶部散落砖石,周围散落碎瓦	无	保存一般	自然因素有风雨侵蚀,植物生长等
项家沟16号马面	龙泉镇项家沟村西北	1451米	倚墙而建。位于项家沟长城3段东北侧	不详	不详	矩形	梯形	底部东西12,南北13米,顶部边长10米,残高5.5米	马面顶部散落石	无	保存一般	自然因素有风雨侵蚀,植物生长等
项家沟17号马面	龙泉镇项家沟村西北	1471米	倚墙而建。位于项家沟长城3段东北侧	不详	不详	矩形	梯形	底部东西12,南北14米,顶部东西9,南北12米,残高6米	马面周围散落石	无	保存一般	自然因素有风雨侵蚀,植物生长等
项家沟18号马面	龙泉镇项家沟村西北	1485米	倚墙而建。位于项家沟长城3段东侧	土	夯筑而成,夯层间夹有石片	矩形	梯形	底部东西2.5,南北10米,残高5～6米	无	无	保存一般	自然因素有风雨侵蚀,植物生长等
项家沟19号马面	龙泉镇项家沟村西北	1572米	倚墙而建。位于项家沟长城3段东侧	不详	不详	矩形	梯形	底部东西12,南北8米,顶部东西9,南北5米,残高6米	马面顶部坡发现有人字形坡顶砖及瓦片,坡顶砖宽25厘米,坡顶高65,坡沿厚3.5米	无	保存一般	自然因素有风雨侵蚀,植物生长等
项家沟20号马面	龙泉镇项家沟村西北	1585米	倚墙而建。位于项家沟长城3段东侧	土	夯筑而成,夯层0.09～0.12米	矩形	梯形	底部边长12,顶部边长8米,残高6米	无	无	保存一般	自然因素有风雨侵蚀,植物生长等
项家沟21号马面	龙泉镇项家沟村西北	1597米	倚墙而建。位于项家沟长城3段东侧	不详	不详	矩形	梯形	底部东西10,南北11米,顶部东西6,南北6.5米,残高6米	无	无	保存一般	自然因素有风雨侵蚀,植物生长等
项家沟22号马面	龙泉镇项家沟村西北	1611米	倚墙而建。位于项家沟长城3段东北侧	不详	不详	矩形	梯形	底部东西10,南北13米,顶部东西4,南北10米,残高5～6米	马面顶部有掩体,散落石	无	保存一般	自然因素有风雨侵蚀,植物生长等
项家沟23号马面	龙泉镇项家沟村西北	1632米	倚墙而建。位于项家沟长城3段东北侧	不详	不详	矩形	梯形	底部东西10,南北15米,顶部东西7,南北12米,残高5～6米	马面顶部散落砖石	无	保存一般	自然因素有风雨侵蚀,植物生长等

续表367

名称	地点	高程	与其他遗存的位置关系	材质	建筑方式	平面形制	剖面形制	尺寸	附属设施	修缮情况	保存状况	损毁原因及存在病害
朔城区152号马面	利民镇勒马沟西南	1995米	倚墙而建。位于勒马沟北侧,系朔城区利民堡长城3段止点,神池县砌子沟长城1段起点	石	石砌而成	矩形	梯形	底部东西7,南北11米,顶部东西4,南北8米,残高5米	无	无	保存一般	自然因素有风雨侵蚀,植物生长等;人为因素有拆毁包石等
砌子沟1号马面	烈堡乡大井沟村东	1985米	倚墙而建。位于砌子沟长城1段东北侧	土	夯筑而成,夯层厚0.12~0.15米	矩形	梯形	底部东西11,南北9米,顶部东西8,南北6米,残高5~6米	无	无	保存一般	自然因素有风雨侵蚀,植物生长等
砌子沟2号马面	烈堡乡大井沟村东	1990米	倚墙而建。位于砌子沟长城1段东北侧	土	夯筑而成	矩形	梯形	底部东西10,南北8米,顶部东西7,南北5米,残高5~6米	无	无	保存一般	自然因素有风雨侵蚀,植物生长等
砌子沟3号马面	烈堡乡大井沟村东	1992米	倚墙而建。位于砌子沟长城1段东侧	土	夯筑而成,含石片	矩形	梯形	不详	马面顶部有石砌掩体遗迹,周围散落砖瓦	无	保存一般	自然因素有风雨侵蚀,植物生长等
砌子沟4号马面	烈堡乡大井沟村东	1994米	倚墙而建。位于砌子沟长城1段东侧	土	夯筑而成	矩形	梯形	底部东西9,南北7米,顶部东6,南北4米,残高5~6米	无	无	保存一般	自然因素有风雨侵蚀,植物生长等
砌子沟5号马面	烈堡乡大井沟村东	1964米	倚墙而建。位于砌子沟长城1段北侧	不详	不详	矩形	梯形	底部东西6,南北3,顶部东西3,南北8米,残高5米	无	无	保存一般	自然因素有风雨侵蚀,植物生长等
砌子沟6号马面	烈堡乡大井沟村东北	1958米	倚墙而建。位于砌子沟长城1段东北侧	不详	不详	矩形	梯形	底部边长8,顶部边长5,残高8米	无	无	保存一般	自然因素有风雨侵蚀,植物生长等
砌子沟7号马面	烈堡乡大井沟村东北	1943米	倚墙而建。位于砌子沟长城1段北侧	不详	不详	矩形	梯形	底部东西10,南北6米,顶部东西7,南北3米,残高6米	马面顶部散落砖石	无	保存一般	自然因素有风雨侵蚀,植物生长等

续表367

名称	地点	高程	与其他遗存的位置关系	材质	建筑方式	平面形制	剖面形制	尺寸	附属设施	修缮情况	保存状况	损毁原因及存在病害
鹞子沟 8 号马面	烈堡乡大井沟村东北	1938 米	倚墙而建。位于鹞子沟长城 1 段东北侧	不详	不详	矩形	梯形	底部东西 12、南北 7 米，顶部东西 9、南北 4 米，残高 6 米	马面顶部散落石	无	保存一般	自然因素有风雨侵蚀、植物生长等
鹞子沟 9 号马面	烈堡乡大井沟村东北	1935 米	倚墙而建。位于鹞子沟长城 1 段东北侧	土	夯筑而成，含石片	矩形	梯形	底部东西 11、南北 7 米，顶部东西 8、南北 4 米，残高 5～6 米	马面顶部散落砖瓦	无	保存一般	自然因素有风雨侵蚀、植物生长等
鹞子沟 10 号马面	烈堡乡大井沟村东北	1922 米	倚墙而建。位于鹞子沟长城 1 段东北侧	不详	不详	矩形	梯形	底部东西 10、南北 7 米，顶部东西 7、南北 4 米，残高 5～6 米	无	无	保存一般	自然因素有风雨侵蚀、植物生长等
鹞子沟 11 号马面	烈堡乡大井沟村东北	1913 米	倚墙而建。位于鹞子沟长城 1 段东北侧	不详	不详	矩形	梯形	底部东西 11、南北 7 米，顶部东西 7、南北 5 米，残高 5 米	无	无	保存一般	自然因素有风雨侵蚀、植物生长等
鹞子沟 12 号马面	烈堡乡大井沟村东北	1913 米	倚墙而建。位于鹞子沟长城 1 段东北侧	不详	不详	矩形	梯形	底部东西 8、南北 7 米，顶部东西 5、南北 4 米，残高 5 米	马面顶部残存石砌基础，东西 3.5 米，周围散落砖瓦	无	保存一般	自然因素有风雨侵蚀、植物生长等
鹞子沟 13 号马面	烈堡乡大井沟村东北	1889 米	倚墙而建。位于鹞子沟长城 1 段东北侧	不详	不详	矩形	梯形	底部东西 10、南北 7 米，顶部东西 7、南北 3 米，残高 5～6 米	马面顶部散落砖瓦	无	保存一般	自然因素有风雨侵蚀、植物生长等
鹞子沟 14 号马面	烈堡乡大井沟村东北 2.18 千米	1883 米	倚墙而建。位于鹞子沟长城 1 段东北侧，系鹞子沟沟长城 2 段起点	不详	不详	矩形	梯形	底部东西 12、南北 6 米，顶部东西 9、南北 3 米，残高 5 米	马面顶部散落砖瓦	无	保存一般	自然因素有风雨侵蚀、植物生长等
鹞子沟 15 号马面	烈堡乡大井沟村东北	1882 米	倚墙而建。位于鹞子沟长城 2 段东北侧	不详	不详	矩形	梯形	底部东西 12、南北 8 米，顶部东西 5、南北 5 米，残高 5 米	无	无	保存一般	自然因素有风雨侵蚀、植物生长等

续表 367

名称	地点	高程	与其他遗存的位置关系	材质	建筑方式	平面形制	剖面形制	尺寸	附属设施	修缮情况	保存状况	损毁原因及存在病害
鹞子沟 16 号马面	烈堡乡大井沟村东北	1892 米	倚墙而建。位于鹞子沟长城 2 段东北侧	土	夯筑而成，夯层厚 0.08~0.27 米	矩形	梯形	顶部边长 4，残高 5~6 米	无	无	保存一般	自然因素有风雨侵蚀、植物生长等
鹞子沟 17 号马面	烈堡乡大井沟村东北	1912 米	倚墙而建。位于鹞子沟长城 2 段东北侧	土	夯筑而成，含石片	矩形	梯形	底部东西 13、南北 7 米，顶部东西 10、南北 4 米，残高 5~6 米	马面顶部散落砖瓦	无	保存一般	自然因素有风雨侵蚀、植物生长等
鹞子沟 18 号马面	烈堡乡大井沟村东北	1915 米	倚墙而建。位于鹞子沟长城 2 段东北侧	土	夯筑而成	矩形	梯形	底部东西 9、南北 10 米，顶部东西 6、南北 6 米，残高 7~6 米	无	无	保存一般	自然因素有风雨侵蚀、植物生长等
鹞子沟 19 号马面	烈堡乡大井沟村东北	1916 米	倚墙而建。位于鹞子沟长城 2 段东侧	不详	不详	矩形	梯形	底部东西 8、南北 10 米，顶部东西 5、南北 5 米，残高 5~6 米	马面顶部散落砖瓦	无	保存一般	自然因素有风雨侵蚀、植物生长等
鹞子沟 20 号马面	烈堡乡大井沟村东北	1968 米	倚墙而建。位于鹞子沟长城 2 段东侧	不详	不详	矩形	梯形	底部东西 12、南北 9，顶部东西 9、南北 5 米，残高 6~6 米	马面顶部散落砖瓦	无	保存一般	自然因素有风雨侵蚀、植物生长等
鹞子沟 21 号马面	烈堡乡大井沟村东北	1903 米	倚墙而建。位于鹞子沟长城 2 段东侧	不详	不详	矩形	梯形	底部东西 11、南北 9，顶部东西 8、南北 6 米，残高 5~6 米	马面顶部散落砖瓦	无	保存一般	自然因素有风雨侵蚀、植物生长等
鹞子沟 22 号马面	烈堡乡大井沟村东北	1925 米	倚墙而建。位于鹞子沟长城 2 段东侧	土	下部夯筑而成，残高 5 米，夯层厚 0.12~0.2 米；上部土石混筑而成，残高 2.5 米	矩形	梯形	底部东西 11、南北 12，顶部东西 8、南北 7 米，残高 9~8 米	无	上部土石混筑部分可能为二次修缮遗存	保存一般	自然因素有风雨侵蚀、植物生长等
鹞子沟 23 号马面	烈堡乡大井沟村东北	1955 米	倚墙而建。位于鹞子沟长城 2 段东侧	不详	不详	矩形	梯形	底部东西 10、南北 12，顶部东西 7、南北 5 米，残高 9~6 米	马面顶部残存石砌基础、散落砖瓦	无	保存一般	自然因素有风雨侵蚀、植物生长等

续表367

名称	地点	高程	与其他遗存的位置关系	材质	建筑方式	平面形制	剖面形制	尺寸	附属设施	修缮情况	保存状况	损毁原因及存在病害
鹞子沟24号马面	烈堡乡大井沟村东北	1969米	倚墙而建。位于鹞子沟长城2段东侧	石	外部石砌而成	矩形	梯形	底部东西14,南北8米,顶部东西11,南北5米,残高6米	无	无	保存一般	自然因素有风雨侵蚀、植物生长等;人为因素有拆毁包石等
鹞子沟25号马面	烈堡乡大井沟村东北	1978米	倚墙而建。位于鹞子沟长城2段东侧	不详	不详	矩形	梯形	底部东西9,南北10米,顶部东西6,南北7米,残高7~8米	无	无	保存一般	自然因素有风雨侵蚀、植物生长等
鹞子沟26号马面	烈堡乡大井沟村东北	1978米	倚墙而建。位于鹞子沟长城2段东北侧	不详	不详	矩形	梯形	底部东西10,南北9米,顶部东西7,南北6米,残高7米	无	无	保存一般	自然因素有风雨侵蚀、植物生长等
鹞子沟27号马面	烈堡乡大井沟村东北	1971米	倚墙而建。位于鹞子沟长城2段东北侧	不详	不详	矩形	梯形	底部东西9,南北13米,顶部东西6,南北10米,残高7~8米	无	无	保存一般	自然因素有风雨侵蚀、植物生长等
鹞子沟28号马面	烈堡乡大井沟村东北3.1千米	1962米	倚墙而建。位于鹞子沟长城2段北侧,系鹞子沟沟长城2段止点,鹞子沟沟长城3段起点	不详	不详	矩形	梯形	底部东西11,南北15米,顶部东西8,南北12米,残高6~7米	马面顶部散落砖瓦	无	保存一般	自然因素有风雨侵蚀、植物生长等
鹞子沟29号马面	烈堡乡大井沟村东北	1952米	倚墙而建。位于鹞子沟长城3段东北侧	不详	不详	矩形	梯形	底部东西11,南北12米,顶部东西7,南北8米,残高6米	无	无	保存一般	自然因素有风雨侵蚀、植物生长等
鹞子沟30号马面	烈堡乡大井沟村东北	1934米	倚墙而建。位于鹞子沟长城3段东北侧	不详	不详	矩形	梯形	底部东西10,南北13米,顶部东西7,南北10米,残高6~7米	无	无	保存一般	自然因素有风雨侵蚀、植物生长等
鹞子沟31号马面	烈堡乡大井沟村东北	1926米	倚墙而建。位于鹞子沟长城3段北侧	不详	不详	矩形	梯形	底部东西9,南北13米,顶部东西6,南北10米,残高6~7米	马面顶部散落砖瓦	无	保存一般	自然因素有风雨侵蚀、植物生长等

续表 367

名称	地点	高程	与其他遗存的位置关系	材质	建筑方式	平面形制	剖面形制	尺寸	附属设施	修缮情况	保存状况	损毁原因及存在病害
鹞子沟 32 号马面	烈堡乡大井沟村东北	1926 米	倚墙而建。位于鹞子沟长城 3 段东北侧	不详	不详	矩形	梯形	底部东西 9、南北 14 米，顶部东西 6、南北 12 米，残高 7~8 米	马面顶部散落砖瓦	无	保存一般	自然因素有风雨侵蚀、植物生长等
鹞子沟 33 号马面	烈堡乡大井沟村东北	1926 米	倚墙而建。位于鹞子沟长城 3 段东北侧	不详	不详	矩形	梯形	底部东西 13、南北 9 米，顶部东西 10、南北 6 米，残高 8 米	无	无	保存一般	自然因素有风雨侵蚀、植物生长等
鹞子沟 34 号马面	烈堡乡大井沟村东北	1925 米	倚墙而建。位于鹞子沟长城 3 段东北侧	不详	不详	矩形	梯形	底部东西 14、南北 8 米，顶部东西 11、南北 8 米，残高 8 米	无	无	保存一般	自然因素有风雨侵蚀、植物生长等
鹞子沟 35 号马面	烈堡乡大井沟村东北	1922 米	倚墙而建。位于鹞子沟长城 3 段东北侧	不详	不详	矩形	梯形	底部东西 13、南北 12 米，顶部东西 10、南北 9 米，残高 5 米	无	无	保存一般	自然因素有风雨侵蚀、植物生长等
鹞子沟 36 号马面	烈堡乡大井沟村东北	1925 米	倚墙而建。位于鹞子沟长城 3 段东北侧	不详	不详	矩形	梯形	底部东西 14、南北 9 米，顶部东西 11、南北 6 米，残高 6 米	无	无	保存一般	自然因素有风雨侵蚀、植物生长等
鹞子沟 37 号马面	朔城区利民镇兰家窑自然村东 1.8 千米	1924 米	倚墙而建。位于鹞子沟长城 3 段东北侧，系鹞子沟长城 3 段止点。	不详	不详	矩形	梯形	底部东西 14、南北 7 米，顶部东西 11、南北 5 米，残高 6 米	无	无	保存一般	自然因素有风雨侵蚀、植物生长等
朔城区 185 号马面	利民镇兰家窑村西北	1868 米	倚墙而建。位于南寨长城 1 段北侧，系朔城区蒋家岭长城 2 段止点，神池县南寨长城 1 段起点。	石	石砌而成	矩形	梯形	底部东西 9、南北 12 米，顶部东西 6、南北 9 米，残高 6~7 米	无	无	保存一般	自然因素有风雨侵蚀、植物生长等
南寨 1 号马面（彩图七四一）	烈堡乡南寨村东南	1840 米	倚墙而建。位于南寨长城 1 段北侧	土	夯筑而成，夯层厚 0.14~0.2 米，夯层间有碎石层	矩形	梯形	底部东西 11、南北 12 米，顶部东西 8、南北 9 米，残高 7~8 米	无	无	保存一般	自然因素有风雨侵蚀、植物生长等

续表 367

名称	地点	高程	与其他遗存的位置关系	材质	建筑方式	平面形制	剖面形制	尺寸	附属设施	修缮情况	保存状况	损毁原因及存在病害
南寨2号马面	烈堡乡南寨村东南	1830米	倚墙而建。位于南寨长城1段东北侧	土	夯筑而成，夯层间有碎石层	矩形	梯形	底部东西9，南北11米，顶部东西6，南北8米，残高5～6米	无	无	保存一般	自然因素有风雨侵蚀、植物生长等
南寨3号马面	烈堡乡南寨村东南	1834米	倚墙而建。位于南寨长城1段东北侧	石	土石混筑而成	矩形	梯形	底部边长9，残高5～6米	无	无	保存一般	自然因素有风雨侵蚀、植物生长等
南寨4号马面	烈堡乡南寨村东南	1830米	倚墙而建。位于南寨长城1段东北侧	土	夯筑而成，夯层厚0.22米	矩形	梯形	底部东西7，南北10米，顶部东西4，南北7米，残高8米	无	无	保存一般	自然因素有风雨侵蚀、植物生长等
南寨5号马面	烈堡乡南寨村东南	1813米	倚墙而建。位于南寨长城1段东北侧	不详	不详	矩形	梯形	底部东西8，南北10米，顶部东西5，南北7米，残高5～6米	无	无	保存一般。南壁底部有洞穴，宽0.8，高1米	自然因素有风雨侵蚀、植物生长等；人为因素有挖掘洞穴等
南寨6号马面	烈堡乡南寨村东南	1802米	倚墙而建。位于南寨长城1段东北侧	不详	不详	矩形	梯形	底部东西10，南北11米，顶部东西7，南北8米，残高5～6米	无	无	保存一般	自然因素有风雨侵蚀、植物生长等
南寨7号马面	烈堡乡南寨村东南	1756米	倚墙而建。位于南寨长城1段东北侧	不详	不详	矩形	梯形	底部东西10，南北11米，顶部东西7，南北8米，残高5～6米	无	无	保存一般。底部有"丁"字形洞穴	自然因素有风雨侵蚀、植物生长等；人为因素有挖掘洞穴等
南寨8号马面	烈堡乡南寨村东 0.98千米	1708米	倚墙而建。位于南寨长城1段东北侧，系南寨长城1段止点，南寨长城2段起点	不详	不详	矩形	梯形	底部东西11，南北12米，顶部东西9，南北10米，残高5～6米	无	无	保存一般	自然因素有风雨侵蚀、植物生长等
南寨9号马面	烈堡乡南寨村东	1674米	倚墙而建。位于南寨长城2段东北侧	土	夯筑而成	矩形	梯形	底部东西22，南北15米，顶部东西18，南北12米，残高7米	无	无	保存较好	自然因素有风雨侵蚀、植物生长等

续表 367

名称	地点	高程	与其他遗存的位置关系	材质	建筑方式	平面形制	剖面形制	尺寸	附属设施	修缮情况	保存状况	损毁原因及存在病害
南寨10号马面	烈堡乡南寨村东	1644米	倚墙而建。位于南寨长城2段东北侧	土	夯筑而成，含少量石片	矩形	梯形	底部东西19，南北17米，顶部东西16，南北14米，残高6米	无	无	保存较好	自然因素有风雨侵蚀，植物生长等
南寨11号马面	烈堡乡南寨村东北	1624米	倚墙而建。位于南寨长城2段东北侧	不详	不详	矩形	梯形	底部东西10，南北17米，顶部东西7，南北15米，残高6米	无	无	保存较好	自然因素有风雨侵蚀，植物生长等
南寨12号马面	烈堡乡南寨村东	1616米	倚墙而建。位于南寨长城2段东北侧	不详	不详	矩形	梯形	底部东西8，南北10米，顶部东西5，南北7米，残高5~6米	无	无	保存一般	自然因素有风雨侵蚀，植物生长等
南寨13号马面	烈堡乡南寨村东北	1630米	倚墙而建。位于南寨长城2段东北侧	土	夯筑而成	矩形	梯形	底部东西10，南北15米，顶部东西8，南北13米，残高6米	无	无	保存一般	自然因素有风雨侵蚀，植物生长等
南寨14号马面	烈堡乡南寨村北	1632米	倚墙而建。位于南寨长城2段东侧	土	夯筑而成	矩形	梯形	底部东西12，南北14米，顶部东西9，南北10米，残高6米	无	无	保存一般	自然因素有风雨侵蚀，植物生长等
南寨15号马面	烈堡乡南寨村北	1625米	倚墙而建。位于南寨长城2段东北侧	不详	不详	矩形	梯形	底部东西23，南北10米，顶部东西17，南北7米，残高7~8米	无	无	保存较好	自然因素有风雨侵蚀，植物生长等
南寨16号马面	烈堡乡南寨村北0.94千米	1608米	倚墙而建。位于南寨长城2段东北侧	石	土石混筑而成	矩形	梯形	底部边长13，顶部边长11，残高5~6米	无	无	保存一般	自然因素有风雨侵蚀，植物生长等
野猪口1号马面	烈堡乡南寨村北	1748米	倚墙而建。位于野猪口长城1段北侧	土	夯筑而成	矩形	梯形	底部边长6，顶部边长5米	无	无	保存一般	自然因素有风雨侵蚀，植物生长等

续表367

名称	地点	高程	与其他遗存的位置关系	材质	建筑方式	平面形制	剖面形制	尺寸	附属设施	修缮情况	保存状况	损毁原因及存在病害
野猪口2号马面	烈堡乡大沟村东北	1748米	倚墙而建。位于野猪口长城1段北侧	土	夯筑而成，夯层厚0.04~0.16米	矩形	梯形	底部东西13、南北9米，顶部东西8、南北6米，残高5米	无	无	保存一般	自然因素有风雨侵蚀、植物生长等
野猪口3号马面	烈堡乡大沟村东北	1748米	倚墙而建。位于野猪口长城1段北侧，系野猪口长城1段止点，野猪口长城2段起点	土	夯筑而成	矩形	梯形	底部东西11、南北9米，顶部东西8、南北7米，残高6~7米	无	无	保存一般	自然因素有风雨侵蚀、植物生长等
野猪口4号马面	烈堡乡大沟村北	1790米	倚墙而建。位于野猪口长城2段东北侧	土	夯筑而成	矩形	梯形	底部东西11、南北12米，顶部东西8、南北9米，残高7米	无	无	保存一般	自然因素有风雨侵蚀、植物生长等
野猪口5号马面	烈堡乡大沟村北	1792米	倚墙而建。位于野猪口长城2段北侧	土	夯筑而成	矩形	梯形	底部东西9、南北10米，顶部东西6、南北7米，残高6~7米	马面顶部散落石片	无	保存一般	自然因素有风雨侵蚀、植物生长等
野猪口6号马面	烈堡乡大沟村西北	1816米	倚墙而建。位于野猪口长城2段东北侧，系野猪口长城2段止点，野猪口长城3段起点	土	夯筑而成	矩形	梯形	底部东西10、南北8米，顶部东西7、南北5米，残高~6米	无	无	保存一般	自然因素有风雨侵蚀、植物生长等
野猪口7号马面	烈堡乡大沟村西北	1789米	倚墙而建。位于野猪口长城3段东侧	土	夯筑而成	矩形	梯形	底部东西12、南北14米，顶部东西9、南北10米	无	无	保存较好	自然因素有风雨侵蚀、植物生长等
野猪口8号马面	烈堡乡大沟村西北	1810米	倚墙而建。位于野猪口长城3段东侧	土	夯筑而成	矩形	梯形	底部边长11、顶部边长8、残高10米	无	无	保存较好	自然因素有风雨侵蚀、植物生长等

表368　神池县长城沿线烽火台一览表

名称	地点	高程	与其他遗存的位置关系	材质	建筑方式	平面形制	剖面形制	尺寸	附属设施	修缮情况	保存状况	损毁原因及存在病害
龙元1号烽火台	龙泉镇龙元村东0.38千米	1550米	位于龙元长城1段西0.05千米	土	夯筑而成,夯层厚0.15~0.17米	矩形	梯形	底部东西13.3,南北11.6米,顶部东西7.7,南北5.6米,残高8.5米	台体周围有围墙,平面呈矩形,东西30.5,南北27.8米,夯筑而成,夯层厚0.12~0.15米,墙体底宽2.2~2.8,顶宽0.6~1.2米。围墙内台体周围散落许多砖瓦,采集兽面滴水1件	无	保存一般	自然因素有风雨侵蚀、植物生长等
龙元2号烽火台	龙泉镇龙元村东北1.8千米	1568米	位于龙元长城2段西0.07千米,南距龙元1号烽火台0.12千米	土	夯筑而成,夯层厚0.1~0.16米	矩形	梯形	底部东西12.5,南北14米,顶部东西6.5,南北7.5米,残高4.5米	台体顶部散落砖瓦	无	保存一般	自然因素有风雨侵蚀、植物生长等
龙元3号烽火台	龙泉镇龙元村东北1.9千米	1551米	位于龙元长城2段东0.05千米,西南距龙元2号烽火台0.1千米	土	夯筑而成,夯层厚0.17~0.2米,顶部夯层间有石片层	矩形	梯形	底部东西8,南北3残高4.6米	台体顶部散落砖瓦	台体北侧有补筑的台体,平面呈矩形,东西5~6米,南北夯层0.13~0.15米厚	保存较差	自然因素有风雨侵蚀、植物生长等
项家沟1号烽火台	龙泉镇项家沟村东南1.05千米	1524米	位于龙元长城2段东北0.25千米东,朔城区上吃佬烽火台0.4千米	土	夯筑而成,夯层厚0.13~0.16米	矩形	梯形	底部东西13.8,南北13.7米,顶部东西10.1,南北10.2米,残高10.8米	台体顶部散落砖瓦,西壁有登顶脚窝,时代不详	无	保存较好。南、北壁底部有洞穴	自然因素有风雨侵蚀、植物生长等;有挖掘漏穴等
项家沟2号烽火台	龙泉镇项家沟村北0.3千米	1482米	位于项家沟长城1段东0.06千米	土	夯筑而成,夯层厚0.13~0.15米	矩形	梯形	底部东西10,南北9.5,残高5.5米	台体周围散落瓷片和石块	无	保存一般	自然因素有风雨侵蚀、植物生长等
丁庄窝1号烽火台	龙泉镇丁庄窝村西0.76千米	1397米	位于项家沟长城1段东0.03千米	土	夯筑而成,夯层厚0.15~0.17米	矩形	梯形	底部东西9,南北8,残高5~6米	台体顶部和周围散落瓦片	无	保存一般	自然因素有风雨侵蚀、植物生长等

续表 368

名称	地点	高程	与其他遗存的位置关系	材质	建筑方式	平面形制	剖面形制	尺寸	附属设施	修缮情况	保存状况	损毁原因及存在病害
丁庄窝2号烽火台	龙泉镇丁庄窝村西0.78千米	1394米	位于顶家沟长城2段东0.1千米	土	夯筑而成,夯层厚0.12~0.17米	矩形	梯形	底部东西12,顶部边长5,残高5~6米	无	无	保存一般	自然因素有风雨侵蚀、植物生长等
丁庄窝3号烽火台	龙泉镇丁庄窝村西北2.2千米	1627米	位于顶家沟长城3段西南0.025千米	土	夯筑而成,夯层厚0.2米	矩形	梯形	底部东西9.4,南北9,残高5.5米	无	无	保存一般。西部底部有洞壁穴,洞口有石墙	自然因素有风雨侵蚀、植物生长等;人为因素有挖掘漏洞穴等
丁庄窝4号烽火台(彩图七四二)	龙泉镇丁庄窝村西北2.385千米	1767米	位于丁庄窝长城东0.05千米	石	外部片石砌筑,内部为土石混筑台体	矩形	梯形	底部东西12,南北10,残高4.5米	台体周围有围墙,平面呈矩形,东西15,南北14米,石砌而成,墙体底宽2,顶宽1.5,残高1.5米	无	保存一般	自然因素有风雨侵蚀、植物生长等
丁庄窝5号烽火台	龙泉镇丁庄窝村西北1.8千米	1634米	位于丁庄窝长城东0.78千米	土	夯筑而成,夯层厚0.1~0.18米	矩形	梯形	底部东西11,南北8,残高5~6米	无	无	保存一般	自然因素有风雨侵蚀、植物生长等
大井沟烽火台	烈堡乡丁大井沟村东北1.44千米	1894米	位于鹊子沟长城2段西南0.88千米	土	夯筑而成,夯层厚0.17~0.2米	矩形	梯形	底部东西5,南北9,残高5米	台基夯筑而成,边长14,残高1.5~2米。台体南侧残存一段墙体,石砌而成,长11,残高1~2.5米	无	保存一般	自然因素有风雨侵蚀、植物生长等
辛窑1号烽火台	烈堡乡辛窑村西北0.1千米	1652米	位于野岩口长城1段北0.96千米	土	夯筑而成,夯层厚0.12~0.15米	矩形	梯形	底部东西8,南北10,残高5米	台基石砌而成	无	保存一般	自然因素有风雨侵蚀、植物生长等
辛窑2号烽火台(彩图七四三)	烈堡乡辛窑村西0.27千米	1654米	位于野岩口长城1段北0.86千米,东北距辛窑1号烽火台0.22千米	土	夯筑而成,夯层厚0.15~0.18米	矩形	梯形	底部东西9,南北8,残高6米	无	无	保存一般	自然因素有风雨侵蚀、植物生长等

续表 368

名称	地点	高程	与其他遗存的位置关系	材质	建筑方式	平面形制	剖面形制	尺寸	附属设施	修缮情况	保存状况	损毁原因及存在病害
辛窑 3 号烽火台	烈堡乡辛窑村西南 0.3 千米	1651 米	位于野猪口长城 1 段北 0.55 千米,西北距辛窑 2 号烽火台 0.3 千米	土	夯筑而成,含碎石	矩形	梯形	底部边长 7,残高 4~5 米	无	无	保存较差	自然因素有风雨侵蚀,植物生长等
辛窑 4 号烽火台	烈堡乡辛窑村西南 0.52 千米	1641 米	位于野猪口长城 1 段北 0.23 千米,北距辛窑 3 号烽火台 0.3 千米	土	夯筑而成	矩形	梯形	底部东西 8,南北 7,残高 4 米	无	无	保存较差	自然因素有风雨侵蚀,植物生长等

表 369 神池县腹里烽火台一览表

名称	地点	高程	与其他遗存的位置关系	材质	建筑方式	平面形制	剖面形制	尺寸	附属设施	修缮情况	保存状况	损毁原因及存在病害
大沟儿涧1号烽火台	龙泉镇大沟儿涧村西1千米	1421米	无	土	夯筑而成,夯层厚 0.2~0.22 米	矩形	梯形	底部边长 6.8,顶部边长 6.5,残高 2.2 米	无	无	保存较差	自然因素有风雨侵蚀,植物生长等
大沟儿涧2号烽火台	龙泉镇大沟儿涧村西北 0.6千米	1672米	东南距大沟儿涧1号烽火台 0.2千米	土	夯筑而成,夯层厚 0.2~0.22 米	矩形	梯形	底部东西 13,南北 14米,顶部东西 9,南北 11米,残高 8.8米	无	无	保存一般	自然因素有风雨侵蚀,植物生长等
斗沟1号烽火台	龙泉镇斗沟村东北 0.3千米	1613米	无	土	夯筑而成,夯层厚 0.2~0.26 米	矩形	梯形	底部边长 7.2,顶部边长 3.6,残高 7.5米	无	无	保存一般	自然因素有风雨侵蚀,植物生长等
斗沟2号烽火台	龙泉镇斗沟村东北 0.6千米	1600米	西距斗沟1号烽火台 0.31千米	土	夯筑而成,夯层厚 0.2~0.22 米	矩形	梯形	底部边长 6.2米,顶部东西 3.2,南北 2.4米,残高 6.2米	无	无	保存一般	自然因素有风雨侵蚀,植物生长等
斗沟3号烽火台	龙泉镇斗沟村东北 0.9千米	1587米	西距斗沟2号烽火台 0.276千米	土	夯筑而成,夯层厚 0.2~0.22 米	矩形	梯形	底部边长 7,顶部边长 2.8,残高6.8米	无	无	保存一般	自然因素有风雨侵蚀,植物生长等
斗沟4号烽火台	龙泉镇斗沟村东北 1.2千米	1532米	西南距斗沟3号烽火台 0.276千米	土	夯筑而成,夯层厚 0.2~0.22 米	矩形	梯形	底部东西 7.2,南北 3.5米,顶部东西 4.8,南北 2.1米,残高5.6米	无	无	保存一般	自然因素有风雨侵蚀,植物生长等
斗沟5号烽火台(彩图七四)	龙泉镇斗沟村东北 1.5千米	1502米	西南距斗沟4号烽火台 0.322千米	土	夯筑而成,夯层厚 0.2~0.22 米	矩形	梯形	底部东西 8.9,南北 5.8米,顶部东西 6.8,南北 4.1米,残高8.2米	无	无	保存一般	自然因素有风雨侵蚀,植物生长等
斗沟6号烽火台	龙泉镇斗沟村东北 1.8千米	1487米	西南距斗沟5号烽火台 0.248千米	土	夯筑而成,夯层厚 0.2~0.22 米	矩形	梯形	底部东西 8.5,南北 6.2米,顶部东西 4.8米,残高6.8米	无	无	保存一般	自然因素有风雨侵蚀,植物生长等

续表369

名称	地点	高程	与其他遗存的位置关系	材质	建筑方式	平面形制	剖面形制	尺寸	附属设施	修缮情况	保存状况	损毁原因及存在病害
斗沟7号烽火台	龙泉镇斗沟村东北2.2千米	1483米	西南距斗沟6号烽火台0.4千米	土	夯筑而成,夯层厚0.2~0.22米	矩形	梯形	底部边长6.2,顶部边长3.2,残高5.8米	无	无	保存一般	自然因素有风雨侵蚀,植物生长等
龙泉西烽火台	龙泉镇西1.2千米	1633米	北距三山烽火台1.6千米	土	夯筑而成,夯层厚0.2米	矩形	梯形	底部边长6,顶部边长4,残高3.5米	无	无	保存较差	自然因素有风雨侵蚀,植物生长等
达木河烽火台(彩图七四五)	东湖乡达木河村北1.5千米处	1780米	南距达木河堡1.5千米	石	外部片石砌筑;内部为夯土台体,夯层厚0.2~0.22米	矩形	梯形	底部边长12,顶部边长5,残高8米	无	无	保存一般	自然因素有风雨侵蚀,植物生长等;人为因素有拆毁包石等
羊坊烽火台	东湖乡达木河村南2.5千米处	1818米	北距达木河堡2.5千米	土	夯筑而成,夯层厚0.2~0.32米	矩形	梯形	底部边长8.8,顶部边长3.2,残高5.2米	无	无	保存一般。东壁有洞穴	自然因素有风雨侵蚀,植物生长等;人为因素有挖掘洞穴等
柳沟烽火台	东湖乡柳沟村南1千米	1828米	北距羊坊烽火台7千米	土	夯筑而成,夯层厚0.2~0.32米	矩形	梯形	底部边长20,顶部边长3,残高10米	无	无	保存较好	自然因素有风雨侵蚀,植物生长等
小寨烽火台	东湖乡小寨村西1.8千米	1704米	西北距柳沟烽火台2千米	石	外部石块砌筑;内部为夯土台体,夯层厚0.2~0.28米	矩形	梯形	底部边长6,顶部边长3.2,残高4.5米	无	无	保存较差	自然因素有风雨侵蚀,植物生长等;人为因素有拆毁包石等
九姑村烽火台	东湖乡九姑村西1.8千米	1629米	无	土	夯筑而成,夯层厚0.16~0.22米	矩形	梯形	底部东西18,南北8,残高9.6米	无	无	保存一般	自然因素有风雨侵蚀,植物生长等
段疙瘩烽火台	东湖乡段疙瘩村村内	1540米	东北距九姑村烽火台1.2千米	土	夯筑而成,夯层厚0.16~0.26米	矩形	梯形	底部东西10,南北5,残高9.8米	无	无	保存一般	自然因素有风雨侵蚀,植物生长等

续表369

名称	地点	高程	与其他遗存的位置关系	材质	建筑方式	平面形制	剖面形制	尺寸	附属设施	修缮情况	保存状况	损毁原因及存在病害
三山烽火台	东湖乡三山村南0.5千米	1469米	北距段筒嘴烽火台1.2千米,南距龙泉寺西烽火台1.6千米	土	夯筑而成,夯层厚0.16~0.2米	矩形	梯形	底部东西8,南北3,残高4.5米	无	无	保存较差。西壁有盗洞	自然因素有风雨侵蚀,植物生长等;人为因素有挖掘洞穴等
小赵庄烽火台	东湖乡小赵庄东北1.2千米	1618米	无	土	夯筑而成,夯层厚0.16~0.22米	矩形	梯形	底部东西14,南北13米,顶部东西8,南北7米,残高7米	无	无	保存一般	自然因素有风雨侵蚀,植物生长等
余庄村西北烽火台	东湖乡余庄村西北1.2千米	1540米	无	石	外部石块砌筑;内部为夯土体,夯层厚0.2~0.22米	矩形	梯形	底部边长14,顶部边长8,残高10.5米	台体周围有围墙,仅存地面痕迹	无	保存较好	自然因素有风雨侵蚀,植物生长等;人为因素有拆毁包石等
六家河烽火台	大严乡六家河村西0.2千米	1707米	东北距六家河烽火台8千米	土	黄土夯筑而成,夯层厚0.2~0.22米	矩形	梯形	底部边长12,顶部边长3,残高8.9米	无	无	保存一般	自然因素有风雨侵蚀,植物生长等
马坊烽火台	大严乡马坊村北1千米	1800米	北距马坊烽火台5千米	土	夯筑而成,夯层厚0.2~0.22米	矩形	梯形	底部边长10米,顶部东西3,南北2米,残高7.4米	无	无	保存一般	自然因素有风雨侵蚀,植物生长等
大羊泉烽火台	大严乡大羊泉村西北1千米	1708米	北距马坊烽火台5千米	土	夯筑而成,夯层厚0.2~0.22米	矩形	梯形	底部边长10米,顶部东西2,南北1米,残高9.8米	无	无	保存一般。台体南侧有一座通讯塔	自然因素有风雨侵蚀,植物生长等
大严备烽火台	大严乡大严备村西0.5千米	1631米	北距大羊泉烽火台5千米	土	夯筑而成,夯层厚0.2米	矩形	梯形	底部边长11,顶部边长7.8,残高10.5米	无	无	保存较好。台体东西两侧各有一座通讯塔	自然因素有风雨侵蚀,植物生长等
郝家坡1号烽火台	太平庄乡郝家坡村北	1669米	无	土	夯筑而成,夯层厚0.2米	矩形	梯形	底部边长8,顶部边长4,残高8.8米	无	无	保存一般	自然因素有风雨侵蚀,植物生长等

续表369

名称	地点	高程	与其他遗存有的位置关系	材质	建筑方式	平面形制	剖面形制	尺寸	附属设施	修缮情况	保存状况	损毁原因及存在病害
郝家坡2号烽火台	太平庄乡郝家坡村北0.2千米	1661米	东南距郝家坡1号烽火台0.1千米	土	夯筑而成,夯层厚0.2米	矩形	梯形	底部边长20,顶部边长6,残高12米	无	无	保存较好	自然因素有风雨侵蚀,植物生长等
杨家坡烽火台	太平庄乡杨家坡村南0.8千米	1772米	东北距郝家坡2号烽火台2千米	土	夯筑而成,夯层厚0.2米	矩形	梯形	底部边长16,顶部边长5,残高9.8米	无	无	保存较好	自然因素有风雨侵蚀,植物生长等
凤凰山烽火台	太平庄乡凤凰山村内	1499米	无	土	夯筑而成,夯层厚0.22米	矩形	梯形	底部边长9,顶部边长6,残高6.2米	无	无	保存一般	自然因素有风雨侵蚀,植物生长等
银洞欣1号烽火台	乂井镇银洞欣村西2千米	1708米	无	土	夯筑而成,夯层厚0.2~0.22米	矩形	梯形	底部东西15,南北17米,顶部东西5,南北10米,残高4米	无	无	保存一般	自然因素有风雨侵蚀,植物生长等
银洞欣2号烽火台	乂井镇银洞欣村西南3千米	不详	西北距银洞欣1号烽火台1.5千米,东北距小赵庄烽火台4千米	石	土石混筑而成	矩形	梯形	底部东西9,南北7米,顶部边长3米,残高6.8米	无	无	保存一般	自然因素有风雨侵蚀,植物生长等;人为因素有拆毁包台等
马家山烽火台	乂井镇马家山村东0.5千米	1536米	西北距山脚底烽火台6千米	土	夯筑而成,夯层厚0.2~0.28米	矩形	梯形	底部边长13,顶部边长6,残高9.8米	台体周围有围墙,平面呈矩形,边长35米,夯筑土墙。南墙底宽2.8,顶宽0.2~0.8,残高1.2~1.8米,南墙中部有豁口。东、西、北墙无存	无	保存较好	自然因素有风雨侵蚀,植物生长等
乂井村东南烽火台	乂井镇乂井村东1.5千米	1366米	无	土	夯筑而成,夯层厚0.2~0.28米	矩形	梯形	底部边长10,顶部边长4,残高8.2米	无	无	保存一般	自然因素有风雨侵蚀,植物生长等
永祥山烽火台	乂井乡永祥山村内	1491米	东北距凤凰山烽火台2.5千米	土	夯筑而成,夯层厚0.22米	矩形	梯形	底部边长8,顶部边长3,残高6.8米	无	无	保存一般	自然因素有风雨侵蚀,植物生长等

续表369

名称	地点	高程	与其他遗存的位置关系	材质	建筑方式	平面形制	剖面形制	尺寸	附属设施	修缮情况	保存状况	损毁原因及存在病害
小辛庄村西北烽火台	义井镇小辛庄村西北1.2千米	1502米	无	土	夯筑而成,夯层厚0.2~0.26米	矩形	梯形	底部边长10,顶部边长6.8,残高7.8米	无	无	保存一般	自然因素有风雨侵蚀,植物生长等
小黑庄村西烽火台	义井镇小黑庄村西2千米	1361米	无	土	夯筑而成,夯层厚0.2~0.26米	矩形	梯形	底部边长8,顶部边长6,残高8.5米	无	无	保存一般	自然因素有风雨侵蚀,植物生长等
山脚烽火台	八角镇山脚底村东北1千米	1592米	无	土	夯筑而成,夯层厚0.2~0.26米	矩形	梯形	底部边长9,顶部边长6.5,残高8.2米	无	无	保存一般	自然因素有风雨侵蚀,植物生长等
小严备烽火台（彩图七四六）	八角镇小严备村南0.5千米	1574米	无	土	夯筑而成,夯层厚0.2~0.26米	矩形	梯形	底部边长8.9,顶部边长5.6,残高7.8米	无	无	保存一般	自然因素有风雨侵蚀,植物生长等
郭家1号烽火台	八角镇郭家村东南2千米	1482米	无	土	夯筑而成,夯层厚0.18~0.26米	矩形	梯形	底部边长9.8,顶部边长6.3,残高8.4米	无	无	保存一般。南壁底部有洞穴	自然因素有风雨侵蚀等,人为因素有挖掘洞穴等
郭家2号烽火台	八角镇郭家村东南2.5千米	1439米	西北距郭家村1号火台0.5千米	土	夯筑而成,夯层厚0.18~0.26米	矩形	梯形	底部东西13,南北12,顶部东西3.5,南北4米,残高10.5米	无	无	保存较好	自然因素有风雨侵蚀,植物生长等
王家寨烽火台（彩图七四七）	八角镇王家寨村北0.2千米	1447米	无	土	夯筑而成,夯层厚0.2~0.26米	矩形	梯形	底部边长10.5,顶部边长6.8,残高10米	无	无	保存较好。南壁中部、底部及北壁均有洞穴	自然因素有风雨侵蚀,植物生长等,人为因素有挖掘洞穴等
下石会烽火台	八角镇下石会村西1千米	1488米	西南距王家寨火台1千米	土	夯筑而成,夯层厚0.2~0.26米	矩形	梯形	底部东西6.8米,顶部东西3.2,南北2.7米,残高4.2米	无	无	保存较差	自然因素有风雨侵蚀,植物生长等

续表369

名称	地点	高程	与其他遗存的位置关系	材质	建筑方式	平面形制	剖面形制	尺寸	附属设施	修缮情况	保存状况	损毁原因及存在病害
上八角烽火台	八角镇上八角村东1.5千米	1494米	西南距下石会烽火台4千米	石	外部石块砌筑;内部为夯土台体,夯层厚0.2~0.22米	矩形	梯形	底部边长8.2,顶部边长4.2,残高4.8米	台体周围有围墙,石块砌筑,仅存地面痕迹	无	保存较差	自然因素有风雨侵蚀,植物生长等;人为因素有拆毁包石等
三道沟烽火台	八角镇三道沟村西南2.5千米	1494米	无	土	夯筑而成,夯层厚0.2~0.22米	矩形	梯形	底部边长12,顶部边长8,残高11.2米	无	无	保存较好	自然因素有风雨侵蚀,植物生长等
营头镇烽火台	八角镇营头镇村北1.2千米	1433米	东南距三道沟烽火台3千米	土	夯筑而成,夯层厚0.2~0.26米	矩形	梯形	底部边长11,顶部边长8,残高10.2米	无	无	保存较好	自然因素有风雨侵蚀,植物生长等
刘家山烽火台	八角镇刘家山村西北1千米	1596米	东南距营头镇烽火台2千米	土	夯筑而成,夯层厚0.2~0.28米	矩形	梯形	底部边长10,顶部边长4,残高8.9米	台体周围有围墙,平面呈不规则形,周长约50米,石块砌筑而成,底宽3,顶宽0.2~0.8,残存最高1.5米	无	保存较好。北壁底部有洞穴。台体北侧有一座通讯塔	自然因素有风雨侵蚀,植物生长等;人为因素有挖掘洞穴等
乱马营烽火台	长畛乡乱马营村北1千米	1569米	西距史家烽火台7千米	土	夯筑而成,夯层厚0.2~0.26米	矩形	梯形	底部边长9,顶部边长6,残高8.2米	无	无	保存一般	自然因素有风雨侵蚀,植物生长等
史家庄烽火台	长畛乡史家庄村北0.5千米	1498米	东北距乱马营烽火台7千米	土	夯筑而成,夯层厚0.2~0.28米	矩形	梯形	底部边长10,顶部边长8,残高4.2米	无	无	保存较差	自然因素有风雨侵蚀,植物生长等
红崖子烽火台	长畛乡红崖村东南0.5千米	1355米	东北距史家庄烽火台3千米;南距刘家山烽火台2千米	土	夯筑而成,夯土层0.2~0.28米	矩形	梯形	底部边长10,顶部边长4,残高8.9米	无	无	保存一般	自然因素有风雨侵蚀,植物生长等

续表 369

名称	地点	高程	与其他遗存的位置关系	材质	建筑方式	平面形制	剖面形制	尺寸	附属设施	修缮情况	保存状况	损毁原因及存在病害
辛窑坪烽火台	长畛乡辛窑坪村南 0.5 千米	1438 米	无	土	夯筑而成，夯层厚 0.1～0.15 米	矩形	梯形	底部边长 13，顶部边长 8，残高 11 米	台体周围有围墙，平面呈矩形，边长 30 米，夯筑而成，夯层宽 0.1～0.15 米，底宽 3.2，顶宽 0.5～1.2，残高 1.5～2.5 米。西墙中部设门，现为豁口，宽 5 米	无	保存较好	自然因素有风雨侵蚀、植物生长等
北沙城 1 号烽火台	长畛乡北沙城村西北 0.8 千米	1351 米	北距辛窑坪烽火台 1 千米	土	夯筑而成，夯层厚 0.2～0.22 米	矩形	梯形	底部边长 12，顶部边长 6，残高 8.8 米	台体周围有围墙，平面呈矩形，残存部分西墙，长 30 米，底宽 2.8，顶宽 0.5，残高 1.6 米	无	保存一般。台体北侧、围墙内有 1 座通讯塔	自然因素有风雨侵蚀、植物生长等
北沙城 2 号烽火台	长畛乡北沙城村西北 1 千米	1344 米	东南距北沙城 1 号烽火台 0.276 千米	土	夯筑而成，夯层厚 0.2～0.22 米	矩形	梯形	底部边长 12，顶部边长 10，残高 10 米	无	无	保存较好	自然因素有风雨侵蚀、植物生长等
长畛烽火台	长畛乡长畛村西 1 千米	1376 米	无	土	夯筑而成，夯层厚 0.2～0.22 米	矩形	梯形	底部边长 13，顶部边长 8，残高 9.2 米	台体周围有围墙，平面呈矩形，底宽 2.8，顶宽 0.5～0.8，残高 0.5 米	无	保存一般	自然因素有风雨侵蚀、植物生长等
水碾烽火台	贺职乡水碾村北 0.05 千米处	1409 米	东南距山脚底村东北烽火台 6 千米	土	夯筑而成，夯层厚 0.2～0.3 米	矩形	梯形	底部边长 12 米，顶部东西 4，南北 2 米，残高 5 米	无	无	保存一般	自然因素有风雨侵蚀、植物生长等
仁义烽火台（彩图七四八）	贺职乡仁义村北 0.5 千米	1331 米	东北距水碾烽火台 3 千米	土	夯筑而成，夯层厚 0.2～0.26 米	矩形	梯形	底部边长 10，顶部边长 6，残高 6.8 米	无	无	保存一般	自然因素有风雨侵蚀、植物生长等
孙家湾村丙烽火台	贺职乡孙家湾村西 2 千米	1418 米	无	土	夯筑而成，夯层厚 0.2～0.26 米	矩形	梯形	底部边长 8，顶部边长 2，残高 6.8 米	无	无	保存一般	自然因素有风雨侵蚀、植物生长等
贺职村东北烽火台	贺职乡贺职村东北 1.5 千米	1344 米	无	土	夯筑而成，夯层厚 0.2～0.26 米	矩形	梯形	底部边长 8 米，顶部东西 2，南北 5.8 米	无	无	保存一般	自然因素有风雨侵蚀、植物生长等

第十六章　朔城区长城

朔城区位于山西省北部，东与山阴县、北与平鲁区、南与代县及原平市和宁武县、西与神池县交界。山西省两支明长城资源调查队参与了朔城区境内明长城资源的调查工作，调查一队于 2007 年 7 月 1 日~8 月 13 日对朔城区西南部明代长城墙体及其南北两侧各 1000 米内的长城资源进行了调查，调查五队于 2007 年 9 月 14 日~2008 年 6 月 22 日对该区其他区域明长城资源进行了调查。

一　长城资源调查数据

朔城区共调查长城墙体 20 段，总长 32952 米；关堡 18 座，其中关 4 座、堡 14 座；单体建筑共 303 座，其中敌台 9 座、马面 195 座、烽火台 99 座；相关遗存共 14 处，其中壕沟 9 条、采石场 5 处；采集文物标本 1 件（地图一五）。

（一）长城墙体

朔城区明代内长城墙体在本区西部，由神池县丁庄窝村北进入本区，大致为东南—西北走向，经窑子头乡石板沟村，张蔡庄乡靳家洼村、石湖岭村、车道坡村、南西沟村，利民镇口里歇头场与口外歇头场两村之间、南庄村、利民堡村、张家窑村、勒马沟村、蒋家峪村和兰家窑村，进入神池县与平鲁区交界处（神池县南寨长城 1、2 段）。神池县调查的鹞子沟长城 1~3 段位于神池县与朔城区交界处，东与利民堡长城 3 段相接，北与蒋家峪长城 1 段相接。朔城区东南部南榆林乡何庄村发现 2 段石墙。朔城区南部与原平市、宁武县和神池县交界处的长城登记到原平市、宁武县和神池县，包括原平市北与朔城区交界处的张其沟长城 1~3 段、宁武县东北与朔城区交界处的宁武县段庄长城、宁武县北与朔城区交界处的宁武县河西长城 2 段和大水口长城 1 段、神池县东与朔城区交界处的神池县龙元长城 1 段。（表 387）

表 387　朔城区长城墙体一览表（单位：米）

长城墙体段落名称	总长	保存较好	保存一般	保存较差	保存差	消失	类型	省/县属
石板沟长城 1 段	820	230	510	80	0	0	石墙	朔城区
石板沟长城 2 段	2060	2060	0	0	0	0	山险	朔城区

续表 387

长城墙体段落名称	总长	保存较好	保存一般	保存较差	保存差	消失	类型	省/县属
靳家洼长城1段	1802	460	1275	15	0	52	石墙	朔城区
靳家洼长城2段	1594	80	1375	80	0	59	石墙	朔城区
石湖岭长城1段	2526	1020	1456	0	0	50	石墙	朔城区
石湖岭长城2段	2338	1250	813	8	0	267	石墙	朔城区
南西沟长城1段	1407	655	680	0	0	72	土墙	朔城区
南西沟长城2段	1506	0	1500	0	0	6	石墙	朔城区
南西沟长城3段	1397	370	1005	0	0	22	石墙	朔城区
口里歇头场长城1段	2070	220	1800	0	0	50	石墙	朔城区
口里歇头场长城2段	1117	830	280	0	0	7	石墙	朔城区
口里歇头场长城3段	880	760	0	120	0	0	土墙	朔城区
利民堡长城1段	2044	910	170	0	0	964	土墙	朔城区
利民堡长城2段	1929	0	1920	0	0	9	石墙	朔城区
利民堡长城3段	1580	1270	310	0	0	0	石墙	朔城区
蒋家峪长城1段	2118	570	1540	0	0	8	石墙	朔城区
蒋家峪长城2段	2120	0	2120	0	0	0	石墙	朔城区
勒马沟外长城	1767	550	1157	0	40	20	石墙	朔城区
何庄村长城1段	352	256	19	0	14	63	石墙	朔城区
何庄村长城2段	1525	0	247	472	28	778	石墙	朔城区
合计	32952	11491	18177	775	82	2427		

1. 石板沟长城1段

起点位于神池县龙泉镇丁庄窝村西北2.4千米处，高程1770米；止点位于朔城区窑子头乡石板沟村南0.26千米处，高程1627米。大致呈西南—东北走向，全长820米，其中保存较好230、一般510、较差80米。墙体系石墙，外部条石、片石垒砌而成，中间为土石混筑，个别段因位于陡坡仅砌外墙。墙体下宽上窄，剖面呈梯形，上有收分。墙体底宽5、顶宽2~4.3、残高0.5~4米（彩图七四九）。部分段墙体顶部残存女墙，宽1.5~3.5、北高4、南高0.5~1.7米。本段长城为朔城区明代长城起始段，西南与神池县丁庄窝长城相接，东北与朔城区石板沟长城2段（山险）相连（图四五三）。

本段墙体共测GPS点6个（G0001~G0006），墙体可分为5小段，分述如下。

第1小段：G0001（起点）—G0002（拐点），长230米，南—北走向，保存较好。墙体内外为灌木丛，植被较好。墙体底宽5、顶宽2~4.3、残高4米，上部收分较小。

第2小段：G0002（拐点）—G0003（拐点），长80米，西南—东北走向，保存较差。墙体因处于灌木丛中，时断时现。墙体残高0.5~1.5米，部分仅存外墙。

第3小段：G0003（拐点）—G0004（拐点），长160米，西南—东北走向，保存一般。个别段因雨水冲刷损毁。G0003（拐点）东北0.04千米处灌木丛中有一段墙体顶部残存一段女墙，长4、宽1.5~3.5、北高4、南高0.5~1.7米。

第4小段：G0004（拐点）—G0005（拐点），长100米，西南—东北走向，保存一般。个别段坍塌。

第5小段：G0005（拐点）—G0006（止点、断点），长250米，西南—东北走向，保存一般。个

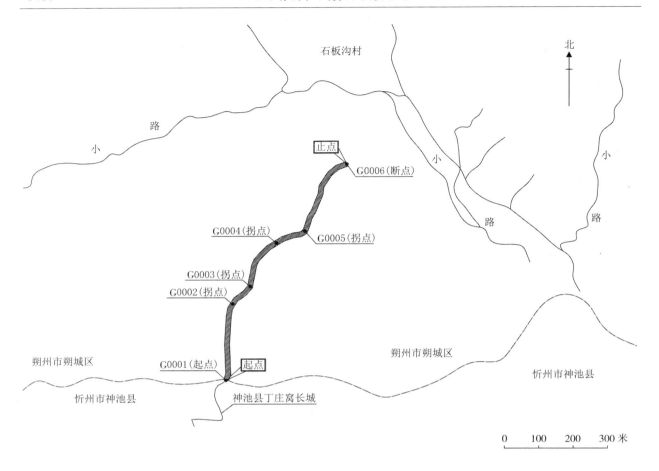

图四五三　石板沟长城 1 段走向示意图

别段坍塌。近山脊处有近代挖掘垒砌的掩体，可能是近代晋绥军所为。

墙体整体保存一般。

2. 石板沟长城 2 段

起点位于窑子头乡石板沟村南 0.26 千米处，高程 1627 米；止点位于张蔡庄乡靳家洼村东南 1.5 千米处，高程 1676 米。大致呈东南—西北走向，全长 2060 米，均保存较好。本段长城为山险，东南与朔城区石板沟 1 段长城相接，西北与朔城区靳家洼 1 段长城相接（图四五四）。

本段墙体共测 GPS 点 2 个（G0006、G0007），仅 1 小段，叙述如下。

G0006（起点、断点）—G0007（止点、断点），长 2060 米，东南—西北走向，保存较好。山体北侧为陡峭悬崖。

石板沟长城 1、2 段位于朔城区西部山地，海拔 1600~1800 米，落差较大，山势峻峭。

石板沟村无人居住，村附近有小路。

3. 靳家洼长城 1 段

起点位于张蔡庄乡靳家洼村东南 1.5 千米处，高程 1676 米；止点位于靳家洼村西 0.25 千米处，高程 1885 米。大致呈东南—西北走向，全长 1802 米，其中保存较好 460、一般 1275、较差 15、消失 52 米。墙体系石墙，外部片石垒砌而成；中间为土石混筑，部分为夯筑土墙。个别段因位于陡坡上仅

图四五四　石板沟长城 2 段走向示意图

砌外墙。墙体下宽上窄，剖面呈梯形，上有收分。墙体底宽 3.2～5、顶宽 1～1.7、北高或东高 0.5～7、南高 2～4 米。本段长城东南与石板沟长城 2 段相接，西北与靳家洼长城 2 段相连。G0029（止点、朔 010 号马面）西南 0.18 千米处（墙体西侧）有靳家洼堡（朔 001 号堡）。墙体上有马面 10 座（朔

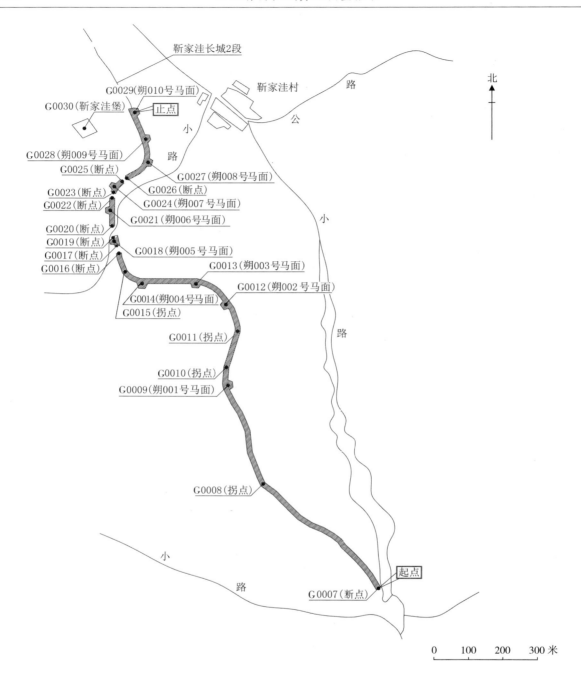

图四五五　靳家洼长城 1 段走向示意图

001～010 号马面），间距 0.052～0.16 千米（图四五五）。

　　本段墙体共测 GPS 点 23 个（G0007～G0029），可分为 22 小段，分述如下。

　　第 1 小段：G0007（起点、断点）—G0008（拐点），长 460 米，东南—西北走向，保存较好。G0007（起点）处墙体为夯筑土墙，顶部夯层中夹有片石，长 6、底宽 5、残高 3 米，夯层厚 0.06～0.18 米。其余均为石墙，墙体底宽 3.2、顶宽 1～1.7、北高 0.5～1、南高 2～4 米。

　　第 2 小段：G0008（拐点）—G0009（朔 001 号马面），长 350 米，东南—西北走向，保存一般。墙体底宽 4～5、顶宽 1.5～2、北高 5～7 米。

第 3 小段：G0009（朔 001 号马面）—G0010（拐点），长 10 米，南—北走向，保存较差。

第 4 小段：G0010（拐点）—G0011（拐点），长 60 米，西南—东北走向，保存一般。

第 5 小段：G0011（拐点）—G0012（朔 002 号马面），长 90 米，东南—西北走向，保存一般。

第 6 小段：G0012（朔 002 号马面）—G0013（朔 003 号马面），长 120 米，东南—西北走向，保存一般。

第 7 小段：G0013（朔 003 号马面）—G0014（朔 004 号马面），长 160 米，东—西走向，保存一般。

第 8 小段：G0014（朔 004 号马面）—G0015（拐点），长 60 米，东南—西北走向，保存一般。

第 9 小段：G0015（拐点）—G0016（断点），长 60 米，东南—西北走向，保存一般。

第 10 小段：G0016（断点）—G0017（断点），长 20 米，东南—西北走向。墙体被洪水冲毁而消失。

第 11 小段：G0017（断点）—G0018（朔 005 号马面），长 20 米，东南—西北走向，保存一般。

第 12 小段：G0018（朔 005 号马面）—G0019（断点），长 5 米，东南—西北走向，保存一般。

第 13 小段：G0019（断点）—G0020（断点），长 10 米，东南—西北走向。墙体被洪水冲毁而消失。

第 14 小段：G0020（断点）—G0021（朔 006 号马面），长 50 米，南—北走向，保存一般。

第 15 小段：G0021（朔 006 号马面）—G0022（断点），长 40 米，南—北走向，保存一般。

第 16 小段：G0022（断点）—G0023（断点），长 7 米，南—北走向。墙体被洪水冲毁而消失。断点处墙体剖面可见中部为石墙，两侧为夯筑土墙，应为二次修缮痕迹。

第 17 小段：G0023（断点）—G0024（朔 007 号马面），长 5 米，南—北走向，保存较差。

第 18 小段：G0024（朔 007 号马面）—G0025（断点），长 20 米，西南—东北走向，保存一般。

第 19 小段：G0025（断点）—G0026（断点），长 15 米，西南—东北走向。墙体被洪水冲毁而消失。

第 20 小段：G0026（断点）—G0027（朔 008 号马面），长 80 米，西南—东北走向，保存一般。

第 21 小段：G0027（朔 008 号马面）—G0028（朔 009 号马面），长 70 米，东南—西北走向，保存一般。墙体东高 2~3 米。

第 22 小段：G0028（朔 009 号马面）—G0029（止点、朔 010 号马面），长 90 米，东南—西北走向，保存一般。G0029（止点、朔 010 号马面）西南 0.18 千米处（墙体西侧）有靳家洼堡（朔 001 号堡）。

墙体整体保存一般。

4. 靳家洼长城 2 段

起点位于张蔡庄乡靳家洼村西 0.25 千米处，高程 1885 米；止点位于张蔡庄乡石湖岭村东北，高程 1775 米。大致呈东南—西北走向，全长 1594 米，其中保存较好 80、一般 1375、较差 80、消失 59 米。墙体系石墙，外部片石垒砌而成；中间为土石混筑，部分为夯筑土墙。墙体下宽上窄，剖面呈梯形，上有收分。墙体底宽 4~13、顶宽 1.5~3、残高 3~10 米。本段长城东南与靳家洼长城 1 段相接，西北与石湖岭长城 1 段相连。墙体上有马面 14 座（朔 010~023 号马面），马面间距 0.042~0.31 千米（图四五六）。

本段墙体共测 GPS 点 22 个（G0029、G0031~G0051），可分为 20 小段，分述如下。

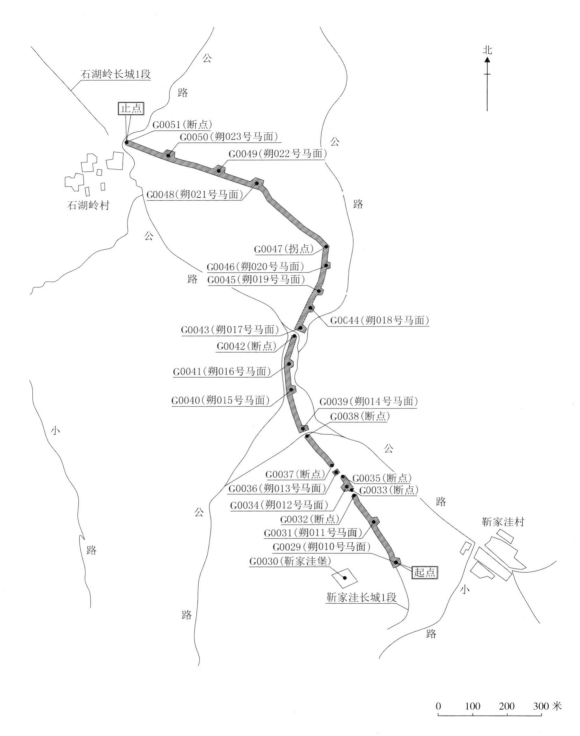

图四五六　靳家洼长城 2 段走向示意图

第 1 小段：G0029（起点、朔 010 号马面）—G0031（朔 011 号马面），长 130 米，东南—西北走向，保存一般。墙体底宽 5~6、顶宽 2~2.5、残高 3~4 米。

第 2 小段：G0031（朔 011 号马面）—G0032（断点），长 90 米，东南—西北走向，保存一般。

第 3 小段：G0032（断点）—G0033（断点），长 15 米，东南—西北走向。墙体被洪水冲毁而消失。

第 4 小段：G0033（断点）—G0034（朔 012 号马面），长 5 米，西南—东北走向，保存一般。

第 5 小段：G0034（朔 012 号马面）—G0035（断点），长 30 米，东南—西北走向，保存一般。墙体底宽 4~5、顶宽 3 米。

第 6 小段：G0035（断点）—G0037（断点），长 25 米，东南—西北走向。墙体被洪水冲毁而消失。朔 013 号马面位于墙体上。

第 7 小段：G0037（断点）—G0038（断点），长 110 米，东南—西北走向，保存一般。

第 8 小段：G0038（断点）—G0039（朔 014 号马面），长 15 米，东南—西北走向。墙体被乡村公路破坏而消失。

第 9 小段：G0039（朔 014 号马面）—G0040（朔 015 号马面），长 120 米，东南—西北走向，保存一般。

第 10 小段：G0040（朔 015 号马面）—G0041（朔 016 号马面），长 80 米，东南—西北走向，保存一般。

第 11 小段：G0041（朔 016 号马面）—G0042（断点），长 80 米，西南—东北走向，保存较好。墙体底宽 13、顶宽 2~3、残高 10 米。

第 12 小段：G0042（断点）—G0043（朔 017 号马面），长 4 米，西南—东北走向。墙体被乡村公路破坏而消失。

第 13 小段：G0043（朔 017 号马面）—G0044（朔 018 号马面），长 70 米，西南—东北走向，保存一般。墙体底宽 8、顶宽 1.5、残高 6~7 米。

第 14 小段：G0044（朔 018 号马面）—G0045（朔 019 号马面），长 50 米，西南—东北走向，保存一般。

第 15 小段：G0045（朔 019 号马面）—G0046（朔 020 号马面），长 80 米，西南—东北走向，保存较差（彩图七五〇）。

第 16 小段：G0046（朔 020 号马面）—G0047（拐点），长 50 米，南—北走向，保存一般。

第 17 小段：G0047（拐点）—G0048（朔 021 号马面），长 260 米，东南—西北走向，保存一般。

第 18 小段：G0048（朔 021 号马面）—G0049（朔 022 号马面），长 110 米，东南—西北走向，保存一般。

第 19 小段：G0049（朔 022 号马面）—G0050（朔 023 号马面），长 150 米，东南—西北走向，保存一般。

第 20 小段：G0050（朔 023 号马面）—G0051（止点、断点），长 120 米，东南—西北走向，保存一般。邻近村庄有 70 米的长城墙体被村民利用挖掘成窑洞。

墙体整体保存一般。

靳家洼村长城 1、2 段位于朔城区西部山地，海拔 1600~1900 米，落差较大，山势东陡西缓。

靳家洼村人口有 10 余人，村附近有乡村公路、小路。

5. 石湖岭长城 1 段

起点位于张蔡庄乡石湖岭村东北角，高程 1775 米；止点位于石湖岭村西北 1.4 千米处，高程 1793 米。大致呈东南—西北走向，全长 2526 米，其中保存较好 1020、一般 1456、消失 50 米。墙体系石墙，外部片石垒砌而成，中间为土石混筑。墙体下宽上窄，剖面呈梯形，上有收分。墙体底宽 3~8、顶宽1~4、残高0.3~7米（第11小段东高4~5、西高0.3~0.4米）（彩图七五一）。本段长城东南与靳家洼长城2段相接，西北与石湖岭长城2段相连。墙体上有马面9座（朔024~032号马面），马面间距0.012~0.8千米，朔024号马面与朔023号马面相距0.186千米（图四五七）。

本段墙体共测GPS点16个（G0051—G0066），可分为15小段，分述如下。

第1小段：G0051（起点、断点）—G0052（断点），长50米，东南—西北走向。墙体被人为破坏而消失。

第2小段：G0052（断点）—G0053（朔024号马面），长16米，东南—西北走向，保存一般。墙体底宽7~8、顶宽1~2、残高1.5~2米。

第3小段：G0053（朔024号马面）—G0054（朔025号马面），长130米，东南—西北走向，保存一般。

第4小段：G0054（朔025号马面）—G0055（朔026号马面），长230米，东南—西北走向，保存一般。墙体底宽3~4、顶宽1~2、残高1.5~2米。

第5小段：G0055（朔026号马面）—G0056（朔027号马面），长200米，东南—西北走向，保存一般。墙体底宽7~8、顶宽3~4、残高6~7米。

第6小段：G0056（朔027号马面）—G0057（拐点），长100米，东南—西北走向，保存较好。

第7小段：G0057（拐点）—G0058（拐点），长120米，东南—西北走向，保存一般。

第8小段：G0058（拐点）—G0059（朔028号马面），长160米，东南—西北走向，保存一般。

第9小段：G0059（朔028号马面）—G0060（朔029号马面），长170米，东南—西北走向，保存较好。墙体底宽6、顶宽3、残高4~5米。

第10小段：G0060（朔029号马面）—G0061（朔030号马面），长170米，东南—西北走向，保存较好。

第11小段：G0061（朔030号马面）—G0062（拐点），长230米，东南—西北走向，保存较好。墙体顶宽3、东高4~5、西高0.3~0.4米。

第12小段：G0062（拐点）—G0063（朔031号马面），长150米，东南—西北走向，保存较好。

第13小段：G0063（朔031号马面）—G0064（拐点），长330米，东南—西北走向，保存一般。

第14小段：G0064（拐点）—G0065（拐点），长250米，西南—东北走向，保存一般。

第15小段：G0065（拐点）—G0066（止点、朔032号马面），长220米，南—北走向，保存一般。

墙体整体保存一般。

6. 石湖岭长城2段

起点位于张蔡庄乡石湖岭村西北1.4千米处，高程1793米；止点位于张蔡庄乡南西沟村中，高程1667米。墙体大致呈东南—西北走向，全长2338米，其中保存较好1250、一般813、较差8、消失267米。墙体系石墙，外部片石垒砌而成，中间为土石混筑。墙体下宽上窄，剖面呈梯形，上有收分。墙体底宽3~6、顶宽1.5~4、残高2~7米（第5、第9小段北高或东高5.5~7、南高或西高3~5米）。部分段墙体顶部残存女墙，宽1、残高0.5~2米。本段长城东南与石湖岭长城1段相接，西北与南西沟长城1段相连。墙体上有敌台1座（朔001号敌台）、马面11座（朔032~042号马面），马面间距0.105~0.888千米，敌台与马面间距0.105~0.648千米（彩图七五二）。G0077（断点）西0.18千米处（墙体西侧）有南西沟1号烽火台，G0084（朔038号马面）—G0089（朔041号马面）间墙体

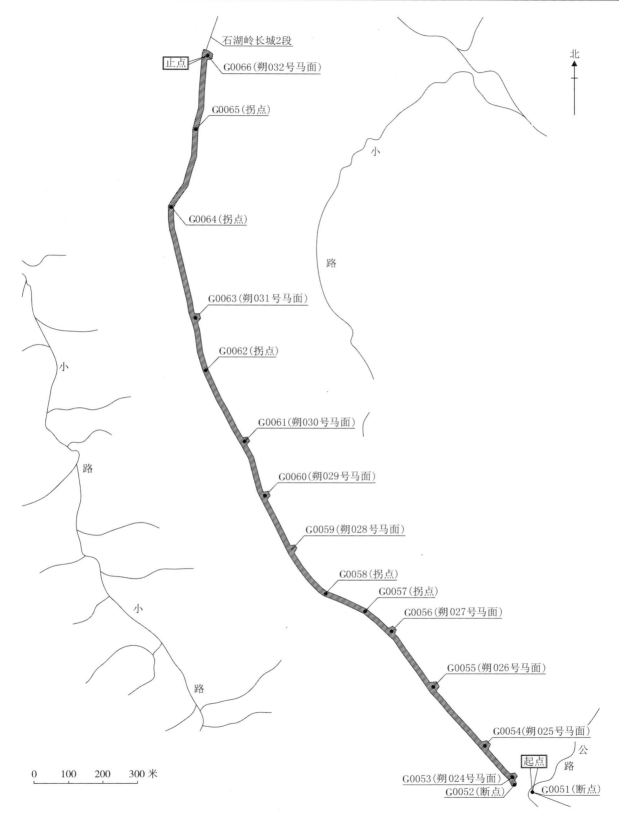

图四五七　石湖岭长城1段走向示意图

东侧有南西沟壕沟（朔001号壕沟）（图四五八）。

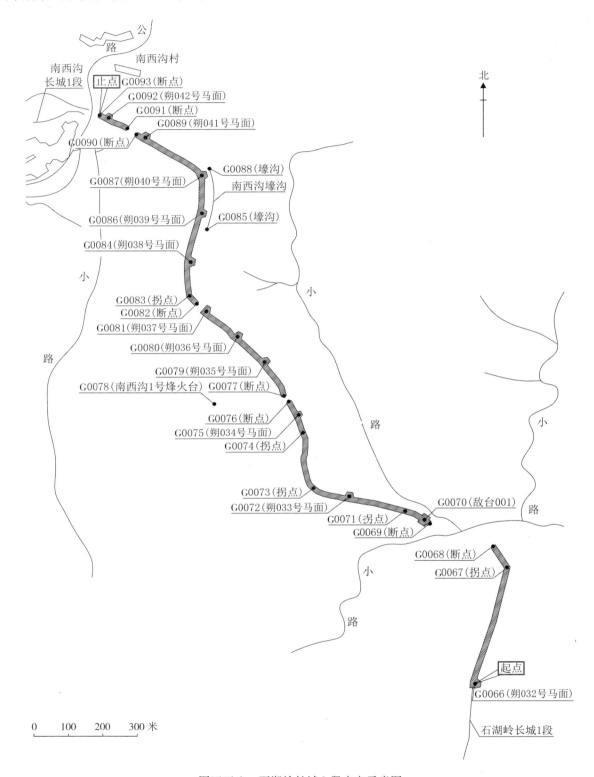

图四五八　石湖岭长城2段走向示意图

本段墙体共测 GPS 点 25 个（G0066 ~ G0077、G0079 ~ G0084、G0086、G0087、G0089 ~ G0093），可分为24小段，分述如下。

第1小段：G0066（起点、朔032号马面）—G0067（拐点），长360米，西南—东北走向，保存一般。墙体底宽3~4、顶宽1.5、残高3~4米。

第2小段：G0067（拐点）—G0068（断点），长80米，东南—西北走向，保存一般。

第3小段：G0068（断点）—G0069（断点），长200米，东南—西北走向。墙体被洪水冲毁而消失。

第4小段：G0069（断点）—G0070（朔001号敌台），长8米，东南—西北走向，保存较差。

第5小段：G0070（朔001号敌台）—G0071（拐点），长70米，东南—西北走向，保存较好。墙体底宽6、顶宽1.5~3、北高6~7、南高4~5米。

第6小段：G0071（拐点）—G0072（朔033号马面），长170米，东南—西北走向，保存较好。

第7小段：G0072（朔033号马面）—G0073（拐点），长110米，东南—西北走向，保存较好。由于地势陡峭，墙体垒砌成阶梯状。

第8小段：G0073（拐点）—G0074（拐点），长170米，东南—西北走向，保存较好。

第9小段：G0074（拐点）—G0075（朔034号马面），长60米，东南—西北走向，保存较好。墙体东高5.5、西高3米。

第10小段：G0075（朔034号马面）—G0076（断点），长50米，东南—西北走向，保存较好。

第11小段：G0076（断点）—G0077（断点），长25米，东南—西北走向。墙体被洪水冲毁而消失。G0077（断点）西0.18千米处（墙体西侧）有南西沟1号烽火台。

第12小段：G0077（断点）—G0079（朔035号马面），长110米，东南—西北走向，保存一般。

第13小段：G0079（朔035号马面）—G0080（朔036号马面），长110米，东南—西北走向，保存较好。墙体底宽6、顶宽3~4、残高6米。墙体顶部残存一段女墙，长11、宽1~2、残高0.6米。

第14小段：G0080（朔036号马面）—G0081（朔037号马面），长120米，西南—东北走向，保存较好。墙体顶部残存一段女墙，长7、宽1、残高0.5~2米。

第15小段：G0081（朔037号马面）—G0082（断点），长12米，西南—东北走向。墙体被洪水冲毁而消失。

第16小段：G0082（断点）—G0083（拐点），长30米，西南—东北走向，保存较好。

第17小段：G0083（拐点）—G0084（朔038号马面），长100米，南—北走向，保存较好。

第18小段：G0084（朔038号马面）—G0086（朔039号马面），长150米，南—北走向，保存较好。

第19小段：G0086（朔039号马面）—G0087（朔040号马面），长110米，南—北走向，保存较好。

第20小段：G0087（朔040号马面）—G0089（朔041号马面），长180米，东南—西北走向，保存一般。墙体底宽4~5、顶宽1.5~1.8、残高2~3米。

第21小段：G0089（朔041号马面）—G0090（断点），长15米，东南—西北走向，保存一般。

第22小段：G0090（断点）—G0091（断点），长30米，东南—西北走向。墙体被人为破坏而消失。

第23小段：G0091（断点）—G0092（朔042号马面），长60米，东南—西北走向，保存一般。

第24小段：G0092（朔042号马面）—G0093（止点、断点），长8米，东南—西北走向，保存一般。

墙体整体保存一般。

石湖岭长城 1、2 段位于朔城区西部山地，海拔 1700 ～ 1850 米，落差较小。

石湖岭村现无人居住，村附近有乡村公路、小路。

7. 南西沟长城 1 段

起点位于张蔡庄乡南西沟村中，高程 1667 米；止点位于南西沟村西北 1.38 千米处，高程 1829 米。大致呈东南—西北走向，全长 1407 米，其中保存较好 655、一般 680、消失 72 米。墙体系土墙，夯层厚 0.06 ～ 0.18 米。墙体下宽上窄，剖面呈梯形，上有收分。墙体底宽 5 ～ 7、顶宽 1 ～ 3、残高 1.5 ～ 8 米（第 20 小段北高 8、南高 1.5 米）。本段长城东南与石湖岭长城 2 段相接，西北与南西沟长城 2 段相连。墙体上有南西沟关（朔 001 号关）位于墙体南侧；马面 11 座（朔 043 ～ 053 号马面），马面间距 0.07 ～ 0.234 千米，朔 043 号马面与朔 042 号马面间距 0.148 千米（图四五九）。

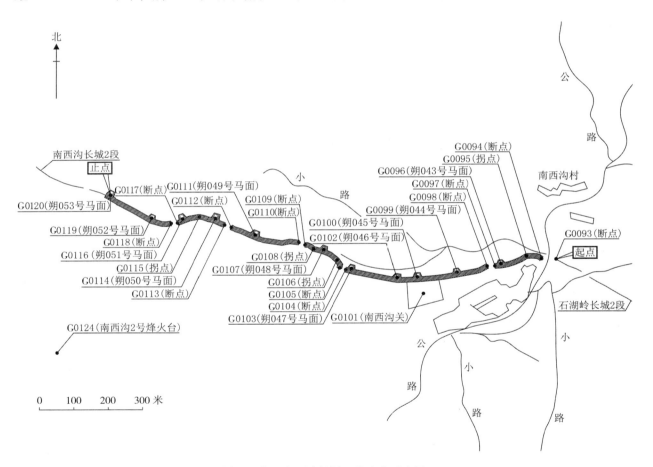

图四五九　南西沟长城 1 段走向示意图

本段墙体共测 GPS 点 27 个（G0093 ～ G0100、G0102 ～ G0120），可分为 26 小段，分述如下。

第 1 小段：G0093（起点、断点）—G0094（断点），长 40 米，东—西走向。墙体被洪水冲毁而消失。

第 2 小段：G0094（断点）—G0095（拐点），长 20 米，东—西走向，保存一般。墙体底宽 6 ～ 7、顶宽 2 ～ 3、残高 5 ～ 6 米。

第 3 小段：G0095（拐点）—G0096（朔 043 号马面），长 80 米，东北—西南走向，保存一般。

第 4 小段：G0096（朔 043 号马面）—G0097（断点），长 5 米，东北—西南走向，保存一般。

第 5 小段：G0097（断点）—G0098（断点），长 2 米，东—西走向。墙体被人为破坏而消失。

第 6 小段：G0098（断点）—G0099（朔 044 号马面），长 100 米，东北—西南走向，保存较好。

第 7 小段：G0099（朔 044 号马面）—G0100（朔 045 号马面），长 120 米，东北—西南走向，保存一般。墙体上有南西沟关（朔 001 号关），位于墙体南侧。

第 8 小段：G0100（朔 045 号马面）—G0102（朔 046 号马面），长 130 米，东—西走向，保存一般。

第 9 小段：G0102（朔 046 号马面）—G0103（朔 047 号马面），长 150 米，东南—西北走向，保存一般。北侧有小路，南侧有耕地。墙体底宽 6~7、顶宽 3、残高 5 米。

第 10 小段：G0103（朔 047 号马面）—G0104（断点），长 6 米，东南—西北走向，保存较好。

第 11 小段：G0104（断点）—G0105（断点），长 5 米，东—西走向。墙体被小路破坏而消失。

第 12 小段：G0105（断点）—G0106（拐点），长 15 米，东南—西北走向，保存较好。

第 13 小段：G0106（拐点）—G0107（朔 048 号马面），长 50 米，东南—西北走向，保存较好。

第 14 小段：G0107（朔 048 号马面）—G0108（拐点），长 4 米，东—西走向，保存较好。

第 15 小段：G0108（拐点）—G0109（断点），长 80 米，东南—西北走向，保存较好。

第 16 小段：G0109（断点）—G0110（断点），长 6 米，东—西走向。墙体被小路破坏而消失。

第 17 小段：G0110（断点）—G0111（朔 049 号马面），长 150 米，东南—西北走向，保存较好。墙体底宽 6~7、顶宽 2~3、残高 6 米。

第 18 小段：G0111（朔 049 号马面）—G0112（断点），长 90 米，东南—西北走向，保存较好。

第 19 小段：G0112（断点）—G0113（断点），长 10 米，东—西走向。墙体被小路破坏而消失。

第 20 小段：G0113（断点）—G0114（朔 050 号马面），长 40 米，东南—西北走向，保存较好。墙体顶宽 1~2、北高 8、南高 1.5 米。

第 21 小段：G0114（朔 050 号马面）—G0115（拐点），长 20 米，东—西走向，保存较好。

第 22 小段：G0115（拐点）—G0116（朔 051 号马面），长 50 米，东北—西南走向，保存较好。

第 23 小段：G0116（朔 051 号马面）—G0117（断点），长 5 米，东北—西南走向，保存一般。

第 24 小段：G0117（断点）—G0118（断点），长 9 米，东北—西南走向。墙体被洪水冲毁而消失。

第 25 小段：G0118（断点）—G0119（朔 052 号马面），长 60 米，东—西走向，保存一般。

第 26 小段：G0119（朔 052 号马面）—G0120（止点、朔 053 号马面），长 160 米，东南—西北走向，保存一般。G0119（朔 052 号马面）西 0.005 千米处有冲沟形成的豁口，宽 30 米，豁口断面可见夯层，夯层厚 0.12~0.18 米。墙体底宽 5~6、顶宽 1.5~2.5、残高 3~4 米。

墙体整体保存一般。

8. 南西沟长城 2 段

起点位于张蔡庄乡南西沟村西北 1.38 千米处，高程 1829 米；止点位于南西沟村西北 2.6 千米处，高程 1970 米。大致呈东南—西北走向，全长 1506 米，其中保存一般 1500、消失 6 米。墙体系石墙，外部片石垒砌而成，中间为土石混筑。墙体下宽上窄，剖面呈梯形，上有收分。墙体底宽 4~6、顶宽 1.5~2.5、残高 2.5~6 米。部分段墙体顶部残存女墙，宽 0.6、残高 0.6~1 米。本段长城东南与南西沟长城 1 段相接，西北与南西沟长城 3 段相连。墙体上有马面 12 座（朔 053~064 号马面），马面间距

0.096～0.19 千米。G0123（朔 054 号马面）西南 0.62 千米处（墙体南侧）有南西沟 2 号烽火台（图四六〇）。

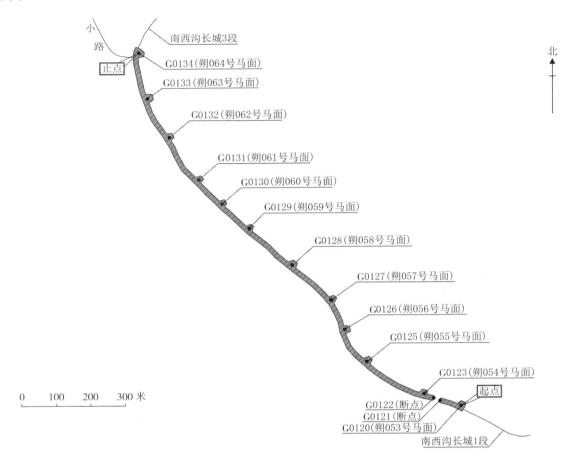

图四六〇　南西沟长城 2 段走向示意图

本段墙体共测 GPS 点 14 个（G0120～G0123、G0125～G0134），可分为 13 小段，分述如下。

第 1 小段：G0120（起点、朔 053 号马面）—G0121（断点），长 60 米，东南—西北走向，保存一般。墙体底宽 5～6、顶宽 1.5～2.5、残高 5～6 米。

第 2 小段：G0121（断点）—G0122（断点），长 6 米，东南—西北走向。墙体被小路破坏而消失。

第 3 小段：G0122（断点）—G0123（朔 054 号马面），长 30 米，东南—西北走向，保存一般。G0123（朔 054 号马面）西南 0.62 千米处（墙体南侧）有南西沟 2 号烽火台

第 4 小段：G0123（朔 054 号马面）—G0125（朔 055 号马面），长 190 米，东南—西北走向，保存一般。

第 5 小段：G0125（朔 055 号马面）—G0126（朔 056 号马面），长 120 米，东南—西北走向，保存一般。

第 6 小段：G0126（朔 056 号马面）—G0127（朔 057 号马面），长 100 米，东南—西北走向，保存一般。

第 7 小段：G0127（朔 057 号马面）—G0128（朔 058 号马面），长 160 米，东南—西北走向，保存一般。

第 8 小段：G0128（朔 058 号马面）—G0129（朔 059 号马面），长 170 米，东南—西北走向，保存一般。墙体两侧有补筑的堆筑土墙，应为二次修缮痕迹。墙体底宽 4～5、顶宽 1.5～2、残高 2.5 米，两侧补筑土墙厚 1.5 米。

第 9 小段：G0129（朔 059 号马面）—G0130（朔 060 号马面），长 110 米，东南—西北走向，保存一般。

第 10 小段：G0130（朔 060 号马面）—G0131（朔 061 号马面），长 110 米，东南—西北走向，保存一般。

第 11 小段：G0131（朔 061 号马面）—G0132（朔 062 号马面），长 160 米，东南—西北走向，保存一般。

第 12 小段：G0132（朔 062 号马面）—G0133（朔 063 号马面），长 140 米，东南—西北走向，保存一般。

第 13 小段：G0133（朔 063 号马面）—G0134（止点、朔 064 号马面），长 150 米，东南—西北走向，保存一般。墙体顶部残存一段女墙，长 50、宽 0.6、残高 0.6～1 米，坍塌严重，部分段仅有基础可辨。

墙体整体保存一般。

9. 南西沟长城 3 段

起点位于张蔡庄乡南西沟村西北 2.6 千米处，高程 1970 米；止点位于利民镇口里歇头场村东 0.05 千米处，高程 1791 米。大致呈东南—西北走向，全长 1397 米，其中保存较好 370、一般 1005、消失 22 米。墙体系石墙，外部片石垒砌而成，中间为土石混筑。墙体下宽上窄，剖面呈梯形，上有收分。墙体底宽 5～6、顶宽 1～3、东高 3、西高 1.5 米。部分段墙体顶部残存女墙，宽 1.2、残高 0.9 米。本段长城东南与南西沟长城 2 段相接，西北与口里歇头场长城 1 段相连。G0158（止点、断点）西南 0.2 千米处有口里歇头场 1 号堡（朔 002 号堡），位于墙体南侧；墙体上有关 1 座（口里歇头场关，朔 002 号关），位于墙体西侧；马面 13 座（朔 064～076 号马面），马面间距 0.08～0.18 千米。G0135（朔 065 号马面）—G0141（朔 068 号马面）间墙体东侧有口里歇头场 1 号壕沟（朔 002 号壕沟），G0135（朔 065 号马面）东 0.06 千米处为口里歇头场 1 号壕沟（朔 002 号壕沟）起点（图四六一）。

本段墙体共测 GPS 点 21 个（G0134、G0135、G0137、G0138、G0141、G0143～G0158），可分为 20 小段，分述如下。

第 1 小段：G0134（起点、朔 064 号马面）—G0135（朔 065 号马面），长 100 米，西南—东北走向，保存较好。墙体底宽 5～6、顶宽 1.5～2、东高 3、西高 1.5 米。G0135（朔 065 号马面）东 0.06 千米处为口里歇头场 1 号壕沟（朔 002 号壕沟）起点。

第 2 小段：G0135（朔 065 号马面）—G0137（朔 066 号马面），长 100 米，西南—东北走向，保存较好。

第 3 小段：G0137（朔 066 号马面）—G0138（朔 067 号马面），长 80 米，南—北走向，保存较好。

第 4 小段：G0138（朔 067 号马面）—G0141（朔 068 号马面），长 90 米，东南—西北走向，保存较好。

第 5 小段：G0141（朔 068 号马面）—G0143（朔 069 号马面），长 90 米，东南—西北走向，保存一般。

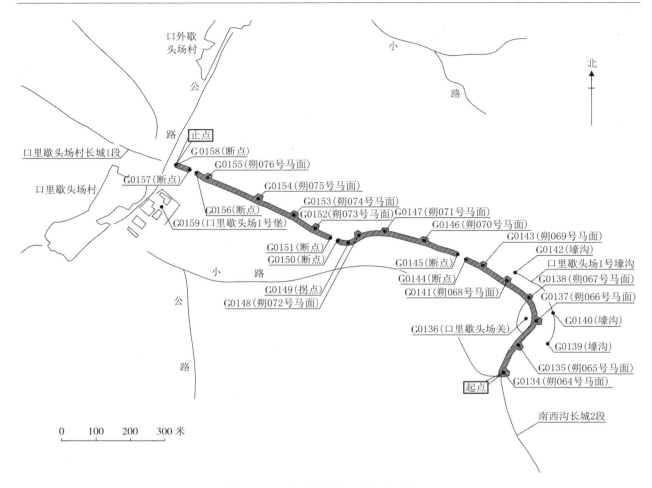

图四六一 南西沟长城 3 段走向示意图

第 6 小段：G0143（朔 069 号马面）—G0144（断点），长 50 米，东南—西北走向，保存一般。墙体顶部残存一段女墙，长 10、宽 1.2、残高 0.9 米。

第 7 小段：G0144（断点）—G0145（断点），长 10 米，东南—西北走向。墙体被小路破坏而消失。

第 8 小段：G0145（断点）—G0146（朔 070 号马面），长 120 米，东南—西北走向，保存一般。墙体顶部残存女墙。

第 9 小段：G0146（朔 070 号马面）—G0147（朔 071 号马面），长 120 米，东南—西北走向，保存一般。

第 10 小段：G0147（朔 071 号马面）—G0148（朔 072 号马面），长 80 米，东—西走向，保存一般。墙体顶宽 1~3 米。

第 11 小段：G0148（朔 072 号马面）—G0149（拐点），长 40 米，东北—西南走向，保存一般。

第 12 小段：G0149（拐点）—G0150（断点），长 35 米，东—西走向，保存一般。

第 13 小段：G0150（断点）—G0151（断点），长 5 米，东—西走向。墙体被小路破坏而消失。

第 14 小段：G0151（断点）—G0152（朔 073 号马面），长 60 米，东南—西北走向，保存一般。

第 15 小段：G0152（朔 073 号马面）—G0153（朔 074 号马面），长 80 米，东南—西北走向，保存一般。

第 16 小段：G0153（朔 074 号马面）—G0154（朔 075 号马面），长 120 米，东南—西北走向，保存一般。

第 17 小段：G0154（朔 075 号马面）—G0155（朔 076 号马面），长 170 米，东南—西北走向，保存一般。

第 18 小段：G0155（朔 076 号马面）—G0156（断点），长 15 米，东南—西北走向，保存一般。

第 19 小段：G0156（断点）—G0157（断点），长 7 米，东南—西北走向。墙体被小路破坏而消失。

第 20 小段：G0157（断点）—G0158（止点、断点），长 25 米，东南—西北走向，保存一般。G0158（止点、断点）西南 0.2 千米处有口里歇头场 1 号堡（朔 002 号堡），位于墙体南侧。

墙体整体保存一般。

南西沟长城 1~3 段位于朔城区西部山地，海拔 1667~1829 米，落差较大，山势峻峭。

南西沟村人口有 70 余人，村附近有乡村公路、小路。

10. 口里歇头场长城 1 段

起点位于利民镇口里歇头场村东 0.05 千米处，高程 1791 米；止点位于口里歇头场村西北 1.9 千米处，高程 1840 米。大致呈东南—西北走向，总长 2070 米，其中保存较好 220 米、一般 1800 米、消失 50 米。墙体系石墙，外部片石垒砌而成，中间为土石混筑。墙体下宽上窄，剖面呈梯形，上有收分。墙体底宽 4~6、顶宽 1.2~3.5、残高 3~6 米。部分段墙体顶部残存女墙，宽 0.6~0.8、残高 0.7 米。本段长城东南与南西沟长城 3 段相接，西北与口里歇头场长城 2 段相连。G0179（朔 088 号马面）西南 0.08 千米处有口里歇头场 2 号堡（朔 003 号堡），位于墙体南侧。墙体上有马面 18 座（朔 077~094 号马面），马面间距 0.08~0.18 千米，朔 077 号马面与朔 076 号马面相距 0.077 千米（彩图七五三）。G0166（朔 079 号马面）西南 0.1 千米处（墙体南侧）有口里歇头场 1 号烽火台，口里歇头场长城 1 段 G0161（朔 077 号马面）—口里歇头场长城 3 段 G0207（朔 111 号马面）间墙体东北有口里歇头场 2 号壕沟（朔 003 号壕沟），G0161（朔 077 号马面）北 0.03 千米处（墙体北侧）为口里歇头场 2 号壕沟（朔 003 号壕沟）起点（图四六二）。

本段墙体共测 GPS 点 25 个（G0158、G0160、G0161、G0163~G0167、G0169~G0179、G0181~G0186），可分为 24 小段，分述如下。

第 1 小段：G0158（起点、断点）—G0160（断点），长 20 米，东南—西北走向。墙体被乡村公路破坏而消失。

第 2 小段：G0160（断点）—G0161（朔 077 号马面），长 10 米，东南—西北走向，保存一般。墙体底宽 5~6、残高 4 米。G0161（朔 077 号马面）北 0.03 千米处（墙体北侧）为口里歇头场 2 号壕沟（朔 003 号壕沟）起点。

第 3 小段：G0161（朔 077 号马面）—G0163（断点），长 100 米，东南—西北走向，保存一般。墙体底宽 4~6、顶宽 2~2.5、残高 5 米。墙体顶部残存一段女墙，为夯筑土墙，长 14、宽 0.6~0.8、残高 0.7 米。

第 4 小段：G0163（断点）—G0164（断点），长 15 米，东南—西北走向。墙体被小路破坏而消失。

第 5 小段：G0164（断点）—G0165（朔 078 号马面），长 20 米，东南—西北走向，保存一般。

第 6 小段：G0165（朔 078 号马面）—G0166（朔 079 号马面），长 130 米，东南—西北走向，保

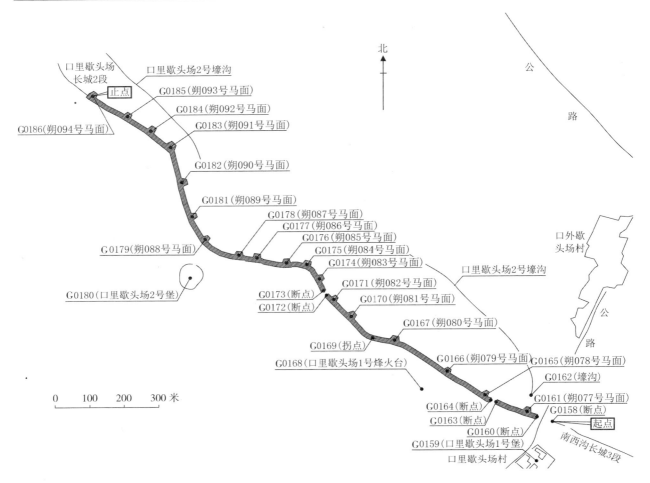

图四六二　口里歇头场长城 1 段走向示意图

存一般。墙体底宽 5、顶宽 1.2 ~ 1.5、残高 3 ~ 4 米。墙体顶部残存女墙。G0166（朔 079 号马面）西南 0.1 千米处（墙体南侧）有口里歇头场 1 号烽火台。

　　第 7 小段：G0166（朔 079 号马面）—G0167（朔 080 号马面），长 180 米，东南—西北走向，保存一般。

　　第 8 小段：G0167（朔 080 号马面）—G0169（拐点），长 70 米，东南—西北走向，保存一般。

　　第 9 小段：G0169（拐点）—G0170（朔 081 号马面），长 90 米，东南—西北走向，保存一般。

　　第 10 小段：G0170（朔 081 号马面）—G0171（朔 082 号马面），长 130 米，东南—西北走向，保存一般。

　　第 11 小段：G0171（朔 082 号马面）—G0172（断点），长 10 米，东南—西北走向，保存一般。

　　第 12 小段：G0172（断点）—G0173（断点），长 15 米，东南—西北走向。墙体被洪水冲毁而消失。

　　第 13 小段：G0173（断点）—G0174（朔 083 号马面），长 100 米，东南—西北走向，保存一般。

　　第 14 小段：G0174（朔 083 号马面）—G0175（朔 084 号马面），长 130 米，东南—西北走向，保存一般。

　　第 15 小段：G0175（朔 084 号马面）—G0176（朔 085 号马面），长 110 米，东—西走向，保存一般。

第16小段：G0176（朔085号马面）—G0177（朔086号马面），长110米，东—西走向，保存一般。

第17小段：G0177（朔086号马面）—G0178（朔087号马面），长110米，东—西走向，保存一般。

第18小段：G0178（朔087号马面）—G0179（朔088号马面），长120米，东南—西北走向，保存一般。墙体底宽5~6、顶宽2~3.5、残高5米。G0179（朔088号马面）西南0.08千米处有口里歇头场2号堡（朔003号堡），位于墙体南侧。

第19小段：G0179（朔088号马面）—G0181（朔089号马面），长80米，东南—西北走向，保存一般。

第20小段：G0181（朔089号马面）—G0182（朔090号马面），长110米，东南—西北走向，保存一般。

第21小段：G0182（朔090号马面）—G0183（朔091号马面），长110米，东南—西北走向，保存一般。

第22小段：G0183（朔091号马面）—G0184（朔092号马面），长80米，东南—西北走向，保存一般。

第23小段：G0184（朔092号马面）—G0185（朔093号马面），长90米，东南—西北走向，保存较好。墙体底宽4~5、顶宽2.8~3.1、残高5~6米。

第24小段：G0185（朔093号马面）—G0186（止点、朔094号马面），长130米，东南—西北走向，保存较好。

墙体整体保存一般。

11. 口里歇头场长城2段

起点位于利民镇口里歇头场村西北1.9千米处，高程1840米；止点位于口里歇头场西北1.6千米处，利民堡村东南1.5千米处，高程1856米。大致呈东南—西北走向，全长1117米，其中保存较好830、一般280、消失7米。墙体系石墙，外部片石垒砌而成，中间为土石混筑。墙体下宽上窄，剖面呈梯形，上有收分。墙体底宽5~7、顶宽2.5~3.1、残高1.5~7米（第7小段北高7、南高1.5~2米）。本段长城东南与口里歇头场长城1段相接，西北与口里歇头场长城3段相连。墙体上有马面12座（朔094~105号马面），马面间距0.07~0.15千米。G0190（朔096号马面）西南0.03千米处（墙体南侧）有口里歇头场2号烽火台，G0200（止点、朔105号马面）西南0.01千米处（墙体南侧）有利民堡1号烽火台，口里歇头场长城1段G0161（朔077号马面）—口里歇头场长城3段G0207（朔111号马面）间墙体东北有口里歇头场2号壕沟（朔003号壕沟），口里歇头场长城2段G0199（朔104号马面）—口里歇头场长城3段G0207（朔111号马面）间墙体东北有口里歇头场3号壕沟（朔004号壕沟）（图四六三）。

本段墙体共测GPS点14个（G0186~G0190、G0192~G0200），可分为13小段，分述如下。

第1小段：G0186（起点、朔094号马面）—G0187（朔095号马面），长90米，东南—西北走向，保存较好。墙体底宽5、顶宽2.8~3.1、残高5~6米。G0187（朔095号马面）西0.03千米处有口里歇头场2号烽火台。

第2小段：G0187（朔095号马面）—G0188（断点），长60米，东南—西北走向，保存较好。

第3小段：G0188（断点）—G0189（断点），长7米，东南—西北走向。墙体被小路破坏而消失。

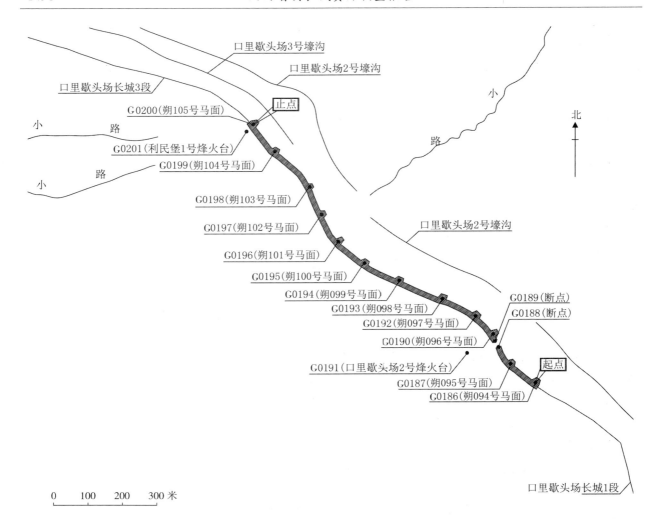

图四六三　口里歇头场长城 2 段走向示意图

　　第 4 小段：G0189（断点）—G0190（朔 096 号马面），长 30 米，东南—西北走向，保存较好。G0190（朔 096 号马面）西南 0.03 千米处（墙体南侧）有口里歇头场 2 号烽火台。

　　第 5 小段：G0190（朔 096 号马面）—G0192（朔 097 号马面），长 70 米，东南—西北走向，保存较好。

　　第 6 小段：G0192（朔 097 号马面）—G0193（朔 098 号马面），长 100 米，东南—西北走向，保存较好。

　　第 7 小段：G0193（朔 098 号马面）—G0194（朔 099 号马面），长 130 米，东南—西北走向，保存较好。墙体底宽 7、顶宽 2.5～3、北高 7、南高 1.5～2 米。

　　第 8 小段：G0194（朔 099 号马面）—G0195（朔 100 号马面），长 100 米，东南—西北走向，保存较好。

　　第 9 小段：G0195（朔 100 号马面）—G0196（朔 101 号马面），长 100 米，东南—西北走向，保存一般。

　　第 10 小段：G0196（朔 101 号马面）—G0197（朔 102 号马面），长 90 米，东南—西北走向，保

存一般。

第 11 小段：G0197（朔 102 号马面）—G0198（朔 103 号马面），长 90 米，东南—西北走向，保存一般。

第 12 小段：G0198（朔 103 号马面）—G0199（朔 104 号马面），长 150 米，东南—西北走向，保存较好。墙体北侧有补筑的土石混筑石墙，应为二次修缮遗迹。

第 13 小段：G0199（朔 104 号马面）—G0200（止点、朔 105 号马面），长 100 米，东南—西北走向，保存较好。G0200（止点、朔 105 号马面）西南 0.01 千米处（墙体南侧）有利民堡 1 号烽火台。

墙体整体保存一般。

12. 口里歇头场长城 3 段

起点位于利民镇利民堡村东南 1.5 千米，口里歇头场西北 1.6 千米处，高程 1856 米；止点位于利民堡村东 0.56 千米处，高程 1702 米。大致呈东南—西北走向，全长 880 米，其中保存较好 760、较差 120 米。墙体系土墙，夯层厚 0.1 ~ 0.18 米。墙体下宽上窄，剖面呈梯形，上有收分。墙体底宽 2 ~ 7、顶宽 1.5 ~ 3、残高 3 ~ 5 米。部分段墙体顶部残存女墙，宽 0.5 ~ 0.6、残高 0.8 米。本段长城东南与口里歇头场长城 2 段相接，西北与利民堡长城 1 段相连。墙体上有马面 8 座（朔 105 ~ 112 号马面），马面间距 0.09 ~ 0.16 千米。口里歇头场长城 1 段 G0161（朔 077 号马面）—口里歇头场长城 3 段 G0207（朔 111 号马面）间墙体东北有口里歇头场 2 号壕沟（朔 003 号壕沟），G0207（朔 111 号马面）东北 0.08 千米处（墙体北侧）为口里歇头场 2 号壕沟（朔 003 号壕沟）止点，口里歇头场长城 2 段 G0199（朔 104 号马面）—口里歇头场长城 3 段 G0207（朔 111 号马面）间墙体东北有口里歇头场 3 号壕沟（朔 004 号壕沟），G0207（朔 111 号马面）东北 0.06 千米处（墙体北侧）为口里歇头场 3 号壕沟（朔 004 号壕沟）止点。

本段墙体共测 GPS 点 9 个（G0200、G0202 ~ G0207、G0210、G0211），可分为 8 小段，分述如下（图四六四）。

第 1 小段：G0200（起点、朔 105 号马面）—G0202（朔 106 号马面），长 90 米，东南—西北走向，保存较好。墙体底宽 6 ~ 7、顶宽 2 ~ 3、残高 3 ~ 4 米。

第 2 小段：G0202（朔 106 号马面）—G0203（朔 107 号马面），长 90 米，东南—西北走向，保存较好。

第 3 小段：G0203（朔 107 号马面）—G0204（朔 108 号马面），长 120 米，东南—西北走向，保存较差。墙体底宽 2 ~ 3、残高 3 米。

第 4 小段：G0204（朔 108 号马面）—G0205（朔 109 号马面），长 150 米，东南—西北走向，保存较好。墙体底宽 5 ~ 6、顶宽 1.5 ~ 2、残高 4 ~ 5 米。墙体顶部残存一段女墙，长 8、宽 0.5 ~ 0.6、残高 0.8 米。

第 5 小段：G0205（朔 109 号马面）—G0206（朔 110 号马面），长 140 米，东南—西北走向，保存较好。

第 6 小段：G0206（朔 110 号马面）—G0207（朔 111 号马面），长 160 米，东南—西北走向，保存较好。

第 7 小段：G0207（朔 111 号马面）—G0210（朔 112 号马面），长 120 米，东南—西北走向，保存较好。

第 8 小段：G0210（朔 112 号马面）—G0211（止点、断点），长 10 米，东南—西北走向，保存较

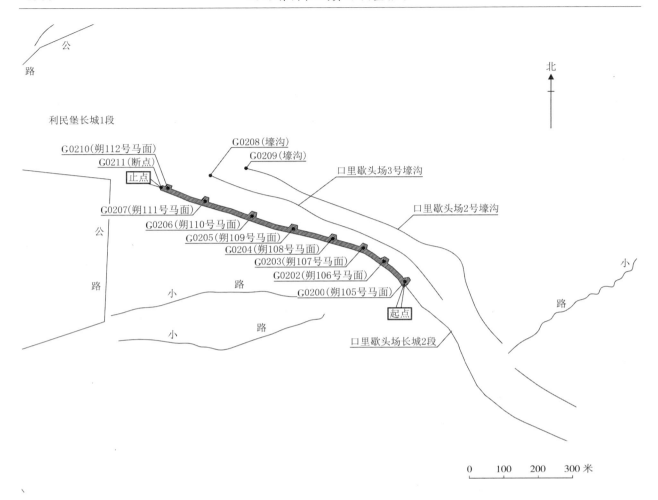

图四六四　　口里歇头场长城 3 段走向示意图

好。

墙体整体保存一般。

口里歇头场长城 1～3 段位于朔城区西部山地，海拔 1791～1840 米，落差较小，地势相对平缓。

口里歇头场村人口有 70 余人，村附近有乡村公路、小路。

13. 利民堡长城 1 段

起点位于利民镇利民堡村东 0.56 千米处，高程 1702 米；止点位于利民堡村西北 0.85 千米处，高程 1767 米。大致呈东南—西北走向，全长 2044 米，其中保存较好 910、一般 170、消失 964 米。墙体系土墙，夯层厚 0.11～0.16 米。墙体下宽上窄，剖面呈梯形，上有收分。墙体底宽 5～6、顶宽 2～3.2、残高 5～8 米。部分段墙体顶部残存女墙，宽 0.8、残高 0.4～0.5 米。本段长城东南与口里歇头场长城 3 段相接，西北与利民堡长城 2 段相连。墙体南侧 0.054 千米处有利民堡（朔 004 号堡），墙体上有关门 1 座（古麦川口关门）；马面 7 座（朔 113～119 号马面），马面间距 0.135～0.19 千米，朔 113 号马面与朔 112 号马面相距 0.969 千米（彩图七五四），古麦川口关门与朔 112 号马面相距 0.73 千米（图四六五）。

本段墙体共测 GPS 点 12 个（G0211、G0213～G0223），可分为 11 小段，分述如下。

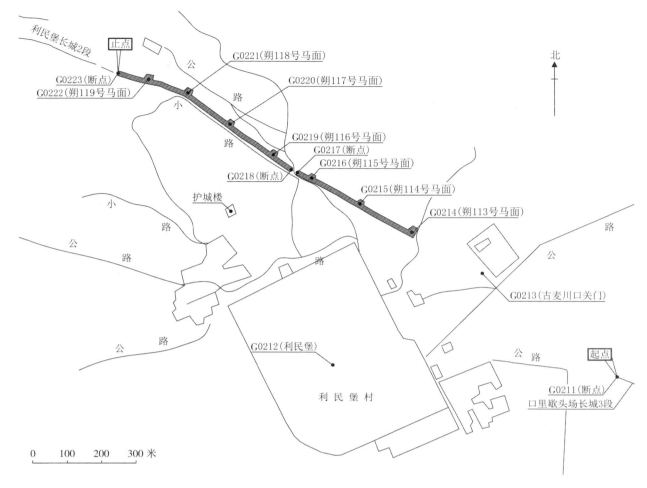

图四六五　利民堡长城 1 段走向示意图

　　第 1 小段：G0211（起点）—G0213（古麦川口关门），长 720 米，东南—西北走向。墙体被人为破坏而消失。古麦川口关门残存基础，北侧长 13.2、宽 17.9、残高 4.5 米，南侧长 7.3、宽 14.6、残高 4～6 米，顶部散落残砖碎石，关门宽 4.6、残高 6.3 米。

　　第 2 小段：G0213（古麦川口关门）—G0214（朔 113 号马面），长 239 米，东南—西北走向。墙体被人为破坏而消失。

　　第 3 小段：G0214（朔 113 号马面）—G0215（朔 114 号马面），长 190 米，东南—西北走向，保存较好。墙体底宽 5～6、顶宽 3.2、残高 5 米，夯层厚 0.12～0.16 米。

　　第 4 小段：G0215（朔 114 号马面）—G0216（朔 115 号马面），长 170 米，东南—西北走向，保存较好。

　　第 5 小段：G0216（朔 115 号马面）—G0217（断点），长 50 米，东南—西北走向，保存较好。

　　第 6 小段：G0217（断点）—G0218（断点），长 5 米，东南—西北走向。墙体被乡村公路破坏而消失。

　　第 7 小段：G0218（断点）—G0219（朔 116 号马面），长 80 米，东南—西北走向，保存较好。

　　第 8 小段：G0219（朔 116 号马面）—G0220（朔 117 号马面），长 170 米，东南—西北走向，保存一般。

第 9 小段：G0220（朔 117 号马面）—G0221（朔 118 号马面），长 180 米，东南—西北走向，保存较好。墙体北侧有冲沟。墙体底宽 5～6、顶宽 2～2.5、残高 7～8 米。

第 10 小段：G0221（朔 118 号马面）—G0222（朔 119 号马面），长 140 米，东南—西北走向，保存较好。墙体顶部残存女墙，宽 0.8、残高 0.4～0.5 米。

第 11 小段：G0222（朔 119 号马面）—G0223（止点、断点），长 100 米，东南—西北走向，保存较好。

墙体整体保存一般。

14. 利民堡长城 2 段

起点位于利民镇利民堡村西北 0.85 千米处，高程 1767 米；止点位于利民堡村西北 2.2 千米处，高程 1928 米。大致呈东—西走向，全长 1929 米，其中保存一般 1920、消失 9 米。墙体系石墙，外部片石垒砌而成，中间为土石混筑。墙体下宽上窄，剖面呈梯形，上有收分。墙体底宽 5～6、顶宽 1.5～2、残高 4～5 米。部分段墙体顶部残存女墙，宽 0.7、残高 1.1 米。本段长城东南与利民堡长城 1 段相接，西与利民堡长城 3 段相连。G0249（止点、朔 138 号马面）东南 0.09 千米处（墙体东南）有勒马沟 1 号堡（朔 005 号堡）；墙体上有马面 19 座（朔 120～138 号马面），马面间距 0.08～0.15 千米；朔 120 号马面与朔 119 号马面相距 0.114 千米（彩图七五五），G0234（朔 124 号马面）东南 0.07 千米处（墙体南侧）有利民堡 2 号烽火台；利民堡长城 2 段 G0229（朔 122 号马面）—勒马沟外长城 G0020（朔外 0009 号马面）间墙体北侧有利民堡壕沟（朔 005 号壕沟），G0229（朔 122 号马面）西北 0.11 千米处（墙体北侧）为利民堡壕沟（朔 005 号壕沟）起点；G0229（朔 122 号马面）西南 0.09 千米处（墙体南侧）有利民堡采石场（朔 001 号采石场）（图四六六）。

本段墙体共测 GPS 点 23 个（G0223～G0229、G0232、G0234～G0247、G0249），可分为 22 小段，分述如下。

第 1 小段：G0223（起点、断点）—G0224（断点），长 4 米，东—西走向。墙体被小路破坏而消失。

第 2 小段：G0224（断点）—G0225（朔 120 号马面），长 10 米，东南—西北走向，保存一般。墙体底宽 5～6、顶宽 1.5～2、残高 5 米。

第 3 小段：G0225（朔 120 号马面）—G0226（断点），长 30 米，东南—西北走向，保存一般。

第 4 小段：G0226（断点）—G0227（断点），长 5 米，东南—西北走向。墙体被人为破坏而消失。

第 5 小段：G0227（断点）—G0228（朔 121 号马面），长 70 米，东南—西北走向，保存一般。墙体残高 4 米。

第 6 小段：G0228（朔 121 号马面）—G0229（朔 122 号马面），长 100 米，东南—西北走向，保存一般。

第 7 小段：G0229（朔 122 号马面）—G0232（朔 123 号马面），长 110 米，东南—西北走向，保存一般。

第 8 小段：G0232（朔 123 号马面）—G0234（朔 124 号马面），长 100 米，东南—西北走向，保存一般。

第 9 小段：G0234（朔 124 号马面）—G0235（朔 125 号马面），长 90 米，东—西走向，保存一般。

第 10 小段：G0235（朔 125 号马面）—G0236（朔 126 号马面），长 90 米，东—西走向，保存一

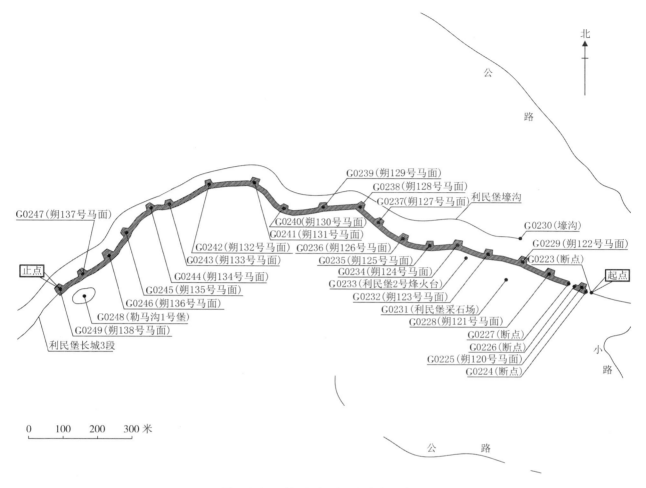

图四六六　利民堡长城2段走向示意图

般。

第 11 小段：G0236（朔 126 号马面）—G0237（朔 127 号马面），长 90 米，东南—西北走向，保存一般。

第 12 小段：G0237（朔 127 号马面）—G0238（朔 128 号马面），长 80 米，东南—西北走向，保存一般。墙体顶部残存女墙，宽 0.7、残高 1.1 米。

第 13 小段：G0238（朔 128 号马面）—G0239（朔 129 号马面），长 110 米，东—西走向，保存一般。

第 14 小段：G0239（朔 129 号马面）—G0240（朔 130 号马面），长 130 米，东—西走向，保存一般。G0239（朔 129 号马面）西 0.007 千米处墙体北侧残存一段石墙，长 6、残高 2.5 米。

第 15 小段：G0240（朔 130 号马面）—G0241（朔 131 号马面），长 120 米，东南—西北走向，保存一般。

第 16 小段：G0241（朔 131 号马面）—G0242（朔 132 号马面），长 140 米，东—西走向，保存一般。

第 17 小段：G0242（朔 132 号马面）—G0243（朔 133 号马面），长 130 米，东北—西南走向，保存一般。

第 18 小段：G0243（朔 133 号马面）—G0244（朔 134 号马面），长 150 米，东—西走向，保存一般。

第 19 小段：G0244（朔 134 号马面）—G0245（朔 135 号马面），长 100 米，东北—西南走向，保存一般。

第 20 小段：G0245（朔 135 号马面）—G0246（朔 136 号马面），长 90 米，东北—西南走向，保存一般。

第 21 小段：G0246（朔 136 号马面）—G0247（朔 137 号马面），长 100 米，东北—西南走向，保存一般。

第 22 小段：G0247（朔 137 号马面）—G0249（止点、朔 138 号马面），长 80 米，东北—西南走向，保存一般。

墙体整体保存一般。

15. 利民堡长城 3 段

起点位于利民镇利民堡村西北 2.2 千米处，高程 1928 米；止点位于利民镇勒马沟村西南 2.1 千米处，高程 1995 米。大致呈东—西走向，全长 1580 米，其中保存较好 1270、一般 310 米。墙体系石墙，外部片石垒砌而成，中间为土石混筑。墙体下宽上窄，剖面呈梯形，上有收分。墙体底宽 5～6、顶宽 1.5～2.5、残高 4～5 米。本段长城东与利民堡长城 2 段相接，西与神池县鹞子沟长城 1 段相连。墙体北侧有勒马沟外长城，G0259（朔 147 号马面）西南 0.01 千米处（墙体南侧）有勒马沟 2 号堡（朔 006 号堡）；墙体上有马面 15 座（朔 138～152 号马面），马面间距 0.07～0.16 千米；G0262（朔 148 号马面）东南 0.03 千米处（墙体南侧）有勒马沟 1 号烽火台，G0266（止点、朔 152 号马面）南 0.15 千米处有勒马沟 2 号烽火台；墙体北侧有利民堡壕沟（朔 005 号壕沟）、勒马沟 1 号壕沟（朔 006 号壕沟）（图四六七）。

本段墙体共测 GPS 点 16 个（G0249～G0259、G0262～G0266），可分为 15 小段，分述如下。

第 1 小段：G0249（起点、朔 138 号马面）—G0250（朔 139 号马面），长 150 米，东北—西南走向，保存一般。墙体底宽 5～6、顶宽 1.5～2.5、残高 4～5 米。

第 2 小段：G0250（朔 139 号马面）—G0251（朔 140 号马面），长 160 米，东北—西南走向，保存一般。

第 3 小段：G0251（朔 140 号马面）—G0252（朔 141 号马面），长 150 米，东北—西南走向，保存较好。

第 4 小段：G0252（朔 141 号马面）—G0253（朔 142 号马面），长 140 米，东—西走向，保存较好。墙体所在山梁俗称"李家峁梁"。

第 5 小段：G0253（朔 142 号马面）—G0254（朔 143 号马面），长 140 米，东北—西南走向，保存较好。

第 6 小段：G0254（朔 143 号马面）—G0255（拐点），长 50 米，东北—西南走向，保存较好。

第 7 小段：G0255（拐点）—G0256（朔 144 号马面），长 60 米，东—西走向，保存较好。

第 8 小段：G0256（朔 144 号马面）—G0257（朔 145 号马面），长 70 米，东—西走向，保存较好。墙体北 0.08 千米有勒马沟外长城 G0001（起点、断点）。

第 9 小段：G0257（朔 145 号马面）—G0258（朔 146 号马面），长 80 米，东—西走向，保存较好。

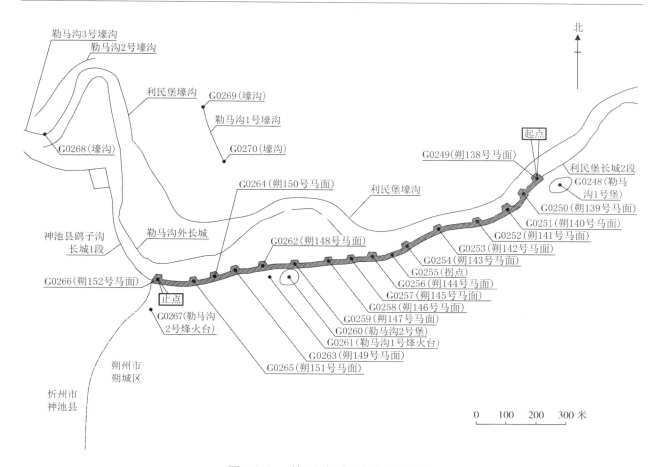

图四六七 利民堡长城3段走向示意图

第 10 小段：G0258（朔 146 号马面）—G0259（朔 147 号马面），长 110 米，东—西走向，保存较好。

第 11 小段：G0259（朔 147 号马面）—G0262（朔 148 号马面），长 100 米，东—西走向，保存较好。

第 12 小段：G0262（朔 148 号马面）—G0263（朔 149 号马面），长 100 米，东—西走向，保存较好。

第 13 小段：G0263（朔 149 号马面）—G0264（朔 150 号马面），长 80 米，东—西走向，保存较好。

第 14 小段：G0264（朔 150 号马面）—G0265（朔 151 号马面），长 70 米，东—西走向，保存较好。

第 15 小段：G0265（朔 151 号马面）—G0266（止点、朔 152 号马面），长 120 米，东—西走向，保存较好。

墙体整体保存一般。

利民堡长城 1~3 段位于朔城区西部山地，海拔 1700~1770 米，落差较小，地势平缓。

利民堡村人口有 2000 余人，村附近有乡村公路、小路。

16. 蒋家峪长城 1 段

起点位于利民镇蒋家峪村西南 2.1 千米处，高程 1924 米；止点位于蒋家峪村西北 2 千米处，高程 1846 米。大致呈南—北走向，全长 2118 米，其中保存较好 570、一般 1540、消失 8 米。墙体系石墙，土石混筑而成。墙体下宽上窄，剖面呈梯形，上有收分。墙体底宽 5～8、顶宽 1.2～2、残高 4～5.5 米。部分段墙体顶部残存女墙，宽 1.25、残高 0.8 米。本段长城南与神池县鹞子沟长城 3 段相接，北与朔城区蒋家峪长城 2 段相连。墙体上有关 1 座（蒋家峪 1 号关，即朔 003 号关），位于墙体西侧；有马面 17 座（神池县鹞子沟 37 号马面、朔 153～168 号马面），马面间距 0.1～0.22 千米（彩图七五六）；G0279（朔 159 号马面）西北 0.04 千米处有兰家窑 1 号烽火台；蒋家峪长城 1 段 G0292（朔 166 号马面）—蒋家峪长城 2 段 G0318（朔 184 号马面）间墙体东侧及北侧有蒋家峪壕沟（朔 009 号壕沟）（图四六八）。

本段墙体共测 GPS 点 21 个（G0271、G0273～G0279、G0282～G0294），可分为 20 小段，分述如下。

第 1 小段：G0271（起点、神池县鹞子沟 37 号马面）—G0273（朔 153 号马面），长 220 米，南—北走向，保存一般。墙体底宽 7～8、顶宽 1.2～2、残高 5.5 米。墙体上有蒋家峪 1 号关（朔 003 号关），位于墙体西侧。

第 2 小段：G0273（朔 153 号马面）—G0274（朔 154 号马面），长 110 米，东南—西北走向，保存较好。墙体底宽 5～6、顶宽 1.5、残高 4～5 米。

第 3 小段：G0274（朔 154 号马面）—G0275（朔 155 号马面），长 110 米，南—北走向，保存较好。

第 4 小段：G0275（朔 155 号马面）—G0276（朔 156 号马面），长 180 米，南—北走向，保存较好。

第 5 小段：G0276（朔 156 号马面）—G0277（朔 157 号马面），长 170 米，南—北走向，保存较好。

第 6 小段：G0277（朔 157 号马面）—G0278（朔 158 号马面），长 100 米，西南—东北走向，保存较好。

第 7 小段：G0278（朔 158 号马面）—G0279（朔 159 号马面），长 110 米，西南—东北走向，保存一般。

第 8 小段：G0279（朔 159 号马面）—G0282（拐点），长 70 米，西南—东北走向，保存一般。G0279（朔 159 号马面）西北 0.04 千米处有兰家窑 1 号烽火台。

第 9 小段：G0282（拐点）—G0283（朔 160 号马面），长 30 米，西南—东北走向，保存一般。

第 10 小段：G0283（朔 160 号马面）—G0284（拐点），长 40 米，东南—西北走向，保存一般。

第 11 小段：G0284（拐点）—G0285（朔 161 号马面），长 60 米，东南—西北走向，保存一般。

第 12 小段：G0285（朔 161 号马面）—G0286（朔 162 号马面），长 160 米，东南—西北走向，保存一般。

第 13 小段：G0286（朔 162 号马面）—G0287（朔 163 号马面），长 110 米，东南—西北走向，保存一般。

第 14 小段：G0287（朔 163 号马面）—G0288（断点），长 80 米，东南—西北走向，保存一般。

第 15 小段：G0288（断点）—G0289（断点），长 8 米，南—北走向。墙体被小路破坏而消失。

第 16 小段：G0289（断点）—G0290（朔 164 号马面），长 30 米，南—北走向，保存一般。

第 17 小段：G0290（朔 164 号马面）—G0291（朔 165 号马面），长 130 米，东南—西北走向，保存一般。

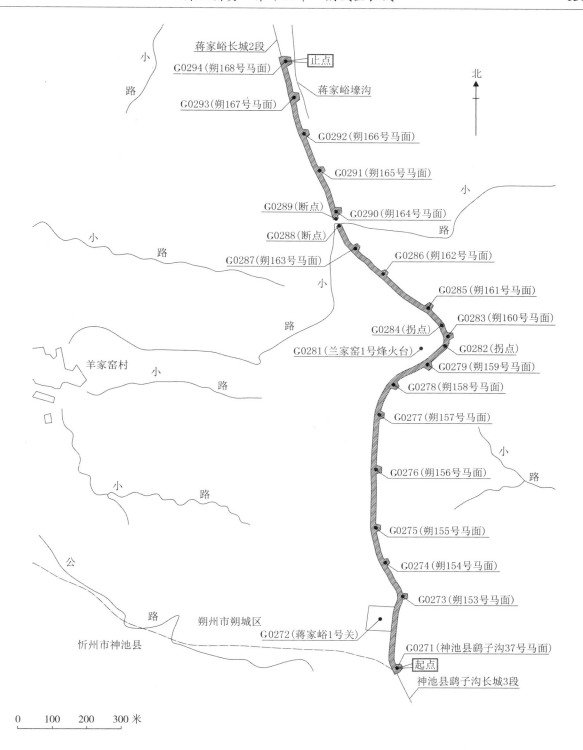

图四六八　蒋家峪长城 1 段走向示意图

第 18 小段：G0291（朔 165 号马面）—G0292（朔 166 号马面），长 140 米，东南—西北走向，保存一般。

第 19 小段：G0292（朔 166 号马面）—G0293（朔 167 号马面），长 130 米，东南—西北走向，保存一般。墙体顶部残存一段女墙，为石墙，长 6、宽 1.25、残高 0.8 米。

第 20 小段：G0293（朔 167 号马面）—G0294（止点、朔 168 号马面），长 130 米，东南—西北走向，保存一般。

墙体整体保存一般。

17. 蒋家峪长城 2 段

起点位于利民镇蒋家峪村西北 2 千米处，高程 1846 米；止点位于利民镇兰家窑村西北 2.05 千米处，高程 1868 米。大致呈东南—西北走向，全长 2120 米，均保存一般。墙体系石墙，土石混筑而成，下宽上窄，剖面呈梯形，上有收分。墙体底宽 6 ~ 7、顶宽 1.5 ~ 3.5、残高 3 ~ 5 米。部分段墙体顶部残存女墙，宽 1、残高 1.1 ~ 1.6 米。本段长城东南与蒋家峪长城 1 段相接，西北与神池县南寨长城 1 段相连。G0306（朔 175 号马面）东北 0.7 千米处（墙体东北）有蒋家峪堡（朔 007 号堡）。墙体上有关 1 座（蒋家峪 2 号关，即朔 004 号关），位于墙体西侧；马面有 18 座（朔 168 ~ 185 号马面），马面间距 0.08 ~ 0.18 千米。G0304（朔 174 号马面）东北 0.37 千米处（墙体东北）有蒋家峪烽火台，G0322（止点、朔 185 号马面）西南 0.19 千米处（墙体南侧）有兰家窑 2 号烽火台、0.35 千米处（墙体南侧）有兰家窑 3 号烽火台；蒋家峪长城 1 段 G0292（朔 166 号马面）—蒋家峪长城 2 段 G0318（朔 184 号马面）间墙体东侧和北侧有蒋家峪壕沟（朔 009 号壕沟），G0298（朔 171 号马面）西南 0.03 千米处（墙体西侧）有兰家窑 1 号采石场（朔 002 号采石场），G0312（朔 180 号马面）西南 0.04 千米处（墙体南侧）有兰家窑 2 号采石场（朔 003 号采石场），G0314（朔 181 号马面）西南 0.1 千米处（墙体南侧）有兰家窑 3 号采石场（朔 004 号采石场），G0322（止点、朔 185 号马面）西南 0.3 千米处（墙体南侧）有兰家窑 4 号采石场（朔 005 号采石场）（图四六九）。

本段墙体共测 GPS 点 20 个（G0294 ~ G0296、G0298 ~ G0301、G0304、G0306 ~ G0312、G0314、G0316 ~ G0318、G0322），可分为 19 小段，分述如下。

第 1 小段：G0294（起点、朔 168 号马面）—G0295（朔 169 号马面），长 160 米，东南—西北走向，保存一般。墙体底宽 5 ~ 6、顶宽 1.5 ~ 2.5、残高 4 ~ 5 米。墙体顶部残存一段女墙，为石墙，长 100、宽 1、残高 1.1 ~ 1.6 米。

第 2 小段：G0295（朔 169 号马面）—G0296（朔 170 号马面），长 140 米，东南—西北走向，保存一般。

第 3 小段：G0296（朔 170 号马面）—G0298（朔 171 号马面），长 140 米，东南—西北走向，保存一般。G0298（朔 171 号马面）西南 0.03 千米处（墙体西侧）有兰家窑 1 号采石场（朔 002 号采石场）。

第 4 小段：G0298（朔 171 号马面）—G0299（朔 172 号马面），长 120 米，南—北走向，保存一般。

第 5 小段：G0299（朔 172 号马面）—G0300（拐点），长 100 米，南—北走向，保存一般。墙体底宽 6 ~ 7、顶宽 3.5、残高 3 米。

第 6 小段：G0300（拐点）—G0301（朔 173 号马面），长 50 米，西南—东北走向，保存一般。

第 7 小段：G0301（朔 173 号马面）—G0304（朔 174 号马面），长 80 米，南—北走向，保存一般（彩图七五七）。G0304（朔 174 号马面）东北 0.37 千米处（墙体东北）有蒋家峪烽火台。

第 8 小段：G0304（朔 174 号马面）—G0306（朔 175 号马面），长 90 米，东南—西北走向，保存一般。G0306（朔 175 号马面）东北 0.7 千米处（墙体东北）有蒋家峪堡（朔 007 号堡）。

第 9 小段：G0306（朔 175 号马面）—G0307（朔 176 号马面），长 120 米，东南—西北走向，保

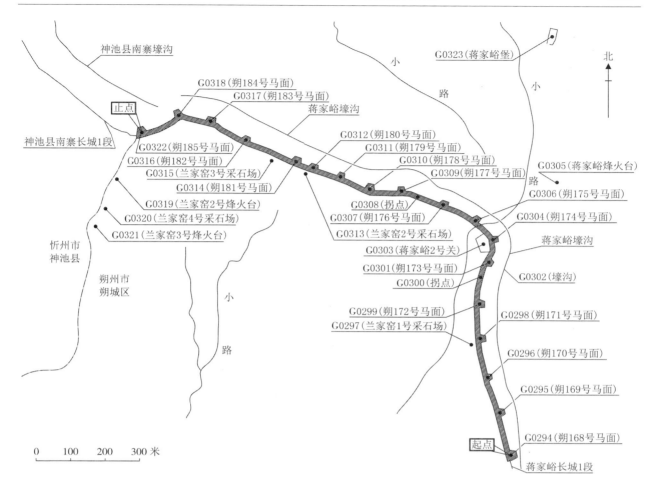

图四六九 蒋家峪长城2段走向示意图

存一般。

第10小段：G0307（朔176号马面）—G0308（拐点），长100米，东南—西北走向，保存一般。

第11小段：G0308（拐点）—G0309（朔177号马面），长60米，东南—西北走向，保存一般。

第12小段：G0309（朔177号马面）—G0310（朔178号马面），长100米，东—西走向，保存一般。

第13小段：G0310（朔178号马面）—G0311（朔179号马面），长110米，东南—西北走向，保存一般。

第14小段：G0311（朔179号马面）—G0312（朔180号马面），长100米，东南—西北走向，保存一般。

第15小段：G0312（朔180号马面）—G0314（朔181号马面），长100米，东南—西北走向，保存一般。G0312（朔180号马面）西南0.04千米处（墙体南侧）有兰家窑2号采石场（朔003号采石场）。

第16小段：G0314（朔181号马面）—G0316（朔182号马面），长180米，东南—西北走向，保存一般。G0314（朔181号马面）西南0.1千米处（墙体南侧）有兰家窑3号采石场（朔004号采石场）。

第17小段：G0316（朔182号马面）—G0317（朔183号马面），长130米，东南—西北走向，保存一般。墙体南侧有利用长城墙体挖掘的窑洞。

　　第18小段：G0317（朔183号马面）—G0318（朔184号马面），长100米，东南—西北走向，保存一般。

　　第19小段：G0318（朔184号马面）—G0322（止点、朔185号马面），长140米，东北—西南走向，保存一般。G0322（止点、朔185号马面）西南0.19千米处（墙体南侧）有兰家窑2号烽火台、0.35千米处（墙体南侧）有兰家窑3号烽火台、0.3千米处（墙体南侧）有兰家窑4号采石场（朔005号采石场）。

　　墙体整体保存一般。

　　蒋家峪长城1、2段位于朔城区西部山地，海拔1850~1995米，地势较平缓。

　　蒋家峪村人口100余人，村附近有乡村公路、小路。

18. 勒马沟外长城

　　起点位于利民镇勒马沟村西南1.95千米处，高程1949米；止点位于勒马沟村西南2千米处，高程1958米。大致呈东南—西北走向，全长1767米，其中保存较好550、一般1157、差40、消失20米。墙体系石墙，外部片石垒砌而成，中间为土石混筑。墙体下宽上窄，剖面呈梯形，上有收分。墙体底宽4~4.8、顶宽1.8~4.2、残高2.5~6.5米（第1、2、13、16小段北或东高3.2~6、南或东高2.5~3米）（彩图七五八）。本段长城南邻利民堡长城3段和神池县鹞子沟长城1段，G0001（起点）南距利民堡长城3段墙体0.08千米，G0023（止点）与神池县鹞子沟长城1段相连。墙体上有敌台1座（朔外001号敌台）、马面9座（朔外001~009号马面），马面间距0.08~0.55千米，敌台与马面间距0.08~0.43千米。利民堡长城2段G0229（朔122号马面）—勒马沟外长城G0020（朔外009号马面）间墙体北侧有利民堡壕沟（朔005号壕沟），G0020（朔外009号马面）西北0.06千米处（墙体北侧）为利民堡壕沟（朔005号壕沟）止点，墙体北侧有勒马沟1号壕沟（朔006号壕沟），G0016（拐点）—G0020（朔外009号马面）间墙体西北有勒马沟2号壕沟（朔007号壕沟）（图四七〇）。

　　本段墙体共测GPS点23个（G0001~G0023），可分为22小段，分述如下。

　　第1小段：G0001（起点）—G0002（朔外001号马面），长50米，东南—西北走向，保存一般。墙体底宽4.3、顶宽2.6~2.9、北高4.3米。G0001（起点）南距利民堡长城3段墙体0.08千米。

　　第2小段：G0002（朔外001号马面）—G0003（断点），长60米，东南—西北走向，保存一般。墙体底宽4~4.5、顶宽2.6~2.9、北高4.3、南高2.5米。

　　第3小段：G0003（断点）—G0004（断点），长5米，东南—西北走向。墙体被洪水冲毁而消失。

　　第4小段：G0004（断点）—G0005（朔外002号马面），长30米，东南—西北走向，保存一般。

　　第5小段：G0005（朔外002号马面）—G0006（断点），长70米，东—西走向，保存一般。

　　第6小段：G0006（断点）—G0007（断点），长10米，东—西走向。墙体被小路破坏而消失。

　　第7小段：G0007（断点）—G0008（朔外003号马面），长130米，东北—西南走向，保存一般。

　　第8小段：G0008（朔外003号马面）—G0009（拐点），长120米，东北—西南走向，保存一般。

　　第9小段：G0009（拐点）—G0010（拐点），长250米，东—西走向，保存一般。墙体底宽4.8米。

　　第10小段：G0010（拐点）—G0011（朔外001号敌台），长60米，东南—西北走向，保存一般。

　　第11小段：G0011（朔外001号敌台）—G0012（拐点），长90米，东南—西北走向，保存一般。

　　第12小段：G0012（拐点）—G0013（朔外004号马面），长30米，南—北走向，保存较好。墙体顶宽2、残高6~6.5米。

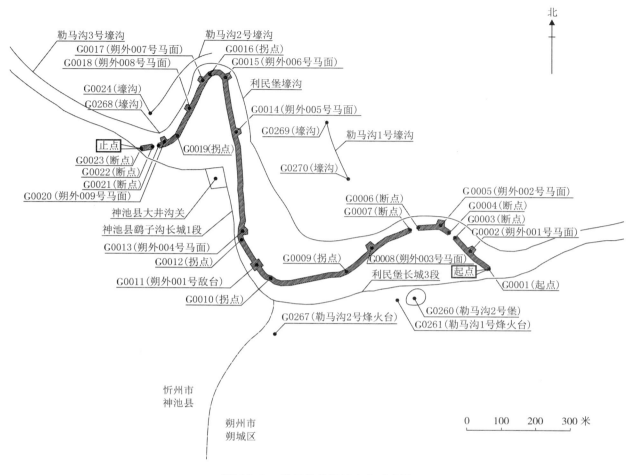

图四七〇 勒马沟外长城走向示意图

第13小段：G0013（朔外004号马面）—G0014（朔外005号马面），长300米，南—北走向，保存较好。墙体顶宽2.9~4.2、东高3.2~6、西高2.6米。

第14小段：G0014（朔外005号马面）—G0015（朔外006号马面），长170米，南—北走向，保存较好。

第15小段：G0015（朔外006号马面）—G0016（拐点），长50米，东—西走向，保存较好。

第16小段：G0016（拐点）—G0017（朔外007号马面），长30米，东北—西南走向，保存一般。墙体底宽4~4.5、顶宽1.8~2.5、北高4~5、南高2.5~3米。

第17小段：G0017（朔外007号马面）—G0018（朔外008号马面），长100米，东北—西南走向，保存一般。

第18小段：G0018（朔外008号马面）—G0019（拐点），长90米，东北—西南走向，保存一般。

第19小段：G0019（拐点）—G0020（朔外009号马面），长40米，东北—西南走向，保存一般。G0020（朔外009号马面）西北0.06千米处（墙体北侧）为利民堡壕沟（朔005号壕沟）止点。

第20小段：G0020（朔外009号马面）—G0021（断点），长7米，东北—西南走向，保存一般。

第21小段：G0021（断点）—G0022（断点），长5米，东—西走向。墙体被洪水冲毁而消失。

第22小段：G0022（断点）—G0023（止点），长40米，东北—西南走向，保存差。G0023（止点）与神池县鹞子沟长城1段相连。

墙体整体保存一般。

勒马沟外长城位于朔城区西部山地，海拔 1950～1980 米，落差较小。

勒马沟村人口 300 余人，村附近有乡村公路、小路。

19. 何庄村长城 1 段

起点位于南榆林乡何庄村东南 1.2 千米的山梁上，高程 1531 米；止点位于何庄村东南 1.16 千米的山梁上，高程 1415 米。大致呈东南—西北走向，全长 352 米，其中保存较好 256、一般 19、差 14、消失 63 米。墙体系石墙，外部片石垒砌而成，中间为土石混筑。墙体下宽上窄，剖面呈梯形，上有收分。墙体底宽 2.13、残高 1～2.3 米。G0030（止点）西 0.246 千米处有何庄村长城 2 段，G0023（起点）东南 5.3 千米处有八岔堡，G0023（起点）西 0.02 千米处山顶有何庄村 1 段 1 号烽火台。

本段墙体共测 GPS 点 7 个（G0023、G0023a、G0024～G0026、G0029、G0030），可分为 5 小段，分述如下。

第 1 小段：G0023（起点）—G0023a（断点），长 14 米，东南—西北走向，保存差。墙体坍塌严重，呈碎石堆状。G0023（起点）西 0.02 千米处山顶有何庄村长城 1 段 1 号烽火台。

第 2 小段：G0023a（断点）—G0026（断点），长 63 米，东南—西北走向，墙体消失。

第 3 小段：G0026（断点）—G0025（拐点），长 19 米，东南—西北走向，保存一般。墙体坍塌严重，呈土垄状，散落杂乱的石片。

第 4 小段：G0024（洞穴）—G0025（拐点），长 10 米，东北—西南走向，保存较好。G0024（洞穴）为一处石券拱洞，洞口宽 0.98、高 1.6 米。

第 5 小段：G0025（拐点）—G0030（止点），长 246 米，东南—西北走向，保存较好。墙体底宽 2.13、残高 1～2.3 米。G0030（止点）西邻断崖。

墙体整体保存一般。

20. 何庄村长城 2 段

起点位于南榆林乡何庄村东南 1.15 千米的山梁上，高程 1398 米；止点位于何庄村西南 1.7 千米的山梁上，高程 1401 米。大致呈东北—西南走向，全长 1525 米，其中保存一般 247、较差 472、差 28、消失 778 米。墙体系石墙，外部片石垒砌而成，中间为土石混筑。墙体下宽上窄，剖面呈梯形，上有收分。第 6 小段墙体底宽 4、残高 0.9；第 8 小段墙体顶宽 4.2、北高 5.3、南高 3.9 米。G0019（起点、铺舍）东有何庄村长城 1 段，墙体北 0.35 千米处有小莲花堡。墙体上有敌台 7 座（何庄村 1～7 号敌台）、铺舍 1 座，敌台间距 0.104～0.357 千米。G0016（何庄村 2 号敌台）北 0.098 千米处有何庄村长城 2 段 1 号烽火台，G0010（何庄村 5 号敌台）西北 0.13 千米处有何庄村长城 2 段 2 号烽火台，G0007（断点）东南 0.026 千米有何庄村长城 2 段 3 号烽火台，G0003（何庄村 7 号敌台、止点）南 0.084 千米处有何庄村长城 2 段 4 号烽火台、北 0.145 千米处有何庄村长城 2 段 5 号烽火台。

本段墙体共测 GPS 点 14 个（G0003～G0005、G0007～G0010、G0012～G0014、G0016～G0019），可分为 8 小段，分述如下。

第 1 小段：G0019（起点、铺舍）—G0018（断点），长 156 米，东北—西南走向，墙体消失。G0019（起点、铺舍）处为铺舍，平面呈矩形，存东墙及东北、西北角台；角台平面呈矩形，剖面呈梯形，底部边长 7.7、残高 10.2 米，夯层厚 0.18～0.23 米。

第 2 小段：G0018（断点）—G0017（何庄村 1 号敌台、断点），长 28 米，东北—西南走向，保存差。墙体坍塌严重，仅存地面痕迹。

第3小段：G0017（何庄村1号敌台、断点）—G0014（何庄村3号敌台、断点），长399米，东北—西南走向，墙体消失。何庄村2号敌台位于墙体上，G0016（何庄村2号敌台）北0.098千米处有何庄村2段1号烽火台。

第4小段：G0014（何庄村3号敌台、断点）—G0012（断点），长211米，东北—西南走向，保存较差。墙体呈土垄状。何庄村4号敌台位于墙体上。

第5小段：G0012（断点）—G0010（何庄村5号敌台、断点），长127米，东南—西北走向，墙体消失。G0010（何庄村5号敌台）西北0.13千米处有何庄村2段2号烽火台。

第6小段：G0010（何庄村5号敌台、断点）—G0007（断点），长261米，东北—西南走向，保存较差。墙体呈土垄状，底宽4、残高0.9米。有一处洪水冲毁形成的豁口，宽9米，墙体两侧有冲沟，G0007（断点）东南0.026千米有何庄村2段3号烽火台。

第7小段：G0007（断点）—G0005（何庄村6号敌台、断点），长96米，东北—西南走向，墙体消失。

第8小段：G0005（何庄村6号敌台、断点）—G0003（止点、何庄村7号敌台），长247米，东北—西南走向，保存一般。墙体顶宽4.2、北高5.3、南高3.9米。墙体北侧0.35千米处有小莲花堡，G0003（止点、何庄村7号敌台）南0.084千米处有何庄村长城2段4号烽火台、北0.145千米处有何庄村长城2段5号烽火台。

墙体整体保存较差。何庄村长城1、2段位于朔城区东南部山地与中东部平川盆地交界处的丘陵地带，地势起伏，坡度平缓。

何庄村人口有300余人，村附近有乡村公路、小路。

（二）关堡

朔城区共调查关堡18座，其中关4座、堡（包括朔州城和马邑城）14座（表388）。

表388　朔城区关堡一览表

乡镇	关堡名称	数量（座）
张蔡庄乡	南西沟关、靳家洼堡	2
利民镇	口里歇头场关，蒋家峪1、2号关，口里歇头场1、2号堡，利民堡，勒马沟1、2号堡，蒋家峪堡	9
南榆林乡	八岔堡、小莲花堡	2
神头镇	东榆林堡、肖西河底堡、马邑城	3
朔城区	朔州城	1
下团堡乡	马营堡	1
合计		18

1. 南西沟关

位于张蔡庄乡南西沟村北 0.045 千米的山坡上，南西沟长城 1 段墙体南侧，高程 1682 米。

关平面呈矩形，坐北朝南，东西 112、南北 92.4 米，周长 408.8 米，占地面积 10349 平方米。现存设施、遗迹主要有关墙和南门 1 座等（图四七一）。关墙系石墙，外部片石垒砌而成，中间为夯土墙体，墙体底宽 3～4.5、顶宽 0.5～1.9、残高 4.8～7.4 米。关门设于南墙正中。

关整体保存一般。关墙大部分残存，砌石大多损毁，南墙东段有豁口。关内建筑无存，为耕地。

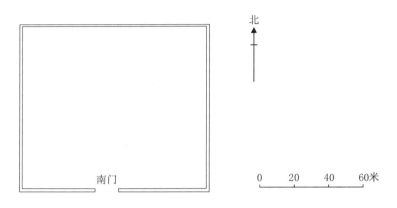

图四七一　南西沟关平面示意图

2. 口里歇头场关

位于利民镇口里歇头场村东南 1.13 千米山顶上，南西沟长城 3 段墙体西侧，高程 1976 米。

关东墙和东南墙即为长城墙体，东墙和东南墙相交处有朔 066 号马面，东墙和北墙相交处有朔 067 号马面，西北距口里歇头场 1 号堡 0.566 千米。

关平面呈不规则形，坐东朝西，东西 120、南北 52.5 米，周长 300 米，占地面积 4500 平方米。现存设施、遗迹主要有关墙和北门 1 座（图四七二）。关墙系石墙，外部片石垒砌而成，中间为夯土墙体，墙体残高 2.2～3.4 米。关门设于北墙，石券拱门，券顶坍塌，门洞宽 2.2～5.2、进深 7.45 米；门洞西壁有门栓洞，直径 0.25 米。

关整体保存一般。关墙有所坍塌损毁，北门券顶坍塌，关内南部有一座石券窑洞。

3. 蒋家峪 1 号关

位于利民镇蒋家峪村西南 1.6 千米处，蒋家峪长城 1 段墙体西侧，高程 2000 米。

关平面呈矩形，坐东朝西，东西 75.1、南北 76 米，周长 290 米，占地面积 5250 平方米。现存设施、遗迹主要有关墙、西门 1 座、角台 4 座等（图四七三）。关墙系石墙，南墙底宽 6.2、顶宽 2、残高 2.3 米，西墙底宽 6、顶宽 1.5～2.3、残高 2 米，北墙底宽 5、顶宽 0.8～1.1、残高 1.2～1.6 米。关门设于西墙正中，现为豁口，宽 2.5 米。关门附近散落许多片石，推测原应有石券拱门。关墙四角设角台，东北、东南角台建于长城墙体上，有所坍塌损毁，东北角台宽 9.1、凸出墙体 7.8、残高 5.5 米。西南、西北角台仅存基础。

关整体保存一般。关墙大部分残存，西门现为豁口，西南、西北角台仅存基础。关内建筑无存，存残砖瓦碎石，为荒地。

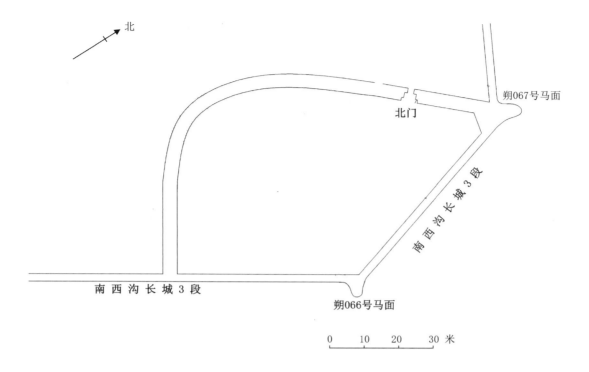

图四七二　口里歇头场关平面图

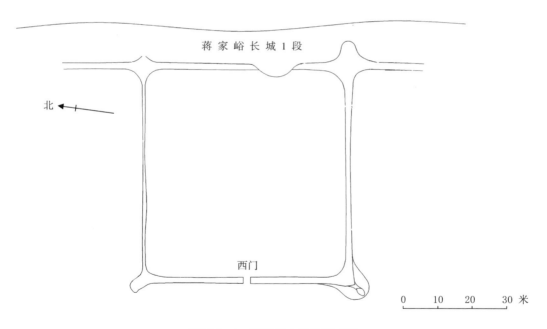

图四七三　蒋家峪1号关平面图

4. 蒋家峪2号关

位于利民镇蒋家峪村西北2千米处，蒋家峪长城2段墙体西侧，高程1921米。

关东北墙和东墙即为长城墙体，东北墙和东墙相交处有朔174号马面，东北距蒋家峪烽火台0.174千米。

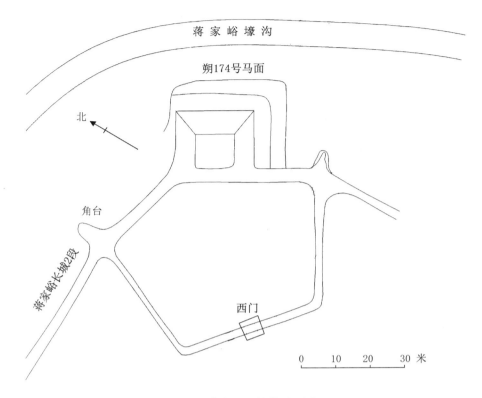

图四七四　蒋家峪2号关平面图

关平面呈五边形，坐东朝西，周长180米，占地面积2400平方米。现存设施、遗迹主要有关墙、西门1座、角台2座（图四七四）。关墙系石墙，南墙底宽5、顶宽1.6～2、残高1.1～1.6米，西墙底宽5、顶宽1.5～2、残高0.7～3米。关门设于西墙正中。关墙东南角和西北角设角台，东南角台宽6.2、凸出墙体1～4、残高5米，西北角台宽3、凸出墙体7、残高5米。

关整体保存一般。关墙大部分残存，关内建筑无存，存残砖瓦碎石。

5. 靳家洼堡

位于张家蔡乡靳家洼村西0.327千米处，靳家洼长城1段G0029（止点、朔010号马面）西南0.18千米处（墙体西侧），高程1911米。

堡平面呈矩形，坐西朝东，东西40.2、南北42.5米，周长165.4米，占地面积1708.5平方米。现存设施、遗迹主要有堡墙和东门1座等（图四七五）。堡墙系石墙，外部片石垒砌而成，中间为夯土墙体，夯层厚0.13～0.16米，墙体残高1.6～2.1米。堡门设于东墙南段，现为豁口，宽8.2米。堡门附近散落许多片石，推测原应有石券拱门。堡内发现一块整砖，长35、宽21、厚8厘米。

堡整体保存较差。堡墙大部分保存，但坍塌损毁严重，砌石大多损毁，仅存内部夯土墙体。东门现为豁口。堡内建筑无存，存残砖瓦碎石。

6. 口里歇头场1号堡

位于利民镇口里歇头场村中，南西沟长城3段G0158（止点、断点）西南0.2千米处（墙体南侧），高程1799米。西北距口里歇头场1号烽火台0.205千米。

堡平面呈矩形，坐北朝南，周长340米，占地面积7161平方米。现存设施、遗迹主要有堡墙（图

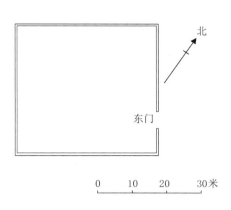

图四七五　靳家洼堡平面示意图

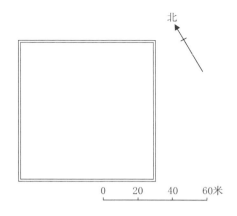

图四七六　口里歇头场1号堡平面示意图

四七六）。堡墙系石墙，仅存内部夯土墙体，夯层厚0.12~0.24米，墙体底宽4、顶宽0.8~1.5、残存最高3.5米。

堡整体保存较差。堡墙坍塌损毁严重，西墙无存，东、南、北墙残长70米，砌石无存。堡内建筑无存，残存现代石券窑洞。

7. 口里歇头场2号堡

位于利民镇口里歇头场村西北1.2千米，口里歇头场长城1段G0179（朔088号马面）西南0.08千米处（墙体南侧），高程1872米。

堡平面呈近圆形，坐南朝北，直径74米，周长233米，占地面积4330平方米。现存设施、遗迹主要有堡墙和北门1座（图四七七）。堡墙系石墙，外部片石垒砌而成，中间为夯土墙体，墙体底宽0.5~1、残高1~4.1米。堡门设于北墙，现为豁口，宽8米。

堡整体保存较差。堡墙坍塌损毁严重，堡内建筑无存，为耕地或荒地。

8. 利民堡

位于利民镇利民堡村中，利民堡长城1段墙体南0.054千米处，高程1704米。

堡平面呈矩形，坐北朝南，东西437、南北577米，周长2028米，占地面积252149平方米。现存设施、遗迹主要有堡墙和北墙外护城楼1座（图四七八）。堡墙系石墙，外部片石垒砌而成，中间为夯土墙体。东墙残长342米，底宽8、顶宽0.8~4.5、残高6.2米；南墙残长227.4米，底宽6.9、顶宽5.1、残高6.1米；西墙残长450米，底宽8、顶宽1.1~3.5、残高0.5~9米；北墙残长430米，底宽8、顶宽0.8~5.8、残高0.5~9.2米。北墙外0.125千米处有护城楼，夯筑而成，夯层厚0.12~0.2米，平面呈矩形，台体东西17、南北16、残高3.3~4米；台体底部有台基，夯层厚0.06~0.08米，东西35、南北40、残高2.2~4米。

据记载，堡平面呈油篓状，西北、东北角呈近正方形，西南、东南角呈圆弧形。堡墙系石墙，外部条石或片石垒砌而成，中间为夯土墙体，墙体顶部外侧有垛口墙、内侧有女墙。东、西、南墙各设堡门1座，门外有瓮城。堡墙东北、西北角设角台。堡墙设马面10座，东、西墙各3座，南、北墙各2座。东南墙顶部有魁星阁，西南墙顶部有观音堂，北墙顶部正中有玉皇庙。堡内有东西、南北2条大街，呈"十"字形将堡内分为东北、西北、西南、东南4个小区，大街用石板铺砌而成。堡内中心

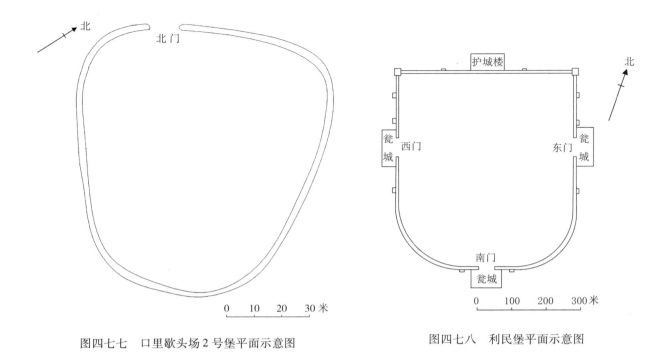

图四七七　口里歇头场2号堡平面示意图　　　　图四七八　利民堡平面示意图

为四牌楼，南北大街由南向北依次为南门、三牌楼、四牌楼、文昌阁和玉皇庙，东西大街由东向西依次为东门、东阁、四牌楼、西阁和西门。堡内东西大街北部为营房区，南部为居民区。东西大街北侧有岳飞庙、财神庙，东北区有马王庙，东南区有百匠庙、水井，西北区有大寺庙、城隍庙、小校场和娘娘庙等。东门外有关羽庙、龙王庙，南门外有五岳庙、义行碑，北墙外有护城楼。

堡整体保存较差。堡墙坍塌损毁严重，砌石大多损毁；由于抗日战争破坏和20世纪50年代的拆毁，堡内建筑无存，有民居。

9. 勒马沟1号堡

位于利民镇勒马沟村东南1.8千米，利民堡长城2段G0249（止点、朔138号马面）东南0.09千米处（墙体东南），高程1924米。

堡平面呈椭圆形，坐北朝南，东西60、南北36米，周长210米，占地面积2700平方米。现存设施、遗迹主要有堡墙、南门1座等（图四七九）。堡墙系石墙，片石垒砌或土石混筑而成，墙体底宽3~4、顶宽1~1.5、残高1.7~3米。堡门设于南墙，现为豁口，宽8米。

堡整体保存较差。堡墙大部分保存，坍塌损毁严重，砌石大多损毁。堡内建筑无存。

10. 勒马沟2号堡

位于利民镇勒马沟村西南2.2千米，利民堡长城3段G0259（朔147号马面）西南0.01千米处（墙体南侧），高程2000米。

堡平面呈近椭圆形，坐北朝南，周长180米，占地面积2100平方米。现存设施、遗迹主要有堡墙（图四八〇）。堡墙系石墙，片石垒砌而成，南墙底宽5、内高2.7、外高3.9米；北墙底宽4.2、顶宽1.8~2、内高0.6~1.3、外高2.5米。

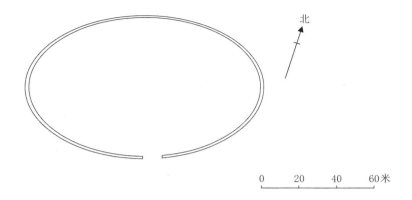

图四七九　朔城区勒马沟 1 号堡平面示意图

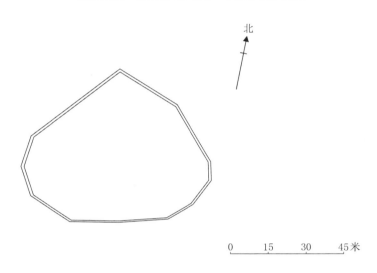

图四八〇　勒马沟 2 号堡平面示意图

堡整体保存一般。堡墙大部分残存，南墙保存较好，东、西、北墙保存较差。堡内建筑无存。

11. 蒋家峪堡

位于利民镇蒋家峪村西北 3.3 千米寨子山山巅，蒋家峪长城 2 段 G0306（朔 175 号马面）东北 0.7 千米处（墙体东北），高程 1961 米。

堡平面呈不规则形，坐北朝南，东西 15、南北 34 米，周长 98 米，占地面积 510 平方米。现存设施、遗迹主要有堡墙（图四八一）。堡墙系石墙，片石垒砌而成，墙体底宽 1.4 ~ 1.9、残高 0.5 ~ 2.4 米。堡门无存。堡内残存窑洞，东西 2.4、南北 3.2 米。

堡整体保存较差。堡墙大部分保存，坍塌损毁严重，东墙大部分无存。

12. 八岔堡

位于南榆林乡王化庄村东南 0.65 千米，何庄村长城 1 段 G0023（起点）东南 5.3 千米处，高程 1440 米。

堡平面呈矩形，坐北朝南，东西 46、南北 51 米，周长 194 米，占地面积 2346 平方米。现存设施、

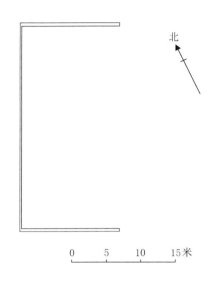

图四八一　蒋家峪堡平面示意图

遗迹主要有堡墙、南门1座、马面1座等（图四八二）。堡墙系土墙，夯筑而成，夯层厚0.18～0.2米。东墙外高6米；南墙东段顶宽1、外高6.2米；西墙北段顶宽1.6、内高6.8、外高8米。堡门设于南墙正中，现为豁口，宽4.2、进深5.8米。北墙正中设马面1座，宽3.9、凸出墙体5.8、残高6.6米。

堡整体保存一般。堡墙保存较完整，有所坍塌损毁。堡内建筑无存。

13. 小莲花堡

位于南榆林乡何庄村西南0.5千米山顶，何庄村长城2段墙体北侧0.35千米处，高程1344米。

堡平面呈矩形，坐北朝南，周长200米，占地面积2503平方米。现存设施、遗迹主要有堡墙、南门1座、马面2座等（图四八三；彩图七五九）。堡墙系土墙，夯筑而成，夯层厚0.2米。墙体顶宽0.4～1.6、残高5.7～8米。堡门设于南墙正中，现为豁口，宽5.03、进深5.12米。东墙南段设马面1座，宽5.28、凸出墙体1.1米；北墙设马面1座，顶宽7、凸出墙体12、残高8.2米。

堡整体保存一般。堡墙保存较完整，有所坍塌损毁；南门现为豁口；堡内建筑无存，为耕地（彩图七五九）。

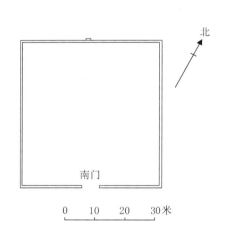

图四八二　八岔堡平面示意图

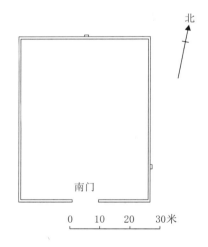

图四八三　小莲花堡平面示意图

14. 东榆林堡

位于神头镇东榆林村北1.2千米处，高程1092米。

堡平面呈矩形，坐北朝南，方向为北偏西40°，周长419米，占地面积14399平方米。现存设施、遗迹主要有堡墙、南门1座、角台3座、马面3座等（图四八四）。堡墙系土墙，墙体底宽1.8、残高2.3～7.5米（彩图七六〇）。堡门设于南墙正中，现为豁口。堡墙四角设角台，残存东北、西南、西北角台，东北角台残高5.5米；西南角台夯筑而成，夯层厚0.2米，底宽6.6、凸出墙体6.7、残高7

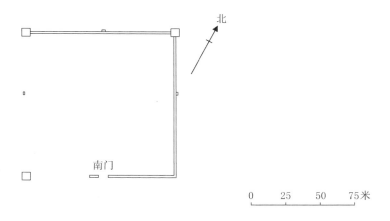

图四八四　东榆林堡平面示意图

米；西北角台残高2.5米。东、西、北墙各残存马面1座，东墙正中马面底宽5.3、凸出墙体6、残高7.5米，西墙正中马面凸出墙体6.5、残高5米，北墙东段马面底宽5.2、凸出墙体4.7、残高5.7米。

堡整体保存较差。堡墙坍塌损毁严重，南墙西段和西墙无存，东墙、南墙东段、北墙低矮，角台、马面坍塌损毁严重。堡内建筑无存，为耕地。

15. 肖西河底堡

位于神头镇肖西河底村东南0.2千米处，高程1052米。

堡平面呈矩形，坐北朝南，方向北偏西30°，周长115米，占地面积2744平方米。现存设施、遗迹主要有堡墙、角台3座等（图四八五）。堡墙系土墙，夯筑而成，夯层厚0.15米，墙体残存最高8.3米。堡墙四角设角台，残存东北、西南、西北角台，东北角台底宽6.9、凸出墙体6.1米，顶宽5.2、凸出墙体2.1米，残高6.5米；西南角台保存较好，夯筑而成，夯层厚0.13～0.15米，底宽4.5、凸出墙体6米，顶宽1.1、凸出墙体3.9米，残高8.3米；西北角台坍塌损毁严重，残高7米。

堡整体保存较差。堡墙坍塌损毁严重，南、西墙无存，东墙北段残存8米，北墙坍塌成土垄状。堡东南部被东榆林水库淹没。堡内建筑无存，为耕地。

16. 马邑城

该城位于神头镇马邑村中，高程1063米。

古城平面呈矩形，坐西朝东，周长1584米，占地面积225478平方米。现存设施、遗迹主要有城墙、东门1座、瓮城1座、角台3座、马面10座、城内大型台体1座等（图四八六）。城墙系砖墙，仅存内部夯土墙体，夯层厚0.15～0.2米。东、北墙保存较完整，东墙长454、北墙长407米，南墙西段、西墙南段被桑干河水冲毁，南墙残长309、西墙残长314米。东墙北段顶宽4米；南墙东段顶宽2.4、内高9.8米（彩图七六一）；西墙顶宽2.6米；北墙西段顶宽4、内高8、外高9米。北墙东段外壁存包砖凹槽，凹槽宽0.9～2、间距2.2米（彩图七六二）。城门设于东墙正中，门外有瓮城，东西15、南北37米，东墙正中设瓮城门，宽9.2、进深7米（彩图七六三）；南墙有豁口，宽7.1、进深6.7米。城墙四角设角台，残存东北、东南、西北角台，东北角台顶宽8.2、凸出墙体5.4米，东南角台宽7.7、凸出墙体4.4、残高9.5米（彩图七六四），西北角台宽10、凸出墙体7.5、残高9.2米。城墙设马面10座，东墙有马面2座，北马面宽12、凸出墙体3.7、残高8.7米，南马面顶宽8.2、凸

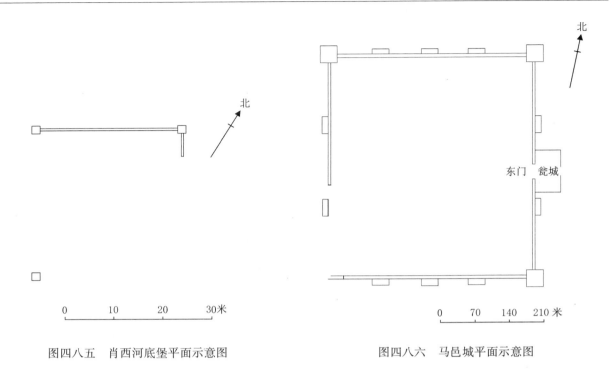

图四八五　肖西河底堡平面示意图　　　　　　　图四八六　马邑城平面示意图

出墙体 4.2 米；南墙有马面 3 座，东马面底宽 11、顶宽 6、凸出墙体 4.8 米，西马面顶宽 11.7、凸出墙体 7.2、残高 10.2 米；西墙南段堡墙消失处有马面 1 座，北段有马面 1 座；北墙有马面 3 座，西马面顶宽 12.8、凸出墙体 6.3、残高 10 米。城内西墙南马面城墙内侧有 1 座大型台体建筑，东西 25、南北 10.8、高出堡墙 7.5 米。

古城整体保存一般。东、北墙保存较完整，南、西、北墙各有一处被挖断形成的豁口，东、西墙外壁被人为取土挖损，东、北墙上生长上有树木。

17. 朔州城

该城位于朔城区北城街道办事处，高程 1096 米。

古城平面呈矩形，坐北朝南，东西 932、南北 998 米，周长 3860 米，占地面积 90 万平方米。现存设施、遗迹主要有城墙、南门 1 座、瓮城 1 座、角台 4 座、马面 8 座、街道 4 条、庙宇 1 座等（图四八七）。城墙系土墙（彩图七六五），夯筑而成，夯层厚 0.19～0.26 米，南墙顶宽 9.05、残高 9.9～11.16 米（彩图七六六），西墙顶宽 5～8、残高 8.9～11 米（彩图七六七），北墙西段顶部最宽 4.7、残高 8.2 米（彩图七六八）。城门原有 4 座，仅存南门，设于南墙西段，为条石基础的砖券拱门，三伏三券，门洞外宽分别为 4.34、5，外高 6.75、内高 9.17、进深 24.3 米。门拱上方嵌有石匾，石匾呈横长方形，正中横排阴刻"承恩门"三字（测绘图六〇～六二；彩图七七一），左侧竖排阴刻"洪武七年四月吉日立"。南门外有瓮城（测绘图六二、六三；彩图七七二），残存东、西墙，东墙残长 46、西墙残长 49 米；东墙设瓮城门，为砖券拱门，门洞外宽 4.1、内宽 4.9、外高 5.605、内高 7.965、进深 14.9 米，所用青砖长 40、宽 20、厚 11.5 厘米。城墙四角设角台，东南角台保存较好，顶宽 19.59、凸出墙体 11.15、残高 11.58 米。马面残存 8 座，南墙有马面 3 座（彩图七七三），顶宽 16.54～18.48、凸出墙体 8.5、残高 10 米；北墙有马面 2 座；西墙 1 座（彩图七七四）城内有街道 4 条，于城内中部偏西相交。城内东北部有崇福寺。

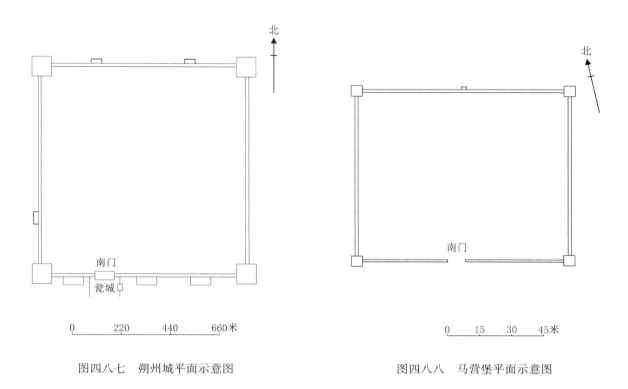

图四八七　朔州城平面示意图　　　　　　　　　　图四八八　马营堡平面示意图

古城整体保存一般。城墙大部分残存，坍塌损毁严重，北墙东段无存，墙体两壁多处被利用挖掘成窑洞或建成房屋，墙体多处被挖断形成豁口，墙体顶部栽有电线杆。南门顶部偏东有废弃的水塔，西北角台坍塌损毁严重。

18. 马营堡

该堡位于下团堡乡马营堡村中，高程 1155 米。

堡平面呈矩形，坐北朝南，东墙长 83、南墙长 102、西墙长 89、北墙长 101 米，周长 375 米，占地面积 8658 平方米。现存设施、遗迹主要有堡墙、南门 1 座、角台 4 座、马面 1 座等（图四八八）。堡墙系土墙（彩图七七五、七七六），夯筑而成，夯层厚 0.22 米，墙体底宽 5.21、顶宽 1.4、残存最高 14.1 米。堡门设于南墙正中，现为豁口。堡墙四角设角台，东南角台顶宽 5.8、凸出墙体 4.1 米。北墙正中设马面 1 座，宽 15.54、凸出墙体 6.68、残高 16 米。

堡整体保存一般。堡墙大部分残存，堡墙内壁被利用挖掘成窑洞，南墙西段墙体被利用为房屋院墙。堡内建筑无存，为民居和耕地。

（三）单体建筑

1. 敌台和马面

朔城区共调查敌台 9 座、马面 195 座（表 389、390，见本章末附表）。

2. 烽火台

朔城区共调查烽火台 99 座（表 391、392，见本章末附表）。

（四）相关遗存

朔城区共调查的相关遗存有壕沟9条、采石场5处（表393）。

表393　朔城区相关遗存一览表

所属乡镇	壕沟	采石场
张蔡庄乡	南西沟壕沟	
利民镇	口里歇头场1~3号壕沟、利民堡壕沟、勒马沟1~3号壕沟、蒋家峪壕沟	利民堡采石场、兰家窑1~4号采石场
合计	9	5

Ⅰ 壕沟

1. 南西沟壕沟（朔001号壕沟）

位于张蔡庄乡南西沟村东南0.45千米，石湖岭长城2段G0084（朔038号马面）—G0089（朔041号马面）间墙体东0.01~0.02千米处，起点高程1746米，止点高程1769米。大致呈南—北走向，全长180米。壕沟口宽3~4、底宽1.5~2、东墙高0.6~1、西墙宽2~3、残高1.5~2米。壕沟止点处有较完整的石砌墙体。整体保存一般。两侧墙体略有损毁。

2. 口里歇头场1号壕沟（朔002号壕沟）

位于利民镇口里歇头场东南1.18千米，南西沟长城3段G0135（朔065号马面）—G0141（朔068号马面）间墙体东侧0.06~0.1千米处，起点高程1914米，止点高程1945米。大致呈东南—西北走向，全长260米。壕沟宽5米，南段东墙顶宽1.5、残高0.6~0.8米，壕沟北段东北墙顶宽1~1.5、残高2米。整体保存一般。两侧墙体大部分损毁。

3. 口里歇头场2号壕沟（朔003号壕沟）

位于利民镇口里歇头场村北0.11千米（起点位置），口里歇头场长城1段G0161（朔077号马面）—口里歇头场长城3段G0207（朔111号马面）间墙体东北0.03~0.08千米处，起点高程1794米，止点高程1715米。大致呈东南—西北走向，全长2540米。壕沟宽2~6米，东北墙高2~3米。整体保存一般。有5处被洪水冲毁。

4. 口里歇头场3号壕沟（朔004号壕沟）

位于利民镇利民堡村东0.74千米（止点位置），口里歇头场长城2段G0199（朔104号马面）—口里歇头场长城3段G0207（朔111号马面）间墙体东北0.05~0.15千米处，止点高程1716米。东北距口里歇头场2号壕沟（朔003号壕沟）0.04~0.12千米。大致呈东南—西北走向，全长 850 米。壕沟宽 2～6 米，东北墙顶宽 0.8～2、残高 2～3 米。整体保存一般。有两处被洪水冲毁。

5. 利民堡壕沟（朔 005 号壕沟）

位于利民镇利民堡村西北 1.4 千米（起点位置），利民堡长城 2 段 G0229（朔 122 号马面）—勒马沟外长城 G0020（朔外 009 号马面）间墙体北 0.06～0.11 千米处，起点高程 1796 米，止点高程 1932 米。大致呈东—西走向，全长 4270 米。壕沟宽 4.2 米，北墙底宽 4、顶宽 1.8～2、南高 1～1.5、北高 3.5 米。整体保存一般。有一处被洪水冲毁。

6. 勒马沟 1 号壕沟（朔 006 号壕沟）

位于利民镇勒马沟村西南 1.6 千米处，利民堡长城 3 段和勒马沟外长城北侧，起点高程 1919 米，止点高程 1918 米。大致呈东南—西北走向，全长 200 米。壕沟宽 3～4 米，两侧墙体宽 1～2、残高 1～1.5 米。整体保存一般。

7. 勒马沟 2 号壕沟（朔 007 号壕沟）

位于利民镇勒马沟村西南 1.8 千米处，勒马沟外长城 G0016（拐点）—G0020（朔外 009 号马面）间墙体西北，止点高程 1944 米。大致呈东北—西南走向，全长 300 米。壕沟宽 1.5～2.5 米，西北墙宽 1～1.5、残高 1 米。整体保存一般。

8. 勒马沟 3 号壕沟（朔 008 号壕沟）

位于利民镇勒马沟村西 2.15 千米，神池县鹞子沟长城 1 段 G0134（鹞子沟 5 号马面）—3 段 G0171（鹞子沟 31 号马面）间墙体东北、东 0.02～0.16 千米处，高程 1918 米。全长 2800 米。壕沟宽 3.2～6、深 0.7～1.9 米，两侧墙体底宽 2～3、顶宽 1.2、残高 1.2～1.9 米。整体保存一般。

9. 蒋家峪壕沟（朔 009 号壕沟）

位于利民镇蒋家峪村西北 1.36 千米（起点位置）处，蒋家峪长城 1 段 G0292（朔 166 号马面）—蒋家峪长城 2 段 G0318（朔 184 号马面）间墙体东、北侧，中段高程 1877 米。大致是南—北走向转为东南—西北走向，全长 2030 米。壕沟宽 3～4.5 米，东墙或北墙底宽 6～8、顶宽 0.5～5.2、残高 0.5～3.5 米，南墙或西墙顶宽 1、残高 2.5～3.5 米。整体保存一般。

II 采石场

1. 利民堡采石场（朔 001 号采石场）

位于利民镇利民堡村西北 1.02 千米，利民堡长城 2 段 G0229（朔 122 号马面）西南 0.09 千米处，高程 1829 米。采石场由三处采石点组成，总面积 4000 平方米。1 号采石点平面呈不规则形，东西 30、南北 15、深 2～3 米。2 号采石点东与 1 号采石点相邻，平面呈圆形，东西 9、南北 8、深 3 米。3 号采石点位于 2 号采石点西北 0.01 千米处，平面呈不规则形，东西 7、南北 15、深 2～3 米。整体保存一般。

2. 兰家窑 1 号采石场（朔 002 号采石场）

位于利民镇兰家窑村东北 1.4 千米，蒋家峪长城 2 段 G0298（朔 171 号马面）西南 0.03 千米处，高程 1864 米。采石场由三处采石点组成，总面积 247 平方米。由南向北依次为 1、2、3 号采石点，1 号采石点平面呈矩形，东西 15、南北 7、深 1.2~1.5 米；2 号采石点平面呈矩形，东西 6、南北 12、深 1.7~2.5 米；3 号采石点平面呈不规则形，东西 7、南北 10、深 1.3~2 米。整体保存一般。

3. 兰家窑 2 号采石场（朔 003 号采石场）

位于利民镇兰家窑村北 1.9 千米，蒋家峪长城 2 段 G0312（朔 180 号马面）西南 0.04 千米处，高程 1871 米。采石场由东、西两处采石点组成，总面积 228 平方米。东采石点平面呈矩形，东西 17、南北 4、深 0.8~1.2 米；西采石点平面呈椭圆形，东西 20、南北 8、深 1~1.5 米。整体保存一般。

4. 兰家窑 3 号采石场（朔 004 号采石场）

位于利民镇兰家窑村北 1.9 千米，蒋家峪长城 2 段 G0314（朔 181 号马面）西南 0.1 千米处，高程 1870 米。采石场面积 198 平方米，平面呈不规则形，东西 22、南北 9、深 1~3 米。整体保存较好。

5. 兰家窑 4 号采石场（朔 005 号采石场）

位于利民镇兰家窑村西北 1.88 千米，蒋家峪长城 2 段 G0322（止点、朔 185 号马面）西南 0.3 千米处，高程 1857 米。采石场面积 45 平方米，平面呈不规则形，东西 5、南北 9、深 1.5~1.8 米。整体保存较好。

（五）采（征）集文物

朔城区共采集文物标本 1 件。

里磨疃烽火台附近采集到明代白釉褐花瓷碗残片 1 件（彩图七九〇）。

二　长城资源调查资料分析

（一）长城墙体

1. 长城墙体的材质类型及建筑方式、形制

朔城区境内长城墙体类型有石墙、土墙和山险三类。以石墙为主，土墙次之，山险仅 1 段（表 394）。

表394　朔城区长城墙体类型一览表

类型	段数	长度（米）	百分比（%）
石墙	16	26561	80.6
土墙	3	4331	13.1
山险	1	2060	6.3
合计	20	32952	100

（1）石墙

朔城区石墙共16段，总长26561米。墙体外部片石垒砌而成，中间为土石混筑。现存墙体剖面大致呈不规则梯形，底宽2.13~13、顶宽1~4.3、残高0.3~10米。部分段两侧高度明显有别，一般北侧或东侧高于南侧或西侧，说明长城系从山西省一侧防御内蒙古一侧的进攻（表395）。

表395　朔城区石墙形制及尺寸一览表（单位：米）

长城墙体段落名称	剖面形制	尺寸		
		底宽	顶宽	残高
石板沟长城1段	梯形	5	2~4.3	0.5~4
靳家洼长城1段	梯形	3.2~5	1~1.7	北高或东高0.5~7、南高2~4
靳家洼长城2段	梯形	4~13	1.5~3	3~10
石湖岭长城1段	梯形	3~8	1~4	0.3~7（第11小段东高4~5、西高0.3~0.4）
石湖岭长城2段	梯形	3~6	1.5~4	2~7（第5、9小段北高或东高5.5~7、南高或西高3~5）
南西沟长城2段	梯形	4~6	1.5~2.5	2.5~6
南西沟长城3段	梯形	5~6	1~3	东高3、西高1.5
口里歇头场长城1段	梯形	4~6	1.2~3.5	3~6
口里歇头场长城2段	梯形	5~7	2.5~3.1	1.5~7（第7小段北高7、南高1.5~2）
利民堡长城2段	梯形	5~6	1.5~2	4~5
利民堡长城3段	梯形	5~6	1.5~2.5	4~5
蒋家峪长城1段	梯形	5~8	1.2~2	4~5.5
蒋家峪长城2段	梯形	6~7	1.5~3.5	3~5
勒马沟外长城	梯形	4~4.8	1.8~4.2	2.5~6.5（第1、2、13、16小段北高或东高3.2~6、南高或东高2.5~3）
何庄村长城1段	梯形	2.13	不详	1~2.3
何庄村长城2段	梯形	4	4.2	0.9~5.3（第8小段北高5.3、南高3.9）

墙体附属设施除关、敌台、马面外，还发现女墙、铺舍等。女墙见于石板沟长城1段、石湖岭长城2段、南西沟长城2段和3段、口里歇头场长城1段、利民堡长城2段、蒋家峪长城1段和2段，均位于墙体顶部，有夯筑土墙或石墙两种，宽0.6~3.5、残高0.5~2米。铺舍见于何庄村长城2段，G0019（起点、铺舍）处铺舍平面呈矩形，存东墙及东北、西北角台，角台平面呈矩形，剖面呈梯形，底部边长7.7、残高10.2米，夯层厚0.18~0.23米。

墙体修缮痕迹见于靳家洼长城1段、南西沟长城2段、口里歇头场长城2段。靳家洼长城1段第16小段G0022（断点）、G0023（断点）处墙体剖面可见中部为石墙，两侧为夯筑土墙。南西沟长城2段第8小段墙体两侧有补筑的堆筑土墙，厚1.5米。口里歇头场长城2段第12小段墙体北侧有补筑的土石混筑石墙。

（2）土墙

朔城区土墙共3段，总长4331米。墙体均系夯筑而成，夯层厚度相近，为0.06~0.18米。现存墙体剖面大致呈不规则梯形，底宽2~7、顶宽1~3.2、残高1.5~8米。墙体北侧高于南侧，说明长城系从山西省一侧防御内蒙古一侧的进攻（表396）。

表396　朔城区土墙建筑方式及形制一览表（单位：米）

长城墙体段落名称	建筑方式	剖面形制	尺寸		
			底宽	顶宽	残高
南西沟长城1段	夯筑而成，夯层厚0.06~0.18	梯形	5~7	1~3	1.5~8（第20小段北高8、南高1.5）
口里歇头场长城3段	夯筑而成，夯层厚0.1~0.18	梯形	2~7	1.5~3	3~5
利民堡长城1段	夯筑而成，夯层厚0.11~0.16	梯形	5~6	2~3.2	5~8

墙体附属设施除关或关门、马面外，还发现女墙。女墙见于口里歇头场长城3段、利民堡长城1段，位于墙体顶部，宽0.5~0.8、残高0.4~0.8米。

（3）山险

朔城区山险仅1段，长2060米，即石板沟长城2段。

2. 长城墙体的分布特点

朔城区长城墙体绝大多数分布在西部山地，海拔1600~1995米，落差较大，地势或陡或缓。何庄村长城1、2段位于朔城区东南部山地与中东部平川盆地交界处的丘陵地带，地势较平缓。

3. 长城墙体的保存状况

（1）石墙

详见下表（表397）。

表397　朔城区石墙保存状况一览表（单位：米）

长城墙体段落名称	总长	保存较好	保存一般	保存较差	保存差	消失	类型	省/县属
石板沟长城1段	820	230	510	80	0	0	石墙	朔城区
靳家洼长城1段	1802	460	1275	15	0	52	石墙	朔城区
靳家洼长城2段	1594	80	1375	80	0	59	石墙	朔城区
石湖岭长城1段	2526	1020	1456	0	0	50	石墙	朔城区
石湖岭长城2段	2338	1250	813	8	0	267	石墙	朔城区
南西沟长城2段	1506	0	1500	0	0	6	石墙	朔城区
南西沟长城3段	1397	370	1005	0	0	22	石墙	朔城区
口里歇头场长城1段	2070	220	1800	0	0	50	石墙	朔城区
口里歇头场长城2段	1117	830	280	0	0	7	石墙	朔城区
利民堡长城2段	1929	0	1920	0	0	9	石墙	朔城区
利民堡长城3段	1580	1270	310	0	0	0	石墙	朔城区
蒋家峪长城1段	2118	570	1540	0	0	8	石墙	朔城区

长城墙体段落名称	总长	保存较好	保存一般	保存较差	保存差	消失	类型	省/县属
蒋家峪长城 2 段	2120	0	2120	0	0	0	石墙	朔城区
勒马沟外长城	1767	550	1157	0	40	20	石墙	朔城区
何庄村长城 1 段	352	256	19	0	14	63	石墙	朔城区
何庄村长城 2 段	1525	0	247	472	28	778	石墙	朔城区
合计	26561	7106	17327	655	82	1391		
百分比（%）	100	26.8	65.2	2.5	0.3	5.2		

朔城区石墙保存一般者最多，占 65.2%，保存较好者占 26.8%，消失者占 5.2%，较差和差者占 2.8%。造成墙体损毁的自然因素有洪水冲毁、风雨侵蚀、植物生长等；人为因素有乡村公路和小路破坏、墙体上挖掘窑洞等。

（2）土墙

详见下表（表398）。

表 398　朔城区土墙保存状况一览表（单位：米）

长城墙体段落名称	总长	保存较好	保存一般	保存较差	保存差	消失	类型	省/县属
南西沟长城 1 段	1407	655	680	0	0	72	土墙	朔城区
口里歇头场长城 3 段	880	760	0	120	0	0	土墙	朔城区
利民堡长城 1 段	2044	910	170	0	0	964	土墙	朔城区
合计	4331	2325	850	120	0	1036		
百分比（%）		53.7	19.6	2.8	0	23.9		

朔城区土墙保存较好者最多，占 53.7%，消失者占 23.9%，一般者占 19.6%，较差者占 2.8%，未见保存差者。造成墙体损毁的自然因素有洪水冲毁、风雨侵蚀、植物生长等；人为因素有乡村公路、小路破坏等。

（3）山险

详见下表（表399）。

表 399　朔城区山险保存状况一览表（单位：米）

长城墙体段落名称	总长	保存较好	保存一般	保存较差	保存差	消失	类型	省/县属
石板沟长城 2 段	2060	2060	0	0	0	0	山险	朔城区
合计	2060	2060	0	0	0	0		
百分比（%）	100	100	0	0	0	0		

（二）关堡

朔城区共调查关堡 18 座，其中关 4 座、堡（包括朔州城和马邑城）14 座。

1. 关堡的形制、残存设施和遗迹

详见下表（表 400）。

表 400　朔城区关堡形状、尺寸、残存设施遗迹及保存状况一览表

名称	形状	朝向	周长（米）	面积（平方米）	残存设施遗迹	保存状况
南西沟关	矩形	坐北朝南	408.8	10349	关墙、南门 1 座等	一般
口里歇头场关	不规则形	坐东朝西	300	4500	关墙、北门 1 座等	一般
蒋家峪 1 号关	矩形	坐东朝西	290	5250	关墙、西门 1 座、角台 4 座等	一般
蒋家峪 2 号关	五边形	坐东朝西	180	2400	关墙、西门 1 座、角台 2 座等	一般
靳家洼堡	矩形	坐西朝东	165.4	1708.5	堡墙、东门 1 座等	较差
口里歇头场 1 号堡	矩形	坐北朝南	340	7161	堡墙	较差
口里歇头场 2 号堡	近圆形	坐南朝北	233	4330	堡墙、北门 1 座等	较差
利民堡	矩形	坐北朝南	2028	252149	堡墙、北墙外护城楼 1 座等	较差
勒马沟 1 号堡	椭圆形	坐北朝南	210	2700	堡墙、南门 1 座等	较差
勒马沟 2 号堡	近椭圆形	坐北朝南	180	2100	堡墙	一般
蒋家峪堡	不规则形	坐北朝南	98	510	堡墙	较差
八岔堡	矩形	坐北朝南	194	2346	堡墙、南门 1 座、马面 1 座等	一般
小莲花堡	矩形	坐北朝南	200	2503	堡墙、南门 1 座、马面 2 座等	一般
东榆林堡	矩形	坐北朝南	419	14399	堡墙、南门 1 座、角台 3 座、马面 3 座等	较差
肖西河底堡	矩形	坐北朝南	115	2744	堡墙、角台 3 座等	较差
马邑城	矩形	坐西朝东	1584	225478	城墙、东门 1 座、瓮城 1 座、角台 3 座、马面 10 座、城内大型台体 1 座等	一般
朔州城	矩形	坐北朝南	3860	90 万	城墙、南门 1 座、瓮城 1 座、角台 4 座、马面 8 座、街道 4 条、庙宇 1 座等	一般
马营堡	矩形	坐北朝南	375	8658	堡墙、南门 1 座、角台 4 座、马面 1 座等	一般

朔城区关堡平面多呈矩形，有 12 座，另有五边形 1 座、圆形或椭圆形 3 座、不规则形 2 座。朝向 12 座为坐北朝南、3 座为坐东朝西、2 座为坐西朝东、1 座为坐南朝北，坐北朝南或坐东朝西者即面向山西省一侧、背向内蒙古自治区一侧，4 座关面向山西省一侧。

关堡的规模按周长和面积大致可区分为大、中、小三类，以周长 300、500、1500 米为界，面积以 6000、15000、10 万平方米为界。从下表可见，朔城区关堡以中、小型居多（表 401）。与平鲁区城堡相对比，可以看出朔城区中、小型关堡的周长和面积在平鲁区小型城堡尺寸范围内。按照平鲁区城堡大小分类标准进行分类，朔城区关堡有大型者 3 座、小型者 15 座，与各座关堡相应的军事级别和其在战争中的主要作用相对应。

表 401　朔城区关堡大小分类一览表

分类	标准	周长（米）	面积（平方米）	关堡	数量（座）
大型	周长 1500 米以上、面积 10 万平方米以上	1584~3860	225478~90 万	朔州城、利民堡、马邑城	3
中型	周长 300~500 米、面积 6000~15000 平方米	340~419	7161~14399	东榆林堡、南西沟关、马营堡、口里歇头场 1 号堡	4
小型	周长 300 米以下、面积 6000 平方米以下	98~300	510~5250	蒋家峪 1 号关、口里歇头场关、口里歇头场 2 号堡、肖西河底堡、勒马沟 1 号堡、小莲花堡、蒋家峪 2 号关、八岔堡、勒马沟 2 号堡、靳家洼堡、蒋家峪堡	11

　　长城沿线关堡的墙体均为石墙，外部片石垒砌而成，中间为夯土墙体。其余城堡墙体除马邑城为砖墙外，均为土墙，石墙者 11 座、砖墙者 1 座、土墙者 6 座。石墙和砖墙内部的夯土台体以及土墙的夯层厚 0.12~0.26 米（表 402）。

表 402　朔城区关堡墙体建筑方式及尺寸一览表（单位：米）

名称	墙体建筑方式	夯层厚度	尺寸		
			底宽	顶宽	残高
南西沟关	石墙。外部片石垒砌而成，中间为夯土墙体	不详	3~4.5	0.5~1.9	4.8~7.4
口里歇头场关	石墙。外部片石垒砌而成，中间为夯土墙体	不详	不详	不详	2.2~3.4
蒋家峪 1 号关	石墙	不详	5~6.2	0.8~2.3	1.2~2.3
蒋家峪 2 号关	石墙	不详	5	1.5~2	0.7~3
靳家洼堡	石墙。外部片石垒砌而成，中间为夯土墙体	0.13~0.16	不详	不详	1.6~2.1
口里歇头场 1 号堡	石墙。仅存内部夯土墙体	0.12~0.24	4	0.8~1.5	最高 3.5
口里歇头场 2 号堡	石墙。外部片石垒砌而成，中间为夯土墙体	不详	0.5~1	不详	1~4.1
利民堡	石墙。外部片石垒砌而成，中间为夯土墙体	不详	6.9~8	0.8~5.8	0.5~9.2
勒马沟 1 号堡	石墙。片石垒砌或土石混筑而成	不详	3~4	1~1.5	1.7~3
勒马沟 2 号堡	石墙。片石垒砌而成	不详	4.2~5	1.8~2	内高 0.6~2.7、外高 2.5~3.9
蒋家峪堡	石墙。片石垒砌而成	不详	1.4~1.9	不详	0.5~2.4
八岔堡	土墙。夯筑而成	0.18~0.2	不详	1~1.6	内高 6.8、外高 6~8
小莲花堡	土墙。夯筑而成	0.2	不详	0.4~1.6	5.7~8
东榆林堡	土墙	不详	1.8	不详	2.3~7.5
肖西河底堡	土墙。夯筑而成	0.15	不详	不详	最高 8.3
马邑城	砖墙。仅存内部夯土墙体	0.15~0.2	不详	2.4~4	内高 8~9.8、外高 9
朔州城	土墙。夯筑而成	0.19~0.26	不详	4.7~9.05	8.2~11.16
马营堡	土墙。夯筑而成	0.22	5.21	1.4	14.1

至于除关堡墙体外的设施和遗迹，由于保存原因，现存并不能反映其原始风貌。主要设施遗迹的种类有城门、瓮城、角台、马面等常见的墙体设施，利民堡北墙外有护城楼 1 座，马邑城城内有大型台体 1 座，朔州城城内有街道 4 条、庙宇 1 座等。

2. 关堡的分布特点

（1）关堡所处地势及与长城的位置关系

朔城区西部山地长城沿线分布有关 4 座、堡 7 座，东南部山地与中东部平川盆地交界处丘陵地带长城沿线分布有堡 2 座，中北部平川盆地地带沿桑干河、恢河、七里河分布有城堡 5 座，东榆林堡、肖西河底堡、马邑城位于桑干河北岸，朔州城位于七里河和恢河相交的三角地带，马营堡位于七里河上游西岸。

4 座关依长城墙体而建，位于长城墙体南侧或西侧，即面向山西省一侧。西部山地长城沿线的 7 座堡，除蒋家峪堡分布于长城墙体东北侧外，即面向内蒙古自治区一侧，距长城墙体 0.7 千米，其余均分布于长城墙体的南侧或西侧，距长城墙体 0.01～0.2 千米。东南部丘陵地带长城沿线的小莲花堡位于何庄村长城 2 段墙体北侧 0.35 千米，八岔堡位于何庄村长城 1 段墙体东南 5.3 千米。中北部平川盆地关堡距离长城墙体在 20 千米以上。

（2）关堡与烽火台的位置关系

关堡附近分布有或多或少的烽火台，将关堡和长城墙体联系起来（详见烽火台部分）。

3. 关堡的保存状况

关堡保存一般或较差，未见保存较好或差者。关堡墙体坍塌损毁，部分段消失，石、砖墙者石、砖大多损毁。关堡内建筑几乎无存，利民堡北墙外有护城楼 1 座，马邑城城内有大型台体 1 座，朔州城城内有街道 4 条、庙宇 1 座等。造成损毁的自然因素主要有洪水冲毁、风雨侵蚀、植物生长等；人为因素主要有农业生产破坏墙体、墙体被利用挖掘成窑洞或建成房屋、墙体多处被挖断形成豁口、墙体被人为取土挖损、墙体顶部栽有电线杆、城乡建设破坏城堡内建筑等。

（三）单体建筑

1. 敌台与马面

（1）敌台的材质类型与形制

朔城区共调查敌台 9 座，均骑墙而建。材质类型绝大多数为土质，有 8 座，占 88.9%，夯筑而成，夯层厚 0.05～0.3 米；石质有 1 座。

朔城区敌台平面形制绝大多数为矩形，1 座呈椭圆形，剖面形制均呈梯形。有测量数据的敌台，底部周长集中在 20.8～46.2 米，1 座周长 72、残高 5.7～12 米。由于保存方面的原因，这些数据不能完全反映敌台的原始尺寸（表 403）。

表403　朔城区土质敌台形制及保存状况一览表（单位：米）

名称	材质	平面形制	剖面形制	底部周长	残高	保存状况
朔 0001 号敌台	土	矩形	梯形	72	9.2	较好
朔外 0001 号敌台	石	矩形	梯形	36	不详	一般
何庄村 1 号敌台	土	矩形	梯形	20.8	6.7	不详
何庄村 2 号敌台	土	矩形	梯形	25.3	9	不详
何庄村 3 号敌台	土	矩形	梯形	不详	不详	不详
何庄村 4 号敌台	土	矩形	梯形	33.1	7.3	不详
何庄村 5 号敌台	土	矩形	梯形	29.4	5.7	不详
何庄村 6 号敌台	土	矩形	梯形	46.2	12	不详
何庄村 7 号敌台	土	椭圆形	梯形	32.5	4.9	不详

（2）马面的材质类型与形制

朔城区共调查马面195座，均倚墙而建，绝大多数位于长城墙体东侧或北侧，即面向内蒙古自治区一侧，8座位于长城墙体南侧或西侧。材质类型以石质为主，有148座，占75.9%；土质马面有47座，占24.1%。土质马面夯筑而成，有夯层厚度数据的马面夯层厚0.07~0.18米。

朔城区马面的平面形制均为矩形，剖面形制均呈梯形。石质矩形马面底部周长14~52、残高0.25~12米，土质矩形马面底部周长22~58、残高3~10米。由于保存方面的原因，这些数据不能完全反映马面的原始尺寸（表404、405）。

表404　朔城区石质马面形制及保存状况一览表（单位：米）

名称	平面形制	剖面形制	底部周长	残高	保存状况
朔 0001 号马面	矩形	梯形	30	6	一般
朔 0002 号马面	矩形	梯形	27	3	较差
朔 0003 号马面	矩形	梯形	42	3~4	较差
朔 0004 号马面	矩形	梯形	36	3~4	较差
朔 0005 号马面	矩形	梯形	48	4~5	一般
朔 0006 号马面	矩形	梯形	52	6~7	一般
朔 0007 号马面	矩形	梯形	24	3.5	较差
朔 0008 号马面	矩形	梯形	38	4	一般
朔 0009 号马面	矩形	梯形	40	5	一般
朔 0010 号马面	矩形	梯形	46	5~6	一般
朔 0011 号马面	矩形	梯形	36	5	一般
朔 0012 号马面	矩形	梯形	34	5	一般
朔 0013 号马面	矩形	梯形	32	5~6	一般
朔 0014 号马面	矩形	梯形	44	12	一般

名称	平面形制	剖面形制	底部周长	残高	保存状况
朔 0015 号马面	矩形	梯形	26	3～4	一般
朔 0016 号马面	矩形	梯形	38	10	一般
朔 0017 号马面	矩形	梯形	40	9～10	一般
朔 0018 号马面	矩形	梯形	46	9	一般
朔 0019 号马面	矩形	梯形	46	4.5	一般
朔 0020 号马面	矩形	梯形	19	3.5	一般
朔 0021 号马面	矩形	梯形	40	6	一般
朔 0022 号马面*	矩形	梯形	38	4.5	一般
朔 0023 号马面	矩形	梯形	32	4	一般
朔 0024 号马面	矩形	梯形	28	3	较差
朔 0025 号马面	矩形	梯形	25	2～3	较差
朔 0026 号马面	矩形	梯形	30	3	一般
朔 0027 号马面	矩形	梯形	40	4	一般
朔 0028 号马面	矩形	梯形	29	5.2	一般
朔 0029 号马面	矩形	梯形	38	5.5	一般
朔 0030 号马面	矩形	梯形	30	4.5	较好
朔 0031 号马面	矩形	梯形	30	4	一般
朔 0032 号马面	矩形	梯形	40	4	一般
朔 0033 号马面	矩形	梯形	44	6	较好
朔 0034 号马面	矩形	梯形	34	5.5	一般
朔 0035 号马面	矩形	梯形	44	7	一般
朔 0036 号马面	矩形	梯形	48	5～6	一般
朔 0037 号马面	矩形	梯形	50	6～7	一般
朔 0038 号马面	矩形	梯形	50	5～6	一般
朔 0039 号马面	矩形	梯形	42	6	一般
朔 0040 号马面	矩形	梯形	46	8	一般
朔 0041 号马面	矩形	梯形	38	5	较好
朔 0042 号马面	矩形	梯形	30	7	一般
朔 0054 号马面	矩形	梯形	52	6～8	一般
朔 0055 号马面	矩形	梯形	46	6	较好
朔 0056 号马面	矩形	梯形	48	6	较好
朔 0057 号马面	矩形	梯形	48	9	较好
朔 0058 号马面	矩形	梯形	47	7～8	较好
朔 0059 号马面	矩形	梯形	44	7～8	较好
朔 0060 号马面	矩形	梯形	52	9	较好
朔 0061 号马面	矩形	梯形	46	8～9	一般
朔 0062 号马面	矩形	梯形	42	6	一般
朔 0063 号马面	矩形	梯形	42	7	一般

名称	平面形制	剖面形制	底部周长	残高	保存状况
朔 0064 号马面	矩形	梯形	42	7~8	一般
朔 0065 号马面	矩形	梯形	46	4~5	一般
朔 0066 号马面	矩形	梯形	38	4	一般
朔 0067 号马面	矩形	梯形	36	6	一般
朔 0068 号马面	矩形	梯形	40	5~6	一般
朔 0069 号马面	矩形	梯形	34	4.5	一般
朔 0070 号马面	矩形	梯形	36	6	一般
朔 0071 号马面	矩形	梯形	36	6	一般
朔 0072 号马面	矩形	梯形	38	4	一般
朔 0073 号马面	矩形	梯形	36	6	一般
朔 0074 号马面	矩形	梯形	32	4	一般
朔 0075 号马面	矩形	梯形	不详	10	一般
朔 0076 号马面	矩形	梯形	30	5	一般
朔 0077 号马面	矩形	梯形	40	4	一般
朔 0078 号马面	矩形	梯形	36	5	一般
朔 0079 号马面	矩形	梯形	44	5~6	一般
朔 0080 号马面	矩形	梯形	50	5	较好
朔 0081 号马面	矩形	梯形	52	5	一般
朔 0082 号马面	矩形	梯形	42	6	一般
朔 0083 号马面	矩形	梯形	42	5	一般
朔 0084 号马面	矩形	梯形	40	3~3.5	一般
朔 0085 号马面	矩形	梯形	42	6	一般
朔 0087 号马面	矩形	梯形	44	5	一般
朔 0088 号马面	矩形	梯形	30	5	一般
朔 0089 号马面	矩形	梯形	36	5	一般
朔 0090 号马面	矩形	梯形	32	5	一般
朔 0091 号马面	矩形	梯形	50	6	一般
朔 0092 号马面	矩形	梯形	49	5	较好
朔 0093 号马面	矩形	梯形	52	5	较好
朔 0094 号马面	矩形	梯形	21	0.25~0.3	较差
朔 0095 号马面	矩形	梯形	28	5	一般
朔 0096 号马面	矩形	梯形	32	6	一般
朔 0097 号马面	矩形	梯形	34	7	一般
朔 0098 号马面	矩形	梯形	36	7	一般
朔 0099 号马面	矩形	梯形	30	6	一般
朔 0100 号马面	矩形	梯形	36	6~7	一般
朔 0101 号马面	矩形	梯形	28	6	一般
朔 0102 号马面	矩形	梯形	35	5	一般
朔 0103 号马面	矩形	梯形	49	5~6	一般

名称	平面形制	剖面形制	底部周长	残高	保存状况
朔 0104 号马面	矩形	梯形	42	6	较差
朔 0105 号马面	矩形	梯形	50	5	一般
朔 0120 号马面	矩形	梯形	14	5~6	一般
朔 0121 号马面	矩形	梯形	42	5~6	一般
朔 0124 号马面	矩形	梯形	50	5~6	一般
朔 0125 号马面	矩形	梯形	40	5	一般
朔 0126 号马面	矩形	梯形	38	5	一般
朔 0127 号马面	矩形	梯形	36	5	一般
朔 0129 号马面	矩形	梯形	42	4~5	一般
朔 0130 号马面	矩形	梯形	40	5	一般
朔 0131 号马面	矩形	梯形	36	5	一般
朔 0132 号马面	矩形	梯形	42	4	一般
朔 0133 号马面	矩形	梯形	30	5~6	一般
朔 0134 号马面	矩形	梯形	38	5~6	一般
朔 0135 号马面	矩形	梯形	42	5~6	一般
朔 0136 号马面	矩形	梯形	36	5	较差
朔 0137 号马面	矩形	梯形	40	4	一般
朔 0138 号马面	矩形	梯形	36	4~5	较差
朔 0139 号马面	矩形	梯形	不详	不详	较好
朔 0140 号马面	矩形	梯形	38	5~6	一般
朔 0141 号马面	矩形	梯形	38	5~6	一般
朔 0143 号马面	矩形	梯形	36	4~5	较差
朔 0144 号马面	矩形	梯形	36	5	一般
朔 0145 号马面	矩形	梯形	34	5	一般
朔 0146 号马面	矩形	梯形	38	5~6	一般
朔 0147 号马面	矩形	梯形	40	5~6	一般
朔 0148 号马面	矩形	梯形	44	5	较好
朔 0149 号马面	矩形	梯形	40	5	一般
朔 0150 号马面	矩形	梯形	38	5	较好
朔 0151 号马面	矩形	梯形	32	4~5	一般
朔 0152 号马面	矩形	梯形	36	5	一般
神池县鹞子沟 37 号马面	矩形	梯形	42	6	一般
朔 0169 号马面	矩形	梯形	42	5~6	一般
朔 0170 号马面	矩形	梯形	46	6~7	较好
朔 0172 号马面	矩形	梯形	50	6	一般
朔 0173 号马面	矩形	梯形	48	5	一般
朔 0174 号马面	矩形	梯形	50	6	较好
朔 0175 号马面	矩形	梯形	不详	3.5	较差
朔 0176 号马面	矩形	梯形	30	6	一般

名称	平面形制	剖面形制	底部周长	残高	保存状况
朔 0177 号马面	矩形	梯形	42	6	一般
朔 0178 号马面	矩形	梯形	48	5 ~ 6	一般
朔 0179 号马面	矩形	梯形	46	7	一般
朔 0180 号马面	矩形	梯形	44	5	一般
朔 0181 号马面	矩形	梯形	42	6	一般
朔 0182 号马面	矩形	梯形	42	4 ~ 5	一般
朔 0183 号马面	矩形	梯形	36	5 ~ 6	一般
朔 0184 号马面	矩形	梯形	不详	不详	差
朔 0185 号马面	矩形	梯形	42	6 ~ 7	一般
朔外 0001 号马面	矩形	梯形	不详	3.5	一般
朔外 0002 号马面	矩形	梯形	44	5 ~ 6	一般
朔外 0003 号马面	矩形	梯形	36	5 ~ 6	一般
朔外 0004 号马面	矩形	梯形	38	6	较好
朔外 0005 号马面	矩形	梯形	38	5 ~ 6	较好
朔外 0006 号马面	矩形	梯形	46	6.5	较好
朔外 0007 号马面	矩形	梯形	38	6	一般
朔外 0008 号马面	矩形	梯形	40	7 ~ 8	较好
朔外 0009 号马面	矩形	梯形	52	6 ~ 7	较好

表 405　朔城区土质马面形制及保存状况一览表（单位：米）

名称	平面形制	剖面形制	底部周长	残高	保存状况
朔 0043 号马面	矩形	梯形	52	6	一般
朔 0044 号马面	矩形	梯形	26	5	较差
朔 0045 号马面	矩形	梯形	40	5 ~ 6	一般
朔 0046 号马面	矩形	梯形	52	5	一般
朔 0047 号马面	矩形	梯形	34	7 ~ 8	一般
朔 0048 号马面	矩形	梯形	42	7 ~ 8	一般
朔 0049 号马面	矩形	梯形	46	7 ~ 8	一般
朔 0050 号马面	矩形	梯形	46	8 ~ 9	一般
朔 0051 号马面	矩形	梯形	54	5	一般
朔 0052 号马面	矩形	梯形	38	9	一般
朔 0053 号马面	矩形	梯形	40	10	较好
朔 0086 号马面	矩形	梯形	22	7	一般
朔 0106 号马面	矩形	梯形	50		较好
朔 0107 号马面	矩形	梯形	36	3 ~ 4	较好
朔 0108 号马面	矩形	梯形	42	5 ~ 6	较好
朔 0109 号马面	矩形	梯形	48	5 ~ 6	较好
朔 0110 号马面	矩形	梯形	40	5	较好

名称	平面形制	剖面形制	底部周长	残高	保存状况
朔 0111 号马面	矩形	梯形	44	5	较好
朔 0112 号马面	矩形	梯形	36	5	较好
朔 0113 号马面	矩形	梯形	42	10	一般
朔 0114 号马面	矩形	梯形	42	6	较好
朔 0115 号马面	矩形	梯形	40	5~6	较好
朔 0116 号马面	矩形	梯形	38.4	5~6	较好
朔 0117 号马面	矩形	梯形	32.4	6~7	一般
朔 0118 号马面	矩形	梯形	36	6~7	较差
朔 0119 号马面	矩形	梯形	34	6~7	一般
朔 0122 号马面	矩形	梯形	40	5~6	一般
朔 0123 号马面	矩形	梯形	40	5	一般
朔 0128 号马面	矩形	梯形	52	5~6	一般
朔 0142 号马面	矩形	梯形	38	5	较差
朔 0153 号马面	矩形	梯形	48	5~6	较好
朔 0154 号马面	矩形	梯形	42	5~6	一般
朔 0155 号马面	矩形	梯形	48	5	一般
朔 0156 号马面	矩形	梯形	40	5~6	一般
朔 0157 号马面	矩形	梯形	44	5~6	一般
朔 0158 号马面	矩形	梯形	44	5	一般
朔 0159 号马面	矩形	梯形	46	6~7	一般
朔 0160 号马面	矩形	梯形	38	5	一般
朔 0161 号马面	矩形	梯形	44	5~6	一般
朔 0162 号马面	矩形	梯形	40	5~6	一般
朔 0163 号马面	矩形	梯形	58	6~7	较好
朔 0164 号马面	矩形	梯形	48	6	一般
朔 0165 号马面	矩形	梯形	46	6	一般
朔 0166 号马面	矩形	梯形	56	6	一般
朔 0167 号马面	矩形	梯形	44	6	一般
朔 0168 号马面	矩形	梯形	52	6~7	较好
朔 0171 号马面	矩形	梯形	56	6~7	一般

马面的附属设施发现不多。石质马面有 2 座有台基，2 座北侧残存一段石墙，1 座顶部残存建筑基址。土质马面 1 座有台基、1 座顶部中央有一段石墙。

（3）敌台、马面的分布特点

朔城区敌台、马面的分布有以下特点。

①相对于敌台发现较少，马面发现数量较多，敌台 9 座、马面 195 座。

②敌台见于石湖岭长城 2 段和勒马沟外长城，各发现 1 座；何庄村长城 2 段发现 7 座。可以看出，敌台主要分布于朔城区东南部长城墙体上。

③马面除石板沟长城1、2段和何庄村长城1、2段未见外，其余均分布有马面。与敌台主要分布于朔城区东南部长城墙体上相对应，朔城区东南部长城墙体上未见马面分布。

④敌台不论是土质还是石质均分布于石墙上，土墙上未见敌台。

⑤马面中石质马面均分布于石墙上，土质马面有22座分布于石墙上，其余25座分布于土墙上，即石墙上马面以石质为主，土质较少；土墙上均为土质马面，未见石质。

⑥朔城区西部长城除石板沟长城1、2段和勒马沟外长城外，有敌台1座、马面186座，间距0.012~0.969千米。其中朔0001号敌台与朔0032号马面相距0.648千米，朔0113号马面与朔0112号马面相距0.969千米。除此之外，间距最大为0.234千米。可以看出，敌台、马面间距较近。朔0001号敌台与朔0032号马面间墙体被洪水冲毁消失200米，朔0113号马面与朔0112号马面间墙体被人为破坏消失720米，其间原应有敌台或马面一类设施。

勒马沟外长城有敌台1座、马面9座，间距0.08~0.43千米。

朔城区东南部的何庄村长城2段有敌台7座，间距0.104~0.357千米。

由上可见，朔城区长城敌台或马面间距较近。

⑦尝试对敌台、土质马面进行大小划分，依据台体的底部周长，按≥50、40~50、<40米三个标准进行分类，以残高作为参考。这种划分肯定不全面，所反映出来的信息不一定准确。硬性按40、50米进行分类很主观，一方面因为当时的长度计量与今天不同，另一方面如49米之类的数据，当时应该要大于这些数字。只求能从中约略窥见当时的某种特点（表406）。马面的划分大致按≥40、30~40、<30米三个标准进行分类（表407、408）。

表406 朔城区敌台分类统计表

	底部周长分类	底部周长（米）	数量（座）	百分比（%）	残高（米）
大型台体	≥50米	72	1	11.1	9.2
中型台体	40~50米	46.2	1	11.1	12
小型台体	<40米	20.8~36	6	66.7	4.9~7.3
不详	不详	不详	1	11.1	不详
合计		20.8~72	9	100	4.9~12

从该表中可以看出，敌台以小型台体为主，比例达66.7%。

表407 朔城区石质马面分类统计表

	底部周长分类	底部周长（米）	数量（座）	百分比（%）	残高（米）
大型马面	≥50米	50~52	14	9.5	5~9
中型马面	40~50米	40~49	61	41.2	3~12
小型马面	<40米	14~38	68	45.9	0.25~10
不详	不详	不详	5	3.4	3.5~10
合计		14~52	148	100	0.25~12

表 408　朔城区土质马面分类统计表

	底部周长分类	底部周长（米）	数量（座）	百分比（%）	残高（米）
大型马面	≥50 米	50~58	9	19.1	5~7
中型马面	40~50 米	40~48	26	55.4	5~10
小型马面	<40 米	22~38.4	12	25.5	3~9
合计		22~58	47	100	3~10

从以上两表中可以看出，马面无论是石质还是土质，均以中小型马面为主，占 87.1% 和 80.9%，大型马面数量较少。结合敌台的大小分类，敌台亦以中小型为主。

（4）敌台、马面保存状况

朔城区敌台除 1 座保存较好、1 座保存一般外，其余保存状况不详。马面保存一般者居多，其次是保存较好者，保存较差者和差者很少（表 409）。

表 409　朔城区马面保存状况统计表（单位：座）

保存状况	保存较好	保存一般	保存较差	保存差	合计
石质马面	22	113	12	1	148
土质马面	14	30	3	0	47
合计	36	143	15	1	195
百分比（%）	18.5	73.3	7.7	0.5	100

2. 烽火台

朔城区共调查烽火台 99 座，划分为长城沿线烽火台和腹里烽火台。长城沿线烽火台有 25 座，腹里烽火台有 74 座。

（1）烽火台的材质类型及建筑方式

朔城区 99 座烽火台材质类型绝大多数为土质，有 86 座，占 86.9%，石质 12 座，砖质 1 座。

土质烽火台的建筑材料主要是黄土，多数含有砂砾、碎石或料礓石等，夯筑而成，有 4 座烽火台夯层间有夹层。土质烽火台夯层厚 0.07~0.31 米，夯层厚 0.15~0.25 米者（A 类）数量占全部土质烽火台的 50%；其次是夯层最薄小于 0.15 米者（B 类）；最少的是夯层最厚大于 0.25 米者（C 类）（表 410、411）。

表 410　朔城区土质烽火台建筑材料统计表

建筑材料	数量（座）	百分比（%）	备注
黄土夯筑而成	36	41.9	
黄土夯筑而成，含砂砾、碎石或料礓石	50	58.1	4 座夯层间有夹层，厚 0.01~0.07 米
合计	86	100	

表411　朔城区土质烽火台夯层厚度统计表

	夯层厚度分类	夯层厚度（米）	数量（座）	百分比（%）
A类	0.15~0.25米	0.15~0.24	43	50
B类	最薄<0.15米	0.07~0.25	19	22
C类	最厚>0.25米	0.16~0.31	12	14
E类	不详	不详	12	14
合计		0.07~0.31	86	100

石质烽火台12座，集中见于西部山地长城沿线，仅2座为腹里烽火台。除1座为土石混筑外，其余均为外部片石或条石垒砌而成，内部为夯土墙体，夯层厚0.07~0.3米。

砖质烽火台1座，即烟墩烽火台，外部包砖，砖长36、宽14、厚5厘米；内部为夯土台体，夯层厚0.16米。

（2）烽火台形制

朔城区99座烽火台的平面形制有矩形、圆形两类，剖面形制均呈梯形。86座土质烽火台中，绝大多数为矩形台体，有81座；圆形台体有5座，仅见于腹里烽火台，长城沿线未发现圆形烽火台。12座石质烽火台中，仅腹里烽火台发现1座圆形台体。唯一一座砖质烽火台平面形制呈矩形。可以看出，朔城区烽火台以矩形台体占绝大多数，长城沿线的土质和石质烽火台中，不见圆形烽火台（表412）。

表412　朔城区烽火台形制一览表（单位：座）

	土质烽火台		石质/砖质烽火台		合计
	矩形	圆形	矩形	圆形	
长城沿线烽火台	15	0	10	0	25
腹里烽火台	66	5	2	1	74
合计	81	5	12	1	99

长城沿线土质烽火台中，矩形台体底部周长12.5~60、残高2.75~8.3米；腹里土质烽火台中，矩形台体底部周长7~72、残高2.3~13.8米，圆形台体底部周长20.35~43.96、残高2.3~9米。长城沿线石质烽火台中，矩形台体底部周长28~60、残高3~9米；腹里石质烽火台中，矩形台体底部周长49、残高6.2米，圆形台体底部周长44.93、残高5.4米。腹里砖质烽火台中，矩形台体底部周长36.06、残高9.6米。由于保存方面的原因，这些数据不能完全反映烽火台的原始尺寸（表413~417）。

表 413　朔城区长城沿线土质矩形烽火台形制及保存状况一览表（单位：座）

名称	平面形制	剖面形制	底部周长	残高	保存状况
马家梁 1 号烽火台	矩形	梯形	44	5 ~ 6	一般
马家梁 2 号烽火台	矩形	梯形	32	7	一般
上圪佬烽火台	矩形	梯形	17	7.5	一般
南西沟 1 号烽火台	矩形	梯形	44	7	一般
南西沟 2 号烽火台	矩形	梯形	60	7.5	一般
何庄村 1 段 1 号烽火台	矩形	梯形	28.84	6.02	一般
何庄村 2 段 1 号烽火台	矩形	梯形	33.24	7.5	较好
何庄村 2 段 2 号烽火台	矩形	梯形	不详	不详	一般
何庄村 2 段 3 号烽火台	矩形	梯形	17.92	7.9	较好
何庄村 2 段 4 号烽火台	矩形	梯形	13.95	8.3	不详
何庄村 2 段 5 号烽火台	矩形	梯形	13.77	5	差
牛圈梁村 1 号烽火台	矩形	梯形	29.98	6.85	一般
牛圈梁村 2 号烽火台	矩形	梯形	12.5	4.79	较差
牛圈梁村 3 号烽火台	矩形	梯形	21.84	5.2	较差
牛圈梁村 4 号烽火台	矩形	梯形	15.04	2.75	较差

表 414　朔城区腹里土质矩形烽火台形制及保存状况一览表（单位：米）

名称	平面形制	剖面形制	底部周长	残高	保存状况
人头帽烽火台	矩形	梯形	40.62	7.73	一般
峪沟烽火台	矩形	梯形	28.42	6.65	一般
苗山烽火台	矩形	梯形	25.68	5.87	一般
伏庄烽火台	矩形	梯形	35.6	6.7	一般
东榆林烽火台	矩形	梯形	16	4.2	较差
陈西河底烽火台	矩形	梯形	20	6	一般
野场烽火台	矩形	梯形	12.76	2.9	差
罗疃铺 1 号烽火台	矩形	梯形	7	3.8	较差
新进疃烽火台	矩形	梯形	14.6	5.1	较差
清河寺 1 号烽火台	矩形	梯形	43.4	8.5	一般
里仁烽火台	矩形	梯形	25.8	3.2	较差
夏关城烽火台	矩形	梯形	44.4	6.8	一般
六郎山烽火台	矩形	梯形	23.18	6.8	一般
大平易烽火台	矩形	梯形	25.82	4.3	较差
刘家窑烽火台	矩形	梯形	32.62	8.1	一般
上泉观烽火台	矩形	梯形	28.48	6.12	一般
二十里铺烽火台	矩形	梯形	40.34	8.2	一般
牛家店烽火台	矩形	梯形	7.6	2.5	较差
三里台村烽火台	矩形	梯形	41.4	8.5	一般
南邢家河烽火台	矩形	梯形	46.5	7.7	较好

名称	平面形制	剖面形制	底部周长	残高	保存状况
南街村烽火台	矩形	梯形	45	10	较好
南关烽火台	矩形	梯形	16.4	5.5	一般
油房头烽火台	矩形	梯形	60.2	10	较好
店坪烽火台	矩形	梯形	35.72	9.39	较好
下窑烽火台	矩形	梯形	35.2	9.1	较好
下庄头 1 号烽火台	矩形	梯形	28.28	8.24	一般
下庄头 2 号烽火台	矩形	梯形	32.34	9.4	较好
霍庄烽火台	矩形	梯形	50.9	13.8	较好
上团堡烽火台	矩形	梯形	39.34	11.35	较好
马营堡烽火台	矩形	梯形	24.28	6.7	一般
下磨石沟烽火台	矩形	梯形	31.18	8.7	较好
上磨石沟烽火台	矩形	梯形	22.6	6.5	一般
筷子坪烽火台	矩形	梯形	43.74	9.29	较好
小坝村烽火台	矩形	梯形	19	4.6	较差
化庄 1 号烽火台	矩形	梯形	19.8	3	较差
化庄 2 号烽火台	矩形	梯形	37	7.5	一般
西辛庄烽火台	矩形	梯形	12.6	9	一般
南曹村烽火台	矩形	梯形	57.6	10	较好
沙洼烽火台	矩形	梯形	37.8	8.2	一般
下寨 1 号烽火台	矩形	梯形	32.6	5.7	一般
下寨 2 号烽火台	矩形	梯形	31.06	8.5	较好
陈家窑烽火台	矩形	梯形	41.18	8.26	较好
南辛寨烽火台	矩形	梯形	36.6	6.3	较好
正峪村 1 号烽火台	矩形	梯形	44	7.3	一般
正峪村 2 号烽火台	矩形	梯形	35.4	6.7	一般
王化庄 1 号烽火台	矩形	梯形	44.6	8	较好
王化庄 2 号烽火台	矩形	梯形	35.8	7.3	一般
徐村 1 号烽火台	矩形	梯形	15.6	2.8	较差
徐村 2 号烽火台	矩形	梯形	20.8	3	较差
楼子坝烽火台	矩形	梯形	72	4.5	较差
青钟村 1 号烽火台	矩形	梯形	45	4.5	较差
青钟村 2 号烽火台	矩形	梯形	21.6	6	较差
青钟村 3 号烽火台	矩形	梯形	不详	2.3	较差
一半村烽火台	矩形	梯形	26.6	9	一般
鄯窑村烽火台	矩形	梯形	17.6	4.3	较差
后寨烽火台	矩形	梯形	41.2	9.5	较好
前寨烽火台	矩形	梯形	49.6	9	较好
丰玉村烽火台	矩形	梯形	71	5	较差
麻子沟烽火台	矩形	梯形	34.4	7.1	一般

名称	平面形制	剖面形制	底部周长	残高	保存状况
水泉梁烽火台	矩形	梯形	44	11	较好
梵王寺烽火台	矩形	梯形	21	不详	一般
峙庄烽火台	矩形	梯形	28.16	5.04	一般
寇庄烽火台	矩形	梯形	不详	6.33	较差
双化岭烽火台	矩形	梯形	26.74	5.23	较差
人人山烽火台	矩形	梯形	不详	3.8	较差
暖崖烽火台	矩形	梯形	50.48	7.54	一般

表 415　朔城区腹里土质圆形烽火台形制及保存状况一览表（单位：米）

名称	平面形制	剖面形制	底部周长	残高	保存状况
罗疃铺 2 号烽火台	圆形	梯形	21.82	2.3	较差
里磨疃烽火台	圆形	梯形	不详	不详	差
清河寺 2 号烽火台	圆形	梯形	43.96	9	一般
李家窑烽火台	圆形	梯形	30.87	7.14	一般
鱼渠岭 1 号烽火台	圆形	梯形	20.35	5.33	较差

表 416　朔城区长城沿线石质矩形烽火台形制及保存状况一览表（单位：米）

名称	平面形制	剖面形制	底部周长	残高	保存状况
口里歇头场 1 号烽火台	矩形	梯形	36	5	一般
口里歇头场 2 号烽火台	矩形	梯形	28	4～5	一般
利民堡 1 号烽火台	矩形	梯形	60	6	一般
利民堡 2 号烽火台	矩形	梯形	29.6	9	一般
勒马沟 1 号烽火台	矩形	梯形	60	5	一般
勒马沟 2 号烽火台	矩形	梯形	54	6～7	一般
兰家窑 1 号烽火台	矩形	梯形	50	3	较差
蒋家峪烽火台	矩形	梯形	40	4～5	一般
兰家窑 2 号烽火台	矩形	梯形	32	3.5～4	较差
兰家窑 3 号烽火台	矩形	梯形	32.2	5.8	一般

表 417　朔城区腹里石质/砖质矩形/圆形烽火台形制及保存状况一览表（单位：米）

名称	平面形制	剖面形制	底部周长	残高	保存状况
烟墩烽火台（砖）	矩形	梯形	36.06	9.6	较好
保全庄烽火台（石）	矩形	梯形	49	6.2	较好
鱼渠岭 2 号烽火台（石）	圆形	梯形	44.93	5.4	较差

　　土质烽火台的附属设施有围墙、台基、可通台体顶部的内部踏道和外部踏道等，个别腹里土质烽火台有短墙、壕沟。石质烽火台除围墙、台基外，还见有燧台。砖质烽火台南壁底部有一平台，平台

东西两壁有脚窝；台体南壁顶部有一道砖槽（表418～422）。

表418　朔城区长城沿线土质矩形烽火台附属设施统计表

名称	平面形制	围墙	台基	台体内踏道	其他
马家梁1号烽火台	矩形				
马家梁2号烽火台	矩形		●		
上圪佬烽火台	矩形				西壁设有登顶踏道
南西沟1号烽火台	矩形				
南西沟2号烽火台	矩形	●			
何庄村1段1号烽火台	矩形				
何庄村2段1号烽火台	矩形				
何庄村2段2号烽火台	矩形		●		
何庄村2段3号烽火台	矩形				
何庄村2段4号烽火台	矩形				
何庄村2段5号烽火台	矩形				
牛圈梁村1号烽火台	矩形				
牛圈梁村2号烽火台	矩形				
牛圈梁村3号烽火台	矩形				
牛圈梁村4号烽火台	矩形				
合计（座）		1	2	0	1

表419　朔城区腹里土质矩形烽火台附属设施统计表

名称	平面形制	围墙	台基	台体内踏道	其他
人头帽烽火台	矩形		●		
峪沟烽火台	矩形	●	●		
苗山烽火台	矩形		●		
伏庄烽火台	矩形		●		
东榆林烽火台	矩形		●		
陈西河底烽火台	矩形				
野场烽火台	矩形		●		
罗疃铺1号烽火台	矩形	●			
新进疃烽火台	矩形				
清河寺1号烽火台	矩形	●			
里仁烽火台	矩形		●		
夏关城烽火台	矩形				
六郎山烽火台	矩形	●			
大平易烽火台	矩形		●		
刘家窑烽火台	矩形		●		
上泉观烽火台	矩形	●			
二十里铺烽火台	矩形				

名称	平面形制	围墙	台基	台体内踏道	其他
牛家店烽火台	矩形				
三里台村烽火台	矩形				
南邢家河烽火台	矩形				
南街村烽火台	矩形				
南关烽火台	矩形				
油房头烽火台	矩形		●		
店坪烽火台	矩形	●	●		
下窑烽火台	矩形		●		
下庄头1号烽火台	矩形				
下庄头2号烽火台	矩形				
霍庄烽火台	矩形				东、西壁南侧各有一段东西向土墙与台体相连，土墙低矮
上团堡烽火台	矩形			●	南壁南缘向东有一段矮墙
马营堡烽火台	矩形			●	
下磨石沟烽火台	矩形	●	●		
上磨石沟烽火台	矩形		●		
筷子坪烽火台	矩形	●	●		
小坝村烽火台	矩形				
化庄1号烽火台	矩形				
化庄2号烽火台	矩形				
西辛庄烽火台	矩形				
南曹村烽火台	矩形	●			
沙洼烽火台	矩形				
下寨1号烽火台	矩形	●			西壁设有登顶踏道
下寨2号烽火台	矩形		●		
陈家窑烽火台	矩形				
南辛寨烽火台	矩形	●			壕沟
正峪村1号烽火台	矩形				
正峪村2号烽火台	矩形		●		
王化庄1号烽火台	矩形				
王化庄2号烽火台	矩形				
徐村1号烽火台	矩形				
徐村2号烽火台	矩形		●		
楼子坝烽火台	矩形	●	●		
青钟村1号烽火台	矩形		●		
青钟村2号烽火台	矩形		●		
青钟村3号烽火台	矩形				
一半村烽火台	矩形				
鄯窑村烽火台	矩形				
后寨烽火台	矩形		●		

续表 419

名称	平面形制	围墙	台基	台体内踏道	其他
前寨烽火台	矩形				
丰玉村烽火台	矩形				
麻子沟烽火台	矩形				
水泉梁烽火台	矩形				
梵王寺烽火台	矩形				
峙庄烽火台	矩形		●		
寇庄烽火台	矩形				
双化岭烽火台	矩形		●		
人人山烽火台	矩形				
暖崖烽火台	矩形	●	●		
合计（座）		13	25	2	3

表 420　朔城区腹里土质圆形烽火台附属设施统计表

名称	平面形制	围墙	台基	台体内踏道	其他
罗疃铺 2 号烽火台	圆形				
里磨疃烽火台	圆形				
清河寺 2 号烽火台	圆形		●		
李家窑烽火台	圆形		●		
鱼渠岭 1 号烽火台	圆形				
合计（座）		0	2	0	0

表 421　朔城区长城沿线石质矩形烽火台附属设施统计表

名称	平面形制	围墙	台基	台体内踏道	其他
口里歇头场 1 号烽火台	矩形				
口里歇头场 2 号烽火台	矩形				
利民堡 1 号烽火台	矩形				
利民堡 2 号烽火台	矩形		●		
勒马沟 1 号烽火台	矩形				
勒马沟 2 号烽火台	矩形				
兰家窑 1 号烽火台	矩形				燧台 5 座
蒋家峪烽火台	矩形	●			
兰家窑 2 号烽火台	矩形				
兰家窑 3 号烽火台	矩形	●	●		燧台 5 座
合计（座）		2	2	0	2

表 422　朔城区腹里石质/砖质矩形/圆形烽火台附属设施统计表

名称	平面形制	围墙	台基	台体内踏道	其他
烟墩烽火台（砖）	矩形				南壁底部有一平台，平台东西两壁有脚窝。台体南壁顶部有一道砖槽
保全庄烽火台（石）	矩形				
鱼渠岭 2 号烽火台（石）	圆形	●			
合计（座）		1	0	0	0

从下表可以看出，围墙、台基等附属设施主要见于腹里土质烽火台（表 423）。

表 423　朔城区烽火台附属设施数量统计表（单位：座）

	数量	围墙	台基	台体内踏道	其他
长城沿线土质矩形烽火台	15	1	2	0	1
百分比（%）		6.7	13.3	0	6.7
腹里土质矩形烽火台	66	13	25	2	3
百分比（%）		19.7	37.9	3	4.5
腹里土质圆形烽火台	5	0	2	0	0
百分比（%）		0	40	0	0
长城沿线石质矩形烽火台	10	2	2	0	2
百分比（%）		20	20	0	20
腹里石质矩形烽火台	1	0	0	0	0
百分比（%）		0	0	0	0
腹里石质圆形烽火台	1	1	0	0	0
百分比（%）		100	0	0	0
腹里砖质矩形烽火台	1	0	0	0	1
百分比（%）		0	0	0	100
合计	99	17	31	2	7
百分比（%）		17.2	31.3	2	7.1

（3）烽火台的分布特点

①长城沿线烽火台中，除牛圈梁 1 ~ 4 号烽火台距长城墙体 0.78 ~ 1.4 千米外，其余距长城墙体 0.01 ~ 0.66 千米。

②长城沿线烽火台中，15 座西部山地长城沿线烽火台除蒋家峪烽火台位于长城墙体面向内蒙古自治区一侧，其余均位于山西省一侧；10 座东南部丘陵地带长城沿线烽火台中，有 7 座位于面向内蒙古自治区一侧，3 座位于山西省一侧。

③结合烽火台的材质类型、平面形制，长城沿线烽火台中，石质烽火台集中见于西部山地长城沿线，东南部丘陵地带长城沿线不见石质烽火台。长城沿线土质和石质烽火台中，仅见矩形烽火台，不见圆形烽火台。

④朔城区腹里烽火台主要以堡为中心成群分布，有东榆林堡烽火台群、肖西河底堡烽火台群、马邑城烽火台群、朔州城烽火台群、马营堡烽火台群、八岔堡烽火台群等，还有将长城沿线烽火台和腹里烽火台以及腹里烽火台群相互间联系起来的烽火台。

⑤朔城区腹里烽火台的设置还有一个特点，即沿交通要道分布。南北向的212、206省道，东西向的303省道和大（同）运（城）高速朔州支线沿线分布有较密集的烽火台。

⑥烽火台的底部周长相差很悬殊，最小者7米，最大者72米。尝试对烽火台进行大小划分，依据台体的底部周长，按≥50、40～50、＜40米三个标准进行分类，以残高作为参考。这种划分肯定不全面，所反映出信息不一定是准确的。硬性的按40、50米进行分类很主观，因为当时的长度计量与今天不同，只求能从中约略窥见当时的某种特点（表424～427）。

表424　朔城区长城沿线土质矩形烽火台分类统计表

	底部周长分类	底部周长（米）	数量（座）	百分比（%）	残高（米）
大型台体	≥50米	60	1	6.7	7.5
中型台体	40～50米	44	2	13.3	5～7
小型台体	＜40米	12.5～33.24	11	73.3	2.75～8.3
其他	不详	不详	1	6.7	不详
合计		12.5～60	15	100	2.75～8.3

表425　朔城区腹里土质矩形烽火台分类统计表

	底部周长分类	底部周长（米）	数量（座）	百分比（%）	残高（米）
大型台体	≥50米	50.48～72	6	9.1	4.5～13.8
中型台体	40～50米	40.34～49.6	15	22.7	4.5～11
小型台体	＜40米	7～39.34	42	63.6	2.5～11.35
其他	不详	不详	3	4.6	2.3～6.33
合计		7～72	66	100	2.3～13.8

表426　朔城区腹里土质圆形烽火台分类统计表

	底部周长分类	底部周长（米）	数量（座）	百分比（%）	残高（米）
中型台体	40～50米	43.96	1	20	9
小型台体	＜40米	20.35～30.87	3	60	2.3～7.14
其他	不详	不详	1	20	不详
合计		20.35～43.96	5	100	2.3～9

表427　朔城区长城沿线石质矩形烽火台分类统计表

	底部周长分类	底部周长（米）	数量（座）	百分比（%）	残高（米）
大型台体	≥50米	50～60	4	40	3～7
中型台体	40～50米	40	1	10	4～5
小型台体	＜40米	28～36	5	50	3.5～9
合计		28～60	10	100	3～9

朔城区2座腹里石质矩形、圆形烽火台属中型台体，1座砖质矩形烽火台属小型台体。

从以上表格中可以看出，朔城区土质烽火台中，无论是长城沿线还是腹里烽火台，均以中小型为主，小型者占多数，大型者很少。石质烽火台中，长城沿线有一定数量的大型台体，腹里烽火台则未见大型台体，唯一一座砖质烽火台为小型台体。

大型台体共发现 11 座，零星散布，没有明显的分布规律。

（4）烽火台保存状况

朔城区烽火台保存状况，详见下表（表428）。

表428　朔城区烽火台保存状况统计表

保存状况	土质烽火台		石质/砖质烽火台		合计	
	数量（座）	百分比（％）	数量（座）	百分比（％）	数量（座）	百分比（％）
保存较好	20	23.2	2	15.4	22	22.2
保存一般	38	44.2	8	61.5	46	46.5
保存较差	24	27.9	3	23.1	27	27.3
保存差	3	3.5	0	0	3	3
不详	1	1.2	0	0	1	1
合计	86	100	13	100	99	100

土质烽火台保存一般者最多，占44.2％，其次是保存较差者27.9％和较好者23.2％，保存差者极少，占3.5％。台体坍塌脱落严重，表面凹凸不平，有裂缝、沟槽、孔洞。台体上生长有杂草。造成损毁的自然因素主要有风雨侵蚀、植物生长等，人为因素主要有农业生产活动破坏台体、人为取土挖损、掏挖洞穴、踩踏、及盖房利用台体、修路破坏台基等，个别存在不合理修缮现象。

石质和砖质烽火台保存一般者最多，占61.5％，其次是保存较差者23.1％和较好者15.4％，未见保存差者。台体坍塌脱落严重，包石大多损毁，台体上生长有杂草。造成损毁的自然因素主要有是风雨侵蚀、植物生长等，人为因素有拆毁石块等。唯一一座砖质烽火台东壁北侧和北壁东侧嵌有原木。

（四）相关遗存

朔城区调查的相关遗存有壕沟9条、采石场5处。

1. 壕沟

朔城区壕沟有以下特点。

（1）壕沟均位于长城墙体面向内蒙古自治区一侧，距长城墙体数十米至数百米，走向大致与长城墙体平行。

（2）壕沟均系直接在山坡上掘土挖沟而成，剖面为口大底小的梯形，口宽1.5～6、底宽1.5～2、深0.7～1.9米（表429）。壕沟面向内蒙古自治区一侧或两侧的墙体为堆土筑成或土石混筑而成或石砌而成。

表429　朔城区壕沟统计表（单位：米）

名称	与长城墙体位置关系	总长	壕沟口宽	壕沟底宽	壕沟深	外墙宽	外墙高	内墙宽	内墙高	保存状况
南西沟壕沟	石湖岭长城墙体东侧0.01~0.02千米	180	3~4	1.5~2			0.6~1	2~3	1.5~2	一般
口里歇头场1号壕沟	南西沟长城3段墙体东侧0.06~0.1千米	260	5			1~1.5	0.6~2			一般
口里歇头场2号壕沟	口里歇头场长城1段—口里歇头场长城3段墙体东北0.03~0.08千米	2540	2~6				2~3			一般
口里歇头场3号壕沟	口里歇头场长城2段—口里歇头场长城3段墙体东北0.05~0.15千米	850	2~6			0.8~2	2~3			一般
利民堡壕沟	利民堡长城2段—勒马沟外长城墙体北侧0.06~0.11千米	4270	4.2			底宽4、顶宽1.8~2	1~3.5			一般
勒马沟1号壕沟	利民堡长城3段和勒马沟外长城北侧	200	3~4			1~2	1~1.5	1~2	1~1.5	一般
勒马沟2号壕沟	勒马沟外长城墙体西北	300	1.5~2.5			1~1.5	1			一般
勒马沟3号壕沟	神池县明代0.02~0.16千米	2800	3.2~6		0.7~1.9	底宽2~3、顶宽1.2	1.2~1.9	底宽2~3、顶宽1.2	1.2~1.9	一般
蒋家峪壕沟	蒋家峪长城1段—蒋家峪长城2段墙体东、北侧	2030	3~4.5			底宽6~8、顶宽0.5~5.2	0.5~3.5	1	2.5~3.5	一般
合计		13430	1.5~6	1.5~2	0.7~1.9	0.5~8	0.5~3.5	1~3	1~3.5	

2. 采石场

朔城区采石场均位于长城墙体面向山西省一侧，距离长城墙体0.03~0.3千米。采石场面积在45~4000平方米（表430）。采石场附近的长城墙体、马面或烽火台基本均为石质。

表430　朔城区采石场情况统计表

名称	与长城墙体位置关系（千米）	面积（平方米）
利民堡采石场	利民堡长城2段西南0.09	4000
兰家窑1号采石场	蒋家峪长城2段西南0.03	247
兰家窑2号采石场	蒋家峪长城2段西南0.04	228
兰家窑3号采石场	蒋家峪长城2段西南0.1	198
兰家窑4号采石场	蒋家峪长城2段西南0.3	45

（五）采（征）集标本

朔城区仅采集1件文物标本，里磨瞳烽火台附近采集到1件明代白釉褐花瓷碗残片。

三　自然与人文环境

（一）自然环境

朔城区位于山西省北部，区境北起黑驼山与平鲁区交界，南至紫金山与代县、宁武县、原平市相邻，东到神头镇东榆林村与山阴县接壤，西至利民镇兰家窑村与神池县毗邻。区境东西67、南北36千米，总面积1783平方千米。境内西、南、北面环山，中部和东部为平川盆地，地势由西向东倾斜，平川盆地约占全境面积的75%。南部山地主要山峰有紫金山，海拔2127米，山高峰巍，悬崖绝壁，坡度35°～40°，山上多松树。西部山地主要山峰有鱼渠岭、双华岭、大梁山等，海拔1750～2000米。北部山地主要山峰有黑驼山，海拔2147米。属典型的北温带大陆性季风气候，主要特征是四季分明，春季雨雪少，风沙大，夏季雨量集中，易有暴雨、冰雹，秋季少雨，昼夜温差大，冬季风多、少雪、寒冷。年均气温6.9℃，一月－10.9℃，七月21.9℃，极端最高气温37.9℃、极端最低气温－24℃。全年日照2862.6小时，年降雨量440毫米。初霜期为9月中旬，平均无霜期120天。境内水资源丰富，地表水年来水量3.38亿立方米，地下水动态储量2.02亿立方米，主要河流有桑干河及其支流恢河、黄水河、七里河、源子河等。境内矿产资源丰富，主要有煤、铁、铝矾土、石灰石、大理石、粘土等，其中煤炭储量195亿吨、铝矾土储量7000万吨、石灰石储量1600亿吨、黏土储量1500万吨。区境土壤主要有山地淡栗钙土、淡栗钙土性土、草甸淡栗钙土等。境内有种子植物900多种，植被类型主要有森林、山地、草甸、草灌草原、草原和盐生草甸等。树种以油松、云杉、白桦、杨、柳为主，经济林有苹果、梨、桃、杏等，野生牧草种类较多，近100种，灌木主要有蒿、沙棘等。

（二）人文环境

朔城区辖2镇、9乡、4个街道办事处，有37个居民委员会，301个行政村325个自然村。全区总人口39.8万，其中农业人口24.7万。境内交通便利，北有（大）同蒲（州）铁路、神（木）朔（州）铁路、朔（州）黄（骅）铁路、大（同）运（城）高速朔州支线，206、212、303省道纵横境内。

四　保护与管理状况

朔城区长城资源的保护管理机构是朔城区文化体育局。目前有关长城资源的保护范围、建设控制地带、保护标志、记录档案等工作还有待规定或完善。

表389　朔城区敌台一览表

名称	地点	高程	与其他遗存的位置关系	材质	建筑方式	平面形制	剖面形制	尺寸	附属设施	修缮情况	保存状况
朔001号敌台	张蔡庄乡南西沟村东南	1544米	骑墙而建。位于石湖岭长城2段墙体上	土	夯筑而成,夯层厚0.05~0.2米	矩形	梯形	底部东西19,南北17米,顶部东西8,南北6.5米,残高9.2米	无	无	保存较好
朔外001号敌台	利民镇勒马沟村西南	1982米	骑墙而建。位于勒马沟外长城墙体上	石	石砌而成	矩形	梯形	底部东西8,南北10米,顶部东西5,南北7米	无	无	保存一般
何庄村1号敌台	南榆林乡何庄村东南	1345米	骑墙而建。位于何庄村长城2段墙体上	土	夯筑而成,夯层厚0.24~0.3米	矩形	梯形	顶部东西4.5,南北5.9,残高6.7米	无	无	不详
何庄村2号敌台	南榆林乡何庄村东南	1386米	骑墙而建。位于何庄村长城2段墙体上	土	夯筑而成,夯层厚0.24~0.3米	矩形	梯形	底部东西8.52米,顶部东西4.13,南北4.29米,残高9米	无	无	不详
何庄村3号敌台	南榆林乡何庄村东南	1368米	骑墙而建。位于何庄村长城2段墙体上	土	夯筑而成	矩形	梯形	不详	无	无	不详
何庄村4号敌台	南榆林乡何庄村东南	1392米	骑墙而建。位于何庄村长城2段墙体上	土	夯筑而成,夯层厚0.11~0.19米	矩形	梯形	底部东西9.46,南北7.1,残高7.3米	无	无	不详
何庄村5号敌台	南榆林乡何庄村南	1370米	骑墙而建。位于何庄村长城2段墙体上	土	夯筑而成	矩形	梯形	底部东西8.2,南北6.49,残高5.7米	无	无	不详
何庄村6号敌台	南榆林乡何庄村西南	1307米	骑墙而建。位于何庄村长城2段墙体上	土	夯筑而成,夯层厚0.11~0.17米	矩形	梯形	底部东西9.55,南北13.54,残高12米	无	无	不详
何庄村7号敌台	南榆林乡何庄村西南	1401米	骑墙而建。位于何庄村长城2段墙体上	土	夯筑而成,夯层厚0.16~0.21米	椭圆形	梯形	底部东西8.77,南北11.94,残高4.9米	无	无	不详

表390　朔城区马面一览表

名称	地点	高程	与其他遗存的位置关系	材质	建筑方式	平面形制	剖面形制	尺寸	附属设施	修缮情况	保存状况
朔001号马面	张蔡庄乡靳家洼村南	1867米	倚墙而建，位于靳家洼长城1段墙体东侧	石	石砌而成	矩形	梯形	底部东西7、南北8，残高6米	无	无	保存一般
朔002号马面	张蔡庄乡靳家洼村南	1889米	倚墙而建，位于靳家洼长城1段墙体东南侧	石	石砌而成	矩形	梯形	底部东西6、南北7.5，残高3米	无	无	保存较差
朔003号马面	张蔡庄乡靳家洼村南	1889米	倚墙而建，位于靳家洼长城1段墙体东侧	石	石砌而成	矩形	梯形	底部边长13，残高3~4米	无	无	保存较差
朔004号马面	张蔡庄乡靳家洼村西南	1893米	倚墙而建，位于靳家洼长城1段墙体南侧	石	石砌而成	矩形	梯形	底部东西8、南北10，残高3~4米	无	无	保存较差
朔005号马面	张蔡庄乡靳家洼村西南	1889米	倚墙而建，位于靳家洼长城1段墙体南侧	石	石砌而成	矩形	梯形	底部东西16、南北8，残高4~5米	无	无	保存一般
朔006号马面	张蔡庄乡靳家洼村西南	1884米	倚墙而建，位于靳家洼长城1段墙体西侧	石	石砌而成	矩形	梯形	底部东西12、南北15，残高6~7米	无	无	保存一般
朔007号马面	张蔡庄乡靳家洼村南	1884米	倚墙而建，位于靳家洼长城1段墙体西侧	石	石砌而成	矩形	梯形	底部边长6，残高3.5米	无	无	保存较差
朔008号马面	张蔡庄乡靳家洼村南	1885米	倚墙而建，位于靳家洼长城1段墙体东侧	石	石砌而成	矩形	梯形	底部东西10、南北9，残高4米	无	无	保存一般
朔009号马面	张蔡庄乡靳家洼村西	1888米	倚墙而建，位于靳家洼长城1段墙体东侧	石	石砌而成	矩形	梯形	底部东西8、南北12，残高5米	无	无	保存一般
朔010号马面	张蔡庄乡靳家洼村西	1885米	倚墙而建，位于靳家洼长城1段墙体西侧	石	石砌而成	矩形	梯形	底部东西11、南北12，残高5~6米	无	无	保存较差
朔011号马面	张蔡庄乡靳家洼村西北	1863米	倚墙而建，位于靳家洼长城2段墙体东侧	石	石砌而成	矩形	梯形	底部东西7、南北11，顶部东西5，南北8米，残高5米	无	无	保存一般
朔012号马面	张蔡庄乡靳家洼村西北	1857米	倚墙而建，位于靳家洼长城2段墙体西侧	石	石砌而成	矩形	梯形	底部东西8、南北9，顶部东西6、南北7米，残高5米	无	无	保存一般
朔013号马面	张蔡庄乡靳家洼村西北	1840米	倚墙而建，位于靳家洼长城2段墙体西侧	石	石砌而成	矩形	梯形	底部东西7、南北9，顶部东西5、南北7米，残高5~6米	无	无	保存一般

续表390

名称	地点	高程	与其他遗存的位置关系	材质	建筑方式	平面形制	剖面形制	尺寸	附属设施	修缮情况	保存状况
朔014号马面	张蔡庄乡靳家洼村西北	1820米	倚墙而建。位于靳家洼长城2段墙体东侧	石	石砌而成	矩形	梯形	底部东西9,南北13米,顶部东西7,南北10米,残高12米	无	无	保存一般
朔015号马面	张蔡庄乡靳家洼村西北	1805米	倚墙而建。位于靳家洼长城2段墙体东侧	石	石砌而成	矩形	梯形	底部东西8,南北5米,顶部东西6,南北3.5米,残高3~4米	无	无	保存一般
朔016号马面	张蔡庄乡靳家洼村西北	1795米	倚墙而建。位于靳家洼长城2段墙体东侧	石	石砌而成	矩形	梯形	底部东西6,南北13米,顶部东西4,南北10米,残高10米	无	无	保存一般
朔017号马面	张蔡庄乡靳家洼村西北	1781米	倚墙而建。位于靳家洼长城2段墙体东侧	石	石砌而成	矩形	梯形	底部东西11,南北9米,顶部东西8,南北7米,残高9~10米	无	无	保存一般
朔018号马面	张蔡庄乡靳家洼村西北	1782米	倚墙而建。位于靳家洼长城2段墙体东侧	石	石砌而成	矩形	梯形	底部东西15,南北8米,残高9米	无	无	保存一般
朔019号马面	张蔡庄乡靳家洼村西北	1788米	倚墙而建。位于靳家洼长城2段墙体东侧	石	石砌而成	矩形	梯形	底部东西10,南北13米,顶部东西7,南北10米,残高4.5米	无	无	保存一般
朔020号马面	张蔡庄乡靳家洼村西北	1799米	倚墙而建。位于靳家洼长城2段墙体东侧	石	石砌而成	矩形	梯形	底部东西4.5,南北5米,残高3.5米	无	无	保存一般
朔021号马面	张蔡庄乡石湖岭村东	1848米	倚墙而建。位于靳家洼长城2段墙体东侧	石	石砌而成	矩形	梯形	底部东西9,南北11米,顶部东西8,南北8米,残高6米	无	无	保存一般
朔022号马面	张蔡庄乡石湖岭村东	1810米	倚墙而建。位于靳家洼长城2段墙体北侧	石	石砌而成	矩形	梯形	底部东西8,南北11米,顶部东西8,南北8米,残高4.5米	无	无	保存一般
朔023号马面	张蔡庄乡石湖岭村东	1780米	倚墙而建。位于靳家洼长城2段墙体北侧	石	石砌而成	矩形	梯形	底部边长8米,顶部东西4.5,南北5米,残高4米	无	无	保存一般
朔024号马面	张蔡庄乡石湖岭村北	1797米	倚墙而建。位于石湖岭长城1段墙体东侧	石	石砌而成	矩形	梯形	底部边长7,顶部边长5,残高3米	无	无	保存较差
朔025号马面	张蔡庄乡石湖岭村北	1829米	倚墙而建。位于石湖岭长城1段墙体东侧	石	石砌而成	矩形	梯形	底部东西5.5,南北7米,顶部东西3.5,南北5米,残高2~3米	无	无	保存较差
朔026号马面	张蔡庄乡石湖岭村西北	1865米	倚墙而建。位于石湖岭长城1段墙体东侧	石	石砌而成	矩形	梯形	底部东西6,南北9米,残高3米	无	无	保存一般

续表390

名称	地点	高程	与其他遗存的位置关系	材质	建筑方式	平面形制	剖面形制	尺寸	附属设施	修缮情况	保存状况
朔027号马面	张蔡庄乡石湖岭村西北	1853米	倚墙而建。位于石湖岭长城1段墙体东侧	石	石砌而成	矩形	梯形	底部东西11、南北9米，顶部东西9、南北4～5米，残高4米	无	无	保存一般
朔028号马面	张蔡庄乡石湖岭村西北	1847米	倚墙而建。位于石湖岭长城1段墙体东侧	石	石砌而成	矩形	梯形	底部东西6.5、南北8米，顶部东西4.5、南北6.5米，残高5.2米	无	无	保存一般
朔029号马面	张蔡庄乡石湖岭村西北	1852米	倚墙而建。位于石湖岭长城1段墙体东侧	石	石砌而成	矩形	梯形	底部东西9、南北10米，顶部东西6、南北7米，残高5.5米	无	无	保存一般
朔030号马面	张蔡庄乡石湖岭村西北	1825米	倚墙而建。位于石湖岭长城1段墙体东侧	石	石砌而成	矩形	梯形	底部东西7、南北8米，顶部东西5、南北6米，残高4.5米	无	无	保存较好
朔031号马面	张蔡庄乡石湖岭村西北	1776米	倚墙而建。位于石湖岭长城1段墙体东侧	石	石砌而成	矩形	梯形	底部东西6、南北9米，顶部东西3、南北6～7米，残高4米	无	无	保存一般
朔032号马面	张蔡庄乡石湖岭村西北	1793米	倚墙而建。位于石湖岭长城1段墙体东侧	石	石砌而成	矩形	梯形	底部边长10、顶部边长8，残高4米	无	无	保存一般
朔033号马面	张蔡庄乡南沟村东南	1614米	倚墙而建。位于石湖岭长城2段墙体北侧	石	石砌而成	矩形	梯形	底部边长11、顶部边长7，残高6米	无	无	保存较好
朔034号马面	张蔡庄乡南沟村东南	1695米	倚墙而建。位于石湖岭长城2段墙体东侧	石	石砌而成	矩形	梯形	底部东西7、南北10米，顶部东西4.5、南北7.5米，残高5.5米	无	无	保存一般
朔035号马面	张蔡庄乡南沟村东南	1721米	倚墙而建。位于石湖岭长城2段墙体东侧	石	石砌而成	矩形	梯形	底部东西10、南北12米，顶部东西7、南北9米，残高7米	无	无	保存一般
朔036号马面	张蔡庄乡南沟村东南	1725米	倚墙而建。位于石湖岭长城2段墙体东北侧	石	石砌而成	矩形	梯形	底部东西15、南北9米，顶部东西12、南北6米，残高5～6米	无	无	保存一般
朔037号马面	张蔡庄乡南沟村东南	1731米	倚墙而建。位于石湖岭长城2段墙体东北侧	石	石砌而成	矩形	梯形	底部东西15、南北10米，顶部东西11、南北7米，残高6～7米	无	无	保存一般

续表390

名称	地点	高程	与其他遗存的位置关系	材质	建筑方式	平面形制	剖面形制	尺寸	附属设施	修缮情况	保存状况
朔038号马面	张蔡庄乡南西沟村东南	1735米	倚墙而建。位于石湖岭长城2段墙体东侧	石	石砌而成	矩形	梯形	底部东西14，南北11米，顶部东西11，南北9米，残高5~6米	无	无	保存一般
朔039号马面	张蔡庄乡南西沟村东南	1759米	倚墙而建。位于石湖岭长城2段墙体东侧	石	石砌而成	矩形	梯形	底部东西10，南北11米，顶部东西7，南北8米，残高6米	无	无	保存一般
朔040号马面	张蔡庄乡南西沟村东	1776米	倚墙而建。位于石湖岭长城2段墙体东北侧	石	石砌而成	矩形	梯形	底部东西11，南北12米，顶部东西7，南北8米，残高8米	无	无	保存一般
朔041号马面	张蔡庄乡南西沟村东	1722米	倚墙而建。位于石湖岭长城2段墙体东侧	石	石砌而成	矩形	梯形	底部东西10，南北9米，顶部东西8，南北7米，残高5米	无	无	保存较好
朔042号马面	张蔡庄乡南西沟村东	1672米	倚墙而建。位于石湖岭长城2段墙体东侧	石	石砌而成	矩形	梯形	底部东西7，南北8米，顶部东西5，南北6米，残高7米	无	无	保存一般
朔043号马面	张蔡庄乡南西沟村北	1675米	倚墙而建。位于南西沟长城1段墙体北侧	土	夯筑而成	矩形	梯形	底部东西15，南北11米，顶部东西13，南北8米，残高6米	无	无	保存一般
朔044号马面	张蔡庄乡南西沟村北	1685米	倚墙而建。位于南西沟长城1段墙体北侧	土	夯筑而成	矩形	梯形	底部东西8，南北5米，顶部东西5，南北3米，残高5米	无	无	保存较差
朔045号马面	张蔡庄乡南西沟村北	1694米	倚墙而建。位于南西沟长城1段墙体北侧	土	夯筑而成	矩形	梯形	底部东西13，南北7米，顶部东西10，南北5米，残高5~6米	无	无	保存一般
朔046号马面	张蔡庄乡南西沟村西北	1700米	倚墙而建。位于南西沟长城1段墙体北侧	土	夯筑而成	矩形	梯形	底部边长13，顶部边长10，残高5米	无	无	保存一般
朔047号马面	张蔡庄乡南西沟村西北	1725米	倚墙而建。位于南西沟长城1段墙体北侧	土	夯筑而成	矩形	梯形	底部东西7，南北10米，顶部东西4，南北5~6米，残高7~8米	无	无	保存一般
朔048号马面	张蔡庄乡南西沟村西北	1731米	倚墙而建。位于南西沟长城1段墙体北侧	土	夯筑而成	矩形	梯形	底部东西8，南北13米，顶部东西5，南北10米，残高7~8米	无	无	保存一般

续表390

名称	地点	高程	与其他遗存的位置关系	材质	建筑方式	平面形制	剖面形制	尺寸	附属设施	修缮情况	保存状况
朔049号马面	张蔡庄乡南西沟村西北	1754米	倚墙而建，位于南西沟长城1段墙体北侧	土	夯筑而成	矩形	梯形	底部东西15，南北8米，顶部东西12，南北5~6米，残高7~8米	无	无	保存一般
朔050号马面	张蔡庄乡南西沟村西北	1764米	倚墙而建，位于南西沟长城1段墙体北侧	土	夯筑而成	矩形	梯形	底部东西14，南北9米，顶部东西10，南北5米，残高8~9米	无	无	保存一般
朔051号马面	张蔡庄乡南西沟村西北	1771米	倚墙而建，位于南西沟长城1段墙体北侧	土	夯筑而成	矩形	梯形	底部东西10，南北17米，顶部东西6，南北14米，残高5米	无	无	保存一般
朔052号马面	张蔡庄乡南西沟村西北	1778米	倚墙而建，位于南西沟长城1段墙体北侧	土	夯筑而成	矩形	梯形	底部东西8，南北11米，顶部东西5，南北8米，残高9米	无	无	保存一般
朔053号马面	张蔡庄乡南西沟村西北	1829米	倚墙而建，位于南西沟长城1段墙体北侧	土	夯筑而成	矩形	梯形	底部东西9，南北11米，顶部东西6，南北9米，残高10米	无	无	保存较好
朔054号马面	张蔡庄乡南西沟村西北	1936米	倚墙而建，位于南西沟长城2段墙体北侧	石	石砌而成	矩形	梯形	底部东西11，南北15米，残高6~8米	无	无	保存一般
朔055号马面	张蔡庄乡南西沟村西北	1907米	倚墙而建，位于南西沟长城2段墙体东北侧	石	石砌而成	矩形	梯形	底部东西14，南北9米，顶部东西12，南北7米，残高6米	无	无	保存较好
朔056号马面	张蔡庄乡南西沟村西北	1912米	倚墙而建，位于南西沟长城2段墙体东北侧	石	石砌而成	矩形	梯形	底部东西13，南北11米，顶部东西9，南北7米，残高6米	无	无	保存较好
朔057号马面	张蔡庄乡南西沟村西北	1927米	倚墙而建，位于南西沟长城2段墙体东北侧	石	石砌而成	矩形	梯形	底部东西13，南北11米，顶部东西10，南北9米，残高9米	无	无	保存较好
朔058号马面	张蔡庄乡南西沟村西北	1928米	倚墙而建，位于南西沟长城2段墙体东北侧	石	石砌而成	矩形	梯形	底部东西14，南北9.5米，顶部东西10，南北6米，残高7~8米	无	无	保存较好
朔059号马面	张蔡庄乡南西沟村西北	1932米	倚墙而建，位于南西沟长城2段墙体东北侧	石	石砌而成	矩形	梯形	底部东西13，南北9米，顶部东西10，南北6米，残高7~8米	无	无	保存较好

续表390

名称	地点	高程	与其他遗存的位置关系	材质	建筑方式	平面形制	剖面形制	尺寸	附属设施	修缮情况	保存状况
朔060号马面	张蔡庄乡南西沟村西北	1931米	倚墙而建。位于南西沟长城2段墙体东北侧	石	石砌而成	矩形	梯形	底部东西14，南北12，残高9米	无	无	保存较好
朔061号马面	张蔡庄乡南西沟村西北	1942米	倚墙而建。位于南西沟长城2段墙体东北侧	石	石砌而成	矩形	梯形	底部东西11，南北12米，顶部东西7，南北7.5米，残高8~9米	无	无	保存一般
朔062号马面	张蔡庄乡南西沟村西北	1950米	倚墙而建。位于南西沟长城2段墙体东北侧	石	石砌而成	矩形	梯形	底部东西11，南北10米，顶部东西9，南北7米，残高6米	无	无	保存一般
朔063号马面	张蔡庄乡南西沟村西北	1963米	倚墙而建。位于南西沟长城2段墙体东侧	石	石砌而成	矩形	梯形	底部东西11，南北10米，顶部东西9，南北8米，残高7米	无	无	保存一般
朔064号马面	张蔡庄乡南西沟村西北	1970米	倚墙而建。位于南西沟长城2段墙体东侧	石	石砌而成	矩形	梯形	底部东西8，南北13米，顶部东西5，南北10米，残高7~8米	无	无	保存一般
朔065号马面	利民镇口里敦头场村东南	1974米	倚墙而建。位于南西沟长城3段墙体东侧	石	石砌而成	矩形	梯形	底部东西15，南北8米，顶部东西12，南北6米，残高4~5米	无	无	保存一般
朔066号马面	利民镇口里敦头场村东南	1981米	倚墙而建。位于南西沟长城3段墙体东侧	石	石砌而成	矩形	梯形	底部东西11，南北8米，顶部东西9，南北6米，残高4米	无	无	保存一般
朔067号马面	利民镇口里敦头场村东南	1981米	倚墙而建。位于南西沟长城3段墙体东北侧	石	石砌而成	矩形	梯形	底部边长9，顶部边长7米，残高6米	无	无	保存一般
朔068号马面	利民镇口里敦头场村东	1966米	倚墙而建。位于南西沟长城3段墙体东北侧	石	石砌而成	矩形	梯形	底部东西9，南北11米，顶部东西7，南北8米，残高5~6米	无	无	保存一般
朔069号马面	利民镇口里敦头场村东	1937米	倚墙而建。位于南西沟长城3段墙体东北侧	石	石砌而成	矩形	梯形	底部东西8，南北9米，顶部东西6，南北7米，残高4.5米	无	无	保存一般
朔070号马面	利民镇口里敦头场村东	1928米	倚墙而建。位于南西沟长城3段墙体东北侧	石	石砌而成	矩形	梯形	底部边长9，顶部边长7米，残高6米	无	无	保存一般

续表390

名称	地点	高程	与其他遗存的位置关系	材质	建筑方式	平面形制	剖面形制	尺寸	附属设施	修缮情况	保存状况
朔071号马面	利民镇口里歇头场村东	1937米	倚墙而建。位于南西沟长城3段墙体北侧	石	石砌而成	矩形	梯形	底部边长9，顶部边长7，残高6米	无	无	保存一般
朔072号马面	利民镇口里歇头场村东	1932米	倚墙而建。位于南西沟长城3段墙体北侧	石	石砌而成	矩形	梯形	底部东西6，南北13，残高4米	无	无	保存一般
朔073号马面	利民镇口里歇头场村东	1902米	倚墙而建。位于南西沟长城3段墙体北侧	石	石砌而成	矩形	梯形	底部边长9，顶部边长6，残高6米	无	无	保存一般
朔074号马面	利民镇口里歇头场村东	1869米	倚墙而建。位于南西沟长城3段墙体北侧	石	石砌而成	矩形	梯形	底部东西9，南北7米，顶部东西7，南北5米，残高4米	无	无	保存一般
朔075号马面	利民镇口里歇头场村东	1830米	倚墙而建。位于南西沟长城3段墙体北侧	石	石砌而成	矩形	梯形	残高10米	无	无	保存一般
朔076号马面	利民镇口里歇头场村东	1807米	倚墙而建。位于南西沟长城3段墙体北侧	石	石砌而成	矩形	梯形	底部东西9，南北6米，顶部东西7，南北4米，残高5米	无	无	保存一般
朔077号马面	利民镇口里歇头场村北	1804米	倚墙而建。位于口里歇头场长城1段墙体北侧	石	石砌而成	矩形	梯形	底部东西8，南北12米，顶部东西5，南北10米，残高4米	无	无	保存一般
朔078号马面	利民镇口里歇头场村西北	1830米	倚墙而建。位于口里歇头场长城1段墙体北侧	石	石砌而成	矩形	梯形	底部东西7，南北11，残高5米	无	无	保存一般
朔079号马面	利民镇口里歇头场村西北	1851米	倚墙而建。位于口里歇头场长城1段墙体北侧	石	石砌而成	矩形	梯形	底部东西7，南北15米，顶部东西4，南北11米，残高5~6米	无	无	保存一般
朔080号马面	利民镇口里歇头场村西北	1864米	倚墙而建。位于口里歇头场长城1段墙体北侧	石	石砌而成	矩形	梯形	底部东西12，南北13，顶部东西9，南北10米，残高5米	无	无	保存较好
朔081号马面	利民镇口里歇头场村西北	1854米	倚墙而建。位于口里歇头场长城1段墙体东北侧	石	石砌而成	矩形	梯形	底部东西10，南北16米，顶部东西7，南北14米，残高5米	无	无	保存一般

续表390

名称	地点	高程	与其他遗存的位置关系	材质	建筑方式	平面形制	剖面形制	尺寸	附属设施	修缮情况	保存状况
朔082号马面	利民镇口里歇头场村西北	1848米	倚墙而建。位于口里歇头场长城1段墙体东北侧	石	石砌而成	矩形	梯形	底部东西8,南北13米,顶部东西5,南北10米,残高6米	无	无	保存一般
朔083号马面	利民镇口里歇头场村西北	1858米	倚墙而建。位于口里歇头场长城1段墙体东北侧	石	石砌而成	矩形	梯形	底部东西8,南北13米,顶部东西5,南北10米,残高5米	无	无	保存一般
朔084号马面	利民镇口里歇头场村西北	1873米	倚墙而建。位于口里歇头场长城1段墙体北侧	石	石砌而成	矩形	梯形	底部边长10,顶部边长8,残高3~3.5米	无	无	保存一般
朔085号马面	利民镇口里歇头场村西北	1866米	倚墙而建。位于口里歇头场长城1段墙体北侧	石	石砌而成	矩形	梯形	底部东西8,南北13米,顶部东西5,南北10米,残高6米	无	无	保存一般
朔086号马面	利民镇口里歇头场村西北	1858米	倚墙而建。位于口里歇头场长城1段墙体北侧	土	夯筑而成	矩形	梯形	底部东西4,南北7米,残高7米	马面底部有台基,东西9,南北14米	无	保存一般
朔087号马面	利民镇口里歇头场村西北	1860米	倚墙而建。位于口里歇头场长城1段墙体北侧	石	石砌而成	矩形	梯形	底部东西6,南北16米,顶部东西4,南北14米,残高5米	无	无	保存一般
朔088号马面	利民镇口里歇头场村西北	1863米	倚墙而建。位于口里歇头场长城1段墙体东北侧	石	石砌而成	矩形	梯形	底部东西6,南北9米,顶部东西4,南北7米,残高5米	无	无	保存一般
朔089号马面	利民镇口里歇头场村西北	1858米	倚墙而建。位于口里歇头场长城1段墙体东北侧	石	石砌而成	矩形	梯形	底部东西7,南北11米,顶部东西5,南北9米,残高5米	无	无	保存一般
朔090号马面	利民镇口里歇头场村西北	1854米	倚墙而建。位于口里歇头场长城1段墙体东北侧	石	石砌而成	矩形	梯形	底部东西6,南北10米,顶部东西4,南北8米,残高5米	无	无	保存一般
朔091号马面	利民镇口里歇头场村西北	不详	倚墙而建。位于口里歇头场长城1段墙体东北侧	石	石砌而成	矩形	梯形	底部东西9,南北16米,顶部东西7,南北14米,残高6米	马面底部有台基,石砌而成	无	保存一般

续表390

名称	地点	高程	与其他遗存的位置关系	材质	建筑方式	平面形制	剖面形制	尺寸	附属设施	修缮情况	保存状况
朔092号马面	利民镇口里歇头场村西北	1849米	倚墙而建。位于口里歇头场长城1段墙体东北侧	石	石砌而成	矩形	梯形	底部东西8.5、南北16米,顶部东西6.5、南北14米,高5米	无	无	保存较好
朔093号马面	利民镇口里歇头场村西北	1851米	倚墙而建。位于口里歇头场长城1段墙体东北侧	石	石砌而成	矩形	梯形	底部东西12、南北14米,顶部东西10、南北12米,残高5米	无	无	保存较好
朔094号马面	利民镇口里歇头场村西北	1840米	倚墙而建。位于口里歇头场长城1段墙体东北侧	石	石砌而成	矩形	梯形	底部东西3.5、南北7米,残高0.25~0.3米	马面底部有台基,东西8、南北14,残高1.5米	无	保存较差
朔095号马面	利民镇口里歇头场村西北	1829米	倚墙而建。位于口里歇头场长城2段墙体东北侧	石	石砌而成	矩形	梯形	底部边长7米,顶部东西5、南北4~5米,残高5米	无	无	保存一般
朔096号马面	利民镇口里歇头场村西北	1838米	倚墙而建。位于口里歇头场长城2段墙体东北侧	石	石砌而成	矩形	梯形	底部东西6、南北10米,顶部东西4、南北8米,残高6米	无	无	保存一般
朔097号马面	利民镇口里歇头场村西北	1838米	倚墙而建。位于口里歇头场长城2段墙体东北侧	石	石砌而成	矩形	梯形	底部东西8、南北9米,顶部东西6、南北7米,残高7米	无	无	保存一般
朔098号马面	利民镇口里歇头场村西北	1835米	倚墙而建。位于口里歇头场长城2段墙体东北侧	石	石砌而成	矩形	梯形	底部边长9,顶部边长7米,残高7米	无	无	保存一般
朔099号马面	利民镇口里歇头场村西北	1820米	倚墙而建。位于口里歇头场长城2段墙体东北侧	石	石砌而成	矩形	梯形	底部东西6、南北9米,顶部东西4、南北7米,残高6米	无	无	保存一般
朔100号马面	利民镇口里歇头场村西北	1805米	倚墙而建。位于口里歇头场长城2段墙体东北侧	石	石砌而成	矩形	梯形	底部东西8、南北10米,顶部东西6、南北8米,残高6~7米	无	无	保存一般
朔101号马面	利民镇口里歇头场村西北	1797米	倚墙而建。位于口里歇头场长城2段墙体东北侧	石	石砌而成	矩形	梯形	底部东西8、南北6米,顶部东西6、南北4米,残高6米	无	无	保存一般

续表390

名称	地点	高程	与其他遗存的位置关系	材质	建筑方式	平面形制	剖面形制	尺寸	附属设施	修缮情况	保存状况
朔102号马面	利民镇口里歇头场村西北	1797米	倚墙而建。位于口里歇头场2段长城墙体东北侧	石	石砌而成	矩形	梯形	底部东西11,南北6.5米,顶部东西9,南北3.5米,残高5米	无	无	保存一般
朔103号马面	利民镇口里歇头场村西北	1816米	倚墙而建。位于口里歇头场2段长城墙体东北侧	石	石砌而成	矩形	梯形	底部东西11,南北13.5米,顶部东西9,南北11.5米,残高5米	无	无	保存一般
朔104号马面	利民镇口里歇头场村西北	1835米	倚墙而建。位于口里歇头场2段长城墙体东北侧	石	石砌而成	矩形	梯形	底部东西5,南北16米,顶部东西3,南北14米,残高6米	无	无	保存较差
朔105号马面	利民镇口里歇头场村西北	1856米	倚墙而建。位于口里歇头场2段长城墙体东北侧	石	石砌而成	矩形	梯形	底部东西9,南北16米,顶部东西7,南北14米,残高5~6米	无	无	保存一般
朔106号马面	利民镇利民堡村东南	1847米	倚墙而建。位于口里歇头场3段长城墙体东北侧	土	夯筑而成	矩形	梯形	底部东西11,南北14米,顶部东西9,南北11米,残高5米	无	无	保存较好
朔107号马面	利民镇利民堡村东	1828米	倚墙而建。位于口里歇头场3段长城墙体东北侧	土	夯筑而成	矩形	梯形	底部边长9,顶部边长7,残高3~4米	无	无	保存较好
朔108号马面	利民镇利民堡村东	1787米	倚墙而建。位于口里歇头场3段长城墙体东北侧	土	夯筑而成	矩形	梯形	底部东西9,南北12米,顶部东西7,南北10米,残高5~6米	无	无	保存较好
朔109号马面	利民镇利民堡村东	1758米	倚墙而建。位于口里歇头场3段长城墙体东北侧	土	夯筑而成	矩形	梯形	底部东西10,南北14米,顶部东西7,南北10米,残高5~6米	无	无	保存较好
朔110号马面	利民镇利民堡村东	1733米	倚墙而建。位于口里歇头场3段长城墙体东北侧	土	夯筑而成	矩形	梯形	底部东西8,南北12米,顶部东西6,南北10米,残高5米	无	无	保存较好
朔111号马面	利民镇利民堡村东	1721米	倚墙而建。位于口里歇头场3段长城墙体东北侧	土	夯筑而成	矩形	梯形	底部东西8,南北14米,顶部东西6,南北12米,高5米	无	无	保存较好

续表390

名称	地点	高程	与其他遗存的位置关系	材质	建筑方式	平面形制	剖面形制	尺寸	附属设施	修缮情况	保存状况
朔112号马面	利民镇利民堡村东	1710米	倚墙而建。位于口里敌头场长城3段墙体东北侧	土	夯筑而成	矩形	梯形	底部东西8，南北10米，顶部东西6，南北8米，残高5米	无	无	保存较好
朔113号马面	利民镇利民堡村内	1687米	倚墙而建。位于利民堡长城1段墙体东北侧	土	夯筑而成	矩形	梯形	底部东西13，南北8米，顶部东西10，南北5米，残高10米	无	无	保存一般
朔114号马面	利民镇利民堡村北	1697米	倚墙而建。位于利民堡长城1段墙体东北侧	土	夯筑而成	矩形	梯形	底部东西13，南北8米，顶部东西10，南北6米，残高6米	无	无	保存较好
朔115号马面	利民镇利民堡村北	1702米	倚墙而建。位于利民堡长城1段墙体东北侧	土	夯筑而成	矩形	梯形	底部东西11，南北9米，顶部东西9，南北7米，残高5~6米	无	无	保存较好
朔116号马面	利民镇利民堡村北	1709米	倚墙而建。位于利民堡长城1段墙体东北侧	土	夯筑而成	矩形	梯形	底部东西12，南北7.2米，顶部东西10，南北4.2米，残高5~6米	无	无	保存较好
朔117号马面	利民镇利民堡村北	1726米	倚墙而建。位于利民堡长城1段墙体东北侧	土	夯筑而成	矩形	梯形	底部东西6.2，南北10米，顶部东西4.2，南北8米，残高6~7米	无	无	保存一般
朔118号马面	利民镇利民堡村北	1743米	倚墙而建。位于利民堡长城1段墙体东北侧	土	夯筑而成	矩形	梯形	底部东西10，南北2~3米，残高6~7米	无	无	保存较差
朔119号马面	利民镇利民堡村西北	1755米	倚墙而建。位于利民堡长城1段墙体东北侧	土	夯筑而成	矩形	梯形	底部东西11，南北6米，顶部东西9，南北3~4米，残高6~7米	无	无	保存一般
朔120号马面	利民镇利民堡村西北	1782米	倚墙而建。位于利民堡长城2段墙体东北侧	石	石砌而成	矩形	梯形	底部东西4，南北3，残高5~6米	无	无	保存较差
朔121号马面	利民镇利民堡村西北	1812米	倚墙而建。位于利民堡长城2段墙体东北侧	石	石砌而成	矩形	梯形	底部东西12，南北9米，顶部东西9，南北6米，残高5~6米	无	无	保存一般。顶部有水利工程设立的测量点

续表390

名称	地点	高程	与其他遗存的位置关系	材质	建筑方式	平面形制	剖面形制	尺寸	附属设施	修缮情况	保存状况
朔122号马面	利民镇利民堡村西北	1825米	倚墙而建，位于利民堡长城2段墙体北侧	土	夯筑而成，夯层厚0.07~0.1米	矩形	梯形	底部东西12，南北8米，顶部东西9，南北5米，残高5~6米	无	无	保存一般
朔123号马面	利民镇利民堡村西北	1854米	倚墙而建，位于利民堡长城2段墙体北侧	土	夯筑而成，夯层厚0.08~0.13米	矩形	梯形	底部边长10，顶部边长6，残高5米	无	无	保存一般
朔124号马面	利民镇利民堡村西北	1864米	倚墙而建，位于利民堡长城2段墙体北侧	石	石砌而成	矩形	梯形	底部东西14，南北11米，顶部东西12，南北8米，残高5~6米	马面北侧残存一段石墙，长6，残高1.7米	无	保存一般
朔125号马面	利民镇利民堡村西北	1863米	倚墙而建，位于利民堡长城2段墙体北侧	石	石砌而成	矩形	梯形	底部东西8，南北12米，顶部东西4.5，南北9米，残高5米	无	无	保存一般
朔126号马面	利民镇利民堡村西北	1867米	倚墙而建，位于利民堡长城2段墙体北侧	石	石砌而成	矩形	梯形	底部东西8，南北11米，顶部东西5，南北8米，残高5米	无	无	保存一般
朔127号马面	利民镇利民堡村西北	1869米	倚墙而建，位于利民堡长城2段墙体北侧	石	石砌而成	矩形	梯形	底部东西8，南北10米，顶部东西4，南北7米，残高5米	无	无	保存一般
朔128号马面	利民镇利民堡村西北	1873米	倚墙而建，位于利民堡长城2段墙体北侧	土	夯筑而成，夯层厚0.15~0.18米	矩形	梯形	底部东西11，南北15米，顶部东西8，南北12米，残高5~6米	无	无	保存一般
朔129号马面	利民镇利民堡村西北	1875米	倚墙而建，位于利民堡长城2段墙体北侧	石	石砌而成	矩形	梯形	底部东西10，南北11米，顶部东西6，南北8米，残高4~5米	无	无	保存一般
朔130号马面	利民镇利民堡村西北	1890米	倚墙而建，位于利民堡长城2段墙体北侧	石	石砌而成	矩形	梯形	底部东西11，南北9米，顶部东西8，南北6米，残高5米	无	无	保存一般
朔131号马面	利民镇利民堡村西北	1892米	倚墙而建，位于利民堡长城2段墙体北侧	石	石砌而成	矩形	梯形	底部东西8，南北10米，顶部东西6，南北6米，残高5米	无	无	保存一般
朔132号马面	利民镇利民堡村西北	1902米	倚墙而建，位于利民堡长城2段墙体北侧	石	石砌而成	矩形	梯形	底部东西8，南北13米，顶部东西5，南北11米，残高4米	无	无	保存一般
朔133号马面	利民镇利民堡村西北	1906米	倚墙而建，位于利民堡长城2段墙体北侧	石	石砌而成	矩形	梯形	底部东西8，南北7米，顶部东西5，南北4米，残高5~6米	无	无	保存一般

续表390

名称	地点	高程	与其他遗存的位置关系	材质	建筑方式	平面形制	剖面形制	尺寸	附属设施	修缮情况	保存状况
朔134号马面	利民镇利民堡村西北	1908米	倚墙而建。位于利民堡长城2段墙体西北侧	石	石砌而成	矩形	梯形	底部东西9、南北10米,顶部东西6、南北7米,残高5~6米	马面北侧残存一段石墙,残高3米	无	保存一般
朔135号马面	利民镇利民堡村西北	1913米	倚墙而建。位于利民堡长城2段墙体西北侧	石	石砌而成	矩形	梯形	底部东西13、南北8米,顶部东西10、南北5米,残高5~6米	无	无	保存一般
朔136号马面	利民镇利民堡村西北	1914米	倚墙而建。位于利民堡长城2段墙体西北侧	石	石砌而成	矩形	梯形	底部东西13、南北5、残高5米	无	无	保存较差
朔137号马面	利民镇利民堡村西北	1921米	倚墙而建。位于利民堡长城2段墙体西北侧	石	石砌而成	矩形	梯形	底部东西9、南北11米,顶部东西6、南北8米,残高4米	无	无	保存一般
朔138号马面	利民镇利民堡村西北	1928米	倚墙而建。位于利民堡长城2段墙体西北侧	石	石砌而成	矩形	梯形	底部东西11、南北7米,顶部东西9、南北3.5米,残高4~5米	无	无	保存较差
朔139号马面	利民镇利民堡村西北	1931米	倚墙而建。位于利民堡长城3段墙体西北侧	石	石砌而成	矩形	梯形	顶部东西3.7、南北2.7米	无	无	保存较好
朔140号马面	利民镇利民堡村西北	1938米	倚墙而建。位于利民堡长城3段墙体西北侧	石	石砌而成	矩形	梯形	底部东西7、南北12米,顶部东西4、南北9米,残高5~6米	无	无	保存一般
朔141号马面	利民镇利民堡村西北	1937米	倚墙而建。位于利民堡长城3段墙体西北侧	石	石砌而成	矩形	梯形	底部东西8、南北11米,顶部东西5、南北8米,残高5~6米	无	无	保存一般
朔142号马面	利民镇利民堡村西北	1937米	倚墙而建。位于利民堡长城3段墙体西北侧	土	夯筑而成	矩形	梯形	底部东西6、南北13米,顶部东西4、南北11米,残高5米	无	无	保存较差
朔143号马面	利民镇利民堡村西北	1940米	倚墙而建。位于利民堡长城3段墙体西北侧	石	石砌而成	矩形	梯形	底部东西7、南北11米,顶部东西4、南北8米,残高4~5米	无	无	保存较差
朔144号马面	利民镇利民堡村西北	1946米	倚墙而建。位于利民堡长城3段墙体西北侧	石	石砌而成	矩形	梯形	底部边长9、顶部边长6、残高5米	无	无	保存一般

续表 390

名称	地点	高程	与其他遗存的位置关系	材质	建筑方式	平面形制	剖面形制	尺寸	附属设施	修缮情况	保存状况
朔 145 号马面	利民镇利民堡村西北	1957 米	倚墙而建。位于利民堡长城 3 段墙体北侧	石	石砌而成	矩形	梯形	底部东西 6,南北 11 米,顶部东西 3,南北 8 米,残高 5 米	无	无	保存一般
朔 146 号马面	利民镇利民堡村西北	1970 米	倚墙而建。位于利民堡长城 3 段墙体北侧	石	石砌而成	矩形	梯形	底部东西 10,南北 9 米,顶部东西 5,南北 6 米,残高 5 ~ 6 米	无	无	保存一般
朔 147 号马面	利民镇利民堡村西北	1997 米	倚墙而建。位于利民堡长城 3 段墙体北侧	石	石砌而成	矩形	梯形	底部边长 10,顶部边长 6 ,残高 5 ~ 6 米	无	无	保存一般
朔 148 号马面	利民镇利民堡村西北	1997 米	倚墙而建。位于利民堡长城 3 段墙体北侧	石	石砌而成	矩形	梯形	底部边长 11 ,顶部边长 8 ,残高 5 米	无	无	保存较好
朔 149 号马面	利民镇利民堡村西北	1999 米	倚墙而建。位于利民堡长城 3 段墙体北侧	石	石砌而成	矩形	梯形	底部东西 9,南北 11 米,顶部东西 6,南北 8 米,残高 5 米	无	无	保存一般
朔 150 号马面	利民镇利民堡村西北	1991 米	倚墙而建。位于利民堡长城 3 段墙体北侧	石	石砌而成	矩形	梯形	底部东西 9,南北 10 米,顶部东西 5,南北 7 米,残高 5 米	顶部残存建筑基址,石砌而成,东西 3,南北 2.3 米	无	保存较好
朔 151 号马面	利民镇利民堡村西北	1992 米	倚墙而建。位于利民堡长城 3 段墙体北侧	石	石砌而成	矩形	梯形	底部东西 7,南北 9 米,顶部东西 4,南北 6 米,残高 4 ~ 5 米	无	无	保存较好
朔 152 号马面	利民镇利民堡村西北	1995 米	倚墙而建。位于利民堡长城 3 段墙体北侧	石	石砌而成	矩形	梯形	底部东西 7,南北 11 米,顶部东西 4,南北 8 米,残高 5 米	无	无	保存一般
神池县鹞子沟 37 号马面	利民镇蒋家岭村西南	1924 米	倚墙而建。位于蒋家岭长城 1 段墙体东侧	石	石砌而成	矩形	梯形	底部东西 14,南北 7 米,顶部东西 11,南北 5 米,残高 6 米	无	无	保存一般
朔 153 号马面	利民镇蒋家岭村西南	1923 米	倚墙而建。位于蒋家岭长城 1 段墙体东侧	土	夯筑而成,夯层厚 0.14 ~ 0.18 米	矩形	梯形	底部东西 13,南北 11 米,顶部东西 10,南北 8 米,残高 5 ~ 6	无	无	保存较好
朔 154 号马面	利民镇蒋家岭村西南	1914 米	倚墙而建。位于蒋家岭长城 1 段墙体东侧	土	夯筑而成	矩形	梯形	底部东西 13,南北 8 米,顶部东西 10,南北 5 米,残高 5 ~ 6 米	无	无	保存一般
朔 155 号马面	利民镇蒋家岭村西南	1907 米	倚墙而建。位于蒋家岭长城 1 段墙体北侧	土	夯筑而成	矩形	梯形	底部东西 11,南北 13 米,顶部东西 8,南北 10 米,残高 5 米	无	无	保存一般

续表 390

名称	地点	高程	与其他遗存的位置关系	材质	建筑方式	平面形制	剖面形制	尺寸	附属设施	修缮情况	保存状况
朔156号马面	利民镇蒋家峪村西南	1912米	倚墙而建。位于蒋家峪长城1段墙体东侧	土	夯筑而成	矩形	梯形	底部东西12,南北8米,顶部东西9,南北5米,残高5~6米	无	无	保存一般
朔157号马面	利民镇蒋家峪村西南	1913米	倚墙而建。位于蒋家峪长城1段墙体东侧	土	夯筑而成	矩形	梯形	底部边长11,顶部边长8,残高5~6米	无	无	保存一般
朔158号马面	利民镇蒋家峪村西南	1911米	倚墙而建。位于蒋家峪长城1段墙体东南侧	土	夯筑而成	矩形	梯形	底部东西12,南北10米,顶部东西9,南北7米,残高5米	无	无	保存一般
朔159号马面	利民镇蒋家峪村西	1917米	倚墙而建。位于蒋家峪长城1段墙体东南侧	土	夯筑而成	矩形	梯形	底部东西12,南北11米,顶部东西9,南北8米,残高6~7米	无	无	保存一般
朔160号马面	利民镇蒋家峪村西	1914米	倚墙而建。位于蒋家峪长城1段墙体东侧	土	夯筑而成	矩形	梯形	底部东西9,南北10米,顶部东西6,南北7米,残高5米	无	无	保存一般
朔161号马面	利民镇蒋家峪村西	1901米	倚墙而建。位于蒋家峪长城1段墙体东北侧	土	夯筑而成	矩形	梯形	底部边长11米,顶部东西5,南北7米,残高5~6米	顶部中央有一段石墙,长5,宽0.5,残高0.5米	无	保存一般
朔162号马面	利民镇蒋家峪村西北	1881米	倚墙而建。位于蒋家峪长城1段墙体东北侧	土	夯筑而成	矩形	梯形	底部东西9,南北11米,顶部东西6,南北8米,残高5~6米	无	无	保存一般
朔163号马面	利民镇蒋家峪村西北	1870米	倚墙而建。位于蒋家峪长城1段墙体东北侧	土	夯筑而成	矩形	梯形	底部东西13,南北16米,顶部东西10,南北14米,残高6~7米	无	无	保存较好
朔164号马面	利民镇蒋家峪村西北	1867米	倚墙而建。位于蒋家峪长城1段墙体东北侧	土	夯筑而成	矩形	梯形	底部东西10,南北14米,顶部东西7,南北11米,残高6米	无	无	保存一般
朔165号马面	利民镇蒋家峪村西北	1865米	倚墙而建。位于蒋家峪长城1段墙体东北侧	土	夯筑而成	矩形	梯形	底部东西14,南北9米,顶部东西12,南北7米,残高6米	无	无	保存一般
朔166号马面	利民镇蒋家峪村西北	1865米	倚墙而建。位于蒋家峪长城1段墙体东侧	土	夯筑而成	矩形	梯形	底部东西13,南北15米,顶部东西10,南北13米,残高6米	无	无	保存一般

续表 390

名称	地点	高程	与其他遗存的位置关系	材质	建筑方式	平面形制	剖面形制	尺寸	附属设施	修缮情况	保存状况
朔167号马面	利民镇蒋家峪村西北	1855米	倚墙而建；位于蒋家峪长城1段墙体东侧	土	夯筑而成	矩形	梯形	底部东西9、南北10米，顶部东西6、南北6米，残高6米	无	无	保存一般
朔168号马面	利民镇蒋家峪村西北	1846米	倚墙而建；位于蒋家峪长城1段墙体东侧	土	夯筑而成，夯层厚0.08~0.12米	矩形	梯形	底部东西14、南北12米，顶部东西12、南北10米，残高6~7米	无	无	保存较好
朔169号马面	利民镇蒋家峪村西北	1861米	倚墙而建；位于蒋家峪长城2段墙体东侧	石	石砌而成	矩形	梯形	底部东西12、南北9米，顶部东西9、南北6米，残高5~6米	无	无	保存一般
朔170号马面	利民镇蒋家峪村西北	1871米	倚墙而建；位于蒋家峪长城2段墙体东侧	石	石砌而成	矩形	梯形	底部东西10、南北13米，顶部东西8、南北10米，残高6~7米	无	无	保存较好
朔171号马面	利民镇蒋家峪村西北	1867米	倚墙而建；位于蒋家峪长城2段墙体东侧	土	夯筑而成	矩形	梯形	底部东西13、南北10米，顶部东西10、南北7米，残高6~7米	无	无	保存一般
朔172号马面	利民镇蒋家峪村西北	1867米	倚墙而建；位于蒋家峪长城2段墙体东侧	石	石砌而成	矩形	梯形	底部东西10、南北15米，顶部东西8、南北12米，残高6米	无	无	保存一般
朔173号马面	利民镇蒋家峪村西北	1890米	倚墙而建；位于蒋家峪长城2段墙体东侧	石	石砌而成	矩形	梯形	底部东西11、南北13米，顶部东西8、南北9米，残高5米	无	无	保存一般
朔174号马面	利民镇蒋家峪村西北	1903米	倚墙而建；位于蒋家峪长城2段墙体东侧	石	石砌而成	矩形	梯形	底部东西11、南北14米，顶部东西8、南北9米，残高6米	无	无	保存较好
朔175号马面	利民镇蒋家峪村西北	1895米	倚墙而建；位于蒋家峪长城2段墙体北侧	石	石砌而成	矩形	梯形	顶部东西3、南北3、残高3.5米	无	无	保存较差
朔176号马面	利民镇蒋家峪村西北	1890米	倚墙而建；位于蒋家峪长城2段墙体北侧	石	石砌而成	矩形	梯形	底部东西8、南北7、残高东西5、南北3.5米，残高6米	无	无	保存一般
朔177号马面	利民镇蒋家峪村西北	1884米	倚墙而建；位于蒋家峪长城2段墙体北侧	石	石砌而成	矩形	梯形	底部东西10、南北11米，顶部东西7、南北8米，残高6米	无	无	保存一般
朔178号马面	利民镇蒋家峪村西北	1883米	倚墙而建；位于蒋家峪长城2段墙体北侧	石	石砌而成	矩形	梯形	底部边长12、顶部边长9、残高5~6米	无	无	保存一般

续表390

名称	地点	高程	与其他遗存的位置关系	材质	建筑方式	平面形制	剖面形制	尺寸	附属设施	修缮情况	保存状况
朔179号马面	利民镇蒋家峪村西北	1879米	倚墙而建。位于蒋家峪长城2段墙体北侧	石	石砌而成	矩形	梯形	底部东西13,南北10米,顶部东西10,南北6.5米,残高7米	无	无	保存一般
朔180号马面	利民镇蒋家峪村西北	1870米	倚墙而建。位于蒋家峪长城2段墙体北侧	石	石砌而成	矩形	梯形	底部东西9,南北13米,顶部东西6,南北8.5米,残高5米	无	无	保存一般
朔181号马面	利民镇蒋家峪村西北	1872米	倚墙而建。位于蒋家峪长城2段墙体北侧	石	石砌而成	矩形	梯形	底部东西12,南北9米,顶部东西10,南北6米,残高6米	无	无	保存一般
朔182号马面	利民镇蒋家峪村西北	1870米	倚墙而建。位于蒋家峪长城2段墙体北侧	石	石砌而成	矩形	梯形	底部东西11,南北10米,顶部东西8,南北7米,残高4~5米	无	无	保存一般
朔183号马面	利民镇蒋家峪村西北	1873米	倚墙而建。位于蒋家峪长城2段墙体北侧	石	石砌而成	矩形	梯形	底部东西8,南北10米,顶部东西5,南北6米,残高5~6米	无	无	保存一般
朔184号马面	利民镇蒋家峪村西北	1875米	倚墙而建。位于蒋家峪长城2段墙体北侧	石	石砌而成	矩形	梯形	底部东西5米	无	无	保存差
朔185号马面	利民镇兰家峁村西北	1868米	倚墙而建。位于蒋家峪长城2段墙体北侧	石	石砌而成	矩形	梯形	底部东西9,南北12米,顶部东西6,南北9米,残高6~7米	无	无	保存一般
朔外001号马面	利民镇勒马沟村西南	1951米	倚墙而建。位于勒马沟外长城墙体西北侧	石	石砌而成	矩形	梯形	顶部东西5,南北9米,残高3.5米	无	无	保存一般
朔外002号马面	利民镇勒马沟村西南	1949米	倚墙而建。位于勒马沟外长城墙体东北侧	石	石砌而成	矩形	梯形	底部东西8,南北14米,顶部东西5,南北11米,残高5米	无	无	保存一般
朔外003号马面	利民镇勒马沟村西南	1956米	倚墙而建。位于勒马沟外长城墙体东北侧	石	石砌而成	矩形	梯形	底部东西8,南北10米,顶部东西4,南北6米,残高5~6米	无	无	保存一般
朔外004号马面	利民镇勒马沟村西南	1984米	倚墙而建。位于勒马沟外长城墙体东侧	石	石砌而成	矩形	梯形	底部东西11,南北8米,顶部东西7,南北5米,残高6米	无	无	保存较好
朔外005号马面	利民镇勒马沟村西南	1974米	倚墙而建。位于勒马沟外长城墙体东侧	石	石砌而成	矩形	梯形	底部东西11,南北8米,顶部东西7,南北4米,残高5~6米	无	无	保存较好
朔外006号马面	利民镇勒马沟村西南	1960米	倚墙而建。位于勒马沟外长城墙体东北侧	石	石砌而成	矩形	梯形	底部东西13,南北10米,顶部东西10,南北7米,残高6.5米	无	无	保存较好

续表 390

名称	地点	高程	与其他遗存的位置关系	材质	建筑方式	平面形制	剖面形制	尺寸	附属设施	修缮情况	保存状况
朔外 007 号马面	利民镇勒马沟村西南	1960 米	倚墙而建。位于勒马沟外长城墙墙体西北侧	石	石砌而成	矩形	梯形	底部东西 11、南北 8 米，顶部东西 8、南北 5 米，残高 6 米	无	无	保存一般
朔外 008 号马面	利民镇勒马沟村西南	1960 米	倚墙而建。位于勒马沟外长城墙墙体西侧	石	石砌而成	矩形	梯形	底部东西 12、南北 8 米，顶部东西 9、南北 5 米，残高 7~8 米	无	无	保存较好
朔外 009 号马面	利民镇勒马沟村西南	1962 米	倚墙而建。位于勒马沟外长城墙墙体北侧	石	石砌而成	矩形	梯形	底部东西 11、南北 15 米，顶部东西 8、南北 12 米，残高 6~7 米	无	无	保存较好

表391　朔城区长城沿线烽火台一览表

名称	地点	高程	与其他遗存的位置关系	材质	建筑方式	平面形制	剖面形制	尺寸	附属设施	修缮情况	保存状况
马家梁1号烽火台	窑子头乡马家梁村东南0.72千米	1445米	南距宁武县河西长城2段0.08千米	土	夯筑而成,含较多砂砾,夯层厚0.18米	矩形	梯形	底部东西10,南北12米,顶部东西7,南北8米	无	无	保存一般。台体呈土丘状,周围散落许多残砖碎石,推测台体外部原为砖石混砌
马家梁2号烽火台	窑子头乡马家梁村东南0.5千米	1433米	南距宁武县河西长城2段0.32千米	土	夯筑而成,夯层厚0.2米	矩形	梯形	底部边长8,顶部边长7米	台体底部有台基,黄土夯筑而成,夯土层厚0.2米,平面呈正方形,边长16,残高1.5~3米	无	保存一般。台体呈土丘状,台体多残砖碎石,推测台体外部原为砖石混砌
上圪佬烽火台	窑子头乡上圪佬村西北1.1千米	1496米	西南距神池县龙元长城2段0.63千米	土	夯筑而成,含少量砂砾,夯层厚0.07~0.17米	矩形	梯形	底部东西8.8,南北8.3,顶部边长5米,残高7.5米	西壁设有登顶踏道	无	保存一般,周围散落许多残砖碎石,推测台体外部原为砖石混砌。西壁有洞穴,宽1.3,高1.5米
南西沟1号烽火台	张蔡庄乡南西沟村东南0.83千米	1711米	东距石湖岭长城2段G0077(断点)0.18千米	土	夯筑而成,含砂砾多,夯层厚0.12~0.17米	矩形	梯形	底部东西10,南北12米,顶部东西7,南北8米,残高7米	无	无	保存一般。台体呈土丘状
南西沟2号烽火台	张蔡庄乡南西沟村西南1.05千米	1936米	东北距南西沟长城2段G0123(朔0054号马面)0.62千米	土	夯筑而成,含较多砂砾	矩形	梯形	底部边长9,顶部边长9米,残高7.5	台体周围有围墙,石砌而成,平面呈矩形,东西40,南北23米,底宽1.5~2,内高0.6~1,外高2~2.5米	无	保存一般
口里歇头场1号烽火台	利民镇口里歇头场村西北0.3千米	1889米	东北距口里歇头场1段G0166(朔0079号马面)0.1千米	石	外部片石垒砌而成;内部为夯土台体,含较多砂砾,夯层厚0.07~0.12米	矩形	梯形	底部边长6,顶部边长5米	无	无	保存一般。砌石大多损毁
口里歇头场2号烽火台	利民镇口里歇头场村西北2千米	1852米	东北距口里歇头场2段G0190(朔0096号马面)0.03千米	石	外部片石垒砌而成;内部为夯土台体,含较多砂砾,夯层厚0.09~0.3米	矩形	梯形	底部边长7,残高4~5米	无	无	保存一般。砌石大多损毁

名称	地点	高程	与其他遗存的位置关系	材质	建筑方式	平面形制	剖面形制	尺寸	附属设施	修缮情况	保存状况
利民堡1号烽火台	利民镇利民堡村东南1.3千米	1854米	东北距口里歇头场长城2段C0200(止点,朔0105号马面)0.01千米	石	外部片石垒砌而成;内部为夯土台,含少量砂砾,夯层厚0.12~0.2米	矩形	梯形	底部边长15米,顶部东西6.5,南北6米,残高6米	无	无	保存一般。台体呈土丘状,砌石大多损毁
利民堡2号烽火台	利民镇利民堡村西北1.45千米	1861米	西北距利民堡长城2段C0234(朔0124号马面)0.07千米	石	外部片石垒砌而成;内部为夯土台,含少量砂砾,夯层厚0.1~0.25米	矩形	梯形	底部东西9,南北5.8米,顶部东西6,南北4米,残高9米	台体底部有台基,外部为片石垒砌而成,内部为夯土台体,东西13,南北9米	无	保存一般。砌石大多损毁
勒马沟1号烽火台	利民镇勒马沟村西南2.1千米	2004米	西北距利民堡长城3段C0262(朔0147号马面)0.03千米	石	外部片石垒砌而成;内部为夯土台,含少量砂砾,夯层厚0.12~0.21米	矩形	梯形	底部边长15,顶部边长9,残高5米	无	无	保存一般。台体呈土丘状,砌石大多损毁
勒马沟2号烽火台	利民镇勒马沟村西南2.36千米	2014米	北距利民堡长城3段C0266(止点,朔0152号马面)0.15千米	石	外部片石垒砌而成;内部为夯土台,含少量砂砾,夯层厚0.12~0.21米	矩形	梯形	底部东西15,南北12米,顶部东西7,南北5.6米,残高6~7米	无	无	保存一般。台体呈土丘状,砌石大多损毁
兰家窑1号烽火台(图四八九)	利民镇兰家窑东北0.95千米	1923米	东南距蒋家峪长城1段C0279(朔0159号马面)0.04千米	石	外部片石垒砌而成;内部为夯土台,含较多砂砾,夯层厚0.12~0.21米	矩形	梯形	底部东西13,南北12米,顶部东西6,南北4米,残高3米	台体西南0.03千米处有楼台5座(1~5号楼台),石砌而成,平面呈圆形;1号楼台直径2.5~2.7,残高0.9米,距2号楼台6米;2号楼台直径2.5~2.7,残高1.1米,距3号楼台6.3米;3号楼台直径3.6,残高2.9,距4号楼台7米,距4号楼台直径2.9,残高1.3米,距5号楼台6米;5号楼台直径2.9,残高1.1米	无	保存较差。台体呈土丘状,砌石大多损毁
蒋家峪烽火台	利民镇蒋家峪村西北2.3千米	1941米	西南距蒋家峪长城2段C0304(朔0174号马面)0.37千米	石	外部片石垒砌而成;内部为夯土台,夯层厚0.12~0.21米	矩形	梯形	底部东西11,南北9米,顶部东西8,南北7米,残高4~5米	台体周围有围墙,夯筑而成,平面呈矩形,东西21,南北20米,墙体低矮,西端正中设门	无	保存一般。砌石大多损毁

续表391

名称	地点	高程	与其他遗存的位置关系	材质	建筑方式	平面形制	剖面形制	尺寸	附属设施	修缮情况	保存状况
兰家窑2号烽火台	利民镇兰家窑西北1.8千米	1876米	东北距蒋家峪长城2段 G0322(止点,朔0185号马面)0.19千米	石	外部片石垒砌而成;内部为夯土台体,含较多砂砾,夯层厚0.15米	矩形	梯形	顶部边长8,残高3.5~4米	无	无	保存较差。砌石大多损毁
兰家窑3号烽火台	利民镇兰家窑西北1.7千米	1869米	东北距蒋家峪长城2段 G0322(止点,朔0185号马面)0.35千米,距兰家窑2号烽火台0.17千米	石	外部片石垒砌而成;内部为夯土台体	矩形	梯形	顶部东西8.5,南北7.6,残高5.8米	台体周围有围墙,外部片石垒砌而成,内部为夯土墙体,含较多砂砾,残存一段为北墙。台体底部有台基,外部为夯土台体,平面呈矩形,东西14.3,南北10.5,残高1.6米。烽火台西南0.03千米处有楼台5座(1~5号楼台),石砌而成,平面呈圆形,1号楼台东西3,距南北2.8,2号楼台东西2.3,南北3.3,距3号楼台3.1,残高2.3米;3号楼台东西2.7,南北2.5,残高1.2米,距4号楼台2.4米;4号楼台东西2.8,南北5,距5号楼台2.5米;5号楼台东西3,南北2.9,残高1.25米	无	保存一般。台体呈土丘状,砌石大多损毁
何庄村1段1号烽火台	南榆林乡何庄村东南	1531米	东距何庄村长城1段 G0023(起点)0.02千米	土	夯筑而成,夯层厚0.18~0.2米	矩形	梯形	底部东西6.98,南北7.44,残高6.02米	无	无	保存一般。西壁有洞穴
何庄村2段1号烽火台	南榆林乡何庄村东南	1387米	南距何庄村长城2段 G0016(何庄村2号敌台)0.098千米	土	夯筑而成,夯层厚0.21~0.27米	矩形	梯形	底部东西8.02,南北8.6,残高7.5米	无	无	保存较好

续表391

名称	地点	高程	与其他遗存的位置关系	材质	建筑方式	平面形制	剖面形制	尺寸	附属设施	修缮情况	保存状况
何庄村2段2号烽火台	南榆林乡何庄村西南	1355米	东南距何庄村长城2段G0010（何庄村5号敌台）0.13千米	土	夯筑而成	矩形	梯形	不详	台体底部有台基	无	保存一般
何庄村2段3号烽火台	南榆林乡何庄村西南	1312米	西北距何庄村长城2段G0007（断点）0.026千米	土	夯筑而成	矩形	梯形	底部东西9.6,南北8.32,残高7.9米	无	无	保存较好
何庄村2段4号烽火台	南榆林乡何庄村西南	1430米	北距何庄村长城2段C0003（何庄村7号敌台,止点）0.084千米	土	夯筑而成,夯层厚0.17~0.24米	矩形	梯形	底部东西6.6,南北7.35,残高8.3米	无	无	不详
何庄村2段5号烽火台	南榆林乡何庄村西南	1412米	南距何庄村长城2段C0003（何庄村7号敌台,止点）0.145千米	土	夯筑而成,夯层厚0.16~0.27米	矩形	梯形	底部东西4.4,南北9.37,残高5米	无	无	保存差
牛圈梁村1号烽火台	南榆林乡牛圈梁村南1.5千米的山梁上	1470米	西南距何庄村长城1段0.78千米,东北有牛圈梁村2号烽火台,东有牛圈梁村3号烽火台,东南有牛圈梁村4号烽火台	土	夯筑而成,含碎石,夯层厚0.17~0.2米	矩形	梯形	底部东边长6.74,北边长8.25米,顶部东边长5.31,北边长5.9米,残高6.85米	无	无	保存一般
牛圈梁村2号烽火台	南榆林乡牛圈梁村东南0.7千米的山梁上	1472米	西南距何庄村长城1段1千米,东南有牛圈梁村3、4号烽火台,西南有牛圈梁村1号烽火台	土	夯筑而成,含砂砾、碎石,夯层厚0.15~0.19米	矩形	梯形	底部东西2.23,南北4.02,残高4.79米	无	无	保存较差
牛圈梁村3号烽火台	南榆林乡牛圈梁村东南1.1千米的山顶上	1514米	西南距何庄村长城1段1.3千米,东南有牛圈梁村4号烽火台,西南有牛圈梁村1号烽火台,西北有牛圈梁村2号烽火台	土	夯筑而成,含碎石,夯层厚0.17~0.19米	矩形	梯形	底部南边长4.79,西边长6.13米,顶部南边长2.11,西边长3.93米,残高5.2米	无	无	保存较差
牛圈梁村4号烽火台	南榆林乡牛圈梁村东南1.5千米的山顶上	1550米	西南距何庄村长城1段1.4千米,西北有牛圈梁村1~3号烽火台	土	夯筑而成,含碎石,夯层厚0.27~0.29米	矩形	梯形	底部西边长4.96,北边高2.75米	无	无	保存较差

山西省明长城资源调查报告

表392 朔城区腹里烽火台一览表

名称	地点	高程	与其他遗存的位置关系	材质	建筑方式	平面形制	剖面形制	尺寸	附属设施	修缮情况	保存状况
人头唱烽火台(彩图七七七)	神头镇峪沟村北2.5千米的人头唱山上	1421米	南有峪沟烽火台	土	夯筑而成,含较多料礓石,夯层厚0.2~0.23米	矩形	梯形	底部西南边长9.93、西北边长10.38米,顶部西南边长4.9、西北边长5.2米,残高7.73	台体底部有台基,平面呈矩形,东南边长24.15、西南边长20.66、残高1.7米	无	保存一般。台体顶部近西北部有房屋遗迹。东北边长2.8、东南边长3.6米;东南壁有回龛和西南壁回坑,东南壁回坑宽2.54、高0.5、进深1.17米,西南壁回坑宽1.66、高1.02、进深1.01米
峪沟烽火台	神头镇峪沟村东南0.25千米	1201米	东南有东榆林堡,东北有人头唱烽火台	土	夯筑而成,夯层厚0.16米	矩形	梯形	底部西南边长6.36、西北边长7.85米,顶部东北边长3.3、东南边长1.5、西北边长1.8米,残高6.65米	台体周围有围墙,平面呈矩形,残存痕迹。台体底部有台基,平面呈矩形,东南边长21.27、西南边长22.77、残高1.1~3.2米	无	保存一般。东北壁和东南壁有洞穴,东北壁洞穴宽1.1、高1.3、进深4.1米,东南壁洞穴宽1.5、高1.8、进深4.4米,东南壁被人为取土挖损,西南壁有登顶坡道
苗山烽火台	神头镇苗山村东0.4千米的山梁顶部	1495米	西有伏庄烽火台	土	夯筑而成,含较多料礓石,夯层厚0.22~0.31米	矩形	梯形	底部东南边长7.01、西南边长5.83米,顶部西北边长1.84、东北边长2.67米,残高5.87米	台体底部有台基,平面呈矩形,西南边长11.02、残高0.93米	无	保存一般。东北壁有登顶的脚窝
伏庄烽火台	神头镇伏庄村西南1.2千米的山顶上	1469米	东有苗山烽火台	土	夯筑而成,含较多料礓石,夯层厚0.2~0.26米	矩形	梯形	台体底部边长8.9米,顶部东西4.5、南北3.9米,残高6.7米	台体底部有台基,石砌而成,平面呈矩形,北边长17.1、残高1.7米	无	保存一般。东壁底部中央有洞穴,宽1.85、高0.9、进深1.3米
东榆林烽火台(彩图七七八)	神头镇东榆林村西北0.3千米	1087米	北有东榆林堡,西南有陈西河底烽火台,峪沟烽火台	土	夯筑而成,含碎石,夯层厚度不详	矩形	梯形	底部东西3.8、南北4.2米,顶部东西1.2、南北2.5米,残高4.2米	台体底部有台基	无	保存较差。台基北部遭修路破坏,西部北侧有挖掘形成的土坑

续表 392

名称	地点	高程	与其他遗存的位置关系	材质	建筑方式	平面形制	剖面形制	尺寸	附属设施	修缮情况	保存状况
陈西河河底烽火台	神头镇陈西河底村西0.1千米	1051米	西南有肖西河底堡，东北有东榆林烽火台，东南有罗疃铺1、2号烽火台	土	夯筑而成，夯层厚0.16米	矩形	梯形	底部东西4.5，南北5.5，残高6米	无	无	保存一般。南壁下部被人为取土挖损
野场烽火台	神头镇野场村内西南部	1071米	西南有烟墩烽火台、二十里铺烽火台、牛家店烽火台	土	夯筑而成，夯层厚0.14~0.18米	矩形	梯形	底部东西3，南北3.38米，顶部东西1.1，南北1.9米，残高2.9米	台体底部有台基，平面呈矩形，东西6.67，南北7.81，残高0.9米	无	保存差
烟墩烽火台（彩图七七九）	神头镇烟墩村东北	1068米	东北有野场烽火台，西南有二十里铺烽火台、牛家店烽火台	砖	外部包砖，砖长36，宽14，厚5厘米；内部为夯土台体，含碎石，夯层厚0.16米	矩形	梯形	底部东西8.77，南北9.26米，顶部东西4.56，南北4.96米，残高9.6米	台体南壁底部有一平台，平台东西两壁有脚窝，南北1.8，残高2.9米。南壁顶部有一道砖槽	无	保存较好。东壁北侧和北壁东侧嵌有圆木
罗疃铺1号烽火台	滋润乡罗疃铺村东北	1040米	西北有肖西河底堡、陈西河底烽火台，西南有罗疃铺2号烽火台	土	夯筑而成，夯层厚0.14~0.18米	矩形	梯形	底部东西1，南北2.5，残高3.8米	台体周围有围墙，平面呈矩形，残存东、北端，东墙残长28.6，北墙残长33.8米	无	保存较差
罗疃铺2号烽火台	滋润乡罗疃铺村北0.1千米	1036米	西北有肖西河底堡、陈西河底烽火台，东北有罗疃铺1号烽火台，西南有里磨疃烽火台	土	夯筑而成，夯层厚度不详	圆形	梯形	底部东西7.8，南北6.1，残高2.3米	无	无	保存较差。台体呈土堆状
里磨疃烽火台	滋润乡里磨疃村北0.12千米	1032米	北有肖西河底烽火台，东北有罗疃铺1、2号烽火台，南有新进疃烽火台	土	夯筑而成，夯层厚度不详	圆形	梯形	不详	无	无	保存差。台体被人为取土挖损
新进疃烽火台	滋润乡新进疃村南0.05千米	1038米	北有里磨疃烽火台，西北有清河寺1、2号烽火台	土	夯筑而成，夯层厚0.15~0.2米	矩形	梯形	台体底部东西3.8，南北3.5，残高5.1米	无	无	保存较差。台体被人为取土挖损

名称	地点	高程	与其他遗存的位置关系	材质	建筑方式	平面形制	剖面形制	尺寸	附属设施	修缮情况	保存状况
清河寺1号烽火台	滋润乡清河寺村内南部	1048米	西北有马邑城,北有清河寺2号烽火台	土	夯筑而成,夯层厚0.16~0.23米	矩形	梯形	底部东西10.7,南北11米,顶部东西6.1,南北5.3米,残高8.5米	台体周围有围墙,夯筑而成,夯层厚0.2米,残存痕迹	无	保存一般。围墙坍塌损毁严重,西墙被人为取土挖毁
清河寺2号烽火台	滋润乡城河寺村北	1050米	西北有马邑城,东南有清河寺1号烽火台	土	夯筑而成,夯层厚0.16~0.18米	圆形	梯形	底部直径14,残高9米	台体底部有台基	无	保存一般
里仁烽火台	滋润乡里仁村南0.45千米	1084米	西北有夏关城烽火台	土	夯筑而成,含碎石,夯层厚0.11~0.17米	矩形	梯形	底部西边长6.6,北边长6.3,残高3.2米	台体底部有台基,平面呈矩形,西部保存较好,长26,残高1.1米	无	保存较差
夏关城烽火台	滋润乡夏关城村东北0.35千米	1078米	东有里仁烽火台,西南有沙连烽火台	土	夯筑而成,含少量料礓石,夯层厚0.2~0.23米	矩形	梯形	底部东西11.2,南北7.9,顶部东边长8米,残高6.8米	无	无	保存一般
六郎山烽火台（彩图七八〇）	小平易乡大平易村东北1千米的六郎山顶	1260米	西有大平易烽火台,西北有刘家窑烽火台,上泉观烽火台,店坪烽火台	土	夯筑而成,夯层厚0.21~0.27米	矩形	梯形	底部东西6.26,南北5.33米,顶部东西2.2,南北1.8米,残高6.8米	台体周围有围墙,石砌而成,平面呈矩形,残存东、南墙,东墙残长15.7,西墙残长18.4米,墙体底宽1.6米,残高0.5米	无	保存一般。北壁底部洞穴,东南角有登顶的脚窝
大平易烽火台	小平易乡大平易村北0.6千米	1229米	东有六郎山烽火台,西北有刘家窑烽火台,上泉观烽火台,店坪烽火台	土	夯筑而成,夯层厚度不详	矩形	梯形	底部东西6.41,南北6.5米,顶部东西2.5,南北3.4米,残高4.3米	台体底部有台基,平面呈矩形,西边长18.86,北边长16.3,残高0.7米	无	保存较差。台体中空,被利用成炼钢炉,附近地面散落钢铁渣。南壁有洞穴,宽0.8,高1米,与中空部分相通
刘家窑烽火台	小平易乡刘家窑村东0.85千米	1289米	东南有六郎山烽火台,大平易烽火台,南有上泉其烽火台	土	夯筑而成,含砂砾,夯层厚0.24~0.27米,局部夯层间有黄土夹层,厚0.02米	矩形	梯形	底部南边长8.37,西边长7.94米,顶部东边长0.9,南边长2.4,西边长1.3米,残高8.1米	台体底部有台基,平面呈矩形,西边长27.58,南边长29.78,残高2.06米	无	保存一般。北壁有登顶坡道

续表392

名称	地点	高程	与其他遗存的位置关系	材质	建筑方式	平面形制	剖面形制	尺寸	附属设施	修缮情况	保存状况
上泉观烽火台	小平易乡上泉观村西北0.15千米	1195米	东北有刘家窑烽火台,西南有店坪烽火台,西北有下窑烽火台	土	夯筑而成,含少量料礓石,夯层厚0.16~0.19米	矩形	梯形	底部东西7.18,南北7.06米,顶部东西3.5,南北3.1米,残高6.12米	台体周围有围墙,台体倚南墙而建,位于南墙北侧。墙体夯筑而成,夯层厚0.14~0.19米,南墙底宽2.1,顶宽1,内高3.05,外高4.05米。东、西南端呈矩形,底部东西1.4,南北1.7米,顶部东西1,南北0.3米,残高1.2米;南墙设门,现为豁口,宽5.85米	土	保存一般。台体顶部中央有半圆形坑,直径1.7,深1.4米
二十里铺烽火台	朔城区神头街道办事处二十里铺村西南角	1068米	西有牛家店烽火台,东北有烟墩烽火台和野场烽火台	土	夯筑而成,夯层厚0.24米	矩形	梯形	底部东北边长8.98,东南11.19,西北4.96,残高8.2米	无	无	保存一般
牛家店烽火台	朔城区神头街道办事处牛家店村内南部	1087米	东有二十里铺烽火台,西南有三里铺烽火台	土	夯筑而成,含砂砾,夯层厚0.2米	矩形	梯形	底部东西2.1,南北2,顶部东西2,南北1.5米,残高2.5米	无	无	保存较差,台体被利用为房屋墙
三里台村烽火台	朔城区神头街道办事处三里台村村内	1084米	西有朔州城,东北有牛家店烽火台,南有南邢家河烽火台	土	夯筑而成,含砂砾,夯层厚0.17~0.22米	矩形	梯形	底部东西8.5,南北12.2米,顶部东西5,南北5.5米,残高8.5米	无	无	保存一般
南邢家河烽火台	朔城区南城街道办事处南邢家河村东南0.8千米	1096米	西北有朔州城,南街有南关村烽火台,东有南关西辛庄烽火台,西南有油房头烽火台,北有三里台村烽火台	土	夯筑而成,含砂砾,夯层厚0.16~0.22米	矩形	梯形	底部东北10.5,东南11.7,西北13米,顶部东北4.6,东南4.8,西北4.1米,残高7.7米	无	无	保存较好
南街村烽火台	朔城区南城街道办事处南街村村委会院内	1107米	东有朔州城,东北有三里台烽火台,南有南关烽火台、油房头烽火台	土	夯筑而成,含砂砾,夯层厚0.17~0.2米	矩形	梯形	台体底部东西11,南北11.5米,顶部东西4.6,南北5.2米,残高10米	无	无	保存较好。南壁有三孔废弃的窑洞

续表392

名称	地点	高程	与其他遗存的位置关系	材质	建筑方式	平面形制	剖面形制	尺寸	附属设施	修缮情况	保存状况
南关烽火台	朔城区南城街道办事处南关城内	1108米	东北有朔州城、三里台烽火台，南有油房头烽火台，北有南街村烽火台	土	夯筑而成，含砂砾，夯层厚0.2米	矩形	梯形	底部东西7.8，南北8.6米，顶部东西3.3，南北3.2米，残高5.5米	无	无	保存一般。四壁被人为取土挖损
油房头烽火台	朔城区南城街道办事处油房头村西北	1108米	北有朔州城、南关村烽火台，南有南街村烽火台，东北有南邢家河烽火台，南有后寨烽火台	土	夯筑而成，含砂砾，夯层厚0.18~0.21米	矩形	梯形	底部东西15.3，南北14.8米，顶部东西8.2，南北8.3米，残高10米	台体底部有台基，残存南侧部分	无	保存较好。南壁下方有两孔废弃的窑洞，东侧一孔宽1.7，高1.9，进深4米，西侧一孔高1.7，进深2.8米，宽1.6，同距1米
店坪烽火台	下团堡乡店坪村南0.85千米	1172米	西南有马营堡、上团堡烽火台，马营堡观烽火台，东北有上泉观烽火台，南有下庄头1、2号烽火台，西有下磨石沟烽火台，西北有下窑烽火台	土	夯筑而成，含砂砾，夯层厚0.17~0.2米	矩形	梯形	底部东西8.63，南北9.23米，顶部东西3，南北3.6米，残高9.39米	台体周围有围墙，残存东端0.5，残宽1.2，底宽0.6米。台体底部有台基，平面呈矩形，东边长28.14，南边残长5.33，残高1.8	无	保存较好。东壁下部有盗洞，宽2.38，高2.47；进深2.47米；西壁下部有废弃的窑洞，宽1.34，高0.79，进深1.85米；西壁有现代挖掘形成的登顶阶梯
下窑烽火台	下团堡乡下窑村西南1.2千米	1323米	东南有店坪烽火台，上泉观烽火台，西南有下磨石沟烽火台	土	夯筑而成，含砂砾，夯层厚0.12~0.18米	矩形	梯形	底部东西9.08，南北8.52米，顶部东西3.5，南北2.8米，残高9.1米	台体底部有台基，平面呈矩形，东西33.38，南北29.44，残高2.46米	无	保存较好。东北角有登顶的脚窝
下庄头1号烽火台	下团堡乡下庄头村东0.35千米的耕地内	1118米	西北有马营堡、上团堡烽火台，马营堡烽火台，西南有下庄头2号烽火台，西有霍庄烽火台	土	夯筑而成，夯层厚0.17~0.26米	矩形	梯形	底部东边5.98，西边长6.05，北边长8.09米，顶部东边长4.3，西边2.8，北边8.24米	无	无	保存一般。南壁下塌土被挖掘机挖损，西壁有废弃的窑洞
下庄头2号烽火台	下团堡乡下庄头村南0.85千米	1105米	西北有马营堡、上团堡烽火台，马营堡烽火台，东北有下庄头1号烽火台，西有霍庄烽火台	土	夯筑而成，夯层厚0.15~0.19米	矩形	梯形	底部东西7.59，南北9.4米，残高8.58米	无	无	保存较好

续表392

名称	地点	高程	与其他遗存的位置关系	材质	建筑方式	平面形制	剖面形制	尺寸	附属设施	修缮情况	保存状况
霍庄烽火台	下团堡乡霍庄村内	1115米	西北有马营堡,上团堡烽火台,马营堡烽火台,东有下团头1、2号烽火台	土	夯筑而成,夯层厚0.16~0.2米	矩形	梯形	底部东西12.86米,南北12.59米,顶部东西4.3,南北5.1米,残高13.8米	台东、西壁南侧各有一段东西向土墙与台体相连。土墙现低矮	台体东北角用砖砌,应为后人补砌。砖坏长28,宽40,厚0.05厘米	保存较好。台体南、北壁上生长有大榆树;东北角下部两处东向土洞,洞处东壁底部有洞穴,宽0.97,高0.7,进深5.95米
上团堡烽火台	下团堡乡上团堡村西北	1135米	西有马营堡,马营堡烽火台,东北有店坪烽火台,东南有霍庄烽火台及下团头1,2号烽火台	土	夯筑而成,夯层厚0.18~0.22米	矩形	梯形	底部东西8.78,南北10.89米,顶部东西4.9,南北5.7米,残高11.35米	台体东壁南置门洞,内部有通道顶的圆孔形踏道。南壁南缘向东有一段低矮墙	无	保存较好。东壁有洞穴,宽0.95,高1.38,进深5.11米;南壁有回槽宽1.8,进深2.2米
马营堡烽火台	下团堡乡马营堡村东南0.03千米	1157米	东有马营堡,上团堡烽火台,东北有店坪烽火台,东南有霍庄烽火台及下团头1,2号烽火台,西北有磨石沟烽火台	土	夯筑而成,含少量碎石,夯层厚0.12~0.16米	矩形	梯形	底部东边长6.69,南边长3.6,北边长5.45米,顶部东边长3.8,南边长2.2,残高6.7米	台体东壁设门洞,内部有通道顶的圆孔形踏道,高0.62,宽门洞1.19,进深3.45米,距地面1.6米	无	保存一般
下磨石沟烽火台(彩图七八一)	下团堡乡下磨石沟村东北0.35千米的山顶上	1331米	西南有上磨石沟烽火台,东北有下团坪烽火台,东有店坪烽火台,东南有马营堡烽火台	土	夯筑而成,含砂砾,少量料礓石,夯层厚0.12~0.16米	矩形	梯形	底部东西8.41,南北7.18,残高8.7米	台体周围有围墙,夯筑而成,平面呈矩形,西墙内高1.1,外高1.9米。台体底部有台基,平面呈矩形,东西26.95,南北27.33,残高1.6米	无	保存较好。南壁下部有现代石砌窑洞
上磨石沟烽火台	下团堡乡上磨石沟村西	1299米	东北有下磨石沟烽火台	土	夯筑而成,含砂砾,少量料礓石,夯层厚度不详	矩形	梯形	底部东西6.5,南北4.8,残高6.5米	台体底部有台基,坍塌损毁严重	无	保存一般
筷子坪烽火台	下团堡乡筷子坪村东南0.35千米	1191米	西南有峙庄烽火台,西北有李荟峪烽火台	土	夯筑而成,夯层厚0.22~0.26米	矩形	梯形	底部东西10.72,南北11.15米,顶部东西5.5,南北5.3米,残高9.29米	台体周围有围墙,夯筑而成,夯层厚0.17~0.24米,平面呈矩形,南墙长30.1,东墙长33.2米。西南角外高2.41米。台体和围墙底部有台基,凸出围墙1.3米	无	保存较好。四壁底部有洞穴

续表392

名称	地点	高程	与其他遗存的位置关系	材质	建筑方式	平面形制	剖面形制	尺寸	附属设施	修缮情况	保存状况
李家窑烽火台（彩图七(二))	下团堡乡李家窑村西1.2千米的小山顶	1435米	东南有筷子坪烽火台,峙庄烽火台	土	夯筑而成,含砂砾,夯层厚0.12~0.15米,夯层间有夹层,厚0.05~0.07米	圆形	梯形	底部直径9.83,残高7.14米	台体底部有台基,平面呈矩形,西边残长13.12,北边残长30.1米	无	保存一般。台基西部遭土挖损
小坝村烽火台	福善乡小坝村北0.5千米	1085米	西有化庄1,2号烽火台	土	夯筑而成,夯层厚0.12~0.15米	矩形	梯形	底部东西4.5,南北5米,顶部东西2.6,南北2.4米,残高4.6米	无	无	保存较差
化庄1号烽火台	贾庄乡化庄村内北部	1053米	东距化庄2号烽火台0.025千米,东有小坝村烽火台,西南有一半村烽火台,西北有西辛庄烽火台	土	夯筑而成,夯层厚0.16~0.23米	矩形	梯形	底部东西5.5,南北4.4米,顶部东西1,南北2米,残高3米	无	无	保存较差。南部民居,取土挖损
化庄2号烽火台	贾庄乡化庄村内北部	1058米	西距化庄1号烽火台0.025千米,东有小坝村烽火台,西南有一半村烽火台,西北有西辛庄烽火台	土	夯筑而成,含砂砾,夯层厚0.14~0.25米	矩形	梯形	底部东西9.5,南北9米,顶部东西5,南北4.3米,残高7.5米	无	无	保存一般
西辛庄烽火台	贾庄乡西辛庄村内	1079米	东南有化庄1,2号烽火台,西南有一半村烽火台,西北有南那家河烽火台	土	夯筑而成,夯层厚0.15~0.2米	矩形	梯形	底部东西1.8,南北4.5,残高9米	无	无	保存一般
南曹村烽火台	贾庄乡南曹村内东北	1094米	东有青钟村1~3号烽火台,东南有楼子坝烽火台,西北有一半村烽火台	土	夯筑而成,夯层厚0.14~0.2米	矩形	梯形	底部东西12.8,南北16米,顶部东西8.3,南北6米,残高10米	台体周围有围墙,台体倚北墙,位于北墙正中南侧。围墙南侧,残高1.7米	无	保存较好。台体顶部有圆形土洞,直径2.3米。围墙被利用为房屋墙体
沙洼烽火台	南榆林乡沙洼村内西北部	1078米	东北有夏关城烽火台,东南有下寨1,2号烽火台	土	夯筑而成,含少量料礓石,夯层厚0.2~0.3米,夯层间有砂石夹层,厚0.01~0.03米	矩形	梯形	底部东边长6.5,西边长8.4,北边长10.5米,顶部东边长3.8,西边长1.4,北边长6.4米,残高8.2米	无	无	保存一般

续表392

名称	地点	高程	与其他遗存的位置关系	材质	建筑方式	平面形制	剖面形制	尺寸	附属设施	修缮情况	保存状况
下寨1号烽火台（彩图七八三、七八四）	南榆林乡下寨村东0.2千米	1144米	南有下寨2号烽火台，西南有陈家窑烽火台，南辛寨烽火台，西北有沙堆烽火台	土	夯筑而成，含大量碎石、料礓石，夯层厚0.12~0.22米	矩形	梯形	底部东边长8.3，南边长1.8、北边长8，残高5.7米	台体周围有围墙，平面呈矩形，南边长26.2，西边长26米，墙体底宽1.5，顶宽0.5，内高1.8、外高3米。南墙西段设门，现为豁口，宽6.8米。西壁设有登顶踏道	无	保存一般。台体东壁底部有窑洞，宽1.6，高1.1，进深1.4米；南墙被人为取土挖损
下寨2号烽火台	南榆林乡下寨村东南0.55千米的山顶上	1267米	西南有陈家窑烽火台，西南有南辛寨烽火台，西北有下寨1号烽火台	土	夯筑而成，夯层厚0.1~0.17米	矩形	梯形	底部东西7.33，南北8.2，残高8.5米	台体底部有台基，平面呈矩形，西边长19.92，北边长19.83，残高1.78米，东侧豁口，宽6.52米	无	保存较好。周围散落许多碎石，推测台体外部原为石砌
陈家窑烽火台（彩图七八五）	南榆林乡陈家窑村西南0.9千米的山顶上	1341米	东北有下寨1,2号烽火台，西南有南辛寨烽火台及正峪村1,2号烽火台	土	夯筑而成，夯层厚0.16~0.3米	矩形	梯形	底部东西10.46，南北4.25，顶部东西6.8，南北6.8米，残高8.26米	无	无	保存较好。台体顶部有碎石痕迹，周围散落许多碎石，推测台体外部原为石砌
南辛寨烽火台（彩图七八六）	南榆林乡南辛寨村南0.2千米	1253米	东北有陈家窑烽火台，南有正峪村1,2号烽火台及王化庄1,2号烽火台等	土	夯筑而成，夯层厚0.1~0.2米	矩形	梯形	底部南边长9.1，西边长9.2米，东边长7.5，西边长6.3米，残高6.3米	台体周围有围墙，夯筑而成，厚0.07~0.2米，平面呈矩形，东西27，南北27.4米，墙体底宽1.2，顶宽0.4，残存最宽2.7米。北墙正中设门，现为豁口，宽2.7米。南墙外有壕沟	无	保存较好。周围散落许多碎石，推测台体外部原为石砌
正峪村1号烽火台	南榆林乡正峪村西南1千米	1500米	西南有八盆堡、王化庄1,2号烽火台，西北有正峪村2号烽火台	土	夯筑而成，含砂砾，夯层厚0.18~0.22米	矩形	梯形	底部东西8.5，南北13.5米，顶部东西3.4，南北3.4米，残高7.3米	无	无	保存一般。台体东壁邻深沟，对台体造成损毁

续表392

名称	地点	高程	与其他遗存的位置关系	材质	建筑方式	平面形制	剖面形制	尺寸	附属设施	修缮情况	保存状况
正峪村2号烽火台（彩图八七）	南榆林乡正峪村西0.8千米	1441米	北有南辛寨烽火台，东南有正峪村1号烽火台，西南有王化庄1、2号烽火台等	土	夯筑而成，含砂砾，夯层厚0.2~0.23米	矩形	梯形	底部东西9、南北8.7米，顶部东西3、南北3.7米，残高6.7米	台体底部有台基，残存西侧部分	无	保存一般
王化庄1号烽火台	南榆林乡王化庄村东南0.6千米	1426米	东有八盆堡，东北有正峪村1、2号烽火台，南有王化庄2号烽火台	土	夯筑而成，夯层厚0.2~0.24米	矩形	梯形	底部东西10.6、南北11.7米，顶部东西5.3、南北6.1米，残高8米	无	无	保存较好。南壁下部有洞穴，宽0.9、高0.9，进深2.6米
王化庄2号烽火台	南榆林乡王化庄村东南1千米	1437米	北有八盆堡，东北有1号烽火台，正峪村有1、2号烽火台	土	夯筑而成，含砂砾，夯层厚0.2~0.23米	矩形	梯形	底部东西7.8、南北10.1米，顶部东西3.8、南北5.3米，残高7.3米	无	无	保存一般。西壁下部有洞穴，宽1.3、高1.11，进深1.6米
徐村1号烽火台	南榆林乡徐村南0.3千米	1124米	东北有徐村2号烽火台，西北有楼子坝烽火台	土	夯筑而成，碎石，夯层厚度不详	矩形	梯形	底部东西8.3、南北7.3米，顶部东西2.5、南北3.5米，残高2.8米	无	无	保存较差
徐村2号烽火台	南榆林乡徐村东0.2千米	1104米	西南有徐村1号烽火台，西北有楼子坝烽火台	土	夯筑而成，含砂砾，夯层厚度不详	矩形	梯形	底部东西4.4、南北6米，顶部东西2.7、南北2.9米，残高3米	台体底部有台基，残存东侧部分	无	保存较差。台体南、北壁邻耕地，农业生产破坏台体，西壁被人为取土挖损
楼子坝烽火台	南榆林乡楼子坝村西北1.5千米	1078米	东南有徐村1、2号烽火台，北有青钟村1~3号烽火台	土	夯筑而成，夯层厚0.2米	矩形	梯形	底部东西14、南北22米，顶部东西5.5、南北13.3米，残高4.5米	台体周围有围墙，残存西南部分。台体底部残存东侧部分	无	保存较差。台体周围邻耕地，农业生产破坏台体。台体顶部西北部的土有挖掘成形坑，东西2.5、南北3、深1米；东壁下部有动物挖掘成形的洞穴

续表 392

名称	地点	高程	与其他遗存的位置关系	材质	建筑方式	平面形制	剖面形制	尺寸	附属设施	修缮情况	保存状况
青钟村1号烽火台	南榆林乡青钟村内东部	1070米	南有楼子坝烽火台，西有青钟村3号烽火台，南曹村烽火台，西北有青钟村2号烽火台	土	夯筑而成，含砂砾，夯层厚0.16~0.24米	矩形	梯形	底部东西11.5米，南北2.9，顶部东西3.8米，残高4.5米	台体底部有台基，残存东侧部分	无	保存较差。台体四壁邻耕地，农业生产破坏环境。西壁北侧下部有洞穴，进深2.6，高2.6，宽1，洞穴进深3.6米；北壁下部被人为取土挖损
青钟村2号烽火台	南榆林乡青钟村内东部	1060米	东南有青钟村1号烽火台，南有楼子坝烽火台，西有青钟村3号烽火台，南曹村烽火台	土	夯筑而成，含砂砾，夯层厚度不详	矩形	梯形	底部东西3.3，南北7.5，残高6米	台体底部有台基，残存东侧部分	无	保存较差。东、南壁下部有废弃的窑洞。台体下部被人为取土挖损
青钟村3号烽火台	南榆林乡青钟村内西部	1061米	东有青钟村1，2号烽火台，南有楼子坝烽火台，西有南曹村烽火台	土	夯筑而成，含砂砾，夯层厚0.15~0.17米	矩形	梯形	底部南北9，残高2.3米	无	无	保存较差
保全庄烽火台（彩图七八）	南榆林乡保全庄村东1千米	1458米	西有宁武县烽火台	石	外部条石垒砌而成，残存16层，包石厚0.6米；内部为夯土台体，含砂砾，碎石，夯层厚0.2~0.24米	矩形	梯形	底部东西12.3，南北12.2米，顶部东西7.6，南北7.7米，残高6.2米	无	无	保存较好
一半村烽火台	沙塄河乡一半村内偏东部	1097米	东北有辛庄烽火台及化庄1，2号烽火台，东南有南曹烽火台	土	夯筑而成，含砂砾，夯层厚0.18~0.22米	矩形	梯形	底部东西5，南北8.3，残高9米	无	无	保存一般。南壁下部有洞穴，宽1.4，高1.5米
鄯窑村烽火台	沙塄河乡鄯窑村东1.05千米山坡	1413米	西北有梵王寺烽火台，东有水泉梁烽火台	土	夯筑而成，含砂砾，碎石，夯层厚0.14~0.17米	矩形	梯形	底部东西3.8，南北5米，顶部东西1.6，南北3.1米，残高4.3米	无	无	保存较差。西壁下部有洞穴，宽0.95，高1，进深2.4米

续表392

名称	地点	高程	与其他遗存的位置关系	材质	建筑方式	平面形制	剖面形制	尺寸	附属设施	修缮情况	保存状况
后寨烽火台	岔子头乡后寨村东南侧	1125米	南有前寨烽火台,西南有丰玉村烽火台,北有油房头烽火台	土	夯筑而成,含砂砾,夯层厚0.15~0.2米	矩形	梯形	底部东西9.4,南北11.2米,顶部东西5.7,南北4.8米,残高9.5米	台体底部有台基,残存西、北侧部分	无	保存较好。台基南部被东西向土路破坏
前寨烽火台	岔子头乡前寨村西侧	不详	北有后寨烽火台,西南有丰玉村烽火台	土	夯筑而成,含砂砾,夯层厚0.17~0.2米	矩形	梯形	底部东西12,南北12.8米,顶部东西5.8,南北7.7米,残高9米	无	无	保存较好。东壁下部有三孔废弃的窑洞,附近有几间废弃的房屋三孔窑洞由南向北,南侧一孔宽2.5、高2.1米,中间一孔宽2.5、高2米,北侧一孔宽1.8、高1.9米
丰玉村烽火台	岔子头乡丰玉村西南0.5千米	1153米	东北有前寨烽火台、后寨烽火台	土	夯筑而成,含砂砾夯层厚度不详	矩形	梯形	底部东西17.7,南北17.8米,顶部东西5米	无	无	保存较差
麻子沟烽火台	岔子头乡麻子沟村东1千米	1184米	南有水泉梁烽火台、梵王寺烽火台	土	夯筑而成,含砂砾,夯层厚0.15~0.21米	矩形	梯形	底部东西8.3,南北8.9,残高7.1米	无	无	保存一般
水泉梁烽火台	岔子头乡水泉梁村东南1.5千米	1203米	西南有梵王寺烽火台,东南有鄯岔村烽火台	土	夯筑而成,含砂砾,夯层厚0.16~0.2米	矩形	梯形	底部东西11.2,南北10.8米,顶部东西5.5,南北5.7米,残高11米	无	无	保存较好。东、南壁下部有洞穴相通,南壁洞穴宽1.5,高1.6米
梵王寺烽火台	岔子头乡梵王寺西北0.8千米	1216米	东北有水泉梁烽火台,东南有鄯岔村烽火台	土	夯筑而成,含砂砾,夯层厚0.17~0.2米	矩形	梯形	底部东西5,南北5.5米,顶部东西3.7,南北3米	无	无	保存一般。台体周围邻耕地,农业生产破坏台体
峙庄烽火台	张蔡庄乡峙庄村中	1215米	东北有筷子坪烽火台,西南有寇庄庄烽火台,西有鱼渠岭1.2号烽火台,西北有李家窑烽火台	土	夯筑而成,含料礓石0.2~0.23米	矩形	梯形	底部西边长7.61,北边长6.47,西边长2.2,顶部西边长6.2,北边长5.1,北边长5.04米,残高5.04米	台体底部有台基,残存西北部分,残高1.2米	无	保存一般。东壁有现代垒砌的砖坯。台体呈圆形土坑,东西1.85,南北0.95,深4.04米,长有一棵小树

续表392

名称	地点	高程	与其他遗存的位置关系	材质	建筑方式	平面形制	剖面形制	尺寸	附属设施	修缮情况	保存状况
寇庄烽火台	张蔡庄乡寇庄村中西北部	1242米	东北有峙庄烽火台,西有双化岭烽火台	土	夯筑而成,含料礓石,夯层厚0.2米	矩形	梯形	底部西南4.9,顶部西南0.9,残高6.33米	无	无	保存较差。东南壁有废弃的窨洞,宽1.7,高1.72,进深2.3米
双化岭烽火台	张蔡庄乡双化岭村东南0.35千米	1764米	东有寇庄烽火台,北有鱼渠岭1,2号烽火台	土	夯筑而成,含料礓石,夯层厚0.11~0.16米,夯层间有夹层,厚0.03米	矩形	梯形	底部南边长6.55,西边长6.82米,顶部南边残长1.7,西边长2.7米,残高5.23米	台体底部有台基,残存西北部分,残高1.2米	无	保存较差
人人山烽火台	利民镇东坨梁村东南0.95千米的人人山山顶上	1867米	南有暖崖烽火台	土	夯筑而成,含碎石,夯层厚0.1~0.2米	矩形	梯形	底部东西4.94米,顶部东西长1.98,西边长5.6米,残高3.8米	无	无	保存较差
暖崖烽火台(彩图七七九)	利民镇暖崖村北0.1千米	1620米	北有人人山烽火台	土	夯筑而成,厚0.19~0.27米	矩形	梯形	底部东西10.16,南北10.14米,顶部东西5.1,南北4.7米,残高7.54米	台体周围有围墙,夯筑而成,夯层厚0.3~0.35米,平面呈矩形,东西26.93,南北31米,墙体底宽1.5,顶宽0.4米,东墙内高2.2,外高2.88米;南墙西段设门洞,现为豁口,宽14.59米。台体底部有台基,平面呈矩形	无	保存一般。台体下部生长有几棵小榆树,东北角下部有几棵小榆树,南壁中部生长有一丛灌木
鱼渠岭1号烽火台	利民镇鱼渠岭村东北1千米	1748米	东有峙庄烽火台,南有鱼渠岭2号烽火台,双化岭烽火台	土	夯筑而成,夯层厚0.07~0.11米	圆形	梯形	底部直径6.48,顶部直径2.34,残高5.33米	无	无	保存较差
鱼渠岭2号烽火台	利民镇鱼渠岭村东南0.85千米	1749米	东有双化岭烽火台,北有鱼渠岭1号烽火台	石	土石混筑而成	圆形	梯形	底部直径14.31,顶部直径6.33,残高5.4米	台体周围有围墙,石砌而成,平面呈圆形,墙体低矮	无	保存较差

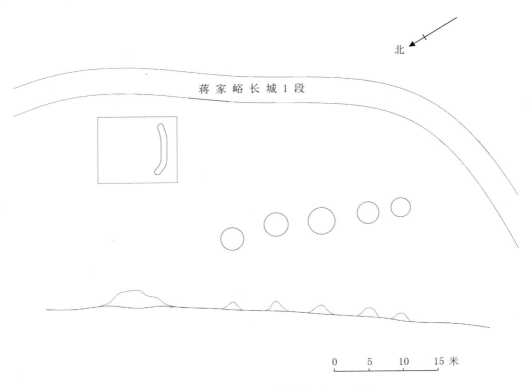

图四八九　兰家峪 1 号烽火台平、立面图

第十七章　偏关县长城

偏关县位于山西省西北部，东与平鲁区，南与神池县、五寨县、河曲县相邻，北以长城与内蒙古自治区清水河县交界，西隔黄河与内蒙古自治区准格尔旗交界。内蒙古自治区调查队对偏关县与清水河县交界区域的长城墙体及其他遗迹进行了调查。山西省明代长城资源调查一队从 2007 年 8 月 16 日 ~2008 年 7 月 14 日，对该县其他区域明代长城资源进行了调查。

一　长城资源调查数据

偏关县共调查长城墙体 59 段，总长 119945.5 米；关堡 33 座，其中关 7 座、城堡 27 座（偏关城由于情况特殊未进行调查）；单体建筑共 553 座，其中敌台 98 座、马面 214 座、烽火台 241 座；相关遗存共 12 处，其中寺院 1 座、石碑 6 块、壕沟 4 道、采石场 1 处（地图一六）。

（一）长城墙体

偏关县长城有内外长城之别。内长城分布于偏关县东部，东南从神池县入境，大致呈东南—西北走向，经南堡子乡、老营镇，至柏杨岭村与外长城相接，内长城大庄窝长城 1 段东侧有南泉寺长城。外长城从内蒙古自治区清水河县入境，沿偏关县与内蒙古自治区清水河县交界延伸，大致呈东—西走向，经老营镇、水泉乡，至万家寨镇老牛湾村与黄河相接。偏关县与清水河县交界南侧的偏关县境，有与外长城相连或仅相距 0.01 ~0.17 千米的后海子长城和窑沟子长城。外长城继续沿黄河东岸，大致呈北—南走向，至天峰坪镇寺沟村入河曲县，黄河东岸尖次湾长城东 0.38 千米有关河口长城。内长城之北场长城 1 段和 2 段、大庄窝长城 1~4 段、南泉寺长城、地椒峁长城 1 段和 2 段、南梁上长城 1~3 段、老营长城 1 段和 2 段、边墙上长城 1 段和 2 段、史家圪台长城 1 段和 2 段、柏杨岭长城 1 段和 2 段由山西省调查队调查。外长城之内蒙古自治区调查柏羊岭长城 1 段和 2 段、野羊洼长城、窑子沟长城、棟木塔长城、小元峁长城、窑洼长城、碓臼坪长城、许家湾长城、川峁上长城、头道沟长城、后海子长城、杏树峁长城、关地嘴长城、窑沟子长城、安根楼长城、阳洼子长城、石垛塌长城、白泥窑长城、正泥塌长城、东牛腻塔长城、青草峁长城、正湖梁长城、北古梁长城、水门塔长城、闫王鼻子长城、老牛湾长城由内蒙古自治区调查队调查。外长城之老牛湾长城、大嘴长城、万家寨长城 1 段和 2 段、五铺梁长城、小寨长城、尖次湾长城、关河口长城、天峰坪长城、石峁长城 1 段和 2 段、寺沟长城由山西省调查队调查（表431）[1]。

表431　偏关县长城墙体一览表（单位：米）

长城墙体段落名称	总长	保存较好	保存一般	保存较差	保存差	消失	类型	省/县属
北场长城1段	2055	1000	1040	0	0	15	土墙	偏关县
北场长城2段	2258.8	650	620	970	0	18.8	土墙	偏关县
大庄窝长城1段	1954	150	1495	170	0	139	土墙	偏关县
大庄窝长城2段	1445	0	590	820	0	35	土墙	偏关县
大庄窝长城3段	2188	160	1290	705	0	33	土墙	偏关县
大庄窝长城4段	1450	0	790	660	0	0	土墙	偏关县
南泉寺长城	684	0	250	160	200	74	石墙	偏关县
地椒峁长城1段	2286	0	760	1050	310	166	土墙	偏关县
地椒峁长城2段	1650	380	560	710	0	0	土墙	偏关县
南梁上长城1段	2407	950	930	270	0	257	土墙	偏关县
南梁上长城2段	1936	1936	0	0	0	0	山险	偏关县
南梁上长城3段	400	0	400	0	0	0	土墙	偏关县
老营长城1段	153	153	0	0	0	0	山险	偏关县
老营长城2段	2588.7	490	530	1150	0	418.7	土墙	偏关县
边墙上长城1段	2259	1690	200	280	0	89	土墙	偏关县
边墙上长城2段	1202	310	395	230	0	267	土墙	偏关县
史家圪台长城1段	2285	1690	560	0	0	35	石墙	偏关县
史家圪台长城2段	1508	1300	100	0	90	18	石墙	偏关县
柏杨岭长城1段	1514	320	1070	0	0	124	土墙	偏关县
柏杨岭长城2段	1032	380	640	0	0	12	土墙	偏关县
内蒙古调查柏羊岭长城1段	596	0	0	0	596	0	土墙	偏关县/清水河县
内蒙古调查柏羊岭长城2段	1921	0	0	481	1440	0	土墙	偏关县/清水河县
野羊洼长城	2739	0	493	1366	880	0	土墙	偏关县/清水河县
窑子沟长城	2662	584	1009	1069	0	0	土墙	偏关县/清水河县
栋木塔长城	2017	852	1165	0	0	0	土墙	偏关县/清水河县
小元峁长城	2005	0	2005	0	0	0	土墙	偏关县/清水河县
窑洼长城	3072	247	1256	992	577	0	土墙	偏关县/清水河县
碓臼坪长城	1575	0	520	867	158	30	土墙	偏关县/清水河县
许家湾长城	1406	0	692	656	0	58	土墙	偏关县/清水河县
川峁上长城	2636	0	214	2353	0	69	土墙	偏关县/清水河县
头道沟长城	2204	0	1295	909	0	0	土墙	偏关县/清水河县
后海子长城	888	0	0	0	769	119	土墙	偏关县

---

〔1〕　柏杨岭村附近长城包括山西省调查的位于山西省境内的柏杨岭长城1、2段，其中柏杨岭长城2段G0245（拐点）—G0246（止点、拐点）间墙体位于山西省和内蒙古自治区交界处，还包括内蒙古自治区调查的位于两省区交界的柏杨岭长城1、2段，由于当时工作为分省区进行，各省区按照最近的村庄命名长城墙体，所以出现了命名重复的情况。作为区别，本报告将内蒙古自治区调查的柏杨岭长城1、2段称为内蒙古自治区调查柏的羊岭长城1、2段。老牛湾村附近长城也存在这种情况。

长城墙体段落名称	总长	保存较好	保存一般	保存较差	保存差	消失	类型	省/县属
杏树峁长城	2302	0	782	1520	0	0	土墙	偏关县/清水河县
关地嘴长城	1805	0	0	1292	513	0	土墙	偏关县/清水河县
窑沟子长城	1148	0	0	0	1148	0	土墙	偏关县
安根楼长城	2429	0	0	889	1540	0	土墙	偏关县/清水河县
阳洼子长城	2639	0	0	0	2639	0	土墙	偏关县/清水河县
石垛墕长城	1853	0	391	1017	265	180	土墙	偏关县/清水河县
白泥窑长城	1550	310	574	656	0	10	土墙	偏关县/清水河县
正泥墕长城	1235	0	1119	116	0	0	土墙	偏关县/清水河县
东牛腻塔长城	1814	0	0	0	1769	45	土墙	偏关县/清水河县
青草峁长城	1641	0	917	614	0	110	土墙	偏关县/清水河县
正湖梁长城	2829	0	1286	891	502	150	土墙	偏关县/清水河县
北古梁长城	455	455	0	0	0	0	土墙	偏关县/清水河县
水门塔长城	1900	0	0	0	0	1900	消失墙体	偏关县/清水河县
闫王鼻子长城	2827	0	0	1274	1364	189	土墙	偏关县/清水河县
内蒙古自治区调查老牛湾长城	862	862	0	0	0	0	山险	偏关县/清水河县
老牛湾长城	3500	3500	0	0	0	0	山险	偏关县
大嘴长城	1358	0	323	450	195	390	石墙	偏关县
万家寨长城 1 段	9999	9999	0	0	0	0	山险	偏关县
万家寨长城 2 段	4280	4280	0	0	0	0	山险	偏关县
五铺梁长城	917.8	156.2	66.6	0	0	695	石墙	偏关县
小寨长城	2400	2400	0	0	0	0	山险	偏关县
尖次湾长城	3344.5	39	80	238.5	15	2972	石墙	偏关县
关河口长城	1075	0	500	210	220	145	石墙	偏关县
天峰坪长城	4335.7	127.3	2.4	38	80	4088	石墙	偏关县
石峁长城 1 段	1220	1220	0	0	0	0	山险	偏关县
石峁长城 2 段	915	30	685	20	0	180	砖墙	偏关县
寺沟长城	2335	2008	40	70	0	217	砖墙	偏关县
合计	119945.5	38628.5	27635	25163.5	15270	13248.5		

1. 北场长城 1 段

起点位于偏关县南堡子乡北场村南 0.6 千米、神池县烈堡乡大沟村西北 2.5 千米处，高程 1802 米；止点位于北场村西北 1.3 千米处，高程 1799 米。大致呈东南—西北走向。全长 2055 米，其中保存较好 1000、一般 1040、消失 15 米。墙体为土墙，黄褐色土夯筑而成，夯层厚 0.04 ~ 0.17 米。现存墙体剖面大致呈不规则梯形，底宽 5 ~ 6、顶宽 0.5 ~ 2、残高 3 ~ 6 米。本段长城东南接神池县野猪口长城 3 段，西北连北场长城 2 段。北场关位于 G0009（拐点）—G0011（拐点）间墙体西南侧，北场 1 ~ 3 号马面位于墙体上（图四九〇）。

本段墙体共测 GPS 点 13 个（G0001 ~ G0009、G0011 ~ G0014），可分为 12 小段，分述如下。

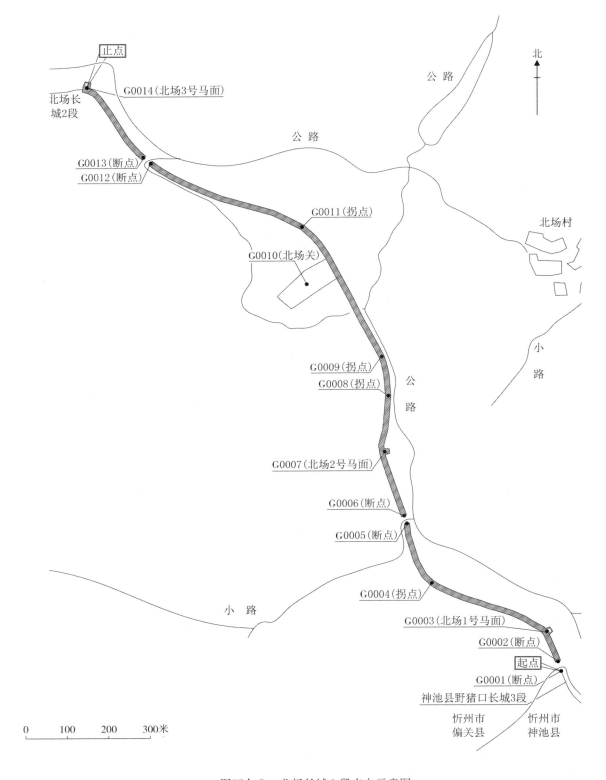

图四九〇　北场长城 1 段走向示意图

第 1 小段：G0001（起点、断点）—G0002（断点），长 7 米，东南—西北走向。墙体被修路挖断损毁消失。

第 2 小段：G0002（断点）—G0003（北场 1 号马面），长 80 米，东南—西北走向，保存一般。底宽 5、顶宽 0.5 ~ 2、残高 3 ~ 5 米，夯层厚 0.12 ~ 0.16 米。

第 3 小段：G0003（北场 1 号马面）—G0004（拐点），长 330 米，东南—西北走向，保存一般。墙体底宽 5、顶宽 0.5 ~ 2、残高 3 ~ 5 米，夯层厚 0.12 ~ 0.16 米。

第 4 小段：G0004（拐点）—G0005（断点），长 170 米，东南—西北走向，保存较好。墙体底宽 5 ~ 6、顶宽 1 ~ 1.5、残高 5 ~ 6 米。

第 5 小段：G0005（断点）—G0006（断点），长 4 米，东南—西北走向。墙体被修路挖断损毁消失。

第 6 小段：G0006（断点）—G0007（北场 2 号马面），长 180 米，东南—西北走向，保存较好。墙体底宽 5 ~ 6、顶宽 1 ~ 1.5、残高 5 ~ 6 米。

第 7 小段：G0007（北场 2 号马面）—G0008（拐点），长 150 米，南—北走向，保存较好。墙体底宽 5、顶宽 1 ~ 1.5、残高 5 米，夯层厚 0.12 ~ 0.17 米。

第 8 小段：G0008（拐点）—G0009（拐点），长 80 米，东南—西北走向，保存较好。墙体底宽 5、顶宽 1 ~ 1.5、残高 5 米，夯层厚 0.12 ~ 0.17 米。

第 9 小段：G0009（拐点）—G0011（拐点），长 420 米，东南—西北走向，保存较好。墙体底宽 5、顶宽 2、残高 4 米（彩图七九一）。

第 10 小段：G0011（拐点）—G0012（断点），长 390 米，东南—西北走向，保存一般。墙体顶宽 0.5 ~ 1、残高 4 ~ 6 米，夯层厚 0.04 ~ 0.12 米。

第 11 小段：G0012（断点）—G0013（断点），长 4 米，东南—西北走向。墙体被修路挖断损毁消失。

第 12 小段：G0013（断点）—G0014（止点、北场 3 号马面），长 240 米，东南—西北走向，保存一般。墙体顶宽 0.5 ~ 1、残高 4 ~ 6 米，夯层厚 0.04 ~ 0.12 米（彩图七九二）。

墙体整体保存一般。造成损毁的自然因素有风雨侵蚀、植物生长、动物破坏等；人为因素有农业生产活动破坏墙体、3 小段墙体被修路挖断损毁消失。

2. 北场长城 2 段

起点位于南堡子乡北场村西北 1.3 千米处，高程 1799 米；止点位于南堡子乡大庄窝村东 2 千米处，高程 1598 米。大致呈东南—西北走向。全长 2258.8 米，其中保存较好 650、一般 620、较差 970、消失 18.8 米。墙体为土墙，黄褐色土夯筑而成，含碎石，夯层厚 0.04 ~ 0.13 米（彩图七九三）。现存墙体剖面大致呈不规则梯形，底宽 3 ~ 5、顶宽 0.5 ~ 2.5、残高 2 ~ 6 米。G0024（折点）西南侧有登城步道，长 12、宽 3 米。本段长城东南接北场长城 1 段，西北连大庄窝长城 1 段。北场 1、2 号敌台、北场 3 ~ 5 号马面位于墙体上（图四九一）。

本段墙体共测 GPS 点 15 个（G0014 ~ G0028），可分为 14 小段，分述如下。

第 1 小段：G0014（起点、北场 3 号马面）—G0015（断点），长 150 米，东—西走向，保存较差。墙体顶宽 0.5、残高 2 ~ 3 米，夯层厚 0.04 ~ 0.13 米（彩图七九四）。

第 2 小段：G0015（断点）—G0016（断点），长 13 米，东南—西北走向。墙体被修路挖断损毁消失。

第 3 小段：G0016（断点）—G0017（拐点），长 90 米，东南—西北走向，保存较差。墙体顶宽 0.5、残高 2 ~ 3 米，夯层厚 0.04 ~ 0.13 米。

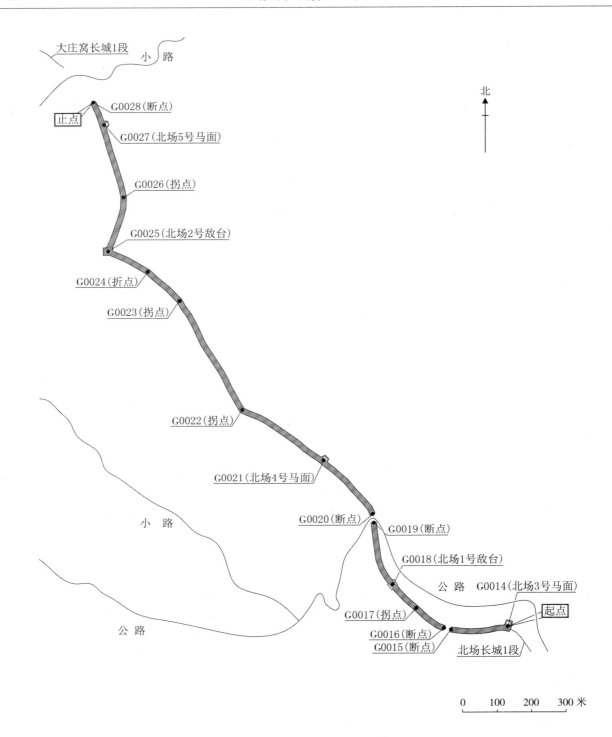

图四九一　北场长城 2 段走向示意图

第 4 小段：G0017（拐点）—G0018（北场 1 号敌台），长 190 米，东南—西北走向，保存较差。顶部坍塌较严重。墙体顶宽 0.5、残高 2～3 米，夯层厚 0.04～0.13 米。

第 5 小段：G0018（北场 1 号敌台）—G0019（断点），长 160 米，东南—西北走向，保存较差。墙体顶宽 0.5、残高 2～3 米，夯层厚 0.04～0.13 米。

第 6 小段：G0019（断点）—G0020（断点），长 5.8 米，南—北走向。墙体被修路挖断损毁消失。

第 7 小段：G0020（断点）—G0021（北场 4 号马面），长 240 米，东南—西北走向，保存一般。墙体底宽 5、顶宽 1～1.5、残高 5～6 米。

第 8 小段：G0021（北场 4 号马面）—G0022（拐点），长 310 米，东南—西北走向，保存一般。墙体底宽 5、顶宽 1～1.5、残高 5～6 米。

第 9 小段：G002（拐点）—G0023（拐点），长 400 米，东南—西北走向，保存较好。墙体底宽 3～5、顶宽 1.3、残高 4～5 米。

第 10 小段：G0023（拐点）—G0024（折点），长 120 米，东南—西北走向，保存较好。墙体底宽 3～5、顶宽 1.3、残高 4～5 米。

第 11 小段：G0024（折点）—G0025（北场 2 号敌台），长 130 米，东南—西北走向，保存较好。墙体底宽 4、顶宽 1.5～2.5、残高 5 米（彩图七九五）。

第 12 小段：G0025（北场 2 号敌台）—G0026（拐点），长 160 米，西南—东北走向，保存较差。

第 13 小段：G0026（拐点）—G0027（北场 5 号马面），长 220 米，东南—西北走向，保存较差。

第 14 小段：G0027（北场 5 号马面）—G0028（止点、断点），长 70 米，东南—西北走向，保存一般。墙体底宽 4～5、顶宽 1.2～1.5、残高 4 米。

墙体整体保存一般。造成损毁的自然因素有风雨侵蚀、植物生长、动物破坏等；人为因素有农业生产活动破坏墙体、2 小段墙体被修路挖断损毁消失。

3. 大庄窝长城 1 段

起点位于南堡子乡大庄窝村东 2 千米处，高程 1598 米；止点位于大庄窝村东北 0.55 千米处，高程 1685 米。大致呈东南—西北走向，全长 1954 米，其中保存较好 150、一般 1495、较差 170、消失 139 米。墙体为夯筑土墙，夯层厚 0.06～0.15 米。现存墙体剖面大致呈不规则梯形，底宽 3～5、顶宽 0.2～2、残高 2～6 米。G0032（大庄窝 2 号马面）西 0.05 千米有登城步道，长 15、宽 2 米。本段长城东南接北场长城 2 段，西连大庄窝村长城 2 段。大庄窝敌台和大庄窝 1、2 号马面位于墙体上（图四九二）。

本段墙体共测 GPS 点 13 个（G0028～G0040），可分为 12 小段，分述如下。

第 1 小段：G0028（起点、断点）—G0029（断点），长 130 米，东南—西北走向。位于大庄窝河谷，墙体被洪水冲毁消失，有乡村小路通过。

第 2 小段：G0029（断点）—G0030（大庄窝 1 号马面），长 25 米，东南—西北走向，保存一般。墙体底宽 3～4、顶宽 2、残高 5～6 米，夯层厚 0.1～0.12 米。

第 3 小段：G0030（大庄窝 1 号马面）—G0031（拐点），长 70 米，东南—西北走向，保存一般。墙体底宽 3～4、顶宽 2、残高 5～6 米，夯层厚 0.1～0.12 米。

第 4 小段：G0031（拐点）—G0032（大庄窝 2 号马面），长 280 米，东北—西南走向，保存一般。墙体底宽 3～4、顶宽 2、残高 5～6 米，夯层厚 0.1～0.12 米（彩图七九六）。

第 5 小段：G0032（大庄窝 2 号马面）—G0033（拐点），长 280 米，东南—西北走向，保存一般。墙体底宽 3、顶宽 1.4、残高 4～5 米。

第 6 小段：G0033（拐点）—G0034（拐点），长 170 米，东南—西北走向，保存较差。墙体底宽 3～4、顶宽 0.2～1、残高 2～5 米。

第 7 小段：G0034（拐点）—G0035（大庄窝敌台），长 150 米，东南—西北走向，保存较好。墙

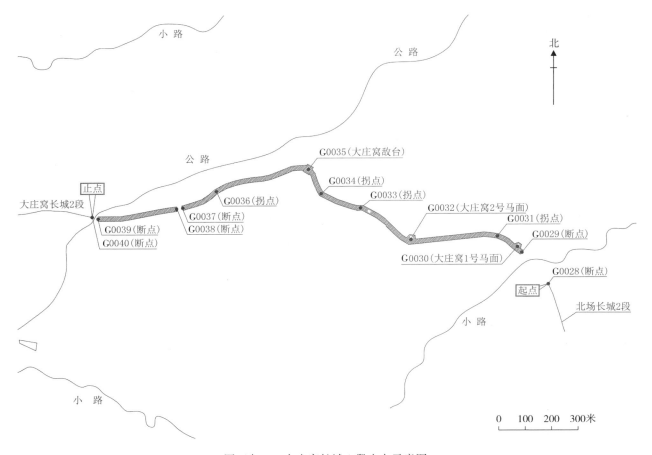

图四九二　大庄窝长城1段走向示意图

体底宽4~5、顶宽1.5~2、残高6米（彩图七九七）。

第8小段：G0035（大庄窝敌台）—G0036（拐点），长450米，东北—西南走向，保存一般。墙体底宽4~5、顶宽0.5~0.7、残高4米。

第9小段：G0036（拐点）—G0037（断点），长130米，东北—西南走向，保存一般。墙体底宽4~5、顶宽0.5~0.7、残高4米，夯层厚0.06~0.15米。

第10小段：G0037（断点）—G0038（断点），长4.6米，东北—西南走向。墙体被修路挖断损毁消失。

第11小段：G0038（断点）—G0039（断点），长260米，东北—西南走向，保存一般。墙体底宽4~5、顶宽0.5~0.7、残高4米。

第12小段：G0039（断点）—G0040（止点、断点），长4.4米，东北—西南走向。墙体被修路挖断损毁消失。

墙体整体保存一般。造成损毁的自然因素有洪水冲刷、风雨侵蚀、植物生长、动物破坏等；人为因素有农业生产活动破坏墙体、2小段墙体被修路挖断损毁消失。

4. 大庄窝长城2段

起点位于南堡子乡大庄窝村东北0.55千米处，高程1685米；止点位于大庄窝村西北1.2千米处，高程1778米。大致呈东南—西北走向。全长1445米，其中保存一般590、较差820、消失35米。墙体为夯筑土墙，夯层厚0.06~0.18米。现存墙体剖面大致呈不规则梯形，底宽2~4、顶宽0.5~2、残高1~6米。本段长城东南接大庄窝长城1段，西北连大庄窝长城3段。大庄窝3、4号马面位于墙体上，大庄窝烽火台位于G0040（起点、断点）—G0042（拐点）间墙体南0.025千米处（图四九三）。

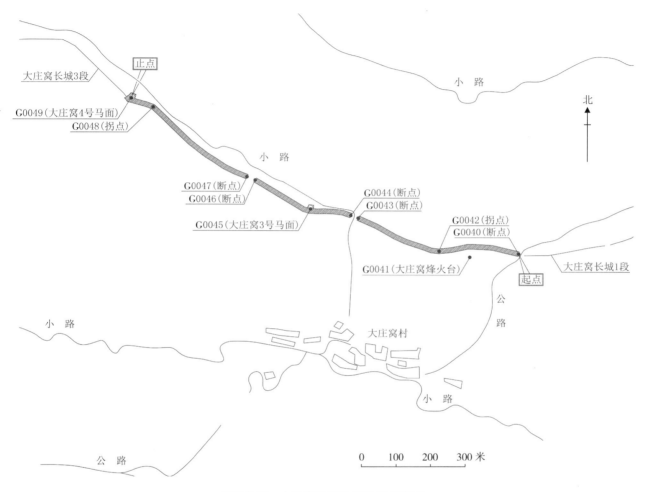

图四九三　大庄窝长城2段走向示意图

本段墙体共测GPS点9个（G0040、G0042~G0049），可分为8小段，分述如下。

第1小段：G0040（起点、断点）—G0042（拐点），长250米，东南—西北走向，保存一般。墙体底宽3~4、顶宽1.5~2、残高5~6米，夯层厚0.06~0.18米。

第2小段：G0042（拐点）—G0043（断点），长270米，东南—西北走向，保存一般。墙体底宽3~4、顶宽1.5~2、残高2~3米，夯层厚0.06~0.18米。

第3小段：G0043（断点）—G0044（断点），长15米，东南—西北走向。墙体被修路挖断损毁消失。

第4小段：G0044（断点）—G0045（大庄窝3号马面），长260米，东南—西北走向，保存较差。

第5小段：G0045（大庄窝3号马面）—G0046（断点），长190米，东南—西北走向，保存较差。墙体底宽4、顶宽0.5~1、残高1.5~4米。

第6小段：G0046（断点）—G0047（断点），长20米，东南—西北走向。墙体被修路挖断损毁消失。

第 7 小段：G0047（断点）—G0048（拐点），长 370 米，东南—西北走向，保存较差。墙体底宽 2～3、顶宽 0.7～1、残高 1～4 米。

第 8 小段：G0048（拐点）—G0049（止点、大庄窝 4 号马面），长 70 米，东南—西北走向，保存一般。墙体底宽 3～4、顶宽 1～1.5、残高 3～4 米（彩图七九八）。

墙体整体保存较差。造成损毁的自然因素有风雨侵蚀、植物生长、动物破坏等；人为因素有农业生产活动破坏墙体、1 小段墙体被修路挖断损毁消失。

5. 大庄窝长城 3 段

起点位于南堡子乡大庄窝村西北 1.2 千米处，高程 1778 米；止点位于大庄窝村西北 2.5 千米处，高程 1855 米。大致呈东南—西北走向，全长 2188 米，其中保存较好 160、一般 1290、较差 705、消失 33 米。墙体为夯筑土墙，夯层厚 0.05～0.15 米。现存墙体剖面大致呈不规则梯形，底宽 3～5、顶宽 0.5～1.5、残高 2～6 米。G0050（大庄窝 5 号马面）东 0.03 千米处有登城步道，长 14、宽 2 米。本段长城东南接大庄窝长城 2 段，北连大庄窝长城 4 段。大庄窝 4～9 号马面位于墙体上（图四九四）。

本段墙体共测 GPS 点 15 个（G0049～G0063），可分为 14 小段，分述如下。

第 1 小段：G0049（起点、大庄窝 4 号马面）—G0050（大庄窝 5 号马面），长 260 米，东南—西北走向，保存一般。墙体底宽 3～4、顶宽 0.5～0.7、残高 3～4 米，夯层厚 0.05～0.15 米。

第 2 小段：G0050（大庄窝 5 号马面）—G0051（大庄窝 6 号马面），长 230 米，东南—西北走向，保存一般。墙体底宽 3～4、顶宽 0.6～1、残高 3～4 米，夯层厚 0.05～0.15 米。

第 3 小段：G0051（大庄窝 6 号马面）—G0052（拐点），长 150 米，东南—西北走向，保存一般。墙体底宽 3～4、顶宽 0.6～1、残高 3～4 米，夯层厚 0.05～0.15 米。

第 4 小段：G0052（拐点）—G0053（拐点），长 170 米，东南—西北走向，保存一般。墙体底宽 3～4、顶宽 0.6～1、残高 3～4 米，夯层厚 0.05～0.15 米（彩图七九九）。

第 5 小段：G0053（拐点）—G0054（拐点），长 260 米，东南—西北走向，保存较差。墙体底宽 3～4、顶宽 1、残高 2 米。

第 6 小段：G0054（拐点）—G0055（大庄窝 7 号马面），长 130 米，东—西走向，保存较差。墙体底宽 3～4、顶宽 1、残高 2 米。

第 7 小段：G0055（大庄窝 7 号马面）—G0056（大庄窝 8 号马面），长 300 米，东南—西北走向，保存较差。墙体底宽 3～4、顶宽 1～1.5、残高 2～3 米。

第 8 小段：G0056（大庄窝 8 号马面）—G0057（拐点），长 320 米，西南—东北走向，保存一般。墙体底宽 4～5、顶宽 1、残高 3～4 米。

第 9 小段：G0057（拐点）—G0058（断点），长 80 米，西南—东北走向，保存较好。墙体底宽 4、顶宽 0.7～1、残高 6 米，夯层厚 0.05～0.12 米（彩图八〇〇）。

第 10 小段：G0058（断点）—G0059（断点），长 30 米，西南—东北走向。墙体被修路挖断损毁消失。

第 11 小段：G0059（断点）—G0060（断点），长 15 米，西南—东北走向，保存较差。墙体顶宽 0.5～1、残高 2～3 米。

第 12 小段：G0060（断点）—G0061（断点），长 3 米，西南—东北走向。墙体被修路挖断损毁消失。

第 13 小段：G0061（断点）—G0062（拐点），长 80 米，西南—东北走向，保存较好。墙体底宽

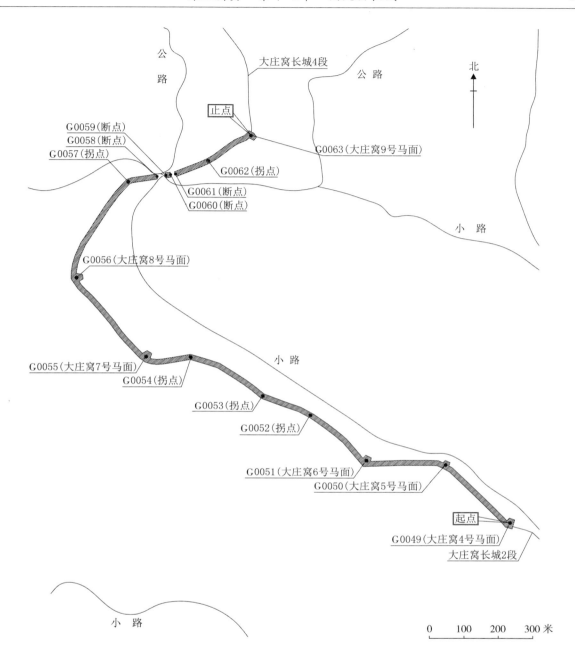

图四九四　大庄窝长城3段走向示意图

4～5、顶宽0.5～1.2、残高5～6米，夯层厚0.05～0.12米。

第14小段：G0062（拐点）—G0063（止点、大庄窝9号马面），长160米，西南—东北走向，保存一般。墙体底宽4～5、顶宽1～1.5、残高3米（彩图八〇一）。

墙体整体保存一般。造成损毁的自然因素有风雨侵蚀、植物生长、动物破坏等；人为因素有农业生产活动破坏墙体、1小段墙体被修路挖断损毁消失。

6. 大庄窝长城4段

起点位于南堡子乡大庄窝村西北2.5千米处，高程1855米；止点位于南堡子乡地椒峁村南1.55

千米处，高程 1765 米。大致呈东南—西北走向。全长 1450 米，其中保存一般 790、较差 660 米。墙体为夯筑土墙，含碎石，夯层厚 0.05～0.14 米。现存墙体大致呈不规则梯形，底宽 4～5、顶宽 0.7～1.5、残高 2～6 米。本段长城南接大庄窝长城 3 段，北连地椒峁长城 1 段。大庄窝 9～11 号马面位于墙体上（图四九五）。

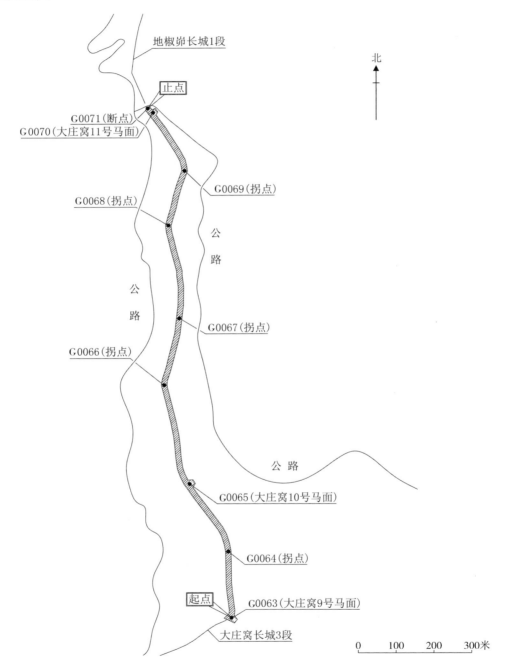

图四九五　大庄窝长城 4 段走向示意图

　本段墙体共测 GPS 点 9 个（G0063～G0071），可分为 8 小段，分述如下。

　第 1 小段：G0063（起点、大庄窝 9 号马面）—G0064（拐点），长 180 米，南—北走向，保存一般。墙体底宽4~5、顶宽1~1.5、残高3~4米。

第2小段：G0064（拐点）—G0065（大庄窝10号马面），长200米，东南—西北走向，保存一般。墙体底宽4~5、顶宽1~1.5、残高3~4米，夯层厚0.05~0.14米（彩图八〇二）。

第3小段：G0065（大庄窝10号马面）—G0066（拐点），长270米，东南—西北走向，保存较差。墙体顶宽0.5~1、残高2~3.5米。

第4小段：G0066（拐点）—G0067（拐点），长180米，西南—东北走向，保存较差。墙体顶宽0.5~1、残高2~3.5米。

第5小段：G0067（拐点）—G0068（拐点），长250米，东南—西北走向，保存一般。墙体底宽4~5、顶宽1~1.5、残高5~6米，夯层厚0.05~0.14米。

第6小段：G0068（拐点）—G0069（拐点），长160米，西南—东北走向，保存一般。墙体底宽4~5、顶宽1~1.5、残高5~6米，夯层厚0.05~0.14米。

第7小段：G0069（拐点）—G0070（大庄窝11号马面），长190米，东南—西北走向，保存较差。墙体顶宽0.7~1、残高2~3米。

第8小段：G0070（大庄窝11号马面）—G0071（止点、断点），长20米，东南—西北走向，保存较差。墙体顶宽0.7~1、残高2~3米（彩图八〇三）。

墙体整体保存较差。造成损毁的自然因素有风雨侵蚀、植物生长、动物破坏等；人为因素有农业生产活动破坏墙体等。

7. 南泉寺长城

起点位于南堡子乡南泉寺村东南1.4千米处，高程1743米；止点位于南泉寺村东南0.8千米处，高程1700米。大致呈东南—西北走向。全长684米，其中保存一般250、较差160、差200、消失74米。墙体为石墙，外部片石垒砌，内部为土石混筑墙体或夯土墙体。现存墙体大致呈不规则梯形，底宽4~7、顶宽3~5、残高2.5~4米。本段长城西望大庄窝长城1段，南泉寺1~5号马面位于墙体上，南泉寺1号烽火台位于墙体西侧，南泉寺2号烽火台位于墙体东北侧，南泉寺1~4号壕沟位于墙体东侧（图四九六）。

本段墙体共测GPS点9个（G0001′、G0007′~G0014′），可分为8小段，分述如下。

第1小段：G0001′（起点、南泉寺1号马面）—G0007′（南泉寺2号马面），长200米，东南—西北走向，保存差。

第2小段：G0007′（南泉寺2号马面）—G0008′（南泉寺3号马面），长100米，东北—西南走向，保存较差。墙体底宽7、顶宽5、残高2.5米。

第3小段：G0008′（南泉寺3号马面）—G0009′（南泉寺4号马面），长70米，南—北走向，保存一般。墙体底宽4、残高2.5~4米。

第4小段：G0009′（南泉寺4号马面）—G0010′（拐点），长60米，东—西走向，保存一般。

第5小段：G0010′（拐点）—G0011′（断点），长60米，南—北走向，保存一般。墙体底宽5.1、顶宽4.1、残高3~3.9米（彩图八〇四、八〇五）。

第6小段：G0011′（断点）—G0012′（断点），长4米，南—北走向。墙体被修路挖断损毁消失。

第7小段：G0012′（断点）—G0013′（断点），长120米，南—北走向，保存一般。墙体底宽5~6、顶宽3~4、残高3.9米。

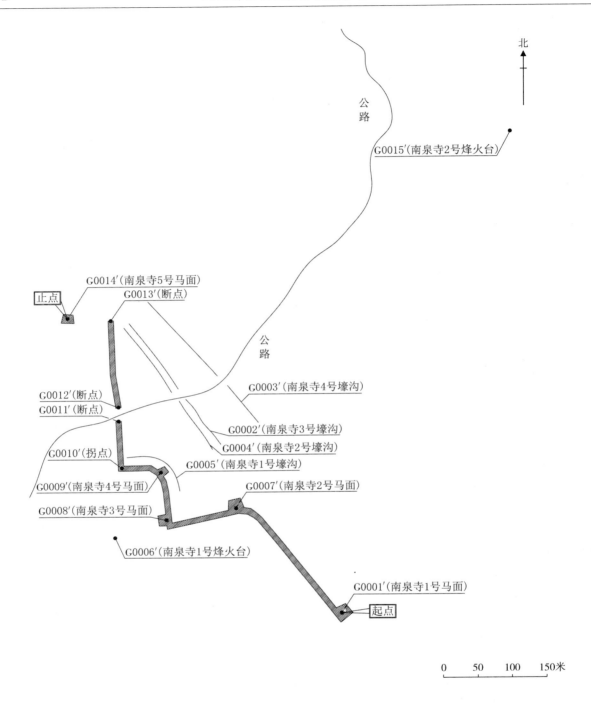

图四九六　南泉寺长城走向示意图

　　第 8 小段：G0013′（断点）—G0014′（止点、南泉寺 5 号马面），长 70 米。墙体被洪水冲毁消失。

　　墙体整体保存较差。造成损毁的自然因素有洪水冲刷、风雨侵蚀、植物生长、动物破坏等；人为因素有一小段墙体被修路挖断损毁消失。

8. 地椒峁长城 1 段

起点位于南堡子乡地椒峁村南 1.55 千米处，高程 1765 米；止点位于地椒峁村西北 0.62 千米处，高程 1775 米。大致呈东南—西北走向。全长 2286 米，其中保存一般 760、较差 1050、差 310、消失 166 米。墙体为夯筑土墙，含砂砾，夯层厚 0.07～0.21 米。现存墙体剖面大致呈不规则梯形，底宽 2～5、顶宽 0.2～1.5、残高 0.5～8 米。本段长城南接大庄窝长城 4 段，北连地椒峁长城 2 段，地椒峁关位于 G0084（断点）—G0086（断点）间墙体西南侧，上子房堡位于墙体东 1.4 千米处，地椒峁 1、2 号马面位于墙体上，地椒峁烽火台位于 G0089（止点、拐点）西南 0.2 千米处（图四九七）。

本段墙体共测 GPS 点 18 个（G0071～G0084、G0086～G0089），可分为 17 小段，分述如下。

第 1 段：G0071（起点、断点）—G0072（断点），长 4 米。东南—西北走向。墙体被修路挖断损毁消失。

第 2 段：G0072（断点）—G0073（拐点），长 100 米，东南—西北走向，保存一般。墙体底宽 2.5～3、顶宽 0.5～1、残高 6 米，夯层厚 0.07～0.21 米。

第 3 段：G0073（拐点）—G0074（地椒峁 1 号马面），长 330 米，东南—西北走向，保存一般。墙体底宽 2.5～3、顶宽 0.5～1、残高 6 米，夯层厚 0.07～0.21 米。

第 4 段：G0074（地椒峁 1 号马面）—G0075（断点），长 330 米，东南—西北走向，保存一般。墙体底宽 3～5、顶宽 0.7～1.5、残高 5～8 米。

第 5 段：G0075（断点）—G0076（断点），长 2 米，东南—西北走向。墙体被修路挖断损毁消失。

第 6 段：G0076（断点）—G0077（地椒峁 2 号马面），长 230 米，东南—西北走向，保存较差。墙体残高 1～1.7 米。

第 7 段：G0077（地椒峁 2 号马面）—G0078（拐点），长 50 米，东南—西北走向，保存一般。墙体残高 1～1.7 米。

第 8 段：G0078（拐点）—G0079（断点），长 70 米，西南—东北走向，保存较差。墙体残高 1～1.7 米。

第 9 段：G0079（断点）—G0080（断点），长 2 米，西南—东北走向。墙体被修路挖断损毁消失。

第 10 段：G0080（断点）—G0081（断点），长 340 米，西南—东北走向，保存较差。墙体底宽 2～3、顶宽 0.5～1、残高 2.5～3 米。

第 11 段：G0081（断点）—G0082（断点），长 8 米，东南—西北走向。墙体被修路挖断损毁消失。

第 12 段：G0082（断点）—G0083（断点），长 200 米，东南—西北走向，保存较差。墙体残高 0.5～2 米（彩图八〇六）。

第 13 段：G0083（断点）—G0084（断点），长 130 米，东南—西北走向。墙体被人为破坏损毁消失（彩图八〇七）。

第 14 段：G0084（断点）—G0086（断点），长 110 米，东南—西北走向，保存差。

第 15 段：G0086（断点）—G0087（断点），长 20 米。墙体被人为破坏损毁消失。

第 16 段：G0087（断点）—G0088（拐点），长 110 米，东南—西北走向，保存较差。墙体底宽 2、顶宽 0.2～1、残高 2～4 米。

第 17 段：G0088（断点）—G0089（止点、拐点），长 250 米，东南—西北走向，保存较差。墙体

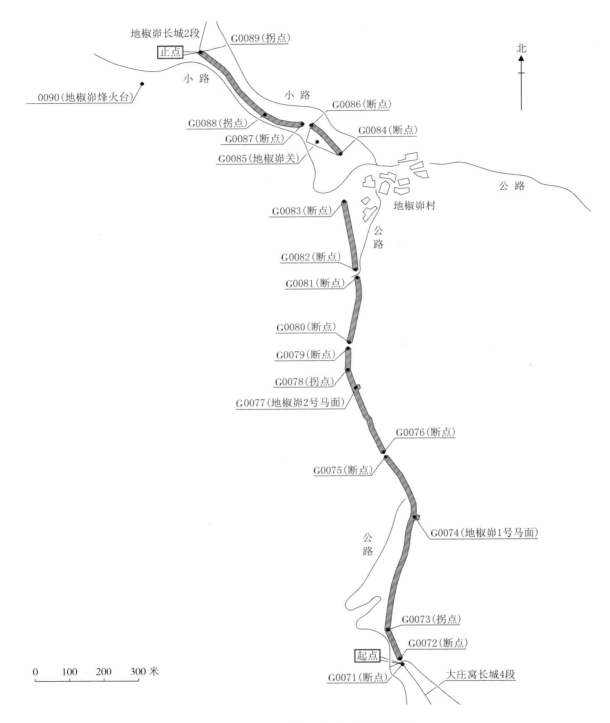

图四九七　地椒峁长城1段走向示意图

底宽2、顶宽0.2~1、残高2~4米。

　　墙体整体保存较差。造成损毁的自然因素有风雨侵蚀、植物生长、动物破坏等；人为因素有农业生产活动破坏墙体、6小段墙体被修路挖断或人为破坏损毁消失。

9. 地椒峁长城2段

起点位于南堡子乡地椒峁村西北0.62千米处，高程1775米；止点位于地椒峁村西北1.6千米处，高程1636米。大致呈西南—东北走向。全长1650米，其中保存较好380、一般560、较差710米。墙体为土墙，褐色土夯筑而成，含砂砾、碎石，夯层厚0.1～0.18米。现存墙体剖面大致呈不规则梯形，底宽3～5、顶宽0.2～1.5、残高2.5～4米。本段长城南接地椒峁长城1段，东北连南梁上长城1段。地椒峁3～5号马面位于墙体上（图四九八）。

图四九八　地椒峁长城2段走向示意图

本段墙体共测 GPS 点 10 个（G0089、G0091 ~ G0099），可分为 9 小段，分述如下。

第 1 小段：G0089（起点、拐点）—G0091（拐点），长 260 米。西南—东北走向，保存一般。墙体底宽 3 ~ 4、顶宽 0.7 ~ 1、残高 2.5 米，夯层厚 0.12 ~ 0.18 米。

第 2 小段：G0091（拐点）—G0092（地椒峁 3 号马面），长 280 米，西南—东北走向，保存较差。墙体底宽 3 ~ 4、顶宽 0.7 ~ 1、残高 2.5 米，夯层厚 0.12 ~ 0.18 米。

第 3 小段：G0092（地椒峁 3 号马面）—G0093（拐点），长 100 米，西南—东北走向，保存较差。墙体底宽 3 ~ 4、顶宽 0.7 ~ 1、残高 2.5 米，夯层厚 0.12 ~ 0.18 米。

第 4 小段：G0093（拐点）—G0094（拐点），长 200 米，西南—东北走向，保存较差。墙体底宽 3 ~ 4、顶宽 0.7 ~ 1、残高 2.5 米，夯层厚 0.12 ~ 0.18 米。

第 5 小段：G0094（拐点）—G0095（地椒峁 4 号马面），长 130 米，西南—东北走向，保存较差。墙体底宽 3 ~ 4、顶宽 0.7 ~ 1、残高 2.5 米，夯层厚 0.12 ~ 0.18 米。

第 6 小段：G0095（地椒峁 4 号马面）—G0096（拐点），长 200 米，西南—东北走向，保存一般。墙体底宽 4 ~ 5、顶宽 1 ~ 1.5、残高 3 米。

第 7 小段：G0096（拐点）—G0097（拐点），长 100 米，西南—东北走向，保存较好。墙体底宽 3 ~ 4、顶宽 0.5 ~ 1、残高 3 ~ 4 米，夯层厚 0.1 ~ 0.14 米。

第 8 小段：G0097（拐点）—G0098（拐点），长 280 米，东南—西北走向，保存较好。墙体底宽 3 ~ 4、顶宽 0.5 ~ 1、残高 3 ~ 4 米，夯层厚 0.1 ~ 0.14 米。

第 9 小段：G0098（拐点）—G0099（止点、地椒峁 5 号马面），长 100 米，西南—东北走向，保存一般。墙体底宽 3 ~ 4、顶宽 0.2 ~ 1、残高 3 ~ 4 米，夯层厚 0.1 ~ 0.14 米。

墙体整体保存一般。造成损毁的自然因素有风雨侵蚀、植物生长、动物破坏等；人为因素有农业生产活动破坏墙体等。

10. 南梁上长城 1 段

起点位于南堡子乡地椒峁村西北 1.6 千米处，高程 1636 米；止点位于老营镇南梁上村东南 1.1 千米处，高程 1569 米。大致呈南—北走向。全长 2407 米，其中保存较好 950、一般 930、较差 270、消失 257 米。墙体为夯筑土墙，夯层厚 0.07 ~ 0.2 米。现存墙体剖面大致呈不规则梯形，底宽 3 ~ 5、顶宽 0.5 ~ 2、残高 2 ~ 6 米。G0106（南梁上 1 号马面）西南侧有登城步道，长 12、宽 2 米（彩图八〇八）。G0115（南梁上 2 号马面）北侧有登城步道，长 12、宽 2.5 米。本段长城西南接地椒峁长城 2 段，西北连南梁上长城 2 段。南梁上敌台、地椒峁村 5 号马面和南梁上 1、2 号马面位于墙体上，安儿沟烽火台位于墙体西侧（图四九九）。

本段墙体共测 GPS 点 21 个（G0099 ~ G00119），可分为 20 小段，分述如下。

第 1 小段：G0099（起点、地椒峁 5 号马面）—G0100（断点），长 120 米，西南—东北走向，保存一般。墙体底宽 3 ~ 4、顶宽 0.5 ~ 1、残高 3 ~ 4 米，夯层厚 0.1 ~ 0.14 米。

第 2 小段：G0100（断点）—G0101（断点），长 2 米，西南—东北走向。墙体被修路挖断损毁消失。

第 3 小段：G0101（断点）—G0102（拐点），长 130 米，东南—西北走向，保存较好。墙体底宽 3 ~ 3.5、顶宽 1.5 ~ 2、残高 5 ~ 6 米。

第 4 小段：G0102（拐点）—G0103（拐点），长 300 米，东南—西北走向，保存较好。墙体底宽 3 ~ 3.5、顶宽 1.5 ~ 2、残高 5 ~ 6 米。

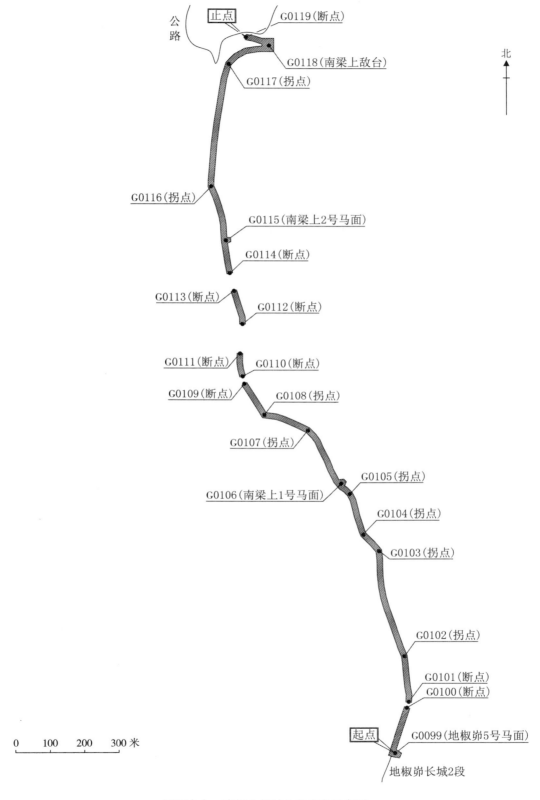

图四九九　南梁上长城 1 段走向示意图

第 5 小段：G0103（拐点）—G0104（拐点），长 120 米，东南—西北走向，保存较好。墙体底宽 3 ~ 3.5、顶宽 1.5 ~ 2、残高 5 ~ 6 米，夯层厚 0.08 ~ 0.18 米。

第 6 小段：G0104（拐点）—G0105（拐点），长 80 米，东南—西北走向，保存较好。墙体底宽 3 ~ 3.5、顶宽 1.5 ~ 2、残高 5 ~ 6 米，夯层厚 0.08 ~ 0.18 米。

第 7 小段：G0105（拐点）—G0106（南梁上 1 号马面），长 70 米，东南—西北走向，保存较好。墙体底宽 3 ~ 3.5、顶宽 1.5 ~ 2、残高 5 ~ 6 米，夯层厚 0.08 ~ 0.18 米。

第 8 小段：G0106（南梁上 1 号马面）—G0107（拐点），长 150 米，东南—西北走向，保存较好。墙体底宽 3 ~ 3.5、顶宽 1.5 ~ 2、残高 5 ~ 6 米，夯层厚 0.08 ~ 0.18 米。

第 9 小段：G0107（拐点）—G0108（拐点），长 120 米，东南—西北走向，保存较好。墙体底宽 3 ~ 3.5、顶宽 1.5 ~ 2、残高 5 ~ 6 米，夯层厚 0.08 ~ 0.18 米。

第 10 小段：G0108（拐点）—G0109（断点），长 90 米，东南—西北走向，保存较差。墙体底宽 3、顶宽 0.5 ~ 1、残高 2 ~ 4 米。

第 11 小段：G0109（断点）—G0110（断点），长 15 米，东南—西北走向。墙体被修路挖断损毁消失。

第 12 小段：G0110（断点）—G0111（断点），长 80 米，东南—西北走向，保存较差。墙体底宽 3、顶宽 0.5 ~ 1、残高 2 ~ 4 米。

第 13 小段：G0111（断点）—G0112（断点），长 100 米，南—北走向。墙体被洪水冲毁消失。

第 14 小段：G0112（断点）—G0113（断点），长 100 米，东南—西北走向，保存较差。墙体底宽 3、顶宽 0.5 ~ 1、残高 2 ~ 4 米。

第 15 小段：G0113（断点）—G0114（断点），长 140 米，东南—西北走向。墙体被自然破坏损毁消失。

第 16 小段：G0114（断点）—G0115（南梁上 2 号马面），长 100 米，东南—西北走向，保存较好。墙体底宽 3 ~ 4、顶宽 1 ~ 1.5、残高 4 ~ 5 米。

第 17 小段：G0115（南梁上 2 号马面）—G0116（拐点），长 160 米，东南—西北走向，保存一般。墙体底宽 3 ~ 4、顶宽 1 ~ 1.5、残高 3 ~ 4 米。

第 18 小段：G0116（拐点）—G0117（拐点），长 470 米，西南—东北走向，保存一般。墙体底宽 3 ~ 4、顶宽 1 ~ 1.5、残高 3 ~ 4 米，夯层厚 0.07 ~ 0.2 米。

第 19 小段：G0117（拐点）—G0118（南梁上敌台），长 120 米，西—东走向，保存一般。墙体底宽 3 ~ 4、顶宽 1 ~ 1.5、残高 3 ~ 4 米（彩图八〇九）。

第 20 小段：G0118（南梁上敌台）—G0119（止点、材质变化点），长 60 米，东南—西北走向，保存一般。墙体底宽 4 ~ 5、顶宽 2、残高 3 米。

墙体整体保存一般。造成损毁的自然因素有洪水冲刷、风雨侵蚀、植物生长、动物破坏等；人为因素有农业生产活动破坏墙体、2 小段墙体被修路挖断损毁消失。

11. 南梁上长城 2 段

起点位于老营镇南梁上村东南 1.1 千米处，高程 1569 米；止点位于南梁上村西北 0.7 千米处，高程 1379 米。大致呈东南—西北走向。全长 1936 米，保存较好。本段长城为山险，东南接南梁上长城 1 段，西北连南梁上长城 3 段。南梁上烽火台位于墙体南侧（图五〇〇）。

本段墙体共测 GPS 点 2 个（G0119、G0121），仅 1 小段，叙述如下。

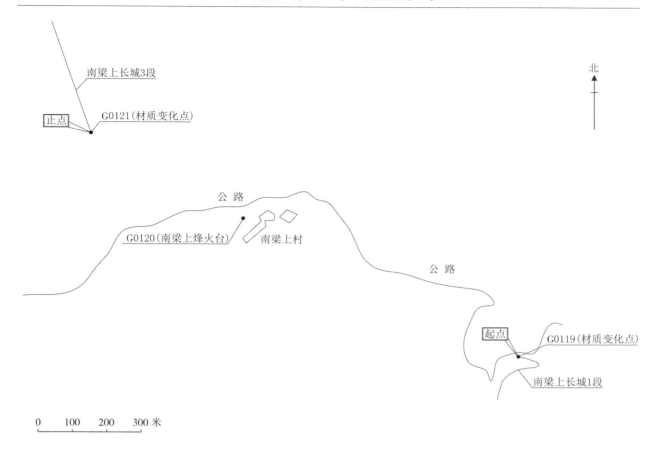

图五〇〇　南梁上长城 2 段走向示意图

G0119（起点、材质变化点）—G0121（止点、材质变化点），长 1936 米，东南—西北走向，保存较好。

12. 南梁上长城 3 段

起点位于老营镇南梁上村西北 0.7 千米处，高程 1379 米；止点位于老营镇老营村东南 0.46 千米处，高程 1264 米。大致呈东南—西北走向。全长 400 米，保存一般。墙体为夯筑土墙，夯层厚 0.06 ～ 0.2 米。现存墙体剖面大致呈不规则梯形，底宽 4 ～ 5、顶宽 0.5 ～ 1、残高 3 ～ 4 米。本段长城东南接南梁上长城 2 段，西北连老营长城 1 段（图五〇一）。

本段墙体共测 GPS 点 2 个（G0121、G0122），仅 1 小段，叙述如下。

G0121（起点、材质变化点）—G0122（止点、材质变化点），长 400 米，西南—东北走向，保存一般。墙体底宽 4 ～ 6、顶宽 0.5 ～ 3.7、残高 3 ～ 5 米，夯层厚 0.06 ～ 0.2 米。G0122（止点、材质变化点）附近散落许多残碎砖，砖长 35、宽 17、厚 7.5 厘米。

墙体整体保存一般。造成损毁的自然因素有风雨侵蚀、植物生长、动物破坏等。

13. 老营长城 1 段

起点位于老营镇老营村东南 0.46 千米处，高程 1264 米；止点位于老营村东 0.4 千米处，高程 1266 米。大致呈东南—西北走向。全长 153 米，保存较好。本段长城为河险，东南接南梁上长城 3 段，

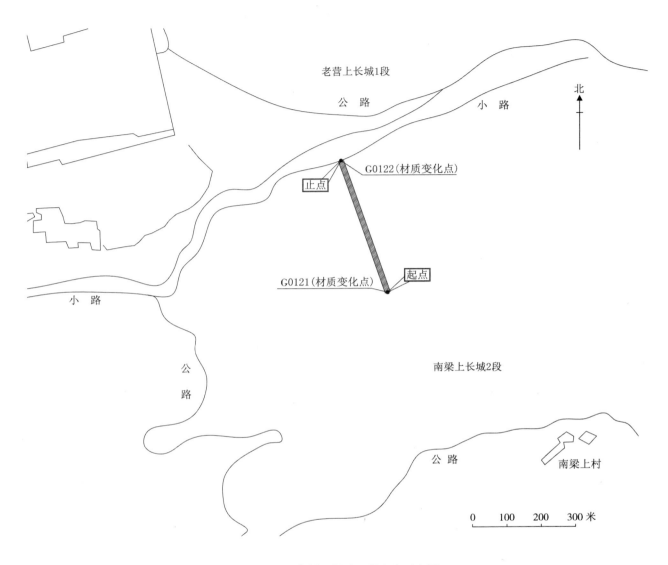

图五〇一　南梁上长城3段走向示意图

西北连偏老营长城2段（图五〇二）。

　　本段墙体共测GPS点2个（G0122、G0130），仅1小段，叙述如下。

　　G0122（起点、材质变化点）—G0130（止点、材质变化点），长153米，东南—西北走向，保存较好。

14. 老营长城2段

　　起点位于老营镇老营村东0.4千米处，高程1266米；止点位于老营镇边墙上村西南0.18千米处，高程1430米。大致呈东南—西北走向。全长2588.7米，其中保存较好490、一般530、较差1150、消失418.7米。墙体为夯筑土墙，夯层厚0.03~0.14米。现存墙体剖面大致呈不规则梯形，底宽1.5~7、顶宽0.7~4、残高0.6~6米。G0133（断点）北0.1千米处墙体西侧有登城步道，长10、宽3.6米，步道内侧有挡墙，宽0.6~0.7、残高0.5~1.3米（彩图八一〇）。步道附近墙体顶部残存内外侧

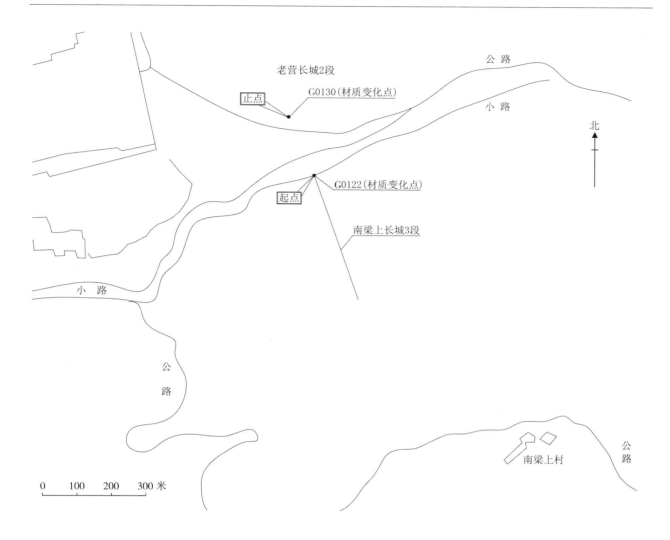

图五〇二　老营长城 1 段走向示意图

女墙，外侧（东侧）女墙宽 0.45、残高 0.7～1 米，内侧（西侧）女墙宽 0.9、残高 0.7 米（彩图八一一）。本段长城东南接老营长城 1 段，东北连边墙上长城 1 段。老营堡位于墙体西侧，老营 1 号烽火台和老营堡北关城内的老营 2、4、5 号烽火台位于墙体西侧（图五〇三）。

本段墙体共测 GPS 点 19 个（G0130～G0147、0149），可分为 16 小段，分述如下。

第 1 段：G0130（起点、材质变化点）—G0131（断点），长 352 米，东南—西北走向。墙体被人为破坏损毁消失。

第 2 段：G0131（断点）—G0132（断点），长 80 米，东南—西北走向，保存较好。墙体底宽 7、顶宽 3～4、残高 5～6 米，夯层厚 0.05～0.08 米。

第 3 段：G0132（断点）—G0133（断点），长 40 米，东南—西北走向。墙体被修路挖断损毁消失，省道 304（平万公路）穿过墙体。

第 4 段：G0133（断点）—G0134（断点），长 310 米，东南—西北走向，保存一般。墙体底宽 5～7、顶宽 2～4、残高 4～6 米，夯层厚 0.05～0.08 米。

第 5 段：G0134（断点）—G0135（断点），长 2.7 米，东南—西北走向。墙体被修路挖断损毁消失。

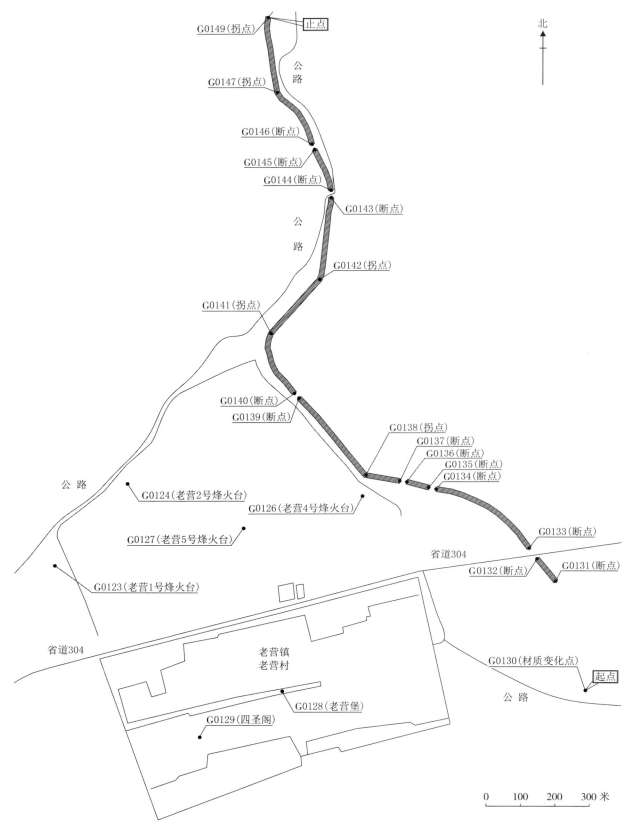

图五〇三　老营长城 2 段走向示意图

第 6 段：G0135（断点）—G0136（断点），长 80 米，东南—西北走向，保存一般。墙体底宽 5～6、顶宽 1.3～2、残高 4～5 米，夯层厚 0.12～0.14 米。

第 7 段：G0136（断点）—G0137（断点），长 7 米，东南—西北走向。墙体被修路挖断损毁消失。

第 8 段：G0137（断点）—G0138（拐点），长 100 米，东南—西北走向，保存较好。墙体底宽 5～6、顶宽 3.5～4、残高 5～6 米，夯层厚 0.06～0.12 米。

第 9 段：G0138（拐点）—G0141（拐点），长 480 米，东南—西北走向，保存较差。墙体坍塌损毁严重，部分段西侧近坡状。墙体底宽 5～6、顶宽 1～3.6、残高 1.2～3 米。

第 10 段：G0141（拐点）—G0142（拐点），长 250 米，西南—东北走向，保存一般。墙体底宽 5、顶宽 2.2～4、残高 1.2～3 米，夯层厚 0.03～0.07 米。

第 11 段：G0142（拐点）—G0143（断点），长 250 米，西南—东北走向。保存较差，墙体坍塌损毁严重，两侧近坡状，长满沙棘。墙体底宽 4～5、顶宽 0.3～2、残高 1～2 米。

第 12 段：G0143（断点）—G0144（断点），长 13 米，南—北走向。墙体被修路挖断损毁消失。

第 13 段：G0144 米（断点）—G0145（断点），长 150 米，东南—西北走向，保存较差。墙体底宽 5～7、顶宽 1～4、残高 3～4.7 米。

第 14 段：G0145（断点）—G0146（断点），长 4 米，东南—西北走向。墙体被修路挖断损毁消失。

第 15 段：G0146（断点）—G0147（拐点），长 200 米，东南—西北走向，保存一般。墙体底宽 5～7、顶宽 1～4、残高 3～4.7 米。

第 16 段：G0147（拐点）—G0149（止点、拐点），长 270 米，东南—西北走向，保存较差。墙体底宽 1.5～4、顶宽 0.7～3.5、残高 0.6～4 米，夯层厚 0.12 米。

墙体整体保存一般。造成损毁的自然因素有风雨侵蚀、植物生长、动物破坏等；人为因素有农业生产活动破坏墙体、6 小段墙体被修路挖断或人为破坏损毁消失。

15. 边墙上长城 1 段

起点位于老营镇边墙上村西南 0.18 千米处，高程 1430 米；止点位于边墙上村东北 1.91 千米处，高程 1527 米。大致呈西南—东北走向。全长 2259 米，其中保存较好 1690、一般 200、较差 280、消失 89 米。墙体为夯筑土墙，夯层厚 0.07～0.15 米。墙体剖面大致呈不规则梯形，底宽 0.5～6、顶宽 0.4～4.7、残高 0.4～5 米。本段长城西南接老营长城 2 段，东北连边墙上长城 2 段（彩图八一二、八一三）。G0161（断点）—G0162（拐点）间墙体顶部残存一段女墙，女墙顶宽 0.5、残高 0.8 米。边墙上 1 号烽火台位于 G0149（起点）西北 0.05 千米，边墙上 2 号烽火台位于 G0153（拐点）西北 0.01 千米，边墙上 3 号烽火台位于 G0164（止点、断点）东南 0.03 千米（图五〇四）。

本段墙体共测 GPS 点 14 个（G0149～G0153、G0155～G0162、G0164），可分为 13 小段，分述如下。

第 1 小段：G0149（起点、拐点）—G0150（断点），长 80 米，西南—东北走向，保存较好。墙体底宽 5～6、顶宽 2～3、残高 2～5 米，夯层厚 0.07～0.15 米。

第 2 小段：G0150（断点）—G0151（断点），长 13 米，西南—东北走向。墙体被人为破坏损毁消失。

第 3 小段：G0151（断点）—G0152（拐点），长 850 米，西南—东北走向，保存较好。墙体底宽 4～5、顶宽 2～4.7、残高 2～4.6 米。

第 4 小段：G0152（拐点）—G0153（拐点），长 80 米，西南—东北走向，保存较好。墙体底宽 4～5、顶宽 2～4.7、残高 2～4.6 米。

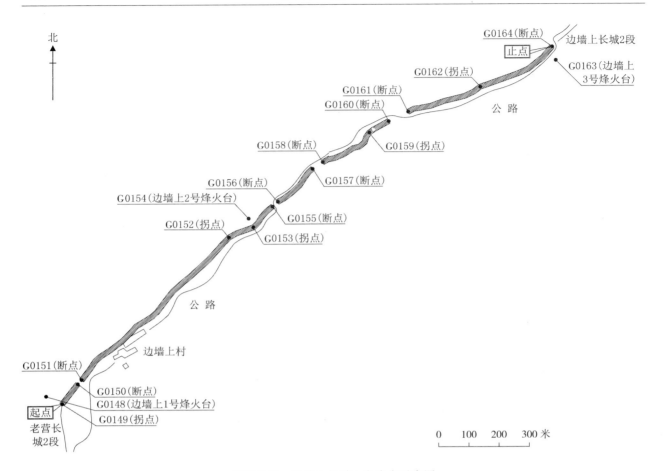

图五〇四　边墙上长城 1 段走向示意图

第 5 小段：G0153（拐点）—G0155（断点），长 90 米，西南—东北走向，保存较好。墙体底宽 4 ~ 5、顶宽 2 ~ 4.7、残高 2 ~ 4.6 米。

第 6 小段：G0155（断点）—G0156（断点），长 11 米，西南—东北走向。墙体被修路挖断损毁消失。

第 7 小段：G0156（断点）—G0157（断点），长 150 米，西南—东北走向，保存一般。墙体底宽 4 ~ 5、顶宽 1 ~ 2、残高 3 ~ 4 米，夯层厚 0.15 米。

第 8 小段：G0157 米（断点）—G0158（断点），长 8 米，西南—东北走向。墙体被取土挖损消失。

第 9 小段：G0158（断点）—G0159（拐点），长 280 米，西南—东北走向，保存较差。部分段墙体内侧（西侧）为公路路基。墙体底宽 0.5 ~ 5、顶宽 0.4 ~ 3.7、残高 0.4 ~ 4.5 米。

第 10 小段：G0159（拐点）—G0160（断点），长 50 米，西南—东北走向，保存一般。墙体底宽 5、顶宽 4、残高 2 ~ 4.5 米。

第 11 小段：G0160（断点）—G0161（断点），长 65 米，西南—东北走向。墙体被修路挖断损毁消失。

第 12 小段：G0161（断点）—G0162（拐点），长 290 米，西南—东北走向，保存较好。墙体底宽 5 ~ 6、顶宽 4.5、残高 3.5 ~ 4.5 米。

第 13 小段：G0162（拐点）—G0164（止点、断点），长 300 米，东南—西北走向，保存较好。墙体底宽 5 ~ 6、顶宽 4.5、残高 2.2 米，夯层厚 0.08 ~ 0.12 米。

墙体整体保存一般。造成损毁的自然因素有风雨侵蚀、植物生长、动物破坏等；人为因素有修路破坏墙体、4 小段墙体被修路挖断或人为破坏或取土挖损消失。

16. 边墙上长城 2 段

起点位于老营镇边墙上村东北 1.91 千米处，高程 1527 米；止点位于老营镇史家圪台村西南 0.93 千米处，高程 1581 米。大致呈西南—东北走向。全长 1202 米，其中保存较好 310、一般 395、较差 230、消失 267 米。墙体为夯筑土墙，夯层厚 0.08 ~ 0.15 米。现存墙体剖面大致呈不规则梯形，底宽 2 ~ 5、顶宽 1 ~ 4、残高 1 ~ 4.5 米。本段长城西南接边墙上长城 1 段，北连史家圪台长城 1 段。史家圪台 1 号烽火台位于 G0174（断点）西南 0.11 千米处（图五〇五）。

本段墙体共测 GPS 点 16 个（G0164 ~ G0179），可分为 15 小段，分述如下。

第 1 小段：G0164（起点、断点）—G0165（断点），长 5 米，西南—东北走向。墙体被修路挖断损毁消失。

第 2 段：G0165（断点）—G0166（拐点），长 150 米，西南—东北走向，保存较好。墙体底宽 5、顶宽 2.5 ~ 4、残高 2.8 ~ 4.5 米，夯层厚 0.08 ~ 0.12 米。

第 3 小段：G0166（拐点）—G0167（断点），长 130 米，西南—东北走向，保存较好。墙体底宽 5、顶宽 2.5 ~ 4、残高 2.8 ~ 4.5 米，夯层厚 0.08 ~ 0.12 米。

第 4 小段：G0167（断点）—G0168（断点），长 60 米，西南—东北走向。墙体被洪水冲毁消失。

第 5 小段：G0168（断点）—G0169（拐点），长 80 米，西—东走向，保存一般。墙体底宽 2、顶宽 1.6、残高 1 ~ 2.5 米。

第 6 小段：G0169（拐点）—G0170（断点），长 120 米，西南—东北走向，保存较差。墙体被洪水冲刷有 8 处豁口。墙体残高 1.8 ~ 4 米，夯层厚 0.12 ~ 0.15 米。

第 7 小段：G0170（断点）—G0171（断点），长 90 米，西南—东北走向。墙体被洪水冲毁消失。

第 8 小段：G0171（断点）—G0172（断点），长 30 米，南—北走向，保存较好。墙体顶宽 1.5 ~ 2、残高 1.7 ~ 4 米。

第 9 小段：G0172（断点）—G0173（断点），长 4 米，东南—西北走向。墙体被洪水冲毁消失。

第 10 小段：G0173（断点）—G0174（断点），长 110 米，东南—西北走向，保存较差。墙体底宽 4、顶宽 1 ~ 1.5、残高 2.5 ~ 4 米。

第 11 小段：G0174（断点）—G0175（断点），长 68 米，西南—东北走向。墙体被洪水冲毁消失。

第 12 小段：G0175（断点）—G0176（拐点），长 15 米，南—北走向，保存一般。墙体残高 2 ~ 3 米。

第 13 小段：G0176（拐点）—G0177（断点），长 100 米，东南—西北走向，保存一般。墙体残高 3 ~ 4 米，夯层厚 0.12 ~ 0.15 米。

第 14 小段：G0177（断点）—G0178（断点），长 40 米，东南—西北走向。墙体被洪水冲毁消失。

第 15 小段：G0178（断点）—G0179（止点、材质变化点），长 200 米，东南—西北走向，保存一般。墙体残高 3 ~ 4 米，夯层厚 0.12 ~ 0.15 米。

墙体整体保存一般。造成损毁的自然因素有洪水冲刷、风雨侵蚀、植物生长、动物破坏等；人为因素有 1 小段墙体被修路挖断损毁消失。

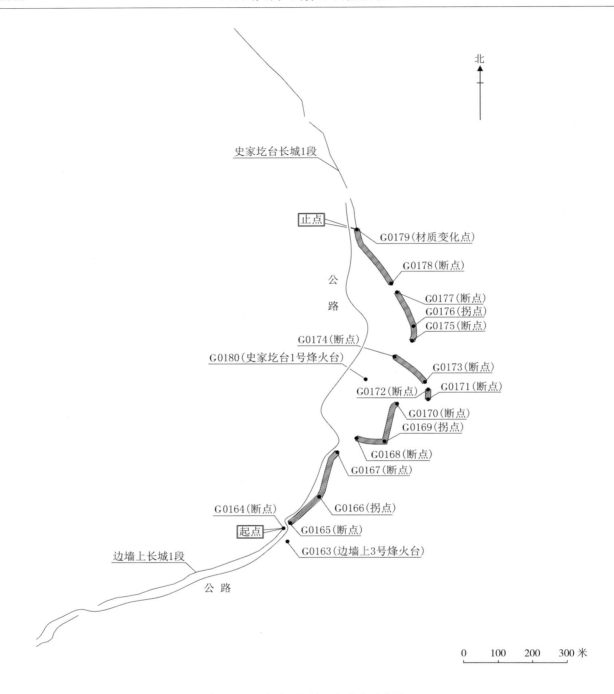

图五〇五　边墙上长城 2 段走向示意图

17. 史家圪台长城 1 段

起点位于老营镇史家圪台村西南 0.93 千米处，高程 1581 米；止点位于史家圪台村西北 1.6 千米处，高程 1683 米。大致呈南—北走向。全长 2285 米，其中保存较好 1690、一般 560、消失 35 米。墙体为石墙，片石垒砌而成，部分段墙体外侧（东侧）有补筑的夯筑土墙，夯层厚 0.04～0.12 米。现存墙体剖面大致呈不规则梯形，底宽 4.3、顶宽 2.6～5、外侧（东侧）残高 0.5～5.5、内侧（西侧）残高 0.3 ~ 1.9 米。本段长城南接边墙上长城 2 段，北连史家圪台长城 2 段。史家圪台敌台位于墙体上；史家圪台 2 ~ 4 号烽火台位于墙体西侧，其中 2 号烽火台位于 G0186（拐点）西北 0.07 千米处，3 号烽火台位于 G0195（拐点）西 0.07 千米处，4 号烽火台位于 G0204（拐点）西北 0.04 千米处（图五〇六）。

本段墙体共测 GPS 点 24 个（G0179、G0181 ~ G0186、G0188 ~ G0193、G0195 ~ G0202、G0204 ~ G0206），可分为 23 小段，分述如下。

第 1 小段：G0179（起点、材质变化点）—G0181（断点），长 110 米，东南—西北走向，保存一般。墙体底宽 4.3、顶宽 2.6 ~ 3.3 米，外侧高、内侧低，外侧（东侧）残高 0.5 ~ 3.8、内侧（西侧）残高 0.3 ~ 1.7 米。

第 2 小段：G0181（断点）—G0182（断点），长 8 米，东南—西北走向。墙体被洪水冲毁消失。

第 3 小段：G0182（断点）—G0183（拐点），长 160 米，东南—西北走向，保存较好。G0182（断点）处剖面可见外侧（东侧）补筑的夯筑土墙，宽 1.5 ~ 2 米，夯层厚 0.07 ~ 0.12 米。墙体外侧补筑的夯筑土墙大部分被雨水冲毁。墙体顶宽 4 ~ 4.5 米，外侧高、内侧低，外侧（东侧）残高 4 ~ 5、内侧（西侧）残高 1 米。

第 4 小段：G0183（拐点）—G0184（断点），长 50 米，东南—西北走向，保存较好。墙体外侧补筑的夯筑土墙大部分被雨水冲毁。墙体顶宽 4 ~ 4.5 米，外侧高、内侧低，外侧（东侧）残高 4 ~ 5、内侧（西侧）残高 1 米。

第 5 小段：G0184（断点）—G0185（断点），长 7 米，东南—西北走向。墙体被洪水冲毁消失。

第 6 小段：G0185（断点）—G0186（拐点），长 50 米，东南—西北走向，保存较好。墙体外侧补筑的夯筑土墙大部分被雨水冲毁。墙体顶宽 4 ~ 4.5 米，外侧高、内侧低，外侧（东侧）残高 4 ~ 5、内侧（西侧）残高 1 米。

第 7 小段：G0186（拐点）—G0188（断点），长 450 米，东南—西北走向，保存一般。部分段墙体外侧（东侧）有补筑的夯筑土墙，宽 1.5 ~ 2 米，夯层厚 0.1 ~ 0.12 米。墙体外侧（东侧）残高 3 ~ 4 米。

第 8 小段：G0188（断点）—G0189（断点），长 7 米，东南—西北走向。墙体被洪水冲毁消失。

第 9 小段：G0189（断点）—G0190（拐点），长 170 米，东南—西北走向，保存较好。部分段墙体外侧（东侧）有补筑的夯筑土墙，夯层厚 0.04 ~ 0.12 米。墙体顶宽 4.5 ~ 5 米，外侧高、内侧低，外侧（东侧）残高 4 ~ 5、内侧（西侧）残高 1 米。

第 10 小段：G0190（拐点）—G0191（拐点），长 70 米，南—北走向，保存较好。部分段墙体外侧（东侧）有补筑的夯筑土墙，夯层厚 0.04 ~ 0.12 米。墙体顶宽 4.5 ~ 5 米，外侧高、内侧低，外侧（东侧）残高 4 ~ 5、内侧（西侧）残高 1 米。

第 11 小段：G0191（拐点）—G0192（断点），长 60 米，东南—西北走向，保存较好。部分段墙体外侧（东侧）有补筑的夯筑土墙，夯层厚 0.04 ~ 0.12 米。墙体顶宽 4.5 ~ 5 米，外侧高、内侧低，外侧（东侧）残高 4 ~ 5、内侧（西侧）残高 1 米。

第 12 小段：G0192（断点）—G0193（断点），长 5 米，东南—西北走向。墙体被洪水冲毁消失（彩图八一四）。

第 13 小段：G0193（断点）—G0195（拐点），长 370 米，南—北走向，保存较好。部分段墙体外侧（东侧）有补筑的夯筑土墙，夯层厚 0.04 ~ 0.12 米。墙体顶宽 4.5 ~ 5 米，外侧高、内侧低，外侧

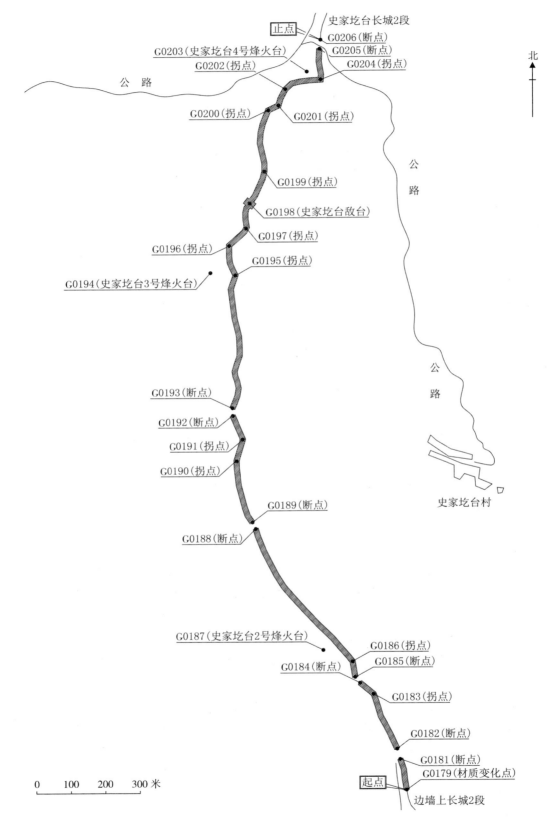

图五〇六　史家圪台长城1段走向示意图

（东侧）残高4~5、内侧（西侧）残高1~1.5米。

第14段：G0195（拐点）—G0196（拐点），长80米，东南—西北走向，保存较好。部分段墙体外侧（东侧）有补筑的夯筑土墙，夯层厚0.04~0.12米。墙体顶宽4.5~5米，外侧高、内侧低，外侧（东侧）残高4~5、内侧（西侧）残高1~1.5米。

第15小段：G0196（拐点）—G0197（拐点），长60米，西南—东北走向，保存较好。部分段墙体外侧（东侧）有补筑的夯筑土墙，夯层厚0.04~0.12米。墙体顶宽4.5~5米，外侧高、内侧低，外侧（东侧）残高4~5、内侧（西侧）残高1~1.5米。

第16小段：G0197（拐点）—G0198（史家圪台敌台），长80米，南—北走向，保存较好。部分段墙体外侧（东侧）有补筑的夯筑土墙。墙体顶宽4.6米，顶部土石分界明显，石墙顶宽3米，补筑土墙顶宽1.6米，外侧高、内侧低，外侧（东侧）残高3.8、内侧（西侧）残高0.8~1.3米。G0198（史家圪台敌台）西0.008千米处残存一座夯土台体，夯层厚0.25米（彩图八一五）。

第17小段：G0198（史家圪台敌台）—G0199（拐点），长100米，西南—东北走向，保存较好。墙体顶宽3.3、外侧（东侧）残高4.1、内侧（西侧）残高0.9~1.2米。

第18小段：G0199（拐点）—G0200（拐点），长200米，南—北走向，保存较好。墙体顶宽3.3米，外侧（东侧）残高4.1、内侧（西侧）残高0.9~1.2米。

第19小段：G0200（拐点）—G0201（拐点），长20米，西南—东北走向，保存较好。部分段墙体外侧（东侧）有补筑的夯筑土墙。墙体外侧（东侧）残高5~5.5、内侧（西侧）残高1.6米。

第20小段：G0201（拐点）—G0202（拐点），长50米，西南—东北走向，保存较好。墙体顶宽2.6~2.9、外侧（东侧）残高4.2、内侧（西侧）残高1.7米。

第21小段：G0202（拐点）—G0204（拐点），长100米，西南—东北走向，保存较好。墙体顶宽3.8~4.5、外侧（东南侧）残高4.2~4.5、内侧（西北侧）残高1.7~1.9米。

第22小段：G0204（拐点）—G0205（断点），长70米，南—北走向，保存较好（彩图八一六）。

第23小段：G0205（断点）—G0206（止点、断点），长8米，南—北走向。墙体被修路挖断损毁消失。

墙体整体保存一般。造成损毁的自然因素有洪水冲刷、风雨侵蚀、植物生长、动物破坏等；人为因素有一小段墙体被修路挖断损毁消失。

18. 史家圪台长城2段

起点位于老营镇史家圪台村西北1.6千米处，高程1683米；止点位于史家圪台村东北2.18千米处，高程1791米。大致呈西南—东北走向。全长1508米，其中保存较好1300、一般100、差90、消失18米。墙体为石墙，片石垒砌而成。现存墙体剖面大致呈不规则梯形，底宽5、顶宽2.2~4、外侧（东南侧）残高2.7~4.2、内侧（西北侧）残高0.5~4米（彩图八一七）。本段长城南接史家圪台长城1段，东北连关柏杨岭长城1段。史家圪台5、6号烽火台位于墙体西北侧，其中5号烽火台位于G0215（拐点）西北0.008千米处，6号烽火台位于G0224（止点、材质变化点）西北0.02千米处（图五〇七）。

本段墙体共测GPS点17个（G0206~G0213、G0215~G0222、G0224），可分为16小段，分述如下。

第1小段：G0206（起点、断点）—G0207（拐点），长200米，西南—东北走向，保存较好。墙体底宽5、顶宽3.7米，外侧高、内侧低，外侧（东侧）残高2.8~4.2、内侧（西侧）残高1.2米。柏杨岭森林管护站位于G0206（起点）东北0.1千米处。

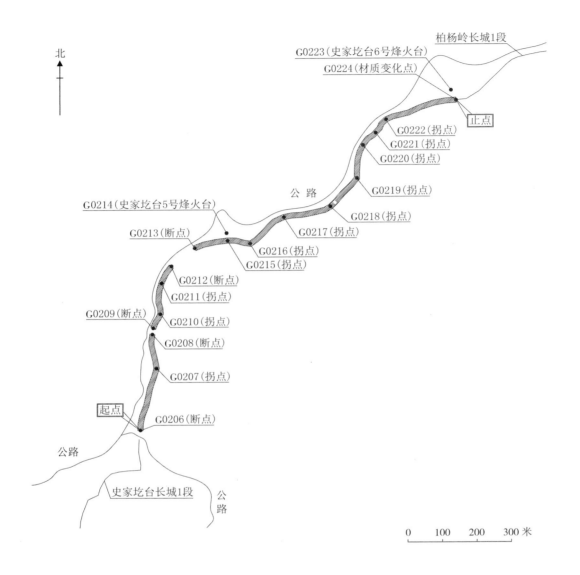

北

公路

G0223（史家圪台6号烽火台）

柏杨岭长城1段

G0224（材质变化点）

止点

G0222（拐点）

G0221（拐点）

G0220（拐点）

G0219（拐点）

G0218（拐点）

G0214（史家圪台5号烽火台）

G0217（拐点）

G0213（断点）

G0216（拐点）

G0215（拐点）

G0212（断点）

G0211（拐点）

G0209（断点）

G0210（拐点）

G0208（断点）

G0207（拐点）

起点

G0206（断点）

公路

史家圪台长城1段

公路

0　　100　　200　　300 米

图五〇七　史家圪台长城2段走向示意图

第2小段：G0207（拐点）—G0208（断点），长100米，东南—西北走向，保存较好。墙体底宽
5、顶宽3.7米，外侧高、内侧低，外侧（东侧）残高2.8~4.2、内侧（西侧）残高1.2米。

第3小段：G0208（断点）—G0209（断点），长8米，南—北走向。墙体被洪水冲毁消失。

第4小段：G0209（断点）—G0210（拐点），长50米，西南—东北走向，保存较好。墙体底宽
5、顶宽3.7米，外侧高、内侧低，外侧（东侧）残高2.8~4.2、内侧（西侧）残高1.6米。

第5小段：G0210（拐点）—G0211（拐点），长90米，西南—东北走向，保存差。墙体仅存地面
痕迹。

第6小段：G0211（拐点）—G0212（断点），长70米，西南—东北走向，保存较好。墙体底宽
5、顶宽3.7米，外侧高、内侧低，外侧（东侧）残高2.8~4.2、内侧（西侧）残高1.6米。

第7小段：G0212（断点）—G0213（断点），长10米，西南—东北走向。墙体被洪水冲毁消失。

第8小段：G0213（断点）—G0215（拐点），长70米，西南—东北走向，保存较好。墙体底宽

5、顶宽 3.7 米，外侧高、内侧低，外侧（东南侧）残高 2.8~4.2、内侧（西北侧）残高 1.6 米。

第 9 小段：G0215（拐点）—G0216（拐点），长 70 米，西—东走向，保存较好。墙体顶宽 3.7~4、外侧（南侧）残高 3.5~4、内侧（北侧）残高 3.5~4 米。

第 10 小段：G0216（拐点）—G0217（拐点），长 190 米，西南—东北走向，保存较好。墙体顶宽 3.7~4、外侧（东南侧）残高 3.5~4、内侧（西北侧）残高 3.5~4 米。

第 11 小段：G0217（拐点）—G0218（拐点），长 100 米，西南—东北走向，保存较好。墙体顶宽 3.7~4、外侧（东南侧）残高 3.5~4、内侧（西北侧）残高 3.5~4 米。

第 12 小段：G0218（拐点）—G0219（拐点），长 100 米，西南—东北走向，保存较好。墙体顶宽 3.7~4、外侧（东南侧）残高 3.5~4、内侧（西北侧）残高 3.5~4 米。

第 13 小段：G0219（拐点）—G0220（拐点），长 110 米，西南—东北走向，保存一般。墙体顶宽 2.2、外侧（东侧）残高 3.5~4、内侧（西侧）残高 1~1.3 米。

第 14 小段：G0220（拐点）—G0221（拐点），长 60 米，西南—东北走向，保存较好。墙体顶宽 3.8、外侧（东南侧）残高 2.7、内侧（西北侧）残高 0.5~1 米。

第 15 小段：G0221（拐点）—G0222（拐点），长 40 米，西南—东北走向，保存较好。墙体顶宽 3.8、外侧（东南侧）残高 2.7、内侧（西北侧）残高 0.5~1 米。

第 16 小段：G0222（拐点）—G0224（止点、材质变化点），长 250 米，西南—东北走向，保存较好。墙体顶宽 3.8、外侧（东南侧）残高 2.7、内侧（西北侧）残高 0.5~1 米。

墙体整体保存一般。造成损毁的自然因素有洪水冲刷、风雨侵蚀、植物生长、动物破坏等。

19. 柏杨岭长城 1 段

起点位于老营镇史家圪台村东北 2.18 千米处，高程 1791 米；止点位于老营镇柏杨岭村东南 1.25 千米处，高程 1773 米。大致呈西南—东北走向。全长 1514 米，其中保存较好 320、一般 1070、消失 124 米。墙体为夯筑土墙，夯层厚 0.06~0.12 米。现存墙体剖面大致呈不规则梯形，底宽 6~8、顶宽 1~5、残高 1.5~6 米。本段长城西南接史家圪台长城 2 段，东北连柏杨岭长城 2 段。柏杨岭 1~3 号马面位于墙体上。柏杨岭 1、2 号烽火台位于墙体东、南侧，柏杨岭 3 号烽火台位于墙体西侧。柏杨岭 1 号烽火台位于 G0227（拐点）西南 0.3 千米，柏杨岭 2 号烽火台位于 G0227（拐点）东北 0.18 千米，柏杨岭 3 号烽火台位于 0235（断点）西 0.1 千米（图五〇八）。

本段墙体共测 GPS 点 11 个（G0224~G0227、G0230~G0235、G0237），可分为 10 小段，分述如下。

第 1 小段：G0224（起点、材质变化点）—G0225（拐点），长 40 米，西南—东北走向，保存一般。墙体底宽 6、顶宽 1.5~2、残高 3.5 米。

第 2 小段：G0225（拐点）—G0226（拐点），长 200 米，西南—东北走向，保存一般。墙体底宽 6、顶宽 1.5~2、残高 3.5 米。

第 3 小段：G0226（拐点）—G0227（拐点），长 400 米，西南—东北走向，保存一般，顶部及两侧被树林、灌木覆盖。墙体底宽 6、顶宽 1~1.8、残高 1.5~3 米，夯层厚 0.06 米。

第 4 小段：G0227（拐点）—G0230（拐点），长 200 米，南—北走向，保存较好。墙体底宽 7~8、顶宽 3~5、残高 5~6 米。墙体顶部及两侧被树林、灌木覆盖。

第 5 小段：G0230（拐点）—G0231（断点），长 250 米，东南—西北走向，保存一般。墙体底宽 7~8、顶宽 3~5、残高 5~6 米。

第 6 小段：G0231（断点）—G0232（柏杨岭 1 号马面），长 9 米，东南—西北走向。墙体被修路

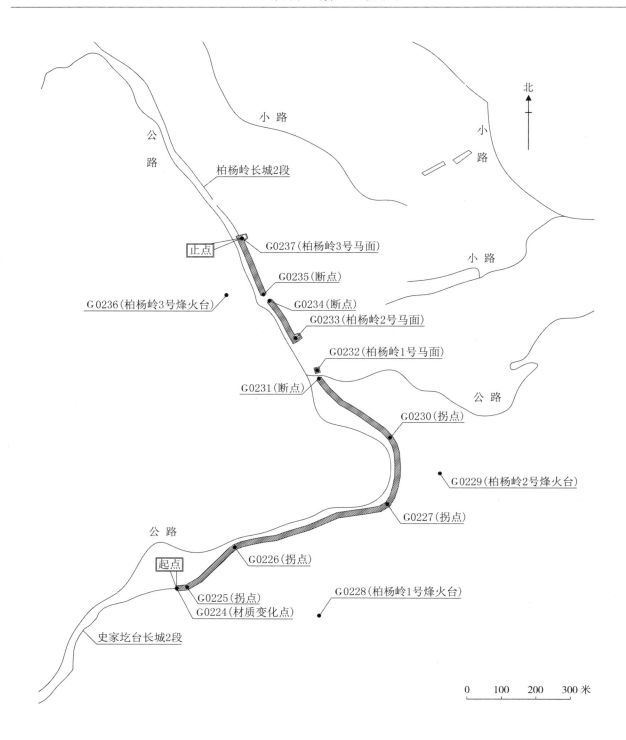

图五○八　柏杨岭长城1段走向示意图

挖断损毁消失。

　　第7小段：G0232（柏杨岭1号马面）—G0233（柏杨岭2号马面），长100米，东南—西北走向。墙体被修路挖断损毁消失。

　　第8小段：G0233（柏杨岭2号马面）—G0234（断点），长120米，东南—西北走向，保存较好。

墙体底宽 7~8、顶宽 3~5、残高 5~6 米。

第 9 小段：G0234（断点）—G0235（断点），长 15 米，东南—西北走向。墙体被雨水冲刷损毁消失。

第 10 小段：G0235（断点）—G0237（止点、柏杨岭 3 号马面），长 180 米，东南—西北走向，保存一般。墙体底宽 8、顶宽 4、外侧（东侧）残高 5~7、内侧（西侧）残高 3~4 米。

墙体整体保存一般。造成损毁的自然因素有风雨侵蚀、植物生长、动物破坏等；人为因素有两小段墙体被修路挖断损毁消失。

20. 柏杨岭长城 2 段

起点位于老营镇柏杨岭村东南 1.25 千米处，高程 1773 米；止点位于柏杨岭村东北 0.62 千米处，高程 1827 米。大致呈东南—西北走向。全长 1032 米，其中保存较好 380、一般 640、消失 12 米。墙体为夯筑土墙。现存墙体剖面大致呈不规则梯形，底宽 5~8、顶宽 1~4、残高 3~7 米。本段长城东南接柏杨岭长城 1 段，西南连内蒙古自治区调查的柏杨岭长城 1 段（位于山西省偏关县和内蒙古自治区清水河县交界处）。G0245（拐点）—G0246（止点、拐点）间墙体位于山西省偏关县和内蒙古自治区清水河县交界处，是内蒙古自治区调查阴王沟长城的西部段落（彩图八一八、八一九）。柏杨岭 3~7 号马面位于墙体上（图五〇九）。

本段墙体共测 GPS 点 10 个（G0237~G0246），可分为 9 小段，分述如下。

第 1 小段：G0237（起点、柏杨岭 3 号马面）—G0238（断点），长 100 米，东南—西北走向，保存较好。墙体底宽 8、顶宽 4、残高 6~7 米。

第 2 小段：G0238（断点）—G0239（断点），长 12 米，东南—西北走向。墙体被洪水冲毁消失。

第 3 小段：G0239（断点）—G0240（柏杨岭 4 号马面），长 130 米，东南—西北走向，保存一般。墙体底宽 8、顶宽 1.2~2、残高 6~7 米。柏杨岭 4 号马面边长 5、残高 4 米，保存一般。

第 4 小段：G0240（柏杨岭 4 号马面）—G0241（柏杨岭 5 号马面），长 200 米，东南—西北走向，保存一般。墙体底宽 5~6、顶宽 1~1.3、残高 3~4 米。

第 5 小段：G0241（柏杨岭 5 号马面）—G0242（柏杨岭 6 号马面），长 130 米，东南—西北走向，保存较好。墙体底宽 5~6、顶宽 1~1.3、残高 3~4 米。

第 6 小段：G0242（柏杨岭 6 号马面）—G0243（柏杨岭 7 号马面），长 150 米，东南—西北走向，保存较好。墙体底宽 5~6、顶宽 1~1.3、残高 3~4 米。

第 7 小段：G0243（柏杨岭 7 号马面）—G0244（拐点），长 100 米，东南—西北走向，保存一般（彩图八二〇）。

第 8 小段：G0244（拐点）—G0245（拐点），长 80 米，西南—东北走向，保存一般。墙体底宽 5~6、顶宽 1~3、残高 3~4 米。G0245（拐点）也是内蒙古调查的阴王沟长城 G0397（拐点）。

第 9 小段：G0245（拐点）—G0246（止点、拐点），长 130 米，东南—西北走向，保存一般。墙体底宽 5~6、顶宽 1~3、残高 3~4 米。G0246（止点、拐点）也是内蒙古自治区调查阴王沟长城 G0398（止点、拐点）。

墙体整体保存一般。造成损毁的自然因素有洪水冲刷、风雨侵蚀、植物生长、动物破坏等。

21. 内蒙古调查柏杨岭长城 1 段

起点位于老营镇柏杨岭村东北 0.62 千米处，高程 1827 米；止点位于柏杨岭村东南 0.3 千米处，高程 1795 米。大致呈东北—西南走向。全长 596 米，均保存差。墙体为夯筑土墙，夯层厚 0.15~0.2

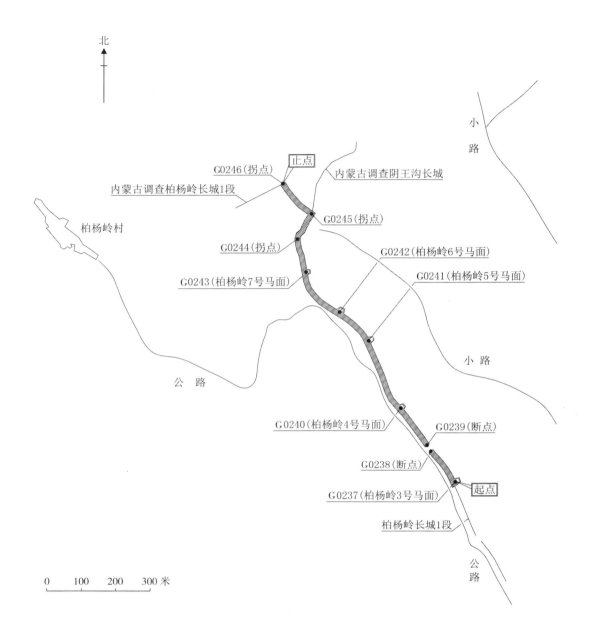

图五〇九　柏杨岭长城 2 段走向示意图

米。现存墙体剖面大致呈不规则梯形，底宽 3~6、顶宽 0.5~2、残高 1~2 米。本段长城位于山西省偏关县和内蒙古自治区清水河县交界处，东南接山西省调查柏杨岭长城 2 段和内蒙古调查阴王沟长城，西连内蒙古调查柏杨岭长城 2 段。内蒙古调查柏杨岭长城 1 段 1~3 号马面位于墙体上。

　　墙体整体保存差。造成损毁的自然因素有风雨侵蚀、植物生长、动物破坏等。

22. 内蒙古调查柏杨岭长城 2 段

　　起点位于老营镇柏杨岭村东南 0.3 千米处，高程 1795 米；止点位于柏杨岭村西北 1 千米处，高程 1799 米。大致呈东南—西北走向。全长 1921 米，其中保存较差 481、差 1440 米。墙体为夯筑土墙，夯层厚 0.15~0.2 米。现存墙体剖面大致呈不规则梯形，底宽 3~6、顶宽 1~3、残高 1~3 米。本段长城位于山西省偏关县和内蒙古清水河县交界处，东北接内蒙古调查柏杨岭长城 1 段，西北连野羊洼长城和腰榨长城（位于内蒙古自治区清水河县境内）。柏杨岭 1 号堡位于墙体南 0.05 千米，柏杨岭 2 号堡位于墙体南 0.02 千米，内蒙古调查柏杨岭长城 2 段 1~5 号敌台、1~5 号马面位于墙体上。

墙体整体保存差。造成损毁的自然因素有风雨侵蚀、植物生长、动物破坏等；人为因素有人为踩踏等。

23. 野羊洼长城

起点位于老营镇柏杨岭村西北 1 千米处，高程 1799 米；止点位于老营镇野羊洼村西北 0.8 千米处，高程 1761 米。大致呈东南—西北走向。全长 2739 米，其中保存一般 493、较差 1366、差 880 米。墙体为夯筑土墙，夯层厚 0.15~0.2 米。现存墙体剖面大致呈不规则梯形，底宽 4~6、顶宽 0.8~3、残高 1~3.5 米。本段长城位于山西省偏关县和内蒙古自治区清水河县交界处，东南接内蒙古调查柏杨岭长城 2 段，东北连腰榨长城，西南连窑子沟长城和水草沟长城 2 段（位于内蒙古清水河县境内）。野羊洼 1~5 号敌台、野羊洼 1~8 号马面位于墙体上，野羊洼 1~4 号烽火台位于墙体南侧。

墙体整体保存较差。造成损毁的自然因素有风雨侵蚀、植物生长、动物破坏等；人为因素有人为踩踏等。

24. 窑子沟长城

起点位于偏关县老营镇野羊洼村西北 0.8 千米处，高程 1761 米；止点位于内蒙古自治区清水河县北堡乡楝木塔村东 2.4 千米处，高程 1746 米。大致呈东北—西南走向。全长 2662 米，其中保存较好 584、一般 1009、较差 1069 米。墙体为夯筑土墙，夯层厚 0.15~0.2 米。现存墙体剖面大致呈不规则梯形，底宽 6、顶宽 2~3.7、残高 5~6 米。本段长城位于山西省偏关县和内蒙古自治区清水河县交界处，东北接野羊洼长城和水草沟长城 2 段，西南连楝木塔长城。窑子沟 1~4 号敌台、窑子沟 1~10 号马面位于墙体上，窑子沟 1、2、4、5 号烽火台位于墙体东、东南、南侧。

墙体整体保存一般。造成损毁的自然因素有风雨侵蚀、植物生长、动物破坏等。

25. 楝木塔长城

起点位于内蒙古清水河县北堡乡楝木塔村东 2.4 千米处，高程 1746 米；止点位于楝木塔村南 1.6 千米处，高程 1649 米。大致呈东北—西南走向。全长 2017 米，其中保存较好 852、一般 1165 米。墙体为夯筑土墙，夯层厚 0.15~0.2 米。现存墙体剖面大致呈不规则梯形，底宽 3.5~6、顶宽 1.5~2.5、南壁残高 0.5~1 米。本段长城位于山西省偏关县和内蒙古自治区清水河县交界处，东北接窑子沟长城，西南连小元峁长城。楝木塔 1 号和 2 号敌台、楝木塔 1~8 号马面位于墙体上，楝木塔 2~4 号烽火台位于墙体东南及南侧，小元峁采石场位于墙体南 0.03 千米处。

墙体整体保存一般。造成损毁的自然因素有风雨侵蚀、植物生长、动物破坏等。

26. 小元峁长城

起点位于内蒙古清水河县北堡乡楝木塔村南 1.6 千米处，高程 1649 米；止点位于清水河县北堡乡楝木塔村西南 2.3 千米处，高程 1544 米。大致呈东北—西南走向。全长 2005 米，均保存一般。墙体为夯筑土墙，夯层厚 0.15~0.2 米。现存墙体剖面大致呈不规则梯形，底宽 6、顶宽 1~4、残高 5~6

米。本段长城位于山西省偏关县和内蒙古自治区清水河县交界处，东北接楝木塔长城、西连窑洼长城。小元峁1~3号敌台、小元峁1~8号马面位于墙体上，小元峁1、3~6号烽火台位于墙体东南、南侧。

整体保存一般。造成损毁的自然因素有风雨侵蚀、植物生长、动物破坏等。

27. 窑洼长城

起点位于内蒙古水泉乡窑洼村东1千米处，高程1544米；止点位于水泉乡窑洼村西北1.3千米处，高程1476米。大致呈东南—西北走向。全长3072米，其中保存较好247、一般1256、较差992、差577米。墙体为夯筑土墙，夯层厚0.15~0.2米。现存墙体剖面大致呈不规则梯形，底宽4~8、顶宽0.8~4.5、残高1~3.5米。本段长城位于山西省偏关县和内蒙古自治区清水河县交界处，东接小元峁长城，西北连碓臼坪长城。小元峁堡位于墙体南0.5千米处，窑洼1~9号敌台、窑洼1~12号马面位于墙体上，窑洼1、2、4~6号烽火台位于墙体南、西南侧。

墙体整体保存较差。造成损毁的自然因素有风雨侵蚀、植物生长、动物破坏等。

28. 碓臼坪长城

起点位于内蒙古清水河县暖泉乡碓臼坪村南1.2千米处，高程1476米；止点位于碓臼坪村西南1.7千米处，高程1434米。大致呈东南—西北走向。全长1575米，其中保存一般520、较差867、差158、消失30米。墙体为夯筑土墙，夯层厚0.1~0.2米。现存墙体剖面大致呈不规则梯形，底宽6、顶宽1~3.2、残高3~5米。本段长城位于山西省偏关县和内蒙古自治区清水河县交界处，东南接窑洼长城，西北连许家湾长城，碓臼坪1、2号敌台、碓臼坪1~11号马面位于墙体上，碓臼坪1、2号烽火台位于墙体南侧。

墙体整体保存较差。造成损毁的自然因素有风雨侵蚀、植物生长、动物破坏等。

29. 许家湾长城

起点位于内蒙古清水河县暖泉乡碓臼坪村西南1.7千米处，高程1434米；止点位于暖泉乡川峁上村西南0.3千米处，高程1297米。大致呈东南—西北走向。全长1406米，其中保存一般692、较差656、消失58米。墙体为夯筑土墙，夯层厚0.1~0.15米。现存墙体剖面大致呈不规则梯形，底宽4~7、顶宽0.8~4、残高1~3米。本段长城位于山西省偏关县和内蒙古自治区清水河县交界处，东南接碓臼坪长城，西北连川峁上长城，许家湾敌台、许家湾1~6号马面位于墙体上，许家湾1~4号烽火台位于墙体南侧。

墙体整体保存较差。造成损毁的自然因素有风雨侵蚀、植物生长、动物破坏等。

30. 川峁上长城

起点位于内蒙古清水河县暖泉乡川峁上村西南0.3千米处，高程1297米；止点位于暖泉乡头道沟村南1千米处，高程1413米。大致呈东南—西北走向。全长2636米，其中保存一般214、较差2353、消失69米。墙体为夯筑土墙，夯层厚0.2~0.3米。现存墙体剖面大致呈不规则梯形，底宽4~8、顶宽0.5~4.5、残高1~3米。本段长城位于山西省偏关县和内蒙古自治区清水河县交界处，东南接许家湾长城，西北连头道沟长城。水泉堡位于墙体西南0.7千米处，川峁上1~5号敌台、川峁上1~4号马面位于墙体上，川峁上2、3、5号烽火台位于墙体西南侧。

墙体整体保存较差。造成损毁的自然因素有风雨侵蚀、植物生长、动物破坏等。

31. 头道沟长城

起点位于内蒙古清水河县暖泉乡头道沟村南 1 千米处，高程 1413 米；止点位于清水河县暖泉乡腰栅嘴村西南 1.5 千米处，高程 1561 米。大致呈东南—西北走向。全长 2204 米，其中保存一般 1295、较差 909 米。墙体为夯筑土墙，夯层厚 0.15~0.2 米。现存墙体剖面大致呈不规则梯形，底宽 4~8、顶宽 0.5~2、残高 1~4 米。本段长城位于山西省偏关县和内蒙古自治区清水河县交界处，东南接川峁上长城，西北连杏树峁长城。后海子长城在头道沟 2 号敌台—止点间墙体南侧，二者相连。头道沟 1~4 号敌台、头道沟 1~5 号马面位于墙体上，头道沟 1~3 号烽火台位于墙体西南侧。

墙体整体保存较差。造成损毁的自然因素有风雨侵蚀、植物生长、动物破坏等。

32. 后海子长城

起点位于水泉乡后海子村西北 0.8 千米处，高程 1522 米；止点位于后海子村西北 2.3 千米处，高程 1563 米。大致呈东—西走向。全长 888 米，其中保存差 769、消失 119 米。墙体为夯筑土墙，夯层厚 0.15~0.2 米。现存墙体剖面大致呈不规则梯形，底宽 3~5、顶宽 0.5~1.5、残高 1~3 米。本段长城位于偏关县境内头道沟 2 号敌台—止点间墙体南侧，二者相连。后海子 1~3 号敌台、后海子马面位于墙体上。

墙体整体保存差。造成损毁的自然因素有洪水冲刷、风雨侵蚀、植物生长、动物破坏等；人为因素有农业生产活动破坏墙体、修路破坏墙体等。

33. 杏树峁长城

起点位于内蒙古清水河县暖泉乡腰栅嘴村西南 1.5 千米处，高程 1561 米；止点位于暖泉乡杏树峁村南 1.4 千米处，高程 1610 米。大致呈东南—西北走向。全长 2302 米，其中保存一般 782、较差 1520 米。墙体为夯筑土墙，夯层厚 0.15~0.2 米。现存墙体剖面大致呈不规则梯形，底宽 4~6.5、顶宽 0.8~3、残高 1.5~3 米。本段长城位于山西省偏关县和内蒙古自治区清水河县交界处，东南接头道沟长城，西北连关地嘴长城。窑沟子长城在杏树峁 11 号马面—关地嘴 2 号马面间墙体南侧，相距 0.01~0.17 千米。杏树峁敌台、杏树峁 1~15 号马面位于墙体上，杏树峁 1、3~5 号烽火台位于墙体南、西南侧。

墙体整体保存较差。造成损毁的自然因素有风雨侵蚀、植物生长、动物破坏等。

34. 关地嘴长城

起点位于内蒙古清水河县暖泉乡关地嘴村东南 1.3 千米处，高程 1610 米；止点位于关地嘴村西南 1 千米处，高程 1618 米。大致呈东南—西北走向。全长 1805 米，其中保存较差 1292、差 513 米。墙体为夯筑土墙，夯层厚 0.15~0.2 米。现存墙体剖面大致呈不规则梯形，底宽 4~7、顶宽 1~3、残高 0.8~1.8 米。本段长城位于山西省偏关县和内蒙古自治区清水河县交界处，东南接杏树峁长城，西北连安根楼长城。窑沟子长城在杏树峁 11 号马面—关地嘴 2 号马面间墙体南侧，相距 0.01~0.17 千米。关地嘴敌台、关地嘴 1~8 号马面位于墙体上，关地嘴 1、2 号烽火台位于墙体南侧。

墙体整体保存较差。造成损毁的自然因素有风雨侵蚀、植物生长、动物破坏等。

35. 窑沟子长城

起点位于水泉乡窑沟子村东 1.8 千米处，高程 1586 米；止点位于窑沟子村东 0.7 千米处，高程

1613 米。大致呈东南—西北走向。全长 1148 米，均保存差。墙体为夯筑土墙，夯层厚 0.15～0.2 米。现存墙体剖面大致呈不规则梯形，底宽 3～5、顶宽 0.5～1.5、残高 1～2.5 米。本段长城位于山西省偏关县境内杏树峁 11 号马面—关地嘴 2 号马面间墙体南侧，相距 0.01～0.17 千米。窑沟子 1、2 号敌台、窑沟子马面位于墙体上。

墙体整体保存差。造成损毁的自然因素有洪水冲刷、风雨侵蚀、植物生长、动物破坏等；人为因素有修路破坏墙体等。

36. 安根楼长城

起点位于内容古清水河县暖泉乡关地嘴村西南 1 千米处，高程 1618 米；止点位于清水河县单台子乡下黄家梁村西南，高程 1535 米。大致呈东北—西南走向。全长 2429 米，其中保存较差 889、差 1540 米。墙体为夯筑土墙，夯层厚 0.15～0.2 米。现存墙体剖面大致呈不规则梯形，底宽 3～4、顶宽 0.5～1、残高 1～2 米。本段长城位于山西省偏关县和内蒙古自治区清水河县交界处，东南接关地嘴长城，西北连阳洼子长城。安根楼 1～5 号敌台、安根楼 1～10 号马面位于墙体上，安根楼 1～3 号烽火台位于墙体东南、南侧。

墙体整体保存差。造成损毁的自然因素有风雨侵蚀、植物生长、动物破坏等。

37. 阳洼子长城

起点位于内蒙古清水河县单台子乡下黄家梁村西南，高程 1535 米；止点位于偏关县万家寨镇阳洼子村西北 1 千米处，高程 1254 米。大致呈东南—西北走向。全长 2639 米，均保存差。墙体为夯筑土墙，夯层厚 0.15～0.2 米。现存墙体剖面大致呈不规则梯形，底宽 2～4、顶宽 0.5～3、残高 0.8～3 米。本段长城位于山西省偏关县和内蒙古自治区清水河县交界处，东北接安根楼长城，西南连石垛墕长城。阳洼子 1～4 号敌台、阳洼子 1～9 号马面位于墙体上，阳洼子 1、2 号烽火台位于墙体南侧。

墙体整体保存差。造成损毁的自然因素有风雨侵蚀、植物生长、动物破坏等；人为因素有人为踩踏等。

38. 石垛墕长城

起点位于万家寨镇阳洼子村西北 1 千米处，高程 1254 米；止点位于清水河县单台子乡石垛墕村东南 0.5 千米处，高程 1419 米。大致呈东南—西北走向。全长 1853 米，其中保存一般 391、较差 1017、差 265、消失 180 米。墙体为夯筑土墙，夯层厚 0.15～0.2 米。现存墙体剖面大致呈不规则梯形，底宽 4～7、顶宽 2～4.5、残高 1～3 米。本段长城位于山西省偏关县和内蒙古自治区清水河县交界处，东南接阳洼子长城，西连白泥窑长城。石垛墕 1～3 号敌台、石垛墕 1～5 号马面位于墙体上，石垛墕 1、2 号烽火台位于墙体西南侧。

墙体整体保存较差。造成损毁的自然因素有风雨侵蚀、植物生长、动物破坏等；人为因素有人为踩踏等。

39. 白泥窑长城

起点位于内蒙古清水河县单台子乡石垛墕村东南 0.5 千米处，高程 1419 米；止点位于石垛墕村西南 1.25 千米处，高程 1392 米。大致呈东北—西南走向。全长 1550 米，其中保存较好 310、一般 574、较差 656、消失 10 米。墙体为夯筑土墙，夯层厚 0.15 ~ 0.2 米。现存墙体剖面大致呈不规则梯形，底宽 4.5 ~ 7、顶宽 0.8 ~ 1.5、残高 1 ~ 3.5 米。本段长城位于山西省偏关县和内蒙古自治区清水河县交界处，南接石垛塄长城，西北连正泥塄长城。白泥窑堡位于墙体南 0.16 千米处，白泥窑敌台、白泥窑 1 ~ 10 号马面位于墙体上，白泥窑 2、3 号烽火台位于墙体东南、南侧。

　　墙体整体保存较差。造成损毁的自然因素有风雨侵蚀、植物生长、动物破坏等；人为因素有将墙体顶部利用成道路等。

40. 正泥塄长城

　　起点位于内蒙古清水河县单台子乡石垛塄村西南 1.25 千米处，高程 1392 米；止点位于万家寨镇正泥塄村西北 0.4 千米处，高程 1351 米。大致呈东南—西北走向。全长 1235 米，其中保存一般 1119、较差 116 米。墙体为夯筑土墙，夯层厚 0.15 ~ 0.2 米。现存墙体剖面大致呈不规则梯形，底宽 6、顶宽 1 ~ 4、残高 2 ~ 5 米。本段长城位于山西省偏关县和内蒙古自治区清水河县交界处，东接白泥窑长城、西连东牛腻塔长城。正泥塄敌台、正泥塄 1 ~ 9 号马面位于墙体上，正泥塄 1、2 号烽火台位于墙体西南、西侧。

　　墙体整体保存一般。造成损毁的自然因素有风雨侵蚀、植物生长、动物破坏等；人为因素有利用墙体修建窑洞、修路破坏墙体等。

41. 东牛腻塔长城

　　起点位于万家寨镇正泥塄村西北 0.4 千米处，高程 1351 米；止点位于清水河县单台子乡青草峁村东南 0.35 千米处，高程 1308 米。大致呈东—西走向。全长 1814 米，其中保存差 1769、消失 45 米。墙体为夯筑土墙，夯层厚 0.15 ~ 0.2 米。现存墙体剖面大致呈不规则梯形，底宽 2 ~ 4、顶宽 0.5 ~ 3、残高 0.5 ~ 2 米。本段长城位于山西省偏关县和内蒙古自治区清水河县交界处，南接正泥塄长城，西北连青草峁长城。东牛腻塔 1 ~ 5 号敌台、东牛腻塔 1 ~ 5 号马面位于墙体上，东牛腻塔烽火台及青草峁 1、2 号烽火台位于墙体南侧。

　　墙体整体保存差。造成损毁的自然因素有风雨侵蚀、植物生长、动物破坏等；人为因素有取土挖损、挖掘洞穴等。

42. 青草峁长城

　　起点位于内蒙古清水河县单台子乡青草峁村东南 0.35 千米处，高程 1308 米；止点位于偏关县万家寨镇南庄王村北 1 千米处，高程 1228 米。大致呈东南—西北走向。全长 1641 米，其中保存一般 917、较差 614、消失 110 米。墙体为夯筑土墙，夯层厚 0.15 ~ 0.2 米。现存墙体剖面大致呈不规则梯形，底宽 4 ~ 7、顶宽 2 ~ 3.5、残高 2 ~ 4 米。本段长城位于山西省偏关县和内蒙古自治区清水河县交界处，东南接东牛腻塔长城，西北连正湖梁长城。青草峁 1 ~ 3 号敌台、青草峁 1 ~ 6 号马面位于墙体上，青草峁 3 号烽火台位于墙体南侧。

　　墙体整体保存较差。造成损毁的自然因素有风雨侵蚀、植物生长、动物破坏等；人为因素有取土挖损、挖掘洞穴等。

43. 正湖梁长城

起点位于偏关县万家寨镇正湖梁村东 0.7 千米处，高程 1228 米；止点位于清水河县单台子乡北古梁村东南 0.8 千米处，高程 1094 米。大致呈东—西走向。全长 2829 米，其中保存一般 1286、较差 891、差 502、消失 150 米。墙体为夯筑土墙，夯层厚 0.15 ~ 0.2 米。现存墙体剖面大致呈不规则梯形，底宽 4 ~ 6、顶宽 1.5 ~ 3、残高 1 ~ 3 米。本段长城位于山西省偏关县和内蒙古自治区清水河县交界处，东南接青草峁长城，西南连北古梁长城。滑石洞堡位于墙体南 0.4 千米处，正湖梁 1 ~ 8 号敌台、正湖梁 1 ~ 3 号马面位于墙体上，正湖梁 1 ~ 3 号烽火台位于墙体南侧。

墙体整体保存较差。造成损毁的自然因素有风雨侵蚀、植物生长、动物破坏等；人为因素有取土挖损、挖掘洞穴等。

44. 北古梁长城

起点位于内容古清水河县单台子乡北古梁村东南 0.8 千米处，高程 1094 米；止点位于北古梁村西南 1 千米处，高程 1016 米。大致呈东北—西南走向。全长 455 米，均保存较好。墙体为夯筑土墙，夯层厚 0.15 ~ 0.2 米。现存墙体剖面大致呈不规则梯形，底宽 5 ~ 6.5、顶宽 1 ~ 2.5、残高 5 ~ 6.5 米。本段长城位于山西省偏关县和内蒙古自治区清水河县交界处，东南接正湖梁长城，西连水门塔长城。

墙体整体保存较好。造成损毁的自然因素有风雨侵蚀、植物生长、动物破坏等；人为因素有取土挖损、挖掘洞穴等。

45. 水门塔长城

起点位于内蒙古清水河县单台子乡北古梁村西南 1 千米处，高程 1016 米；止点位于偏关县万家寨镇马道嘴村西北 0.5 千米处，高程 1056 米。大致呈东北—西南走向。全长 1900 米，均消失。本段长城位于山西省偏关县和内蒙古自治区清水河县交界处，东接北古梁长城，西南连闫王鼻子长城，水门塔 1 ~ 3 号敌台位于墙体上，北古梁 1、2 号烽火台位于墙体东南侧。

墙体整体消失。造成损毁的自然因素有洪水冲刷等。

46. 闫王鼻子长城

起点位于偏关县万家寨镇马道嘴村西北 0.5 千米处，高程 1056 米；止点位于内蒙古清水河县单台子乡闫王鼻子村西南 0.7 千米处，高程 982 米。大致呈东北—西南走向。全长 2827 米，其中保存较差 1274、差 1364、消失 189 米。墙体为夯筑土墙，夯层厚 0.15 ~ 0.2 米。现存墙体剖面大致呈不规则梯形，底宽 1.5 ~ 3、顶宽 0.5 ~ 0.8、残高 0.2 ~ 1.5 米。本段长城位于山西省偏关县和内蒙古自治区清水河县交界处，东北接水门塔长城，南连老牛湾长城。闫王鼻子 1 ~ 6 号敌台、闫王鼻子马面位于墙体上，马道嘴 2 号烽火台和闫王鼻子 1、2 号烽火台位于墙体东南、南、西南侧。

墙体整体保存差。造成损毁的自然因素有风雨侵蚀、植物生长、动物破坏等。

47. 内蒙古调查老牛湾长城

起点位于万家寨镇老牛湾村东北 0.5 千米处，高程 982 米；止点位于老牛湾村北 0.1 千米处，高程 982 米。大致呈东北—西南走向。全长 862 米，保存较好。本段长城为山险，位于山西省偏关县和内蒙古自治区清水河县交界处，东北接闫王鼻子长城。

48. 老牛湾长城

起点位于万家寨镇老牛湾村北 0.2 千米（望河楼敌台），高程 1002 米；止点位于万家寨大嘴村西北 0.5 千米处，高程 1120 米。大致呈西北—东南走向。全长 3500 米，保存较好。本段长城为山险，G0250（起点、望河楼敌台）西距内蒙古调查老牛湾长城 G0705（止点）0.054 千米，东南连大嘴长城。老牛湾堡位于 G0250（起点、望河楼敌台）东南 0.25 千米处，老牛湾烽火台（也是内蒙古调查的老牛湾 1 号烽火台）位于墙体东侧（图五一〇）。

本段墙体共测 GPS 点 2 个（G0250、G0265），仅 1 小段，叙述如下。

G0250（起点、望河楼敌台）—G0265（止点、材质变化点），长 3500 米，西北—东南走向，保存较好。望河楼，也称护水楼。

49. 大嘴长城

起点位于万家寨镇大嘴村西北 0.5 千米处，高程 1120 米；止点位于大嘴村东南 0.16 千米处，高程 1192 米。大致呈西北—东南走向。全长 1358 米，其中保存一般 323、较差 450、差 195、消失 390 米。墙体为石墙，片石垒砌而成。现存墙体剖面大致呈不规则梯形，顶宽 1.1 ~ 3、残高 0.2 ~ 1.5 米（彩图八二一）。本段长城西北接老牛湾长城，南连万家寨长城 1 段。大嘴 1 ~ 3 号关位于墙体西南侧和东侧，大嘴 1 ~ 11 号马面位于墙体上，大嘴烽火台位于 G0279（拐点）东 0.1 千米（图五一一）。

本段墙体共测 GPS 点 21 个（G0265 ~ G0269、G0271 ~ G0277、G0279、G0281 ~ G0287、G0289 ~ G0290），可分为 21 小段，分述如下。

第 1 小段：G0265（起点、材质变化点）—G0266（断点），仅存 13 米，西北—东南走向，保存一般。紧邻山崖。另有 100 米消失。

第 2 小段：G0266（断点）—G0267（断点），长 30 米，西—东走向，保存差。墙体仅存地面痕迹，宽 1.5、残高 0.9 米。

第 3 小段：G0267（断点）—G0268（断点），长 40 米，西北—东南走向。墙体消失。

第 4 小段：G0268（断点）—G0269（拐点），长 60 米，东南—西北走向，保存差。墙体仅存地面痕迹。

第 5 小段：G0269（拐点）—G0271（大嘴 1 号马面），长 120 米，西北—东南走向，保存较差。墙体仅存地面痕迹，宽 1.2、残高 0.8 米。大嘴 1 号关位于墙体西南侧。

第 6 小段：G0271（大嘴 1 号马面）—G0272（大嘴 2 号马面），长 20 米，西北—东南走向，保存较差。墙体仅存地面痕迹，宽 1.1、残高 0.4 米。

第 7 小段：G0272（大嘴 2 号马面）—G0273（大嘴 3 号马面），长 20 米，西北—东南走向，保存较差。墙体仅存地面痕迹，宽 1.1、残高 0.4 米。

第 8 小段：G0273（大嘴 3 号马面）—G0274（大嘴 4 号马面），长 30 米，西北—东南走向，保存较差。墙体仅存地面痕迹，西南侧与地面齐平，东北侧略高于地面，宽 1.2、高 0.6 米。

第 9 小段：G0274（大嘴 4 号马面）—G0275（大嘴 5 号马面），长 20 米，西北—东南走向，保存差。墙体仅存地面痕迹，宽 1.5、残高 0.3 ~ 0.5 米。

第 10 小段：G0275（大嘴 5 号马面）—G0276（大嘴 6 号马面），长 20 米，西北—东南走向，保

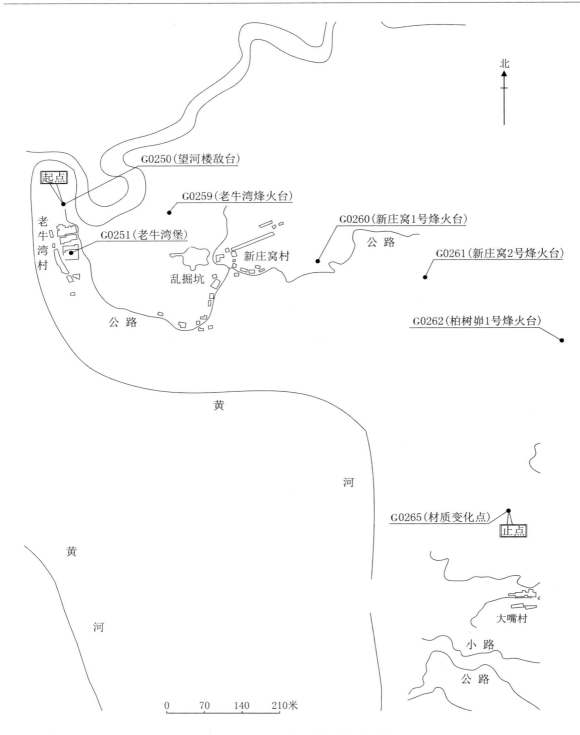

图五一〇　老牛湾长城走向示意图

存差。墙体仅存地面痕迹，宽1.5、残高0.3~0.5米。

　　第11小段：G0276（大嘴6号马面）—G0277（大嘴7号马面），长15米，西北—东南走向，保存差。墙体仅存地面痕迹，宽1.5、残高0.3~0.5米。

　　第12小段：G0277（大嘴7号马面）—G0279（拐点），长100米，西北—东南走向，保存一般。

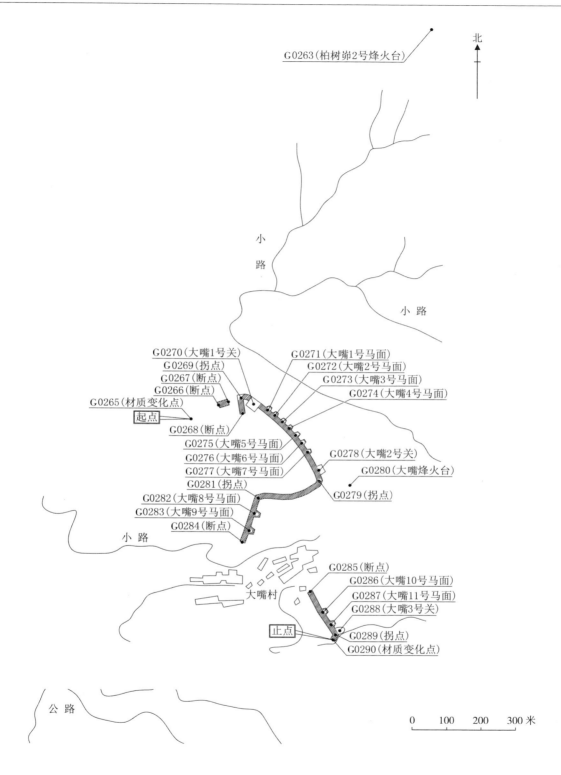

图五一一　大嘴长城走向示意图

墙体宽2、残高0.5~1米。G0277（大嘴7号马面）东南0.07千米处，墙体西南侧0.01千米有1道石墙，长25米。大嘴2号关位于墙体东侧。

第13小段：G0279（拐点）—G0281（拐点），长210米，东北—西南走向，保存一般。部分段利用山险。

　　第 14 小段：G0281（拐点）—G0282（大嘴 8 号马面），长 40 米，东北—西南走向，保存较差。墙体仅存地面痕迹，宽 1.1、残高 0.2 米。近 G0282（大嘴 8 号马面）处，墙体西北侧有补筑痕迹，厚 0.6~0.9、残高 0.9 米。

　　第 15 小段：G0282（大嘴 8 号马面）—G0283（大嘴 9 号马面），长 40 米，东北—西南走向，保存较差。墙体仅存地面痕迹，宽 1.1、残高 0.2 米。

　　第 16 小段：G0283（大嘴 9 号马面）—G0284（断点），长 50 米，东北—西南走向，保存差。紧邻山崖，墙体依山势下行，顶部呈阶梯状。

　　第 17 小段：G0284（断点）—G0285（断点），长 250 米，西北—东南走向。墙体因位于村庄内被破坏无存。

　　第 18 小段：G0285（断点）—G0286（大嘴 10 号马面），长 70 米，西北—东南走向，保存较差。墙体宽 1~3、残高 0.5~1.5 米。

　　第 19 小段：G0286（大嘴 10 号马面）—G0287（大嘴 11 号马面），长 50 米，西北—东南走向，保存较差。墙体宽 1.5~1.7、残高 0.3~0.8 米。

　　第 20 小段：G0287（大嘴 11 号马面）—G0289（拐点），长 40 米，西北—东南走向，保存较差。墙体顶宽 1.5~1.7、残高 0.3~0.8 米。大嘴 3 号关位于墙体东侧。

　　第 21 小段：G0289（拐点）—G0290（止点、材质变化点），长 20 米，东北—西南走向，保存较差。墙体宽 1.4、残高 0.3~0.5 米。

　　墙体整体保存较差。造成损毁的自然因素有风雨侵蚀、植物生长、动物破坏等；有 1 小段墙体位于村庄内无存。

50. 万家寨长城 1 段

　　起点位于万家寨镇大嘴村东南 0.16 千米处，高程 1192 米；止点位于万家寨镇万家寨村西南 0.3 千米（寨子沟与黄河交汇处北侧），高程 1030 米。大致呈东北—西南走向。全长 9999 米，均保存较好。本段长城为山险，北接大嘴长城，南连万家寨长城 2 段。榆树塔烽火台、东长嘴 1 号和 2 号烽火台、辛庄窝烽火台位于墙体东侧（图五一二）。

　　本段墙体共测 GPS 点 2 个（G0290、G0294），仅 1 小段，叙述如下。

　　G0290（起点、材质变化点）—G0294（止点），长 9999 米，东北—西南走向，保存较好。为山险。

51. 万家寨长城 2 段

　　起点位于万家寨镇万家寨村西南 0.3 千米（寨子沟与黄河交汇处北侧），高程 1030 米；止点位于万家寨镇五铺梁村西南 1.33 千米处，高程 949 米。大致呈北—南走向。全长 4280 米，均保存较好。本段长城为山险，北接万家寨长城 1 段，东南连五铺梁长城。万家寨堡位于 G0294（起点）东南侧，万家寨烽火台、麻地塔烽火台、暗地庄窝烽火台位于墙体东侧（图五一三）。

　　本段墙体共测 GPS 点 2 个（G0294、G0299），仅 1 小段，分述如下。

　　G0294（起点）—G0299（止点、材质变化点），长 4280 米，北—南走向，保存较好。

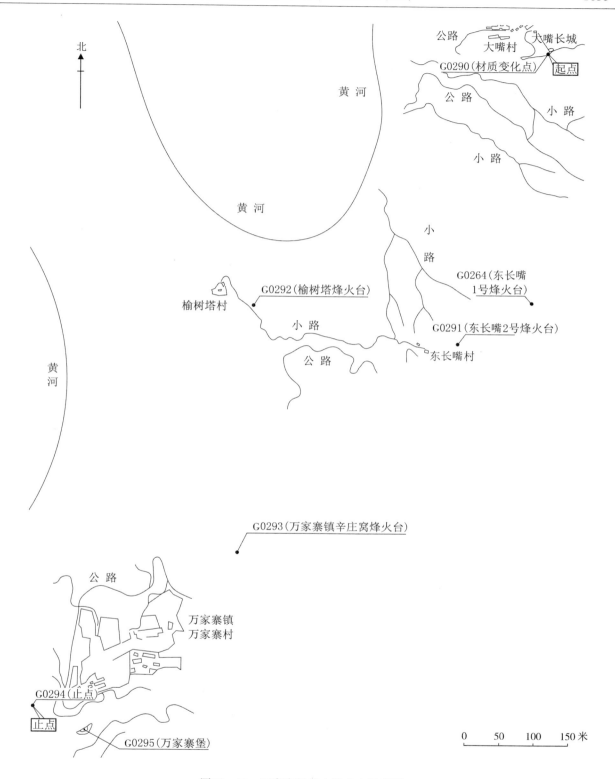

图五一二　万家寨长城1段走向示意图

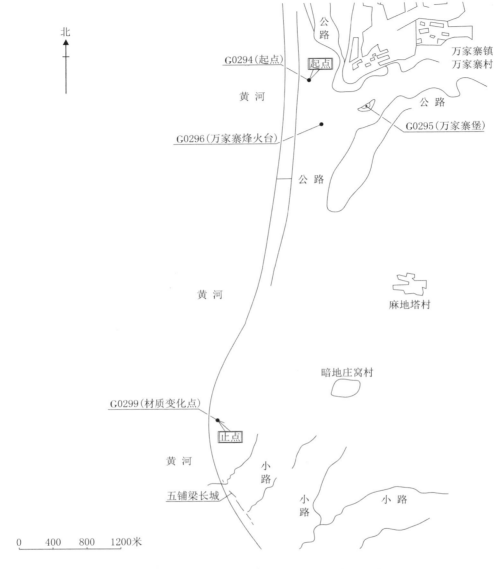

图五一三　万家寨长城 2 段走向示意图

52. 五铺梁长城

　　起点位于万家寨镇五铺梁村西南 1.33 千米处，高程 949 米；止点位于五铺梁村西南 1.22 千米处，高程 920 米。大致呈西北—东南走向，全长 917.8 米，其中保存较好 156.2、一般 66.6、消失 695 米。墙体为石墙，条石或片石垒砌而成。现存墙体剖面大致呈不规则梯形，底宽 3.73、顶宽 2.2~3.2、残高 0.5~4 米。G0301（断点）—G0302（断点）间墙体底部存水门 1 座，宽 0.7、残高 1.06 米。本段长城西北接万家寨长城 2 段，东南连小寨长城。五铺梁 1~4 号烽火台位于墙体东侧，五铺梁 4 号烽火台位于 G0300（断点）东北 0.14 千米处（图五一四）。

　　本段墙体共测 GPS 点 13 个（G0299~G0312），可分为 13 小段，分述如下。

　　第 1 小段：G0299（起点、材质变化点）—G0300（断点），长 21 米，西北—东南走向，保存较好。墙体顶宽 3~3.2、残高 1~2.9 米。G0299（起点、材质变化点）处紧邻山崖，有两道东西向石

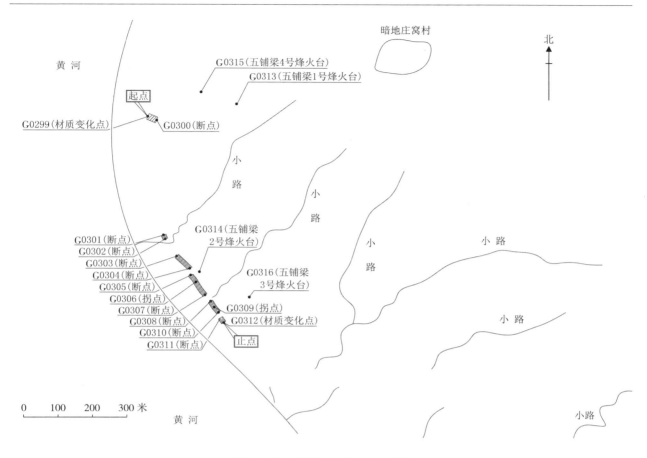

图五一四　五铺梁长城走向示意图

墙，北侧一道长1、残高1米，南侧一道长2.5、残高0.5米。G0300（断点）为五铺梁沟与黄河交汇处，交汇处南侧崖壁上有两处洞穴，洞口垒砌有石墙，可能是为长城同时期的遗存。

第2小段：G0300（断点）—G0301（断点），长584米，西北—东南走向。墙体消失。

第3小段：G0301（断点）—G0302（断点），长6.6米，西北—东南走向，保存一般。墙体位于山凹处，外侧（西侧）石墙保存较好，内侧（东侧）石墙坍塌。墙体底宽3.73、顶宽2.7、残高5.4米。

第4小段：G0302（断点）—G0303（断点），长60米，西北—东南走向。墙体消失。

第5小段：G0303（断点）—G0304（断点），长60米，西北—东南走向，保存一般。墙体顶宽2.2、外侧（西侧）残高0.5~3.2米。

第6小段：G0304（断点）—G0305（断点），长3米，西北—东南走向。墙体被洪水冲毁消失。

第7小段：G0305（断点）—G0306（拐点），长40米，西北—东南走向，保存较好。墙体外侧（西侧）残高1.6~4.3米。

第8小段：G0306（拐点）—G0307（断点），长50米，西北—东南走向，保存较好。墙体外侧（西侧）残高1.6~4.3米（彩图八二二、八二三）。

第9小段：G0307（断点）—G0308（断点），长30米，西北—东南走向。墙体被洪水冲毁消失。

第10小段：G0308（断点）—G0309（拐点），长13米，西北—东南走向，保存较好。墙体外侧（西侧）残高2.5~4米。

第11小段：G0309（拐点）—G0310（断点），长30米，西北—东南走向，保存较好。墙体外侧

（西侧）残高 2.5～3.5 米。

第 12 小段：G0310（断点）—G0311（断点），长 18 米，西北—东南走向，墙体消失。

第 13 小段：G0311（断点）—G0312（止点、材质变化点），长 2.2 米，西北—东南走向，保存较好。墙体南邻山崖。残高 1.8～2 米。

墙体整体保存较差。造成损毁的自然因素有洪水冲刷、风雨侵蚀、植物生长、动物破坏等。

53. 小寨长城

起点位于万家寨镇西南 1.22 千米处，高程 920 米；止点位于天峰坪镇小寨村西南 2.4 千米处，高程 937 米。大致呈西北—东南走向。全长 2400 米，保存较好。本段长城为山险，西北接五铺梁长城，西南连尖次湾长城。小寨堡位于墙体东侧；小寨 1、2 号烽火台敌台位于墙体东侧（图五一五）。

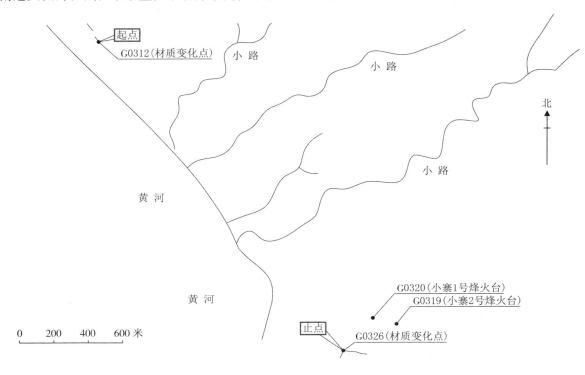

图五一五　小寨长城走向示意图

本段墙体共测 GPS 点 2 个（G0312、G0326），仅 1 段，叙述如下。

G0312（起点、材质变化点）—G0326（止点、材质变化点），长 2400 米，西北—东南走向，保存较好。

54. 尖次湾长城

起点位于天峰坪镇小寨村西南 2.44 千米处，高程 937 米；止点位于天峰坪镇关河口村东 0.43 千米处，高程 1050 米。大致呈东北—西南走向。全长 3344.5 米，其中保存较好 39、一般 80、较差 238.5、差 15、消失 2972 米。墙体为石墙，片石垒砌而成。现存墙体剖面大致呈不规则梯形，底宽 1.6～2.8、顶宽 0.5～2.2、残高 0.3～2.7 米（彩图八二四）。本段长城东北连小寨长城，南连天峰坪长城。关河口关位于尖刺湾长城 G0343（断点）—G0345（断点）间墙体西侧，东墙即为长城墙体；

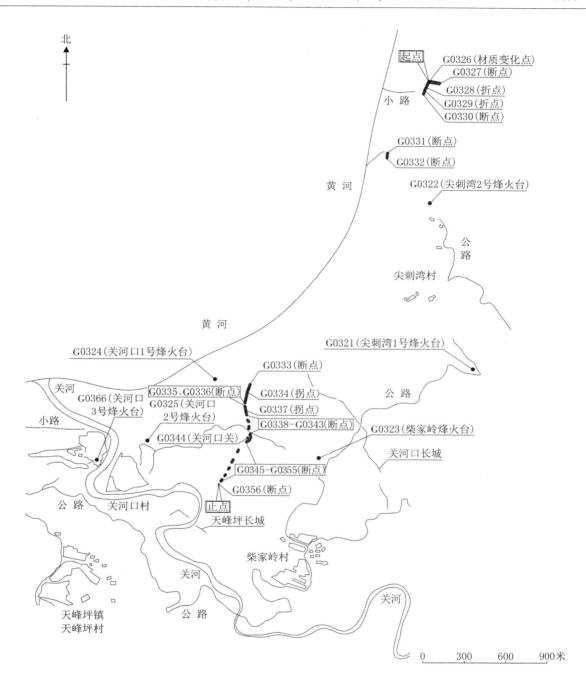

图五一六　尖次湾长城走向示意图

尖次湾1、2号烽火台、柴家岭烽火台位于墙体东侧，关河口1、2号烽火台位于墙体西侧（图五一六）。

本段墙体共测 GPS 点 30 个（G0326～G0343、G0345～G0356），可分为 29 小段，分述如下。

第1小段：G0326（起点、材质变化点）—G0327（断点），长 40 米，西—东走向，保存较差。墙体残高 0.5～1.7 米。

第2小段：G0327（断点）—G0328（折点），长 20 米，东北—西南走向，保存较差。墙体宽 0.5～1、残高 0.3～1.6 米。

第 3 小段：G0328（折点）—G0329（折点），长 9 米，东北—西南走向，保存较好。为小寨南沟上的一座单孔石桥，跨度 3.2、拱高 2 米，石桥顶宽 2.2、残高 1.8~2.1 米（彩图八二五）。

第 4 小段：G0329（折点）—G0330（断点），长 30 米，东北—西南走向，保存较差。墙体宽 0.5~2、残高 0.5~1 米。

第 5 小段：G0330（断点）—G0331（断点），长 1320 米，东北—西南走向，墙体消失。

第 6 小段：G0331（断点）—G0332（断点），长 30 米，东北—西南走向，保存较好。墙体顶部呈阶梯状。墙体底宽 1.6、顶宽 1.3、外侧（西侧）残高 2.1~2.7、内侧（东侧）残高 0.6~2.5 米。

第 7 小段：G0332（断点）—G0333（断点），长 1320 米，东北—西南走向，墙体消失。

第 8 小段：G0333（断点）—G0334（拐点），长 50 米，东北—西南走向，保存一般。G0333（断点）处剖面可见墙体外侧（西侧）为土墙，内侧（东侧）为石墙。墙体底宽 2.8、顶宽 2、残高 1.5 米。

第 9 小段：G0334（拐点）—G0335（断点），长 50 米，东北—西南走向，保存较差。墙体宽 0.5~2、残高 0.5~1.5 米。

第 10 小段：G0335（断点）—G0336（断点），长 10 米，东北—西南走向。墙体被人为破坏损毁消失。

第 11 小段：G0336（断点）—G0337（拐点），长 14 米，西北—东南走向，保存较差。墙体宽 0.5~0.8、残高 0.5 米。

第 12 小段：G0337（拐点）—G0338（断点），长 20 米，西北—东南走向，保存较差。墙体宽 0.5~0.8、残高 0.5 米。

第 13 小段：G0338（断点）—G0339（断点），长 13 米，西北—东南走向。墙体被人为破坏损毁消失。

第 14 小段：G0339（断点）—G0340（断点），长 10 米，西北—东南走向，保存较差。墙体宽 2、残高 1 米。

第 15 小段：G0340（断点）—G0341（断点），长 12 米，西北—东南走向。墙体被人为破坏损毁消失。

第 16 小段：G0341（断点）—G0342（断点），长 20 米，北—南走向，保存一般。墙体宽 2.4、外侧（西侧）残高 1.3、内侧（东侧）高 1.9 米。

第 17 小段：G0342（断点）—G0343（断点），长 30 米，北—南走向。墙体被人为破坏损毁消失。

第 18 小段：G0343（断点）—G0345（断点），长 60 米，东北—西南走向，保存一般。墙体宽 2.4、外侧（西侧）残高 1.3、内侧（东侧）高 1.9 米。

第 19 小段：G0345（断点）—G0346（断点），长 50 米，东北—西南走向。墙体被人为破坏损毁消失。

第 20 小段：G0346（断点）—G0347（断点），长 15 米，东北—西南走向，保存差。墙体宽 2、残高 1.5~2 米。

第 21 小段：G0347（断点）—G0348（断点），长 30 米，东北—西南走向。墙体被人为破坏损毁消失。

第 22 小段：G0348（断点）—G0349（断点），长 20 米，东北—西南走向，保存较差。墙体宽 2、残高 1.5~2 米。

第 23 小段：G0349（断点）—G0350（断点），长 40 米，东北—西南走向。墙体被人为破坏损毁消失。

第24小段：G0350（断点）—G0351（断点），长4.5米，东北—西南走向，保存较差。墙体宽2、残高1.5～2米。

第25小段：G0351（断点）—G0352（断点），长30米，东北—西南走向。墙体被人为破坏损毁消失。

第26小段：G0352（断点）—G0353（断点），长10米，东北—西南走向，保存较差。

第27小段：G0353（断点）—G0354（断点），长35米，东北—西南走向。墙体被人为破坏损毁消失。

第28小段：G0354（断点）—G0355（断点），长20米，东北—西南走向，保存较差。

第29小段：G0355（断点）—G0356（止点、断点），长32米，东北—西南走向。墙体被人为破坏损毁消失。G0356（止点、断点）止点位于偏关河北岸山崖边。

墙体整体保存较差。造成损毁的自然因素有风雨侵蚀、植物生长、动物破坏等，有10小段墙体被人为破坏损毁消失。

55. 关河口长城

起点位于天峰坪镇关河口村东北1.26千米，高程1061米；止点位于关河口村东南1.54千米，高程1082米。大致呈西北—东南走向。全长1075米，其中保存一般500、较差210、差220、消失145米。墙体为石墙，外部片石垒砌，内部为土石混筑墙体或夯土墙体。现存墙体大致呈不规则梯形，底宽0.5～4.5、残高0.3～2.5米。部分段墙体顶部残存女墙，宽0.8～2、残高0.3～0.65米。本段长城G0001″（起点、断点）西南距尖次湾长城G0333（断点）0.38千米（图五一七）。

本段墙体共测GPS点15个（G0001″～G0015″），可分为14小段，分述如下。

第1小段：G0001″（起点、断点）—G0002″（断点），长50米，西北—东南走向，保存差。墙体底宽2.5、残高0.3～1.5米。

第2小段：G0002″（断点）—G0003″（断点），长4米，西北—东南走向。墙体被修路挖断损毁消失。

第3小段：G0003″（断点）—G0004″（拐点），长80米，西北—东南走向，保存一般。墙体底宽3.9～4.5、残高2.5米。墙体顶部残存女墙，宽0.8～1、残高0.3～0.65米。

第4小段：G0004″（拐点）—G0005″（断点），长160米，西北—东南走向，保存一般。墙体底宽3.9～4.5、残高2.5米。墙体顶部残存女墙，宽0.8～1、残高0.3～0.65米（彩图八二六）。

第5小段：G0005″（断点）—G0006″（断点），长10米，西北—东南走向。墙体被洪水冲毁消失。

第6小段：G0006″（断点）—G0007″（拐点），长30米，西北—东南走向，保存一般。墙体底宽3.9～4.5、残高2.5米。墙体顶部残存女墙，宽0.8～1、残高0.3～0.65米。

第7小段：G0007″（拐点）—G0008″（断点），长180米，西北—东南走向，保存一般。墙体底宽4.3、残高2～2.5米。墙体顶部残存女墙，宽2、残高0.5米。

第8小段：G0008″（断点）—G0009″（断点），长11米，西北—东南走向。墙体被修路挖断损毁消失。

第9小段：G0009″（断点）—G0010″（拐点），长50米，西北—东南走向，保存一般。墙体底宽4.3、残高2～2.5米。墙体顶部残存女墙，宽2、残高0.5米。

第10小段：G0010″（拐点）—G0011″（断点），长10米，北—南走向，保存差。墙体底宽0.5、

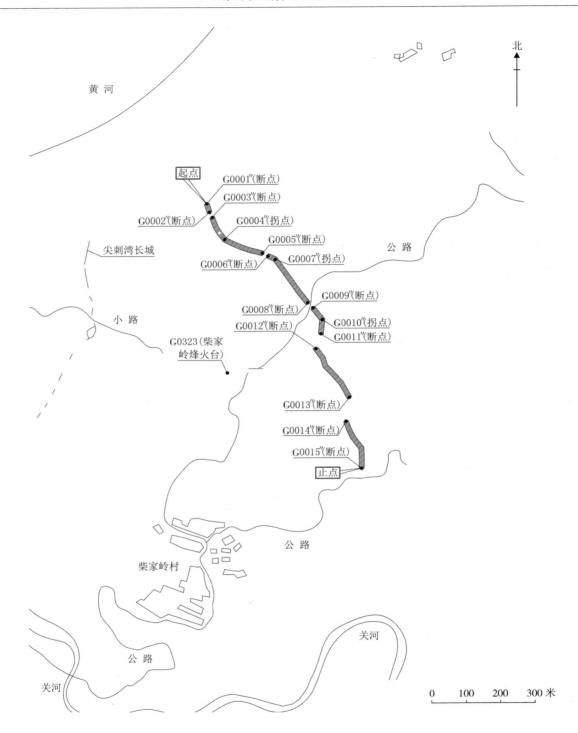

图五一七　关河口长城走向示意图

残高 0.7 米。

　　第 11 小段：G0011″（断点）—G0012″（断点），长 60 米，北—南走向。墙体被洪水冲毁消失。

　　第 12 小段：G0012″（断点）—G0013″（断点），长 210 米，西北—东南走向，保存较差。墙体底宽 1～3.5、残高 0.3～2.5 米。

第 13 小段：G0013″（断点）—G0014″（断点），长 60 米，北—南走向。墙体被人为破坏损毁消失。

第 14 小段：G0014″（断点）—G0015″（止点、断点），长 160 米，西北—东南走向，保存差。

墙体整体保存较差。造成损毁的自然因素有洪水冲刷、风雨侵蚀、植物生长、动物破坏等；有 3 小段墙体被修路挖断或人为破坏损毁消失。

56. 天峰坪长城

起点位于天峰坪镇关河口村东 0.43 千米处，高程 1050 米；止点位于天峰坪镇前梁村西北 1.1 千米处，高程 944 米。大致呈东北—西南走向。全长 4335.7 米，其中保存较好 127.3、一般 2.4、较差 38、差 80、消失 4088 米。墙体为石墙，条石或片石垒砌而成。现存墙体剖面大致呈不规则梯形，底宽 0.7 ~ 3、顶宽 0.3 ~ 1.5、残高 0.3 ~ 3.5 米（彩图八二七）。本段长城东北连尖次湾长城，西南接石峁长城 1 段。关河口 3 号烽火台、天峰坪 1 ~ 3 号烽火台位于墙体南侧（图五一八）。

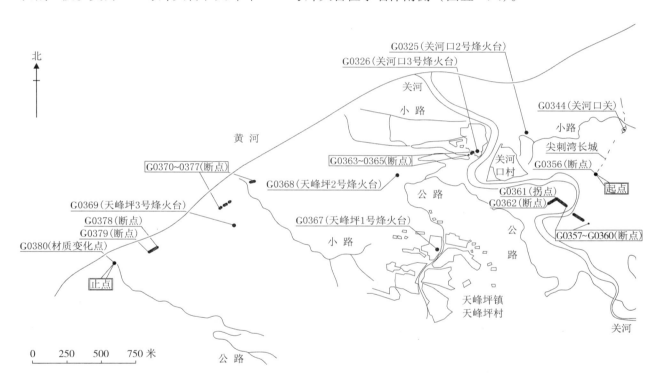

图五一八　天峰坪长城走向示意图

本段墙体共测 GPS 点 21 个（G0356 ~ G0365、G0370 ~ G0380），可分为 20 小段，分述如下。

第 1 小段：G0356（起点、断点）—G0357（断点），长 370 米，北—南走向。墙体被洪水冲毁消失。

第 2 小段：G0357（断点）—G0358（断点），长 50 米，东南—西北走向。墙体被修路挖断损毁和洪水冲毁消失。

第 3 小段：G0358（断点）—G0359（断点），长 90 米，东南—西北走向，保存较好。墙体底宽 1.7、顶宽 1.5、残高 1.05 ~ 1.9 米。

第 4 小段：G0359（断点）—G0360（断点），长 80 米，东南—西北走向。墙体被洪水冲毁消失。

第 5 小段：G0360（断点）—G0361（拐点），长 80 米，东南—西北走向，保存差。墙体底宽

0.7～3、顶宽0.3～0.5、残高0.3～1.5米。

第6小段：G0361（拐点）—G0362（断点），长18米，东北—西南走向，保存较差。墙体底宽0.9～2、顶宽0.5、残高0.5～1.2米（彩图八二八）。

第7小段：G0362（断点）—G0363（断点），长650米，东南—西北走向。墙体被洪水冲毁消失。

第8小段：G0363（断点）—G0364（断点），长20米，东北—西南走向，保存较差。墙体底宽1.2、顶宽0.5、残高0.6～1.7米。

第9小段：G0364（断点）—G0365（断点），长8米，东北—西南走向。墙体被人为破坏、自然破坏损毁消失。

第10小段：G0365（断点）—G0370（断点），长1700米，东北—西南走向。现为烧制硫磺区域，墙体被人为破坏损毁消失。

第11小段：G0370（断点）—G0371（断点），长2米，东北—西南走向，保存较好。墙体残高1米。

第12小段：G0371（断点）—G0372（断点），长150米，东北—西南走向，墙体消失。

第13小段：G0372（断点）—G0373（断点），长25米，东北—西南走向，保存较好。墙体残高3～3.5米（彩图八二九）。

第14小段：G0373（断点）—G0374（断点），长20米，东北—西南走向，墙体消失。

第15小段：G0374（断点）—G0375（断点），长5.8米，东北—西南走向，保存较好。墙体残高3.2米。附近发现一块明砖，长0.4、宽0.21、厚0.09米。

第16小段：G0375（断点）—G0376（断点），长40米，东北—西南走向，墙体消失。

第17小段：G0376（断点）—G0377（断点），长4.5米，东北—西南走向，保存较好。墙体残高0.8～1米。

第18小段：G0377（断点）—G0378（断点），长750米，东北—西南走向，墙体消失。

第19小段：G0378（断点）—G0379（断点），长2.4米，东北—西南走向，保存一般。墙体残高0.8～1.5米。

第20小段：G0379（断点）—G0380（止点、材质变化点），长270米，东北—西南走向。G0380（止点、断点）北侧有一条乡间公路通向黄河渡口。

墙体整体保存差。造成损毁的自然因素有洪水冲刷、风雨侵蚀、植物生长、动物破坏等；部分段墙体被修路挖断或人为破坏损毁消失。

57. 石峁长城1段

起点位于天峰坪镇前梁村西北1.1千米处，高程944米；止点位于天峰坪镇石峁村西北1千米处，高程940米。大致呈东北—西南走向。全长1220米，保存较好。本段长城为山险（彩图八三〇），东北连天峰坪长城，西南接石峁长城2段。前梁烽火台位于G0380（起点、断点）西南0.46千米（图五一九）。

本段墙体共测GPS点2个（G0380、G0383），仅1小段，叙述如下。

G0380（起点、材质变化点）—G0383（止点、材质变化点），长1220米，东北—西南走向，保存较好。

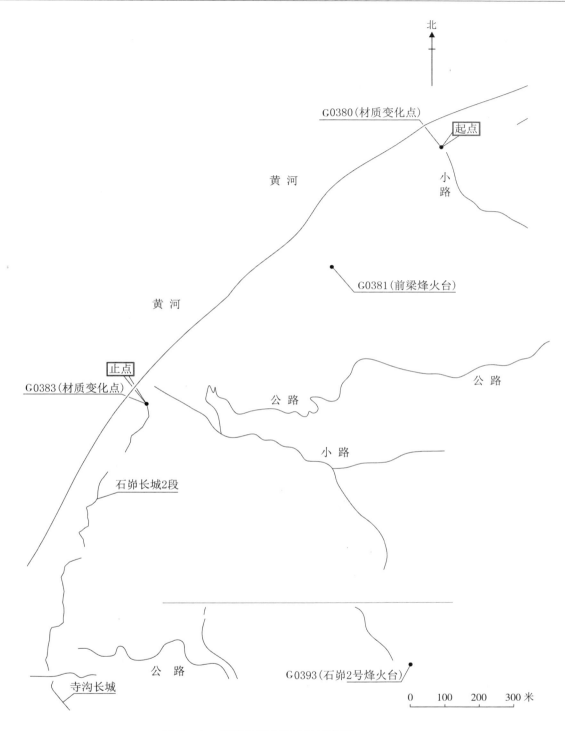

图五一九　石崆长城1段走向示意图

58. 石崆长城2段

起点位于天峰坪镇石崆村西北1千米处，高程940米；止点位于天峰坪镇石崆村西北0.402千米处，高程927米。大致呈东北—西南走向。全长915米，其中保存较好30、一般685、较差20，消失

180 米。墙体为砖墙，外部砖石垒砌；内部为夯土墙体，夯层厚 0.09～0.26 米。现存墙体大致呈不规则梯形，底宽 4、顶宽 0.4～2.5、外侧（西侧）残高 1～4、内侧（东侧）残高 0.4～1.4 米。本段长城东北接石峁长城 1 段，南连寺沟长城。石峁敌台位于墙体上，石峁 1～3 号烽火台位于墙体东侧，石峁 1 号烽火台位于 G0384（拐点）西南 0.06 千米处（图五二〇）。

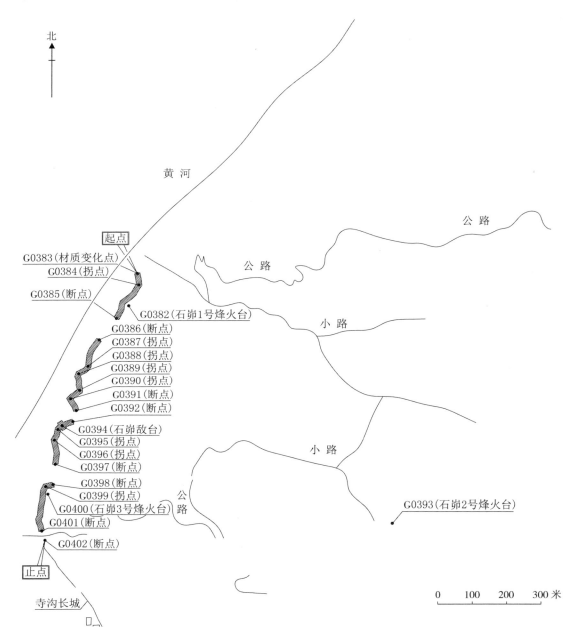

图五二〇　石峁长城 2 段走向示意图

　　本段墙体共测 GPS 点 18 个（G0383～G0392、G0394～G0399、G0401、G0402），可分为 17 小段，分述如下。

　　第 1 小段：G0383（起点、材质变化点）—G0384（拐点），长 30 米，北—南走向，保存较好。墙体底宽 4、顶宽 2～2.4、外侧（西侧）残高 1.7～1.9、内侧（东侧）残高 1～1.4 米，夯层厚

0.16~0.26 米。

第 2 小段：G0384（拐点）—G0385（断点），长 130 米，东北—西南走向，保存一般。墙体顶宽 1.1~1.4、外侧（西侧）残高 1.6~3.5 米，夯层厚 0.16~0.26 米（彩图八三一）。

第 3 小段：G0385（断点）—G0386（断点），长 80 米，东北—西南走向。墙体被人为破坏、自然破坏损毁消失。G0386（断点）东 3 米处有一道石墙，长 1.8、宽 2 米。

第 4 小段：G0386（断点）—G0387（拐点），长 60 米，东北—西南走向，保存一般。墙体顶宽 0.8~1、外侧（西侧）残高 3.5~3.9、内侧（东侧）残高 0.6~1 米。

第 5 小段：G0387（拐点）—G0388（拐点），长 70 米，东北—西南走向，保存一般。墙体顶宽 1、外侧（西侧）残高 1~1.4 米。

第 6 小段：G0388（拐点）—G0389（拐点），长 50 米，北—南走向，保存一般。墙体顶宽 1、外侧（西侧）残高 1~2.4 米。

第 7 小段：G0389（拐点）—G0390（拐点），长 50 米，东北—西南走向，保存一般。墙体顶宽 1、外侧（西侧）残高 1~2.4 米。

第 8 小段：G0390（拐点）—G0391（断点），长 45 米，西北—东南走向，保存一般。墙体顶宽 1、外侧（西侧）残高 1~2.4 米。

第 9 小段：G0391（断点）—G0392（断点），长 40 米，北—南走向。墙体被洪水冲毁消失。

第 10 小段：G0392（断点）—G0394（石峁敌台），长 40 米，东北—西南走向，保存一般。墙体顶宽 1、外侧（西北侧）残高 1~2.4 米。

第 11 小段：G0394（石峁敌台）—G0395（拐点），长 10 米，东北—西南走向，保存一般。墙体顶宽 1、外侧（西侧）残高 2~3.5 米，夯层厚 0.16~0.22 米。

第 12 小段：G0395（拐点）—G0396（拐点），长 40 米，东北—西南走向，保存一般。墙体顶宽 0.4、外侧（西侧）残高 3.5~4、内侧（东侧）残高 0.5 米。

第 13 小段：G0396（拐点）—G0397（断点），长 80 米，北—南走向，保存一般。墙体顶宽 0.5、外侧（西侧）残高 2~3、内侧（东侧）残高 0.4 米。

第 14 小段：G0397（断点）—G0398（断点），长 40 米，北—南走向。墙体被洪水冲毁消失。

第 15 小段：G0398（断点）—G0399（拐点），长 20 米，东北—西南走向，保存较差。墙体顶宽 0.5、外侧（西侧）残高 2~3、内侧（东侧）残高 0.4 米。

第 16 小段：G0399（拐点）—G0401（断点），长 110 米，北—南走向，保存一般。墙体顶宽 1.1~2.5、外侧（西侧）残高 3.2、内侧（东侧）残高 0.5~0.9 米，夯层厚 0.09~0.15 米。

第 17 段：G0401（断点）—G0402（止点、断点），长 20 米，北—南走向。墙体被修路挖断损毁。

墙体整体保存一般。造成损毁的自然因素有洪水冲刷、风雨侵蚀、植物生长、动物破坏等；部分段墙体被修路挖断或人为破坏损毁消失。

59. 寺沟长城

起点位于天峰坪镇石峁村西北 0.402 千米处，高程 927 米；止点位于天峰坪镇寺沟村西南 0.33 千米处，高程 938 米。大致呈北—南走向。全长 2335 米，其中保存较好 2008、一般 40、较差 70、消失 217 米。墙体为砖墙，外部砖石垒砌；内部为夯土墙体，夯层厚 0.04~0.16 米。现存墙体大致呈不规则梯形，底宽 4 ~ 6、顶宽 0.5 ~ 4.1、外侧（西北侧）残高 1 ~ 6、内侧（东侧）残高 0.5 ~ 4.6 米。本段长城北接石峁长城 2 段，南连河曲县石城长城。寺沟堡、桦林堡位于墙体东侧，寺沟堡位于 G0435（断点）东北 1.01 千米处，桦林堡位于寺沟长城东 1 千米处；石峁关位于 G0425（拐点）—G0426（寺沟 2 号敌台）间墙体东侧，西墙即为长城墙体；寺沟 1 ~ 5 号马面、寺沟 1 ~ 5 号敌台位于墙体上；石峁 4、5 号烽火台位于墙体东侧，石峁 4 号烽火台位于 G0408（断点）东 0.006 千米处，石峁 5 号烽火台位于 G0422（断点）东北 0.1 千米处，护宁寺位于 G0435（断点）东北 0.14 千米处（图五二一）。

　　本段墙体共测 GPS 点 34 个（G0402 ~ G0406、G0408 ~ G0420、G0422 ~ G0426、G0428 ~ G0437、G0442），可分为 31 小段，分述如下。

　　第 1 小段：G0402（起点、断点）—G0403（寺沟 1 号马面），长 80 米，西北—东南走向，保存较好。墙体底宽 4.5、顶宽 1.2 ~ 1.9、残高 1.8 ~ 7 米，夯层厚 0.06 ~ 0.12 米。

　　第 2 小段：G0403（寺沟 1 号马面）—G0404（断点），长 90 米，西北—东南走向，保存较好。墙体底宽 4.5、顶宽 1.2 ~ 1.5、残高 5 米，夯层厚 0.04 ~ 0.11 米（彩图八三二）。

　　第 3 小段：G0404（断点）—G0405（断点），长 8 米，西北—东南走向。墙体被修路挖断损毁消失。

　　第 4 小段：G0405（断点）—G0406（寺沟 2 号马面），长 140 米，西北—东南走向，保存较好。墙体底宽 4.5、顶宽 1.2 ~ 1.5、残高 5 米，夯层厚 0.04 ~ 0.11 米。

　　第 5 小段：G0406（寺沟 2 号马面）—G0408（断点），长 100 米，西北—东南走向，保存较好。墙体顶宽 1.5 ~ 1.7、外侧（西侧）残高 5、内侧（东侧）残高 0.9 ~ 3.5 米。

　　第 6 小段：G0408（断点）—G0409（断点），长 6 米，东北—西南走向。墙体被修路挖断损毁消失。

　　第 7 小段：G0409（断点）—G0410（断点），长 60 米，东北—西南走向，保存较差。墙体顶宽 1.5 ~ 1.7、外侧（西北侧）残高 1 ~ 2、内侧（东南侧）残高 1 ~ 1.5 米。

　　第 8 小段：G0410（断点）—G0411（断点），长 4 米，东北—西南走向。墙体被修路挖断损毁消失。

　　第 9 小段：G0411（断点）—G0412（寺沟 3 号马面），长 50 米，东北—西南走向，保存较好。墙体顶宽 1 ~ 1.2、外侧（西北侧）残高 3 ~ 3.3 米。

　　第 10 小段：G0412（寺沟 3 号马面）—G0413（拐点），长 70 米，东北—西南走向，保存较好。墙体底宽 4、顶宽 2.2 ~ 2.5、外侧（西北侧）残高 4.4、内侧（东南侧）残高 2 ~ 2.6 米，夯层厚 0.09 ~ 0.12 米。

　　第 11 小段：G0413（拐点）—G0414（寺沟 4 号马面），长 70 米，东北—西南走向，保存较好。墙体底宽 5 ~ 6、顶宽 4.1、外侧（西侧）残高 6、内侧（东侧）残高 2.6 米，夯层厚 0.09 ~ 0.12 米。

　　第 12 小段：G0414（寺沟 4 号马面）—G0415（断点），长 10 米，东北—西南走向，保存较差。墙体顶宽 1 ~ 1.3、残高 2 ~ 3 米。

　　第 13 小段：G0415（断点）—G0416（断点），长 7 米，北—南走向。墙体被洪水冲毁消失。

　　第 14 小段：G0416（断点）—G0417（折点），长 30 米，西北—东南走向，保存一般。墙体顶宽 3、残高 3 ~ 3.5 米（彩图八三三）。

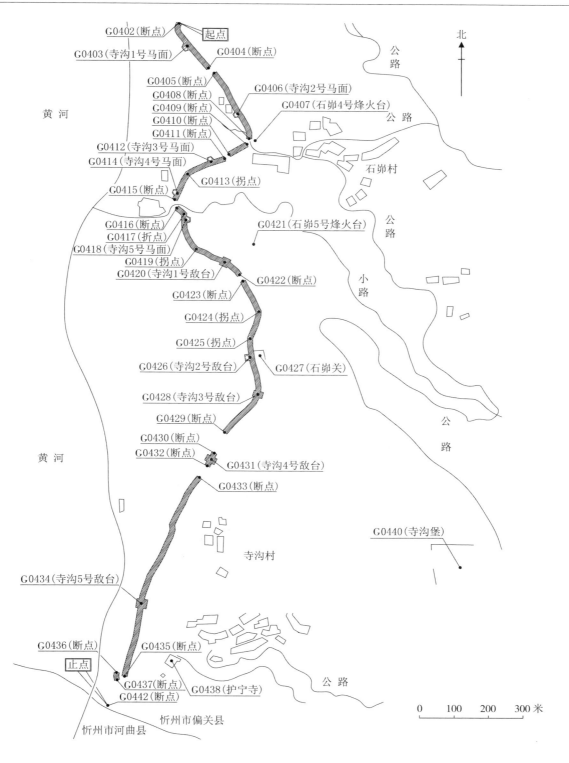

图五二一　寺沟长城走向示意图

　　第 15 小段：G0417（折点）—G0419（拐点），长 110 米，西北—东南走向，保存较好。墙体底宽5、顶宽 2.5～3.8、外侧（西侧）残高 4.7、内侧（东侧）残高 3 米，夯层厚 0.12～0.16 米。

　　第 16 小段：G0419（拐点）—G0420（寺沟 1 号敌台），长 80 米，西北—东南走向，保存较好。

墙体底宽5、顶宽2.5~3.8、外侧（西南侧）残高4.7、内侧（东北侧）残高3米，夯层厚0.12~0.16米。

第17小段：G0420（寺沟1号敌台）—G0422（断点），长60米，西北—东南走向，保存较好。墙体底宽5、顶宽3~3.4、外侧（西南侧）残高4.5、内侧（东北侧）残高4~4.6米。

第18小段：G0422（断点）—G0423（断点），长2米，西北—东南走向。墙体被修路挖断损毁消失。

第19小段：G0423（断点）—G0424（拐点），长110米，西北—东南走向，保存较好。墙体底宽5、顶宽3~3.4、外侧（西侧）残高4.5、内侧（东侧）残高4~4.6米。

第20小段：G0424（拐点）—G0425（拐点），长90米，东北—西南走向，保存较好。墙体底宽5、顶宽3~3.4、外侧（西侧）残高4.5、内侧（东侧）残高4~4.6米。

第21小段：G0425（拐点）—G0426（寺沟2号敌台），长50米，北—南走向，保存较好。墙体底宽5、顶宽3~3.4、外侧（西侧）残高4.5、内侧（东侧）残高4~4.6米。

第22小段：G0426（寺沟2号敌台）—G0428（寺沟3号敌台），长120米，西北—东南走向，保存较好。墙体底宽5、顶宽2.1~2.5、外侧（西侧）残高5~6、内侧（东侧）残高3.2米。

第23小段：G0428（寺沟3号敌台）—G0429（断点），长140米，东北—西南走向，保存较好。墙体底宽5、顶宽2.1~2.5、外侧（西侧）残高5~6、内侧（东侧）残高3.2米。

第24小段：G0429（断点）—G0430（断点），长60米，东北—西南走向。墙体被人为破坏损毁消失。

第25小段：G0430（断点）—G0431（寺沟4号敌台），长10米，东北—西南走向，保存一般。墙体残高2米，夯层厚0.1~0.12米（彩图八三四）。

第26小段：G0431（寺沟4号敌台）—G0432（断点），长10米，东北—西南走向，保存较好。墙体顶宽1.5~1.7、外侧（西侧）残高4~4.5、内侧（东侧）残高3~3.2米。

第27小段：G0432（断点）—G0433（断点），长50米，东北—西南走向。墙体被人为破坏、自然破坏损毁消失。

第28小段：G0433（断点）—G0434（寺沟5号敌台），长410米，东北—西南走向，保存较好。墙体顶宽2.2~3.5、外侧（西侧）残高2~5、内侧（东侧）残高0.5~0.7米。

第29小段：G0434（寺沟5号敌台）—G0435（断点），长220米，东北—西南走向，保存较好。墙体顶宽1.5~2.2、外侧（西侧）残高5~6、内侧（东侧）残高1.6~3米。

第30小段：G0436（断点）—G0437（断点），长8米，北—南走向，保存较好。墙体顶宽0.5~1米。G0436（断点）位于G0435（断点）西侧，不相连接。

第31小段：G0437（断点）—G0442（止点、断点），长80米，东北—西南走向。墙体被洪水冲毁消失。

墙体整体保存较好。造成损毁的自然因素有洪水冲刷、风雨侵蚀、植物生长、动物破坏等；有6小段墙体被修路挖断或人为破坏损毁消失。

（二）关堡

偏关县共调查关堡34座，其中矢7座，堡28座（表432）。

表432　偏关县关堡一览表

乡镇	关堡名称	数量（座）
南堡子乡	北场关、地椒峁关、上子房堡	3
老营镇	老营堡、林家坪堡、教儿塌堡、贾堡村堡、柏杨岭1、2号堡、小元峁堡	7
水泉乡	水泉堡、五眼井堡	2
万家寨镇	白泥窑堡、滑石涧堡、草垛山堡、黄龙池1、2号堡、老牛湾堡、大嘴1~3号关、万家寨堡	10
天峰坪镇	小寨堡、关河口关、石峁关、寺沟堡、桦林堡	5
新关镇	偏关城、寺塌堡	2
窑头乡	沙圪旦堡	1
陈家营乡	八柳树堡、马站堡	2
楼沟乡	永兴堡、楼沟堡	2
合计		34

1. 北场关

又名长林堡，位于南堡子乡北场村西0.5千米处，北场村西0.5千米的堡角山山巅、北场长城1段G0009（拐点）—G0011（拐点）间墙体西南侧，地势高耸，高程1818米。东墙即为长城墙体。

关平面呈矩形，坐东朝西，周长332.4米，占地面积6579平方米。现存主要设施、遗迹有关墙、城门1座、角台4座、马面1座、关内建筑基址4座等（图五二二；彩图八三五）。关墙为石墙，外部石块垒砌；内部为夯土墙体，夯层厚0.1~0.15米，现包石无存。墙体底宽4~6、顶宽0.5~4.4、残

城门

北

0　　25　　50　　75米

图五二二　北场关平面示意图

高1.4~3.8米。西墙设城门1座，现为豁口，宽8米。关墙四角设角台，东北角台长5.03、宽5、残高5.9米；东南角台平面呈不规则四边形，北、东、南、西分别长4.5、6.5、6、4、残高3.9米；西

南角台长 5、宽 8、残高 3.8 米;西北角台长 5、宽 6、残高 5.6 米。东墙中部设马面 1 座,长 2.1、宽 0.5、残高 3.8 米。关内残存建筑基址 4 座,南北部各 2 座,基址长 21~35、宽 1.1~6 米。关内散落明代砖瓦碎块。

关整体保存一般。关内建筑仅存基址,无人居住。造成损毁的自然因素主要是风雨侵蚀、植物生长等;人为因素主要是农业生产活动破坏、拆毁关墙包石等。

2. 地椒峁关

位于南堡子乡地椒峁村西北 0.1 千米处,地椒峁村西北 0.1 千米的山巅,地椒峁长城 1 段 G0084(断点)—G0086(断点)间墙体西侧,地势高耸,高程 1776 米。东、北墙即为长城墙体。

关平面呈不规则四边形,坐北向南,周长 260.45 米,占地面积 2575 平方米。现存主要设施、遗迹有关墙、城门 1 座、角台 2 座、关内窑洞 15 孔、房屋基址 7 座等(图五二三)。关墙为土墙,夯筑而成,含片石。东墙残存南段,残长 30.6、底宽 2.1、顶宽 1.2、残高 4.1 米;南墙长 111.8、底宽 1.3、残高 3.7 米;北墙长 44.1、底宽 2.1、顶宽 1.2、残高 3.7 米。南墙西段设城门 1 座,宽 4.7 米。存角台 2 座,东南、西南角台残存基址。关内残存 15 孔窑洞、房屋基址 7 座,时代不明。关内散落大量明代砖瓦碎块。

关整体保存一般。关墙坍塌损毁严重,东墙北段无存,关内无人居住。造成损毁的自然因素主要是风雨侵蚀、植物生长等;人为因素主要是农业生产活动破坏等。

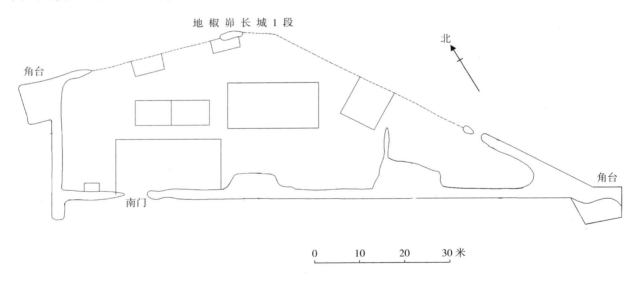

图五二三　　地椒峁关平面图

3. 上子房堡

又名堡子,位于南堡子乡上子房村西北 0.6 千米,上子房村西北的山坡上,地椒峁长城 1 段东 1.4 千米,高程 1671 米。西北距地椒峁关 1.5 千米。

堡平面呈矩形,坐北朝南,东西 60、南北 130 米,周长 380 米,占地面积 7800 平方米。现存主要设施、遗迹有堡墙、城门 1 座、角台 2 座、马面 1 座、堡内建筑基址等(图五二四;彩图八三六)。堡墙为土墙,东墙底宽 4.5、顶宽 0.9~1.3 米;南墙底宽 2.3、顶宽 0.5~2.1、外高 4.5、内高 3.6 米;西墙底宽 4.5、顶宽 0.4~1.4、外高 3.2、内高 2.4 米;北墙底宽 8.3、顶宽 3.7、残高 3.5~6.3 米。

南墙中部设城门1座,现为豁口,宽5米。存角台2座,东北角台顶宽4、凸出墙体4米,西北角台顶宽4、凸出墙体6米。存北墙中部马面1座,凸出墙体1.5~2、残高7.8米。存堡内建筑基址,长60、宽18米。

堡整体保存较好。堡内建筑仅存基址,无人居住,为耕地。造成损毁的自然因素主要是风雨侵蚀、植物生长等;人为因素主要是农业生产活动破坏等。

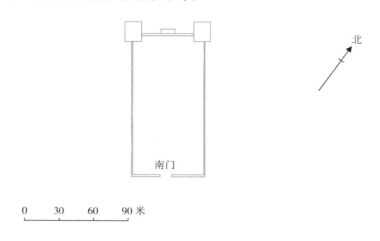

图五二四 上子房堡平面示意图

4. 老营堡

位于老营镇老营村内,偏关河北岸的谷地中,老营长城2段西侧,高程1278米。

堡平面呈矩形,坐北朝南,由堡城和南、北关城组成。堡城东墙长427、南墙长887、西墙长510、北墙长934米,周长2758米,占地面积400500平方米。现存主要设施、遗迹有堡墙、城门3座、城楼2座、瓮城3座、角台4座、马面11座、关城2座、北关城敌台1座、北关城内烽火台3座、堡内石阁1座等(图五二五;彩图八三七)。

堡墙为砖墙,外部砖石垒砌,内部为夯土墙体,砖石大部分无存。东墙底宽8.9、顶宽3.8~8.5、残高10.2米;南墙底宽8~16、顶宽3.1~5.4、残高8.8~12米;西墙残长484、底宽9.7、顶宽5米(彩图八三八);北墙残长926、底宽11.4、顶宽8~9.2、残高7~9米。

东、南、西墙各设城门1座,城门外均有瓮城。东门位于东墙正中,条石基础的砖券拱门,外券为五伏五券,内券为三伏三券,门洞外宽3.64、外高4.775、内高6.8、进深16.98米。外侧门拱上方嵌石匾,楷书阴刻"老营城"三字,字迹漫漶不清(测绘图六四、六五;彩图八三九)。东门上原建有城楼,现仅存残基。南门位于南墙中部偏东100米处,条石基础的砖券拱门,外券为三伏三券,内券为五伏五券,门洞内宽3.93、外高2.485、内高4.74、进深16.565米。外侧门拱上方原嵌石匾,楷书阴刻"南安屏障"四字,现石匾无存(测绘图六八、六九)。南门上原建有城楼,现仅存残基和柱础1个,柱础为素面覆盆式。西门位于西墙中部偏南50米处,条石基础的砖券拱门,外券为三伏三券,内券为五伏五券,门洞无内外之分,宽3.94、高5.305、进深10.565米。外侧门拱上方嵌石匾,楷书阴刻"回报关河"四字,字迹漫漶不清(测绘图七〇、七一)。

东门外瓮城东西30.25、南北40.15米,瓮城门位于南墙中部,条石基础的砖券拱门,门洞外宽3.24、外高4.245、内高5.585、进深9.755米(测绘图六六、六七;彩图八四〇)。南门外瓮城东西

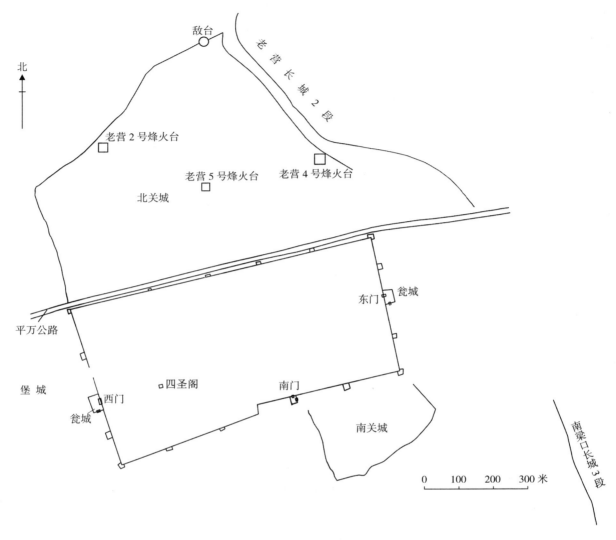

图五二五　老营堡平面示意图

残长 16.5、南北 16.2 米，仅存东墙和南墙东段，瓮城门位于东墙中部，现被利用为居民窑洞。西门外瓮城东西 25.9、南北 50.4 米，瓮城门位于南墙中部，条石基础的砖券拱门，外券为三伏三券，内券为五伏五券，门洞外宽 3.2、内宽 3.82、外高 3.755、内高 5.035、进深 10.5 米（测绘图七二、七三）。

堡墙四角设角台。马面原有 12 座，存 11 座，其中东墙 2 座、南墙 3 座、西墙 2 座、北墙 4 座。东墙马面东西 4.6、南北 15.8 米；南墙马面东西 8.1 ~ 13.5、南北 5.3 ~ 10 米，中间马面东西 11、南北 5.4、残高 12 米；北墙马面东西 8 ~ 13、南北 4 ~ 6 米。

设南北 2 座关城。北关城平面呈不规则形，位于堡城北侧，堡城北墙即北关城南墙，堡城西墙与北关城西墙相连。北关城墙体为土墙，夯筑而成，东墙长 584、底宽 5、顶宽 3 ~ 3.8、残高 9.4 米；西墙残长 326、底宽 3.2 ~ 10、顶宽 0.5 ~ 4、残高 3.5 ~ 8 米；北墙长 747、底宽 5.3、顶宽 4.9、残高 9.4 米。北关城北墙东端设敌台 1 座，平面呈圆形，底部东西 15、南北 13、顶径 8、残高 9.6 米，夯层厚 0.09 ~ 0.21 米。敌台周围有围墙，平面呈圆形，南墙无存，底宽 1 ~ 1.5、顶宽 0.6 ~ 0.7 米，夯层厚 0.12 ~ 0.17 米。敌台有台基，平面呈圆形，直径 34.5、残高 4.3 米，夯层厚 0.12 ~ 0.24 米。北关城内有烽火台 3 座（老营 2、4、5 号烽火台）。南关城平面呈不规则矩形，位于堡城外东南部。南关城东墙残长 102、底宽 2.5 ~ 3.5、顶宽 0.8 ~ 2、高 5.8 米；南墙原长 372、残长 114、底宽 4 ~ 8、顶宽 1.1 ~ 3、高 2 ~ 6.5 米；西墙原长 239、残长 103、底宽 2.8、顶宽 0.6、残高 0.5 ~ 2.1 米。

堡内西南部残存"四圣阁"1 座（四圣为鲁班、福、禄、财），平面呈矩形，石砌而成（测绘图七四、七五）。西门外原有单孔石拱桥 1 座，现无存，原名"宁边桥"，因常作为集市，老百姓称为"牛边桥"。

堡整体保存较好。堡墙大部残存，外部砖石大部无存，西墙南段无存；北关城墙体大部残存，西墙部分段无存；南关城南墙东西段及西墙大部无存。堡内建筑大部无存，仅存"四圣阁"一座，堡内有民居。造成损毁的自然因素主要是风雨侵蚀、植物生长等；人为因素主要是农业生产活动破坏、拆毁堡墙砖石、利用瓮城城门修建窑洞等。

5. 林家坪堡

又名堡子，位于老营镇林家坪村东南 0.5 千米处，高程 1345 米。东北距老营堡 3.7 千米。堡平面呈矩形，朝向不详，东西 43、南北 89.5 米，周长 265 米，占地面积 3848.5 平方米。现存主要设施、遗迹有堡墙、围墙等（图五二六）。堡墙为土墙，夯筑而成，夯层厚 0.13 ~ 0.22 米。东、西墙仅存地面痕迹；南墙东段及北墙东、西段有三处豁口。墙体底宽 5、顶宽 1 ~ 3、外高 3.5 ~ 6.5、内高 5 米。堡外西侧有围墙，南、北墙分别向西延伸 14、41.5 米。

堡整体保存差。南墙东段、北墙东段、南墙东段豁口宽 3.5 米，北墙东、西段豁口宽 4 米。堡内建筑无存。造成损毁的自然因素主要是风雨侵蚀、植物生长等；人为因素主要是农业生产活动破坏等。

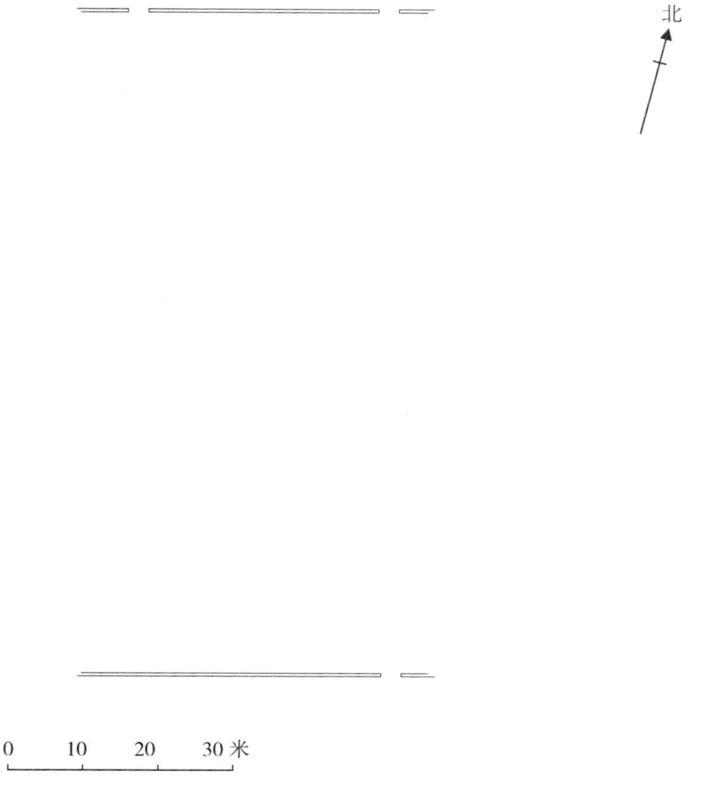

北

0　　10　　20　　30 米

图五二六　林家坪堡平面示意图

6. 教儿墕堡

又名堡子。位于老营镇教儿墕村北1.5千米处，教儿墕村北部的山腰上，高程1565米。

堡平面呈矩形，坐北朝南，周长398.2米，占地面积9904.2平方米。现存主要设施、遗迹有堡墙、城门1座、瓮城1座、角台4座等（图五二七）。堡墙为土墙，夯筑而成，夯层厚0.08~0.15米，底宽7、顶宽0.2~4、外高0.5~10.2、内高0.5~7.5米，墙体顶部残存铺砖。南墙中部设城门1座，现为豁口，宽17米。南门外有瓮城，平面呈矩形，东西20.3、南北16米（彩图八四一）。瓮城墙体宽0.5~1、外高3.9、内高1.9米。瓮城东墙设门。堡墙四角设角台，东南角台东西10、南北11、残高11.4米，东北、西北、西南角台残存包石。

堡整体保存一般。堡墙坍塌损毁严重，南墙和北墙有多处豁口；堡内建筑无存，为耕地。造成损毁的自然因素主要是风雨侵蚀、植物生长等；人为因素主要是农业生产活动破坏、拆毁墙体顶部和角台的砖石等。

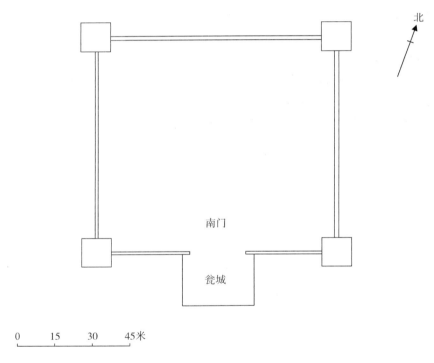

北

南门

瓮城

0   15   30   45米

图五二七　教儿墕堡平面示意图

7. 贾堡村堡

位于老营镇贾堡村中，偏关河北岸的台地上，高程1345米。

堡平面呈矩形，坐北朝南，东西191、南北177米，周长735米，占地面积33807平方米。现存主要设施、遗迹有堡墙、城门1座、角台4座、马面2座等（图五二八）。堡墙为砖墙，外部砖石垒砌，砖石大部无存，东墙底宽5、顶宽0.6~2.6、残高1~6.7米；南墙底宽5、顶宽0.6~2.6、残高6.7米；西墙底宽5、顶宽0.6~2.6、残高6.7米；北墙底宽6、顶宽3~5、残高1~6.7米。南墙中部设城门1座，残存东壁，条石垒砌而成，条石长14~140、厚19~25厘米，南门进深3.66、东壁残高2.3米。堡墙四角设角台，东北角台东西11、南北9米；东南角台东西6、南北8米；西南角台东西

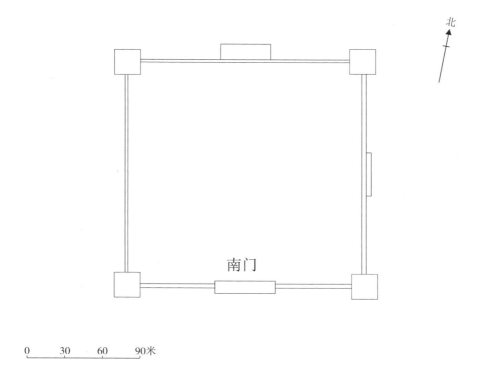

图五二八　贾堡村堡平面示意图

4.9、南北3.8米；西北角台东西7.5、南北6米。马面共3座，其中西墙马面无存，东、北墙中部各存1座，东墙马面底宽9、凸出墙体4米，顶宽6、凸出墙体2.5米；北墙马面底宽12、凸出墙体11、顶部凸出墙体9米（彩图八四二）。

堡整体保存较差，堡内建筑无存，有民居。造成损毁的自然因素主要是风雨侵蚀、植物生长等；人为因素主要是农业生产活动破坏、拆毁堡墙砖石、利用墙体修建窑洞、取土挖损墙体等。

8. 柏杨岭1号堡

位于老营镇柏杨岭村东南0.3千米处，内蒙古调查柏杨岭长城2段南0.05千米，高程1812米。

堡平面呈矩形，坐北朝南，边长100米，周长400米，占地面积1万平方米。现存主要设施、遗迹有堡墙、城门1座、敌台1座等（图五二九）。堡墙为土墙，夯筑而成，夯层厚0.15~0.2米。东墙底宽6~8、顶宽1~2、残高7~8米；南墙底宽6~8、顶宽0.8~1.5、残高4~6米；西墙底宽7~10、顶宽2~3.5、残高7~8米；北墙底宽7~10、顶宽1~2.5、残高8米。南墙中部设城门1座，宽10米。北墙中部设敌台1座，底部东西14、南北13米，顶部东西3、南北6.5米，残高12米。

堡整体保存较差。堡内建筑无存，为荒地。造成损毁的自然因素主要是风雨侵蚀、植物生长等。

9. 柏杨岭2号堡

位于老营镇柏杨岭村西北1千米，内蒙古调查柏杨岭长城2段南0.02千米处，高程1812米。

堡平面呈不规则形，坐西朝东，周长292米，占地面积6366平方米。现存主要设施、遗迹有堡墙、城门1座、角台4座等（图五三〇）。堡墙为石墙，东墙残长38、底宽4~8、顶宽1~2、残高4~6米；南墙残长54、底宽6~8、顶宽0.5~1.5、残高5~7米；西墙残长49、底宽6~8、顶宽

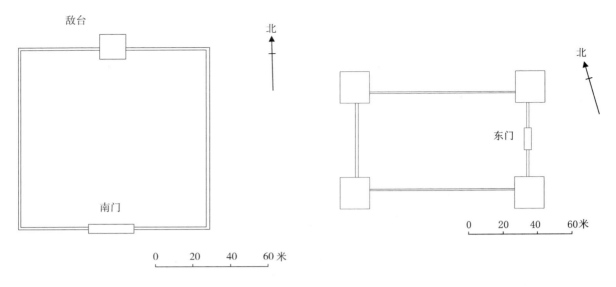

图五二九　柏杨岭 1 号堡平面示意图　　　　　图五三〇　柏杨岭 2 号堡平面示意图

0.5 ~ 1.2、残高 8 ~ 9 米；北墙残长 76、底宽 6 ~ 8、顶宽 0.5 ~ 1、残高 3 米。堡墙东南角设登城步道，石砌而成，长 10 米。东墙中部设城门 1 座，宽 6、残高 4、进深 9.6 米。堡墙四角设角台，东北角台底部东西 7.2、南北 7.8 米，顶部东西 4、南北 4 米，残高 8 米；东南角台底部东西 9.6、南北 7、顶部边长 4、残高 6 米；西南角台底部东西 8.5、南北 9.8 米，顶部东西 5、南北 6 米，残高 9 米；西北角台底部东西 10、南北 9.5、残高 9 米。

堡整体保存较差。堡墙外部包石大部分无存；堡内建筑无存，为荒地。造成损毁的自然因素主要是风雨侵蚀、植物生长等；人为因素主要是拆毁堡墙包石等。

10. 小元峁堡

位于老营镇小元峁村中，窑洼长城南 0.5 千米处，高程 1521 米。堡平面呈矩形，坐西朝东，周长 346 米，占地面积 7568 平方米。现存主要设施、遗迹有堡墙、城门 1 座、角台 4 座、马面 2 座等。堡墙为土墙，底宽 5、顶宽 0.2 ~ 1.5、残高 0.7 ~ 5 米。东墙中部设城门 1 座。堡墙四角设角台。存马面 2 座，西、北墙中部各 1 座。

堡整体保存较差。堡内建筑无存，为耕地。造成损毁的自然因素主要是风雨侵蚀、植物生长等；人为因素主要是农业生产活动破坏等。

11. 水泉堡

位于水泉乡水泉村中，川峁上长城西南 0.7 千米处，高程 1344 米。

堡平面呈矩形，坐北朝南，东墙长 420、南墙长 220、西墙长 442、北墙长 360 米，周长 1442 米，占地面积 14 万平方米。现存主要设施、遗迹有堡墙、城门 3 座、角台 4 座、马面 6 座、照壁 1 座等（图五三一）。堡墙为石墙，外部石块垒砌，现包石无存；内部为夯土墙体，夯层厚 0.15 ~ 0.2 米。东墙残存最高 9.5 米；南墙底宽 6、顶宽 2 ~ 4、残高 9 米；西墙残长 332、底宽 3.5 ~ 6、顶宽 0.5 ~ 4、残高 0.5 ~ 8 米；北墙残长 327、底宽 4 ~ 6、顶宽 0.3 ~ 3、残高 0.5 ~ 8 米。共设 3 座城门，东墙南部、南墙中部、北墙东部各设 1 座。南门为条石基础的砖券拱门，三伏三券，宽 3、高 4、进深 6 米。南门外南0.03千米处有照壁，长1、高7、厚1.1米。南门和照壁间有古石道，宽3米。北门为条石基础的砖券拱门，三伏三券，宽2、高2.65、进深6米。堡墙四角设角台。存马面6座，东、西、北墙各2座。

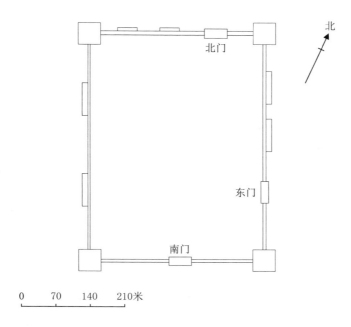

图五三一　水泉堡平面示意图

堡整体保存一般。部分段堡墙无存，北墙东段被修路挖断；堡内原建筑无存，现有民居。造成损毁的自然因素主要是风雨侵蚀、植物生长等；人为因素主要是农业生产活动破坏、修路破坏墙体、拆毁堡墙包石等。

12. 五眼井堡

位于水泉乡五眼井村北0.5千米处，高程1501米。

堡平面呈矩形，坐北朝南，东西97.7、南北103米，周长401.4米，占地面积10063平方米。现存主要设施、遗迹有堡墙、瓮城1座、瓮城马面1座等。堡墙为土墙，夯筑而成，含砂砾，夯层厚0.12~0.28米，底宽5.3、顶宽0.5~3.6、残高3.4~7.4米。南墙中部原设城门1座，现无存。南门外有瓮城1座。南墙东段设马面1座。

堡整体保存一般。堡墙坍塌损毁严重，南墙西段转角处有洞穴，宽1.8、高1.9、进深4.7米；堡内为耕地。造成损毁的自然因素主要是风雨侵蚀、植物生长等；人为因素主要是农业生产活动破坏、墙体上挖掘洞穴等。

13. 白泥窑堡

位于万家寨镇白泥窑村中，白泥窑长城南0.16千米处，高程1426米。

堡平面呈矩形，坐西朝东，周长360米，占地面积8100平方米。现存主要设施、遗迹有堡墙、城门1座、烽火台1座等。堡墙为土墙，残存最高3.6米。东墙中部设城门1座，现为豁口，宽10米。堡内中央有白泥窑3号烽火台。

堡整体保存较差。部分段无存，东墙北段被修路挖断，豁口宽 10 米；堡内为耕地。造成损毁的自然因素主要是风雨侵蚀、植物生长等；人为因素主要是农业生产活动破坏、修路破坏墙体等。

14. 滑石涧堡

位于万家寨镇滑石村中，正湖梁长城南 0.4 千米处，高程 1204 米。

堡平面呈矩形，坐北朝南，周长 550 米，占地面积 1.86 万平方米。现存主要设施、遗迹有堡墙、城门 1 座、角台 4 座、马面 3 座、石碑 2 块等。堡墙为砖墙，外部砖石垒砌，内部为夯土墙体，顶部有铺砖。南墙中部设城门 1 座，宽 2.5、高 3.6 米，门拱上嵌有石匾，题"宁镇"二字。堡墙四角设角台。存马面 3 座，东、西、北墙中部各 1 座。南门墙体顶部有石碑，题"创修滑石涧堡砖城记"；堡内北部有石碑，题"滑石涧堡守操题名记"。

堡整体保存一般。堡墙砖石大部无存，东、西墙有洞穴和窑洞，南墙西段被修路挖断，豁口宽 5 米；堡内建筑无存，堡内外现为民居、耕地。造成损毁的自然因素主要是风雨侵蚀、植物生长等；人为因素主要是农业生产活动破坏、拆毁堡墙砖石、修路破坏墙体、墙体上挖掘洞穴、利用墙体修建窑洞等。

15. 草垛山堡

位于万家寨镇草垛山村东北，高程 1561 米。

堡平面呈矩形，坐北朝南，东西 258、南北 197 米，周长 910 米，占地面积 50826 平方米。现存主要设施、遗迹有堡墙、城门 2 座、瓮城 2 座、角台 4 座、马面 2 座、堡内庙宇 2 座等（图五三二）。堡墙为砖墙，外部砖石垒砌，现残存部分砖石；内部为夯土墙体，含砂砾，夯层厚 0.06～0.18 米。墙体底宽 8.8、顶宽 0.5～6、外高 5～13、内高 4～10.5 米，墙体顶部残存铺砖。东、南墙中部各设城门 1 座，为砖券拱门，城门外有瓮城（测绘图七六～七九）。堡墙四角设角台。存马面 2 座，西、北墙中部各 1 座。存庙宇 2 座，东部有玉皇庙，西部有城隍庙。

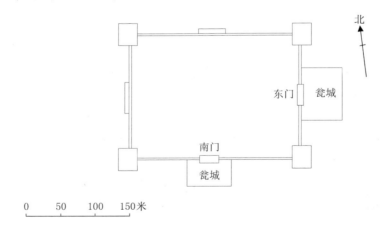

图五三二　草垛山堡平面示意图

堡整体保存较好。堡墙外部砖石大部分被拆毁，东、南、西墙各有一处豁口，有利用墙体修建的窑洞；堡内为民居和耕地。造成损毁的自然因素主要是风雨侵蚀、植物生长等；人为因素主要是农业生产活动破坏、拆毁堡墙砖石、利用墙体修建窑洞等。

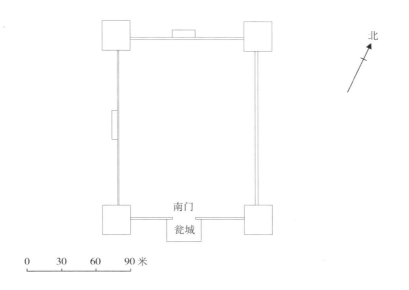

图五三三　黄龙池1号堡平面示意图

16. 黄龙池1号堡

位于万家寨镇黄龙池村中，高程1366米。东北距黄龙池2号堡0.19千米。

堡平面呈不规则形，坐北朝南，东西最长125.5、南北最长173.6米，周长550米，占地面积13803平方米。现存主要设施、遗迹有堡墙、城门1座、瓮城1座、角台4座、马面2座等（图五三三）。堡墙为砖墙，外部砖石垒砌，现砖石无存；内部为夯土墙体，含砂砾，夯层厚0.06~0.15米。墙体底宽9.5、顶宽4.2~5.1、残高5.5~9.5米。南墙设城门1座，门外有瓮城。堡墙四角设角台。存马面2座，西、北墙中部各1座。

堡整体保存较好。墙体上挖掘有洞穴，有两处墙体被修路破坏；堡内有民居，西侧为耕地。造成损毁的自然因素主要是风雨侵蚀、植物生长等；人为因素主要是农业生产活动破坏、拆毁堡墙砖石、墙体上挖掘洞穴、修路破坏墙体等。

17. 黄龙池2号堡

又名迁移堡。位于万家寨镇黄龙池村西南0.1千米处，高程1366米。西南距黄龙池1号堡0.19千米。

堡平面呈矩形，坐北朝南，东西58.9、南北115米，周长347.8米，占地面积6773.5平方米。现存主要设施、遗迹有堡墙、马面1座等（图五三四）。堡墙为土墙，夯筑而成，含砂砾，夯层厚0.04~0.13米，墙体底宽2.1、顶宽0.2~1.5、残高0.5~5.1米。北墙中部存马面1座，台体底部边长11、顶部边长8、残高9.8米。

堡整体保存较差。堡墙坍塌损毁严重，堡西侧为耕地。造成损毁的自然因素主要是风雨侵蚀、植物生长等；人为因素主要是农业生产活动破坏等。

18. 老牛湾堡

位于万家寨镇老牛湾村中，老牛湾长城G0250（起点、望河楼敌台）南0.25千米处（望河楼也称护水楼），高程1047米。

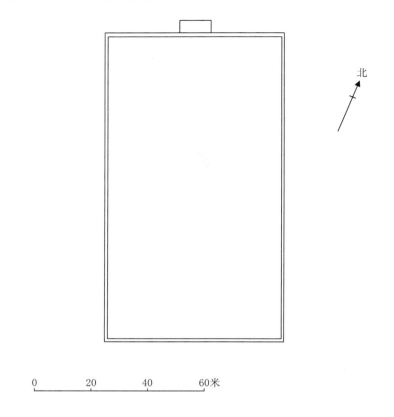

北

0　　　20　　　40　　　60米

图五三四　黄龙池 2 号堡平面示意图

　　堡平面呈矩形，坐北朝南，周长 297.8 米，占地面积 5800 平方米。现存主要设施、遗迹有堡墙、城门 1 座、瓮城 1 座、角台 2 座、堡内照壁 1 座、旗杆基座 2 座、堡内外明清石碑 7 块等。堡墙为石墙，外部条石垒砌，内部为夯土墙体，东墙南段残长 24、底宽 2.5、顶宽 1.3、外高 9.6、内高 3.7 米；南墙残长 49.9、底宽 4.3、顶宽 3.1、外高 9.7、内高 3.3 米；西墙北段残长 47.3、底宽 3.9、顶宽 2.6、外高 11.3、内高 5 米；北墙残长 69.2、底宽 3.4、顶宽 2.2、外高 9.9 米。南墙中部设城门 1 座，砖券拱门，二伏二券，门洞外宽 3.24、内宽 3.5、内高 2.23、外进深 2.5、内进深 5.2 米。门洞内有门限石 2 块，宽 24、高 20 厘米，南侧 1 块长 90 厘米，北侧 1 块长 60 厘米。南门外有瓮城，瓮城设东门，东门南 6 米处有石碑 1 块，宽 0.78、高 1.18 米，正面楷书阴刻"老牛湾堡"四字（彩图八四三）。石碑背面碑文楷书阴刻，落款为"崇祯九年（1636 年）岁次丙子季秋吉旦"。碑文如下。

　　　　西路管粮太原府同知崔从教
　　　　钦差整饬岢岚并被山西按察司副使卢友竹
　　　　□三□□□题□□都察院右副都御史吴生
　　　　钦差分守西路偏头关地方副总兵都指挥官抚民
　　　　草垛山守备冯三省
　　　　镇西卫千户黄正□

　　堡门内侧 9.3 米处有照壁，长 4.6、厚 0.65、高 1.63 米，底部有两层基座，下层基座长 5.7、宽

1.26、高 1.82 米，上层基座长 5、宽 0.86、高 0.45 米。照壁东 9.5 米处有旗杆基座 2 座，相距 3.7 米，束腰须弥座，边长 0.62、高 0.9、杆孔径 0.23 米。旗杆北侧有关夫子庙，面阔 16 米，系近年重建。关夫子庙前廊东西两端各立石碑 1 块，东端为清康熙十年（1671 年）"创建关夫子庙碑记"（老牛湾 4 号碑），西端为清雍正七年（1729 年）"重修关圣庙碑记"（老牛湾 5 号碑）。老牛湾村村民宋二拴家门口东侧有残碑 1 块（老牛湾 3 号碑），碑首楷书阴刻"万古流芳"四字，碑身楷书阴刻"老牛湾城守加一级云中郑老命讳国麟字圣瑞德政碑"，两侧为人名，落款为"康熙伍拾陆年（1717 年）岁次丁酉中夏吉日铭"。老牛湾村河神庙内有清乾隆四十二年（1777 年）"重修诸庙宇以及建盖禅室碑记"（老牛湾 6 号碑），望河楼敌台西南、老牛湾堡西北侧有石碑 2 块（老牛湾 1、2 号碑）。

堡整体保存一般。堡墙部分段无存，包石大部分无存；堡内建筑大部无存，有照壁、旗杆基座 2 座，关夫子庙系近年新建。堡内有民居。造成损毁的自然因素主要是风雨侵蚀、植物生长等；人为因素主要是农业生产活动破坏、拆毁堡墙条石、墙体上挖掘洞穴等。

19. 大嘴 1 号关

位于万家寨镇大嘴村北 0.46 千米处，大嘴长城 G0269（拐点）—G0271（大嘴 1 号马面）间墙体西南侧，高程 1152 米。东墙即为长城墙体。

关平面呈矩形，朝向不详，周长 232 米，占地面积 932 平方米。现存主要设施、遗迹仅有关墙。关墙为石墙，东墙宽 1.3、残高 1.1 米，北墙宽 2、残高 0.2～0.7 米。东墙西北 0.015 千米处长城墙体东北侧有凸出墙体的土台，东西 2.5、南北 2.1、残高 1.1 米。关内有隔墙。

关整体保存差。关墙大部分无存，关内无人居住。造成损毁的自然因素主要是风雨侵蚀、植物生长等；人为因素主要是农业生产活动破坏、拆毁关墙包石等。

20. 大嘴 2 号关

位于万家寨镇大嘴村东北 0.28 千米处，大嘴长城 G0277（大嘴 7 号马面）—G0279（拐点）间墙体东侧，高程 1200 米。西墙即为长城墙体。

关平面呈矩形，朝向不详，东西 4、南北 16 米，周长 40 米，面积 64 平方米。现存主要设施、遗迹仅有关墙。关墙为石墙，南墙仅存地面痕迹；北墙无存；东墙宽 1.1、残高 0.4 米。

关整体保存差，关内无人居住。造成损毁的自然因素主要是风雨侵蚀、植物生长等；人为因素主要是农业生产活动破坏、拆毁关墙包石等。

21. 大嘴 3 号关

位于万家寨镇大嘴村东南 0.2 千米处，大嘴长城 G0287（大嘴 11 号马面）—G0289（拐点）间墙体东侧，高程 1196 米。西墙即为长城墙体。

关平面呈矩形，朝向不详，东西 5、南北 13 米，周长 36 米，面积 65 平方米。现存主要设施、遗迹仅有关墙。关墙为石墙，东墙仅存地面痕迹，南、北墙无存。关整体保存差，关内无人居住。造成损毁的自然因素主要是风雨侵蚀、植物生长等；人为因素主要是农业生产活动破坏、拆毁关墙包石等。

22. 万家寨堡

又名寨子堡。位于万家寨镇万家寨村南 0.5 千米处，万家寨长城 2 段 G0294（起点）东南侧，高程 1196 米。

堡平面呈不规则形,坐北朝南,由外堡和内堡组成。外堡周长 230 米,占地面积 2440 平方米。现存主要设施、遗迹有堡墙、城门 2 座、马面 1 座、内堡石碑 1 块、房屋基址 2 座等(彩图八四四)。堡墙为石墙,底部利用山体,上部条石垒砌,东墙长 75.7、宽 1.5 ~ 1.7、外高 4.5 ~ 5.6、内高 2.2 ~ 3.8 米。东墙顶部残存女墙,石砌而成,长 10、底宽 0.8、残高 0.2 ~ 1 米。南墙长 72.2、宽 1.5 ~ 1.7、残高 0.3 ~ 1.9 米。

内堡东西 59、南北 21.7 米。东墙长 27、宽 0.5 ~ 1.4、残高 2.5 米;南墙长 47、宽 0.5、残高 3.95 ~ 5.05 米;西墙大部分利用自然山体,局部垒砌墙体,长 5、宽 0.6、残高 0.3 ~ 1.4 米;北墙大部分利用自然山体,局部外侧垒砌墙体,宽 0.5、残高 0.56 米。

外堡南墙中部设城门 1 座,左右壁利用自然山体,上部为石券拱顶,宽 1.05、高 0.7、进深 1.9 米。门洞内为台阶状通道。内堡南墙中部有城门 1 座,宽 0.92、高 0.5、进深 0.57 米(彩图八四五)。外堡南墙有马面 1 座,位于南门东 25 米处,台体外宽 2.4、内宽 4.2、凸出墙体 3 米。内堡东北部有石碑一块,圆首长方形,矩形碑座,碑身宽 0.74、高 1.7、厚 0.17 米,碑座长 0.78、宽 0.25、高 0.5 米。东南部残存房址 1 座,平面呈不规则形,宽 0.6、高 1.1 米;中部房址长 7、宽 4 米。

堡整体保存一般。堡墙坍塌损毁严重,堡内无人居住。造成损毁的自然因素主要是风雨侵蚀、植物生长等;人为因素主要是拆毁堡墙包石等。

23. 小寨堡

位于天峰坪镇小寨村西北 0.9 千米处,小寨长城东侧,高程 1097 米。

堡平面呈不规则梯形,坐西朝东,东墙长 5.45 米、南墙长 25 米、西墙长 25 米、北墙长 16 米,周长 71.45 米,占地面积 320 平方米。现存主要设施、遗迹有堡墙、城门 1 座、堡外石刻题记 1 处等。堡墙为石墙,片石垒砌而成,东墙残高 2.2 ~ 2.4 米,南墙残高 0.5 ~ 2.2 米,西墙宽 0.8、残高 2 米,北墙残高 0.5 ~ 2 米。东墙中部设城门 1 座,券拱坍塌,门道宽 1、两壁残高 1.5 ~ 1.6、进深 2.8 米。堡外东南部山岩上有石刻题记,楷书阴刻,字迹漫漶不清。题刻文字据偏关县文物管理所刘忠信同志早年收录全文如下:"此地是山寨北兰亭,偏头关芳名垂万世,留于子孙。寨始于嘉靖四十年岁次辛酉(1561 年)年夏,原任□□□□都司□□□□修建,时隆庆五年岁次辛酉(1571 年)末谷目刻石"。

堡整体保存较差。堡墙大部分段无存,堡内建筑无存,无人居住。造成损毁的自然因素主要是风雨侵蚀、植物生长等;人为因素主要是拆毁堡墙包石等。

24. 关河口关

位于天峰坪镇关河口村东北 0.75 千米处,尖刺湾长城 G0343(断点)—G0345(断点)间墙体西侧,高程 1111 米。东墙即为长城墙体。

关平面呈矩形,朝向不详,残存周长 38 米,占地面积 190 平方米。现存主要设施、遗迹有关墙、角台 2 座等。关墙为石墙,东墙长 19、底宽 5、顶宽 3 米;南墙长 11、底宽 3.9、顶宽 1.8、残高 1.3 米;北墙长 8、底宽 5、顶宽 3.6、残高 2.8 米。残存东北、西南角台基址。

关整体保存差。关墙坍塌损毁严重,关内无人居住。造成损毁的自然因素主要是风雨侵蚀、植物生长等;人为因素主要是农业生产活动破坏、拆毁关墙包石等。

25. 石岇关

位于天峰坪镇石岇村西南 0.5 千米处，寺沟长城 G0425（拐点）—G0426（寺沟 2 号敌台）间墙体东侧，高程 979 米。西墙即为长城墙体。

关平面呈矩形，朝向不详，东西 28、南北残长 27 米，残存周长 110 米，占地面积 756 平方米。现存主要设施、遗迹仅有关墙。关墙为土墙，夯筑而成，夯层厚 0.19 米，南墙无存；东墙北段底宽 2.5、顶宽 1.3、残高 4.1 米；北墙底宽 1.5 ~ 1.8、顶宽 0.5、残高 0.8 ~ 2 米。

关整体保存差。东墙南段和南墙无存，关内无人居住。造成损毁的自然因素主要是风雨侵蚀、植物生长等；人为因素主要是农业生产活动破坏、拆毁关墙包石等。

26. 寺沟堡

位于天峰坪镇寺沟村东北 0.46 千米，寺沟长城 G0435（断点）东北 1.01 千米处，高程 1046 米。

堡平面呈矩形，朝向不详，东西 135、南北 120 米，周长 510 米，占地面积 1.62 万平方米。现存主要设施、遗迹有堡墙、敌台 1 座、堡内夯土基址等。堡墙为土墙，夯筑而成，夯层厚 0.08 ~ 0.2 米。东墙南段残长 11、底宽 1.2 ~ 2、顶宽 1.2 ~ 1.5、残高 3.3 ~ 3.5 米，夯层厚 0.1 ~ 0.2 米；南墙残长 90、残高 2 ~ 4 米，夯层厚 0.2 米；西墙南段残长 50、底宽 0.8 ~ 1.2、残高 3.7 米，北段残长 19、底宽 2.2、残高 2.5 米；北墙东段残长 47、底宽 2.2、顶宽 0.5 ~ 0.7、残高 3 ~ 3.5 米，夯层厚 0.08 ~ 0.16 米，西段残长 70、顶宽 0.5 ~ 0.7、残高 1.5 ~ 3.7 米，夯层厚 0.08 ~ 0.16 米。西墙骑墙有敌台 1 座，平面呈圆形，底径 16、顶径 12、残高 6.5 米，夯层厚 0.04 ~ 0.14 米。敌台有台基，平面呈圆形，直径 30、残高 1.2 ~ 2 米。

堡整体保存差。堡墙坍塌损毁严重，部分段无存；敌台南壁有窑洞；堡内西部有夯土基址，被现代水池破坏；堡内无人居住。造成损毁的自然因素主要是风雨侵蚀、植物生长等；人为因素主要是农业生产活动破坏等。

27. 桦林堡

位于天峰坪镇桦林堡村中，寺沟长城东 1 千米处，高程 1064 米。西距寺沟堡 0.87 千米。

堡平面呈矩形，坐北朝南，东西 186、南北 198 米，周长 768 米，占地面积 36828 平方米。现存主要设施、遗迹有堡墙、城门 2 座、瓮城 1 座、角台 3 座、马面 6 座、照壁 1 座、堡内庙宇 4 座等（彩图八四六）。堡墙为砖墙，外部砖石垒砌，东墙中部有豁口，宽 9 米；西墙有两处豁口，宽 46.7 米，内壁被利用为窑洞后壁；北墙有两处豁口。东墙底宽 6、顶宽 5.5、残高 9.6 米（彩图八四七）；南墙底宽 6.2、顶宽 3.2、残高 0.5 ~ 8 米；西墙残长 139.3、底宽 8.2、顶宽 0.5 ~ 5.5、残高 8.5 米；北墙底宽 6.5、顶宽 5.5、残高 8.9 米。南墙中部设城门 1 座，现为豁口，宽 8、进深 10 米。南门外有瓮城，东西 33.1、南北 23 米，残存东墙和西墙北段，东墙底宽 6.9、顶宽 6.9、残高 7 米。瓮城门位于东墙，砖券拱门，三伏三券，门洞外宽 2.9、外高 3.75、内高 6.135、进深 10.695 米（测绘图八〇、八一；彩图八四八）；瓮城门东侧有照壁，长 6.65、宽 1.64、残高 3.5 米。堡内有第一次修筑桦林堡时的南门，砖券拱门，三伏三券，门洞外宽 3.55、外高 4.03、内高 7.05、进深 14.25 米（测绘图八二、八三；彩图八四九）。南门墙体东西 19.3、南北 17、残高 7.83 米，东侧有登城步道，长 11.9、宽

2.2 米（彩图八五〇）。

堡整体保存较好。堡墙坍塌损毁严重。造成损毁的自然因素主要是风雨侵蚀、植物生长等；人为因素主要是拆毁堡墙砖石、利用墙体修建窑洞等。

28. 偏关城

位于偏关县县城中，属新关镇。由于情况特殊，未进行调查。

29. 寺墕堡

位于新关镇寺墕堡村中，高程 1483 米。

堡平面呈矩形，坐北朝南，周长 373.8 米，占在面积 8910 平方米。现存主要设施、遗迹有堡墙、角台 4 座、马面 2 座等（彩图八五一）。堡墙为砖墙，外部砖石垒砌，砖石大部分无存；内部为夯土墙体，夯层厚 0.05 ~ 0.09 米。墙体底宽 8、顶宽 0.5 ~ 3.3、外高 6.5 ~ 10.2、内高 5.1 ~ 7.5 米。南墙中部原设城门 1 座，现无存。堡墙四角设角台。东、西墙各设马面 1 座。

堡整体保存较好。堡墙坍塌损毁严重，有利用墙体修建的窑洞；堡内为民居和耕地。造成损毁的自然因素主要是风雨侵蚀、植物生长等；人为因素主要是拆毁堡墙砖石、利用墙体修建窑洞等。

30. 沙圪旦堡

又名韩家坪堡。位于窑头乡沙圪旦村北 0.2 千米处，高程 1133 米。

堡平面呈矩形，坐东朝西，东西 148、南北 153 米，周长 602 米，占地面积 22644 平方米。现存主要设施、遗迹有堡墙、城门 2 座、瓮城 2 座、角台 3 座、马面 2 座等（图五三五；彩图八五二）。堡墙为砖墙，外部砖石垒砌，砖石大部分无存；内部为夯土墙体，夯层厚 0.08 ~ 0.18 米。墙体底宽 9、顶宽 1 ~ 4、外高 5.5 ~ 9.4、内高 6.5 ~ 11.9 米。东、西墙各设城门 1 座，城门外有瓮城，东门外瓮城仅存南墙 6 米。堡墙四角设角台，其中东北角台无存。存马面 2 座，南、北墙中部各设 1 座。东墙南段外侧 6 米处有土台，长 8、宽 3.5、残高 3.5 米。

堡整体保存一般。堡墙坍塌损毁严重，堡内现为耕地。造成损毁的自然因素主要是风雨侵蚀、植物生长等；人为因素主要是农业生产活动破坏、拆毁堡墙砖石等。

31. 八柳树堡

位于陈家营乡八柳树村中，偏关河北岸的台地上，高程 1211 米。

堡平面呈矩形，坐北朝南，周长 552 米，占地面积 27745 平方米。现存主要设施、遗迹有堡墙、堡内石碑 2 块等。堡墙为砖墙，外部砖石垒砌，内部为夯土墙体。外部砖石无存，东墙仅存地面痕迹；南墙无存；西墙原长 218、残长 60、底宽 9、顶宽 0.5 ~ 3、残高 0.3 ~ 10.1 米；北墙残长 50、底宽 2、顶宽 1.5、残高 0.5 ~ 5 米。堡内有石碑 2 块。

堡整体保存差。堡墙坍塌损毁痕迹严重，西、北墙部分无存，有利用墙体修建的窑洞；堡内有民居，堡外为耕地。造成损毁的自然因素主要是风雨侵蚀、植物生长等；人为因素主要是拆毁堡墙砖石、利用墙体修建窑洞等。

32. 马站堡

位于陈家营乡马站村中，高程 1159 米。

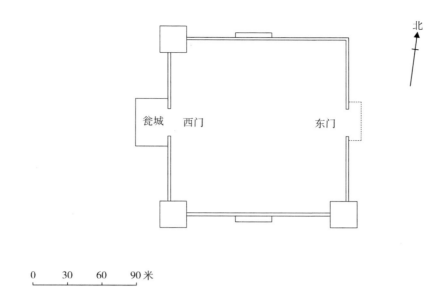

0　　30　　60　　90 米

图五三五　沙圪旦堡平面示意图

　　堡平面呈不规则形，坐北朝南，东西最长 542、南北最长 121 米，周长 1330 米，占地面积 6.5 万平方米。现存主要设施、遗迹有堡墙、城门 1 座、瓮城 1 座、角台 1 座、马面 1 座等（图五三六；彩图八五三）。堡墙为砖墙，外部砖石垒砌；内部为夯土墙体，夯层厚 0.06 ~ 0.15 米。外部砖石大部无存，墙体底宽 3 ~7.2、顶宽 0.3 ~6、外高 0.5 ~10.9、内高 0.5 ~8.7 米（彩图八五四）。西墙中部设城门 1 座。西门外有瓮城，瓮城门位于南墙。角台仅存西南角台。北墙西段有马面 1 座。

0　　40　　80　　120米

图五三六　马站堡平面示意图

　　堡整体保存一般。堡墙坍塌损毁严重，大部分段无存，有利用墙体修建的窑洞；堡内为民居和耕地。造成损毁的自然因素主要是风雨侵蚀、植物生长等；人为因素主要是农业生产活动破坏、拆毁堡墙砖石、利用墙体修建窑洞等。

33. 永兴堡

　　位于楼沟乡永兴村中，高程 1399 米。

　　堡平面呈不规则形，坐东朝西，周长 684 米，占在面积 22016 平方米。现存主要设施、遗迹有堡墙、瓮城 2 座、角台 2 座等。堡墙为砖墙，外部砖石垒砌，砖石无存；内部为夯土墙体，夯层厚 0.04 ~ 0.06 米。东墙北段残长 15、底宽 13、顶宽 10 米；西墙北段残长 30 米，近北侧有豁口，宽 4 米，墙体底宽 9、顶宽 1.5 ~ 3.2、残高 8 ~ 9 米，南段残长 28 米；北墙残长 5 米。东墙外有瓮城，瓮城东墙长 15、底宽 13、顶宽 10、残高 8 ~ 8.5 米；北墙长 30、底宽 5、顶宽 2.3、残高 8 ~ 8.5 米，夯层厚 0.06 ~ 0.19 米；南墙无存。西墙外有瓮城，南墙长 9、底宽 4 ~ 5、顶宽 2.3、残高 8 ~ 9 米；西墙长 28、底宽 14、顶宽 9 ~ 10 米，夯层厚 0.14 ~ 0.32 米。瓮城门位于北墙。

堡整体保存较差。堡墙坍塌损毁严重，大部分段无存，因修路挖断东、西墙；堡内有民居。造成损毁的自然因素主要是风雨侵蚀、植物生长等；人为因素主要是农业生产活动破坏、修路挖断墙体等。

34. 楼沟堡

位于楼沟乡楼沟村中，高程 1343 米。

堡平面大致呈"吕"字形，坐北朝南，由北侧大堡和南侧小堡组成。大堡南墙即为小堡北墙，平面均呈矩形，大堡东西 267.8、南北 138 米，小堡东西 95.3、南北 83.6 米，总周长 1074.1 米，占地面积 35429 平方米。现存主要设施、遗迹有堡墙、角台 6 座等（图五三七）。堡墙为砖墙，外部砖石垒砌，砖石无存；内部为夯土墙体，夯层厚 0.06 ~ 0.16 米。大堡墙体底宽 8、顶宽 1.5 ~ 5、残高 0.5 ~ 10 米；小堡墙体底宽 8、顶宽 1.7 ~ 5、外高 0.6 ~ 9.5、内高 0.6 ~ 9.7 米。大堡有西南、西北角台，小堡堡墙四角设角台。

堡整体保存一般。堡墙坍塌损毁严重，大堡东、西墙无存。大堡内有民居，小堡内为耕地。造成损毁的自然因素主要是风雨侵蚀、植物生长等；人为因素主要是农业生产活动破坏等。

（三）单体建筑

1. 敌台

偏关县长城墙体上共调查敌台 98 座（表 433，见本章末附表）。

2. 马面

偏关县长城墙体上共调查马面 214 座（表 434，见本章末附表）。

3. 烽火台

偏关县共调查烽火台 241 座。大致以距长城墙体 1000 米为界，将偏关县烽火台区分为长城沿线、腹里烽火台 2 大类。长城沿线烽火台距长城墙体多在 1000 米内，计 116 座。腹里烽火台计 125 座（表 435、436，见本章末附表）。

（四）相关遗存

1. 护宁寺

位于天峰坪镇寺沟村南 0.2 千米处，寺沟长城 G0435（断点）东北 0.14 千米，西距黄河 0.4 千米。高程

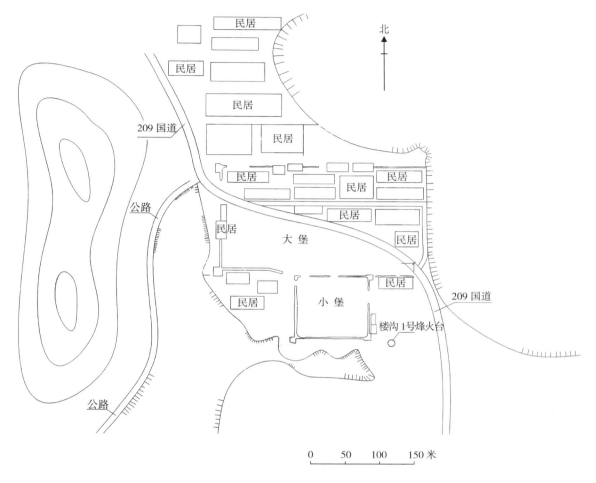

图五三七 楼沟堡平面图

953 米。时代为清代。护宁寺面积 1123.61 平方米，一进院落布局，中轴线上依次有戏台、南殿、庭院、正殿（彩图九七三）。戏台位于寺院外南侧。南殿东侧为钟楼（彩图九七四），西侧为鼓楼（彩图九七五），钟楼、鼓楼外侧各有殿宇一间。庭院东西两侧各有厢房 3 间（彩图九七六、九七七），厢房南侧各有殿宇 1 间，厢房与殿宇之间各有神庙 1 座。正殿面阔 3 间，进深 4 椽，单檐悬山顶。正殿东西两侧各有耳殿 3 间。耳殿面阔 3 间，进深 2 椽，单檐硬山顶（图五四四）。寺整体保存较差。造成损毁的自然因素主要是风雨侵蚀、植物生长等；人为因素主要是拆毁建筑物砖瓦等。护宁寺周围为耕地。

2. 老牛湾 1 号碑

位于万家寨镇老牛湾村望河楼敌台西南 0.1 千米处，老牛湾堡西北，高程 1031 米。石碑圆首长方形，宽 0.67、高 1.27、厚 0.11 米。碑首楷书阴刻"碑记"。碑文楷书阴刻，19 行，行 34 字，落款为明万历三年（1575 年）九月（彩图九七八）。保存较好，碑文字迹较清晰。造成损毁的自然因素主要是风雨侵蚀；人为因素主要是刻划、砸损等。

碑文如下。

第一行：钦差分守山西西路地方右参将署都指挥检事郭□□公管老牛湾起东西两路边界

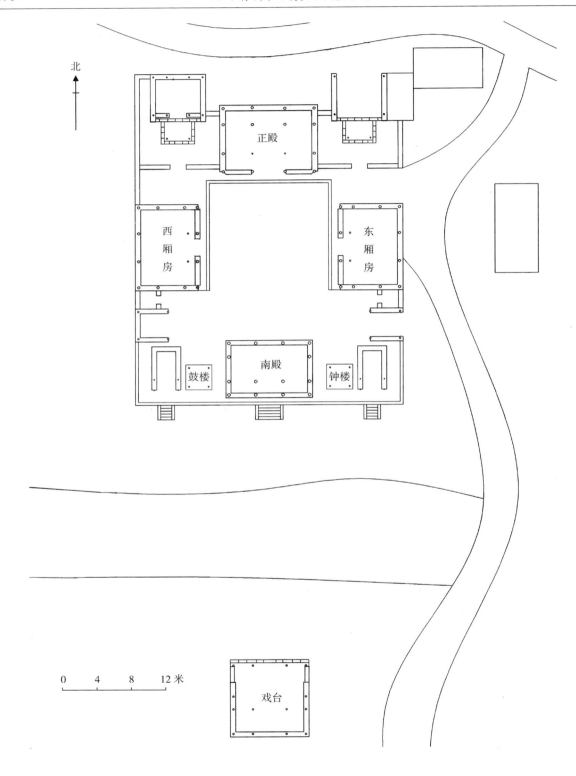

北

正殿

西厢房

东厢房

鼓楼 南殿 钟楼

0　4　8　12 米

戏台

图五四四　护宁寺平面图

第二行：东至丫角止外边长壹百肆里零壹佰捌拾陆步

第三行：□□□□将台陆座

第四行：敌台壹佰玖拾柒座

第五行：门叁座

第六行：水门壹座

第七行：水口壹处

第八行：大边墩隘式拾壹座

第九行：边外夹道墩台壹拾贰座

第十行：沿边墩台叁拾捌座

第十一行：腹里接火墩台玖拾玖座

第十二行：西至西黄河唐家会横墙邻胡墩上沿河边崖长壹佰贰拾伍零叁拾步

第十三行：水门贰座

第十四行：沿河边崖墩台肆拾玖座

第十五行：腹里接火墩台叁座

第十六行：重修（横写）嘉靖贰拾柒年陆月　杨　吉日立

第十七行：西路偏头关授兵营兼墩旗牌　李　老家营关墩旗牌韩　　　　　　　　赵

第十八行：老家营兼管修老牛湾墩旗牌　写字（人寰）　赐
　　　　　　冯

结□关守节

　　　　　　　　　　　　孟尚春
　　　　　　　　平阳人
　　　　　监匠（堂忠）　石匠工名　薛

第十九行：万历叁年玖月　吉日作材石□一□火首　李

3. 老牛湾 2 号碑

位于万家寨镇老牛湾村望河楼敌台西南 0.1 千米，老牛湾堡西北 0.02 千米处，高程 1033 米。石碑圆首长方形，宽 0.75、高 1.85、厚 0.16 米。碑首楷书阴刻"坤道井棠"四字。碑身首题"老牛湾关□耕种草地父老公举"，碑身楷书阴刻"四公主千岁千千岁德政碑"（彩图九七九）。保存较好，碑文字迹较清晰。石碑南 5 米有新建的凉亭。造成损毁的自然因素主要是风雨侵蚀；人为因素主要是刻划、砸损等。

4. 老牛湾 3 号碑

位于万家寨镇老牛湾村村民宋二拴家门口东侧，老牛湾堡北 0.07 千米，高程 1033 米。石碑圆首长方形，宽 0.75、高 1.85、厚 0.16 米。碑首楷书阴刻"万古流芳"四字。碑身楷书阴刻"老牛湾城守加一级云中郑老命讳国麟字圣瑞德政碑"，两侧为人名，落款为"康熙伍拾陆年（1717 年）岁次丁酉中夏吉日铭"（彩图九八〇）。保存较好，碑文字迹较清晰。石碑平放于地面。造成损毁的自然因素主要是风雨侵蚀；人为因素主要是刻划、砸损等。

5. 老牛湾 4 号碑

位于万家寨镇老牛湾堡内关夫子庙前廊东端，高程 1044 米。石碑圆首长方形，矩形基座，碑身宽 0.72、高 1.64、厚 0.15 米，碑座宽 0.73、高 0.5、厚 0.38 米。碑首楷书阴刻"碑记"二字。碑身首题"创建关夫子庙碑记"，碑文楷书阴刻，18 行，行 59 字，记录了创修关夫子庙的经过，落款为清康熙十年（1671 年）。保存较好，碑文字迹较清晰。造成损毁的自然因素主要是风雨侵蚀，人为因素主要是刻划、砸损等。

碑文如下。

第一行：当年三国鼎足中原荆襄未定汉昭烈继高祖正统于蜀都犹德申大义以腹天下皆

第二行：夫子为周旋艰险耳嗣后炎烬将威志虽未得大展于当年正气不磨亘天地古今而长旦如想传现身荡首或其威灵赫赫□难□□历代以来□日月

第三行：月出入之乡都会郡邑即僻壤遐□莫不庙貌崇祀其圣帝明王高贤贵显以迄庸夫走卒老□妇子儿有血气者莫不尊且亲焉老牛湾北临大漠西

第四行：逼河套其岩险甲晋地堡城上旧有

第五行：夫子祠仅一楹且卑隘不足以妥神幸防守斯土者乃吾乡□尧都台公也□□任老营守戍父子协理晋北声闻天□至于公之存心一腔□弟酉

第六行：清风且公青令雅度谙练老成允所以利益兵丁有裨地方之事则不惮呕心瘁力以为之一回语诸兵民曰此堡弹丸区耳且逼临险要年来中□休

第七行：宁获享安堵仰赖

第八行：关夫子之笃佑实多第此祠甚□难以为陈观献豆尸戏舞蹈之所余愿割俸金别置基址大其庙貌新其殿宇堡人唯命乐从一时响应如神公逐成堡

第九行：城之东街觅一地大兴土木创建正殿三楹乐楼一座牌坊僧□无不悉备噫嘻公之心固足嘉公之力固足以服众也能于一无所籍之处而霹灵庙

第十行：建遗地方以万代不朽之功德公敬神去乎哉公敬神正所以敬兵民也由是

第十一行：夫子益加笃佑兵民益享升平公之福德其流泽于斯土者又宁有馨也哉工俊告成堡人合议为公勒石间记於余曰是诚不可无一记以□公不

第十二行：朽也且俾后之斯□者观斯石读斯记能心公之心事公之事责斯庙永有保障之籁矣余因雷于援笔是记

第十三行：□

第十四行：康熙十年岁在重光大渊献关□博士彭城□刘炎撰

第十五行：老营营中军守备上达捐俸　本堡把总台昌捐俸　施财姓氏　□生　张二桂　王允中

第十六行：桦林守备陶元允　桦林把总贺国宝　乡约武登

第十七行：草垛山把总马虎　兵李付成

第十八行：营兵

6. 老牛湾 5 号碑

位于万家寨镇老牛湾堡内关夫子庙前廊西端，高程 1043 米。石碑圆首长方形，矩形基座，碑身宽 0.63、高 1.6、厚 0.14 米，碑座宽 0.67、高 0.48、厚 0.24 米。碑首楷书阴刻"碑记"二字。碑身首题"重修关圣庙碑记"，碑文楷书阴刻，20行，行56字，记录了雍正年间重修关夫子庙的经过，落款为清雍正七年（1729年）。保存较好，碑文字迹较清晰。造成损毁的自然因素主要是风雨侵蚀；人为因素主要是刻划、砸损等（彩图九八一）。

碑文如下。

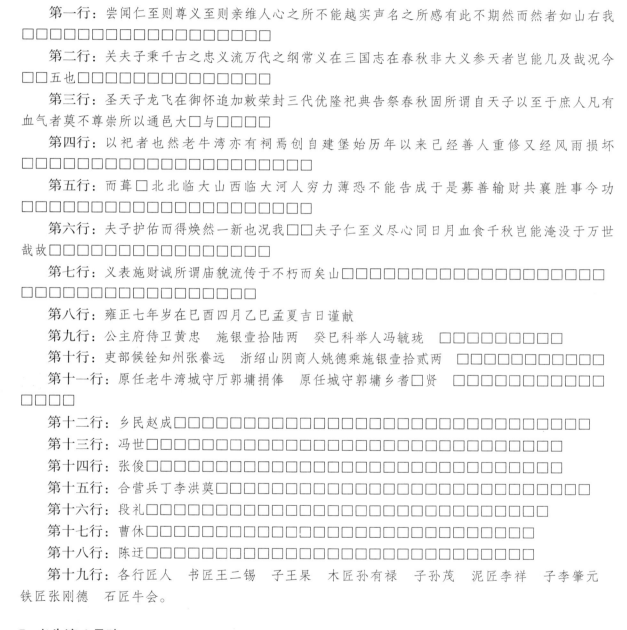

第一行：尝闻仁至则尊义至则亲维人心之所不能越实声名之所感有此不期然而然者如山右我□□□□□□□□□□□□□□□□□□□□□□□□□□□□□□□□□

第二行：关夫子秉千古之忠义流万代之纲常义在三国志在春秋非大义参天者岂能几及哉况今□□五也□□□□□□□□□□□□□□□□□□□□□□□□□□□□□□□

第三行：圣天子龙飞在御怀追加敕荣封三代优隆祀典告祭春秋固所谓自天子以至于庶人凡有血气者莫不尊崇所以通邑大□与□□□□

第四行：以祀者也然老牛湾亦有祠焉创自建堡始历年以来已经善人重修又经风雨损坏□□□□□□□□□□□□□□□□□□□□□□□

第五行：而葺□北北临大山西临大河人穷力薄恐不能告成于是募善输财共襄胜事今功□□□□□□□□□□□□□□□□□□

第六行：夫子护佑而得焕然一新也况我□□夫子仁至义尽心同日月血食千秋岂能淹没于万世哉故□□□□□□□□□□□

第七行：义表施财诚所谓庙貌流传于不朽而矣山□□□□□□□□□□□□□□□□□□□□□□□□□□□□□□□□□□□

第八行：雍正七年岁在巳酉四月乙巳孟夏吉日谨献

第九行：公主府侍卫黄忠　施银壹拾陆两　癸巳科举人冯毓珑　□□□□□□□

第十行：吏部候铨知州张养远　浙绍山阴商人姚德乘施银壹拾贰两　□□□□□□

第十一行：原任老牛湾城守厅郭墉捐俸　原任城守郭墉乡耆□贤　□□□□□□□□□□□

第十二行：乡民赵成□□□□□□□□□□□□□□□□□□□□□□□□

第十三行：冯世

第十四行：张俊□□□□□□□□□□□□□□□□□□□□

第十五行：合营兵丁李洪莫□□□□□□□□□□□□□□□□

第十六行：段礼

第十七行：曹休□□□□□□□□□□□□□□□□□□□□□□□

第十八行：陈迁□□□□□□□□□□□□□□□□□□□□□□

第十九行：各行匠人　书匠王二锡　子王杲　木匠孙有禄　子孙茂　泥匠李祥　子李肇元铁匠张刚德　石匠牛会。

7. 老牛湾6号碑

位于万家寨镇老牛湾村河神庙内，高程1028米。石碑圆首长方形，矩形基座，碑身宽0.7、高1.44、厚0.155米，碑座宽0.72、高0.45、厚0.27米。碑首楷书阴刻"碑记"二字。碑身首题"重修诸庙宇以及建盖禅室碑记"，碑文楷书阴刻，11行，行31字，落款为清乾隆四十二年（1777年）。碑背记录捐资者姓名62人。保存较好，碑文字迹较清晰。造成损毁的自然因素主要是风雨侵蚀，人为因素主要是刻划、砸损等。

碑文如下。

第一行：扶衰振兴者君子之心也补偏救敝者守土之责也古今来盛陵于衰兴陵于废

第二行：虽出于时势之所值而苟有维持扶助者力为之振救则有志事成安在衰者□

第三行：不复兴乎助焉　奉公诚守兹土训练之暇游览祠宇目击蒼墙倾圮剥落之甚

第四行：深为太息又见路多险阻人足马迹之所难称凯然有补修平治之意因集军民

第五行：于□相与谋义而首捐捧金以为倡一时之董其事者若段有成李晋白彩曹□

第六行：冯国梁　赵成基　郭永升　郭永基　刘又梁　吕　琏　郭永安　白　兰
李尚荣　各出己材遍

第七行：堡劝施鸠工庇材修阔道路不数月而各庙俱新履道平坦又于河神庙建盖

第八行：禅室四楹嗟乎此地祠宇倾颓匪伊朝夕矣往来行人苦道维艰亦有日矣向

第九行：非　奉公□之于始者于后则段有成等虽有志振兴亦不能厥功之成如□

第十行：建固堡军民□　公之善奉恐其功久而或掩也因为之金名于石以志不朽云

第十一行：乾隆四十二年孟夏前三日　关庠廪　高之岚　撰

　　　　　　　　　　　杨迁秦
　　　　　　　　　　　　　书
　　　　　　　　　　　卢元明

8. 南泉寺 1 号壕沟

位于南堡子乡南泉寺村东南 1.1 千米处，高程 1720 米。壕沟残长 100 米，大致呈东南—西北走向，与南泉寺长城并行，位于南泉寺长城东侧和北侧，相距 8 米。壕沟宽 5 米，两侧有石墙。壕沟东段西侧石墙底宽 1.4、残高 0.2～1.1 米，西段石墙底宽 2、顶宽 1.6 米。壕沟保存一般。石墙坍塌损毁严重。造成损毁的自然因素主要是风雨侵蚀、植物生长等。

9. 南泉寺 2 号壕沟

位于南堡子乡南泉寺村东南 1.1 千米处，高程 1718 米。壕沟残长 230 米，大致呈东南—西北走向，位于南泉寺 1 号壕沟东北 0.08 千米。壕沟宽 6、深 1.5～3 米（彩图九八二）。两侧有石墙，底宽 8、顶宽 3、残高 3 米。壕沟保存一般，石墙坍塌损毁严重。造成损毁的自然因素主要是风雨侵蚀、植物生长等；人为因素主要是修路挖断壕沟等。

10. 南泉寺 3 号壕沟

位于南堡子乡南泉寺村东南 1.1 千米处，高程 1736 米。壕沟残长 230 米，大致呈东南—西北走向，位于南泉寺 2 号壕沟东北 0.02 千米。壕沟宽 2.5 米。两侧有石墙，宽 1～1.5、残高 0.5 米。壕沟保存较差，石墙坍塌损毁严重。造成损毁的自然因素主要是风雨侵蚀、植物生长等；人为因素主要是修路挖断壕沟等。

11. 南泉寺 4 号壕沟

位于南堡子乡南泉寺村东南 1.1 千米处，高程 1749 米。壕沟残长 310 米，大致呈东南—西北走向，位于南泉寺 3 号壕沟东北 0.05 千米。壕沟宽 3.5 米。两侧有石墙，底宽 2.5～3.3、顶宽 1.1、残高 1～1.4 米。壕沟保存较差，石墙坍塌损毁严重。造成损毁的自然因素主要是风雨侵蚀、植物生长等；人为因素主要是修路挖断壕沟等。

12. 小元峁采石场

位于老营镇小元峁村东北，栋木塔长城南 0.03 千米处，高程 1661 米。采石场边长 100 米。采石场有开采痕迹，周围散落大量碎石和石条。采石场保存较好。造成损毁的自然因素主要是风雨侵蚀、植物生长等。

二　长城资源调查资料分析

（一）长城墙体

1. 长城墙体的材质类型及建筑方式、形制

偏关县境内长城墙体类型有土墙、石墙、砖墙和山险四类，有 1 段消失墙体。以土墙为主，有 40 段，长 74937.5 米；山险有 8 段，长 24350 米；石墙有 8 段，长 15508 米；砖墙有 2 段，长 3250 米（表 437）。

表 437　偏关县长城墙体类型一览表

类型	段数	长度（米）	百分比（%）
土墙	40	74937.5	62.48
石墙	8	15508	12.93
砖墙	2	3250	2.71
山险	8	24350	20.3
消失墙体	1	1900	1.58
合计	59	119945.5	100

（1）土墙

偏关县土墙共 40 段，长 74937.5 米。墙体均系夯筑而成，夯层厚 0.03～0.3 米。偏关县东部内长城墙体中，土墙有 15 段，长 26689.5 米，夯层厚 0.03～0.21 米，其中绝大多数为 0.03～0.18 米，有 12 段，长 21596.5 米。偏关县与清水河县交界处外长城墙体中，土墙有 25 段，长 48248 米，夯层厚 0.1～0.3 米，其中绝大多数 0.15～0.2 米，有 22 段，长 42631 米。

现存墙体剖面大致呈不规则梯形，底宽 0.5～8、顶宽 0.2～4.7、残高 0.2～8 米（表 438）。

表 438　偏关县土墙建筑方式及形制一览表（单位：米）

长城墙体段落名称	建筑方式	剖面形制	尺寸		
			底宽	顶宽	残高
北场长城 1 段	夯筑而成，夯层厚 0.04～0.17	梯形	5～6	0.5～2	3～6
北场长城 2 段	夯筑而成，夯层厚 0.04～0.13	梯形	3～5	0.5～2.5	2～6

长城墙体段落名称	建筑方式	剖面形制	尺寸		
			底宽	顶宽	残高
大庄窝长城 1 段	夯筑而成，夯层厚 0.06～0.15	梯形	3～5	0.2～2	2～6
大庄窝长城 2 段	夯筑而成，夯层厚 0.06～0.18	梯形	2～4	0.5～2	1～6
大庄窝长城 3 段	夯筑而成，夯层厚 0.05～0.15	梯形	3～5	0.5～1.5	2～6
大庄窝长城 4 段	夯筑而成，夯层厚 0.05～0.14	梯形	4～5	0.7～1.5	2～6
地椒峁长城 1 段	夯筑而成，夯层厚 0.07～0.21	梯形	2～5	0.2～1.5	0.5～8
地椒峁长城 2 段	夯筑而成，夯层厚 0.1～0.18	梯形	3～5	0.2～1.5	2.5～4
南梁上长城 1 段	夯筑而成，夯层厚 0.07～0.2	梯形	3～5	0.5～2	2～6
南梁上长城 3 段	夯筑而成，夯层厚 0.06～0.2	梯形	4～5	0.5～1	3～4
老营长城 2 段	夯筑而成，夯层厚 0.03～0.14	梯形	1.5～7	0.7～4	0.6～6
边墙上长城 1 段	夯筑而成，夯层厚 0.07～0.15	梯形	0.5～6	0.4～4.7	0.4～5
边墙上长城 1 段	夯筑而成，夯层厚 0.08～0.15	梯形	2～5	1～4	1～4.5
柏杨岭长城 1 段	夯筑而成，夯层厚 0.06～0.12	梯形	6～8	1～5	1.5～6
柏杨岭长城 2 段	夯筑而成	梯形	5～8	1～4	3～7
内蒙古调查柏杨岭长城 1 段	夯筑而成，夯层厚 0.15～0.2	梯形	3～6	0.5～2	1～2
内蒙古调查柏杨岭长城 2 段	夯筑而成，夯层厚 0.15～0.2	梯形	3～6	1～3	1～3
野羊洼长城	夯筑而成，夯层厚 0.15～0.2	梯形	4～6	0.8～3	1～3.5
窑子沟长城	夯筑而成，夯层厚 0.15～0.2	梯形	6	2～3.7	5～6
楝木塔长城	夯筑而成，夯层厚 0.15～0.2	梯形	3.5～6	1.5～2.5	0.5～1
小元峁长城	夯筑而成，夯层厚 0.15～0.2	梯形	6	1～4	5～6
窑洼长城	夯筑而成，夯层厚 0.15～0.2	梯形	4～8	0.8～4.5	1～3.5
堆臼坪长城	夯筑而成，夯层厚 0.1～0.2	梯形	6	1～3.2	3～5
许家湾长城	夯筑而成，夯层厚 0.1～0.15	梯形	4～7	0.8～4	1～3
川峁上长城	夯筑而成，夯层厚 0.2～0.3	梯形	4～8	0.5～4.5	1～3
头道沟长城	夯筑而成，夯层厚 0.15～0.2	梯形	4～8	0.5～2	1～4
后海子长城	夯筑而成，夯层厚 0.15～0.2	梯形	3～5	0.5～1.5	1～3
杏树峁长城	夯筑而成，夯层厚 0.15～0.2	梯形	4～6.5	0.8～3	1.5～3
关地咀长城	夯筑而成，夯层厚 0.15～0.2	梯形	4～7	1～3	0.8～1.8
窑沟子长城	夯筑而成，夯层厚 0.15～0.2	梯形	3～5	0.5～1.5	1～2.5
安根楼长城	夯筑而成，夯层厚 0.15～0.2	梯形	3～4	0.5～1	1～2
阳洼子长城	夯筑而成，夯层厚 0.15～0.2	梯形	2～4	0.5～3	0.8～3
石垛墕长城	夯筑而成，夯层厚 0.15～0.2	梯形	4～7	2～4.5	1～3
白泥窑长城	夯筑而成，夯层厚 0.15～0.2	梯形	4.5～7	0.8～1.5	1～3.5

长城墙体段落名称	建筑方式	剖面形制	尺寸		
			底宽	顶宽	残高
正泥墕长城	夯筑而成，夯层厚 0.15 ~ 0.2	梯形	6	1 ~ 4	2 ~ 5
东牛腻塔长城	夯筑而成，夯层厚 0.15 ~ 0.2	梯形	2 ~ 4	0.5 ~ 3	0.5 ~ 2
青草峁长城	夯筑而成，夯层厚 0.15 ~ 0.2	梯形	4 ~ 7	2 ~ 3.5	2 ~ 4
正湖梁长城	夯筑而成，夯层厚 0.15 ~ 0.2	梯形	4 ~ 6	1.5 ~ 3	1 ~ 3
北古梁长城	夯筑而成，夯层厚 0.15 ~ 0.2	梯形	5 ~ 6.5	1 ~ 2.5	5 ~ 6.5
闫王鼻子长城	夯筑而成，夯层厚 0.15 ~ 0.2	梯形	1.5 ~ 3	0.5 ~ 0.8	0.2 ~ 1.5

　　土墙附属设施除关、敌台、马面外，偏关县东部内长城土墙上发现登城步道和女墙。登城步道见于北场长城2段、大庄窝长城1段和3段、南梁上长城1段和老营长城2段，长10~15、宽2~3.6米。女墙见于老营长城2段和边墙上长城1段，老营长城2段墙体顶部残存内外侧女墙，外侧（东侧）女墙宽0.45、残高0.7~1米，内侧（西侧）女墙宽0.9、残高0.7米；边墙上长城1段女墙顶宽0.5、残高0.8米。

　　（2）石墙

　　偏关县石墙共8段，长15508米。墙体外部片石或条石垒砌而成，内部为土石混筑或夯土墙体。现存墙体剖面大致呈不规则梯形，底宽0.5~7、顶宽0.3~5、残高0.2~5.5米（表439）。

表439　偏关县石墙建筑方式及形制一览表（单位：米）

长城墙体段落名称	建筑方式	剖面形制	尺寸		
			底宽	顶宽	残高
南泉寺长城	外部片石垒砌；内部为土石混筑墙体或夯土墙体	梯形	4 ~ 7	3 ~ 5	2.5 ~ 4
史家圪台长城1段	片石垒砌而成，部分段墙体外侧（东侧）有补筑的夯筑土墙，夯层厚 0.04 ~ 0.12	梯形	4.3	2.6 ~ 5	外侧（东侧）残高 0.5 ~ 5.5、内侧（西侧）残高 0.3 ~ 1.9、
史家圪台长城2段	片石垒砌而成	梯形	5	2.2 ~ 4	外侧（东、南侧）残高 2.7 ~ 4.2、内侧（西、北侧）残高 0.5 ~ 4、
大嘴长城	片石垒砌而成	梯形	不详	1.1 ~ 3	0.2 ~ 1.5
五铺梁长城	条石或片石垒砌而成	梯形	3.73	2.2 ~ 3.	0.5 ~ 4
尖次湾长城	片石垒砌而成	梯形	1.6 ~ 2.8	0.5 ~ 2.2	0.3 ~ 2.7
关河口长城	外部片石垒砌；内部为土石混筑墙体或夯土墙体	梯形	0.5 ~ 4.5	不详	0.3 ~ 2.5
天峰坪长城	条石或片石垒砌而成	梯形	0.7 ~ 3	0.3 ~ 1.5	0.3 ~ 3.5

　　石墙附属设施除关、敌台、马面外，还有水门和女墙。水门见于五铺梁长城，宽0.7、残高1.06米。女墙见于关河口长城，宽0.8~2、残高0.3~0.65米。

（3）砖墙

偏关县砖墙共2段，长3250米。墙体外部砖石垒砌而成，内部为夯土墙体，夯层厚0.04~0.26米。现存墙体剖面大致呈不规则梯形，底宽4~6、顶宽0.4~4.1、残高0.4~6米（表440）。

表440　偏关县砖墙建筑方式及形制一览表（单位：米）

长城墙体段落名称	建筑方式	剖面形制	尺寸		
			底宽	顶宽	残高
石梯长城2段	外部砖石垒砌，内部为夯土墙体，夯层厚0.09~0.26	梯形	4	0.4~2.5	外侧（西侧）残高1~4、内侧（东侧）残高0.4~1.4
寺沟长城	外部砖石垒砌，内部为夯土墙体，夯层厚0.04~0.16	梯形	4~6	0.5~4.1	外侧（西北侧）残高1~6、内侧（东侧）残高0.5~4.6

（4）山险

偏关县山险共8段，长24350米。

2. 长城墙体的分布特点

偏关县东部内长城共20段，长33255.5米，分布于偏关县东部偏关河上游两侧的山地，土墙占绝大多数，有15段，长26689.5米；石墙有3段，长4477米；山险有2段，长2089米。

偏关县与清水河县交界处外长城共27段，长51010米，分布于偏关县与清水河县交界区域的山地。土墙占绝大多数，有25段，长48248米；山险1段，长862米；消失墙体1段，长1900米。

偏关县黄河东岸外长城有12段，长35680米，分布于偏关县黄河东岸的峡谷地带。墙体类型有石墙、砖墙和山险三类，山险为主，有5段，长21399米；石墙有5段，长11031米；砖墙有2段，长3250米。

可以看出，偏关县土墙主要分布在东部内长城和偏关县与清水河县交界处外长城，石墙、砖墙和山险主要分布在偏关县黄河东岸外长城。

从上文提到的土墙夯层厚度来看，偏关县东部内长城土墙的夯层厚度与偏关县和清水河县交界处外长城土墙有较明显的区别，前者夯层厚集中在0.03~0.18米，后者夯层厚集中在0.15~0.2米。

3. 长城墙体的保存状况

（1）土墙

详见下表（表441）。

表441　偏关县土墙保存状况一览表（单位：米）

长城墙体段落名称	总长	保存较好	保存一般	保存较差	保存差	消失	类型	省/县属
北场长城1段	2055	1000	1040	0	0	15	土墙	偏关县
北场长城2段	2258.8	650	620	970	0	18.8	土墙	偏关县
大庄窝长城1段	1954	150	1495	170	0	139	土墙	偏关县

长城墙体段落名称	总长	保存较好	保存一般	保存较差	保存差	消失	类型	省/县属
大庄窝长城 2 段	1445	0	590	820	0	35	土墙	偏关县
大庄窝长城 3 段	2188	160	1290	705	0	33	土墙	偏关县
大庄窝长城 4 段	1450	0	790	660	0	0	土墙	偏关县
地椒峁长城 1 段	2286	0	760	1050	310	166	土墙	偏关县
地椒峁长城 2 段	1650	380	560	710	0	0	土墙	偏关县
南梁上长城 1 段	2407	950	930	270	0	257	土墙	偏关县
南梁上长城 3 段	400	0	400	0	0	0	土墙	偏关县
老营长城 2 段	2588.7	490	530	1150	0	418.7	土墙	偏关县
边墙上长城 1 段	2259	1690	200	280	0	89	土墙	偏关县
边墙上长城 2 段	1202	310	395	230	0	267	土墙	偏关县
柏杨岭长城 1 段	1514	320	1070	0	0	124	土墙	偏关县
柏杨岭长城 2 段	1032	380	640	0	0	12	土墙	偏关县
内蒙古调查柏羊岭长城 1 段	596	0	0	0	596	0	土墙	偏关县/清水河县
内蒙古调查柏羊岭长城 2 段	1921	0	0	481	1440	0	土墙	偏关县/清水河县
野羊洼长城	2739	0	493	1366	880	0	土墙	偏关县/清水河县
窑子沟长城	2662	584	1009	1069	0	0	土墙	偏关县/清水河县
栋木塔长城	2017	852	1165	0	0	0	土墙	偏关县/清水河县
小元峁长城	2005	0	2005	0	0	0	土墙	偏关县/清水河县
窑洼长城	3072	247	1256	992	577	0	土墙	偏关县/清水河县
碓臼坪长城	1575	0	520	867	158	30	土墙	偏关县/清水河县
许家湾长城	1406	0	692	656	0	58	土墙	偏关县/清水河县
川峁上长城	2636	0	214	2353	0	69	土墙	偏关县/清水河县
头道沟长城	2204	0	1295	909	0	0	土墙	偏关县/清水河县
后海子长城	888	0	0	0	769	119	土墙	偏关县
杏树峁长城	2302	0	782	1520	0	0	土墙	偏关县/清水河县
关地咀长城	1805	0	0	1292	513	0	土墙	偏关县/清水河县
窑沟子长城	1148	0	0	0	1148	0	土墙	偏关县
安根楼长城	2429	0	0	889	1540	0	土墙	偏关县/清水河县
阳洼子长城	2639	0	0	0	2639	0	土墙	偏关县/清水河县
石垛塌长城	1853	0	391	1017	265	180	土墙	偏关县/清水河县
白泥窑长城	1550	310	574	656	0	10	土墙	偏关县/清水河县

长城墙体段落名称	总长	保存较好	保存一般	保存较差	保存差	消失	类型	省/县属
正泥塌长城	1235	0	1119	116	0	0	土墙	偏关县/清水河县
东牛腻塔长城	1814	0	0	0	1769	45	土墙	偏关县/清水河县
青草峁长城	1641	0	917	614	0	110	土墙	偏关县/清水河县
正湖梁长城	2829	0	1286	891	502	150	土墙	偏关县/清水河县
北古梁长城	455	455	0	0	0	0	土墙	偏关县/清水河县
闫王鼻子长城	2827	0	0	1274	1364	189	土墙	偏关县/清水河县
合计	74937.5	8928	25028	23977	14470	2534.5		

　　偏关县土墙保存一般、较差者最多，共占 65.39%，保存差者占 19.31%，较好者占 11.91%，消失者占 3.39%。造成墙体损毁的自然因素有洪水冲毁、风雨侵蚀、植物生长、动物破坏等；人为因素有农业生产活动破坏、利用墙体修建窑洞、挖掘洞穴、取土挖损、修路破坏、人为踩踏等。

　　（2）石墙

　　详见下表（表442）。

表 442　偏关县石墙保存状况一览表（单位：米）

长城墙体段落名称	总长	保存较好	保存一般	保存较差	保存差	消失	类型	省/县属
南泉寺长城	684	0	250	160	200	74	石墙	偏关县
史家圪台长城1段	2285	1690	560	0	0	35	石墙	偏关县
史家圪台长城2段	1508	1300	100	0	90	18	石墙	偏关县
大嘴长城	1358	0	323	450	195	390	石墙	偏关县
五铺梁长城	917.8	156.2	66.6	0	0	695	石墙	偏关县
尖次湾长城	3344.5	39	80	238.5	15	2972	石墙	偏关县
关河口长城	1075	0	500	210	220	145	石墙	偏关县
天峰坪长城	4335.7	127.3	2.4	38	80	4088	石墙	偏关县
合计	15508	3312.5	1882	1096.5	800	8417		

　　偏关县石墙消失者最多，占 54.27%，保存较好者占 21.36%，一般者占 12.14%，保存较差和差者分别占 7.07% 和 5.16%。造成墙体损毁的自然因素有洪水冲毁、风雨侵蚀、植物生长、动物破坏等；人为因素有拆毁墙体包石、修路破坏、其他形式的人为破坏等。

　　（3）砖墙

　　详见下表（表443）。

表 443　偏关县砖墙保存状况一览表（单位：米）

长城墙体段落名称	总长	保存较好	保存一般	保存较差	保存差	消失	类型	省/县属
石峁长城2段	915	30	685	20	0	180	砖墙	偏关县
寺沟长城	2335	2008	40	70	0	217	砖墙	偏关县
合计	3250	2038	725	90	0	397		

偏关县砖墙保存较好和一般者最多，共占85.02%。造成墙体损毁的自然因素有洪水冲毁、风雨侵蚀、植物生长、动物破坏等；人为因素有拆毁墙体砖石、修路破坏、其他形式的人为破坏等。

（4）山险

详见下表（表444）。

表444　偏关县山险保存状况一览表（单位：米）

长城墙体段落名称	总长	保存较好	保存一般	保存较差	保存差	消失	类型	省/县属
南梁上长城2段	1936	1936	0	0	0	0	山险	偏关县
老营长城1段	153	153	0	0	0	0	山险	偏关县
内蒙古调查老牛湾长城	862	862	0	0	0	0	山险	偏关县/清水河县
老牛湾长城	3500	3500	0	0	0	0	山险	偏关县
万家寨长城1段	9999	9999	0	0	0	0	山险	偏关县
万家寨长城2段	4280	4280	0	0	0	0	山险	偏关县
小寨长城	2400	2400	0	0	0	0	山险	偏关县
石峁长城1段	1220	1220	0	0	0	0	山险	偏关县
合计	24350	24350	0	0	0	0		

偏关县山险保存较好。

（二）关堡

偏关县关堡34座，其中调查33座，偏关城由于情况特殊未进行调查。调查的33座关堡中，有关7座、堡26座。

1. 关堡的形制、残存设施和遗迹

详见下表（表445）。

表445　偏关县关堡形状、尺寸、残存设施遗迹及保存状况一览表

名称	形状	朝向	周长（米）	面积（平方米）	残存设施遗迹	保存状况
北场关	矩形	坐东朝西	332.4	6579	关墙、城门1座、角台4座、马面1座、关内建筑基址4座等	一般
地椒峁关	不规则四边形	坐北向南	260.45	2575	关墙、城门1座、角台2座、关内窑洞15孔、房屋基址7座等	一般
大嘴1号关	矩形	朝向不详	232	932	关墙	差
大嘴2号关	矩形	朝向不详	40	64	关墙	差
大嘴3号关	矩形	朝向不详	36	65	关墙	差
关河口关	矩形	朝向不详	残存38	190	关墙、角台2座等	差
石峁关	矩形	朝向不详	残存110	756	关墙	差
上子房堡	矩形	坐北朝南	380	7800	堡墙、城门1座、角台2座、马面1座、堡内建筑基址等	较好

名称	形状	朝向	周长（米）	面积（平方米）	残存设施遗迹	保存状况
老营堡	矩形 由堡城和北关城、南关城组成	坐北朝南	2758	40.05 万	堡墙、城门 3 座、城楼 2 座、瓮城 3 座、角台 4 座、马面 11 座、关城 2 座、北关城敌台 1 座、北关城内烽火台 3 座、堡内石阁 1 座等	较好
林家坪堡	矩形	朝向不详	265	3848.5	堡墙、围墙等	差
教儿墕堡	矩形	坐北朝南	398.2	9904.2	堡墙、城门 1 座，瓮城 1 座、角台 4 座等	一般
贾堡村堡	矩形	坐北朝南	735	33807	堡墙、城门 1 座、角台 4 座、马面 2 座等	较差
柏杨岭 1 号堡	矩形	坐北朝南	400	1 万	堡墙、城门 1 座、敌台 1 座等	较差
柏杨岭 2 号堡	不规则形	坐西朝东	292	6366	堡墙、城门 1 座、角台 4 座等	较差
小元峁堡	矩形	坐西朝东	346	7568	堡墙、城门 1 座、角台 4 座、马面 2 座等	较差
水泉堡	矩形	坐北朝南	1442	14 万	堡墙、城门 3 座、角台 4 座、马面 6 座、照壁 1 座等	一般
五眼井堡	矩形	坐北朝南	401.4	10063	堡墙、瓮城 1 座、瓮城马面 1 座等	一般
白泥窑堡	矩形	坐西朝东	360	8100	堡墙、城门 1 座、烽火台 1 座等	较差
滑石涧堡	矩形	坐北朝南	550	1.86 万	堡墙、城门 1 座、角台 4 座、马面 3 座、石碑 2 块等	一般
草垛山堡	矩形	坐北朝南	910	50826	堡墙、城门 2 座、瓮城 2 座、角台 4 座、马面 2 座、堡内庙宇 2 座等	较好
黄龙池 1 号堡	不规则形	坐北朝南	550	13803	堡墙、城门 1 座、瓮城 1 座、角台 4 座、马面 2 座等	较好
黄龙池 2 号堡	矩形	坐北朝南	347.8	6773.5	堡墙、马面 1 座等	较差
老牛湾堡	矩形	坐北向南	297.8	5800	堡墙、城门 1 座、瓮城 1 座、角台 2 座、堡内照壁 1 座、旗杆基座 2 座、堡内外明清石碑 7 块等	一般
万家寨堡	不规则形 由外堡和内堡组成	坐北朝南	外堡 230	外堡 2440	堡墙、城门 2 座、马面 1 座、内堡石碑 1 块、房屋基址 2 座等	一般
小寨堡	不规则梯形	坐西朝东	71.45	320	堡墙、城门 1 座、堡外石刻题记 1 处等	较差
寺沟堡	矩形	朝向不详	510	1.62 万	堡墙、敌台 1 座、堡内夯土基址等	差
桦林堡	矩形	坐北朝南	768	36828	堡墙、城门 2 座、瓮城 1 座、角台 3 座、马面 6 座、照壁 1 座、堡内庙宇 4 座等	较好
寺墕堡	矩形	坐北朝南	373.8	8910	堡墙、角台 4 座、马面 2 座等	较好
沙圪旦堡	矩形	坐东朝西	602	22644	堡墙、城门 2 座、瓮城 2 座、角台 3 座、马面 2 座等	一般
八柳树堡	矩形	坐北朝南	552	27745	堡墙、堡内石碑 2 块等	差
马站堡	不规则形	坐北朝南	1330	6.5 万	堡墙、城门 1 座、瓮城 1 座、角台 1 座、马面 1 座等	一般
永兴堡	不规则形	坐东朝西	684	22016	堡墙、瓮城 2 座、角台 2 座等	较差
楼沟堡	"吕"字形 由北侧的大堡和南侧的小堡组成，均呈矩形	坐北朝南	总 1074.1	总 35429	堡墙、角台 6 座等	一般

　　偏关县关堡平面多呈矩形（或不规则的四边形、梯形，或由两座矩形堡组成"吕"字形），有28座，其余为不规则形，有5座。关堡朝向除7座不详外，其余26座坐北朝南者最多，有19座，坐西朝东者4座、坐东朝西者3座。内长城和外长城沿线诸关堡均面向山西省一侧，背向内蒙古一侧。非长城沿线诸关堡大多坐北朝南，另有沙圪旦堡和永兴堡坐东朝西，即朝向偏关城方向。老营堡由堡城和北关城、南关城组成，万家寨堡由外堡和内堡组成，楼沟堡由北侧大堡和南侧小堡组成，其余均为单独的关或堡。

　　关堡的规模按周长和面积大致可区分为大、中、小三类，大致以周长900、1400米为界，面积5万、10万平方米为界。从下表可见，偏关县关堡小型居多，有5座关、1座堡的面积在1000平方米以下（表446）。

表446　偏关县关堡大小分类一览表

分类	标准	周长（米）	面积（平方米）	关堡	数量（座）
大型	周长1400米以上 面积10万平方米以上	1442～2758	140000～400500	老营堡、水泉堡	2
中型	周长900～1400米 面积5万～10万平方米	910～1330	50826～65000	草垛山堡、马站堡	2
小型	周长900米以下[1] 面积5万平方米以下	36～1074.1	64～36828	北场关、地椒峁关、大嘴1～3号关、关河口关、石峁关、上子房堡、林家坪堡、教儿墕堡、贾堡村堡、柏杨岭1号和2号堡、小元峁堡、五眼井堡、白泥窑堡、滑石洞堡、黄龙池1号和2号堡、老牛湾堡、万家寨堡、小寨堡、寺沟堡、桦林堡、寺墕堡、沙圪旦堡、八柳树堡、永兴堡、楼沟堡	29

　　关堡墙体砖墙者12座、石墙者10座、土墙者11座。砖、石墙形制均是外部包石包砖，内部为夯土墙体。土墙均为夯筑而成。砖、石、土墙有夯层厚度数据者夯层厚0.04～0.28米，夯层厚度的特点与长城墙体相符合。大型和中型的4座堡墙为砖墙或石墙，未见土墙（表447）。

表447　偏关县关堡墙体建筑方式及尺寸一览表（单位：米）

名称	墙体建筑方式	尺寸		
		底宽	顶宽	残高
北场关	石墙。外部石块垒砌；内部为夯土墙体，夯层厚0.1～0.15	4～6	0.5～4.4	1.4～3.8
地椒峁关	土墙。夯筑而成，含片石	1.3～2.1	1.2	3.7～4.1
大嘴1号关	石墙	1.3～2	不详	0.2～1.1
大嘴2号关	石墙	1.1	不详	0.4
大嘴3号关	石墙	不详	不详	不详
关河口关	石墙	3.9～5	1.8～3.6	1.3～2.8
石峁关	土墙。夯筑而成，夯层厚0.19	1.5～2.5	0.5～1.3	0.8～4.1

　　〔1〕　楼沟堡总周长1074.1米，是唯一周长大于900米的小型关堡。

名称	墙体建筑方式	尺寸		
		底宽	顶宽	残高
上子房堡	土墙	2.3～8.3	0.4～3.7	2.4～6.3
老营堡	砖墙。外部砖石垒砌；内部为夯土墙体	8～16	3.1～9.2	7～12
林家坪堡	土墙。夯筑而成，夯层厚0.13～0.22	5	1～3	3.5～6.5
教儿塌堡	土墙。夯筑而成，夯层厚0.08～0.15	7	0.2～4	0.5～10.2
贾堡村堡	砖墙。外部砖石垒砌	5～6	0.6～5	1～6.7
柏杨岭1号堡	土墙。夯筑而成，夯层厚0.15～0.2	6～10	0.8～3.	4～8
柏杨岭2号堡	石墙	4～8	0.5～2	3～9
小元峁堡	土墙	5	0.2～1.5	0.7～5
水泉堡	石墙。外部石块垒砌；内部为夯土墙体，夯层厚0.15～0.2	3.5～6	0.3～4	0.5～9.5
五眼井堡	土墙。夯筑而成，含砂砾，夯层厚0.12～0.28	5.3	0.5～3.6	3.4～7.4
白泥窑堡	土墙	不详	不详	3.6
滑石涧堡	砖墙。外部砖石垒砌；内部为夯土墙体	不详	不详	不详
草垛山堡	砖墙。外部砖石垒砌；内部为夯土墙体，含砂砾，夯层厚0.06～0.18	8.8	0.5～6	4～13
黄龙池1号堡	砖墙。外部砖石垒砌；内部为夯土墙体，含砂砾，夯层厚0.06～0.15	9.5	4.2～5.1	5.5～9.5
黄龙池2号堡	土墙。夯筑而成，含砂砾，夯层厚0.04～0.13	2.1	0.2～1.5	0.5～5.1
老牛湾堡	石墙。外部条石垒砌，内部为夯土墙体	2.5～4.3	1.3～3.4	3.3～11.3
万家寨堡	石墙。底部利用山体，上部条石垒砌	0.5～1.7	不详	0.3～5.6
小寨堡	石墙。片石垒砌而成	0.8	不详	0.5～2.4
寺沟堡	土墙。夯筑而成，夯层厚0.08～0.2	0.8～2.2	0.5～1.5	1.5～4
桦林堡	砖墙。外部砖石垒砌	6～8.2	0.5～5.5	0.5～9.6
寺塌堡	砖墙。外部砖石垒砌；内部为夯土墙体，夯层厚0.05～0.09	8	0.5～3.3	5.1～10.2
沙圪旦堡	砖墙。外部砖石垒砌；内部为夯土墙体，夯层厚0.08～0.18	9	1～4	5.5～11.9
八柳树堡	砖墙。外部砖石垒砌；内部为夯土墙体	2～9	0.5～3	0.3～10.1
马站堡	砖墙。外部砖石垒砌；内部为夯土墙体，夯层厚0.06～0.15	3～7.2	0.3～6	0.5～10.9
永兴堡	砖墙。外部砖石垒砌；内部为夯土墙体，夯层厚0.04～0.06	9～13	1.5～10	8～9
楼沟堡	砖墙。外部砖石垒砌；内部为夯土墙体，夯层厚0.06～0.16	8	1.5～5	0.5～10

　　至于除关堡墙体外的设施和遗迹，由于保存原因，现存不能反映其原始风貌。主要设施遗迹种类有城门、瓮城、角台、马面等常见的墙体设施，老营堡有北关城和南关城，其他设施遗迹有围墙、敌台、烽火台、照壁及关堡内的庙宇、建筑基址、旗杆基座等。少数堡内外发现石碑、石刻。

2. 关堡的分布特点

（1）关堡所处地势及与长城的位置关系

偏关县的7座关依长城墙体而建，大嘴1号关和关河口关位于长城墙体面向内蒙古自治区一侧，其余均位于长城墙体面向山西省一侧或朝向偏关城方向。

内外长城沿线的堡有 13 座，即上子房堡、老营堡、柏杨岭 1 号和 2 号堡、小元峁堡、水泉堡、白泥窑堡、滑石涧堡、老牛湾堡、万家寨堡、小寨堡、寺沟堡、桦林堡，距长城 1000 米以内分布于山地或河谷两岸，多数位于长城墙体面向山西省一侧或朝向偏关城方向，上子房堡位于内长城外侧（东侧）。

非长城沿线诸堡均分布于河谷两岸，如偏关河一线有贾堡村堡、教儿墕堡、林家坪堡、八柳树堡、马站堡、沙圪旦堡，偏关河支流沿岸有五眼井堡、草垛山堡、黄龙池 1 号和 2 号堡、寺墕堡，偏关县南部尚峪沟沿岸有永兴堡和楼沟堡。上述河谷地带也是重要的交通线所在，分布有国道 209、省道304、县道 176 和 937 等。

（2）关堡与烽火台的位置关系

关堡附近分布有或多或少的烽火台，将关堡和长城墙体联系起来（详见烽火台部分）。

3. 关堡的保存状况

关堡保存较好者 6 座、一般者 11 座、较差者 8 座、差者 8 座。关堡墙体坍塌损毁，部分段消失，砖、石墙者砖石大多损毁，城门多为豁口或消失，部分角台、马面消失，关堡内建筑几乎无存。造成损毁的自然因素主要有风雨侵蚀、植物生长等；人为因素主要有农业生产活动破坏墙体、拆毁墙体砖石、利用墙体修建窑洞、墙体上挖掘洞穴、取土挖损墙体、修路破坏墙体等。

（三）单体建筑

1 敌台

（1）敌台的类型及建筑方式

偏关县共调查敌台 98 座，均为骑墙而建。材质类型多数为土质，有 58 座，占 59.18%；砖质 22座，占 22.45%；石质 13 座，占 13.27%；5 座材质类型不详。

土质敌台 58 座，均为夯筑而成，夯层厚 0.05~0.3 米。夯层厚大多为 0.15~0.2 米（A 类），占全部土质敌台的 70.69%；其次是夯层最薄小于 0.15（米 C 类）者；夯层最厚大于 0.2 米（B 类）者有 2 座（表448）。

表 448　偏关县土质敌台夯层厚度统计表

	夯层厚度分类	夯层厚度（米）	数量（座）	百分比（%）
A 类	0.15~0.2 米	0.15~0.2	41	70.69
B 类	最厚>0.2 米	0.16~0.3	2	3.45
C 类	最薄<0.15 米	0.05~0.17	15	25.86
合计		0.05~0.3	58	100

砖质敌台 22 座，外部砖石垒砌，内部为夯土台体。有夯层厚度数据者 20 座，夯层厚 0.04~0.3米，其中夯层厚 0.15~0.2 米（A 类）和夯层最薄小于 0.15 米（C 类）者较多（表449）。

表449　偏关县砖质敌台夯层厚度统计表

	夯层厚度分类	夯层厚度（米）	数量（座）	百分比（%）
A类	0.15~0.2 米	0.15~0.2	9	45
B类	最厚>0.2 米	0.18~0.3	3	15
C类	最薄<0.15 米	0.04~0.2	8	40
合计		0.04~0.3	20	100

石质敌台13座，外部条石垒砌，内部为夯土台体，夯层厚0.05~0.2米。多数夯层厚0.15~0.2米（A类）和夯层最薄小于0.15米（C类）者，未见夯层最厚大于0.2米（B类）者（表450）。

表450　偏关县石质敌台夯层厚度统计表

	夯层厚度分类	夯层厚度（米）	数量（座）	百分比（%）
A类	0.15~0.2 米	0.15~0.2	8	61.54
C类	最薄<0.15 米	0.05~0.2	5	38.46
合计		0.05~0.2	13	100

（2）敌台形制和附属设施

土质敌台的平面形制有矩形、圆形两类，矩形台体占绝大多数，有53座，圆形台体5座；剖面形制均呈梯形。

土质矩形敌台底部周长12~56、残高5~10米，土质圆形敌台底部周长43.96~53.38、残高6~8米（表451、452）。附属设施仅发现台基，见于圆形台体（寺沟3、5号敌台）。

表451　偏关县土质矩形敌台形制及保存状况一览表

名称	平面形制	剖面形制	底部周长（米）	残高（米）	保存状况
内蒙古调查柏杨岭长城2段1号敌台	矩形	梯形	39	9	一般
内蒙古调查柏杨岭长城2段2号敌台	矩形	梯形	28	9	一般
内蒙古调查柏杨岭长城2段4号敌台	矩形	梯形	34	8	一般
野羊洼3号敌台	矩形	梯形	34	6	一般
窑子沟1号敌台	矩形	梯形	51.6	9.1	较好
窑洼6号敌台	矩形	梯形	32	10	较好
窑洼8号敌台	矩形	梯形	22	6	一般
窑洼9号敌台	矩形	梯形	44	9	较好
川峁上2号敌台	矩形	梯形	40	6	一般
川峁上4号敌台	矩形	梯形	44	8	一般
川峁上5号敌台	矩形	梯形	26	6	一般
头道沟2号敌台	矩形	梯形	30	6	一般
头道沟3号敌台	矩形	梯形	34	7	一般
后海子1号敌台	矩形	梯形	28	6.5	一般
后海子2号敌台	矩形	梯形	28	7	一般

名称	平面形制	剖面形制	底部周长（米）	残高（米）	保存状况
后海子 3 号敌台	矩形	梯形	26	6	一般
关地嘴敌台	矩形	梯形	36	5	一般
窑沟子 1 号敌台	矩形	梯形	30	7	一般
窑沟子 2 号敌台	矩形	梯形	28	6	一般
安根楼 1 号敌台	矩形	梯形	36	6	一般
安根楼 3 号敌台	矩形	梯形	34	6	一般
安根楼 4 号敌台	矩形	梯形	41	7	一般
安根楼 5 号敌台	矩形	梯形	33	9	一般
阳洼子 1 号敌台	矩形	梯形	38	6	一般
阳洼子 4 号敌台	矩形	梯形	30	6	一般
白泥窑敌台	矩形	梯形	48	6	一般
正泥墕敌台	矩形	梯形	56	8	一般
东牛腻塔 1 号敌台	矩形	梯形	37	7	一般
东牛腻塔 2 号敌台	矩形	梯形	32	6	一般
东牛腻塔 3 号敌台	矩形	梯形	26	7	一般
东牛腻塔 4 号敌台	矩形	梯形	42	6.5	一般
东牛腻塔 5 号敌台	矩形	梯形	34	7	一般
青草峁 1 号敌台	矩形	梯形	30	7	一般
青草峁 2 号敌台	矩形	梯形	28	8	一般
青草峁 3 号敌台	矩形	梯形	30	9	一般
正湖梁 1 号敌台	矩形	梯形	36	7	一般
正湖梁 2 号敌台	矩形	梯形	30	5	一般
正湖梁 3 号敌台	矩形	梯形	33	8	一般
正湖梁 4 号敌台	矩形	梯形	12	7	一般
正湖梁 5 号敌台	矩形	梯形	38	8	一般
正湖梁 6 号敌台	矩形	梯形	38	9	一般
正湖梁 7 号敌台	矩形	梯形	38	7	一般
正湖梁 8 号敌台	矩形	梯形	34	9.5	一般
水门塔 1 号敌台	矩形	梯形	38	6	一般
水门塔 2 号敌台	矩形	梯形	34	9	一般
水门塔 3 号敌台	矩形	梯形	25.8	5.8	一般
闫王鼻子 1 号敌台	矩形	梯形	40	8	一般
闫王鼻子 2 号敌台	矩形	梯形	36	8	一般
闫王鼻子 3 号敌台	矩形	梯形	28	6.5	一般
闫王鼻子 4 号敌台	矩形	梯形	34	6	一般
闫王鼻子 5 号敌台	矩形	梯形	38	8	一般
闫王鼻子 6 号敌台	矩形	梯形	32	7	一般
石峁敌台	矩形	梯形	29	8	一般

表 452　偏关县土质圆形敌台形制及保存状况一览表

名称	平面形制	剖面形制	底部周长（米）	尺寸（米）	保存状况
寺沟 1 号敌台	圆形	梯形	43.96	不详	较好
寺沟 2 号敌台	圆形	梯形	53.38	7.5	较好
寺沟 3 号敌台	圆形	梯形	47.1	7	较好
寺沟 4 号敌台	圆形	梯形	47.1	6	较好
寺沟 5 号敌台	圆形	梯形	不详	7~8	一般

　　砖质敌台的平面形制均呈矩形，剖面形制均呈梯形。敌台底部周长 23.6~64、残高 4~14 米（表453）。附属设施有箭窗（4 座）、砖券拱门（1 座）、台体顶部排水设施（2 座）等。

表 453　偏关县砖质矩形敌台形制及保存状况一览表

名称	平面形制	剖面形制	底部周长（米）	残高（米）	保存状况
内蒙古调查柏杨岭 2 段 3 号敌台	矩形	梯形	33	9	一般
野羊洼 2 号敌台	矩形	梯形	64	不详	一般
野羊洼 4 号敌台	矩形	梯形	34	10	较好
野羊洼 5 号敌台	矩形	梯形	37.4	8	一般
窑子沟 3 号敌台	矩形	梯形	48.4	11.5	一般
窑子沟 4 号敌台	矩形	梯形	29	7.2	一般
楝木塔 1 号敌台	矩形	梯形	37.2	4	一般
楝木塔 2 号敌台	矩形	梯形	32.6	5.8	一般
小元峁 1 号敌台	矩形	梯形	38.4	11.58	较好
小元峁 2 号敌台	矩形	梯形	43	8.15	一般
小元峁 3 号敌台	矩形	梯形	34	6.5	一般
窑洼 1 号敌台	矩形	梯形	36	7	一般
窑洼 3 号敌台	矩形	梯形	56	10	较好
窑洼 4 号敌台	矩形	梯形	31	10	较好
窑洼 5 号敌台	矩形	梯形	30	8	一般
杏树峁敌台	矩形	梯形	23.6	7.35	一般
安根楼 2 号敌台	矩形	梯形	42	7	一般
阳洼子 3 号敌台	矩形	梯形	56	14	较好
石垛墕 1 号敌台	矩形	梯形	56	11	较好
石垛墕 2 号敌台	矩形	梯形	28	5	一般
石垛墕 3 号敌台	矩形	梯形	44	5.5	一般
望河楼敌台	矩形	梯形	51.6	12.14	较好

　　石质敌台的平面形制均呈矩形，剖面形制均呈梯形。敌台底部周长 22~53、残高 6~9 米（表454）。

表 454　偏关县石质矩形敌台形制及保存状况一览表

名称	平面形制	剖面形制	底部周长（米）	残高（米）	保存状况
内蒙古调查柏杨岭 2 段 5 号敌台	矩形	梯形	28	8.5	一般
野羊洼 1 号敌台	矩形	梯形	40	6	一般
窑子沟 2 号敌台	矩形	梯形	50.12	8.6	一般
窑洼 2 号敌台	矩形	梯形	53	8	一般
窑洼 7 号敌台	矩形	梯形	40	7	一般
碓臼坪 1 号敌台	矩形	梯形	22	8	一般
碓臼坪 2 号敌台	矩形	梯形	46	9	一般
许家湾敌台	矩形	梯形	34	9	一般
川崞上 1 号敌台	矩形	梯形	48	7	一般
川崞上 3 号敌台	矩形	梯形	50	6.5	一般
头道沟 1 号敌台	矩形	梯形	24	6	一般
头道沟 4 号敌台	矩形	梯形	40	8	一般
阳洼子 2 号敌台	矩形	梯形	46	8	一般

（3）敌台的分布特点

结合敌台材质类型、形制、附属设施和大小分类，可以看出偏关县敌台的分布有以下特点。

①敌台主要位于偏关县与清水河县交界处外长城墙体上，偏关县东部内长城墙体上发现 5 座敌台，偏关县黄河东岸外长城墙体上发现 6 座敌台。

②偏关县东部内长城墙体上敌台材质类型不详，偏关县黄河东岸外长城墙体上敌台均为土质，圆形台体主要见于偏关县黄河东岸外长城墙体上，敌台的附属设施主要见于偏关县与清水河县交界处外长城墙体上，偏关县黄河东岸外长城墙体上 2 座敌台有台基。

③尝试对敌台进行大小的划分，依据台体的底部周长，按≥50、40~50、<40 米三个标准进行分类，以残高作为参考。这种划分肯定不全面，反映出的信息不一定准确。再者，硬性地按 40、50 米进行分类很主观，一方面因为当时的长度计量与今天不同，另一方面如那些 39 米之类的数据，当时应该是要大于这些数字。因此只求能从中约略窥见当时的某种特点（表 455~458）。

表 455　偏关县土质矩形敌台分类统计表

	底部周长分类	底部周长（米）	数量（座）	百分比（%）	残高（米）
大型台体	≥50 米	51.6~56	2	3.77	8~9.1
中型台体	40~50 米	40~48	7	13.21	6~9
小型台体	< 40 米	12~39	44	83.02	5~10
合计		12~56	53	100	5~10

表 456　偏关县土质圆形敌台分类统计表

	底部周长分类	底部周长（米）	数量（座）	百分比（%）	残高（米）
大型台体	≥50 米	53.38	1	20	7.5
中型台体	40~50 米	43.96~47.1	3	60	6~7
不详	不详	不详	1	20	7~8
合计		43.96~53.38	5	100	6~8

表 457　偏关县砖质矩形敌台分类统计表

	底部周长分类	底部周长（米）	数量（座）	百分比（%）	残高（米）
大型台体	≥50 米	51.6 ~ 64	13	59.09	10 ~ 14
中型台体	40 ~ 50 米	42 ~ 48.4	4	18.18	5.5 ~ 11.5
小型台体	< 40 米	23.6 ~ 38.4	5	22.73	4 ~ 11.58
合计		23.6 ~ 64	22	100	4 ~ 14

表 458　偏关县石质矩形敌台分类统计表

	底部周长分类	底部周长（）	数量（座）	百分比（%）	残高（米）
大型台体	≥50 米	50 ~ 53	3	23.08	6.5 ~ 8
中型台体	40 ~ 50 米	40 ~ 48	6	46.15	6 ~ 9
小型台体	< 40 米	22 ~ 34	4	30.77	6 ~ 9
合计		22 ~ 53	13	100	6 ~ 9

从上表中可以看出，土质矩形敌台以中小型台体为主，占 96.23%。土质圆形敌台均为大中型台体，未见小型台体。砖质敌台以大型台体为主，占 59.09%，中小型台体数量与比例大致相当。石质敌台以中小型台体为主，占 76.92%。

（4）敌台保存状况

偏关县敌台保存较好或一般。造成损毁的自然因素主要有风雨侵蚀、植物生长、动物破坏等；人为因素主要是拆毁台体砖石、利用台体修建窑洞或房屋、挖掘洞穴、取土挖损、修路破坏等。

2. 马面

（1）马面的类型及建筑方式

偏关县共调查马面 214 座，均为倚墙而建，绝大多数位于长城墙体外侧（偏关县东部内长城东侧、偏关县与清水河县交界处外长城北侧、偏关县黄河东岸外长城西侧），即面向内蒙古自治区一侧，有13 座位于长城墙体的内侧（偏关县东部内长城西侧、偏关县黄河东岸外长城东侧）。材质类型多数为土质，有 119 座，占 55.61%；石质 62 座，占 28.97%；砖质 1 座；有 32 座材质类型不详。

土质马面 119 座，均为夯筑而成，夯层厚 0.04 ~ 0.25 米。夯层厚多为 0.15 ~ 0.2 米（A 类），占全部土质敌台的 59.66%；其次是夯层最薄小于 0.15 米（C 类）者；夯层最厚大于 0.2 米（B 类）者有 2 座（表 459）。这种夯层厚度的特点与土质敌台一致。

表 459　偏关县土质马面夯层厚度统计表

	夯层厚度分类	夯层厚度（米）	数量（座）	百分比（%）
A 类	0.15 ~ 0.2 米	0.15 ~ 0.2	71	59.66
B 类	最厚 > 0.2 米	0.15 ~ 0.25	2	1.68
C 类	最薄 < 0.15 米	0.04 ~ 0.2	42	35.29
不详	不详	不详	4	3.37
合计		0.04 ~ 0.25	119	100

　　石质马面 62 座,外部条石垒砌,内部为夯土台体,有夯层厚度数据者 52 座,夯层厚 0.04~0.3
米。以夯层最薄小于 0.15 米(C 类)者占大多数,其次为夯层厚 0.15~0.2 米(A 类)者,有 1 座夯
层厚 0.1~0.3 米(表 460)。

表 460　偏关县石质马面夯层厚度统计表

	夯层厚度分类	夯层厚度(米)	数量(米)	百分(%)
A 类	0.15~0.2 米	0.15~0.2	11	21.15
C 类	最薄<0.15 米	0.04~0.25	40	76.93
D 类	最厚>0.2 米、最薄<0.15 米	0.1~0.3	1	1.92
合计		0.04~0.3	52	100

　　砖质马面仅 1 座。外部砖石垒砌,内部为夯土台体,夯层厚 0.15~0.2 米。

　　(2)马面形制

　　土质、石质、砖质马面的平面形制均呈矩形,剖面形制均呈梯形。未见附属设施。土质马面底部
周长 16~74、残高 1.5~9.5 米(表 461)。

表 461　偏关县土质马面形制及保存状况一览表(单位:米)

名称	平面形制	剖面形制	底部周长	残高	保存状况
南泉寺 1 号马面	矩形	梯形	20	5~6	较差
南泉寺 2 号马面	矩形	梯形	30	不详	一般
南泉寺 3 号马面	矩形	梯形	34	4.5~9	一般
南泉寺 4 号马面	矩形	梯形	16	5	一般
南泉寺 5 号马面	矩形	梯形	30	5	一般
地椒峁 1 号马面	矩形	梯形	56	8	一般
柏杨岭 1 号马面	矩形	梯形	19	3	一般
内蒙古调查柏杨岭 1 段 1 号马面	矩形	梯形	28	7	一般
内蒙古调查柏杨岭 1 段 2 号马面	矩形	梯形	36	6	一般
内蒙古调查柏杨岭 1 段 3 号马面	矩形	梯形	30	7	一般
内蒙古调查柏杨岭 2 段 1 号马面	矩形	梯形	34	5	一般
内蒙古调查柏杨岭 2 段 2 号马面	矩形	梯形	36	6	一般
内蒙古调查柏杨岭 2 段 3 号马面	矩形	梯形	38	6	一般
内蒙古调查柏杨岭 2 段 4 号马面	矩形	梯形	40	7	一般
内蒙古调查柏杨岭 2 段 5 号马面	矩形	梯形	36	5	一般
野羊洼 2 号马面	矩形	梯形	31	8	一般
野羊洼 3 号马面	矩形	梯形	28	5	一般
野羊洼 4 号马面	矩形	梯形	35	8	一般
野羊洼 5 号马面	矩形	梯形	26	5	一般
野羊洼 6 号马面	矩形	梯形	30	5	一般
野羊洼 7 号马面	矩形	梯形	32	1.5	较差
野羊洼 8 号马面	矩形	梯形	30.6	7.21	一般

名称	平面形制	剖面形制	底部周长	残高	保存状况
窑子沟 1 号马面	矩形	梯形	26.4	7.15	一般
窑子沟 2 号马面	矩形	梯形	27.28	4.7	一般
窑子沟 3 号马面	矩形	梯形	26.64	5.12	一般
窑子沟 4 号马面	矩形	梯形	22.6	7.1	一般
窑子沟 5 号马面	矩形	梯形	39.4	7	一般
窑子沟 6 号马面	矩形	梯形	26	7.12	一般
窑子沟 7 号马面	矩形	梯形	31.9	8.15	一般
窑子沟 8 号马面	矩形	梯形	27.6	5.21	一般
窑子沟 9 号马面	矩形	梯形	28.2	4.7	一般
窑子沟 10 号马面	矩形	梯形	31.6	8	一般
栋木塔 1 号马面	矩形	梯形	28.4	6.58	一般
栋木塔 2 号马面	矩形	梯形	31	7.5	一般
栋木塔 3 号马面	矩形	梯形	32	8.56	一般
栋木塔 4 号马面	矩形	梯形	28	5.7	一般
窑洼 2 号马面	矩形	梯形	56	6	一般
窑洼 7 号马面	矩形	梯形	31	6	一般
窑洼 8 号马面	矩形	梯形	28	9.5	一般
窑洼 9 号马面	矩形	梯形	44	6	一般
窑洼 10 号马面	矩形	梯形	32	6	一般
碓臼坪 6 号马面	矩形	梯形	25.96	6	一般
许家湾 6 号马面	矩形	梯形	20	4	一般
川峁上 1 号马面	矩形	梯形	44	7	一般
川峁上 3 号马面	矩形	梯形	34	6	一般
川峁上 4 号马面	矩形	梯形	44	7	一般
头道沟 1 号马面	矩形	梯形	30	6	一般
头道沟 2 号马面	矩形	梯形	28	7	一般
头道沟 3 号马面	矩形	梯形	28	6	一般
头道沟 4 号马面	矩形	梯形	50	5	一般
头道沟 5 号马面	矩形	梯形	38	4	一般
后海子马面	矩形	梯形	22	6	一般
杏树峁 1 号马面	矩形	梯形	31.58	6	一般
杏树峁 2 号马面	矩形	梯形	33	6.2	一般
杏树峁 3 号马面	矩形	梯形	74	8.5	一般
杏树峁 4 号马面	矩形	梯形	38	7.4	一般
杏树峁 6 号马面	矩形	梯形	28	6	一般
杏树峁 7 号马面	矩形	梯形	23.2	5	一般
杏树峁 8 号马面	矩形	梯形	30	6	一般
杏树峁 9 号马面	矩形	梯形	62	5	一般

名称	平面形制	剖面形制	底部周长	残高	保存状况
杏树峁 10 号马面	矩形	梯形	32.84	4.76	一般
杏树峁 11 号马面	矩形	梯形	38.4	6	一般
杏树峁 12 号马面	矩形	梯形	28	6	一般
关地嘴 1 号马面	矩形	梯形	29	6.5	一般
关地嘴 2 号马面	矩形	梯形	44	6.5	一般
关地嘴 3 号马面	矩形	梯形	46	7	一般
关地嘴 4 号马面	矩形	梯形	37	6	一般
关地嘴 5 号马面	矩形	梯形	26.4	4.5	一般
关地嘴 6 号马面	矩形	梯形	48	6	一般
关地嘴 7 号马面	矩形	梯形	48	5	一般
窑沟子马面	矩形	梯形	34	7	一般
安根楼 1 号马面	矩形	梯形	34	6	一般
安根楼 2 号马面	矩形	梯形	34	6	一般
安根楼 3 号马面	矩形	梯形	42	5	一般
安根楼 4 号马面	矩形	梯形	30	5.5	一般
安根楼 5 号马面	矩形	梯形	36	6.5	一般
安根楼 6 号马面	矩形	梯形	46	8	一般
安根楼 7 号马面	矩形	梯形	40	5.5	一般
安根楼 8 号马面	矩形	梯形	30	5	一般
安根楼 9 号马面	矩形	梯形	28	5	一般
安根楼 10 号马面	矩形	梯形	44	8	一般
阳洼子 1 号马面	矩形	梯形	34	7	一般
阳洼子 2 号马面	矩形	梯形	48	6	一般
阳洼子 3 号马面	矩形	梯形	24	5	一般
阳洼子 4 号马面	矩形	梯形	38	6	一般
阳洼子 5 号马面	矩形	梯形	32	4.5	较差
阳洼子 6 号马面	矩形	梯形	46	7	一般
阳洼子 7 号马面	矩形	梯形	40	5	一般
阳洼子 8 号马面	矩形	梯形	34	5	一般
阳洼子 9 号马面	矩形	梯形	34	9	一般
石垛墕 5 号马面	矩形	梯形	42	6.75	一般
白泥窑 2 号马面	矩形	梯形	39.6	6.2	一般
白泥窑 3 号马面	矩形	梯形	34.6	5.95	一般
白泥窑 4 号马面	矩形	梯形	33	4.5	一般
白泥窑 5 号马面	矩形	梯形	42	6	一般
白泥窑 6 号马面	矩形	梯形	44	8	一般
白泥窑 7 号马面	矩形	梯形	32	5.15	一般
白泥窑 8 号马面	矩形	梯形	18	4.65	一般

名称	平面形制	剖面形制	底部周长	残高	保存状况
正泥墕 5 号马面	矩形	梯形	36	5	一般
正泥墕 6 号马面	矩形	梯形	40	5	一般
正泥墕 7 号马面	矩形	梯形	36.8	7	一般
正泥墕 8 号马面	矩形	梯形	40	8	一般
正泥墕 9 号马面	矩形	梯形	34	6	一般
东牛腻塔 1 号马面	矩形	梯形	28	5	一般
东牛腻塔 2 号马面	矩形	梯形	38	6	一般
东牛腻塔 3 号马面	矩形	梯形	28	6	一般
东牛腻塔 4 号马面	矩形	梯形	40	7	一般
东牛腻塔 5 号马面	矩形	梯形	30	5	一般
青草峁 1 号马面	矩形	梯形	52	7	一般
青草峁 2 号马面	矩形	梯形	40	7	一般
青草峁 4 号马面	矩形	梯形	42	6	一般
青草峁 5 号马面	矩形	梯形	46	6	一般
青草峁 6 号马面	矩形	梯形	50	5	一般
正湖梁 1 号马面	矩形	梯形	26	6	一般
正湖梁 2 号马面	矩形	梯形	44	8	一般
正湖梁 3 号马面	矩形	梯形	30	7	一般
闫王鼻子马面	矩形	梯形	27	3	较差
寺沟 2 号马面	矩形	梯形	42	6	较好
寺沟 3 号马面	矩形	梯形	34	4	一般

石质马面底部周长 8.8 ~ 60、残高 0.7 ~ 8.5 米（表 462）。

表 462　偏关县石质马面形制及保存状况一览表

名称	平面形制	剖面形制	底部周长（米）	残高（米）	保存状况
野羊洼 1 号马面	矩形	梯形	35	7	一般
楝木塔 5 号马面	矩形	梯形	38	6.9	一般
楝木塔 6 号马面	矩形	梯形	37.6	6.15	一般
楝木塔 7 号马面	矩形	梯形	35	6.8	一般
楝木塔 8 号马面	矩形	梯形	37.2	4.8	一般
小元峁 1 号马面	矩形	梯形	48	6.5	一般
小元峁 2 号马面	矩形	梯形	39.8	4.2	一般
小元峁 3 号马面	矩形	梯形	30.7	6.3	一般
小元峁 4 号马面	矩形	梯形	38.4	4.4	一般
小元峁 5 号马面	矩形	梯形	43.6	4	一般
小元峁 6 号马面	矩形	梯形	32.4	5	一般
小元峁 7 号马面	矩形	梯形	38	5	一般

名称	平面形制	剖面形制	底部周长（米）	残高（米）	保存状况
小元峁 8 号马面	矩形	梯形	38	5.5	一般
窑洼 1 号马面	矩形	梯形	56	7	一般
窑洼 3 号马面	矩形	梯形	48	8	一般
窑洼 4 号马面	矩形	梯形	36	5	一般
窑洼 6 号马面	矩形	梯形	36	8.5	一般
窑洼 11 号马面	矩形	梯形	48	7	一般
窑洼 12 号马面	矩形	梯形	不详	不详	差
碓臼坪 1 号马面	矩形	梯形	22.7	5.5	一般
碓臼坪 2 号马面	矩形	梯形	29.4	5.2	一般
碓臼坪 3 号马面	矩形	梯形	29	4	一般
碓臼坪 4 号马面	矩形	梯形	48	4	一般
碓臼坪 5 号马面	矩形	梯形	33	4.75	一般
碓臼坪 7 号马面	矩形	梯形	22.28	5.45	一般
碓臼坪 8 号马面	矩形	梯形	26	5	一般
碓臼坪 9 号马面	矩形	梯形	29.2	6	一般
碓臼坪 10 号马面	矩形	梯形	30.7	5.64	一般
碓臼坪 11 号马面	矩形	梯形	30	5	一般
许家湾 1 号马面	矩形	梯形	24	3	较差
许家湾 2 号马面	矩形	梯形	30	5	一般
许家湾 3 号马面	矩形	梯形	34	8.5	一般
许家湾 4 号马面	矩形	梯形	27	4.75	一般
许家湾 5 号马面	矩形	梯形	32	6	一般
川峁上 2 号马面	矩形	梯形	46	5	一般
杏树峁 5 号马面	矩形	梯形	31	5.85	一般
杏树峁 13 号马面	矩形	梯形	32	5.5	一般
杏树峁 14 号马面	矩形	梯形	31	5.5	一般
杏树峁 15 号马面	矩形	梯形	38	4	一般
关地咀 8 号马面	矩形	梯形	44	6	一般
石垛墕 1 号马面	矩形	梯形	38	3.5	一般
石垛墕 2 号马面	矩形	梯形	38	3.5	一般
石垛墕 3 号马面	矩形	梯形	41	7.7	一般
石垛墕 4 号马面	矩形	梯形	44	6	一般
白泥窑 1 号马面	矩形	梯形	36	4.5	一般
白泥窑 9 号马面	矩形	梯形	26	6	一般
白泥窑 10 号马面	矩形	梯形	28	6	一般
正泥墕 1 号马面	矩形	梯形	38	6	一般
正泥墕 2 号马面	矩形	梯形	34	4.7	一般
正泥墕 3 号马面	矩形	梯形	34	5.5	一般
正泥墕 4 号马面	矩形	梯形	38	5.7	一般

续表 462

名称	平面形制	剖面形制	底部周长（米）	残高（米）	保存状况
青草峁 3 号马面	矩形	梯形	60	6	一般
大嘴 2 号马面	矩形	梯形	13.2	0.7	较差
大嘴 3 号马面	矩形	梯形	13.2	1	较差
大嘴 4 号马面	矩形	梯形	13.4	1.1	较差
大嘴 5 号马面	矩形	梯形	8.8	1	较差
大嘴 6 号马面	矩形	梯形	10.8	0.7	较差
大嘴 7 号马面	矩形	梯形	12.4	1	较差
大嘴 8 号马面	矩形	梯形	21.8	1.4	较差
大嘴 9 号马面	矩形	梯形	20.4	1.5	较差
大嘴 10 号马面	矩形	梯形	22	2	较差
大嘴 11 号马面	矩形	梯形	16	2	较差

砖质马面 1 座，底部周长 48、残高 8 米。

（3）马面的分布特点

结合马面材质类型、形制和大小分类，可以看出，偏关县马面的分布有以下特点。

①偏关县东部内长城墙体上马面 35 座，偏关县与清水河县交界处外长城墙体上马面 163 座，偏关县黄河东岸外长城墙体上马面 16 座，集中在大嘴长城和寺沟长城墙体上。可以看出，马面主要位于偏关县与清水河县交界处外长城墙体上。

上文提到马面绝大多数位于长城墙体外侧，即面向内蒙古自治区一侧，有 13 座位于长城墙体内侧。偏关县东部内长城马面有一座位于长城墙体内侧（西侧），即南泉寺 3 号马面，偏关县黄河东岸外长城马面有 12 座位于长城墙体内侧（东侧），即大嘴 1～11 号马面、寺沟 5 号马面。

②偏关县东部内长城墙体上马面除 28 座材质类型不详外，其余 7 座均为土质。偏关县黄河东岸外长城墙体上马面除 4 座材质类型不详外，其余有 2 座为土质，10 座为石质。

③按照敌台大小的划分依据对马面进行大小划分（表 463、464）。

表 463　偏关县土质马面分类统计表

	底部周长分类	底部周长（米）	数量（座）	百分比（%）	残高（米）
大型马面	≥50 米	50～74	7	5.88	5～8.5
中型马面	40～50 米	40～48	26	21.85	5～8
小型马面	< 40 米	16～39.6	86	72.27	1.5～9.5
合计		16～74	119	100	1.5～9.5

表 464　偏关县石质马面分类统计表

	底部周长分类	底部周长（米）	数量（座）	百分比（%）	残高（米）
大型马面	≥50 米	56～60	2	3.23	6～7
中型马面	40～50 米	41～48	9	14.52	4～8
小型马面	< 40 米	8.8～39.8	50	80.64	0.7～8.5
不详	不详	不详	1	1.61	不详
合计		8.8～60	62	100	0.7～8.5

从上表中可以看出，土、石质马面均以中小型为主，分别占94.12%和95.16%。

（4）马面保存状况

偏关县马面绝大多数保存一般。土质马面有1座保存较好、4座保存较差，石质马面有11座保存较差、1座保存差。造成损毁的自然因素主要有风雨侵蚀、植物生长、动物破坏等；人为因素主要是农业生产活动破坏、拆毁马面砖石、利用马面修建窑洞、挖掘洞穴、修路破坏等。

3. 烽火台

偏关县共调查烽火台241座，划分为长城沿线烽火台和腹里烽火台两部分。长城沿线烽火台有116座、腹里烽火台有125座。

（1）烽火台的类型及建筑方式

偏关县116座长城沿线烽火台的材质类型绝大多数为土质，计103座，占88.8%，另石质7座、砖质6座。125座腹里烽火台的材质类型绝大多数亦为土质，计116座，占92.8%，另石质烽火台4座、砖质5座。

土质烽火台共219座，均为夯筑而成，夯层厚0.03～0.3米。如果按照土质敌台、马面的夯层厚度分类标准对烽火台夯层厚度进行统计，可以看出，无论是长城沿线烽火台还是腹里烽火台，都以夯层最薄小于0.15米（C类）者最多，这个特点与土质敌台、马面以0.15～0.2米（A类）为主明显不同（表465、466）。

表465　偏关县长城沿线土质烽火台夯层厚度统计表

	夯层厚度分类	夯层厚度（米）	数量（座）	百分比（%）
A类	0.15～0.2米	0.15～0.2	31	30.1
B类	最厚＞0.2米	0.15～0.25	2	1.9
C类	最薄＜0.15米	0.03～0.2	66	64.1
D类	最厚＞0.2、最薄＜0.15	0.06～0.3	3	2.9
不详	不详	不详	1	1
合计		0.03～0.3	103	100

表466　偏关县腹里土质烽火台夯层厚度统计表

	夯层厚度分类	夯层厚度（米）	数量（座）	百分比（%）
A类	0.15～0.2米	0.15～0.2	2	1.7
B类	最厚＞0.2米	0.15～0.27	4	3.4
C类	最薄＜0.15米	0.04～0.2	96	82.8
D类	最厚＞0.2、最薄＜0.15	0.07～0.27	11	9.5
不详	不详	不详	3	2.6
合计		0.04～0.27	116	100

石质烽火台共11座。外部片石或条石垒砌，内部为夯土台体或土石混筑台体，有夯层厚度数据者5座，其中4座夯层厚0.04～0.2米（C类）、1座夯层厚0.2～0.21米（B类）。

砖质烽火台共 11 座。外部砖石垒砌，内部为夯土台体，有夯层厚度数据者 9 座，其中 6 座夯层厚 0.04～0.2 米（C 类）、2 座 0.08～0.23 米（D 类）、1 座 0.15～0.21 米（B 类）。石、砖质烽火台内部夯土台体夯层厚度特点与土质烽火台一致。

（2）烽火台形制和附属设施

偏关县烽火台的平面形制有矩形、圆形两类，剖面形制均呈梯形。土质烽火台中矩形台体和圆形台体数量相当，若以长城沿线烽火台和腹里烽火台加以区分，长城沿线烽火台圆形台体居多，腹里烽火台矩形台体居多。石、砖质烽火台中无论是长城沿线烽火台还是腹里烽火台，均矩形台体居多（表467）。

表467　偏关县烽火台形制一览表（单位：座）

	土质烽火台			石质烽火台		砖质烽火台		合计
	矩形	圆形	不详	矩形	圆形	矩形	圆形	
长城沿线烽火台	23	80	0	5	2	5	1	116
腹里烽火台	80	34	2	3	1	5	0	125
合计	103	114	2	8	3	10	1	241

长城沿线土质烽火台中，矩形台体底部周长 27～64、残高 4～11 米，圆形台体底部周长 20.41～72.22、残高 3.5～13 米。腹里土质烽火台中，矩形台体底部周长 8.8～72、残高 2.3～16 米，圆形台体底部周长 15.7～59.66、残高 3.5～11 米。长城沿线石质烽火台中，矩形台体底部周长 24～66、残高 3～6 米，圆形台体底部周长 22.61～25.12、残高 1.5～2.5 米。腹里石质烽火台中，矩形台体底部周长 24～40、残高 4.5～8.6 米，圆形台体底部周长 28.26、残高 3.7 米。长城沿线砖质烽火台中，矩形台体底部周长 26～58、残高 4.2～13 米，圆形台体底部周长 47.1、残高 3 米。腹里砖质烽火台中，矩形台体底部周长 29～64、残高 3.8～13 米。由于保存方面的原因，这些数据不能完全反映烽火台的原始尺寸（表468～471）。

表468　偏关县长城沿线土质矩形烽火台形制及保存状况一览表（单位：米）

名称	平面形制	剖面形制	底部周长	残高	保存状况
大庄窝烽火台	矩形	梯形	33	6	一般
南泉寺1号烽火台	矩形	梯形	40	5～6	一般
南梁上烽火台	矩形	梯形	56	8	较好
史家圪台3号烽火台	矩形	梯形	46	6～7	一般
史家圪台4号烽火台	矩形	梯形	28	5	一般
史家圪台5号烽火台	矩形	梯形	34	6	一般
史家圪台6号烽火台	矩形	梯形	36	6	一般
柏杨岭1号烽火台	矩形	梯形	44	6	一般
柏杨岭2号烽火台	矩形	梯形	40	6	一般
柏杨岭3号烽火台	矩形	梯形	34	7	一般
关地咀1号烽火台	矩形	梯形	64	6.6	一般
白泥窑3号烽火台	矩形	梯形	27	4	较差
北古梁1号烽火台	矩形	梯形	38.6	7	一般

名称	平面形制	剖面形制	底部周长	残高	保存状况
北古梁 2 号烽火台	矩形	梯形	37.76	6	一般
闫王鼻子 1 号烽火台	矩形	梯形	28	4	较差
老牛湾烽火台	矩形	梯形	54	6～7	一般
东长嘴 1 号烽火台	矩形	梯形	50	8	较好
五铺梁 3 号烽火台	矩形	梯形	38	5	一般
柴家岭烽火台	矩形	梯形	62	10	较好
天峰坪 1 号烽火台	矩形	梯形	46	5.5	一般
石峁 5 号烽火台	矩形	梯形	48	6	一般
教子沟 1 号烽火台	矩形	梯形	36	6.3	一般
教子沟 2 号烽火台	矩形	梯形	39	11	较好

表 469　偏关县长城沿线土质圆形烽火台形制及保存状况一览表（单位：米）

名称	平面形制	剖面形制	底部周长	残高	保存状况
地椒峁烽火台	圆形	梯形	43.96	6～7	一般
安儿沟烽火台	圆形	梯形	40.82	9.8	较好
边墙上 1 号烽火台	圆形	梯形	69.08	9～10	较好
边墙上 2 号烽火台	圆形	梯形	37.68	9～10	较好
边墙上 3 号烽火台	圆形	梯形	37.68	10	较好
史家圪台 1 号烽火台	圆形	梯形	35.8	9.9	较好
史家圪台 2 号烽火台	圆形	梯形	33.9	10.7	较好
野羊洼 1 号烽火台	圆形	梯形	29.83	8	一般
野羊洼 2 号烽火台	圆形	梯形	26.69	7	一般
野羊洼 3 号烽火台	圆形	梯形	31.4	10	较好
野羊洼 4 号烽火台	圆形	梯形	31.4	10	较好
窑子沟 1 号烽火台	圆形	梯形	30.14	10.5	较好
窑子沟 2 号烽火台	圆形	梯形	32.97	8.21	较好
窑子沟 4 号烽火台	圆形	梯形	25.12	6.5	一般
窑子沟 5 号烽火台	圆形	梯形	31.4	9.11	较好
栋木塔 2 号烽火台	圆形	梯形	41.45	11.3	较好
栋木塔 3 号烽火台	圆形	梯形	34.54	11	较好
栋木塔 4 号烽火台	圆形	梯形	31.4	9	较好
小元峁 1 号烽火台	圆形	梯形	31.4	10	较好
小元峁 3 号烽火台	圆形	梯形	45.53	9.2	较好
小元峁 4 号烽火台	圆形	梯形	25.12	9	较好
小元峁 5 号烽火台	圆形	梯形	35.01	6.85	一般
小元峁 6 号烽火台	圆形	梯形	34.54	10.5	较好
窑洼 1 号烽火台	圆形	梯形	37.68	11	较好
窑洼 2 号烽火台	圆形	梯形	20.41	6	一般
窑洼 4 号烽火台	圆形	梯形	43.96		一般
窑洼 5 号烽火台	圆形	梯形	23.55	8	一般

名称	平面形制	剖面形制	底部周长	残高	保存状况
窑洼 6 号烽火台	圆形	梯形	21.98	6	一般
碓臼坪 1 号烽火台	圆形	梯形	46.47	9	较好
碓臼坪 2 号烽火台	圆形	梯形	40.82	8	较好
许家湾 1 号烽火台	圆形	梯形	47.1	9	较好
许家湾 2 号烽火台	圆形	梯形	47.1	10	较好
许家湾 3 号烽火台	圆形	梯形	50.24	9.45	较好
许家湾 4 号烽火台	圆形	梯形	46.47	8	较好
川峁上 2 号烽火台	圆形	梯形	43.96	9	较好
川峁上 3 号烽火台	圆形	梯形	36.11	10	较好
川峁上 5 号烽火台	圆形	梯形	43.96	10	较好
头道沟 1 号烽火台	圆形	梯形	37.68	9	较好
头道沟 2 号烽火台	圆形	梯形	37.68	9	较好
头道沟 3 号烽火台	圆形	梯形	43.96	12	较好
杏树峁 1 号烽火台	圆形	梯形	31.4	7	一般
杏树峁 3 号烽火台	圆形	梯形	43.96	6.45	一般
杏树峁 4 号烽火台	圆形	梯形	34.54	10	较好
杏树峁 5 号烽火台	圆形	梯形	50.24	7.6	一般
关地咀 2 号烽火台	圆形	梯形	40.82	8	较好
安根楼 1 号烽火台	圆形	梯形	43.96	9	较好
安根楼 2 号烽火台	圆形	梯形	43.96	9	较好
安根楼 3 号烽火台	圆形	梯形	21.98	6	一般
阳洼子 1 号烽火台	圆形	梯形	43.96	10	较好
阳洼子 2 号烽火台	圆形	梯形	37.68	8.5	较好
石垛墕 1 号烽火台	圆形	梯形	43.96	10	较好
石垛墕 2 号烽火台	圆形	梯形	47.1	10	较好
白泥窑 2 号烽火台	圆形	梯形	62.8	10	较好
正泥墕 1 号烽火台	圆形	梯形	56.52	11.5	较好
正泥墕 2 号烽火台	圆形	梯形	40.82	11	较好
东牛腻塔烽火台	圆形	梯形	37.68	8.5	较好
青草峁 1 号烽火台	圆形	梯形	31.4	9	较好
青草峁 2 号烽火台	圆形	梯形	25.12	7	一般
青草峁 3 号烽火台	圆形	梯形	43.96	10	较好
正湖梁 1 号烽火台	圆形	梯形	37.68	9	较好
正湖梁 2 号烽火台	圆形	梯形	28.26	5.4	一般
正湖梁 3 号烽火台	圆形	梯形	34.54	13	较好
马道嘴 2 号烽火台	圆形	梯形	43.96	10	较好
闫王鼻子 2 号烽火台	圆形	梯形	43.96	10	较好
东长嘴 2 号烽火台	圆形	梯形	34.54	6	一般
万家寨镇辛庄窝烽火台	圆形	梯形	50.24	6	一般
万家寨烽火台	圆形	梯形	37.68	5.55	一般
麻地塔烽火台	圆形	梯形	59.66	8	较好。

名称	平面形制	剖面形制	底部周长	残高	保存状况
暗地庄窝烽火台	圆形	梯形	37.68	8	较好
五铺梁 1 号烽火台	圆形	梯形	51.81	7.4	一般
小寨 2 号烽火台	圆形	梯形	43.96	8	较好
尖次湾 1 号烽火台	圆形	梯形	47.1	8.7	较好
关河口 1 号烽火台	圆形	梯形	47.1	10	较好
关河口 2 号烽火台	圆形	梯形	40.82	8~9	较好
关河口 3 号烽火台	圆形	梯形	40.82	8	较好
前梁烽火台	圆形	梯形	53.38	5.5	一般
石崞 1 号烽火台	圆形	梯形	47.1	4.8	一般
石崞 2 号烽火台	圆形	梯形	50.24	6	一般
石崞 3 号烽火台	圆形	梯形	72.22	7.8	一般
石崞 4 号烽火台	圆形	梯形	62.8	3.5~8	一般

表 470　偏关县腹里土质矩形烽火台形制及保存状况一览表（单位：米）

名称	平面形制	剖面形制	底部周长	残高	保存状况
新庄窝 1 号烽火台	矩形	梯形	26	7	一般
新庄窝 2 号烽火台	矩形	梯形	30	5	一般
柏树崞 1 号烽火台	矩形	梯形	32	6~7	一般
柏树崞 2 号烽火台	矩形	梯形	48	6	一般
柏树崞 3 号烽火台	矩形	梯形	23	2.5	较差
王罗嘴 1 号烽火台	矩形	梯形	36	6.5	一般
王罗嘴 4 号烽火台	矩形	梯形	31	6.5	一般
王罗嘴 3 号烽火台	矩形	梯形	32.4	10.5	较好
薛太家嘴 1 号烽火台	矩形	梯形	8.8	2.3	较差
薛太家嘴 2 号烽火台	矩形	梯形	32	9	一般
薛太家嘴 3 号烽火台	矩形	梯形	32	9.5	一般
店棒子烽火台	矩形	梯形	36	6.5	一般
黄雨梁烽火台	矩形	梯形	25	6.5	一般
古寺 1 号烽火台	矩形	梯形	38	9.2	较好
牛槽洼烽火台	矩形	梯形	35.4	8~9	一般
王关垚烽火台	矩形	梯形	38	9.1	较好
水泉乡辛庄窝烽火台	矩形	梯形	36	8	一般
黄龙池烽火台	矩形	梯形	38	4	一般
教官嘴 1 号烽火台	矩形	梯形	62	9	较好
教官嘴 2 号烽火台	矩形	梯形	34	9.8	较好
阳坡上烽火台	矩形	梯形	42	11.3	较好
紫金山烽火台	矩形	梯形	72	13	较好
营盘梁 1 号烽火台	矩形	梯形	24	5.2	一般
陈家庄窝烽火台	矩形	梯形	40.82	5.1	一般
马台烽火台	矩形	梯形	40	7.9	一般

名称	平面形制	剖面形制	底部周长	残高	保存状况
大阳坡烽火台	矩形	梯形	40	9.4	一般
洪水沟烽火台	矩形	梯形	37	7	一般
鸭子坪烽火台	矩形	梯形	43	10	较好
走马墕烽火台	矩形	梯形	56	8.6	较好
贾堡烽火台	矩形	梯形	35	5.5	一般
上土寨烽火台	矩形	梯形	36	7	一般
下土寨烽火台	矩形	梯形	46	6	一般
林家坪烽火台	矩形	梯形	30	6	一般
岩头寺 2 号烽火台	矩形	梯形	44	8.2	一般
岩头寺 1 号烽火台	矩形	梯形	37	10.1	较好
方城 1 号烽火台	矩形	梯形	52	9.2	较好
方城 2 号烽火台	矩形	梯形	42	9.6	较好
南沟烽火台	矩形	梯形	22	3.9	较差
辛窑上烽火台	矩形	梯形	43	8.2	一般
八柳树 2 号烽火台	矩形	梯形	40	7.4	一般
八柳树 3 号烽火台	矩形	梯形	56	10	较好
西庄子烽火台	矩形	梯形	24	7.2	一般
张家墕烽火台	矩形	梯形	46	9.8	较好
石沟子烽火台	矩形	梯形	24	5.3	一般
高家湾烽火台	矩形	梯形	40	8.1	一般
沙圪旦烽火台	矩形	梯形	38	9.6	较好
张家坪 1 号烽火台	矩形	梯形	44	10.4	较好
腰铺烽火台	矩形	梯形	30	6.3	较差
辛庄子烽火台	矩形	梯形	54	7.8	一般
九崖头烽火台	矩形	梯形	48	9.2	一般
沈家村 1 号烽火台	矩形	梯形	23	4.5	较差
沈家村 2 号烽火台	矩形	梯形	56	6	一般
磁窑沟烽火台	矩形	梯形	42	9.8	较好
路铺烽火台	矩形	梯形	26	7.6	一般
泉沟子烽火台	矩形	梯形	41	7.6	一般
岳家村 1 号烽火台	矩形	梯形	30	5.5	较差
岳家村 2 号烽火台	矩形	梯形	42	7.6	一般
窑头烽火台	矩形	梯形	36	9.8	一般
南窑头 1 号烽火台	矩形	梯形	42	5.2	一般
沙坡烽火台	矩形	梯形	39	6.2	一般
黄树坪烽火台	矩形	梯形	32	7.4	一般
菜树峁烽火台	矩形	梯形	42	10.6	较好
阳宸烽火台	矩形	梯形	52	5.5	一般
黑山烽火台	矩形	梯形	52	7.5	一般
大虫岭 1 号烽火台	矩形	梯形	36	7.2	一般
碾儿沟 1 号烽火台	矩形	梯形	26	5	一般

名称	平面形制	剖面形制	底部周长	残高	保存状况
碾儿沟 2 号烽火台	矩形	梯形	38	9.1	较好
邓家山烽火台	矩形	梯形	25	7.1	一般
杨家山烽火台	矩形	梯形	44	9.7	较好
宋家塔烽火台	矩形	梯形	33	6.7	一般
楼沟乡新庄窝烽火台	矩形	梯形	28	3	较差
冉家营烽火台	矩形	梯形	56	9.7	较好
永兴堡烽火台	矩形	梯形	56	9~16	较好
黄子宖烽火台	矩形	梯形	30	6	一般
杨家窑烽火台	矩形	梯形	40	10	较好
石碣上烽火台	矩形	梯形	38	8.3	一般
韩家圪垯 2 号烽火台	矩形	梯形	40	6.9	一般
韩家圪垯 1 号烽火台	矩形	梯形	22	4.3	较差
高峁梁 2 号烽火台	矩形	梯形	22	5.1	一般
高峁梁 1 号烽火台	矩形	梯形	48	10.5	较好

表 471　偏关县腹里土质圆形烽火台形制及保存状况一览表（单位：米）

名称	平面形制	剖面形制	底部周长	残高	保存状况
王罗嘴 2 号烽火台	圆形	梯形	50.24	9.4	较好
古寺 2 号烽火台	圆形	梯形	56.52	9.6	较好
窄寨烽火台	圆形	梯形	37.68	8.8	较好
高峁烽火台	圆形	梯形	37.68	9.2	较好
十八盘烽火台	圆形	梯形	31.4	9.8	较好
营盘梁 2 号烽火台	圆形	梯形	50.24	9.6	一般
后瞭高山烽火台	圆形	梯形	40.82	8.5	一般
孙家梁烽火台	圆形	梯形	47.1	10.3	较好
池家垚烽火台	圆形	梯形	37.68	10.2	较好
达连庄窝 1 号烽火台	圆形	梯形	37.68	8.4~10	较好
达连庄窝 2 号烽火台	圆形	梯形	40.82	9.3	较好
新窑上烽火台	圆形	梯形	43.96	8.6	一般
刘家湾烽火台	圆形	梯形	43.96	9.1	较好
元墩子烽火台	圆形	梯形	43.96	9.3	较好
马家塔烽火台	圆形	梯形	34.54	9.3	较好
黄家营烽火台	圆形	梯形	50.24	5.1	一般
杨家营烽火台	圆形	梯形	59.66	4.6	一般
王家坪烽火台	圆形	梯形	56.52	9.6	较好
泥塔 1 号烽火台	圆形	梯形	34.54	8.6	一般
泥塔 2 号烽火台	圆形	梯形	37.68	10.2	较好
泥塔 3 号烽火台	圆形	梯形	40.82	8.2	一般
白龙殿烽火台	圆形	梯形	50.24	11	较好
沈家村 3 号烽火台	圆形	梯形	53.38	7~9	一般

名称	平面形制	剖面形制	底部周长	残高	保存状况
西沟 1 号烽火台	圆形	梯形	56.52	7~9	一般
西沟 2 号烽火台	圆形	梯形	53.38	10.8	较好
西沟 3 号烽火台	圆形	梯形	53.38	5.6~9	一般
南窑头 2 号烽火台	圆形	梯形	15.7	3.5	较差
甲嘴烽火台	圆形	梯形	25.12	8	一般
曹家村烽火台	圆形	梯形	36.11	9~10	较好
后王家山烽火台	圆形	梯形	43.96	不详	较好
后垚上烽火台	圆形	梯形	37.68	9.8	较好
楼沟 1 号烽火台	圆形	梯形	40.82	8	一般
大石宾烽火台	圆形	梯形	32.97	10.2	较好
韩昌沟烽火台	圆形	梯形	34.54	3.5	较差

烽火台的附属设施主要有围墙、台基。长城沿线、腹里土质圆形烽火台均有可通台体顶部的洞穴或拱门。其他附属设施，长城沿线土质圆形烽火台的青草峁 3 号烽火台顶部有土台，直径 5、高 1 米；腹里土质矩形烽火台的教官嘴 1 号烽火台顶部有矮墙，路铺烽火台、邓家山烽火台北壁有登顶坡道，楼沟乡新庄窝烽火台西壁下部有"人"字形护墙；腹里砖质矩形烽火台草垛山 1 号烽火台上部四壁有砖券拱门；尹家墕烽火台南壁原有进台拱门，现为豁口。

（3）烽火台的分布特点

结合烽火台材质类型、形制、附属设施和大小分类，可以看出偏关县烽火台的分布有以下特点。

①烽火台的材质类型以土质占绝大多数，达 90.9%。石、砖质数量很少，主要分布在偏关县黄河东岸外长城沿线，5 座（南泉寺 2 号烽火台，老营 1、2、4、5 号烽火台）分布在偏关县东部内长城沿线。

②土质烽火台中，长城沿线烽火台以圆形台体居多，腹里烽火台则以矩形台体居多。石、砖质烽火台中，无论是长城沿线烽火台还是腹里烽火台均矩形台体居多。

③长城沿线土质圆形烽火台的附属设施有可通台体顶部的洞穴或拱门，这种情况不见于长城沿线土质矩形烽火台和腹里土质烽火台。

④偏关县东部内长城沿线烽火台绝大多数位于长城墙体内侧（西侧），有 4 座在长城墙体外侧（东侧），即南泉寺 1 号烽火台、边墙上 3 号烽火台、柏杨岭 1 号和 2 号烽火台。偏关县黄河东岸外长城沿线烽火台有 2 座烽火台在长城墙体外侧（西侧），即关河口 1、2 号烽火台。

⑤偏关县腹里烽火台主要以堡为中心成群分布，有老牛湾堡—白泥窑堡—草垛山堡—五眼井堡烽火台群，黄龙池 1、2 号堡—小寨堡烽火台群，水泉堡—教儿墕堡烽火台群，寺墕堡烽火台群，贾堡村堡烽火台群，林家坪堡烽火台群，八柳树堡烽火台群，马站堡烽火台群，沙圪旦堡烽火台群，偏关城烽火台群，永兴堡烽火台群，楼沟堡烽火台群等，偏关县东南部山地有一组烽火台群（表472）。

表472　偏关县腹里烽火台群一览表

烽火台群名称	数量（座）	烽火台名称
老牛湾堡—白泥窑堡—草垛山堡—五眼井堡烽火台群	23	新庄窝1号和2号烽火台、柏树峁1~3号烽火台、王罗嘴1~4号烽火台、薛太家咀1~3号烽火台、店棒子烽火台、黄雨梁烽火台、古寺1号和2号烽火台、草垛山1号和2号烽火台、牛槽洼烽火台、窄寨烽火台、王关垚烽火台、水泉乡辛庄窝烽火台、高峁烽火台
黄龙池1、2号堡—小寨堡烽火台群	10	黄龙池烽火台、教官嘴1号和2号烽火台、十八盘烽火台、阳坡上烽火台、上沙庄窝烽火台、紫金山烽火台、营盘梁1号和2号烽火台、陈家庄窝烽火台
水泉堡—教儿墕堡烽火台群	6	后瞭高山烽火台、马台烽火台、孙家梁烽火台、池家垚烽火台、大阳坡烽火台、洪水沟烽火台
寺墕堡烽火台群	8	达连庄窝1号和2号烽火台、新窑上烽火台、刘家湾烽火台、元墩子烽火台、马家墕烽火台、鸭子坪烽火台、走马墕烽火台
贾堡村堡烽火台群	3	贾堡烽火台、上土寨烽火台、下土寨烽火台
林家坪堡烽火台群	6	林家坪烽火台、岩头寺1号和2号烽火台、方城1号和2号烽火台、南沟烽火台
八柳树堡烽火台群	6	辛窑上烽火台、黄家营烽火台、八柳树1~3号烽火台、杨家营烽火台
马站堡烽火台群	4	西庄子烽火台、张家墕烽火台、马站堡烽火台、石沟子烽火台
沙圪旦堡烽火台群	7	高家湾烽火台、沙圪旦烽火台、张家坪1号和2号烽火台、王家坪烽火台、腰铺烽火台、辛庄子烽火台
偏关城烽火台群	22	泥墕1~3号烽火台、白龙殿烽火台、九崖头烽火台、沈家村1~3号烽火台、西沟1~4号烽火台、磁窑沟烽火台、路铺烽火台、泉沟子烽火台、岳家村1号和2号烽火台、窑头烽火台、南窑头1号和2号烽火台，沙坡烽火台、黄树坪烽火台
偏关县东南部山地烽火台群	11	菜树峁烽火台、阳宓烽火台、黑山烽火台、大虫峁1号和2号烽火台、碾儿沟1号和2号烽火台、邓家山烽火台、杨家山烽火台、宋家墕烽火台、南场烽火台
永兴堡烽火台群	8	楼沟乡新庄窝烽火台、尹家墕烽火台、冉家营烽火台、甲嘴烽火台、永兴堡烽火台、曹家村烽火台、后王家山烽火台、后垚上烽火台
楼沟堡烽火台群	11	楼沟1号和2号烽火台、黄子宓烽火台、杨家窑烽火台，石碣上烽火台、韩家圪垯1号和2号烽火台、高峁梁1号和2号烽火台、大石宓烽火台、韩昌沟烽火台
合计	125	

⑥按照敌台、马面大小的划分依据对烽火台进行了大小的划分（表473~476）。

表473　偏关县长城沿线土质矩形烽火台分类统计表

	底部周长分类	底部周长（米）	数量（座）	百分比（％）	残高（米）
大型台体	≥50米	50~64	5	21.73	6~10
中型台体	40~50米	40~48	6	26.09	5~7
小型台体	<40米	27~39	12	52.18	4~11
合计		27~64	23	100	4~11

表474　偏关县长城沿线土质圆形烽火台分类统计表

	底部周长分类	底部周长（米）	数量（座）	百分比（％）	残高（米）
大型台体	≥50米	50.24~72.22	37	46.25	3.5~11.5
中型台体	40~50米	40.82~47.1	30	37.5	4.8~11.3
小型台体	<40米	20.41~37.68	13	16.25	5.4~13
合计		20.41~72.22	80	100	3.5~13

表475　偏关县腹里土质矩形烽火台分类统计表

	底部周长分类	底部周长（米）	数量（座）	百分比（%）	残高（米）
大型台体	≥50米	52～72	11	13.75	5.5～16
中型台体	40～50米	40～48	24	30	5.1～11.3
小型台体	<40米	8.8～39	45	56.25	2.3～10.5
合计		8.8～72	80	100	2.3～16

表476　偏关县腹里土质圆形烽火台分类统计表

	底部周长分类	底部周长（米）	数量（座）	百分比（%）	残高（米）
大型台体	≥50米	50.24～59.66	11	32.35	5.1～11
中型台体	40～50米	40.82～47.1	9	26.47	8～10.3
小型台体	<40米	15.7～37.68	14	41.18	3.5～10.2
合计		15.7～59.66	34	100	3.5～11

从上表中可以看出，土质矩形烽火台无论是长城沿还是腹里烽火台以中小型台体为主，分别占78.27%和86.25%。土质圆形烽火台中，长城沿线烽火台以大中型台体为主，占85%，腹里烽火台大、中、小型数量、比例相当，小型台体略多。数量不多的石质、砖质烽火台中有2座石质、4座砖质为大型台体，其余属中、小型台体。

（4）烽火台保存状况

偏关县烽火台保存状况，详见下表（表477）。

表477　偏关县烽火台保存状况统计表

保存状况	土质烽火台		石质/砖质烽火台		合计	
	数量（座）	百分比（%）	数量（座）	百分比（%）	数量（座）	百分比（%）
保存较好	104	47.49	3	13.64	107	44.4
保存一般	101	46.12	10	45.45	111	46.06
保存较差	12	5.48	9	40.91	21	8.71
保存差	2	0.91	0	0	2	0.83
合计	219	100	22	100	241	100

土质烽火台大多数保存较好或一般（93.61%），石、砖质烽火台保存一般者和较差者各一半。造成损毁的自然因素主要有风雨侵蚀、植物生长、动物破坏等，人为因素主要有农业生产活动破坏、拆毁台体砖石、利用台体修建窑洞或房屋、挖掘洞穴、取土挖损、修路破坏，人为踩踏等。

三　自然与人文环境

（一）自然环境

偏关县位于山西省西北部，境内沟壑纵横，梁峁起伏。县境西邻黄河，中部有东西向的偏关河及南北向的偏关河支流，南部有东北西南向的尚峪沟。属典型的北温带大陆性季风气候，干寒多风沙。年均气温8℃，年降雨量420毫米。县境土壤主要有山地淡栗钙土、淡栗钙土性灰褐土、山地灰褐土等。植被属暖温带落阔叶林带向温带草原的过渡区域植类型。

（二）人文环境

村庄居民以农业和家畜饲养业为主。县境内有南北纵贯的国道209、东西横贯的省道304（平万公路），黄河东岸有省道249，县境西北有县道176（水明公路）、东南和南部有县道131（黑土公路）、160和937等。

四　保护与管理状况

偏关县长城资源的保护管理机构是偏关县文化体育局。目前有关长城资源的保护范围、建设控制地带、保护标志、记录档案等工作有待规定或完善。

表433　偏关县敌台一览表

名称	地点	高程	与其他遗存的位置关系	材质	建筑方式	平面形制	剖面形制	尺寸	附属设施	修缮情况	保存状况
北场1号敌台（彩图八五五）	南堡子乡北场村西北	1789米	骑墙而建。位于北场长城2段墙体上	不详	不详	矩形	梯形	底部东西10，南北8米，顶部东西7.2，南北5米，残高6米	无	无	保存一般
北场2号敌台（彩图八五六）	南堡子乡北场村西北，大庄窝村东	1720米	骑墙而建。位于北场长城2段墙体上	不详	不详	矩形	梯形	底部边长10，顶部边长8，残高7米	无	无	保存较好
大庄窝敌台（彩图八五七）	南堡子乡大庄窝村东北	1731米	骑墙而建。位于大庄窝村长城1段墙体上	不详	不详	矩形	梯形	底部东西11，南北11，顶部东西8，南北9，残高8米	无	无	保存一般
南梁上敌台（彩图八五八）	老营镇南梁上村东南	1573米	骑墙而建。位于南梁上长城1段墙体上	不详	不详	矩形	梯形	底部东西7，南北6，残高5~6米	无	无	保存一般
史家圪台敌台（彩图八五九）	老营镇史家圪台村西北	1678米	骑墙而建。位于史家圪台长城1段墙体上	不详	不详	矩形	梯形	底部东西8，南北6米，顶部东西4.5，南北4米，残高6米	无	无	保存一般
内蒙古调查柏杨岭长城2段1号敌台	老营镇柏杨岭村东南0.3千米	1798米	骑墙而建。位于内蒙古调查柏杨岭长城2段墙体上	土	夯筑而成，夯层厚0.15~0.2米	矩形	梯形	底部东西10.5，南北9米，顶部东西2，南北1米，残高9米	无	无	保存一般。南壁遭冲沟损毁
内蒙古调查柏杨岭长城2段2号敌台	老营镇柏杨岭村内	1810米	骑墙而建。位于内蒙古调查柏杨岭长城2段墙体上	土	夯筑而成，夯层厚0.15~0.2米	矩形	梯形	底部东西6，南北8米，顶部东西1，南北4米，残高9米	无	无	保存一般。南壁被利用为房屋后壁
内蒙古调查柏杨岭长城2段3号敌台	老营镇柏杨岭村西北0.05千米	1821米	骑墙而建。位于内蒙古调查柏杨岭长城2段墙体上	砖	外部砖石垒砌；内部为夯土台体，夯层厚0.15~0.2米	矩形	梯形	底部东西8.5，南北8米，顶部东西4.5，南北5米，残高9米	顶部有铺砖和铺石	无	保存一般。东壁顶部和南壁遭取土挖损，砖石遭拆毁
内蒙古调查柏杨岭长城2段4号敌台	老营镇柏杨岭村西北1千米	1779米	骑墙而建。位于内蒙古调查柏杨岭长城2段墙体上	土	夯筑而成，夯层厚0.15~0.2米	矩形	梯形	底部东西10，南北7米，顶部东西3，南北1米，残高8米	无	无	保存一般

续表433

名称	地点	高程	与其他遗存的位置关系	材质	建筑方式	平面形制	剖面形制	尺寸	附属设施	修缮情况	保存状况
内蒙古调查柏杨岭长城2段5号敌台	老营镇柏杨岭村西北1千米	1814米	骑墙而建。位于内蒙古调查柏杨岭长城2段墙体上	石	外部条石垒砌;内部为夯土台体,夯层厚0.15~0.2米	矩形	梯形	底部边长东西8米,顶部残东西6,南北5米,残高8.5米	无	无	保存一般。包石遭拆毁
野羊洼1号敌台	老营镇柏杨岭村西北1.65千米	1794米	骑墙而建。位于野羊洼长城墙体上	石	外部条石垒砌;内部为夯土台体,夯层厚0.15~0.2米	矩形	梯形	底部东西11,南北9米,顶部东西3.5,南北5米,残高6米	无	无	保存一般。包石遭拆毁
野羊洼2号敌台	老营镇柏杨岭村西北1.9千米	1786米	骑墙而建。位于野羊洼长城墙体上	砖	外部砖石垒砌;内部为夯土台体,夯层厚0.2~0.3米	矩形	梯形	底部边长16米	四壁原各有箭窗4个,宽0.6,高1.2米,仅存东壁3个。北壁东壁1个。台体内部为回廊结构,顶部有砖砌的排水设施	无	保存一般。砖石遭拆毁
野羊洼3号敌台	老营镇野羊洼村东北0.5千米	1800米	骑墙而建。位于野羊洼长城墙体上	土	夯筑而成,夯层厚0.2~0.3米	矩形	梯形	底部东西8,南北9米,顶部东西3,南北2米,残高6米	无	无	保存一般
野羊洼4号敌台	老营镇野羊洼村东北0.4千米	1815米	骑墙而建。位于野羊洼长城墙体上	砖	外部砖石垒砌;内部为夯土台体,夯层厚0.2~0.3米	矩形	梯形	底部边长10米,顶部东西7,南北8米,残高10米	顶部有铺砖	无	保存较好。南壁底部有洞穴,砖石遭拆毁
野羊洼5号敌台	老营镇野羊洼村西北0.7千米	1774米	骑墙而建。位于野羊洼长城墙体上	砖	外部砖石垒砌;内部为夯土台体,夯层厚0.15~0.2米	矩形	梯形	底部东西8.5,南北10.2米,顶部东西5,南北6.1米,残高8米	无	无	保存一般。砖石遭拆毁
簸子沟1号敌台	清水河县北堡乡井阳上村东南2.7千米	1734米	骑墙而建。位于簸子沟长城墙体上	土	夯筑而成,夯层厚0.15~0.2米	矩形	梯形	底部东西11.8,南北14米,顶部东西1.5,南北8.5米,残高9.1米	无	无	保存较好
簸子沟2号敌台	清水河县北堡乡井阳上村东南2.8千米	1766米	骑墙而建。位于簸子沟长城墙体上	石	外部条石垒砌;内部为夯土台体,夯层厚0.05~0.2米	矩形	梯形	底部东西15.06,南北10,顶部东西8.17,南北6.8米,残高8.6米	顶部有铺砖	无	保存一般。包石遭拆毁

续表 433

名称	地点	高程	与其他遗存的位置关系	材质	建筑方式	平面形制	剖面形制	尺寸	附属设施	修缮情况	保存状况
窑子沟 3 号敌台	清水河县北堡乡井阳上村东南 2.4 千米	1724 米	骑墙而建，位于窑子沟长坡墙体上	砖	外部砖石垒砌；内部为夯土台体，夯层厚 0.1～0.2 米	矩形	梯形	底部东西 12.2，南北 12.8，顶部东西 8.8，南北 6 米，残高 11.5 米	顶部有铺石	无	保存一般。砖石遭拆毁
窑子沟 4 号敌台	清水河县北堡乡楝木塔村东南 2.4 千米	1746 米	骑墙而建，位于窑子沟长坡墙体上	砖	外部砖石垒砌；内部为夯土台体，夯层厚 0.04～0.1 米	矩形	梯形	底部边长 8.5 米，顶部东西 6，南北 5.82 米，残高 7.2 米	无	无	保存一般。砖石遭拆毁
楝木塔 1 号敌台	清水河县北堡乡楝木塔村东南 1.8 千米	1674 米	骑墙而建，位于楝木塔长城墙体上	砖	外部砖石垒砌；内部为夯土台体，夯层厚 0.08～0.15 米	矩形	梯形	底部东西 10.2，南北 8.4 米，顶部东西 5，南北 4.3 米，残高 4 米	无	无	保存一般。砖石遭拆毁
楝木塔 2 号敌台	清水河县北堡乡楝木塔村东南 1.5 千米	1658 米	骑墙而建，位于楝木塔长城墙体上	砖	外部砖石垒砌；内部为夯土台体，夯层厚 0.05～0.15 米	矩形	梯形	底部东西 7.5，南北 8.8 米，顶部东西 4.1，南北 4.2 米，残高 5.8 米	无	无	保存一般。砖石遭拆毁
小元峁 1 号敌台	清水河县北堡乡楝木塔村南 1.6 千米	1665 米	骑墙而建，位于小元峁长城墙体上	砖	外部砖石垒砌；内部为夯土台体，夯层厚 0.05～0.15 米	矩形	梯形	底部东西 10，南北 9.2 米，顶部东西 8.6，南北 7.4 米，残高 11.58 米	顶部有铺砖	无	保存较好。砖石遭拆毁
小元峁 2 号敌台	清水河县北堡乡楝木塔村南 1.85 千米	1675 米	骑墙而建，位于小元峁长城墙体上	砖	外部砖石垒砌；内部为夯土台体，夯层厚 0.05～0.15 米	矩形	梯形	底部东西 10，南北 11.5 米，顶部东西 6，南北 5.84 米，残高 8.15 米	顶部有铺砖	无	保存一般。砖石遭拆毁
小元峁 3 号敌台	清水河县北堡乡楝木塔村西南 2.3 千米	1544 米	骑墙而建，位于小元峁长城墙体上	砖	外部砖石垒砌；内部为夯土台体，夯层厚 0.05～0.15 米	矩形	梯形	底部东西 9，南北 8 米，顶部东西 5，南北 4 米，残高 6.5 米	顶部有铺砖	无	保存一般。砖石遭拆毁
窑洼 1 号敌台	水泉乡窑洼村东 1 千米	1532 米	骑墙而建，位于窑洼长城墙体上	砖	外部砖石垒砌；内部为夯土台体，夯层厚 0.15～0.2 米	矩形	梯形	底部东西 13，南北 10，顶部东西 5，南北 5 米，残高 7 米	无	无	保存一般。砖石遭拆毁

续表 433

名称	地点	高程	与其他遗存的位置关系	材质	建筑方式	平面形制	剖面形制	尺寸	附属设施	修缮情况	保存状况
笆洼2号敌台	水泉乡笆洼村东1千米	1538米	骑墙而建。位于笆洼长城墙体上	石	外部条石垒砌；内部为夯土台体，夯层厚0.15~0.2米	矩形	梯形	底部东西16，南北10.5米，顶部东西14，南北5米，残高8米	无	无	保存一般。包石遭拆毁
笆洼3号敌台	水泉乡笆洼村东0.8千米	1549米	骑墙而建。位于笆洼长城墙体上	砖	外部砖石垒砌；内部为夯土台体，夯层厚0.15~0.2米	矩形	梯形	底部边长14，顶部边长9.5，残高10米	无	无	保存较好。砖石遭拆毁
笆洼4号敌台	水泉乡笆洼村东0.4千米	1483米	骑墙而建。位于笆洼长城墙体上	砖	外部砖石垒砌；内部为夯土台体，夯层厚0.15~0.2米	矩形	梯形	底部东西7.5，南北8米，顶部东西6，南北7米，残高10米	东、北壁各残存箭窗2个。台体内部为回廊结构，顶部东北角有排水设施	无	保存较好。砖石遭拆毁
笆洼5号敌台	水泉乡笆洼村东0.15千米	1468米	骑墙而建。位于笆洼长城墙体上	砖	外部砖石垒砌；内部为夯土台体，夯层厚0.15~0.2米	矩形	梯形	底部东西7，南北8米，顶部东西3，南北4米，残高8米	无	无	保存一般。砖石遭拆毁
笆洼6号敌台	水泉乡笆洼村东	1484米	骑墙而建。位于笆洼长城墙体上	土	夯筑而成，夯层厚0.15~0.2米	矩形	梯形	底部东西7，南北9米，顶部东西4，南北5米，残高10米	无	无	保存较好
笆洼7号敌台	水泉乡笆洼村东北0.45千米	1514米	骑墙而建。位于笆洼长城墙体上	石	外部条石垒砌；内部为夯土台体，夯层厚0.1~0.15米	矩形	梯形	底部边长10，顶部边长8.5，残高7米	无	无	保存一般。包石遭拆毁
笆洼8号敌台	水泉乡笆洼村西北1千米	1483米	骑墙而建。位于笆洼长城墙体上	土	夯筑而成，夯层厚0.15~0.2米	矩形	梯形	底部东西5，南北6米，顶部东西1，南北3米，残高6米	无	无	保存一般
笆洼9号敌台	水泉乡笆洼村西北1.3千米	1487米	骑墙而建。位于笆洼长城墙体上	土	夯筑而成，夯层厚0.15~0.2米	矩形	梯形	底部东西12，南北10米，顶部东西10，南北4米，残高9米	无	无	保存较好
碓臼坪1号敌台	清水河县暖泉乡碓臼坪村南1.1千米	1475米	骑墙而建。位于白坪长城墙体上	石	外部条石垒砌；内部为夯土台体，夯层厚0.05~0.15米	矩形	梯形	底部东西6，南北5米，顶部东西2，南北1米，残高8米	顶部有铺砖	无	保存一般。包石遭拆毁

续表 433

名称	地点	高程	与其他遗存的位置关系	材质	建筑方式	平面形制	剖面形制	尺寸	附属设施	修缮情况	保存状况
碓臼坪2号敌台	清水河县暖泉乡碓臼坪村西南0.86千米	1422米	骑墙而建。位于碓臼坪长城墙体上	石	外部条石垒砌;内部为夯土台体,夯层厚0.05~0.15米	矩形	梯形	底部东西12,南北11米,顶部东西7,南北5米,残高9米	顶部有铺砖	无	保存一般。包石遭拆毁
许家湾敌台	清水河县暖泉乡川骑上村东南0.9千米	1430米	骑墙而建。位于许家湾长城墙体上	石	外部条石垒砌;内部为夯土台体,夯层厚0.05~0.15米	矩形	梯形	底部东西8,南北9米,顶部东西5,南北7米,残高9米	无	无	保存一般。包石遭拆毁
川骑上1号敌台	清水河县暖泉乡川骑上村西南	1344米	骑墙而建。位于川骑上长城墙体上	石	外部条石垒砌;内部为夯土台体,夯层厚0.15~0.2米	矩形	梯形	底部边长12,顶部边长9.5,残高7米	无	无	保存一般。包石遭拆毁
川骑上2号敌台	清水河县暖泉乡川骑上村西0.5千米	1370米	骑墙而建。位于川骑上长城墙体上	土	夯筑而成,夯层厚0.15~0.2米	矩形	梯形	底部边长10,顶部东西2,南北5米,残高6米	无	无	保存一般
川骑上3号敌台	清水河县暖泉乡川骑上村西北1千米	1354米	骑墙而建。位于川骑上长城墙体上	石	外部条石垒砌;内部为夯土台体,夯层厚0.15~0.2米	矩形	梯形	底部东西13.5,南北11.5米,顶部东西8,南北7米,残高6.5米	无	无	保存一般。包石遭拆毁
川骑上4号敌台	清水河县暖泉乡川骑上村西北1.4千米	1388米	骑墙而建。位于川骑上长城墙体上	土	夯筑而成,夯层厚0.15~0.2米	矩形	梯形	底部东西12,南北10米,顶部东西6,南北5米,残高8米	无	无	保存一般
川骑上5号敌台	清水河县暖泉乡头道沟村南1千米	1370米	骑墙而建。位于川骑上长城墙体上	土	夯筑而成,夯层厚0.15~0.2米	矩形	梯形	底部东西6,南北7米,顶部东西1.5,南北2米,残高6米	无	无	保存一般
头道沟1号敌台	清水河县暖泉乡头道沟村西1千米	1488米	骑墙而建。位于头道沟长城墙体上	石	外部条石垒砌;内部为夯土台体,夯层厚0.15~0.2米	矩形	梯形	底部东西7,南北5米,顶部东西4,南北2.5米,残高6米	无	无	保存一般。包石遭拆毁
头道沟2号敌台	清水河县暖泉乡头道沟村西1.6千米	1522米	骑墙而建。位于头道沟长城墙体上	土	夯筑而成,夯层厚0.15~0.2米	矩形	梯形	底部东西8,南北7米,顶部东西4,南北3米,残高6米	无	无	保存一般

续表433

名称	地点	高程	与其他遗存的位置关系	材质	建筑方式	平面形制	剖面形制	尺寸	附属设施	修缮情况	保存状况
头道沟3号敌台	清水河县暖泉乡腰棚嘴村南1.3千米	1548米	骑墙而建。位于头道沟沟道长城墙体上	土	夯筑而成,夯层厚0.15~0.2米	矩形	梯形	底部东西10,南北7米,顶部东西6,南北4米,残高7米	无	无	保存一般
头道沟4号敌台	清水河县暖泉乡腰棚嘴村西南	1568米	骑墙而建。位于头道沟沟道长城墙体上	石	外部条石垒砌;内部为夯土垒体,夯层厚0.15~0.2米	矩形	梯形	底部边长10,顶部边长8,残高8米	无	无	保存一般。包石遭拆毁,南壁底部有窑洞3孔
后海子1号敌台	水泉乡后海子村西北0.8千米	1519米	骑墙而建。位于海子长城墙体上	土	夯筑而成,夯层厚0.15~0.2米	矩形	梯形	底部东西6,南北8米,顶部东西3,南北4米,残高6.5米	无	无	保存一般
后海子2号敌台	水泉乡后海子村西北1.3千米	1541米	骑墙而建。位于海子长城墙体上	土	夯筑而成,夯层厚0.15~0.2米	矩形	梯形	底部东西6,南北8米,顶部边长3米,残高7米	无	无	保存一般
后海子3号敌台	水泉乡后海子村西北1.5千米	1559米	骑墙而建。位于海子长城墙体上	土	夯筑而成,夯层厚0.15~0.2米	矩形	梯形	底部东西7,南北6米,顶部东西4,南北1.5米,残高6米	无	无	保存一般
杏树峁敌台	清水河县暖泉乡腰棚嘴村西南1.95千米	1597米	骑墙而建。位于杏树峁长城墙体上	砖	外部砖石垒砌;内部为夯土垒体,夯层厚0.18~0.25米	矩形	梯形	底部东西5,南北5米,顶部东西3,南北2米,残高7.35米	无	无	保存一般。遭拆毁
关地嘴敌台	清水河县暖泉乡安根楼村东南1.9千米	1629米	骑墙而建。位于关地嘴长城墙体上	土	夯筑而成,夯层厚0.05~0.15米	矩形	梯形	底部东西10,南北8米,顶部东西6,南北2米,残高5米	无	无	保存一般
峁沟子1号敌台	水泉乡峁沟子村东1.4千米	1581米	骑墙而建。位于峁沟子长城墙体上	土	夯筑而成,夯层厚0.15~0.2米	矩形	梯形	底部东西7,南北8米,顶部边长5米,残高7米	无	无	保存一般
峁沟子2号敌台	水泉乡峁沟子村东0.8千米	1609米	骑墙而建。位于峁沟子长城墙体上	土	夯筑而成,夯层厚0.15~0.2米	矩形	梯形	底部东西8,南北6米,顶部东西5,南北2米,残高6米	无	无	保存一般
安根楼1号敌台	清水河县暖泉乡安根楼村中	1638米	骑墙而建。位于安根楼长城墙体上	土	夯筑而成,夯层厚0.15~0.2米	矩形	梯形	底部东西10,南北8米,顶部东西7,南北6米,残高6米	无	无	保存一般。西壁底部有两处洞穴,进深4米,高1,宽1.2米

续表433

名称	地点	高程	与其他遗存的位置关系	材质	建筑方式	平面形制	剖面形制	尺寸	附属设施	修缮情况	保存状况
安根楼2号敌台	清水河县暖泉乡安根楼村西南0.45千米	1600米	骑墙而建。位于安根楼长城墙体上	砖	外部砖石垒砌；内部为夯土体,夯层厚0.15~0.2米	矩形	梯形	底部东西10,南北11米,顶部东西8,南北9米,残高7米	无	无	保存一般。砖石遭拆毁
安根楼3号敌台	清水河县暖泉乡安根楼村西南0.6千米	1608米	骑墙而建。位于安根楼长城墙体上	土	夯筑而成,夯层厚0.15~0.2米	矩形	梯形	底部东西7,南北10米,顶部东西4,南北8米,残高6米	无	无	保存一般
安根楼4号敌台	清水河县暖泉乡安根楼村西南0.95千米	1558米	骑墙而建。位于安根楼长城墙体上	土	夯筑而成,夯层厚0.15~0.2米	矩形	梯形	底部东西10.5,南北10米,顶部东西4,南北7米,残高7米	无	无	保存一般
安根楼5号敌台	清水河县单台子乡上黄家梁村南0.2千米	1550米	骑墙而建。位于安根楼长城墙体上	土	夯筑而成,夯层厚0.15~0.2米	矩形	梯形	底部东西9,南北7.5米,顶部东西6,南北6米,残高9米	无	敌台上部有二次修缮痕迹	保存一般
阳洼子1号敌台	清水河县单台子乡下黄家梁村南	1536米	骑墙而建。位于长城墙体上	土	夯筑而成,夯层厚0.15~0.2米	矩形	梯形	底部东西9,南北10米,顶部东西6,南北7米,残高6米	无	无	保存一般。东壁遭修整,路遭破坏损毁
阳洼子2号敌台	万家寨镇阳洼子村东	1416米	骑墙而建。位于长城墙体上	石	外部条石垒砌；内部为夯土体,夯层厚0.15~0.2米	矩形	梯形	底部东西12,南北11米,顶部东西4,南北3米,残高8米	无	无	保存一般。包石遭拆毁,南壁遭修路破坏损毁
阳洼子3号敌台	万家寨镇阳洼子村东	1416米	骑墙而建。位于长城墙体上	砖	外部砖石垒砌；内部为夯土体,夯层厚0.15~0.2米	矩形	梯形	底部边长14,顶部边长12,残高14米	东、北壁各有箭窗4个。南壁残存箭窗1个,砖券拱门1座,西壁残存箭窗3个,台体内部为回廊结构	无	保存较好。砖石遭拆毁
阳洼子4号敌台	万家寨镇阳洼子村北0.4千米	1393米	骑墙而建。位于长城墙体上	土	夯筑而成,夯层厚0.15~0.2米	矩形	梯形	底部东西9,南北6米,顶部东西5,南北2米,残高6米	无	无	保存一般

续表433

名称	地点	高程	与其他遗存的位置关系	材质	建筑方式	平面形制	剖面形制	尺寸	附属设施	修缮情况	保存状况
石垛墙1号敌台	万家寨镇阳洼子村西北1千米	1266米	骑墙而建。位于子垛墙长城墙体上	砖	外部砖石垒砌；内部为夯土台体	矩形	梯形	底部边长14，顶部边长13，残高11米	东、西、北壁各有箭窗4个；南壁残存箭窗2个，砖石结合体；南壁内部为回廊结构，残牌题记。南壁附近残存半块台石，残牌题记："西路管粮同知张鑑，万历岁次丁酉秋八月专旦"	无	保存较好。砖石遭拆毁
石垛墙2号敌台	万家寨镇阳洼子村西北1千米	1355米	骑墙而建。位于子垛墙长城墙体上	砖	外部砖石垒砌；内部为夯土台体，夯层厚0.04~0.1米	矩形	梯形	底部边长7，顶部边长6，残高5米	顶部有铺砖	无	保存一般。砖石遭拆毁
石垛墙3号敌台	万家寨镇阳洼子村西北1.15千米	1284米	骑墙而建。位于子垛墙长城墙体上	砖	外部砖石垒砌；内部为夯土台体，夯层厚0.15~0.2米	矩形	梯形	底部边长11米，顶部东西6，南北4米，残高5.5米	顶部有铺砖	无	保存一般。砖石遭拆毁
白泥窑敌台	清水河县单台子乡石垛墙村西南1千米	1412米	骑墙而建。位于石垛墙长城墙体上	土	夯筑而成，夯层厚0.05~0.15米	矩形	梯形	底部东西14，顶部东西11，南北8.5米，残高6米	无	无	保存一般
正泥焉敌台	万家镇正泥焉村西北0.4千米	1351米	骑墙而建。位于正泥焉长城坡墙体上	土	夯筑而成，夯层厚0.05~0.15米	矩形	梯形	底部东西16，顶部东西10，南北9米，残高8米	无	无	保存一般。顶部有现代修建的庙宇
东牛臙塔1号敌台	万家镇正泥焉村西北0.5千米	1336米	骑墙而建。位于牛臙塔长城墙体上	土	夯筑而成，夯层厚0.05~0.15米	矩形	梯形	底部东西10，顶部边长5米，残高7米	无	无	保存一般
东牛臙塔2号敌台	万家镇正泥焉村西北0.8千米	1317米	骑墙而建。位于牛臙塔长城墙体上	土	夯筑而成，夯层厚0.15~0.2米	矩形	梯形	底部东西9，南北7米，顶部东西6，南北4米，残高6米	无	无	保存一般
东牛臙塔3号敌台	清水河县单台子乡青草峁村东南0.8千米	1248米	骑墙而建。位于牛臙塔长城墙体上	土	夯筑而成，夯层厚0.15~0.2米	矩形	梯形	底部东西5，南北8米，顶部东西3，南北5米，残高7米	无	无	保存一般

名称	地点	高程	与其他遗存的位置关系	材质	建筑方式	平面形制	剖面形制	尺寸	附属设施	修缮情况	保存状况
东牛赋塔 4 号敌台	清水河县单台子乡青草峁村东南 0.4 千米	1268 米	骑墙而建。位于东牛赋塔长城墙体上	土	夯筑而成,夯层厚 0.15~0.2 米	矩形	梯形	底部东西 14、南北 7 米,顶部东 10、南北 3 米,残高 6.5 米	无	无	保存一般
东牛赋塔 5 号敌台	清水河县单台子乡青草峁村东南 0.35 千米	1308 米	骑墙而建。位于东牛赋塔长城墙体上	土	夯筑而成,夯层厚 0.15~0.2 米	矩形	梯形	底部东西 9、南北 8 米,顶部东西 2.5、南北 4 米,残高 7 米	无	无	保存一般
青草峁 1 号敌台	清水河县单台子乡青草峁村南 0.5 千米	1243 米	骑墙而建。位于青草峁长城墙体上	土	夯筑而成,夯层厚 0.15~0.2 米	矩形	梯形	底部东西 7、南北 8 米,顶部东西 5.5、南北 5.5 米,残高 7 米	无	无	保存一般
青草峁 2 号敌台	万家寨镇南庄王村北 0.9 千米	1274 米	骑墙而建。位于青草峁长城墙体上	土	夯筑而成,夯层厚 0.15~0.2 米	矩形	梯形	底部东西 8、南北 8 米,顶部东西 4、南北 1 米,残高 8 米	无	无	保存一般
青草峁 3 号敌台	万家寨镇南庄王村北 0.95 千米	1249 米	骑墙而建。位于青草峁长城墙体上	土	夯筑而成,夯层厚 0.15~0.2 米	矩形	梯形	底部东西 8、南北 7 米,顶部东西 4、南北 2 米,残高 9 米	无	无	保存一般
正湖梁 1 号敌台	清水河县单台子乡正湖梁村东 0.6 千米	1233 米	骑墙而建。位于正湖梁长城墙体上	土	夯筑而成,夯层厚 0.15~0.2 米	矩形	梯形	底部边长 9 米,顶部东西 6、南北 3.5 米,残高 7 米	无	无	保存一般
正湖梁 2 号敌台	清水河县单台子乡正湖梁村东 0.5 千米	1214 米	骑墙而建。位于正湖梁长城墙体上	土	夯筑而成,夯层厚 0.15~0.2 米	矩形	梯形	底部东西 8、南北 7 米,顶部东西 4、南北 3.5 米,残高 5 米	无	无	保存一般
正湖梁 3 号敌台	清水河县单台子乡正湖梁村东 0.4 千米	1205 米	骑墙而建。位于正湖梁长城墙体上	土	夯筑而成,夯层厚 0.15~0.2 米	矩形	梯形	底部东西 8.5、南北 8 米,顶部东西 4.5、南北 4 米,残高 8 米	无	无	保存一般。东、西,北壁底部有洞穴
正湖梁 4 号敌台	清水河县单台子乡正湖梁村东南 0.3 千米	1464 米	骑墙而建。位于正湖梁长城墙体上	土	夯筑而成,夯层厚 0.15~0.2 米	矩形	梯形	底部边长 3、顶部边长 0.8、残高 7 米	无	无	保存一般
正湖梁 5 号敌台	清水河县单台子乡正湖梁村西南 0.5 千米	1179 米	骑墙而建。位于正湖梁长城墙体上	土	夯筑而成,夯层厚 0.15~0.2 米	矩形	梯形	底部东西 9、南北 10 米,顶部东西 8、南北 7 米,残高 8 米	无	无	保存一般

续表433

名称	地点	高程	与其他遗存的位置关系	材质	建筑方式	平面形制	剖面形制	尺寸	附属设施	修缮情况	保存状况
正湖梁6号敌台	清水河县单台子乡酸枣洼村西南0.5千米	1156米	骑墙而建。位于正湖梁长城墙体上	土	夯筑而成，夯层厚0.15~0.2米	矩形	梯形	底部东西10，南北9米，顶部边长6米，残高9米	无	无	保存一般
正湖梁7号敌台	清水河县单台子乡北古梁村东南0.5千米	1097米	骑墙而建。位于正湖梁长城墙体上	土	夯筑而成，夯层厚0.15~0.2米	矩形	梯形	底部东西10，南北9米，顶部东西8，南北7米，残高7米	无	无	保存一般
正湖梁8号敌台	清水河县单台子乡北古梁村东南0.5千米	1061米	骑墙而建。位于正湖梁长城墙体上	土	夯筑而成，夯层厚0.15~0.2米	矩形	梯形	底部东西12，南北5米，顶部东西6.5，南北3米，残高9.5米	无	无	保存一般
水门塔1号敌台	清水河县单台子乡北古梁村西南1千米	1030米	骑墙而建。位于水门塔长城墙体上	土	夯筑而成，夯层厚0.05~0.15米	矩形	梯形	底部东西9，南北10米，顶部东西4，南北6米，残高6米	无	无	保存一般
水门塔2号敌台	清水河县单台子乡北古梁村西南1千米	1021米	骑墙而建。位于水门塔长城墙体上	土	夯筑而成，夯层厚0.1~0.15米	矩形	梯形	底部东西9，南北8米，顶部东西2.5，南北2米，残高9米	无	无	保存一般
水门塔3号敌台	万家寨镇马道嘴村西北0.5千米	1056米	骑墙而建。位于水门塔长城墙体上	土	夯筑而成，夯层厚0.1~0.15米	矩形	梯形	底部东西7，南北5.9米，顶部东西5，南北1.5米，残高5.8米	无	无	保存一般
闫王鼻子1号敌台	万家寨镇马道嘴村西北0.6千米	1087米	骑墙而建。位于闫王鼻子长城墙体上	土	夯筑而成，夯层厚0.05~0.15米	矩形	梯形	底部边长10，顶部边长7，残高8米	无	无	保存一般
闫王鼻子2号敌台	万家寨镇马道嘴村西北1千米	1086米	骑墙而建。位于闫王鼻子长城墙体上	土	夯筑而成，夯层厚0.05~0.1米	矩形	梯形	底部边长9，顶部边长6，残高8米	无	无	保存一般
闫王鼻子3号敌台	万家寨镇老牛湾村东北1.4千米	1072米	骑墙而建。位于闫王鼻子长城墙体上	土	夯筑而成，夯层厚0.05~0.1米	矩形	梯形	底部东西7米，顶部1.8，南北2.5米，东西6.5米，残高	无	无	保存一般
闫王鼻子4号敌台	万家寨镇老牛湾村东北0.7千米	1036米	骑墙而建。位于闫王鼻子长城墙体上	土	夯筑而成，夯层厚0.15~0.2米	矩形	梯形	底部东西8，南北5米，顶部东西5，南北6.5米，残高6米	无	无	保存一般

续表 433

名称	地点	高程	与其他遗存的位置关系	材质	建筑方式	平面形制	剖面形制	尺寸	附属设施	修缮情况	保存状况
闫王鼻子5号敌台	万家寨镇老牛湾村东北0.6千米	1015米	骑墙而建。位于闫王鼻子长城墙体上	土	夯筑而成,夯层厚0.15~0.2米	矩形	梯形	底部东西9、南北10米,顶部东西3、南北7米,残高8米	无	无	保存一般
闫王鼻子6号敌台	万家寨镇老牛湾村东北0.5千米	978米	骑墙而建。位于闫王鼻子长城墙体上	土	夯筑而成,夯层厚0.15~0.2米	矩形	梯形	底部东西9、南北7米,顶部东西3、南北4.2米,残高7米	无	无	保存一般
望河楼敌台(图五三八;彩图八六〇)	万家寨镇老牛湾村北0.2千米	1002米	系老牛湾长城起点	砖	外部砖石垒砌;下部包石20层,高3.14米,上部包砖	矩形	梯形	底部边长12.9、顶部边长11.5、残高12.14米	南壁上部有砖券拱门,宽0.9、高1.6米。拱门上方嵌石匾,题"望河楼"三字	无	保存较好
石卵敌台(彩图八六一)	天峰坪镇石卵村西北	942米	骑墙而建。位于石卵长城2段墙体上	土	夯筑而成,下部夯层间有片石层,夯层厚0.16~0.22米	矩形	梯形	底部东西7、南北7.5、残高8米	无	无	保存一般
寺沟1号敌台(彩图八六二)	天峰坪镇寺沟村北	968米	骑墙而建。位于寺沟长城墙体上	土	夯筑而成,夯层厚0.05~0.11米	圆形	梯形	底径14米	无	无	保存较好
寺沟2号敌台(彩图八六三)	天峰坪镇寺沟村北	982米	骑墙而建。位于寺沟长城墙体上	土	夯筑而成,夯层厚0.08~0.17米	圆形	梯形	底径17、顶径14、残高7.5米	无	无	保存较好
寺沟3号敌台(彩图八六四)	天峰坪镇寺沟村北	978米	骑墙而建。位于寺沟长城墙体上	土	夯筑而成,夯层厚0.06~0.15米	圆形	梯形	底径15、顶径15、残高7米	底部有台基,平面呈矩形,东西残长6.5、南北27米	无	保存较好
寺沟4号敌台(彩图八六五)	天峰坪镇寺沟村北	949米	骑墙而建。位于寺沟长城墙体上	土	夯筑而成,夯层厚0.07~0.12米	圆形	梯形	底径15、顶径12、残高6米	无	无	保存较好。西、南下部有现代洞穴
寺沟5号敌台(彩图八六六)	天峰坪镇寺沟村西	945米	骑墙而建。位于寺沟长城墙体上	土	夯筑而成,夯层厚0.05~0.16米	圆形	梯形	残高7~8米	底部有台基,直径19~20、残高5~6米,夯层厚0.14~0.17米	无	保存一般。东部、中部遭取土挖毁

表434　偏关县马面一览表

名称	地点	高程	与其他遗存的位置关系	材质	建筑方式	平面形制	剖面形制	尺寸	附属设施	修缮情况	保存状况
北场1号马面	南堡子乡北场村南	1798米	倚墙而建。位于北场长城1段墙体东侧	不详	不详	矩形	梯形	底部边长12，顶部边长9，残高6~7米	无	无	保存较好
北场2号马面	南堡子乡北场村西南	1805米	倚墙而建。位于北场长城1段墙体东侧	不详	不详	矩形	梯形	底部东西9，南北6米，顶部东西6，南北3米，残高7米	无	无	保存一般
北场3号马面（彩图八六七）	南堡子乡北场村西北1.3千米	1799米	倚墙而建。位于北场长城1段墙体东北侧，系北场长城1段止点，北场长城2段起点	不详	不详	矩形	梯形	底部东西10，南北8米，顶部东西8，南北6米，残高5米	无	无	保存一般
北场4号马面（彩图八六八）	南堡子乡北场村西北	1764米	倚墙而建。位于北场长城2段墙体东北侧	不详	不详	矩形	梯形	底部东西6，南北9米，顶部东西4，南北7米，残高5米	无	无	保存一般
北场5号马面（彩图八六九）	南堡子乡北场村西北，大庄窝村东	1616米	倚墙而建。位于北场长城2段墙体东侧	不详	不详	矩形	梯形	底部东西13，南北10米，顶部东西11，南北8米，残高6米	无	无	保存较好
大庄窝1号马面（彩图八七〇）	南堡子乡大庄窝村东	1581米	倚墙而建。位于大庄窝村长城1段墙体北侧	不详	不详	矩形	梯形	底部边长13，顶部边长10，残高6~7米	无	无	保存一般
大庄窝2号马面（彩图八七一）	南堡子乡大庄窝村东	1658米	倚墙而建。位于大庄窝村长城1段墙体北侧	不详	不详	矩形	梯形	底部东西10，南北13米，顶部东西8，南北11米，残高6米	无	无	保存较好
大庄窝3号马面（彩图八七二）	南堡子乡大庄窝村北	1715米	倚墙而建。位于大庄窝村长城2段墙体北侧	不详	不详	矩形	梯形	底部东西15，南北12米，顶部东西12，南北9米，残高7米	无	无	保存较好
大庄窝4号马面（彩图八七三）	南堡子乡大庄窝村西北1.2千米	1778米	倚墙而建。位于大庄窝村长城2段止点，系大庄窝村长城2段止点，大庄窝村长城3段起点	不详	不详	矩形	梯形	底部东西16，南北11米，顶部东西13，南北8米，残高8米	无	无	保存较好
大庄窝5号马面（彩图八七四）	南堡子乡大庄窝村西北	1779米	倚墙而建。位于大庄窝村长城3段墙体东北侧	不详	不详	矩形	梯形	底部东西11，南北8米，顶部东西9，南北6米，残高6米	无	无	保存一般

续表 434

名称	地点	高程	与其他遗存的位置关系	材质	建筑方式	平面形制	剖面形制	尺寸	附属设施	修缮情况	保存状况
大庄窝6号马面（彩图八七五）	南堡子乡大庄窝村西北	1779米	倚墙而建。位于大庄窝村长城3段墙体东北侧	不详	不详	矩形	梯形	底部东西11，南北12米，顶部东西9，南北10米，残高5米	无	无	保存一般
大庄窝7号马面	南堡子乡大庄窝村西北	1845米	倚墙而建。位于大庄窝村长城3段墙体东北侧	不详	不详	矩形	梯形	底部东西11，南北10米，顶部东西9，南北8米，残高4米	无	无	保存一般
大庄窝8号马面	南堡子乡大庄窝村西北	1859米	倚墙而建。位于大庄窝村长城3段墙体东侧	不详	不详	矩形	梯形	底部东西14，南北11米，顶部东西11，南北8米，残高8米	无	无	保存较好
大庄窝9号马面	南堡子乡大庄窝村西北2.5千米	1855米	倚墙而建。位于大庄窝村长城3段墙体南侧，系大庄窝村长城3段止点，大庄窝村长城4段起点	不详	不详	矩形	梯形	底部东西12，南北9米，顶部东西10，南北7米，残高5米	无	无	保存一般
大庄窝10号马面（彩图八七六）	南堡子乡大庄窝村西北	1839米	倚墙而建。位于大庄窝村长城4段墙体东侧	不详	不详	矩形	梯形	底部东西10，南北12米，顶部东西7，南北9米，残高7米	无	无	保存较好
大庄窝11号马面（彩图八七七）	南堡子乡大庄窝村西北，地椒峁村南	1770米	倚墙而建。位于大庄窝村长城4段墙体东侧	不详	不详	矩形	梯形	底部东西16，南北12米，顶部东西13，南北9米，残高10米	无	无	保存较好
南泉寺1号马面	南堡子乡南泉寺村东南1.4千米	1743米	倚墙而建。位于南泉寺长城墙体北侧	土	夯筑而成	矩形	梯形	底部东西4，南北6，残高5~6米	无	无	保存较差
南泉寺2号马面（彩图八七八）	南堡子乡南泉寺村东南	1743米	倚墙而建。位于南泉寺长城墙体西侧	土	夯筑而成，夯层厚0.2~0.25米	矩形	梯形	底部东西4，南北11，残高5米	无	无	保存一般
南泉寺3号马面	南堡子乡南泉寺村东南	1764米	倚墙而建。位于南泉寺长城墙体西侧	土	夯筑而成	矩形	梯形	底部东西7，南北10米，顶部东西5，南北7.5米，残高4.5~9米	无	无	保存一般
南泉寺4号马面	南堡子乡南泉寺村东南	1763米	倚墙而建。位于南泉寺长城墙体东侧	土	夯筑而成，夯层厚0.15~0.25米	矩形	梯形	底部东西5，南北3，残高5米	无	无	保存一般

续表434

名称	地点	高程	与其他遗存的位置关系	材质	建筑方式	平面形制	剖面形制	尺寸	附属设施	修缮情况	保存状况
南泉寺5号马面	南堡子乡南泉寺村东南0.8千米	1700米	倚墙而建。位于南泉寺长城墙体北侧	土	夯筑而成	矩形	梯形	底部东西7，南北8米，顶部东西5，南北4.7米，残高5米	无	无	保存一般
地椒峁1号马面（彩图八七九）	南堡子乡地椒峁村南	1720米	倚墙而建。位于地椒峁长城1段墙体东侧	土	夯筑而成，夯层厚0.1~0.18米	矩形	梯形	底部东西15，南北13米，顶部东西12，南北11米，残高8米	无	无	保存一般
地椒峁2号马面	南堡子乡地椒峁村南	1689米	倚墙而建。位于地椒峁长城1段墙体东侧	不详	不详	矩形	梯形	底部东西8，南北14米，顶部东西6，南北12米，残高6米	无	无	保存一般
地椒峁3号马面（彩图八八〇）	南堡子乡地椒峁村西北	1714米	倚墙而建。位于地椒峁长城2段墙体东侧	不详	不详	矩形	梯形	底部东西8，南北11米，顶部东西6，南北9米，残高6米	无	无	保存一般
地椒峁4号马面	南堡子乡地椒峁村西北	1706米	倚墙而建。位于地椒峁长城2段墙体东侧	不详	不详	矩形	梯形	底部东西9，南北7米，顶部东西4米，残高3~4米	无	无	保存一般
地椒峁5号马面（彩图八八一）	南堡子乡地椒峁村西北1.6千米	1636米	倚墙而建。位于地椒峁长城2段墙体东侧，系地椒峁长城2段止点，南梁上长城1段起点	不详	不详	矩形	梯形	底部东西9，南北12米，顶部东西6，南北9米，残高6.5米	无	无	保存一般
南梁上1号马面（彩图八八二）	老营镇南梁上村东南	1586米	倚墙而建。位于南梁上长城1段墙体北侧	不详	不详	矩形	梯形	底部东西9，南北10米，顶部东西6，南北7米，残高6~7米	无	无	保存较好
南梁上2号马面（彩图八八三）	老营镇南梁上村东南	1484米	倚墙而建。位于南梁上长城1段墙体东侧	不详	不详	矩形	梯形	底部东西9，南北11米，顶部东西6，南北7米，残高7米	无	无	保存较好
柏杨岭1号马面（彩图八八四）	老营镇柏杨岭村东南	1747米	倚墙而建。位于柏杨岭长城1段墙体东侧	土	夯筑而成，夯层厚0.1~0.12米	矩形	梯形	东西6，南北3.5，残高3米	无	无	保存一般
柏杨岭2号马面（彩图八八五）	老营镇柏杨岭村东南	1744米	倚墙而建。位于柏杨岭长城1段墙体北侧	不详	不详	矩形	梯形	边长9，残高4~5米	无	无	保存一般

续表434

名称	地点	高程	与其他遗存的位置关系	材质	建筑方式	平面形制	剖面形制	尺寸	附属设施	修缮情况	保存状况
柏杨岭3号马面	老营镇柏杨岭村东南1.25千米	1773米	倚墙而建。位于柏杨岭长城1段墙体东北侧,系柏杨岭长城1段止点,柏杨岭长城2段起点	不详	不详	矩形	梯形	底部东西8,南北7,残高5~6米	无	无	保存一般
柏杨岭4号马面(彩图八八六)	老营镇柏杨岭村东南	1758米	倚墙而建。位于柏杨岭长城2段墙体东北侧	不详	不详	矩形	梯形	边长5,残高4米	无	无	保存一般
柏杨岭5号马面(彩图八八七)	老营镇柏杨岭村东南	1783米	倚墙而建。位于柏杨岭长城2段墙体东北侧	不详	不详	矩形	梯形	底部东西7,南北9米,顶部东西4,南北6米,残高5米	无	无	保存一般
柏杨岭6号马面(彩图八八八)	老营镇柏杨岭村东南	1790米	倚墙而建。位于柏杨岭长城2段墙体东北侧	不详	不详	矩形	梯形	底部东西9,南北10米,顶部东西6,南北7米,残高5米	无	无	保存一般
柏杨岭7号马面(彩图八八九)	老营镇柏杨岭村东	1792米	倚墙而建。位于柏杨岭长城2段墙体东侧	不详	不详	矩形	梯形	底部东西9,南北10米,顶部东西6,南北7米,残高6米	无	无	保存一般
内蒙古调查柏杨岭长城1段1号马面	老营镇柏杨岭村东0.25千米	1815米	倚墙而建。位于内蒙古调查柏杨岭长城1段墙体西侧	土	夯筑而成,夯层厚0.15~0.2米	矩形	梯形	底部东西8,南北6米,顶部东西3,南北2米,残高7米	无	无	保存一般
内蒙古调查柏杨岭长城1段2号马面	老营镇柏杨岭村东0.2千米	1805米	倚墙而建。位于内蒙古调查柏杨岭长城1段墙体西侧	土	夯筑而成,夯层厚0.15~0.2米	矩形	梯形	底部东西10,南北8米,顶部东西1,南北2米,残高6米	无	无	保存一般
内蒙古调查柏杨岭长城1段3号马面	老营镇柏杨岭村东0.3千米	1788米	倚墙而建。位于内蒙古调查柏杨岭长城1段墙体西侧	土	夯筑而成,夯层厚0.15~0.2米	矩形	梯形	底部东西8,南北7米,顶部东西3,南北2.5米,残高7米	无	无	保存一般
内蒙古调查柏杨岭长城2段1号马面	老营镇柏杨岭村东南0.2千米	1805米	倚墙而建。位于内蒙古调查柏杨岭长城2段墙体东北侧	土	夯筑而成,夯层厚0.15~0.2米	矩形	梯形	底部东西10,南北7米,顶部东西3,南北2米,残高5米	无	无	保存一般。南部被修路破坏损毁
内蒙古调查柏杨岭长城2段2号马面	老营镇柏杨岭村西北0.16千米	1818米	倚墙而建。位于内蒙古调查柏杨岭长城2段墙体东北侧	土	夯筑而成,夯层厚0.15~0.2米	矩形	梯形	底部东西7,南北11米,顶部东西3,南北7米,残高6米	无	无	保存一般

续表434

名称	地点	高程	与其他遗存的位置关系	材质	建筑方式	平面形制	剖面形制	尺寸	附属设施	修缮情况	保存状况
内蒙古调查柏杨岭长城2段3号马面	老营镇柏杨岭村西北0.31千米	1798米	倚墙而建。位于内蒙古调查柏杨岭长城2段墙体东北侧	土	夯筑而成，夯层厚0.15~0.2米	矩形	梯形	底部东西8，南北11米，顶部东西3.5，南北8米，残高6米	无	无	保存一般
内蒙古调查柏杨岭长城2段4号马面	老营镇柏杨岭村西北0.6千米	1794米	倚墙而建。位于内蒙古调查柏杨岭长城2段墙体东北侧	土	夯筑而成，夯层厚0.15~0.2米	矩形	梯形	底部东西8，南北12米，顶部东西3，南北6米，残高7米	无	无	保存一般
内蒙古调查柏杨岭长城2段5号马面	老营镇柏杨岭村西北1千米	1769米	倚墙而建。位于内蒙古调查柏杨岭长城2段墙体东北侧	土	夯筑而成，夯层厚0.15~0.2米	矩形	梯形	底部东西7，南北11米，顶部东西4，南北7米，残高5米	无	无	保存一般
野羊洼1号马面	老营镇柏杨岭村西北1.2千米	1769米	倚墙而建。位于野羊洼长城墙体北侧	石	外部条石垒砌；内部为土台体，夯层厚0.15~0.2米	矩形	梯形	底部东西7.5，南北10米，顶部东西2，南北3米，残高7米	无	无	保存一般。包石被拆毁
野羊洼2号马面	老营镇柏杨岭村西北1.4千米	1784米	倚墙而建。位于野羊洼长城墙体北侧	土	夯筑而成，夯层厚0.15~0.2米	矩形	梯形	底部东西6，南北9.5米，顶部东西3.5，南北5米，残高8米	无	无	保存一般
野羊洼3号马面	老营镇野羊洼村东0.5千米	1816米	倚墙而建。位于野羊洼长城墙体东北侧	土	夯筑而成，夯层厚0.15~0.2米	矩形	梯形	底部东西6，南北8米，顶部东西2，南北6米，残高5米	无	无	保存一般
野羊洼4号马面	老营镇野羊洼村东北0.35千米	1810米	倚墙而建。位于野羊洼长城墙体北侧	土	夯筑而成，夯层厚0.15~0.2米	矩形	梯形	底部东西8，南北9.5米，顶部东西4，南北5米，残高8米	无	无	保存一般
野羊洼5号马面	老营镇野羊洼村北0.45千米	1781米	倚墙而建。位于野羊洼长城墙体北侧	土	夯筑而成，夯层厚0.15~0.2米	矩形	梯形	底部东西6，南北7米，顶部东西4，南北3米，残高5米	无	无	保存一般
野羊洼6号马面	老营镇野羊洼村北0.4千米	1792米	倚墙而建。位于野羊洼长城墙体北侧	土	夯筑而成，夯层厚0.15~0.2米	矩形	梯形	底部东西7，南北8米，顶部东西1，南北6米，残高5米	顶部有铺石	无	保存一般
野羊洼7号马面	老营镇野羊洼村西北0.5千米	1755米	倚墙而建。位于野羊洼长城墙体北侧	土	夯筑而成，夯层厚0.15~0.2米	矩形	梯形	底部东西6，南北10米，顶部东西3，南北1.5米，残高1.5米	无	无	保存较差

续表434

名称	地点	高程	与其他遗存的位置关系	材质	建筑方式	平面形制	剖面形制	尺寸	附属设施	修缮情况	保存状况
野羊洼8号马面	老营镇野羊洼村西北0.65千米	1768米	倚墙而建。位于野羊洼长城墙体北侧	土	夯筑而成,夯层厚0.15~0.2米	矩形	梯形	底部东西7.5、南北7.8米,顶部东西3,南北4.53米,残高7.21米	无	无	保存一般
笞子沟1号马面	老营镇野羊洼村西北0.73千米	1754米	倚墙而建。位于笞子沟长城墙体西北侧	土	夯筑而成,夯层厚0.15~0.2米	矩形	梯形	底部东西6、南北7.2米,顶部东西4.8、南北2.52米,残高7.15米	无	无	保存一般
笞子沟2号马面	老营镇野羊洼村西0.72千米	1734米	倚墙而建。位于笞子沟长城墙体西北侧	土	夯筑而成,夯层厚0.15~0.2米	矩形	梯形	底部东西7.44、南北6.2米,顶部东西2.2、南北3米,残高4.7米	顶部有铺砖和铺石	无	保存一般
笞子沟3号马面	老营镇野羊洼村西0.83千米	1726米	倚墙而建。位于笞子沟长城墙体西北侧	土	夯筑而成,夯层厚0.15~0.2米	矩形	梯形	底部东西6.32、南北7米,顶部东西3.2、南北2.2米,残高5.12米	顶部有铺砖	无	保存一般
笞子沟4号马面	老营镇野羊洼村西1.1千米	1749米	倚墙而建。位于笞子沟长城墙体西北侧	土	夯筑而成,夯层厚0.15~0.2米	矩形	梯形	底部东西5.3、南北6米,顶部东西2、南北3米,残高7.1米	无	无	保存一般
笞子沟5号马面	清水河县北堡乡井阳上村东南2.8千米	1754米	倚墙而建。位于笞子沟长城墙体西北侧	土	夯筑而成,夯层厚0.05~0.2米	矩形	梯形	底部东西9.8、南北9.9米,顶部东西9.8、南北7米,残高7米	无	无	保存一般
笞子沟6号马面	清水河县北堡乡井阳上村东南2.6千米	1750米	倚墙而建。位于笞子沟长城墙体西北侧	土	夯筑而成,夯层厚0.05~0.2米	矩形	梯形	底部东西7、南北6米,顶部东西3、南北4米,残高7.12米	无	无	保存一般
笞子沟7号马面	清水河县北堡乡井阳上村东南2.5千米	1733米	倚墙而建。位于笞子沟长城墙体北侧	土	夯筑而成,夯层厚0.05~0.2米	矩形	梯形	底部东西9、南北6.95米,顶部东西3.6、南北2米,残高8.15米	顶部铺石	无	保存一般
笞子沟8号马面	清水河县北堡乡井阳上村东南2.4千米	1727米	倚墙而建。位于笞子沟长城墙体西侧	土	夯筑而成,夯层厚0.1~0.2米	矩形	梯形	底部东西7.8、南北6米,顶部东西3、南北4米,残高5.21米	无	无	保存一般
笞子沟9号马面	清水河县北堡乡井阳上村东南2.8千米	1718米	倚墙而建。位于笞子沟长城墙体西侧	土	夯筑而成	矩形	梯形	底部东西7.98、南北6.12米,顶部东西2.2、南北3米,残高4.7米	无	无	保存一般

续表 434

名称	地点	高程	与其他遗存的位置关系	材质	建筑方式	平面形制	剖面形制	尺寸	附属设施	修缮情况	保存状况
窑子沟10号马面	清水河县北堡乡楝木塔村东2.4千米	1727米	倚墙而建。位于窑子沟长城墙体西侧	土	夯筑而成，夯层厚0.05~0.1米	矩形	梯形	底部东西8，顶部东西4.75米，南北4米，残高8米	无	无	保存一般。北壁被修路破坏损毁
楝木塔1号马面	清水河县北堡乡楝木塔村东2.3千米	1719米	倚墙而建。位于楝木塔长城墙体西侧	土	夯筑而成，夯层厚0.04~0.1米	矩形	梯形	底部东西7，南北7.2米，顶部东西3，南北2.5米，残高6.58米	无	无	保存一般
楝木塔2号马面	清水河县北堡乡楝木塔村东2.2千米	1720米	倚墙而建。位于楝木塔长城墙体北侧	土	夯筑而成，夯层厚0.05~0.15米	矩形	梯形	底部东西8，南北7.5米，顶部东西4.5，南北5米，残高7.5米	无	无	保存一般
楝木塔3号马面	清水河县北堡乡楝木塔村东2.1千米	1709米	倚墙而建。位于楝木塔长城墙体西北侧	土	夯筑而成，夯层厚0.04~0.1米	矩形	梯形	底部东西7，南北9米，顶部东西2，南北3米，残高8.56米	无	无	保存一般
楝木塔4号马面	清水河县北堡乡楝木塔村东南1.6千米	1648米	倚墙而建。位于楝木塔长城墙体西北侧	土	夯筑而成，夯层厚0.08~0.15米	矩形	梯形	底部东西7.4，南北6.6米，顶部东西6.4，南北3米，残高5.7米	顶部有铺砖	无	保存一般
楝木塔5号马面	清水河县北堡乡楝木塔村东南1.6千米	1643米	倚墙而建。位于楝木塔长城墙体西北侧	石	外部条石垒砌；内部为夯土台体，夯层厚0.08~0.15米	矩形	梯形	底部东西11.5，南北7.5米，顶部东西7.8，南北6.9米，残高5.68米	顶部有铺砖	无	保存一般。包石被拆毁
楝木塔6号马面	清水河县北堡乡楝木塔村东南1.6千米	1633米	倚墙而建。位于楝木塔长城墙体西北侧	石	外部条石垒砌；内部为夯土台体，夯层厚0.08~0.15米	矩形	梯形	底部东西10.2，南北8.6米，顶部东西6，南北6.15米，残高5.85米	顶部有铺砖	无	保存一般。包石被拆毁
楝木塔7号马面	清水河县北堡乡楝木塔村东南1.65千米	1644米	倚墙而建。位于楝木塔长城墙体西北侧	石	外部条石垒砌；内部为夯土台体，夯层厚0.08~0.15米	矩形	梯形	底部东西11.2，南北6.3米，顶部东西5.1，南北3.5米，残高6.8米	顶部有铺砖	无	保存一般。包石被拆毁
楝木塔8号马面	清水河县北堡乡楝木塔村南1.6千米	1649米	倚墙而建。位于楝木塔长城墙体北侧	石	外部条石垒砌；内部为夯土台体，夯层厚0.08~0.15米	矩形	梯形	底部东西10.5，南北8.1米，顶部东西3，南北1.5米，残高4.8米	顶部有铺砖	无	保存一般。包石被拆毁
小元峁1号马面	清水河县北堡乡楝木塔村南1.52千米	1633米	倚墙而建。位于楝木塔长城墙体北侧	石	外部条石垒砌；内部为夯土台体，夯层厚0.08~0.15米	矩形	梯形	底部边长12，顶部边长10.5，残高6.5米	顶部有铺砖	无	保存一般。包石被拆毁

续表434

名称	地点	高程	与其他遗存的位置关系	材质	建筑方式	平面形制	剖面形制	尺寸	附属设施	修缮情况	保存状况
小元驼2号马面	清水河县北堡乡楔木塔村南1.54千米	1647米	倚墙而建。位于楔木塔长城墙体西北侧	石	外部条石垒砌;内部为夯土台体,夯层厚0.08~0.15米	矩形	梯形	底部东西11,顶部东西3.85,南北2米,残高4.2米	顶部有铺砖	无	保存一般。包石被拆毁
小元驼3号马面	清水河县北堡乡楔木塔村南1.56千米	1646米	倚墙而建。位于楔木塔长城墙体西北侧	石	外部条石垒砌;内部为夯土台体,夯层厚0.08~0.15米	矩形	梯形	底部东西7.1,南北8.25米,顶部东西1.5,南北6.3米	无	无	保存一般。包石被拆毁
小元驼4号马面	清水河县北堡乡楔木塔村南1.75千米	1671米	倚墙而建。位于楔木塔长城墙体西北侧	石	外部条石垒砌;内部为夯土台体,夯层厚0.1~0.15米	矩形	梯形	底部东西13.2,南北6米,顶部东西12.5,南北7.5米,残高4.4米	无	无	保存一般。包石被拆毁
小元驼5号马面	清水河县北堡乡楔木塔村西南1.96千米	1625米	倚墙而建。位于楔木塔长城墙体西北侧	石	外部条石垒砌;内部为夯土台体,夯层厚0.1~0.15米	矩形	梯形	底部东西12,南北9.8米,顶部东西11,南北7.5米,残高4米	无	无	保存一般。包石被拆毁
小元驼6号马面	清水河县北堡乡楔木塔村西南2.1千米	1593米	倚墙而建。位于楔木塔长城墙体西北侧	石	外部条石垒砌;内部为夯土台体,夯层厚0.1~0.15米	矩形	梯形	底部东西10,南北6.2米,顶部东西8,南北7.5米,残高5米	无	无	保存一般。包石被拆毁
小元驼7号马面	清水河县北堡乡楔木塔村西南2.14千米	1575米	倚墙而建。位于楔木塔长城墙体西北侧	石	外部条石垒砌;内部为夯土台体,夯层厚0.1~0.15米	矩形	梯形	底部东西11,南北8米,顶部东西8.5,南北6米,残高5米	无	无	保存一般。包石被拆毁
小元驼8号马面	清水河县北堡乡楔木塔村西南2.23千米	1561米	倚墙而建。位于楔木塔长城墙体西北侧	石	外部条石垒砌;内部为夯土台体,夯层厚0.1~0.15米	矩形	梯形	底部东西11,南北8米,顶部东西10,南北8米,残高5.5米	无	无	保存一般。包石被拆毁
窑洼1号马面	水泉乡窑洼村东0.7千米	1646米	倚墙而建。位于窑洼长城墙体西北侧	石	外部条石垒砌;内部为夯土台体,夯层厚0.15~0.2米	矩形	梯形	底部东西16,南北12米,顶部东西14,南北10米,残高7米	无	无	保存一般。包石被拆毁
窑洼2号马面	水泉乡窑洼村东0.65千米	1522米	倚墙而建。位于窑洼长城墙体西北侧	土	夯筑而成,夯层厚0.15~0.2米	矩形	梯形	底部边长14米,顶部东西12,南北6米	无	无	保存一般
窑洼3号马面	水泉乡窑洼村东0.6千米	1472米	倚墙而建。位于窑洼长城墙体西北侧	石	外部条石垒砌;内部为夯土台体,夯层厚0.15~0.2米	矩形	梯形	底部东西10,南北14米,顶部东西7,南北9米,残高8米	无	无	保存一般。包石被拆毁

续表 434

名称	地点	高程	与其他遗存的位置关系	材质	建筑方式	平面形制	剖面形制	尺寸	附属设施	修缮情况	保存状况
窑洼4号马面	水泉乡窑洼村东0.55千米	1463米	倚墙而建。位于楝木塔长城墙体北侧	石	外部条石垒砌；内部为夯土台体，夯层厚0.15~0.2米	矩形	梯形	底部东西10、南北6，顶部东西8、南北4米，残高5米	无	无	保存一般；包石被拆毁，北壁被修路破坏损毁
窑洼5号马面	水泉乡窑洼村东0.35千米	1475米	倚墙而建。位于楝木塔长城墙体北侧	砖	外部砖石垒砌，内部为夯土台体，夯层厚0.15~0.2米	矩形	梯形	底部东西14、南北10米，顶部东西7、南北8米，残高8米	无	无	保存一般；砖被拆毁
窑洼6号马面	水泉乡窑洼村东0.3千米	1469米	倚墙而建。位于楝木塔长城墙体北侧	石	外部条石垒砌；内部为夯土台体，夯层厚0.15~0.2米	矩形	梯形	底部东西10、南北8米，顶部东西6、南北7米，残高8.5米	无	无	保存一般；包石被拆毁，北壁被修路破坏损毁
窑洼7号马面	水泉乡窑洼村东北0.15千米	1499米	倚墙而建。位于楝木塔长城墙体北侧	土	夯筑而成，夯层厚0.15~0.2米	矩形	梯形	底部东西8.5、南北7米，顶部东西4、南北3米，残高6米	无	无	保存一般
窑洼8号马面	水泉乡窑洼村东北0.3千米	1511米	倚墙而建。位于楝木塔长城墙体北侧	土	夯筑而成，夯层厚0.15~0.2米	矩形	梯形	底部东西6、南北8米，顶部东西3、南北4米，残高9.5米	无	无	保存一般
窑洼9号马面	水泉乡窑洼村东北0.5千米	1506米	倚墙而建。位于楝木塔长城墙体北侧	土	夯筑而成，夯层厚0.15~0.2米	矩形	梯形	底部东西9、南北13米，顶部东西5、南北8米，残高6米	无	无	保存一般
窑洼10号马面	水泉乡窑洼村东北0.65千米	1496米	倚墙而建。位于楝木塔长城墙体北侧	土	夯筑而成，夯层厚0.15~0.2米	矩形	梯形	底部边长8米，顶部东西4、南北3.5米，残高6米	无	无	保存一般
窑洼11号马面	水泉乡窑洼村北0.8千米	1492米	倚墙而建。位于楝木塔长城墙体北侧	石	外部条石垒砌；内部为夯土台体，夯层厚0.15~0.2米	矩形	梯形	底部东西11、南北13米，顶部东西7、南北9米，残高7米	无	无	保存一般；包石被拆毁
窑洼12号马面	水泉乡窑洼村北1.1千米	1474米	倚墙而建。位于楝木塔长城墙体东北侧	石	外部条石垒砌；内部为夯土台体，夯层厚0.15~0.2米	矩形	梯形	不详	无	无	保存差；包石被拆毁
碓臼坪1号马面	清水河县暖泉乡碓臼坪村南1.2千米	1476米	倚墙而建。位于碓臼坪长城墙体东北侧	石	外部条石垒砌；内部为夯土台体，夯层厚0.04~0.1米	矩形	梯形	底部东西5.15、南北6.2米，顶部东西4.2、南北4.5米，残高5.5米	无	无	保存一般；包石被拆毁

续表434

名称	地点	高程	与其他遗存的位置关系	材质	建筑方式	平面形制	剖面形制	尺寸	附属设施	修缮情况	保存状况
碾白坪2号马面	清水河县暖泉乡碾白坪村南1.15千米	1473米	倚墙而建。位于碾白坪长城墙体北侧	石	外部条石垒砌;内部为夯土台体,夯层厚0.06~0.1米	矩形	梯形	底部东西10、南北4.7米,顶部东西8.4、南北3.4米,残高5.2米	无	无	保存一般。包石被拆毁
碾白坪3号马面	清水河县暖泉乡碾白坪村南1千米	1470米	倚墙而建。位于碾白坪长城墙体东北侧	石	外部条石垒砌;内部为夯土台体,夯层厚0.06~0.1米	矩形	梯形	底部东西8.15、南北西6.35米,顶部东西7.23、南北6米,残高4米	无	无	保存一般。包石被拆毁
碾白坪4号马面	清水河县暖泉乡碾白坪村南1.05千米	1453米	倚墙而建。位于碾白坪长城墙体东北侧	石	外部条石垒砌;内部为夯土台体,夯层厚0.06~0.1米	矩形	梯形	底部边长12、顶部边长11,残高4米	无	无	保存一般。包石被拆毁
碾白坪5号马面	清水河县暖泉乡碾白坪村西南1.02千米	1459米	倚墙而建。位于碾白坪长城墙体东北侧	石	外部条石垒砌;内部为夯土台体,夯层厚0.05~0.15米	矩形	梯形	底部东西12、南北4.5米,顶部东西11、南北2.5米,残高4.75米	无	无	保存一般。包石被拆毁
碾白坪6号马面	清水河县暖泉乡碾白坪村西南0.96千米	1464米	倚墙而建。位于碾白坪长城墙体东北侧	土	夯筑而成,夯层厚0.05~0.15米	矩形	梯形	底部东西5.78、南北7.2米,顶部边长1米,残高6米	无	无	保存一般
碾白坪7号马面	清水河县暖泉乡碾白坪村西南0.9千米	1464米	倚墙而建。位于碾白坪长城墙体东北侧	石	外部条石垒砌;内部为夯土台体,夯层厚0.05~0.15米	矩形	梯形	底部东西6.84、南北4.3米,顶部东西5、南北3.5米,残高5.45米	无	无	保存一般。包石被拆毁
碾白坪8号马面	清水河县暖泉乡碾白坪村西南0.85千米	1418米	倚墙而建。位于碾白坪长城墙体东北侧	石	外部条石垒砌;内部为夯土台体,夯层厚0.05~0.15米	矩形	梯形	底部东西8、南北5米,顶部东西7.5、南北1.5米,残高5米	无	无	保存一般。包石被拆毁
碾白坪9号马面	清水河县暖泉乡碾白坪村西南0.86千米	1419米	倚墙而建。位于碾白坪长城墙体东北侧	石	外部条石垒砌;内部为夯土台体,夯层厚0.05~0.15米	矩形	梯形	底部东西5.8、南北8.8米,顶部东西3.75、南北7.5米,残高6米	无	无	保存一般。包石被拆毁
碾白坪10号马面	清水河县暖泉乡碾白坪村西南1千米	1423米	倚墙而建。位于碾白坪长城墙体北侧	石	外部条石垒砌;内部为夯土台体,夯层厚0.05~0.15米	矩形	梯形	底部东西8.35、南北7米,顶部东西6、南北5米,残高5.64米	无	无	保存一般。包石被拆毁
碾白坪11号马面	清水河县暖泉乡碾白坪村西南1.7千米	1434米	倚墙而建。位于碾白坪长城墙体北侧	石	外部条石垒砌;内部为夯土台体,夯层厚0.05~0.15米	矩形	梯形	底部东西9、南北6米,顶部东西6、南北4米,残高5米	无	无	保存一般。包石被拆毁

名称	地点	高程	与其他遗存的位置关系	材质	建筑方式	平面形制	剖面形制	尺寸	附属设施	修缮情况	保存状况
许家湾1号马面	清水河县暖泉乡川峁上村东南1.23千米	1444米	倚墙而建。位于许家湾长城墙体北侧	石	外部条石垒砌;内部为夯土台体,夯层厚0.05~0.15米	矩形	梯形	底部东西9,南北3米,顶部东西6,南北1米,残高3米	无	无	保存较差。包石被拆毁
许家湾2号马面	清水河县暖泉乡川峁上村东南1.2千米	1442米	倚墙而建。位于许家湾长城墙体北侧	石	外部条石垒砌;内部为夯土台体,夯层厚0.05~0.15米	矩形	梯形	底部东西8,南北7米,顶部东西6,南北5米,残高5米	无	无	保存一般。包石被拆毁
许家湾3号马面	清水河县暖泉乡川峁上村东南1.1千米	1430米	倚墙而建。位于许家湾长城墙体北侧	石	外部条石垒砌;内部为夯土台体,夯层厚0.05~0.15米	矩形	梯形	底部东西8,南北9米,顶部东西5,南北6米,残高8.5米	顶部有铺砖	无	保存一般。包石被拆毁
许家湾4号马面	清水河县暖泉乡川峁上村东南0.7千米	1391米	倚墙而建。位于许家湾长城墙体北侧	石	外部条石垒砌;内部为夯土台体,夯层厚0.05~0.15米	矩形	梯形	底部东西7.5,南北6米,顶部东西5,南北4米,残高4.75米	无	无	保存一般。包石被拆毁
许家湾5号马面	清水河县暖泉乡川峁上村东南0.5千米	1373米	倚墙而建。位于许家湾长城墙体北侧	石	外部条石垒砌;内部为夯土台体,夯层厚0.05~0.15米	矩形	梯形	底部东西9,南北7米,顶部东西5,南北5米,残高6米	顶部有铺砖	无	保存一般。包石被拆毁
许家湾6号马面	清水河县暖泉乡川峁上村西南0.3千米	1327米	倚墙而建。位于许家湾长城墙体北侧	土	夯筑而成,夯层厚0.05~0.15米	矩形	梯形	底部边长5,顶部边长4,残高4米	无	无	保存一般。马面被修路破坏损毁
川峁上1号马面	清水河县暖泉乡川峁上村西0.7千米	1348米	倚墙而建。位于川峁上长城墙体北侧	土	夯筑而成,夯层厚0.15~0.2米	矩形	梯形	底部东西10,南北12米,顶部东西8,南北10米,残高7米	无	无	保存一般
川峁上2号马面	清水河县暖泉乡川峁上村西北1.2千米	1365米	倚墙而建。位于川峁上长城墙体北侧	石	外部条石垒砌;内部为夯土台体,夯层厚0.15~0.2米	矩形	梯形	底部东西11,南北12米,顶部东西10,南北9米,残高5米	无	无	保存一般。包石被拆毁
川峁上3号马面	清水河县暖泉乡川峁上村西北1.5千米	1378米	倚墙而建。位于川峁上长城墙体北侧	土	夯筑而成,夯层厚0.15~0.2米	矩形	梯形	底部东西8,南北9米,顶部东西5,南北7米,残高6米	无	无	保存一般
川峁上4号马面	清水河县暖泉乡头道沟村南1千米	1413米	倚墙而建。位于川峁上长城墙体北侧	土	夯筑而成,夯层厚0.15~0.2米	矩形	梯形	底部东西9,南北13米,顶部东西5,南北8米,残高7米	无	无	保存一般

续表434

名称	地点	高程	与其他遗存的位置关系	材质	建筑方式	平面形制	剖面形制	尺寸	附属设施	修缮情况	保存状况
头道沟1号马面	清水河县暖泉乡头道沟村南0.9千米	1422米	倚墙而建。位于头道沟长城墙体东北侧	土	夯筑而成，夯层厚0.15~0.2米	矩形	梯形	底部东西7，南北8米，顶部东西5，南北3米，残高6米	无	无	保存一般
头道沟2号马面	清水河县暖泉乡头道沟村南0.9千米	1440米	倚墙而建。位于头道沟长城墙体东北侧	土	夯筑而成，夯层厚0.15~0.2米	矩形	梯形	底部东西6，南北8米，顶部边长3米，残高7米	无	无	保存一般
头道沟3号马面	清水河县暖泉乡头道沟村西南0.9千米	1460米	倚墙而建。位于头道沟长城墙体东北侧	土	夯筑而成，夯层厚0.15~0.2米	矩形	梯形	底部东西6，南北8米，顶部东西2，南北4米，残高6米	无	无	保存一般
头道沟4号马面	清水河县暖泉乡头道沟村西南1.2千米	1503米	倚墙而建。位于头道沟长城墙体东北侧	土	夯筑而成，夯层厚0.15~0.2米	矩形	梯形	底部东西15，南北10米，顶部东西14，南北6米，残高5米	无	无	保存一般
头道沟5号马面	清水河县暖泉乡腰栅嘴村南1.4千米	1532米	倚墙而建。位于头道沟长城墙体东北侧	土	夯筑而成，夯层厚0.15~0.2米	矩形	梯形	底部边长12米，顶部东西7，南北8米，残高4米	无	无	保存一般
后海子马面	水泉乡后海子村西北0.9千米	1495米	倚墙而建。位于后海子长城墙体东北侧	土	夯筑而成，夯层厚0.15~0.2米	矩形	梯形	底部东西5，南北6米，顶部东西3，南北4米，残高6米	无	无	保存一般
杏树峁1号马面	清水河县暖泉乡腰栅嘴村西南1.5千米	1561米	倚墙而建。位于杏树峁长城墙体东北侧	土	夯筑而成，夯层厚0.1~0.2米	矩形	梯形	底部东西6.89米，南北8.9，顶部东西5，南北4米，残高6米	无	无	保存一般
杏树峁2号马面	清水河县暖泉乡腰栅嘴村西南1.5千米	1575米	倚墙而建。位于杏树峁长城墙体东北侧	土	夯筑而成，夯层厚0.05~0.1米	矩形	梯形	底部东西8，南北8.5米，顶部东西2，南北5米，残高6.2米	无	无	保存一般
杏树峁3号马面	清水河县暖泉乡腰栅嘴村西南1.35千米	1591米	倚墙而建。位于杏树峁长城墙体东北侧	土	夯筑而成，夯层厚0.05~0.15米	矩形	梯形	底部东西8，南北29米，顶部东西6，南北5米，残高8.5米	无	无	保存一般
杏树峁4号马面	清水河县暖泉乡腰栅嘴村西南1.45千米	1586米	倚墙而建。位于杏树峁长城墙体北侧	土	夯筑而成，夯层厚0.05~0.15米	矩形	梯形	底部东西12，南北7米，顶部东西9，南北5米，残高7.4米	无	无	保存一般

续表 434

名称	地点	高程	与其他遗存的位置关系	材质	建筑方式	平面形制	剖面形制	尺寸	附属设施	修缮情况	保存状况
杏树峁5号马面	清水河县暖泉乡腰栅杏树嘴村西南1.55千米	1582米	倚墙而建。位于杏树峁长城墙体北侧	石	外部条石垒砌；内部为夯土台体，夯层厚0.05~0.15米	矩形	梯形	底部东西9、南北6.5米，顶部东西7、南北5.85米	无	无	保存一般。包石被拆毁
杏树峁6号马面	清水河县暖泉乡腰栅杏树嘴村西南1.63千米	1588米	倚墙而建。位于杏树峁长城墙体北侧	土	夯筑而成，夯层厚0.05~0.15米	矩形	梯形	底部东西8、南北6米，顶部东西5、南北4米，残高6米	无	无	保存一般
杏树峁7号马面	清水河县暖泉乡腰栅杏树嘴村西南1.67千米	1588米	倚墙而建。位于杏树峁长城墙体东北侧	土	夯筑而成，夯层厚0.05~0.15米	矩形	梯形	底部东西4.3、南北7.3米，顶部东西3、南北5米，残高5米	无	无	保存一般
杏树峁8号马面	清水河县暖泉乡腰栅杏树嘴村西南1.7千米	1594米	倚墙而建。位于杏树峁长城墙体东北侧	土	夯筑而成，夯层厚0.05~0.15米	矩形	梯形	底部东西8、南北7米，顶部东西4.5、南北1米，残高6米	无	无	保存一般
杏树峁9号马面	清水河县暖泉乡腰栅杏树嘴村西南1.72千米	1610米	倚墙而建。位于杏树峁长城墙体北侧	土	夯筑而成，夯层厚0.05~0.15米	矩形	梯形	底部东西6、南北25米，顶部东西1.5、南北2米，残高5米	无	无	保存一般
杏树峁10号马面	清水河县暖泉乡腰栅杏树嘴村西南1.78千米	1596米	倚墙而建。位于杏树峁长城墙体东北侧	土	夯筑而成，夯层厚0.05~0.15米	矩形	梯形	底部东西6.42、南北10米，顶部东西2、南北6米，残高4.76米	无	无	保存一般
杏树峁11号马面	清水河县暖泉乡腰栅杏树嘴村西南1.9千米	1605米	倚墙而建。位于杏树峁长城墙体东北侧	土	夯筑而成，夯层厚0.05~0.15米	矩形	梯形	底部东西8.2、南北11米，顶部东西4.67、南北9米，残高6米	无	无	保存一般
杏树峁12号马面	清水河县暖泉乡腰栅杏树嘴村西南1.93千米	1605米	倚墙而建。位于杏树峁长城墙体东北侧	土	夯筑而成，夯层厚0.04~0.15米	矩形	梯形	底部东西6.5、南北7.5米，顶部东西2.5、南北6米，残高4.5米	无	无	保存一般
杏树峁13号马面	清水河县暖泉乡腰栅杏树嘴村西南2.23千米	1603米	倚墙而建。位于杏树峁长城墙体北侧	石	外部条石垒砌；内部为夯土台体，夯层厚0.05~0.2米	矩形	梯形	底部东西9、南北7米，顶部东西6、南北4米，残高5.5米	顶部有铺砖	无	保存一般。包石被拆毁
杏树峁14号马面	清水河县暖泉乡腰栅杏树嘴村西南2.35千米	1603米	倚墙而建。位于杏树峁长城墙体北侧	石	外部条石垒砌；内部为夯土台体，夯层厚0.05~0.25米	矩形	梯形	底部东西8.5、南北7米，顶部东西7、南北5.5米，残高5.5米	顶部有铺砖	无	保存一般。包石被拆毁

续表434

名称	地点	高程	与其他遗存的位置关系	材质	建筑方式	平面形制	剖面形制	尺寸	附属设施	修缮情况	保存状况
杏树崾15号马面	清水河县暖泉乡杏树崾村南1.4千米	1610米	倚墙而建。位于杏树崾长城墙体南侧	石	外部条石垒砌；内部为夯土台体，夯层厚0.05~0.25米	矩形	梯形	底部东西12，南北7米，顶部东西10，南北3米，残高4米	顶部有铺砖	无	保存一般。包石被拆毁
关地嘴1号马面	清水河县暖泉乡安根楼村东南1.75千米	1621米	倚墙而建。位于关地嘴长城墙体北侧	土	夯筑而成，夯层厚0.1~0.2米	矩形	梯形	底部东西7.5，南北7米，顶部东西6，南北2米，残高6.5米	无	无	保存一般
关地嘴2号马面	清水河县暖泉乡安根楼村东南1.5千米	1631米	倚墙而建。位于关地嘴长城墙体北侧	土	夯筑而成，夯层厚0.05~0.15米	矩形	梯形	底部东西14，南北8米，顶部东西10，南北4米，残高6.5米	无	无	保存一般
关地嘴3号马面	清水河县暖泉乡安根楼村东南1.23千米	1636米	倚墙而建。位于关地嘴长城墙体北侧	土	夯筑而成，夯层厚0.04~0.1米	矩形	梯形	底部东西15，南北8米，顶部东西12，南北2米，残高7米	无	无	保存一般
关地嘴4号马面	清水河县暖泉乡安根楼村东南0.86千米	1650米	倚墙而建。位于关地嘴长城墙体北侧	土	夯筑而成，夯层厚0.05~0.15米	矩形	梯形	底部东西11.5，南北7米，顶部东西6，南北3.2米，残高6米	无	无	保存一般
关地嘴5号马面	清水河县暖泉乡安根楼村东南0.7千米	1639米	倚墙而建。位于关地嘴长城墙体北侧	土	夯筑而成，夯层厚0.08~0.15米	矩形	梯形	底部东西7，南北6.2米，顶部东西3，南北2.5米，残高4.5米	无	无	保存一般
关地嘴6号马面	水泉乡崾沟子村北0.5千米	1631米	倚墙而建。位于关地嘴长城墙体北侧	土	夯筑而成，夯层厚0.15~0.2米	矩形	梯形	底部东西15，南北9米，顶部东西13，南北6米，残高6米	无	无	保存一般
关地嘴7号马面	水泉乡崾沟子村北0.6千米	1633米	倚墙而建。位于关地嘴长城墙体北侧	土	夯筑而成，夯层厚0.15~0.2米	矩形	梯形	底部东西16，南北8米，顶部东西4，南北6米，残高5米	无	无	保存一般。南壁被修路破坏损毁
关地嘴8号马面	清水河县暖泉乡安根楼村东0.3千米	1618米	倚墙而建。位于关地嘴长城墙体北侧	石	外部条石垒砌；内部为夯土台体，夯层厚0.15~0.2米	矩形	梯形	底部东西12，南北10米，顶部东西10，南北8米，残高6米	无	无	保存一般。包石被拆毁
崾沟子马面	水泉乡崾沟子村东1.1千米	1588米	倚墙而建。位于崾沟子长城墙体北侧	土	夯筑而成，夯层厚0.15~0.2米	矩形	梯形	底部东西9，南北8米，顶部东西3，南北3.5米，残高7米	无	无	保存一般

续表 434

名称	地点	高程	与其他遗存的位置关系	材质	建筑方式	平面形制	剖面形制	尺寸	附属设施	修缮情况	保存状况
安根楼1号马面	清水河县安根楼村西南0.3千米	1594米	倚墙而建。位于安根楼长城墙体西北侧	土	夯筑而成，夯层厚0.15~0.2米	矩形	梯形	底部东西7，南北10，顶部东西4.5，南北7米，残高6米	无	无	保存一般
安根楼2号马面	清水河县安根楼村西南0.85千米	1600米	倚墙而建。位于安根楼长城墙体西北侧	土	夯筑而成，夯层厚0.15~0.2米	矩形	梯形	底部东西6，南北11米，顶部东西2，南北5米，残高6米	无	无	保存一般
安根楼3号马面	清水河县安根楼村西南1.1千米	1565米	倚墙而建。位于安根楼长城墙体西北侧	土	夯筑而成，夯层厚0.15~0.2米	矩形	梯形	底部东西10，南北11米，顶部东西3，南北7米，残高5米	无	无	保存一般
安根楼4号马面	清水河县安根楼村西南1.3千米	1521米	倚墙而建。位于安根楼长城墙体西侧	土	夯筑而成，夯层厚0.15~0.2米	矩形	梯形	底部东西5，南北10，顶部东西2，南北5.5米，残高5.5米	无	无	保存一般。北壁有洞穴
安根楼5号马面	清水河县单台子乡上黄家梁村西南0.4千米	1553米	倚墙而建。位于安根楼长城墙体西侧	土	夯筑而成，夯层厚0.15~0.2米	矩形	梯形	底部东西8，南北10米，顶部东西6，南北7米，残高6.5米	无	无	保存一般
安根楼6号马面	清水河县单台子乡上黄家梁村西南0.55千米	1541米	倚墙而建。位于安根楼长城墙体北侧	土	夯筑而成，夯层厚0.15~0.2米	矩形	梯形	底部东西11，南北12米，顶部边长8米，残高8米	无	无	保存一般
安根楼7号马面	清水河县单台子乡上黄家梁村西南0.7千米	1554米	倚墙而建。位于安根楼长城墙体北侧	土	夯筑而成，夯层厚0.15~0.2米	矩形	梯形	底部东西14，南北6米，顶部东西6.5，南北4米，残高5.5米	无	无	保存一般
安根楼8号马面	清水河县单台子乡上黄家梁村西南0.85千米	1531米	倚墙而建。位于安根楼长城墙体北侧	土	夯筑而成，夯层厚0.15~0.2米	矩形	梯形	底部东西8，南北7米，顶部东西6，南北5米，残高5米	无	无	保存一般
安根楼9号马面	清水河县单台子乡上黄家梁村西南1千米	1543米	倚墙而建。位于安根楼长城墙体西侧	土	夯筑而成，夯层厚0.15~0.2米	矩形	梯形	底部东西6，南北8米，顶部东西1.5，南北5米，残高5米	无	无	保存一般
安根楼10号马面	清水河县单台子乡上黄家梁村西南	1535米	倚墙而建。位于安根楼长城墙体西侧	土	夯筑而成，夯层厚0.15~0.2米	矩形	梯形	底部东西14，南北8米，顶部东西9，南北4米，残高8米	无	无	保存一般

续表434

名称	地点	高程	与其他遗存的位置关系	材质	建筑方式	平面形制	剖面形制	尺寸	附属设施	修缮情况	保存状况
阳洼子1号马面	清水河县单台子乡下黄家梁村西0.3千米	1498米	倚墙而建。位于阳洼子长城墙体东北侧	土	夯筑而成，夯层厚0.15~0.2米	矩形	梯形	底部东西9，南北8米，顶部边长3米，残高7米	无	无	保存一般。西壁底部有洞穴，宽1，高1.7，进深3米
阳洼子2号马面	清水河县单台子乡下黄家梁村西0.5千米	1475米	倚墙而建。位于阳洼子长城墙体东北侧	土	夯筑而成，夯层厚0.15~0.2米	矩形	梯形	底部东西16，南北8米，顶部东西7，南北3米，残高6米	无	无	保存一般
阳洼子3号马面	清水河县单台子乡下黄家梁村西0.65千米	1479米	倚墙而建。位于阳洼子长城墙体东北侧	土	夯筑而成，夯层厚0.15~0.2米	矩形	梯形	底部东西7，南北5米，顶部东西4，南北3米，残高5米	无	无	保存一般
阳洼子4号马面	清水河县单台子乡下黄家梁村西0.9千米	1456米	倚墙而建。位于阳洼子长城墙体东北侧	土	夯筑而成，夯层厚0.15~0.2米	矩形	梯形	底部东西11，南北8米，顶部东西5.5，南北4米，残高6米	无	无	保存一般
阳洼子5号马面	清水河县单台子乡下黄家梁村西1.2千米	1450米	倚墙而建。位于阳洼子长城墙体东北侧	土	夯筑而成，夯层厚0.15~0.2米	矩形	梯形	底部东西11，南北5米，顶部东西8，南北2米，残高4.5米	无	无	保存较差
阳洼子6号马面	清水河县单台子乡下黄家梁村西1.4千米	1441米	倚墙而建。位于阳洼子长城墙体东北侧	土	夯筑而成，夯层厚0.15~0.2米	矩形	梯形	底部东西16，南北7米，顶部东西12，南北5米，残高7米	无	无	保存一般
阳洼子7号马面	万家寨镇阳洼子村东0.4千米	1433米	倚墙而建。位于阳洼子长城墙体东北侧	土	夯筑而成，夯层厚0.15~0.2米	矩形	梯形	底部东西12，南北8米，顶部东西10，南北6米，残高5米	无	无	保存一般
阳洼子8号马面	万家寨镇阳洼子村东	1394米	倚墙而建。位于阳洼子长城墙体东北侧	土	夯筑而成，夯层厚0.15~0.2米	矩形	梯形	底部东西8，南北9米，顶部东西4，南北5米，残高5米	无	无	保存一般。南壁被修路破坏损毁
阳洼子9号马面	万家寨镇阳洼子村西北0.8千米	1350米	倚墙而建。位于阳洼子长城墙体东北侧	土	夯筑而成，夯层厚0.15~0.2米	矩形	梯形	底部东西8，南北9米，顶部东西7，南北6米，残高9米	无	无	保存一般
石块塔1号马面	万家寨镇阳洼子村西北1千米	1303米	倚墙而建。位于石块塔长城墙体北侧	石	外部条石垒砌；内部为夯土台体，夯层厚0.1~0.3米	矩形	梯形	底部东西10，南北8.85，南北4.9米，顶部东西9米，残高3.5米	无	无	保存一般。包石被拆毁

续表434

名称	地点	高程	与其他遗存的位置关系	材质	建筑方式	平面形制	剖面形制	尺寸	附属设施	修缮情况	保存状况
石垛墕2号马面	万家寨镇阳洼子村西北1.05千米	1330米	倚墙而建。位于石垛墕长城墙体东北侧	石	外部条石垒砌;内部为夯土台体,夯层厚0.15~0.2米	矩形	梯形	底部东西10,南北9米,顶部东西8.85,南北4.9米,残高3.5米	顶部有铺砖	无	保存一般。包石被拆毁
石垛墕3号马面	清水河县单台子乡石垛墕村东南0.7千米	1374米	倚墙而建。位于石垛墕长城墙体北侧	石	外部条石垒砌;内部为夯土台体,夯层厚0.1~0.2米	矩形	梯形	底部东西11,南北9.5米,顶部东西10,南北5米,残高7.7米	无	无	保存一般。包石被拆毁
石垛墕4号马面	清水河县单台子乡石垛墕村东南0.53千米	1379米	倚墙而建。位于石垛墕长城墙体北侧	石	外部条石垒砌;内部为夯土台体,夯层厚0.1~0.2米	矩形	梯形	底部东西12,南北10米,顶部东西10,南北8.5米,残高6米	无	无	保存一般。包石被拆毁
石垛墕5号马面	清水河县单台子乡石垛墕村东南0.5千米	1419米	倚墙而建。位于石垛墕长城墙体东北侧	土	夯筑而成,夯层厚0.05~0.15米	矩形	梯形	底部东西12,南北9米,顶部东西11.5,南北6.75米,残高6米	无	无	保存一般
白泥窑1号马面	清水河县单台子乡石垛墕村东南0.3千米	1417米	倚墙而建。位于石垛墕长城墙体北侧	石	外部条石垒砌;内部为夯土台体,夯层厚0.05~0.15米	矩形	梯形	底部边长9,顶部边长8.5,残高4.5米	无	无	保存一般。包石被拆毁
白泥窑2号马面	清水河县单台子乡石垛墕村东南0.46千米	1390米	倚墙而建。位于石垛墕长城墙体北侧	土	夯筑而成,夯层厚0.1~0.15米	矩形	梯形	底部东西8.8,南北11米,顶部东西6.3,南北8米,残高6.2米	无	无	保存一般
白泥窑3号马面	清水河县单台子乡石垛墕村东南0.4千米	1393米	倚墙而建。位于石垛墕长城墙体西侧	土	夯筑而成,夯层厚0.04~0.1米	矩形	梯形	底部东西7.3,南北10米,顶部东西5,南北7米,残高5.95米	无	无	保存一般
白泥窑4号马面	清水河县单台子乡石垛墕村南0.5千米	1401米	倚墙而建。位于石垛墕长城墙体北侧	土	夯筑而成,夯层厚0.05~0.15米	矩形	梯形	底部东西12,南北4.5米,顶部东西9,南北4.5米,残高3.6米	无	无	保存一般。北壁被农业生产活动破坏损毁
白泥窑5号马面	清水河县单台子乡石垛墕村西0.57千米	1401米	倚墙而建。位于石垛墕长城墙体北侧	土	夯筑而成,夯层厚0.05~0.15米	矩形	梯形	底部东西10,南北11米,顶部东西9,南北8米,残高6米	无	无	保存一般
白泥窑6号马面	清水河县单台子乡石垛墕村南0.66千米	1385米	倚墙而建。位于石垛墕长城墙体西北侧	土	夯筑而成,夯层厚0.05~0.15米	矩形	梯形	底部东西12,南北10米,顶部东西3,南北8米,残高8米	无	无	保存一般

续表434

名称	地点	高程	与其他遗存的位置关系	材质	建筑方式	平面形制	剖面形制	尺寸	附属设施	修缮情况	保存状况
白泥窑7号马面	清水河县单台子乡石垛墕村西南0.86千米	1385米	倚墙而建。位于石垛墕长城墙体北侧	土	夯筑而成，夯层厚0.05~0.15米	矩形	梯形	底部东西11，南北5米，顶部东西9.5，南北2.5米，残高5.15米	无	无	保存一般
白泥窑8号马面	清水河县单台子乡石垛墕村西南1.1千米	1412米	倚墙而建。位于石垛墕长城墙体北侧	土	夯筑而成，夯层厚0.05~0.15米	矩形	梯形	底部东西6，南北3米，顶部东西4，南北6米，残高4.65米	无	无	保存一般
白泥窑9号马面	清水河县单台子乡石垛墕村西南1.2千米	1399米	倚墙而建。位于石垛墕长城墙体北侧	石	外部条石垒砌；内部为夯土台体，夯层厚0.05~0.15米	矩形	梯形	底部东西8，南北5米，顶部东西5，南北2米，残高6米	顶部有铺砖	无	保存一般。包石被拆毁
白泥窑10号马面	清水河县单台子乡石垛墕村西南1.25千米	1392米	倚墙而建。位于石垛墕长城墙体北侧	石	外部条石垒砌；内部为夯土台体，夯层厚0.05~0.15米	矩形	梯形	底部东西8，南北6米，顶部东西6，南北5米，残高6米	顶部有铺砖	无	保存一般。包石被拆毁
正泥墕1号马面	万家寨镇正泥墕村南1.4千米	1401米	倚墙而建。位于石垛墕长城墙体东北侧	石	外部条石垒砌；内部为夯土台体，夯层厚0.05~0.1米	矩形	梯形	底部东西8，南北11米，顶部东西4，南北7米，残高6米	顶部有铺砖	有二次修缮痕迹	保存一般。包石被拆毁
正泥墕2号马面	万家寨镇正泥墕村南1.1千米	1390米	倚墙而建。位于石垛墕长城墙体东北侧	石	外部条石垒砌；内部为夯土台体，夯层厚0.05~0.1米	矩形	梯形	底部东西6，南北11米，顶部东西4.5，南北6米，残高4.7米	无	无	保存一般。包石被拆毁
正泥墕3号马面	万家寨镇正泥墕村南0.9千米	1388米	倚墙而建。位于石垛墕长城墙体东北侧	石	外部条石垒砌；内部为夯土台体，夯层厚0.05~0.1米	矩形	梯形	底部东西6，南北11米，顶部东西4.5，南北5.5米，残高5.5米	无	无	保存一般。包石被拆毁
正泥墕4号马面	万家寨镇正泥墕村南0.6千米	1381米	倚墙而建。位于石垛墕长城墙体东北侧	石	外部条石垒砌；内部为夯土台体，夯层厚0.05~0.1米	矩形	梯形	底部东西8，南北11米，顶部东西4.5，南北5.7米	无	无	保存一般。包石被拆毁
正泥墕5号马面	万家寨镇正泥墕村南0.4千米	1375米	倚墙而建。位于石垛墕长城墙体东北侧	土	夯筑而成，夯层厚0.05~0.1米	矩形	梯形	底部东西7，南北11米，顶部东西4.55，南北5米	无	有二次修缮痕迹	保存一般
正泥墕6号马面	万家寨镇正泥墕村南0.1千米	1373米	倚墙而建。位于石垛墕长城墙体东北侧	土	夯筑而成，夯层厚0.05~0.1米	矩形	梯形	底部东西9，南北11米，顶部东西4.5，南北5米，残高5米	无	有二次修缮痕迹	保存一般。东壁有洞穴

续表434

名称	地点	高程	与其他遗存的位置关系	材质	建筑方式	平面形制	剖面形制	尺寸	附属设施	修缮情况	保存状况
正泥墕7号马面	万家寨镇正泥墕村中	1370米	倚墙而建。位于石垛烽长城墙体东北侧	土	夯筑而成, 夯层厚0.05~0.15米	矩形	梯形	底部东西6.4, 南北12米, 顶部边长6米, 残高7米	无	无	保存一般。南壁有窑洞, 宽1.2, 高1.6, 进深5米
正泥墕8号马面	万家寨镇正泥墕村中	1358米	倚墙而建。位于石垛烽长城墙体东北侧	土	夯筑而成, 夯层厚0.15~0.2米	矩形	梯形	底部东西6, 南北14米, 顶部东西4, 南北5.5米, 残高8米	无	无	保存一般。东壁有洞穴四处;南壁有洞穴两处, 宽1, 高2, 进深2米
正泥墕9号马面	万家寨镇正泥墕村西北	1359米	倚墙而建。位于石垛烽长城墙体东北侧	土	夯筑而成, 夯层厚0.15~0.2米	矩形	梯形	底部东西8, 南北9米, 顶部东西5, 南北6.5米, 残高6米	无	无	保存一般。东壁底部有洞穴三处, 高1, 宽1.8米;西壁底部有洞穴一处, 宽2.5, 进深1.5米, 高3米;北壁底部有洞穴两处, 宽1, 高2, 进深深2米
东牛腖塔1号马面	万家寨镇正泥墕村西北0.65千米	1338米	倚墙而建。位于东牛腖塔长城墙体北侧	土	夯筑而成, 夯层厚0.15~0.2米	矩形	梯形	底部东西8, 南北6米, 顶部东西6.5, 南北4米, 残高5米	无	无	保存一般
东牛腖塔2号马面	万家寨镇正泥墕村西北1千米	1288米	倚墙而建。位于东牛腖塔长城墙体北侧	土	夯筑而成, 夯层厚0.15~0.2米	矩形	梯形	底部东西12, 南北7米, 顶部东西4.5, 南北3米, 残高6米	无	无	保存一般
东牛腖塔3号马面	万家寨镇正泥墕村西北1.2千米	1268米	倚墙而建。位于东牛腖塔长城墙体北侧	土	夯筑而成, 夯层厚0.15~0.2米	矩形	梯形	底部东西8, 南北6米, 顶部东西4.5, 南北2米, 残高6米	无	无	保存一般
东牛腖塔4号马面	清水河县单台子乡青草峁村东南0.6千米	1201米	倚墙而建。位于东牛腖塔长城墙体北侧	土	夯筑而成, 夯层厚0.15~0.2米	矩形	梯形	底部东西12, 南北8米, 顶部东西6, 南北2米, 残高7米	无	无	保存一般
东牛腖塔5号马面	清水河县单台子乡青草峁村东南0.35千米	1319米	倚墙而建。位于东牛腖塔长城墙体北侧	土	夯筑而成, 夯层厚0.15~0.2米	矩形	梯形	底部东西9, 南北6米, 顶部东西7, 南北4米, 残高5米	无	无	保存一般
青草峁1号马面	清水河县单台子乡青草峁村东南0.3千米	1302米	倚墙而建。位于长城墙体东北侧	土	夯筑而成, 夯层厚0.15~0.2米	矩形	梯形	底部东西17, 南北9米, 顶部东西13, 南北6米, 残高7米	无	无	保存一般

续表434

名称	地点	高程	与其他遗存的位置关系	材质	建筑方式	平面形制	剖面形制	尺寸	附属设施	修缮情况	保存状况
青草峁2号马面	清水河县单台子乡青草峁南0.4千米	1280米	倚墙而建。位于青草峁长城墙体东北侧	土	夯筑而成,夯层厚0.15~0.2米	矩形	梯形	底部东西12,南北8米,顶部东西8,南北3米,残高7米	无	无	保存一般
青草峁3号马面	清水河县单台子乡青草峁南0.5千米	1266米	倚墙而建。位于青草峁长城墙体东北侧	石	外部条石垒砌;内部为夯土台体,夯层厚0.15~0.2米	矩形	梯形	底部东西16,南北14米,顶部东西12,南北6米,残高10米	无	无	保存一般。包石被拆毁
青草峁4号马面	万家寨镇南庄王村北0.9千米	1233米	倚墙而建。位于青草峁长城墙体东侧	土	夯筑而成,夯层厚0.15~0.2米	矩形	梯形	底部东西8,南北13米,顶部东西6,南北11米,残高6米	无	无	保存一般
青草峁5号马面	万家寨镇南庄王村北0.95千米	1237米	倚墙而建。位于青草峁长城墙体东北侧	土	夯筑而成,夯层厚0.15~0.2米	矩形	梯形	底部东西10,南北13米,顶部东西8,南北10米,残高6米	无	无	保存一般
青草峁6号马面	万家寨镇南庄王村北1千米	1228米	倚墙而建。位于青草峁长城墙体东北侧	土	夯筑而成,夯层厚0.15~0.2米	矩形	梯形	底部东西10,南北15米,顶部东西7,南北13米,残高5米	无	无	保存一般
正湖梁1号马面	清水河县单台子乡正湖梁村西北0.7千米	1496米	倚墙而建。位于正湖梁长城墙体东北侧	土	夯筑而成,夯层厚0.15~0.2米	矩形	梯形	底部东西6,南北7米,顶部边长3米,残高6米	无	无	保存一般
正湖梁2号马面	清水河县酸枣洼村北0.3千米	1176米	倚墙而建。位于正湖梁长城墙体东北侧	土	夯筑而成,夯层厚0.15~0.2米	矩形	梯形	底部东西12,南北10米,顶部东西9,南北8米,残高8米	无	无	保存一般
正湖梁3号马面	清水河县酸枣洼村西北0.7千米	1116米	倚墙而建。位于正湖梁长城墙体东北侧	土	夯筑而成,夯层厚0.15~0.2米	矩形	梯形	底部东西7,南北8米,顶部边长5.5米,残高7米	无	无	保存一般
闫王鼻子马面	万家寨镇老牛湾村东北0.6千米	1010米	倚墙而建。位于闫王鼻子长城墙体西北侧	土	夯筑而成,夯层厚0.15~0.2米	矩形	梯形	底部东西7,南北6.5米,顶部边长4米,残高3米	无	无	保存较差
大嘴1号马面	万家寨镇大嘴村北	1164米	倚墙而建。位于大嘴长城墙体东北侧	不详	不详	矩形	梯形	不详	无	无	不详
大嘴2号马面（彩图八九〇）	万家寨镇大嘴村北	1160米	倚墙而建。位于大嘴长城墙体东北侧	石	片石垒砌而成	矩形	梯形	东西3.8,南北2.8,残高0.7米	无	无	保存较差

续表 434

名称	地点	高程	与其他地遗存的位置关系	材质	建筑方式	平面形制	剖面形制	尺寸	附属设施	修缮情况	保存状况
大嘴3号马面	万家寨镇大嘴村北	1171米	倚墙而建。位于大嘴长城墙体东北侧	石	片石垒砌而成	矩形	梯形	东西3，南北3.6，残高1米	无	无	保存较差
大嘴4号马面	万家寨镇大嘴村北	1177米	倚墙而建。位于大嘴长城墙体东北侧	石	片石垒砌而成	矩形	梯形	东西3.4，南北3.3，残高1.1米	无	无	保存较差
大嘴5号马面	万家寨镇大嘴村北	1179米	倚墙而建。位于大嘴长城墙体东北侧	石	片石垒砌而成	矩形	梯形	东西2.3，南北2.1，残高1米	无	无	保存较差
大嘴6号马面	万家寨镇大嘴村北	1179米	倚墙而建。位于大嘴长城墙体东北侧	石	片石垒砌而成	矩形	梯形	东西3.4，南北2，残高0.7米	无	无	保存较差
大嘴7号马面	万家寨镇大嘴村北	1180米	倚墙而建。位于大嘴长城墙体东北侧	石	片石垒砌而成	矩形	梯形	东西3.8，南北2.4，残高1米	无	无	保存较差
大嘴8号马面	万家寨镇大嘴村北	1167米	倚墙而建。位于大嘴长城墙体东侧	石	片石垒砌而成	矩形	梯形	东西5.4，南北5.5，残高1.4米	无	无	保存较差
大嘴9号马面	万家寨镇大嘴村北	1161米	倚墙而建。位于大嘴长城墙体东侧	石	片石垒砌而成	矩形	梯形	东西5，南北5.2，残高1.5米	无	无	保存较差
大嘴10号马面	万家寨镇大咀村东南	1190米	倚墙而建。位于大嘴长城墙体东北侧	石	片石垒砌而成	矩形	梯形	东西6，南北5，残高2米	无	无	保存较差
大嘴11号马面	万家寨镇大咀村东南	1194米	倚墙而建。位于大嘴长城墙体东北侧	石	片石垒砌而成	矩形	梯形	东西5，南北3，残高2米	无	无	保存较差
寺沟1号马面	天峰坪镇石碑村西北，寺沟村北	950米	倚墙而建。位于寺沟长城墙体西南侧	不详	不详	圆形	梯形	底径17，顶径14，残高7米	无	无	保存较好
寺沟2号马面（彩图八九一）	天峰坪镇石碑村内，寺沟村北	962米	倚墙而建。位于寺沟长城墙体西南侧	土	夯筑而成，夯层厚0.07~0.14米	矩形	梯形	底部东西9，顶部东西6，南北9米，残高6米	无	无	保存较好
寺沟3号马面（彩图八九二）	天峰坪镇石碑村内，寺沟村北	960米	倚墙而建。位于寺沟长城墙体西北侧	土	夯筑而成，夯层厚0.09~0.12米	矩形	梯形	底部东西8，南北9米，顶部东西6，南北7米，残高4米	无	无	保存一般
寺沟4号马面	天峰坪镇石碑村内，寺沟村北	916米	倚墙而建。位于寺沟长城墙体西侧	不详	不详	矩形	梯形	东西5，南北4，残高2~2.5米	无	无	保存一般
寺沟5号马面	天峰坪镇石碑村内，寺沟村北	924米	倚墙而建。位于寺沟长城墙体东侧	不详	不详	矩形	梯形	东西2.5，南北3.2，残高2.7米	无	无	保存一般

表435　偏关县长城沿线烽火台一览表

名称	地点	高程	与其他遗存的位置关系	材质	建筑方式	平面形制	剖面形制	尺寸	附属设施	修缮情况	保存状况	损毁原因及存在病害
大庄窊烽火台	南堡子乡大庄窊村东北0.3千米	1707米	北距大庄窊长城2段0.025千米	土	黄土夯筑而成，夯层厚0.12~0.2米	矩形	梯形	底部东西8.5、南北8米，顶部东西5.5、南北5米，残高6米	台体周围有围墙，平面呈矩形，残存东墙0.2米，高1.2米，夯层厚0.2~0.22米。台基平面呈矩形，边长30，残高0.12~0.2米	无	保存一般。台体坍塌损毁严重，表面凹凸不平，有裂缝、沟槽、孔洞。围墙残存矩形，残存东墙2米	自然因素主要是风雨侵蚀，植物生长等
南泉寺1号烽火台	南堡子乡南泉寺村东南1.15千米	1777米	东距南泉寺长城0.08千米	土	黄土夯筑而成，含砂砾，夯层厚0.2米	矩形	梯形	底部边长10、顶部边长7，残高5~6米	无	无	保存一般。台体坍塌损毁严重，表面凹凸不平，有裂缝、沟槽、孔洞	自然因素主要是风雨侵蚀，植物生长等
南泉寺2号烽火台（图五五九；彩图三八、八九四）	南堡子乡南泉寺村东南1.08千米	1818米	位于南泉寺长城东北侧	石	外部片石垒砌；内部为夯土台体，黄土夯筑而成，含砂砾	矩形	梯形	底部边长13米，顶部东西9.5、南北10米，残高3.6米	台体周围有二重围墙，内重围墙东西26.5、南北16.5、宽1.6米；二重围墙相距7米，宽0.1~1.1，残存最高0.2米；外重围墙东西38.3~50.5、南北55.5米，与二重围墙相距3.1~3.6米，宽1.3~1.6，残存最高0.5米	无	保存较差。台体坍塌损毁严重	自然因素主要是风雨侵蚀，植物生长等；人为因素主要是拆毁包石等
地椒峁烽火台（彩图八九五）	南堡子乡地椒峁村西北0.66千米	1780米	东北距地椒峁长城1段0.2千米	土	黄土夯筑而成，含砂砾，夯层厚0.06~0.12米	圆形	梯形	底径14，残高6~7米	台体周围有围墙，平面呈圆形，直径26，残高0.6~1米，石砌而成。台基石砌，大部分坍塌	无	保存一般。台体坍塌损毁严重，表面凹凸不平，有裂缝、沟槽、孔洞。台基大部分坍塌	自然因素主要是风雨侵蚀，植物生长等
安儿沟烽火台（彩图八九六）	老营镇安儿沟村西1.5千米	1570米	位于南梁上长城1段西侧	土	黄土夯筑而成，含砂砾，夯层厚0.06~0.13米	圆形	梯形	底径13，顶部残高9.8米	台体周围有围墙，平面呈圆形，仅存地面痕迹。台基平面呈圆形，直径22，残高0.5~2.6米，夯层厚0.08~0.16米。西北壁有登顶通道，有石券拱门，通道宽3.7，残高1.6米；门洞宽0.8、高0.86，进深2.5米	无	保存较好。台体有所坍塌损毁，表面凹凸不平，有裂缝、沟槽、孔洞。底部有穴，宽1.2、高1.4，进深2米。围墙仅存地面痕迹	自然因素主要是风雨侵蚀，植物生长等；人为因素主要是挖掘洞穴等

续表 435

名称	地点	高程	与其他遗存的位置关系	材质	建筑方式	平面形制	剖面形制	尺寸	附属设施	修缮情况	保存状况	损毁原因及存在病害
南梁上烽火台（彩图八八七）	老营镇南梁上村西北0.1千米	1502米	位于南梁上长城2段南侧	土	黄土夯筑而成,夯层厚0.06~0.23米	矩形	梯形	底部边长14米,顶部东西8,南北7.5米,残高8米	台基平面呈矩形,东西23,南北21,夯层厚0.12~0.23米	无	保存较好。台体有所坍塌损毁,表面凹凸不平,有裂缝、沟槽,孔洞。南壁有窑洞	自然因素主要是风雨侵蚀,植物生长等;人为因素主要是挖掘窑洞等
老营1号烽火台（彩图八八八）	老营镇老营村北0.3千米	1345米	位于老营长城2段,老营堡西侧	砖	外部砖石垒砌;内部为夯土台体,黄土夯筑而成,夯层厚0.14~0.23米,下部夯层间有片石层	矩形	梯形	底部东西16,南北10米,顶部东西13,南北7米,残高9~10米	台基平面呈矩形,东西34,南北30,残高0.5~3米,夯层厚0.22米	无	保存较好。台体有所坍塌损毁,外部砖石无存,台体周围散落砖石碎块	自然因素主要是风雨侵蚀,植物生长等;人为因素主要是拆毁砖石等
老营2号烽火台（彩图八八九）	老营镇老营村北0.45千米	1371米	位于老营长城2段西侧,老营堡北关城内	砖	外部砖石垒砌;内部为夯土台体,黄土夯筑而成,夯层厚0.08~0.23米,下部夯层间有片石层	矩形	梯形	底部东西20,南北9米,残高9~10米	无	无	保存较好。台体有所坍塌损毁,外部砖石无存,台体周围散落砖石碎块	自然因素主要是风雨侵蚀,植物生长等;人为因素主要是拆毁砖石等
老营4号烽火台（彩图九〇〇）	老营镇老营村北0.25千米	1361米	位于老营长城2段西侧,老营堡北关城内	砖	外部砖石垒砌;内部为夯土台体,黄土夯筑而成,夯层厚0.08~0.18米,下部夯层间有片石层	矩形	梯形	底部东西17,南北9,残高13米	台基平面呈矩形,东西25,南北22,残高1~3米	无	保存一般。台体坍塌损毁严重,外部砖石无存,台体周围散落砖石碎块	自然因素主要是风雨侵蚀,植物生长等;人为因素主要是拆毁砖石等
老营5号烽火台（彩图九〇一）	老营镇老营村北0.24千米	1337米	位于老营长城2段西侧,老营堡北关城内	砖	外部砖石垒砌;内部为夯土台体,黄土夯筑而成,夯层厚0.07~0.15米,下部夯层间有片石层	矩形	梯形	底部东西13,南北9,顶部东西8,南北5.5米,残高9~10米	台基平面呈矩形,边长30,残高2米,夯层厚0.12~0.24米	无	保存较好。台体有所坍塌损毁,外部砖石无存,台体周围散落砖石碎块	自然因素主要是风雨侵蚀,植物生长等;人为因素主要是拆毁砖石等

续表435

名称	地点	高程	与其他遗存的位置关系	材质	建筑方式	平面形制	剖面形制	尺寸	附属设施	修缮情况	保存状况	损毁原因及存在病害
边墙上1号烽火台（彩图九○二）	老营镇边墙上村西南 0.23 千米	1433 米	东南距边墙上长城1段 0.05 千米	土	黄土夯筑而成，夯层厚 0.03～0.1 米	圆形	梯形	底径 22，顶径 16，残高 9～10 米	台体周围有围墙，平面呈圆形，直径 25～27，顶宽 0.6～0.7，底宽 2.5～2.6 米，夯层厚 0.04～0.15 米；东南墙无存。东南墙呈平面呈圆形，直径 30～31，残高 0～0.9 米，夯层厚 0.6～0.1 米	无	保存较好。台体有所坍塌损毁，表面凹凸不平，有裂缝、孔洞。东南墙无存	自然因素主要是风雨侵蚀、植物生长等
边墙上2号烽火台（彩图九○三）	老营镇边墙上村东北 0.82 千米	1492 米	东南距边墙上长城1段 0.01 千米	土	黄土夯筑而成，夯层厚 0.08～0.15 米	圆形	梯形	底径 12，顶径 8，残高 9～10 米	台体周围有围墙，平面呈圆形，残存西北墙 7，顶宽 0.6，底宽 0.7 米，夯层厚 0.1～0.12 米	无	保存较好。台体有所坍塌损毁，表面凹凸不平，有裂缝、孔洞。围墙残存西北墙 7 米	自然因素主要是风雨侵蚀、植物生长等
边墙上3号烽火台（彩图九○四）	老营镇边墙上村东北 1.86 千米	1531 米	西北距边墙上长城1段 0.03 千米	土	黄土夯筑而成，夯层厚 0.08～0.1 米	圆形	梯形	底径 12，顶径 7～8，残高 10 米	台体周围有围墙，圆形，底宽 2，顶宽 0.6～1，残高 0.7～2.5 米，夯层厚 0.1～0.14 米	无	保存较好。台体有所坍塌损毁，表面凹凸不平，有裂缝、孔洞。沟槽、孔洞无存	自然因素主要是风雨侵蚀、植物生长等
史家圪台1号烽火台（图五四○；彩图九○五）	老营镇史家圪台村南 1.26 千米	1604 米	东北距边墙上长城2段 0.11 千米	土	黄土夯筑而成，夯层厚 0.07～0.09 米	圆形	梯形	底径 11.4，顶径 7.8，残高 9.9 米	台体周围有围墙，平面呈圆形。台基平面呈椭圆形，东西 23.6，南北 31.4，残高 2.8 米，夯层厚 0.1～0.2 米。南壁有石券拱门，宽 1.4，进深 2.45 米	无	保存较好。台体有所坍塌损毁，表面凹凸不平，有裂缝、孔洞。沟槽、孔洞无存	自然因素主要是风雨侵蚀、植物生长等
史家圪台2号烽火台（图五四一；彩图九○六、九○七）	老营镇史家圪台村西南 0.62 千米	1618 米	东距史家圪台1段 0.07 千米	土	黄土夯筑而成，夯层厚 0.04～0.1 米	圆形	梯形	底径 10.8，顶径 6，残高 10.7 米	台体周围有围墙，平面呈圆形，残存西墙 15，外宽 0.6，顶宽 0.4，高 4.1，内高 1.2 米。夯层厚 0.04～0.1 米。台基平面呈椭圆形，东西 27.4，残存 23.5，南北 3.4 米，夯层厚 0.08～0.15 米。南壁有石券拱门，高 0.78～1.1，宽 0.82～1.45，进深 2.4 米	无	保存较好。台体有所坍塌损毁，表面凹凸不平，有裂缝、孔洞。围墙残存西墙 15 米	自然因素主要是风雨侵蚀、植物生长等

续表435

名称	地点	高程	与其他遗存的位置关系	材质	建筑方式	平面形制	剖面形制	尺寸	附属设施	修缮情况	保存状况	损毁原因及存在病害
史家圪台3号烽火台(彩图九〇八)	老营镇史家圪台村西北0.76千米	1679米	东距史家圪台长城1段0.07千米	土	黄土夯筑而成,夯层厚0.07~0.22米	矩形	梯形	底部东西12,南北11米,顶部东西8,南部东西7米,残高6~7米	台体周围有围墙,平面呈圆形。仅存地面痕迹。台基平面呈圆形,直径27,残面高0.1~0.2米,夯层厚	台体东壁的有明显的二次补筑修缮痕迹	保存一般。台体坍塌严重,表面凹凸不平,有裂缝,沟槽,孔洞。围墙仅存地面痕迹	自然因素主要是风雨侵蚀,植物生长等
史家圪台4号烽火台(彩图九〇九)	老营镇史家圪台村西北1.09千米	1701米	东南距史家圪台长城1段0.04千米	土	黄土夯筑而成,含砂砾,夯层厚0.04~0.1米	矩形	梯形	底部东西6,南北8,残高5米	台基平面呈圆形,直径25,残高1.5~1.8米,夯层厚0.1~0.2米	无	保存一般。台体坍塌严重,表面凹凸不平,有裂缝,沟槽,孔洞	自然因素主要是风雨侵蚀,植物生长等
史家圪台5号烽火台(彩图九一〇)	老营镇史家圪台村东北1.7千米	1752米	南距史家圪台长城2段0.008千米	土	黄土夯筑而成,含砂砾,夯层厚0.07~0.18米	矩形	梯形	底部东西8,南北9,残高6米	无	无	保存一般。台体坍塌严重,表面凹凸不平,有裂缝,沟槽,孔洞	自然因素主要是风雨侵蚀,植物生长等
史家圪台6号烽火台	老营镇史家圪台村东北2.17千米	1787米	南距史家圪台长城2段0.02千米	土	黄土夯筑而成,含砂砾,夯层厚0.2米	矩形	梯形	底部边长9米,顶部东西2.5~3,南北3~3.2米,残高6米	无	无	保存一般。台体坍塌严重,表面凹凸不平,有裂缝,沟槽,孔洞	自然因素主要是风雨侵蚀,植物生长等
柏杨岭1号烽火台	老营镇柏杨岭村东南2.15千米	1776米	北距柏杨岭长城1段0.3千米	土	黄土夯筑而成,含砂砾	矩形	梯形	底部东西11,南北10米,顶部东西4,南北3.5米,残高6米	无	无	保存一般。台体坍塌严重,表面凹凸不平,有裂缝,沟槽,孔洞	自然因素主要是风雨侵蚀,植物生长等
柏杨岭2号烽火台	老营镇柏杨岭村东南2.02千米	1777米	西距柏杨岭长城1段0.18千米	土	黄土夯筑而成,含砂砾,夯层厚0.08~0.16米	矩形	梯形	底部东西9,南北11米,顶部东西3.3,南北4米,残高6米	无	无	保存一般。台体坍塌严重,表面凹凸不平,有裂缝,沟槽,孔洞	自然因素主要是风雨侵蚀,植物生长等
柏杨岭3号烽火台	老营镇柏杨岭村东南1.29千米	1762米	东距柏杨岭长城1段0.1千米	土	黄土夯筑而成,含砂砾,夯层厚0.1~0.14米	矩形	梯形	底部东西9,南北8米,顶部东西5,南北7米,残高5米	台基平面呈矩形,东西27,南北30,残高2~3米,夯层厚0.1~0.17米	无	保存一般。台体坍塌严重,表面凹凸不平,有裂缝,沟槽,孔洞	自然因素主要是风雨侵蚀,植物生长等

续表435

名称	地点	高程	与其他遗存的位置关系	材质	建筑方式	平面形制	剖面形制	尺寸	附属设施	修缮情况	保存状况	损毁原因及存在病害
野羊洼1号烽火台	老营镇柏杨岭村西北1.5千米	1794米	北距野羊洼长城0.01千米	土	黄土夯筑而成，夯层厚0.15~0.2米	圆形	梯形	底部东西9、南北10米，顶部东西1、南北2米，残高8米	无	无	保存一般。台体坍塌损毁严重，表面凹凸不平，有裂缝、沟槽、孔洞	自然因素主要是风雨侵蚀、植物生长等
野羊洼2号烽火台	老营镇野羊洼村东0.7千米	1816米	北距野羊洼长城0.008千米	土	黄土夯筑而成，夯层厚0.15~0.2米	圆形	梯形	底部东西9、南北8米，顶部东西4.5、南北1.5米，残高7米	无	无	保存一般。台体坍塌损毁严重，表面凹凸不平，有裂缝、沟槽、孔洞	自然因素主要是风雨侵蚀、植物生长等
野羊洼3号烽火台	老营镇野羊洼村东北0.4千米	1809米	北距野羊洼长城0.005千米	土	黄土夯筑而成，夯层厚0.15~0.2米	圆形	梯形	底径10，顶径7，残高10米	无	无	保存较好。所附坍塌损毁段，表面凹凸不平，有裂缝、沟槽、孔洞	自然因素主要是风雨侵蚀、植物生长等
野羊洼4号烽火台	老营镇野羊洼村北0.39千米	1804米	北距野羊洼长城0.01千米	土	黄土夯筑而成，夯层厚0.15~0.2米	圆形	梯形	底径10，顶径5，残高10米	台基平面呈圆形，直径20.5，残高1.2米，外部包石	无	保存较好。所附坍塌损毁段，表面凹凸不平，有裂缝、沟槽、孔洞	自然因素主要是风雨侵蚀、植物生长等
窑子沟1号烽火台	老营镇野羊洼村西0.75千米	1743米	北距窑子沟长城0.001千米	土	黄土夯筑而成，含碎石，夯层厚0.15~0.2米	圆形	梯形	底径9.6，顶径6，残高10.5米	无	无	保存较好。台体有所附坍塌损毁段，表面凹凸不平，有裂缝、沟槽、孔洞	自然因素主要是风雨侵蚀、植物生长等
窑子沟2号烽火台	老营镇野羊洼村西0.9千米	1751米	西北距窑子沟长城0.012千米	土	黄土夯筑而成，夯层厚0.15~0.2米	圆形	梯形	底径10.5，顶径8，残高8.21米	台基平面呈矩形，边长20，残高2米，外部包石	无	保存较好。台体有所附坍塌损毁段，表面凹凸不平，有裂缝、沟槽、孔洞	自然因素主要是风雨侵蚀、植物生长等
窑子沟4号烽火台	老营镇野羊洼村西南1.4千米	1781米	北距窑子沟长城0.015千米	土	黄土夯砾，含碎石，夯层厚0.15~0.2米	圆形	梯形	底径8，顶径2.2，残高6.5米	无	无	保存一般。台体坍塌损毁严重，表面凹凸不平，有裂缝、沟槽、孔洞。北壁有洞穴	自然因素主要是风雨侵蚀、植物生长等；人为因素主要是挖掘洞穴等

续表435

名称	地点	高程	与其他遗存的位置关系	材质	建筑方式	平面形制	剖面形制	尺寸	附属设施	修缮情况	保存状况	损毁原因及存在病害
窑子沟5号烽火台	老营镇野羊洼村西南2千米	1722米	西距窑子沟长城0.003千米	土	黄土夯筑而成,含夯砾,夯层厚0.08~0.2米	圆形	梯形	底径10,顶径6.85,残高9.11米	无	无	保存较好。台体有所坍塌损毁,表面凹凸不平,有裂缝、沟槽、孔洞	自然因素主要是风雨侵蚀、植物生长等
楝木塔2号烽火台	清水河县北堡乡楝木塔村东南1.7千米	1656米	西北距楝木塔长城0.024千米	土	黄土夯筑而成,夯层厚0.08~0.15米	圆形	梯形	底径13.2,顶径9,残高11.3米	台基平面呈圆形,直径19.8,残高1.2米,外部包石	无	保存较好。台体有所坍塌损毁,表面凹凸不平,有裂缝、沟槽、孔洞	自然因素主要是风雨侵蚀、植物生长等
楝木塔3号烽火台	老营镇朱儿洼村西北1千米	1644米	西北距楝木塔长城0.03千米	土	黄土夯筑而成,夯层厚0.1~0.15米	圆形	梯形	底径11,顶径5,残高11米	无	无	保存较好。台体有所坍塌损毁,表面凹凸不平,有裂缝、沟槽、孔洞	自然因素主要是风雨侵蚀、植物生长等
楝木塔4号烽火台	老营镇朱儿洼村西北1.3千米	1679米	北距楝木塔长城0.12千米	土	黄土夯筑而成,含碎石,夯层厚0.1~0.15米	圆形	梯形	底径10,顶径6.5,残高9米	无	无	保存较好。台体有所坍塌损毁,表面凹凸不平,有裂缝、沟槽、孔洞	自然因素主要是风雨侵蚀、植物生长等
小元卯1号烽火台	老营镇朱儿洼村西北1.5千米	1658米	西北距小元卯长城0.03千米	土	黄土夯筑而成,夯层厚0.1~0.15米	圆形	梯形	底径10,顶径5,残高10米	无	无	保存较好。台体有所坍塌损毁,表面凹凸不平,有裂缝、沟槽、孔洞	自然因素主要是风雨侵蚀、植物生长等
小元卯3号烽火台	清水河县北堡乡楝木塔村南1.9千米	1697米	西北距小元卯长城0.03千米	土	黄土夯筑而成,夯层厚0.05~0.1米	圆形	梯形	底径14.5,顶径8,残高9.2米	无	无	保存较好。台体有所坍塌损毁,表面凹凸不平,有裂缝、沟槽、孔洞	自然因素主要是风雨侵蚀、植物生长等
小元卯4号烽火台	清水河县北堡乡楝木塔村西南2.15千米	1587米	北距小元卯长城0.025千米	土	黄土夯筑而成,夯层厚0.05~0.1米	圆形	梯形	底径8,顶径7.5,残高9米	台基平面呈圆形,直径20,残高1.7米	无	保存较好。台体有所坍塌损毁,表面凹凸不平,有裂缝、沟槽、孔洞	自然因素主要是风雨侵蚀、植物生长等
小元卯5号烽火台	清水河县北堡乡楝木塔村西南2.28千米	1558米	北距小元卯长城0.04千米	土	黄土夯筑而成,夯层厚0.05~0.15米	圆形	梯形	底径11.15,顶径9.58,残高6.85米	围墙残高0.5米。南墙设门,石砌而成,宽3,高1.5,进深2米。台基平面呈圆形,直径30米	无	保存一般。台体坍塌损毁严重,表面凹凸不平,有裂缝、沟槽、孔洞	自然因素主要是风雨侵蚀、植物生长等

续表435

名称	地点	高程	与其他遗存的位置关系	材质	建筑方式	平面形制	剖面形制	尺寸	附属设施	修缮情况	保存状况	损毁原因及存在病害
小元峁6号烽火台	清水河县北堡乡楝木塔村西南2.35千米	1545米	北距小元峁烽火城0.02千米	土	黄土夯筑而成，夯层厚0.05～0.1米	圆形	梯形	底径11，顶径7.84，残高10.5米	围墙残存最宽1.2，残存长设门，石砌而成。西南墙平面呈圆形，直径21，残高2.2米	无	保存较好。台体有所坍塌损毁，表面凹凸不平，有裂缝、沟槽、孔洞	自然因素主要是风雨侵蚀、植物生长等
窑洼1号烽火台	水泉乡窑洼村东1千米	1533米	东北距窑洼长城0.05千米	土	黄土夯筑而成，夯层厚0.15～0.2米	圆形	梯形	底径12，顶径6，残高11米	围墙直径28，残高0.3～1米	无	保存较好。台体有所坍塌损毁，表面凹凸不平，有裂缝、沟槽、孔洞	自然因素主要是风雨侵蚀、植物生长等
窑洼2号烽火台	水泉乡窑洼村东0.6千米	1518米	北距窑洼长城0.2千米	土	黄土夯筑而成，夯层厚0.15～0.2米	圆形	梯形	底部东西6，南北7米，顶部东西3，南北4米，残高6米	台基残高4米	无	保存一般。台体坍塌损毁严重，表面凹凸不平，有裂缝、沟槽、孔洞	自然因素主要是风雨侵蚀、植物生长等
窑洼4号烽火台	水泉乡窑洼村东北0.2千米	1536米	北距窑洼长城0.2千米	土	黄土夯筑而成，夯层厚0.15～0.2米	圆形	梯形	底径14，顶径8米	台基平面呈圆形，直径30，残高4米	无	保存一般。台体坍塌损毁严重，表面凹凸不平，有裂缝、沟槽、孔洞	自然因素主要是风雨侵蚀、植物生长等
窑洼5号烽火台	水泉乡窑洼村北0.8千米	1487米	北距窑洼长城0.05千米	土	黄土夯筑而成，夯层厚0.15～0.2米	圆形	梯形	底部东西7，南北8米，顶部边长3.5米，残高8米	台基平面呈圆形，直径24，残高4米	无	保存一般。台体坍塌损毁严重，表面凹凸不平，有裂缝、沟槽、孔洞	自然因素主要是风雨侵蚀、植物生长等
窑洼6号烽火台	水泉乡窑洼村西北1.3千米	1478米	北距窑洼长城0.02千米	土	黄土夯筑而成，夯层厚0.15～0.2米	圆形	梯形	底部东西6，南北8米，顶部东西2，南北3米，残高6米	台基平面呈圆形，直径20，残高3米	无	保存一般。台体坍塌损毁严重，表面凹凸不平，有裂缝、沟槽、孔洞	自然因素主要是风雨侵蚀、植物生长等
碓白坪1号烽火台	清水河县暖泉乡碓白坪村西南1.05千米	1458米	北距碓白坪长城0.1千米	土	黄土夯筑而成，夯层厚0.08～0.15米	圆形	梯形	底径14.8，顶径12，残高9米	围墙底宽1，顶宽0.2～0.4米，残高2.5米，夯层厚0.05～0.15米。台基中央呈圆形，直径25，残高1～4米。南壁中部有洞穴，宽0.8，距地面4.8米，可通顶	无	保存较好。台体有所坍塌损毁，表面凹凸不平，有裂缝、沟槽、孔洞。西部中央有洞穴，西壁底部宽1.5，高1.2，进深3米。洞口底部有铺石；北壁有洞穴两处，分别高1.5，宽1.9，进深0.8，高1，进深2米	自然因素主要是风雨侵蚀、植物生长等；人为因素主要是挖掘洞穴等

续表435

名称	地点	高程	与其他遗存的位置关系	材质	建筑方式	平面形制	剖面形制	尺寸	附属设施	修缮情况	保存状况	损毁原因及存在病害
碓臼坪2号烽火台	清水河县暖泉乡碓臼坪村西南0.87千米	1425米	北距碓臼坪长城0.05千米	土	黄土夯筑而成，夯层厚0.05~0.15米	圆形	梯形	底径13，顶径8，残高8米	台基平面呈圆形，直径24，残高2米。南壁中部有洞穴，高1，高1.2米，可通顶	无	保存较好。台体有所坍塌损毁，表面凹凸不平，有裂缝、沟槽，孔洞。南壁底部有洞穴，进深1.65，高2.5米；北壁底部有洞穴	自然因素主要是风雨侵蚀，植物生长等；人为因素主要是挖掘洞穴等
许家湾1号烽火台	清水河县暖泉乡碓臼坪村西南	1444米	北距许家湾长城0.09千米	土	黄土夯筑而成，夯层厚0.05~0.15米	圆形	梯形	底径15，顶径13，残高9米	围墙底宽1，顶宽0.5，残高2.5米。台基平面呈圆形，直径30，残高2米	无	保存较好。台体有所坍塌损毁，表面凹凸不平，有裂缝、沟槽，孔洞。东、西壁底部有洞穴	自然因素主要是风雨侵蚀，植物生长等；人为因素主要是挖掘洞穴等
许家湾2号烽火台	清水河县暖泉乡川骑上村东南0.9千米	1410米	北距许家湾长城0.04千米	土	黄土夯筑而成，夯层厚0.05~0.15米	圆形	梯形	底径15，顶径9，残高10米	台基平面呈圆形，直径28，残高2米。南壁上部有洞穴，宽0.8米，可通顶	无	保存较好。台体有所坍塌损毁，表面凹凸不平，有裂缝、沟槽，孔洞。南壁底部有洞穴，宽0.5，进深1.5，高2米	自然因素主要是风雨侵蚀，植物生长等；人为因素主要是挖掘洞穴等
许家湾3号烽火台	清水河县暖泉乡川骑上村东南0.47千米	1379米	北距许家湾长城0.1千米	土	黄土夯筑而成，含砂砾，夯层厚0.1~0.15米	圆形	梯形	底径16，顶径10，残高9.45米	围墙底宽1，顶宽0.2~0.5，残高3.5米	无	保存较好。台体有所坍塌损毁，表面凹凸不平，有裂缝、沟槽，孔洞。南壁底部有砦洞3处	自然因素主要是风雨侵蚀，植物生长等；人为因素主要是挖掘洞穴等
许家湾4号烽火台	清水河县暖泉乡川骑上村东南0.7千米	1410米	北距许家湾长城0.47千米	土	黄土夯筑而成，夯层厚0.1~0.15米	圆形	梯形	底径14.8，残高8米	无	无	保存较好。台体有所坍塌损毁，表面凹凸不平，有裂缝、沟槽，孔洞。南壁孔洞	自然因素主要是风雨侵蚀，植物生长等
川骑上2号烽火台	清水河县暖泉乡川骑上村西0.7千米	1362米	东北距川上长城0.14千米	土	黄土夯筑而成，夯层厚0.05~0.1米	圆形	梯形	底径14，顶径10，残高9米	台基平面呈圆形，直径30，残高2米	无	保存较好。台体有所坍塌损毁，表面凹凸不平，有裂缝、沟槽，孔洞	自然因素主要是风雨侵蚀，植物生长等

续表435

名称	地点	高程	与其他遗存的位置关系	材质	建筑方式	平面形制	剖面形制	尺寸	附属设施	修缮情况	保存状况	损毁原因及存在病害
川峁上3号烽火台	水泉乡水泉村北0.5千米	1395米	东北距川峁上长城0.44千米	土	黄土夯筑而成,夯层厚0.15~0.2米	圆形	梯形	底部东西11,南北12米,顶部东西4.5,南北5米,残高10米	无	无	保存较好。台体坍塌损毁,所坍塌表面凹凸不平,有裂缝。南壁底部有洞,宽1.5高1进深2米	自然因素主要是风雨侵蚀,植物生长等;人为因素主要是挖掘洞穴等
川峁上5号烽火台	清水河县暖泉乡头道沟村南1千米	1380米	东北距川峁上长城0.02千米	土	黄土夯筑而成,夯层厚0.15~0.2米	圆形	梯形	底径14,顶径10,残高10米	围墙外高3~4,内高0.8~1.8米,直径10米。面呈圆形,高1米	无	保存较好。台体坍塌损毁,所坍塌表面凹凸不平,有裂缝。孔洞,墙有洞穴	自然因素主要是风雨侵蚀,植物生长等;人为因素主要是挖掘洞穴等
头道沟1号烽火台	水泉乡后海子村北0.7千米	1403米	东北距头道沟长城0.08千米	土	黄土夯筑而成,夯层厚0.15~0.2米	圆形	梯形	底径12,顶径8,残高9米	围墙外高1~3,内高中央设门3,宽2.8,进深3,高2.8米。台基平面呈圆形,直径26,残高2米。呈平圆形,高1.3米	有二次修缮痕迹	保存较好。台体坍塌损毁,所坍塌表面凹凸不平,有裂缝。孔洞	自然因素主要是风雨侵蚀,植物生长等
头道沟2号烽火台	清水河县暖泉乡头道沟村西1.5千米	1524米	东北距头道沟长城0.1千米	土	黄土夯筑而成,夯层厚0.15~0.2米	圆形	梯形	底径12,顶径7,残高9米	台基平面呈圆形,直径30	无	保存较好。台体坍塌损毁,所坍塌表面凹凸不平,有裂缝。孔洞,底部有洞穴	自然因素主要是风雨侵蚀,植物生长等;人为因素主要是挖掘洞穴等
头道沟3号烽火台	清水河县暖泉乡腰咀村南1.4千米	1578米	东北距头道沟长城0.08千米	土	黄土夯筑而成,夯层厚0.15~0.2米	圆形	梯形	底径14,顶径10,残高12米	围墙外高0.5~4,内高0.5~3米。台基平面呈圆形,直径30,残高2米	无	保存较好。台体坍塌损毁,所坍塌表面凹凸不平,有裂缝。孔洞,东壁底部有洞穴	自然因素主要是风雨侵蚀,植物生长等;人为因素主要是挖掘洞穴等
杏树峁1号烽火台	清水河县暖泉乡腰咀村西南1.55千米	1579米	北距杏树峁长城0.11千米	土	黄土夯筑而成,夯层厚0.05~0.1米	圆形	梯形	底径10,顶径7,残高7米	无	无	保存一般。台体坍塌损毁严重,表面凹凸不平,有裂缝。沟槽,孔洞	自然因素主要是风雨侵蚀,植物生长等

续表 435

名称	地点	高程	与其他遗存的位置关系	材质	建筑方式	平面形制	剖面形制	尺寸	附属设施	修缮情况	保存状况	损毁原因及存在病害
杏树峁3号烽火台	清水河县暖泉乡腰栅嘴村西南1.7千米	1587米	北距杏树峁长城0.07千米	土	黄土夯筑而成,夯层厚0.05~0.15米	圆形	梯形	底径14,顶径12,残高6.45米	无	无	保存一般。台体坍塌损毁严重,表面凹凸不平,有裂缝,沟槽,孔洞	自然因素主要是风雨侵蚀,植物生长等
杏树峁4号烽火台	清水河县暖泉乡腰栅嘴村西南1.85千米	1601米	东北距杏树峁长城0.055千米	土	黄土夯筑而成,夯层厚0.05~0.15米	圆形	梯形	底径11,顶径7,残高10米	无	台体顶部有二次修缮痕迹	保存较好。台体有所坍塌损毁,表面凹凸不平,有裂缝,沟槽,孔洞。南壁底部有洞穴,宽1.5,高1.5,进深2.4米	自然因素主要是风雨侵蚀,植物生长等;人为因素主要是挖掘洞穴等
杏树峁5号烽火台	清水河县暖泉乡腰栅嘴村西南1.97千米	1597米	东北距杏树峁长城0.035千米	土	黄土夯筑而成,含碎石,夯层厚0.05~0.1米	圆形	梯形	底径16,顶径12,残高7.6米	无	无	保存一般。台体坍塌损毁严重,表面凹凸不平,有裂缝,沟槽,孔洞。南壁有洞穴	自然因素主要是风雨侵蚀,植物生长等
关地嘴1号烽火台	清水河县暖泉乡安根楼村东南2千米	1624米	北距关地嘴长城0.04千米	土	黄土夯筑而成,夯层厚0.05~0.15米	矩形	梯形	底部东西13,南北19米,顶部东西6,南北17米,残高6.6米	无	无	保存一般。台体坍塌损毁严重,表面凹凸不平,有裂缝,沟槽,孔洞。南壁有洞穴,宽2.2,高1.3,进深3.5米	自然因素主要是风雨侵蚀,植物生长等;人为因素主要是挖掘洞穴等
关地嘴2号烽火台	清水河县暖泉乡安根楼村东南1.63千米	1614米	北距关地嘴长城0.03千米	土	黄土夯筑而成,夯层厚0.05~0.15米	圆形	梯形	底径13,顶径10,残高8米	台基平面呈圆形,直径21,残高1~2米	无	保存较好。台体有所坍塌损毁,表面凹凸不平,有裂缝,沟槽,孔洞	自然因素主要是风雨侵蚀,植物生长等
安根楼1号烽火台	清水河县暖泉乡安根楼村西南1.2千米	1572米	西北距安根楼长城0.05千米	土	黄土夯筑而成,夯层厚0.05~0.15米	圆形	梯形	底径14,顶径10,残高9米	围墙外高4~4.5,内高0.8~3米。台基平面呈圆形,直径30,残高3米	无	保存较好。台体有所坍塌损毁,表面凹凸不平,有裂缝,沟槽,孔洞。围墙,宽2,东墙有洞穴,高1.5,进深3米	自然因素主要是风雨侵蚀,植物生长等;人为因素主要是挖掘洞穴等

续表435

名称	地点	高程	与其他遗存的位置关系	材质	建筑方式	平面形制	剖面形制	尺寸	附属设施	修缮情况	保存状况	损毁原因及存在病害
安根楼2号烽火台	清水河县单台子乡下黄家梁村东0.3千米	1541米	西北距安根楼长城0.05千米	土	黄土夯筑而成,夯层厚0.15~0.2米	圆形	梯形	底径14,顶径10,残高9米	围墙外高2~4,内高0.8~2.5米。台基平面呈圆形,直径30,残高4米	无	保存较好。台体有所坍塌损毁,表面凹凸不平,有裂缝,沟槽,孔洞	自然因素主要是风雨侵蚀,植物生长等
安根楼3号烽火台	清水河县单台子乡下黄家梁村南0.4千米	1525米	北距安根楼长城0.4千米	土	黄土夯筑而成,夯层厚0.15~0.2米	圆形	梯形	底径7,顶径4,残高6米	无	无	保存一般。台体坍塌损毁严重,表面凹凸不平,有裂缝,沟槽,孔洞	自然因素主要是风雨侵蚀,植物生长等
阳洼子1号烽火台	清水河县单台子乡下黄家梁村西1.4千米	1427米	北距阳洼子长城0.03千米	土	黄土夯筑而成,夯层厚0.15~0.2米	圆形	梯形	底径14,顶径10,残高10米	围墙外高2~4,内高0.8~2米。台基平面呈圆形,直径20,残高4米	无	保存较好。所坍塌损毁,表面凹凸不平,有裂缝,沟槽,孔洞。围墙有洞穴,宽2,南墙有洞穴,高2.5米	自然因素主要是风雨侵蚀,植物生长等;人为因素主要是挖掘洞穴等
阳洼子2号烽火台	万家寨镇阳洼子村西北0.5千米	1353米	北距阳洼子长城0.02千米	土	黄土夯筑而成,夯层厚0.15~0.2米	圆形	梯形	底径12,顶径8,残高8.5米	围墙外高3,内高0.8~1.5米。台基平面呈圆形,直径25,残高2米	无	保存较好。所坍塌损毁,表面凹凸不平,有裂缝,沟槽,孔洞	自然因素主要是风雨侵蚀,植物生长等
石堠墕1号烽火台	万家寨镇阳洼子村东北0.8千米	1388米	东北距石堠墕长城0.12千米	土	黄土夯筑而成,含碎石,夯层厚0.15~0.2米	圆形	梯形	底径14,顶径10,残高10米	围墙平面呈圆形,直径26,宽0.5~3.5米;南墙设门,宽2~残高2米。台基平面呈圆形,南壁中部有洞穴,宽1.2,高1.6米,可通顶	无	保存较好。台体有所坍塌损毁,表面凹凸不平,有裂缝,沟槽,孔洞	自然因素主要是风雨侵蚀,植物生长等
石堠墕2号烽火台	清水河县单台子乡石堠墕村东南0.6千米	1374米	东北距石堠墕长城0.08千米	土	黄土夯筑而成,夯层厚0.15~0.2米	圆形	梯形	底径15,顶径12,残高10米	无	无	保存较好。台体有所坍塌损毁,表面凹凸不平,有裂缝,沟槽,孔洞	自然因素主要是风雨侵蚀,植物生长等

续表435

名称	地点	高程	与其他遗存的位置关系	材质	建筑方式	平面形制	剖面形制	尺寸	附属设施	修缮情况	保存状况	损毁原因及存在病害
白泥窑2号烽火台	清水河县单台子乡石垛嫣村西南0.84千米	1394米	西北距白泥窑长城0.06千米	土	黄土夯筑而成，夯层厚0.05~0.1米	圆形	梯形	底径20，顶径15，残高10米	围墙残存东北墙。南壁底部有洞穴，可通顶	无	保存较好。台体有所坍塌损毁，表面凹凸不平，有裂缝，西壁有洞穴，孔洞。宽0.8，高1.9，进深0.5米	自然因素主要是风雨侵蚀，植物生长等；人为因素主要是挖掘洞穴等
白泥窑3号烽火台	清水河县单台子乡石垛嫣村西南1.2千米	1431米	北距白泥窑长城0.16千米，位于白泥窑堡内中央	土	黄土夯筑而成，夯层厚0.1~0.15米	矩形	梯形	底部东西6，南北7.5米，顶部东西0.5，南北2米，残高4米	无	无	保存较差。台体坍塌损毁严重，表面凹凸不平，沟槽，孔洞	自然因素主要是风雨侵蚀，植物生长等
正泥焉1号烽火台	万家寨镇正泥焉村南1千米	1394米	东北距正泥焉长城0.07千米	土	黄土夯筑而成，夯层厚0.05~0.15米	圆形	梯形	底径18，顶径15，残高11.5米	有围墙。西壁有洞穴，宽1.5，高2.5米，有台阶可通顶，阶宽1，高0.3米	无	保存较好。台体有裂缝，表面凹凸不平，沟槽，孔洞	自然因素主要是风雨侵蚀，植物生长等
正泥焉2号烽火台	万家寨镇正泥焉村西	1347米	东距正泥焉长城0.065千米	土	黄土夯筑而成，夯层厚0.05~0.15米	圆形	梯形	底径13，顶径11，残高11米	无	无	保存较好。台体有裂缝，表面凹凸不平，沟槽，孔洞，底部有洞穴	自然因素主要是风雨侵蚀，植物生长等；人为因素主要是掘洞穴等
东牛腻塔烽火台	万家寨镇正泥焉村西北0.8千米	1311米	北距东牛腻塔长城0.05千米	土	黄土夯筑而成，夯层厚0.15~0.2米	圆形	梯形	底径12，顶径8，残高8.5米	台基平面呈圆形，直径24，残高1米。东壁有洞穴，宽1，高3.5米，可通顶	无	保存较好。台体有所坍塌损毁，表面凹凸不平，沟槽，孔洞	自然因素主要是风雨侵蚀，植物生长等
青草卵1号烽火台	清水河县单台子乡青草卵村东南0.4千米	1336米	北距东牛腻塔长城0.1千米	土	黄土夯筑而成，夯层厚0.15~0.2米	圆形	梯形	底径10，顶径8，残高9米	台基平面呈圆形，直径20，残高1米。南壁中部有洞穴，宽1.5，高3米，可通顶	无	保存较好。台体有所坍塌损毁，表面凹凸不平，有裂缝，孔洞	自然因素主要是风雨侵蚀，植物生长等
青草卵2号烽火台	清水河县单台子乡青草卵村东南0.7千米	1337米	北距东牛腻塔长城0.16千米	土	黄土夯筑而成，夯层厚0.15~0.2米	圆形	梯形	底径8，顶径2，残高7米	无	无	保存一般。台体坍塌损毁严重，表面凹凸不平，沟槽，孔洞	自然因素主要是风雨侵蚀，植物生长等

续表435

名称	地点	高程	与其他遗存的位置关系	材质	建筑方式	平面形制	剖面形制	尺寸	附属设施	修缮情况	保存状况	损毁原因及存在病害
青草峁3号烽火台	万家寨镇南庄王村北0.7千米	1300米	北距青草峁长城0.16千米	土	黄土夯筑而成,夯层厚0.15~0.2米	圆形	梯形	底径14,顶径10,残高10米	围墙外高1~4,内高0.5~2米,呈圆形,直径30,残高3米。台体顶部有土台,直径5,高1米	无	保存较好。台体有所坍塌损毁,表面凹凸不平,有裂缝,沟槽,孔洞,底部有洞穴	自然因素主要是风雨侵蚀,植物生长等;人为因素主要是挖掘洞穴等
正湖梁1号烽火台	清水河县单台子乡正湖梁村东0.7千米	1215米	北距正湖梁长城0.07千米	土	黄土夯筑而成,夯层厚0.15~0.2米	圆形	梯形	底径12,顶径8,残高9米	围墙外高3,内高0.8~2米。台基平面呈圆形,直径24,残高3米	无	保存较好。台体有所坍塌损毁,表面凹凸不平,有裂缝,沟槽,孔洞	自然因素主要是风雨侵蚀,植物生长等
正湖梁2号烽火台	万家寨镇清石村北0.38千米	1187米	北距正湖梁长城0.12千米	土	黄土夯筑而成,夯层厚0.1~0.15米	圆形	梯形	底径9,顶径5.4,残高4.5米	无	无	保存一般。台体坍塌损毁严重,表面凹凸不平,有裂缝,沟槽,孔洞	自然因素主要是风雨侵蚀,植物生长等
正湖梁3号烽火台	万家寨镇清石村南0.4千米	1229米	北距正湖梁长城0.75千米	土	黄土夯筑而成,夯层厚0.08~0.15米	圆形	梯形	底径11,顶径5,残高13米	南壁中部有洞穴,宽0.7,高1米,可通顶	无	保存较好。台体有所坍塌损毁,表面凹凸不平,有裂缝,沟槽,孔洞	自然因素主要是风雨侵蚀,植物生长等
北古梁1号烽火台	清水河县单台子乡北古梁村西南1千米	1211米	西北距水门塔长城0.29千米	土	黄土夯筑而成,夯层厚0.1~0.2米	矩形	梯形	底部东西10.5,南北8.8米,顶部东西8,南北7米,残高7米	无	无	保存一般。台体坍塌损毁严重,表面凹凸不平,有裂缝,沟槽,孔洞	自然因素主要是风雨侵蚀,植物生长等
北古梁2号烽火台	清水河县单台子乡北古梁村西南1.15千米	1235米	西北距水门塔长城0.4千米	土	黄土夯筑而成,夯层厚0.1~0.2米	矩形	梯形	底部东西9.88,南北9米,顶部东西6.45,南北7米,残高6.8米	无	无	保存一般。台体坍塌损毁严重,表面凹凸不平,有裂缝,沟槽,孔洞	自然因素主要是风雨侵蚀,植物生长等
马道嘴2号烽火台	万家寨镇马道嘴村西北0.6千米	1089米	西北距闫王鼻子长城0.1千米	土	黄土夯筑而成,夯层厚0.1~0.15米	圆形	梯形	底径14,顶径10,残高10米	围墙宽0.8~4米,内高1,外高2~5,内基平面呈圆形,直径30,残高3米	无	保存较好。台体有所坍塌损毁,表面凹凸不平,有裂缝,沟槽,孔洞,南壁底部有洞穴,宽1.3,进深3米;北壁高1.5,底部有洞穴,宽3,进深3米	自然因素主要是风雨侵蚀,植物生长等;人为因素主要是挖掘洞穴等

续表 435

名称	地点	高程	与其他遗存的位置关系	材质	建筑方式	平面形制	剖面形制	尺寸	附属设施	修缮情况	保存状况	损毁原因及存在病害
闫王鼻子1号烽火台	万家寨镇马道嘴村西北1.4千米	1131米	东北距闫王鼻子长城0.1千米	土	黄土夯筑而成,夯层厚0.15~0.2米	矩形	梯形	底部东西6,南北8米,顶部边长3米,残高4米	无	无	保存较差,台体坍塌损毁严重,表面凹凸不平,有裂缝、沟槽、孔洞	自然因素主要是风雨侵蚀、植物生长等
闫王鼻子2号烽火台	万家寨镇马道嘴村西北2千米	1065米	北距闫王鼻子长城0.2千米	土	黄土夯筑而成,夯层厚0.15~0.2米	圆形	梯形	底径14,顶径10,残高10米	围墙外高1~3,内高0.8~2米。台基平面呈圆形,直径30,残高2.5米	无	保存较好,台体有所坍塌损毁。表面凹凸不平,有裂缝、沟槽、孔洞	自然因素主要是风雨侵蚀、植物生长等
老牛湾烽火台(彩图九一一)	万家寨镇老牛湾村东北0.5千米	1051米	位于老牛湾长城东侧,西南距老牛湾堡0.57千米	土	黄土夯筑而成,含砂砾,夯层厚0.09~0.25米	矩形	梯形	底部东西13,南北14米,顶部东西7,南北7米,残高6~7米	无	无	保存一般,台体坍塌损毁严重,表面凹凸不平,有裂缝、沟槽、孔洞	自然因素主要是风雨侵蚀、植物生长等
大嘴烽火台	万家寨镇大嘴村东北0.2千米	1215米	西北距大嘴长城0.1千米	石	外部片石垒砌;内部为夯土台体,黄土夯筑而成	矩形	梯形	底部东西15,南北9米	无	无	保存一般,台体坍塌损毁严重	自然因素主要是风雨侵蚀、植物生长等
榆树塔烽火台(彩图九一二)	万家寨镇榆树塔村东南0.24千米	1202米	位于万家寨长城1段东侧	石	外部片石垒砌;内部为夯土台体,黄土夯筑而成,含砂砾,夯层厚0.06~0.11米,夯层间有片石层	矩形	梯形	底部东西10,南北7,残高6米	台基平面呈圆形,直径16,残高0.2~1.4米	无	保存严重坍塌损毁。外部包石大部分无存。台体南侧有近现代石砌窑洞及其他石砌设施	自然因素主要是风雨侵蚀、植物生长等
东长嘴1号烽火台(彩图九一三)	万家寨镇东长嘴村东北0.45千米	1269米	位于万家寨长城1段东侧	土	黄土夯筑而成,含砂砾,夯层厚0.06~0.3米	矩形	梯形	底部东西13,南北12米,顶部东西9,南北8米,残高8米	无	无	保存较好,台体有所坍塌损毁。表面凹凸不平,有裂缝、沟槽、孔洞,西壁沟槽宽0.8,深0.8米	自然因素主要是风雨侵蚀、植物生长等
东长嘴2号烽火台	万家寨镇东长嘴村东北0.12千米	1326米	位于万家寨长城1段东侧	土	黄土夯筑而成,含砂砾,夯层厚0.07~0.1米	圆形	梯形	底径11,残高6米	台基平面呈圆形,直径25,残高2.3米,夯层厚0.13~0.2米	无	保存一般,台体坍塌损毁严重,表面凹凸不平,有裂缝、沟槽、孔洞。台体南侧有壕沟,宽2.5,深1.2~2米	自然因素主要是风雨侵蚀、植物生长等;人为因素主要是取土挖损等

续表435

名称	地点	高程	与其他遗存的位置关系	材质	建筑方式	平面形制	剖面形制	尺寸	附属设施	修缮情况	保存状况	损毁原因及存在病害
辛庄窝烽火台（彩图九一四）	万家寨镇辛窝村西南0.45千米	1215米	位于万家寨长城1段东侧	土	黄土夯筑而成，含砂砾，夯层厚0.1~0.2米	圆形	梯形	底径16，顶径10，残高6米	台基平面呈圆形，直径24，残高1.1~1.9米	无	保存一般。台体坍塌损毁严重，表面凹凸不平，有裂缝，沟槽，孔洞	自然因素主要是风雨侵蚀，植物生长等
万家寨烽火台	万家寨村西南	1056米	位于万家寨长城2段东侧，东北距万家寨堡0.28千米	土	黄土夯筑而成，夯层厚0.06~0.19米	圆形	梯形	底径12，顶径8，残高5.55米	台基平面呈圆形，直径26，残高2~2.2米，夯层厚0.05~0.2米	无	保存一般。台体坍塌损毁严重，表面凹凸不平，有裂缝，沟槽，孔洞。东壁有沟槽，宽0.8米；南壁有洞穴，宽1.2，深1.2米	自然因素主要是风雨侵蚀，植物生长等；人为主要是掘洞穴等
麻地塔烽火台	万家寨镇麻地塔东窝0.22千米	1140米	位于万家寨长城2段东侧	土	黄土夯筑而成，含砂砾，夯层厚0.1~0.18米	圆形	梯形	底径19，顶径11，残高8米	台体周围有围墙，平面呈近圆形，东西38，南北36，残高4.2米，夯层厚0.09~0.16米。台基平面呈圆形，直径39，残高4.2米，夯层厚0.09~0.18米，宽0.8~1.3，高1.8米，可通顶	无	保存较好。台体所附塌损毁，表面凹凸不平，有裂缝，沟槽，孔洞	自然因素主要是风雨侵蚀，植物生长等
暗地庄窝烽火台（彩图九一五）	万家寨镇暗地庄窝东0.41千米	1173米	位于万家寨长城2段东侧	土	黄土夯筑而成，含砂砾，夯层厚0.08~0.18米	圆形	梯形	底径12，顶径8，残高8米	台基平面呈圆形，直径24，残高1.2~2.7米，夯层厚0.08~0.18米	无	保存较好。台体有所坍塌损毁，表面凹凸不平，有裂缝，沟槽，孔洞。东南壁有沟槽，深0.5，宽0.8米	自然因素主要是风雨侵蚀，植物生长等
五铺梁4号烽火台	万家寨镇五铺梁西南1.16千米	1059米	西距五铺梁长城0.14千米	石	外部片石垒砌，内部土石混筑	圆形	梯形	底径7.2，残高1.5~2米	无	无	保存较差	自然因素主要是风雨侵蚀，植物生长等
五铺梁1号烽火台（彩图九一六）	万家寨镇五铺梁西南1.06千米	1077米	位于五铺梁长城东侧	土	黄土夯筑而成，含砂砾，夯层厚0.06~0.1米	圆形	梯形	底径16.5，顶径13.5，残高7.4米	台基平面呈圆形，直径29.5，残高1.5~5米，夯层厚0.1~0.15米	无	保存一般。台体坍塌损毁严重，表面凹凸不平，沟槽，孔洞。西南壁残高2.5，西壁残高2米；西壁有洞穴，从底部纵向沟槽，延伸至顶部，宽0.2~1，深1米	自然因素主要是风雨侵蚀，植物生长等；人为因素主要是掘洞穴等

续表 435

名称	地点	高程	与其他遗存的位置关系	材质	建筑方式	平面形制	剖面形制	尺寸	附属设施	修缮情况	保存状况	损毁原因及存在病害
五铺梁 2 号烽火台（彩图九一七）	万家寨镇五铺梁西南 1.26 千米	935 米	西距五铺梁长城 0.005 千米	石	外部片石垒砌；内部为夯土台体，黄土夯筑而成，含砂砾，夯层厚 0.1~0.2 米	矩形	梯形	底部东西 18，南北 15 米，顶部东西 9，南北 7 米，残高 6 米	无	无	保存一般。台体坍毁严重，外部包石大部分无存	自然因素主要是风雨侵蚀，植物生长等；人为因素主要是拆毁包石等
五铺梁 3 号烽火台（彩图九一八）	万家寨镇五铺梁西南 2.18 千米	985 米	位于五铺梁长城东侧	土	黄土夯筑而成，含砂砾，夯层厚 0.15~0.21 米	矩形	梯形	底部东西 9，南北 10 米，顶部东西 2.5，南北 3 米，残高 5 米	无	无	保存一般。台体坍毁严重，表面凹凸不平，有裂缝，沟槽，孔洞	自然因素主要是风雨侵蚀，植物生长等
小寨 1 号烽火台（彩图九一九）	天峰坪镇小寨村西南 2.39 千米	1039 米	位于小寨长城东侧	石	片石垒砌而成	圆形	梯形	底径 8，残高 2.5 米	无	无	保存较差	自然因素主要是风雨侵蚀，植物生长等
小寨 2 号烽火台（彩图九二〇）	天峰坪镇小寨村西南 2.31 千米	1053 米	位于小寨长城东侧	土	黄土夯筑而成，碎石，夯层厚 0.06~0.18 米	圆形	梯形	底径 14，顶径 11，残高 8 米	无	无	保存较好。所附塌损毁，表面凹凸不平，有裂缝，沟槽，孔洞。东壁有洞穴，宽 0.5，高 0.8 米	自然因素主要是风雨侵蚀，植物生长等；人为因素主要是挖掘洞穴等
尖次湾 2 号烽火台（彩图九二一）	天峰坪镇尖次湾村北 0.05 千米	1067 米	位于尖次湾长城东侧	石	外部条石垒砌；内部为夯土台体，黄土夯筑而成，含砂砾，夯层厚 0.05~0.18 米	矩形	梯形	底部东西 5~6，南北 5~6，残高 3~4 米	台体周围有围墙。大部分段落无存，残高 0.2~0.3 米。台基平面呈矩形，东西 42，南北 28，残高 1.6~2.5 米，夯层厚 0.08~0.18 米	无	保存较差。台体坍毁严重，外部包石大部分无存。围墙大部分段落落无存	自然因素主要是风雨侵蚀，植物生长等；人为因素主要是拆毁包石等
尖次湾 1 号烽火台（图五四；彩图九二二）	天峰坪镇尖次湾村东南 0.6 千米	1115 米	位于尖次湾长城东侧	土	黄土夯筑而成，含砂砾，夯层厚 0.05~0.15 米	圆形	梯形	底径 15，顶径 9.4，残高 8.7 米	台体周围有围墙，平面呈圆形，底宽 1.5，残高 2.8 米。台基平面呈圆形，直径 33，残高 1.8 米，夯层厚 0.05~0.18 米	无	保存较好。所附塌损毁，表面凹凸不平，有裂缝，沟槽，孔洞。台基南壁有洞穴	自然因素主要是风雨侵蚀，植物生长等；人为因素主要是挖掘洞穴等

续表435

名称	地点	高程	与其他遗存的位置关系	材质	建筑方式	平面形制	剖面形制	尺寸	附属设施	修缮情况	保存状况	损毁原因及存在病害
柴家岭烽火台二（彩图九三）	天峰坪镇关河岭村北0.55千米	1121米	位于尖次湾长城东侧	土	黄土夯筑而成，含砂砾，夯层厚0.06~0.18米	矩形	梯形	底部东西15、南北16米，顶部东西1.8、南北2.5米，残高10米	无	无	保存较好。台体有所坍塌损毁，表面凹凸不平，有裂缝、沟槽、孔洞	自然因素主要是风雨侵蚀，植物生长等
关河口1号烽火台（彩图九二四）	天峰坪镇关河口村东北0.76千米	1053米	位于尖次湾长城西侧	土	黄土夯筑而成，含砂砾，夯层厚0.06~0.18米	圆形	梯形	底径15、顶径10、残高10米	台基平面呈圆形，直径25、残高0.5~2米，夯层厚0.09~0.13米	无	保存较好。台体有所坍塌损毁，表面凹凸不平，有裂缝、沟槽、孔洞	自然因素主要是风雨侵蚀，植物生长等
关河口2号烽火台（彩图九二五）	天峰坪镇关河口村东北0.16千米	1037米	位于尖次湾长城西侧	土	黄土夯筑而成，碎石，夯层厚0.06~0.16米	圆形	梯形	底径13、顶径10、残高8~9米	无	无	保存较好。台体有所坍塌损毁，表面凹凸不平，有裂缝、沟槽、孔洞。台体南侧有现代石砌设施	自然因素主要是风雨侵蚀，植物生长等
关河口3号烽火台（彩图九二六）	天峰坪镇关河口村关河大桥南0.025千米	905米	位于天峰坪长城南侧	土	黄土夯筑而成，含砂砾，夯层厚0.06~0.1米	圆形	梯形	底径13、顶径10、残高8米	无	无	保存较好。台体有所坍塌损毁，表面凹凸不平，有裂缝、沟槽、孔洞。北壁有洞穴，台体顶部有猪圈，台体周围有民居、小路	自然因素主要是风雨侵蚀等；人为主要是挖掘洞穴，在台体顶部垒砌猪圈等
天峰坪1号烽火台（彩图九二七）	天峰坪镇天峰坪村政府北侧	1012米	位于天峰坪长城南侧	土	黄土夯筑而成，含砂砾，夯层厚0.06~0.2米	矩形	梯形	底部东西12、南北11米，顶部东西6、南北5米，残高5.5米	无	无	保存一般。台体坍塌损毁严重，表面凹凸不平，有裂缝、沟槽、孔洞。东壁有窑洞，南、西壁有洞穴	自然因素主要是风雨侵蚀等；人为主要是挖掘窑洞、洞穴等
天峰坪2号烽火台	天峰坪镇天峰坪村西北0.5千米	1018米	位于天峰坪长城南侧	砖	外部砖石垒砌，包石高5.5米，内部为夯土台体，黄土夯筑而成，含砂砾，夯层厚0.06~0.2米	圆形	梯形	底径15、顶径1.5~2、残高3米	台基平面呈圆形，直径23、残高0.4~1.5米	无	保存较差。台体坍塌损毁严重，外部砖石大部分无存	自然因素主要是风雨侵蚀等；人为主要是拆毁砖石等

续表 435

名称	地点	高程	与其他遗存的位置关系	材质	建筑方式	平面形制	剖面形制	尺寸	附属设施	修缮情况	保存状况	损毁原因及存在病害
天峰坪3号烽火台（彩图九二八）	天峰坪镇天峰坪村西1.3千米	982米	位天峰坪长城南侧	砖	外部砖石垒砌；包石高5.5米；内部为夯土台体，黄土夯筑而成	矩形	梯形	底部东西6，南北7米，顶部东西3.5，南北4米，残高4.2米	台基平面呈矩形，边长14，残高0.5~1.2米，砖石垒砌而成	无	保存一般。台体坍塌损毁严重，外部砖石大部分无存	自然因素主要是风雨侵蚀，植物生长等；人为因素主要是拆毁砖石等
前梁烽火台（彩图九二九）	天峰坪镇前梁村西北1.02千米	952米	位于石崾长城1段东南侧	土	黄土夯筑而成，含砂砾，夯层厚0.05~0.15米	圆形	梯形	底径17，顶径13，残高5.5米	台基平面呈圆形，底径28，残高0.5~1.9米，夯层厚0.06~0.15米	无	保存一般。台体坍塌损毁严重，表面凹凸不平，孔洞。东壁有纵向沟槽，从底部延伸至顶部，宽0.5~1，深0.4~1.1米；西壁有窑洞	自然因素主要是风雨侵蚀，植物生长等；人为因素主要是挖掘窑洞等
石崾1号烽火台（彩图九三○）	天峰坪镇石崾村西北0.96千米	949米	位于石崾长城2段东侧	土	黄土夯筑而成，含砂砾，夯层厚0.16~0.25米	圆形	梯形	底径15，顶径12，残高4.8米	无	无	保存一般。台体坍塌损毁严重，表面凹凸不平，孔洞。沟槽	自然因素主要是风雨侵蚀，植物生长等
石崾2号烽火台（彩图九三一）	天峰坪镇石崾村西北0.46千米	1044米	位于石崾长城2段东侧	土	黄土夯筑而成，含砂砾，夯层厚0.05~0.1米	圆形	梯形	底径16，顶径12，残高6米	台基平面呈圆形，底径37，顶径30，残高3~3.8米	无	保存一般。台体坍塌损毁严重，表面凹凸不平，孔洞。东北壁长有小树；南壁有纵向沟槽，从底部延伸至顶部	自然因素主要是风雨侵蚀，植物生长等
石崾3号烽火台（彩图九三二）	天峰坪镇石崾村西北0.56千米	941米	位于石崾长城2段东侧	土	黄土夯筑而成，含砂砾，夯层厚0.12~0.18米	圆形	梯形	底径23，顶径15，残高7.8米	无	无	保存一般。台体坍塌损毁严重，表面凹凸不平，孔洞，有裂缝。南北壁有洞穴，南壁洞穴宽0.9，高1.1，进深1.6米；北壁洞穴宽1.2，高2.2米，进深2.2米	自然因素主要是风雨侵蚀，植物生长等；人为因素主要是掘洞穴等

续表435

名称	地点	高程	与其他遗存的位置关系	材质	建筑方式	平面形制	剖面形制	尺寸	附属设施	修缮情况	保存状况	损毁原因及存在病害
石峁4号烽火台（彩图九三三）	天峰坪镇石峁村西	970米	位于寺沟长城东侧	土	黄土夯筑而成，含砂砾，夯层厚0.04~0.13米	圆形	梯形	底径20，顶径16，残高3.5~8米	无	无	保存一般。台体坍塌损毁严重，表面凹凸不平，沟槽、孔洞，壁有洞穴	自然因素主要是风雨侵蚀等；人为因素主要是挖掘洞穴等
石峁5号烽火台（彩图九三四）	天峰坪镇石峁村西南0.35千米	968米	位于寺沟长城东侧	土	黄土夯筑而成，含砂砾，夯层厚0.07~0.12米	矩形	梯形	底部边长12米，顶部东西9，南北10米，残高6米	无	无	保存一般。台体坍塌损毁严重，表面凹凸不平，孔洞	自然因素主要是风雨侵蚀，植物生长等
教子沟1号烽火台（彩图九三五）	南堡子乡教子沟村东北0.5千米	1510米	位于平鲁区信虎辛窑长城西南0.52千米	土	黄土夯筑而成，含砂砾，夯层厚0.08~0.19米	矩形	梯形	底部东西10，南北8米，顶部东西4，南北3米，残高6.3米	台体周围有围墙，平面呈矩形，底宽1.4，外高2.3~3.3，内高0.3~2米。台基平面呈矩形，东西17，南北22，残高0.5~2.1米	无	保存一般。台体坍塌损毁严重，表面凹凸不平，沟槽、孔洞	自然因素主要是风雨侵蚀，植物生长等
教子沟2号烽火台（彩图九三六）	南堡子乡教子沟村西北0.6千米	1640米	位于平鲁区信虎辛窑长城东南1千米	土	黄土夯筑而成，含砂砾，夯层厚0.08~0.2米	矩形	梯形	底部东西11.5，南北8米，顶部东西7.5，南北5米，残高11米	无	无	保存较好。台体有所坍塌损毁，表面凹凸不平，沟槽、孔洞	自然因素主要是风雨侵蚀，植物生长等

表436　偏关县腹里烽火台一览表

名称	地点	高程	与其他遗存的位置关系	材质	建筑方式	平面形制	剖面形制	尺寸	附属设施	修缮情况	保存状况	损毁原因及存在病害
新庄窊1号烽火台(彩图九三七)	万家寨镇新庄窊村东0.4千米	1133米	西距老牛湾堡1.3千米	土	黄土夯筑而成,含砂砾,夯层厚0.1~0.2米	矩形	梯形	底部东西7,南北6米,顶部东西2.5,南北3米,残高7米	无	无	保存一般。台体坍塌损毁严重,表面凹凸不平,有裂缝,沟槽,孔洞	自然因素主要是风雨侵蚀,植物生长等
新庄窊2号烽火台	万家寨镇新庄窊村东0.85千米	1217米	西距新庄窊1号烽火台0.6千米	土	黄土夯筑而成,含砂砾,夯层厚0.12~0.25米	矩形	梯形	底部东西8,南北7米,顶部东西3,南北2.5米,残高5米	无	无	保存一般。台体坍塌损毁严重,表面凹凸不平,有裂缝,沟槽,孔洞	自然因素主要是风雨侵蚀,植物生长等
柏树峁1号烽火台(彩图九三八)	万家寨镇柏树峁村西北0.7千米	249米	西北距新庄窊2号烽火台0.85千米	土	黄土夯筑而成,含砂砾,夯层厚0.08~0.18米	矩形	梯形	底部边长8米,顶部东西4.5,南北5米,残高6~7米	无	无	保存一般。台体坍塌损毁严重,表面凹凸不平,有裂缝,沟槽,孔洞。东壁下部有窨洞,宽3.1,进深4.1米	自然因素主要是风雨侵蚀,植物生长等;人为因素主要是挖掘窨洞等
柏树峁2号烽火台	万家寨镇柏树峁村西北0.08千米	1262米	西北距柏树峁1号烽火台0.67千米	土	黄土夯筑而成,含砂砾,夯层厚0.09~0.27米	矩形	梯形	底部东西11,南北13米,顶部东西6,南北5米,残高6米	无	无	保存一般。台体坍塌损毁严重,表面凹凸不平,有裂缝,沟槽,孔洞	自然因素主要是风雨侵蚀,植物生长等
柏树峁3号烽火台(彩图九三九)	万家寨镇柏树峁村东南1千米	1280米	西北距柏树峁2号烽火台0.63千米	土	黄土夯层厚,夯层厚0.12~0.17米	矩形	梯形	东西7,南北2.5,残高4.5米	无	无	保存较差。台体坍塌损毁严重,表面凹凸不平,有裂缝,沟槽,孔洞	自然因素主要是风雨侵蚀,植物生长等;人为因素主要是在台体上架设电线,农业生产活动破坏等
王罗嘴1号烽火台	万家寨镇王罗嘴村西北0.8千米	1416米	西北距柏树峁3号烽火台0.77千米	土	黄土夯筑而成,含碎石,夯层厚0.1~0.14米	矩形	梯形	底部边长9米,顶部东西6,南北6米,残高6.5米	无	无	保存一般。台体坍塌损毁严重,表面凹凸不平,有裂缝,沟槽,孔洞	自然因素主要是风雨侵蚀,植物生长等

续表436

名称	地点	高程	与其他遗存的位置关系	材质	建筑方式	平面形制	剖面形制	尺寸	附属设施	修缮情况	保存状况	损毁原因及存在病害
王罗嘴2号烽火台（彩图九四○）	万家寨镇王罗嘴村北0.26千米	1468米	西北距王罗嘴1号烽火台0.69千米	土	黄土夯筑而成,含碎石,夯层厚0.05~0.08米	圆形	梯形	底径16,顶径13,残高9.4米	台基平面呈圆形,直径23,残高2米,夯层厚0.09~0.12米	无	保存较好。台体有所坍塌损毁,凹凸不平,有裂缝,沟槽,孔洞。东壁上部有沟槽,宽2.8,高3,进深1.5米	自然因素主要是风雨侵蚀,植物生长等
王罗嘴4号烽火台	万家寨镇王罗嘴村东1千米	1390米	西距王罗嘴3号烽火台0.58千米	土	黄土夯筑成,含砂砾,夯层厚0.1~0.15米	矩形	梯形	底部东西7.5,南北8米,顶部东西2.8,南北3.4米,残高6.5米	无	无	保存一般。台体明塌损毁严重,表面凹凸不平,有裂缝,沟槽,孔洞	自然因素主要是风雨侵蚀,植物生长等
王罗嘴3号烽火台	万家寨镇王罗嘴村东0.2千米	1354米	西距王罗嘴3号烽火台0.6千米	土	黄土夯筑而成,含砂砾,夯层厚0.07~0.15米	矩形	梯形	底部东西8,南北8.2米,顶部东西4,南北4米,残高10.5米	台基残高0.5~1.4米,夯层厚0.09~0.13米	无	保存较好。台体坍塌损毁,有裂缝,沟槽,孔洞。东壁底部有洞穴,宽1.1,高1.5,进深1米。台基部北有土路通过	自然因素主要是风雨侵蚀;人为因素主要是挖掘洞穴,修路破坏台基等
薛太家嘴1号烽火台	万家寨镇薛太家嘴村西1.2千米	1334米	西北距王罗嘴3号烽火台0.77千米	土	黄土夯筑而成,含砂砾,夯层厚0.09~0.15米	矩形	梯形	底部东西2.4,南北2,残高2.3米	无	无	保存较差。台体明塌损毁严重,表面凹凸不平,有裂缝,沟槽,孔洞	自然因素主要是风雨侵蚀,植物生长等
薛太家嘴2号烽火台	万家寨镇薛太家嘴村西0.75千米	1334米	西北距王罗嘴1号烽火台0.47千米	土	黄土夯筑而成,含砂砾,夯层厚0.1~0.16米	矩形	梯形	底部边长8米,顶部东西2.5,南北2米,残高9米	无	无	保存一般。台体明塌损毁严重,表面凹凸不平,有裂缝,沟槽,孔洞	自然因素主要是风雨侵蚀,植物生长等;人为因素主要是农业生产活动破坏等
薛太家嘴3号烽火台	万家寨镇薛太家嘴村东南0.5千米	1308米	西北距薛太家嘴2号烽火台1.2千米	土	黄土夯筑而成,含砂砾,夯层厚0.08~0.15米	矩形	梯形	底部边长8米,顶部东西4.5,南北4米,残高9.5米	台基东西17,南北20,残高0.5~1.5米,夯层厚0.1~0.17米	无	保存一般。台体坍塌损毁严重,表面凹凸不平,有裂缝,沟槽,孔洞,台基明塌损毁严重	自然因素主要是风雨侵蚀,植物生长等

续表 436

名称	地点	高程	与其他遗存的位置关系	材质	建筑方式	平面形制	剖面形制	尺寸	附属设施	修缮情况	保存状况	损毁原因及存在病害
店棒子烽火台四（彩图九四一）	万家寨镇店棒子东2千米	1366米	东距白泥窑堡2.2千米。南距薛家大家3号烽火台2.5千米	土	黄土夯筑而成，含砂砾，夯层厚0.08~0.2米	矩形	梯形	底部东西8，南北10米，顶部东西2.3，南北2.5米，残高6.5米	无	无	保存一般。台体坍塌损毁严重，表面凹凸不平，有裂缝、沟槽、孔洞	自然因素主要是风雨侵蚀，植物生长等
黄雨梁烽火台四（彩图九四二）	万家寨镇黄雨梁村北0.05千米	1308米	西北距薛家大家3号烽火台0.77千米	土	黄土夯筑而成，含砂砾，夯层厚0.12~0.18米	矩形	梯形	底部东西7，南北5.5米，顶部东西1.5，南北1.2米，残高6.5米	无	无	保存一般。台体坍塌损毁严重，表面凹凸不平，有裂缝、沟槽、孔洞。东、南、西壁底部有洞穴	自然因素主要是风雨侵蚀，植物生长等；人为因素主要是挖掘洞穴等
古寺1号烽火台四（彩图九四三）	万家寨镇古寺新村西0.05千米	1505米	西距黄梁烽火台2.3千米	土	黄土夯筑而成，夯层厚0.07~0.15米	矩形	梯形	底部东西12，南北7米，顶部东西10.5，南北6米，残高9.2米	台体周围有围墙，平面呈圆形，残存东南墙7，残宽0.7，顶宽0.2~0.5、外宽2.8~3.5，内高0.5、外高2~0.7米。台基平面呈圆形，直径38，平面呈圆形，残高0.5~2.2米	无	保存较好。台体有所坍塌损毁，表面凹凸不平，有裂缝、沟槽、孔洞。东、北壁南部有洞穴，从底部延有纵向沟穴，从底部沟穴伸至顶部顶，上部沟槽宽4，深2米。围墙残存东、南墙7米	自然因素主要是风雨侵蚀，植物生长等；人为因素主要是挖掘洞穴等
古寺2号烽火台四（彩图九四四）	万家寨镇古寺新村东0.6千米	1526米	西距古寺1号烽火台1.2千米	土	黄土夯筑而成，夯层厚0.08~0.16米	圆形	梯形	底径18，顶径14，残高9.6米	台体周围有围墙，平面呈圆形，残长34，底宽1.4，顶宽0.3~0.7、外高5.7~7.5，内高0.5~1.9米。台基平面呈圆形，直径32，残高5.7米，夯层厚0.09~0.16米	无	保存较好。台体有所坍塌损毁，表面凹凸不平，有裂缝、沟槽、孔洞。东、南、北壁下部有洞穴，南壁中部有洞穴，洞穴相通，可通台体顶部。围墙残长34米，台基西部坍塌损毁严重	自然因素主要是风雨侵蚀，植物生长等；人为因素主要是挖掘洞穴等
草垛山1号烽火台九（彩图九四五）	万家寨镇草垛山堡西0.2千米	1587米	东距草垛山堡0.31千米，西北距古寺2号烽火台1.6千米相望	砖	外部砖石叠砌；内部为夯土台体，黄土夯筑而成，夯层厚0.08~0.14米	矩形	梯形	底部东西7.5，南北13米	台体上部四壁有砖券拱门，高1.37、宽1.78，高西向券洞，宽4.3，内部东西向券洞，高1.86米	无	保存一般。台体坍塌损毁严重，下部外部砖石无存	自然因素主要是风雨侵蚀，植物生长等；人为因素主要是拆毁砖石等

续表436

名称	地点	高程	与其他遗存的位置关系	材质	建筑方式	平面形制	剖面形制	尺寸	附属设施	修缮情况	保存状况	损毁原因及存在病害
草垛山2号烽火台(彩图九四六)	万家寨镇草垛山东0.8千米	1491米	西距草垛山堡0.84千米	砖	外部砖石垒砌;内部为夯土台体,黄土夯筑而成,夯层厚0.04~0.13米	矩形	梯形	底部边长10米,顶部东西9,南北9米,残高4米	无	无	保存一般。台体坍塌损毁严重,外部砖石无存	自然因素主要是风雨侵蚀,植物生长等;人为因素主要是拆毁砖石等
牛槽洼烽火台	万家寨镇牛槽洼村西北0.2千米	1524米	北距草垛山堡0.83千米	土	黄土夯筑而成,含砂砾,夯层厚0.07~0.2米	矩形	梯形	底部东西8,南北9.7米,顶部东西3.1,南北4米,残高8~9米	无	无	保存一般。台体坍塌损毁严重,有裂缝,壁下部有洞穴,孔洞。东宽0.8,高1.2,进深0.7米	自然因素主要是风雨侵蚀,植物生长等;人为因素主要是掘洞穴等
窄寨烽火台	水泉乡窄寨村南	1565米	西北距牛槽洼烽火台1.8千米	土	黄土夯筑而成,夯层厚0.09~0.2米	圆形	梯形	底径12,顶径9.3,残高8.8米	台体周围有围墙,平面呈圆形,底宽0.8,顶宽0.2~0.6,残高0.6米。台基直径22,残高3.1~4米,夯层厚0.12~0.2米。北面底部有洞穴,宽0.9,高1米,可通顶	无	保存较好。台体坍塌损毁,表面凹凸不平,有裂缝,沟槽,孔洞。东壁下部有洞穴,围墙残存西北墙11米	自然因素主要是风雨侵蚀等;人为因素主要是掘洞穴等
王夫圪垯烽火台(彩图九四七)	水泉乡王夫圪垯村东北0.6千米	1540米	西距窄寨烽火台2.3千米	土	黄土夯筑而成,夯层厚0.08~0.21米	矩形	梯形	底部边长9.5,顶部边长6,残高9.1米	无	无	保存一般。台体坍塌损毁严重,有裂缝,沟槽,孔洞。东壁下部有洞穴,宽1.1,高0.9,进深1.4米	自然因素主要是风雨侵蚀,植物生长等;人为因素主要是掘洞穴等
水泉乡辛庄窝烽火台	水泉乡辛庄窝村东1.6千米	1500米	南距王夫圪垯火台1.3千米	土	黄土夯筑而成,含砂砾,夯层厚0.18~0.21米	矩形	梯形	底部边长9,顶部边长4,残高8米	无	无	保存严重。台体坍塌损毁,表面凹凸不平,孔洞。北壁底部有洞穴,宽0.7,高0.7,进深0.5米	自然因素主要是风雨侵蚀,植物生长等;人为因素主要是掘洞穴等

续表436

名称	地点	高程	与其他遗存的位置关系	材质	建筑方式	平面形制	剖面形制	尺寸	附属设施	修缮情况	保存状况	损毁原因及存在病害
高嵋烽火台（彩图九四八）	水泉乡高嵋村南0.8千米	1545米	东北距骡子寨烽火台南2.1千米	土	黄土夯筑而成,含砂砾,夯层厚0.07~0.12米	圆形	梯形	底径12,顶径9,残高9.2米	台体周围有围墙,平面呈圆形,顶宽1,底宽2.3~3.8,外高0.5~2米。夯层厚0.1~0.12米。台基平面呈圆形,直径24,残高1.8~3米	无	保存较好。台体有所坍塌损毁,表面凹凸不平,有裂缝、沟槽、孔洞。东南壁有洞穴,现为羊圈,东壁洞穴宽1.1,高2,进深10米,南壁洞穴2,进深8米,宽1.2,高2.3,进深3米;东南壁中部有洞穴,宽1.3,高1.5,进深3米	自然因素主要是风雨侵蚀,植物生长等;人为因素主要是挖掘洞穴等
黄龙池烽火台	万家寨镇黄龙池村西北0.05千米	1409米	东南距黄龙池1号堡0.36千米	土	黄土夯筑而成,夯层厚0.1~0.15米	矩形	梯形	底部东西10,南北9米,顶部东西8,南北7米,残高4米	台体周围有围墙,平面呈矩形,底宽2.5,顶宽0.5~1.8,外高5.1,内高2.6米。台基高东西22,南北22,夯层厚4.2~5.1米,0.1~0.2米	无	保存一般。台体坍塌损毁严重,表面凹凸不平,有裂缝、沟槽、孔洞	自然因素主要是风雨侵蚀,植物生长等
教官嘴1号烽火台（图五四三；彩图九四九）	万家寨镇教官嘴村北1.2千米	1445米	东南距黄龙池2号烽火台2.3千米	土	黄土夯筑而成,碎石,夯层厚0.06~0.15米	矩形	梯形	底部东西17,南北14米,顶部东西8,南北8.9米,残高9米	台体周围有围墙,平面呈五边形,东北墙长38.6,东南墙长39.5,南墙长50.32,西墙长56.65,北墙长36.05米,底宽2.2,顶宽0.5~1.9,残高0.5~3.1米。台体顶部有矮墙,宽0.3~0.17,残高0.2~0.8米	无	保存较好。台体有所坍塌损毁,表面凹凸不平,有裂缝、沟槽、孔洞。有公路南北向穿过围墙	自然因素主要是风雨侵蚀,植物生长等;人为因素主要是修路破坏围墙等
教官嘴2号烽火台	万家寨镇教官嘴村西南1千米	1569米	东北距教官嘴1号烽火台2.2千米	土	黄土夯筑而成,含碎石,夯层厚0.12~0.16米	矩形	梯形	底部东西7,南北10米,顶部东西4,南北5米,残高9.8米	无	无	保存较好。台体有所坍塌损毁,表面凹凸不平,有裂缝、沟槽、孔洞。东、南、西壁遭修缮破坏路损毁	自然因素主要是风雨侵蚀,植物生长等;人为因素主要是修路破坏等
十八盘烽火台	万家寨镇十八盘村西0.2千米	1555米	东北距教官嘴2号烽火台1.7千米	土	黄土夯筑而成,含碎石,夯层厚0.07~0.15米	圆形	梯形	底径10,顶径6,残高9.8米	无	无	保存较好。台体有所坍塌损毁,表面凹凸不平,有裂缝、沟槽、孔洞	自然因素主要是风雨侵蚀,植物生长等

续表436

名称	地点	高程	与其他遗存的位置关系	材质	建筑方式	平面形制	剖面形制	尺寸	附属设施	修缮情况	保存状况	损毁原因及存在病害
阳坡上烽火台	万家寨镇阳坡上村北0.6千米	1454米	东北距十八盘烽火台3.5千米	土	黄土夯筑而成,含砂砾碎石,夯层厚0.08～0.23米	矩形	梯形	底部东西10,南北11米,顶部东西2.3,南北2.7米,残高11.3米	无	无	保存较好。台体有所坍塌损毁,表面凹凸不平,有裂缝、沟槽、孔洞,南壁有洞穴宽0.5,高0.6,进深3米,西壁洞穴宽1.5,高1.1,进深2.5米	自然因素主要是风雨侵蚀,植物生长等;人为因素主要是挖掘洞穴等
上沙庄窊烽火台	万家寨镇上沙庄窊村东南0.75千米	1309米	西南距小寨堡1.6千米。东北距阳坡上烽火台3.2千米	砖	外部砖垒砌,包石高5.7米;内部为夯土台体,黄土夯筑而成,含碎石,夯层厚0.15～0.21米	矩形	梯形	底部东西8.24,南北8.1,残高7.7米	台体周围有围墙,平面呈矩形,残存东、南、西墙。石砌而成,东墙残长27,宽2,残高0.3～2.15米,南墙残长12,宽1.5,残高0.2～0.8米,西墙残长58,残高1.66米	无	保存一般。台体坍塌损毁严重,外部包砖无存,包石仍存。围墙残存东、南、西墙	自然因素主要是风雨侵蚀,植物生长等;人为因素主要是拆毁砖石等
紫金山烽火台	天峰坪镇紫金山村北0.05千米	1293米	西北距小寨堡1.9千米	土	黄土夯筑而成,夯层厚0.1～0.18米	矩形	梯形	底部东西20,南北16米,顶部东西8,南北8米,残高13米	台基平面呈矩形,东西21,南北19,残高1.5～2米,夯层厚0.1～0.18米	无	保存较好。台体有所坍塌损毁,表面凹凸不平,有裂缝、沟槽、孔洞	自然因素主要是风雨侵蚀,植物生长等
营盘梁2号烽火台	新关镇营盘梁村北0.3千米	1301米	西北距金山烽火台2千米	土	黄土夯筑而成,夯层厚0.08～0.16米	圆形	梯形	底径16,顶径12,残高9.6米	无	无	保存一般。台体坍塌损毁,表面凹凸不平,有裂缝、沟槽、孔洞。由于修建移动通讯塔架,东南壁被挖去一角	自然因素主要是风雨侵蚀,植物生长等;人为因素主要是修建移动通讯塔架,挖去台体一角等
营盘梁1号烽火台(彩图九五〇)	新关镇营盘梁村东1.2千米	1350米	西距营盘梁2号烽火台0.25千米	土	黄土夯筑而成,含砂砾碎石,夯层0.08～0.16米	矩形	梯形	底部边长6,残高5.2米	无	无	保存一般。台体坍塌损毁严重,表面凹凸不平,有裂缝、沟槽、孔洞。南壁有洞穴两处,分别宽1.5,高0.9,进深7.5米,宽0.9,高1,进深7.5米。西壁上部有沟槽,宽0.9,进深0.3米;东壁有台阶,可通顶	自然因素主要是风雨侵蚀,植物生长等;人为因素主要是挖掘洞穴等

续表436

名称	地点	高程	与其他遗存的位置关系	材质	建筑方式	平面形制	剖面形制	尺寸	附属设施	修缮情况	保存状况	损毁原因及存在病害
陈家庄窑烽火台	新关镇陈家庄窑村北0.2千米	1161米	北距营盘梁1号烽火台2.1千米	土	黄土夯筑而成,含砂砾,夯层厚0.08~0.12米	矩形	梯形	底部东西12,南北11米,顶部东西3.1,南北2.7米,残高5.1米	无	无	保存一般。台体坍塌损毁严重,表面凹凸不平,有裂缝,沟槽,孔洞	自然因素主要是风雨侵蚀,植物生长等
后瞭高山烽火台(彩图九五一)	水泉乡后瞭高山村东南1千米	1491米	东北距水泉堡千米1.6千米	土	黄土夯筑而成,夯层厚0.07~0.12米	圆形	梯形	底径13,顶径10,残高8.5米	台基坍塌损毁严重	无	保存一般。台体坍塌损毁严重,表面凹凸不平,有裂缝,沟槽,孔洞。东壁有登顶坡道	自然因素主要是风雨侵蚀,植物生长等;人为因素主要是人为踩踏等
马台烽火台	水泉乡马台村西南0.5千米	1485米	东北距后瞭高山烽火台2.2千米	土	黄土夯筑而成,夯层厚0.1~0.23米	矩形	梯形	底部边10,顶部边长7,残高7.9米	台基边长19,残高1.3~1.9米	无	保存一般。台体坍塌损毁严重,表面凹凸不平,有裂缝,沟槽,孔洞	自然因素主要是风雨侵蚀,植物生长等
孙家梁烽火台	水泉乡孙家梁村西南0.2千米	1322米	东北距水泉堡2.3千米	土	黄土夯筑而成,夯层厚0.04~0.15米	圆形	梯形	底径15,顶径11,残高10.3米	无	无	保存较好。台体有所坍塌损毁,表面凹凸不平,有裂缝,沟槽,孔洞。东壁底部有洞穴,宽0.9,高2.1米;西壁底部有洞穴,宽1.2,高1.6,进深1.3米,与台体东壁洞穴相通。台体北侧地面遗留取土挖洞	自然因素主要是风雨侵蚀等;人为因素主要是挖掘洞穴等
池家圭烽火台	水泉乡池家圭村北0.2千米	1395米	北距孙家梁烽火台1.6千米	土	黄土夯筑而成,夯层厚0.04~0.11米	圆形	梯形	底径12,顶径8,残高10.2米	台体周围有围墙,残长6,宽0.8,高0.2~0.6米。台基平面呈圆形,直径36,残高0.8~2.9米	无	保存一般。东壁建有台阶。台体顶部铺有水泥地面,台体东侧有铁栏杆。修建的"七家坪流域综合治理工程"的观景台	自然因素主要是风雨侵蚀,植物生长等;人为因素主要是挖掘洞穴等
大阳坡烽火台九五(彩图二)	水泉乡大阳坡村东北1千米	1553米	西北距孙家梁烽火台3.2千米	土	黄土夯筑而成,含砂砾,夯层厚0.07~0.12米	矩形	梯形	底部边长10,顶部边长5.8,残高9.4米	无	无	保存一般。东壁建有水泥登顶台阶。台体顶部铺有水泥地面,台体东侧有近年修建的"七家坪流域综合治理工程"和影壁,台体周围有挖铁矿"等私挖乱挖采石活动造成的洞穴和深坑等	自然因素主要是风雨侵蚀,植物生长等;人为因素主要是不合理利用台体等

续表436

名称	地点	高程	与其他遗存的位置关系	材质	建筑方式	平面形制	剖面形制	尺寸	附属设施	修缮情况	保存状况	损毁原因及存在病害
洪水沟烽火台（彩图九五三）	老营镇洪水沟村西南1千米	1574米	西北距大阳坡烽火3.7千米	土	黄土夯筑而成，夯层厚0.06~0.13米	矩形	梯形	底部东西8.5，南北8，残高7米	台体周围有围墙，平面呈矩形，东西21.5米，南北墙18米。西墙12米。石砌而成，宽2，残高0.5~1.5米	无	保存一般。台体坍塌损毁严重，表面凹凸不平，有裂缝、沟槽、孔洞。围墙残存南墙5米，西墙12米，北围墙18米	自然因素主要是风雨侵蚀，植物生长等；人为因素主要是拆毁围墙包石等
达连庄腰1号烽火台	水泉乡达连庄腰村西1千米	1493米	西南距寺塔儿堡1.9千米	土	黄土夯筑而成，夯层厚0.06~0.12米	圆形	梯形	底径12，顶径9，残高10米	台体周围有围墙，平面呈圆形，底宽1.8，顶宽0.2~0.9，外高6.7，内高0.3~2.2米，夯层厚0.04~0.08米。台基平面呈圆形，直径28，残高4.5米，夯层厚0.1~0.18米	无	保存较好。台体有所坍塌损毁，表面凹凸不平，有裂缝、沟槽、孔洞。西南角有洞穴，宽1.1，高1.9，进深10米	自然因素主要是风雨侵蚀，植物生长等；人为因素主要是挖掘洞穴等
达连庄腰2号烽火台	水泉乡达连庄腰村南1千米	1521米	西北距连庄腰1号烽火台1.5千米	土	黄土夯筑而成，含砂砾，夯层厚0.05~0.13米	圆形	梯形	底径13，顶径8.6，残高9.3米	台体周围有围墙，平面呈圆形，残长30，底宽0.6，顶宽0.3，内高0.5~1.5米，外高3.4，夯层厚0.08~0.1米。台基平面呈圆形，直径33，残高12米，夯层厚0.08~0.2米	无	保存较好。台体有所坍塌损毁，表面凹凸不平，有裂缝、沟槽、孔洞。东南底部有窨洞，宽2.23，进深12米。圆墙有洞穴，进深30米	自然因素主要是风雨侵蚀，植物生长等；人为因素主要是挖掘洞穴等
新窑上烽火台	万家寨镇新窑上村北0.3千米	1532米	东南距寺塔儿堡2.2千米	土	黄土夯筑而成，含砂砾，夯层厚0.05~0.14米	圆形	梯形	底径14，顶径10，残高8.6米	台基平面呈圆形，直径29，残高0.5~1.6米，夯层厚0.09~0.17米	台体有明显的二次补筑修缮痕迹	保存一般。台体坍塌损毁严重，表面凹凸不平，有裂缝、沟槽、孔洞。台体上有洞穴，宽1，高2，进深0.6米	自然因素主要是风雨侵蚀，植物生长等；人为因素主要是挖掘洞穴、人为踩踏等
刘家湾烽火台	新关镇刘家湾村中	1521米	东北距寺塔儿堡2.2千米	土	黄土夯筑而成，含砂砾，夯层厚0.07~0.14米	圆形	梯形	底径14，顶径9，残高9.1米	台基东西22，南北21，残高3.4米，夯层厚0.1~0.18米	无	保存较好。台体有所坍塌损毁，表面凹凸不平，有裂缝、沟槽、孔洞。东壁有沟槽，从底部延伸至顶部，宽3，进深1.5米；西南壁有沟槽，进深1米；西南壁沟槽宽2，进深1.5米	自然因素主要是风雨侵蚀，植物生长等

续表436

名称	地点	高程	与其他遗存的位置关系	材质	建筑方式	平面形制	剖面形制	尺寸	附属设施	修缮情况	保存状况	损毁原因及存在病害
元墩子烽火台	新关镇元墩子村南0.5千米	1489米	东北距刘家湾烽火台2.3千米	土	黄土夯筑而成,夯层厚0.08~0.17米	圆形	梯形	底径14,顶径6.5,残高9.3米	台基直径28,残高2.7米,夯层厚0.06~0.21米	无	保存较好。台体有所坍塌损毁,表面凹凸不平,有裂缝、沟槽、孔洞	自然因素主要是风雨侵蚀,植物生长等;人为因素主要是农业生产活动破坏等
马家嫣烽火台	新关镇马家嫣村北	1497米	东北距元墩子烽火台2千米	土	黄土夯筑而成,夯层厚0.07~0.12米	圆形	梯形	底径11,顶径8,残高9.3米	台基直径21,残高4.7米	无	保存较好。台体有所坍塌损毁,表面凹凸不平,有裂缝、沟槽、孔洞。东壁有洞穴、洞穴相通,洞口宽2.2,高2.18米	自然因素主要是风雨侵蚀,植物生长等;人为因素主要是挖掘洞穴等
鸭子坪烽火台	老营镇鸭子坪村西0.3千米	1362米	东南距马家嫣烽火台3.9千米	土	黄土夯筑而成,含砂砾,夯层厚0.09~0.18米	矩形	梯形	底部东西10,南北11.5米,顶部东西4,南北5米,残高10米	台体西0.005千米处有楼台6座(1~6号楼台),石砌而成。1号楼台东西1.5,南北2.9米,与2号楼台相距8米;2~6号楼台东西3,南北2.5,高2.5~0.7米,间距5米	无	保存较好。台体有所坍塌损毁,表面凹凸不平,有裂缝、沟槽、孔洞	自然因素主要是风雨侵蚀,植物生长等
走马墙烽火台(彩图九五四)	万家寨镇走马墙村南1.5千米	1231米	西南距鸭子坪烽火台1.2千米	土	黄土夯筑而成,夯层厚0.05~0.12米	矩形	梯形	底部边长14,顶部边长8,残高8.6米	无	无	保存较好。台体有所坍塌损毁,表面凹凸不平,有裂缝、沟槽、孔洞。东壁有洞穴,宽1.4,高1.3,进深0.7,距地面2米;北壁底部紧靠台体有榆树	自然因素主要是风雨侵蚀,植物生长等
贾堡烽火台	老营镇贾堡村北0.08千米	1372米	东南距贾堡堡0.39千米	土	黄土夯筑而成,夯层厚0.1~0.27米	矩形	梯形	底部东西9,南北8.5米,顶部东西5.5,南北5,残高5.5米	无	无	保存一般。台体坍塌损毁严重,表面凹凸不平,有裂缝、沟槽、孔洞	自然因素主要是风雨侵蚀,植物生长等

续表436

名称	地点	高程	与其他遗存的位置关系	材质	建筑方式	平面形制	剖面形制	尺寸	附属设施	修缮情况	保存状况	损毁原因及存在病害
上土寨烽火台（彩图九五）	老营镇上土寨村中	1302米	东北距贾堡烽火台2.4千米	土	黄土夯筑而成，夯层厚0.16~0.21米	矩形	梯形	底部边长9米，顶部东西4.1，南北3米，残高7米	无	无	保存一般。台体坍塌损毁严重，表面凹凸不平，有裂缝、沟槽，孔洞。东、南、西壁有洞穴，东壁洞穴宽1.2米，高1.4，进深1.3，南壁洞穴宽1.1，高1.2，进深2.5米，西壁洞穴宽1.8，高1.6，进深3米。南、北壁有利用台体修建的小型房屋，南壁紧靠台体长有树木	自然因素主要是风雨侵蚀等；植物生长等；人为因素主要是挖掘洞穴、利用台体修建房屋等
下土寨烽火台	老营镇下土寨村西0.1千米	1314米	东北距土寨烽火台1.6千米	土	黄土夯筑而成，夯层厚0.12~0.21米	矩形	梯形	底部东西11，南北12米，顶部东西7，南北8.5米，残高6米	台体周围有围墙，平面呈矩形，东西28米，南北28，底宽2，顶宽0.5~1.5，残高0.5~2.5米	无	保存一般。台体坍塌损毁严重，表面凹凸不平，有裂缝、沟槽，孔洞。南壁下部有洞穴，宽1.5，高0.8，进深1.7米	自然因素主要是风雨侵蚀等；植物生长等；人为因素主要是挖掘洞穴等
林家坪烽火台	老营镇林家坪村东0.4千米	1350米	南距林家坪堡0.22千米	土	黄土夯筑而成，夯层厚0.09~0.2米	矩形	梯形	底部东西6.5，南北8.5，残高6米	无	无	保存一般。台体坍塌损毁严重，表面凹凸不平，有裂缝、沟槽，孔洞。南壁有洞穴，宽0.8，高1，进深2.1米	自然因素主要是风雨侵蚀等；植物生长等；人为因素主要是挖掘洞穴等
岩头寺2号烽火台	老营镇岩头寺村南0.4千米	1263米	东南距林家坪烽火台1.5千米	土	黄土夯筑而成，夯层厚0.08~0.19米	矩形	梯形	底部边长11，残高8.2米	台基东西21，南北21米，残高0.11~0.23米	无	保存一般。台体坍塌损毁严重，表面凹凸不平，有裂缝、沟槽，孔洞。南壁下部有洞穴两处	自然因素主要是风雨侵蚀等；植物生长等；人为因素主要是挖掘洞穴等
岩头寺1号烽火台	老营镇岩头寺村西北0.1千米	1297米	东南距岩头寺2号烽火台0.73千米	土	黄土夯筑而成，夯层厚0.05~0.18米	矩形	梯形	底部东西8.5，南北10米，顶部东西5.5，南北6米，残高10.1米	台体周围有围墙，平面呈矩形，东西40，南北58米，底宽1.5，顶宽0.5~1，残高0.5~1.6米	无	保存较好。台体坍塌损毁，表面凹凸不平，有裂缝、沟槽，孔洞。西壁上部长有榆树	自然因素主要是风雨侵蚀等；植物生长等

续表436

名称	地点	高程	与其他遗存的位置关系	材质	建筑方式	平面形制	剖面形制	尺寸	附属设施	修缮情况	保存状况	损毁原因及存在病害
方城1号烽火台	老营镇方城村东1.7千米	1253米	东北距岩头寺1号烽火台1千米	土	黄土夯筑而成,含砂砾,夯层厚0.07~0.16米	矩形	梯形	底部边长13、残高9.2米	无	无	保存较好。台体有所坍塌损毁,表面凹凸不平,有裂缝,沟槽,孔洞	自然因素主要是风雨侵蚀,植物生长等
方城2号烽火台	老营镇方城村东南1.35千米	1415米	东北距方城1号烽火台1.8千米	土	黄土夯筑而成,含砂砾,夯层厚0.07~0.19米	矩形	梯形	底部边长10.5米,顶部东西7,南北7米,残高9.6米	台基东西24,南北26,残高3米,夯层厚0.1~0.24米	无	保存较好。台体有所坍塌损毁,表面凹凸不平,有裂缝,沟槽,孔洞。北壁有登顶坡道,台基西北角有电线杆	自然因素主要是风雨侵蚀;人为因素主要是人为踩踏等
南沟烽火台	老营镇南沟村西1.5千米	1594米	西北距方城2号烽火台2.7千米	土	黄土夯筑而成,含砂砾,夯层厚0.09~0.22米	矩形	梯形	底部东西4,南北7,残高3.9米	无	无	保存较差。台体坍塌损毁严重,表面凹凸不平,有裂缝,沟槽,孔洞	自然因素主要是风雨侵蚀,植物生长等
辛窑上烽火台	陈家营乡辛窑上村东南0.5千米	1270米	西南距黄家营1号烽火台1.3千米	土	黄土夯筑而成,含砂砾,夯层厚0.06~0.12米	矩形	梯形	底部东西8.5、南北13,残高8.2米	无	无	保存一般。台体坍塌损毁严重,表面凹凸不平,有裂缝,沟槽,孔洞	自然因素主要是风雨侵蚀,植物生长等
黄家营烽火台	陈家营乡黄家营村中0.5千米	1231米	西北距八柳树1号烽火台2.4千米	土	黄土夯筑而成,含砂砾,夯层厚0.07~0.13米	圆形	梯形	底径16米,顶部东西6,南北4米,残高5.1米	无	无	保存一般。台体坍塌损毁严重,表面凹凸不平,有裂缝,沟槽,孔洞。北壁下部有洞穴,宽0.8、高0.9,进深1.2米	自然因素主要是风雨侵蚀;人为因素主要是挖掘洞穴等
八柳树1号烽火台（彩图九五六）	陈家营乡八柳树村东北1.7千米	1368米	西南距八柳树2号烽火台0.73千米	石	外部片石垒砌;内部为夯土台体,黄土夯筑而成,夯层厚0.04~0.11米	矩形	梯形	底部边长7.5,顶部边长5.8,残高7.1米	台体周围有围墙,平面呈不规则圆形,东西23、南北29米,顶宽1.48、外宽0.5~1.5米	无	保存一般。台体坍塌损毁严重。南壁底部有洞穴,宽1.1、进深0.5,高0.6米	自然因素主要是风雨侵蚀,植物生长等;人为因素主要是挖掘洞穴等

续表 436

名称	地点	高程	与其他遗存的位置关系	材质	建筑方式	平面形制	剖面形制	尺寸	附属设施	修缮情况	保存状况	损毁原因及存在病害
八柳树2号烽火台	陈家营乡八柳树北1千米	1316米	南距八柳树堡1千米	土	黄土夯筑而成,夯层厚0.07~0.16米	矩形	梯形	底部边长10、顶部边长7、残高7.4米	无	无	保存一般。台体坍塌损毁严重,表面凹凸不平,有裂缝、沟槽、孔洞	自然因素主要是风雨侵蚀,植物生长等
八柳树3号烽火台	陈家营乡八柳树西南1千米	1220米	东北距八柳树堡1.1千米	土	黄土夯筑而成,含砂砾,夯层厚0.08~0.19米	矩形	梯形	底部边长14、残高10米	无	无	保存较好。台体有所坍塌损毁,表面凹凸不平,有裂缝、沟槽、孔洞	自然因素主要是风雨侵蚀,植物生长等
杨家营烽火台	陈家营乡杨家营村西北1.2千米	1341米	东南距八柳树3号烽火台1.7千米	土	黄土夯筑而成,含砂砾,夯层厚0.2~0.25米	圆形	梯形	底径19、残高4.6米	无	无	保存一般。台体坍塌损毁严重,表面凹凸不平,有裂缝、沟槽、孔洞	自然因素主要是风雨侵蚀,植物生长等
西庄子烽火台	陈家营乡西庄子村北0.05千米	1223米	西南距马站堡3.3千米	土	黄土夯筑而成,含砂砾,夯层厚0.07~0.17米	矩形	梯形	底部边长6、残高7.2米	无	无	保存一般。台体坍塌损毁严重,表面凹凸不平,有裂缝、沟槽、孔洞	自然因素主要是风雨侵蚀,植物生长等
张家堣烽火台(彩图九五、图九七)	陈家营乡张家堣村东北1.3千米	1505米	东南距西庄子烽火台3千米	土	黄土夯筑而成,含砂砾、碎石,夯层厚0.08~0.15米	矩形	梯形	底部东西11、南北12米,顶部东西9、南北9.5米,残高9.8米	台体西0.022千米处有墩台5座(1~5号墩台)。1号墩台底径3、高1.2米,与2号墩台相距4米;2号墩台底径2、高1.1米,与3号墩台相距8米;3号墩台底径3、高0.9米,与4号墩台相距13米;4号墩台底径2、宽1、高0.5米,与5号墩台相距6米;5号墩台长3、宽1.2、高1.5米	无	保存较好。台体坍塌损毁,表面凹凸不平,有裂缝、沟槽、孔洞。西壁有沟槽,宽0.8、高4.3、进深0.6米	自然因素主要是风雨侵蚀,植物生长等

续表436

名称	地点	高程	与其他遗存的位置关系	材质	建筑方式	平面形制	剖面形制	尺寸	附属设施	修缮情况	保存状况	损毁原因及存在病害
马站烽火台（彩图九五八）	陈家营乡马站村北0.1千米	1246米	东南距马站堡0.38千米	砖	外部砖石垒砌；内部为夯土台体，黄土夯筑而成，含砂砾，夯层厚0.07～0.19米，夯层间有片石层。条砖长28.5～38，宽18，厚6.5厘米。方砖边长31.5，厚6厘米	矩形	梯形	底部边长11.6，顶部边长9，残高3.8米	台体周围有围墙，平面呈矩形，东西36，南北30米，底宽0.5～1，外高2.5～3.2米，内高0.2～0.9米	无	保存一般。台体坍塌损毁严重，外部砖石无存。台体周围砖散落，条砖、筒瓦、脊筒等建筑构件	自然因素主要是风雨侵蚀，植物生长等；人为因素主要是拆毁砖石等
石沟子烽火台	陈家营乡石沟子村北0.6千米	1240米	东北距马站烽火台1.1千米	土	黄土夯筑而成，含砂砾，夯层厚0.08～0.21米	矩形	梯形	底部边长6，残高5.3米	无	无	保存一般。台体坍塌损毁严重，表面凹凸不平，有裂缝、沟槽、孔洞	自然因素主要是风雨侵蚀，植物生长等
高家湾烽火台	陈家营乡高家湾村西南0.6千米	1142米	西北距沙坦旦烽火台1.3千米	土	黄土夯筑而成，夯层厚0.06～0.11米	矩形	梯形	底部边长10米，顶部东西2.6，南北5.8米，残高8.1米	无	无	保存一般。台体坍塌损毁严重，有裂缝、沟槽、孔洞。南壁有洞穴，宽1.7，高1.6，进深5米	自然因素主要是风雨侵蚀，植物生长等；人为因素主要是挖掘洞穴等
沙坦旦烽火台（彩图九五九）	窑头乡沙坦旦村北0.9千米	1226米	南距沙坦旦堡0.61千米	土	黄土夯筑而成，含砂砾，夯层厚0.06～0.18米	矩形	梯形	底部东西9，南北10米，顶部东西5，南北6米，残高9.6米	无	无	保存较好。台体坍塌损毁，表面凹凸不平，有裂缝、沟槽、孔洞。台体周围散落砖石碎块	自然因素主要是风雨侵蚀，植物生长等
张家坪1号烽火台	窑头乡张家坪村北0.7千米	1274米	东南距沙坦旦烽火台0.95千米	土	黄土夯筑而成，含砂砾，夯层厚0.07～0.16米	矩形	梯形	底部边长11，顶部边长8.8，残高10.4米	无	无	保存较好。台体坍塌损毁，表面凹凸不平，有裂缝、沟槽、孔洞	自然因素主要是风雨侵蚀，植物生长等

续表436

名称	地点	高程	与其他遗存的位置关系	材质	建筑方式	平面形制	剖面形制	尺寸	附属设施	修缮情况	保存状况	损毁原因及存在病害
张家坪2号烽火台	窑头乡张家坪村西北1.5千米	1330米	东南距张家坪1号烽火台0.71千米	石	外部片石垒砌；内部为夯土台体，黄土夯筑而成，夯层厚0.07~0.2米	矩形	梯形	底部边长10，顶部边长6，残高8.6米	无	无	保存一般。台体坍塌损毁严重，仅西存。东壁底部有洞穴，宽1.3，高1.5，进深0.9米	自然因素主要是风雨侵蚀、植物生长等；人为因素主要是挖掘洞穴、拆毁包石等
王家坪烽火台	窑头乡王家坪村中	1124米	东北距张家坪1号烽火台0.93千米	土	黄土夯筑而成，夯层厚0.07~0.19米	圆形	梯形	底径18，顶径14，残高9.6米	无	无	保存较好。台体有所坍塌损毁，有裂缝、沟槽、孔洞。底部有洞穴2处，其中一处宽0.8，高1，进深2.1米	自然因素主要是风雨侵蚀、植物生长等；人为因素主要是挖掘洞穴等
腰铺烽火台	窑头乡腰铺村中	1107米	东北距王家坪烽火台1.7千米	土	黄土夯筑而成，夯层厚0.07~0.18米	矩形	梯形	底部东西5，南北10，残高6.3米	无	无	保存较差。台体坍塌损毁严重，有裂缝、沟槽、孔洞	自然因素主要是风雨侵蚀，植物生长等
辛庄子烽火台	窑头乡辛庄子村东南1.35千米	1395米	北距腰铺烽火台2.8千米	土	黄土夯筑而成，含砂砾，夯层厚0.09~0.14米	矩形	梯形	底部东西14，南北13米，顶部东西7.5，南北6.5米，残高7.8米	台体周围有围墙，平面呈矩形，东西30，南北29米，宽0.3~0.6，高0.3~0.8。台基平面呈矩形，残高3.4米	无	保存一般。台体坍塌损毁严重，表面凹凸不平，有裂缝、沟槽，孔洞。西壁底部有洞穴，宽0.8，壁下部有洞穴，宽0.5，进深1.4，距地面1.5米	自然因素主要是风雨侵蚀、植物生长等；人为因素主要是挖掘洞穴等
泥焉1号烽火台（彩图九六〇）	新关镇泥焉村东南1.5千米	1478米	西南距烽火台1.2千米	土	黄土夯筑而成，含砂砾，夯层厚0.04~0.11米	圆形	梯形	底径11，顶径8，残高8.6米	台基直径17，残高0.2~0.5米	无	保存一般。台体坍塌损毁严重，表面凹凸不平，有裂缝、沟槽，孔洞。东、西壁底部有洞穴，分别宽1.3，高1.3，进深0.9米，宽1.2，高1，进深0.7米。台基南壁有洞穴	自然因素主要是风雨侵蚀、植物生长等；人为因素主要是挖掘洞穴等
泥焉2号烽火台	新关镇泥焉村东0.4千米	1459米	西南距泥焉3号烽火台1.1千米	土	黄土夯筑而成，夯层厚0.05~0.12米	圆形	梯形	底径12，顶径9，残高10.2米	台体周围有围墙，平面呈圆形，直径30米，底宽2，顶宽0.5~1.5，残高0.2~2米	无	保存较好。台体有所坍塌损毁，有裂缝、沟槽、孔洞	自然因素主要是风雨侵蚀，植物生长等

续表436

名称	地点	高程	与其他遗存的位置关系	材质	建筑方式	平面形制	剖面形制	尺寸	附属设施	修缮情况	保存状况	损毁原因及存在病害
泥玛3号烽火台	新关镇泥玛村南1.7千米	1414米	南距白龙殿烽火台2.2千米	土	黄土夯筑而成,含碎石,夯层厚0.05~0.12米	圆形	梯形	底径13,顶径10,残高8.2米	台基直径39,残高1~1.6米	无	保存一般。台体坍塌损毁严重,表面凹凸不平,有裂缝,沟槽,孔洞	自然因素主要是风雨侵蚀,植物生长等
白龙殿烽火台	新关镇白龙殿村东北0.15米	1309米	西南距偏关县城2.5千米	土	黄土夯筑而成,夯层厚0.04~0.09米	圆形	梯形	底径16,顶径13,残高11米	台基直径26,残高1.7~3米。西北壁有洞穴,宽0.8,高1.4,距地面7米,可通顶	无	保存较好。台体有所坍塌损毁,表面凹凸不平,有裂缝,沟槽,孔洞。南壁底部有洞穴	自然因素主要是风雨侵蚀等;人为因素主要是挖掘洞穴等
九崖头烽火台	新关镇九崖头村东北0.5千米	1196米	东南距沈家村1号烽火台1.8千米	土	黄土夯筑而成,含料礓石,夯层厚0.15~0.2米	矩形	梯形	底部边长12米,顶部东西7,南北7.2米,残高9.2米	无	无	保存一般。台体坍塌损毁严重,表面凹凸不平,有裂缝,沟槽。南壁上部有沟槽,宽0.5~3,进深2米。西壁两道沟槽分别宽0.7,高5,进深1米,宽1.1,高4.5,进深1米;西壁底部有洞穴,宽1,高1.3,进深0.6米。台体底部周围山石遭环石形成崖壁	自然因素主要是风雨侵蚀等;植物生长等
沈家村1号烽火台	新关镇沈家村东北0.2千米	1126米	东南距沈家村2号烽火台0.22千米	土	黄土夯筑而成,夯层厚0.08~0.15米	矩形	梯形	底部东西3.5,南北8,残高4.5米	无	无	保存较差。台体坍塌损毁严重,表面凹凸不平,有裂缝,沟槽,孔洞。西北壁遭修路破坏损毁	自然因素主要是风雨侵蚀等;人为因素主要是修路破坏等
沈家村2号烽火台	新关镇沈家村东0.3千米	1142米	南距沈家村3号烽火台0.48千米	土	黄土夯筑而成,含砂砾石,夯层厚0.07~0.13米	矩形	梯形	底部东西16,南北12米,顶部东西13,南北9米,残高6米	无	无	保存一般。台体坍塌损毁严重,表面凹凸不平,有裂缝,沟槽,孔洞	自然因素主要是风雨侵蚀,植物生长等
沈家村3号烽火台(彩图九六一)	新关镇沈家村东南0.3千米	1087米	西南距西沟1号烽火台0.46千米	土	黄土夯筑而成,夯层厚0.07~0.15米	圆形	梯形	底径17,顶径14,残高7~9米	无	无	保存一般。台体坍塌损毁严重,表面凹凸不平,有裂缝,沟槽,孔洞	自然因素主要是风雨侵蚀,植物生长等

续表436

名称	地点	高程	与其他遗存的位置关系	材质	建筑方式	平面形制	剖面形制	尺寸	附属设施	修缮情况	保存状况	损毁原因及存在病害
西沟1号烽火台	新关镇西沟村北0.5千米	1078米	西南距西沟2号烽火台0.59千米	土	黄土夯筑而成,夯层厚0.08~0.2米	圆形	梯形	底径18,顶径14,残高7~9米	无	无	保存一般。台体坍塌损毁严重,表面凹凸不平,有裂缝,沟槽,孔洞。西壁底部有洞穴,宽1.6,高1.4,进深1.9米	自然因素主要是风雨侵蚀等,植物生长等;人为因素主要是挖掘洞穴等
西沟2号烽火台（彩图九六二）	新关镇西沟村东北0.3千米	1084米	西南距西沟3号烽火台0.68千米	土	黄土夯筑而成,含砂砾,夯层厚0.12~0.2米	圆形	梯形	底径17,顶径14,残高10.8米	无	无	保存较好。台体有所坍塌损毁,表面凹凸不平,有裂缝,沟槽,孔洞。东北,西壁底部有洞穴,分别宽1.9,高2,进深2.2米和宽0.8,高0.4米	自然因素主要是风雨侵蚀等,植物生长等;人为因素主要是挖掘洞穴等
西沟3号烽火台（彩图九六三）	新关镇西沟村南0.2千米	1136米	南距西沟4号烽火台0.44千米	土	黄土夯筑而成,夯层厚0.09~0.15米	圆形	梯形	底径17,顶径13,残高5.6~9米	无	无	保存一般。台体坍塌损毁严重,表面凹凸不平,有裂缝,沟槽,孔洞。西南壁遭修路破坏损毁	自然因素主要是风雨侵蚀等,植物生长等;人为因素主要是修路破坏等
西沟4号烽火台	新关镇西沟村南0.25千米	1154米	东偏北距县城2.3千米	土	不详	不详	不详	不详	台体周围有围墙,平面呈矩形,北墙24米,北墙宽2.8,顶宽1.8,底宽3.8米,夯层厚0.05~0.16米	不详	保存差。台体无存,现为耕地。围墙残存东墙55米,北墙24米	自然因素主要是风雨侵蚀等;人为因素主要是农业生产破坏等
磁窑沟烽火台（彩图九六四）	新关镇磁窑沟村西1千米	1245米	东南距西沟4号烽火台2.5千米	土	黄土夯筑而成,夯层厚0.08~0.13米	矩形	梯形	底部东西9,南北12米,顶部东西8,南北9米,残高9.8米	无	无	保存较好。台体有所坍塌损毁,表面凹凸不平,有裂缝,沟槽,孔洞。底部南北向纵贯台体的洞穴,洞口宽1.5,高1.7米。台体顶部有木质构架	自然因素主要是风雨侵蚀等,植物生长等;人为因素主要是挖掘洞穴等
路铺烽火台（彩图九六五）	新关镇路铺村东	1112米	东距磁窑沟烽火台2.9千米	土	黄土夯筑而成,含砂砾,夯层厚0.08~0.13米	矩形	梯形	底部东西6,南北7米,顶部东西3.7,南北3.8米,残高7.6米	北壁有登顶坡道,凸出台壁1.3米	无	保存一般。台体坍塌损毁严重,表面凹凸不平,有裂缝,沟槽,孔洞。东壁有洞穴,宽1.2,高3米	自然因素主要是风雨侵蚀等,植物生长等;人为因素主要是挖掘洞穴等

续表436

名称	地点	高程	与其他遗存的位置关系	材质	建筑方式	平面形制	剖面形制	尺寸	附属设施	修缮情况	保存状况	损毁原因及存在病害
泉沟子烽火台	窑头乡泉子沟村北0.8千米	1220米	东北距岳家村1号烽火台1.3千米	土	黄土夯筑而成,含砂砾,夯层厚0.08~0.18米	矩形	梯形	底部东西9.5米,南北2,顶部东西2,南北1.2米,残高7.6米	无	无	保存一般。台体坍塌损毁严重,表面凹凸不平,有裂缝,沟槽,孔洞。南壁中部有沟槽,宽2.5,高2.1,进深1.3米;西壁底部有洞穴,宽0.8,高1.1,进深0.9米	自然因素主要是风雨侵蚀,植物生长等;人为因素主要是挖掘洞穴等
岳家村1号烽火台	窑头乡岳家村西北0.5千米	1156米	北距偏关县城1.6千米	土	黄土夯筑而成,含砂砾,夯层厚0.1~0.21米	矩形	梯形	底部东西6,南北9,残高5.5米	无	无	保存较差。台体坍塌损毁严重,表面凹凸不平,有裂缝,沟槽,孔洞	自然因素主要是风雨侵蚀,植物生长等
岳家2号烽火台	窑头乡岳家村东	1066米	西北距岳家村1号烽火台1千米	土	黄土夯筑而成,含砂砾,夯层厚0.08~0.11米	矩形	梯形	底部东西11,南北10,残高7.6米	无	无	保存一般。台体坍塌损毁严重,表面凹凸不平,有裂缝,沟槽,孔洞。西壁下部有洞穴,进深1.5米	自然因素主要是风雨侵蚀,植物生长等;人为因素主要是挖掘洞穴等
窑头烽火台(彩图九六)	窑头乡窑头村北	1113米	西南距窑头2号烽火台0.71千米	土	黄土夯筑而成,含砂砾,夯层厚0.06~0.17米	矩形	梯形	底部边长9,顶部边长5,残高9.8米	无	无	保存一般。台体坍塌损毁严重,表面凹凸不平,有裂缝,沟槽,孔洞。南壁下部有洞穴,宽0.72,高0.98,进深2.8米;西壁中部有沟槽,宽2,进深1米	自然因素主要是风雨侵蚀,植物生长等;人为因素主要是挖掘洞穴等
南窑头2号烽火台(彩图九六七)	窑头乡南窑头村北0.38千米	1151米	西北距窑头烽火台1.2千米	土	黄土夯筑而成,含砂砾,夯层厚0.09~0.2米	圆形	梯形	底径5,残高3.5米	无	无	保存较差。台体坍塌损毁严重,表面凹凸不平,有裂缝,沟槽,孔洞	自然因素主要是风雨侵蚀,植物生长等;人为因素主要是挖掘洞穴,农业生产活动破坏台基等
南窑头1号烽火台	窑头乡南窑头村北0.2千米	1183米	西北距南窑头2号烽火台0.38千米	土	黄土夯筑而成,含砂砾,夯层厚0.08~0.16米	矩形	梯形	底部东西11,南北10,残高5.2米	无	无	保存一般。台体坍塌损毁严重,表面凹凸不平,有裂缝,沟槽,孔洞。东壁下部有洞穴,宽0.8,高1,进深1米	自然因素主要是风雨侵蚀,植物生长等;人为因素主要是挖掘洞穴等

续表436

名称	地点	高程	与其他遗存的位置关系	材质	建筑方式	平面形制	剖面形制	尺寸	附属设施	修缮情况	保存状况	损毁原因及存在病害
沙坡烽火台	窑头乡沙坡村中	1241米	北距岳家村2号烽火台3千米	土	黄土夯筑而成,含砂砾,夯层厚0.08~0.18米	矩形	梯形	底部东西9.5、南北10米,顶部东西5.5、南北6米,残高6.2米	台基平面呈圆形,直径16、残高1.6米,夯层厚0.1~0.21米	无	保存一般。台体坍塌损毁严重,表面凹凸不平,有裂缝,沟槽,孔洞。南壁底部有洞穴,宽2.5、进深3.5米,西壁底部有洞穴,宽2.5、进深3、进深2.8米。南壁有枯树一棵。北壁长有榆树,西壁有登顶坡道。台基现为耕地,遭农业生产活动破坏	自然因素主要是风雨侵蚀,植物生长等;人为因素主要是挖掘洞穴,踩踏,农业生产等活动破坏台基等
黄树坪烽火台	窑头乡黄树坪村东北1千米	1333米	东北距小坡烽火台2.9千米	土	黄土夯筑而成,含砂砾,夯层厚0.07~0.16米	矩形	梯形	底部边长8、顶部边长3、残高7.4米	无	无	保存一般。台体坍塌损毁严重,表面凹凸不平,有裂缝,沟槽,孔洞	自然因素主要是风雨侵蚀,植物生长等
莱树峁烽火台	尚峪乡莱树峁村东0.8千米	1719米	西北距南沟烽火台3.6千米	土	黄土夯筑而成,含砂砾,夯层厚0.08~0.12米	矩形	梯形	底部东西11、南北10米,顶部东西8、南北10.6米	无	无	保存较好。台体有所坍塌损毁,表面凹凸不平,有裂缝,沟槽,孔洞	自然因素主要是风雨侵蚀,植物生长等
阳崾烽火台	尚峪乡阳崾村东北0.7千米	1618米	东北距莱树峁烽火台3千米	土	黄土夯筑而成,含砂砾,夯层厚0.1~0.16米	矩形	梯形	底部边长13米,顶部东西8、南北9米,残高5.5米	台体周围有围墙,平面呈矩形,残存南墙8、残高3.1~4.4米。台基东西25、南北31、残高3.6米	无	保存一般。台体坍塌损毁严重,表面凹凸不平,有裂缝,沟槽,孔洞。围墙残存南墙8米	自然因素主要是风雨侵蚀,植物生长等
黑山烽火台	陈家营乡黑山村西北1千米	1453米	东北距阳崾烽火台4.9千米	土	黄土夯筑而成,含砂砾,夯层厚0.04~0.15米	矩形	梯形	底部边长13米,顶部东西7、南北9米,残高7.5米	无	无	保存一般。台体坍塌损毁严重,表面凹凸不平,有裂缝,沟槽,孔洞。南壁西南角沟槽从顶部延伸至顶部,东壁有"V"形沟槽	自然因素主要是风雨侵蚀,植物生长等
大虫岭2号烽火台(彩图九六八)	南堡子乡大虫岭村东北0.3千米	1808米	西北距莱树峁烽火台3.2千米	石	外部石块垒砌,内部土石混筑	圆形	梯形	底径9、顶径3、残高3.7米	无	无	保存较差。台体坍塌损毁严重	自然因素主要是风雨侵蚀,植物生长等;人为因素主要是拆毁包石等

续表 436

名称	地点	高程	与其他遗存的位置关系	材质	建筑方式	平面形制	剖面形制	尺寸	附属设施	修缮情况	保存状况	损毁原因及存在病害
大虫岭1号烽火台	南堡子乡大虫岭东南1.3千米	1699米	西北距大虫岭2号烽火台1.7千米	土	黄土夯筑而成,含砂砾,夯层厚0.07~0.18米	矩形	梯形	底部边长北9米,顶部东西6,南北5.8米,残高7.2米	台基东西15,南北14,顶高0.5~2.6米	无	保存一般。台体坍塌损毁严重,表面凹凸不平,有裂缝有洞;南壁有洞穴两处	自然因素主要是风雨侵蚀,植物生长等;人为因素主要是挖掘洞穴等
碾儿沟1号烽火台	尚峪乡碾儿沟村西北0.2千米	1708米	东北距大虫岭1号烽火台2.5千米	土	黄土夯筑而成,含砂砾,夯层厚0.12~0.24米	矩形	梯形	底部东西6,南北7米,顶部东西3,南北2米,残高5米	无	无	保存一般。台体坍塌损毁严重,表面凹凸不平,有裂缝,沟槽,孔洞	自然因素主要是风雨侵蚀,植物生长等
碾儿沟2号烽火台	尚峪乡碾儿沟村东南	1706米	西北距碾儿沟1号烽火台1.5千米	土	黄土夯筑而成,含砂砾,夯层厚0.07~0.2米	矩形	梯形	底部东西9,南北10米,顶部东西5,南北6米,残高9.1米	台体东侧有围墙,平面呈矩形,底宽0.3~0.8,外高0.3~2米。东墙有豁口,宽3.5米,残高东西22,南北22,夯层厚0.09~0.22米	无	保存较好。台体坍塌损毁,表面凹凸不平,有裂缝,沟槽,孔洞	自然因素主要是风雨侵蚀,植物生长等
邓家山烽火台	尚峪乡邓家山村东北0.4千米	1692米	西北距碾儿沟2号烽火台1.6千米	土	黄土夯筑而成,含砂砾,夯层厚0.06~0.2米	矩形	梯形	底部东西5.5,南北7米,顶部东西3.4,南北4.6米,残高7.1米	台基平面呈圆形,直径9,残高0.5~1.1米。夯层厚0.1~0.24米。北壁有登顶坡道	无	保存一般。台体坍塌损毁严重,表面凹凸不平,有裂缝,沟槽,孔洞	自然因素主要是风雨侵蚀,植物生长等
杨家山烽火台（彩图九六九）	尚峪乡杨家山村西北0.5千米	1640米	西北距邓家山烽火台1.3千米	土	黄土夯筑而成,含砂砾,夯层厚0.06~0.18米	矩形	梯形	底部边长11,顶部边长9.7米	台体周围有围墙,平面呈矩形,底宽0.9,顶宽0.3~0.8,外高2~3.6,内高0.5~1.1米。西墙有豁口,宽2.7米,残高东西18,南北25,夯层厚0.06~0.17米	无	保存较好。台体有所损塌损毁,表面凹凸不平,有裂缝,沟槽,孔洞	自然因素主要是风雨侵蚀,植物生长等
宋家崿烽火台	尚峪乡宋家崿村东0.96千米	1511米	北距杨家山烽火台1.8千米	土	黄土夯筑而成,夯层厚0.14~0.21米	矩形	梯形	底部东西8,南北8.5米,顶部东西4,南北4.3米,残高6.7米	台基东西22,南北27,残高2.1米,夯层厚0.15~0.25米	无	保存一般。台体坍塌损毁严重,表面凹凸不平,有裂缝,沟槽,孔洞	自然因素主要是风雨侵蚀,植物生长等

续表436

名称	地点	高程	与其他遗存的位置关系	材质	建筑方式	平面形制	剖面形制	尺寸	附属设施	修缮情况	保存状况	损毁原因及存在病害
南场烽火台	南堡子乡南场村东北1.5千米	1791米	西距北场关2.9千米	石	外部片石垒砌；内部为夯土台体，黄土夯筑而成，夯层厚0.2～0.21米，夯层间有片石层	矩形	梯形	底部东西7，南北5，残高4.5米	台体东侧有围墙，平面呈不规则形，东西23、南北12米，围墙石砌而成	无	保存一般。台体坍塌损毁严重。外部包石无存，仅存内部夯土台体	自然因素主要是风雨侵蚀，植物生长等
新庄窝烽火台	楼沟乡新庄窝村东0.3千米	1531米	东距尹家塔烽火台1千米	土	黄土夯筑而成，含砂砾，夯层厚0.07～0.11米	矩形	梯形	底部边长7米，顶部东西0.8、南北2米，残高3米	西壁下部有"人"字形护墙，底宽2.1米	无	保存较差。台体坍塌损毁严重，表面凹凸不平，有裂缝、沟槽、孔洞。台体周围散落砖石碎块	自然因素主要是风雨侵蚀，植物生长等
尹家塔烽火台（彩图九七〇）	楼沟乡尹家塔村东南0.5千米	1187米	东南距冉家营烽火台2.2千米	砖	外部石垒砌；内部夯土台体，黄土夯筑而成，夯层间有片石层	矩形	梯形	底部边长16，残高5.2米	台体周围有围墙，平面呈矩形，东西46、南北44米，顶宽2.1、底宽0.3～0.6、外高2.1～4.2、内高0.2～1.1米，夯层厚0.1～0.18米。南墙中部有豁口，宽3.6米。围墙四角设角台，西北角台仅存地面痕迹。南墙原有进台矩形，现为豁口，宽4米	无	保存一般。台体坍塌损毁严重，外部砖石无存	自然因素主要是风雨侵蚀；人为因素主要是拆毁砖石等
冉家营烽火台（彩图九七一）	楼沟乡冉家营村北0.8千米	1509米	东南距甲嘴烽火台1.8千米	土	黄土夯筑而成，含砂砾，夯层厚0.13～0.18米	矩形	梯形	底部边长14，顶部边长9.7、残高7.6米	无	无	保存较好。台体有所坍塌损毁，表面凹凸不平，有裂缝、沟槽、孔洞。底部南北向纵贯台体的洞穴，南壁洞口宽0.8、高2.1米；北壁洞口宽0.72、距地面2米；南壁洞穴，宽1.1、高1.3米；东侧还有洞穴，宽1.4、进深0.7米	自然因素主要是风雨侵蚀，植物生长等；人为因素主要是挖洞穴等

续表436

名称	地点	高程	与其他遗存的位置关系	材质	建筑方式	平面形制	剖面形制	尺寸	附属设施	修缮情况	保存状况	损毁原因及存在病害
甲嘴烽火台	楼沟乡甲嘴村东北	1378米	东南距永兴堡2.9千米	土	黄土夯筑而成,含砂砾,夯层厚0.04~0.19米	圆形	梯形	底径8,顶径5,残高8米	无	无	保存一般。台体坍塌损毁严重,表面凹凸不平,有裂缝,沟槽,孔洞。东壁下部有洞穴,宽0.5,高1.3米;南壁下部有洞穴,宽0.9,高1米	自然因素主要是风雨侵蚀,植物生长等;人为因素主要是挖掘洞穴等
永兴堡烽火台	楼沟乡永兴村东南0.5千米	1474米	西北距永兴堡0.9千米	土	黄土夯筑而成,含砂砾,夯层厚0.06~0.11米	矩形	梯形	底部边长14,顶部边长8,残高9~16米	台基东西32,南北34,残高1.1~1.3米,夯层厚0.07~0.21米	无	保存较好。台体有所坍塌损毁,表面凹凸不平,有裂缝,沟槽,孔洞。南壁下部有洞穴,宽0.98,高1.6米	自然因素主要是风雨侵蚀,植物生长等;人为因素主要是挖掘洞穴等
曹家村烽火台	楼沟乡曹家村东南1千米	1479米	西北距永兴堡2.7千米	土	黄土夯筑而成,含砂砾	圆形	梯形	底径11.5,顶径7,残高9~10米	无	无	保存较好。台体有所坍塌损毁,表面凹凸不平,有裂缝,沟槽,孔洞。南壁下部有洞穴,宽1,高1.4,进深7米	自然因素主要是风雨侵蚀等;人为因素主要是挖掘洞穴等
后王家山烽火台	楼沟乡后王家山东北1千米	1612米	西北距曹家村烽火台1.8千米	土	黄土夯筑而成,碎石,夯层厚0.16~0.2米	圆形	梯形	底径14,顶径7米	台体周围有围墙,大部分坍塌,宽1.49米。台基东西30,南北31,外高3.38米	无	保存较好。台体有所坍塌损毁,表面凹凸不平,有裂缝,沟槽,孔洞。东壁下部有洞穴,宽1.15,高0.7,进深2.5米	自然因素主要是风雨侵蚀,植物生长等;人为因素主要是挖掘洞穴等
后圭上烽火台	楼沟乡后圭上村北1.1千米	1514米	西北距王家山烽火台1.6千米	土	黄土夯筑而成,含砂砾,夯层厚0.09~0.2米	圆形	梯形	底径12,顶径6,残高9.8米	台体周围有围墙,平面呈圆形,残长24,底宽0.8,顶宽0.2~0.5,外高1.7~2.4,内高0.2~0.7米。台基平面呈圆形,直径24,残高1.7米,夯层厚0.1~0.24米	无	保存较好。台体有所坍塌损毁,表面凹凸不平,有裂缝,沟槽,孔洞。从台基东南部延伸至台体内有一条深沟,长5,宽2.3,深2.2米	自然因素主要是风雨侵蚀,植物生长等;人为因素主要是取土挖损等

续表436

名称	地点	高程	与其他遗存的位置关系	材质	建筑方式	平面形制	剖面形制	尺寸	附属设施	修缮情况	保存状况	损毁原因及存在病害
楼沟1号烽火台	楼沟乡楼沟村中	1434米	西北距楼沟堡0.029千米	土	黄土夯筑而成,含砂砾,夯层厚0.04~0.18米	圆形	梯形	底径13,顶径9,残高8米	无	无	保存一般。台体坍塌损毁严重,表面凹凸不平,有裂缝,沟槽,孔洞。南壁底部有洞穴,进深6米;南壁高1.7,顶部遭土挖损;西壁有洞穴,宽1.7,高0.7,进深1.4米	自然因素主要是风雨侵蚀,植物生长等;人为因素主要是土挖掘洞穴,取土挖损等
黄子峁烽火台	楼沟乡黄子峁村南0.8千米	1494米	西北距楼沟1号烽火台6千米	土	黄土夯筑而成,含砂砾,夯层厚0.06~0.16米	矩形	梯形	底部东西7,南北8米,顶部东西4.5,南北5.5米,残高6米	无	无	保存一般。台体坍塌损毁严重,表面凹凸不平,有裂缝,沟槽,孔洞	自然因素主要是风雨侵蚀,植物生长等
杨家窑烽火台	楼沟乡杨家窑村南0.05千米	1413米	北距黄子峁烽火台1.7千米	土	黄土夯筑而成,含砂砾,夯层厚0.12~0.17米	矩形	梯形	底部东西12,南北8米,顶部东西7.5,南北4.5米,残高10米	无	无	保存较好。台体有所坍塌损毁,表面凹凸不平,有裂缝,沟槽,孔洞。西壁底部有洞穴,宽1.1,高1.3米;北壁遭取土挖损	自然因素主要是风雨侵蚀,植物生长等;人为因素主要是土挖掘洞穴,取土挖损等
楼沟2号烽火台	楼沟乡楼沟村西0.2千米	1393米	东南距楼沟堡0.44千米	土	黄土夯筑而成,夯土厚0.15~0.27米	不详	不详	不详	无	无	保存差。台体坍塌损毁严重,表面凹凸不平,有裂缝,沟槽,孔洞	自然因素主要是风雨侵蚀,植物生长等
石碣上烽火台	楼沟乡石碣上村东南0.5千米	1376米	东南距楼沟2号烽火台2.1千米	土	黄土夯筑而成,夯层厚0.08~0.14米	矩形	梯形	底部东西10,南北9米,顶部东西6,南北5米,残高8.3米	无	无	保存一般。台体坍塌损毁严重,表面凹凸不平,有裂缝,沟槽,孔洞	自然因素主要是风雨侵蚀,植物生长等
韩家圪坨2号烽火台	楼沟乡韩家圪坨村东北0.6千米	1398米	东南距石碣上烽火台2千米	土	黄土夯筑而成,夯层厚0.08~0.22米	矩形	梯形	底部东西9,南北11米,顶部东西5,南北7米,残高6.9米	无	无	保存一般。台体坍塌损毁严重,表面凹凸不平,有裂缝,沟槽,孔洞	自然因素主要是风雨侵蚀,植物生长等

续表 436

名称	地点	高程	与其他遗存的位置关系	材质	建筑方式	平面形制	剖面形制	尺寸	附属设施	修缮情况	保存状况	损毁原因及存在病害
韩家圪垯1号烽火台	楼沟乡韩家圪垯村北0.1千米	1454米	东南距韩家圪垯2号烽火台1.6千米	土	黄土夯筑而成,含砂砾,夯层厚0.07～0.12米	矩形	梯形	底部东西5,南北6,残高4.3米	无	无	保存较差。台体坍塌损毁严重,表面凹凸不平,有裂缝,沟槽,孔洞	自然因素主要是风雨侵蚀,植物生长等
高弸梁2号烽火台	窑头乡高弸梁村中	1332米	东南距韩家圪垯1号烽火台2千米	土	黄土夯筑而成,夯层厚0.07～0.25米	矩形	梯形	底部东西8,南北3,残高5.1米	无	无	保存一般。台体坍塌损毁严重,表面凹凸不平,有裂缝,沟槽,孔洞	自然因素主要是风雨侵蚀,植物生长等
高弸梁1号烽火台	窑头乡高弸梁村西北0.1千米	1291米	西南距高弸梁2号烽火台1.3千米	土	黄土夯筑而成,含砂砾,夯层厚0.05～0.13米	矩形	梯形	底部边长12,顶部边长9,残高10.5米	台体周围有围墙,平面呈矩形,边长25,底宽2.8,顶宽0.3～0.9,外高1.3～2.6,内高0.5～1.3米,夯层厚0.07～0.15米。南墙中部设门,现为豁口,宽1.3,残高2米。台基边长25,残高1.3米,夯层厚0.07～0.16米	无	保存较好。台体有所坍塌损毁,表面凹凸不平,有裂缝,沟槽,孔洞	自然因素主要是风雨侵蚀,植物生长等
大石砭烽火台(彩图九七二)	窑头乡大石砭村东	1120米	东距高弸梁1号烽火台4.8千米	土	黄土夯筑而成,夯层厚0.07～0.18米	圆形	梯形	底径10.5,顶径6.4,残高10.2米	无	无	保存较好。台体有所坍塌损毁,表面沟槽,孔洞,有裂缝。南.北壁下部有洞穴,孔洞,南壁洞穴宽1.2,高0.8,进深0.7米,北壁洞穴宽1.1,高1.9,进深4.3米	自然因素是风雨侵蚀等,人为因素主要是挖掘洞穴等
韩昌沟烽火台	窑头乡韩昌沟西南1千米	1501米	东北距大石砭烽火台4.1千米	土	黄土夯筑而成,含砂砾	圆形	梯形	底径11,残高3.5米	无	无	保存较差。台体坍塌损毁严重,表面凹凸不平,有裂缝,沟槽,孔洞	自然因素主要是风雨侵蚀,植物生长等

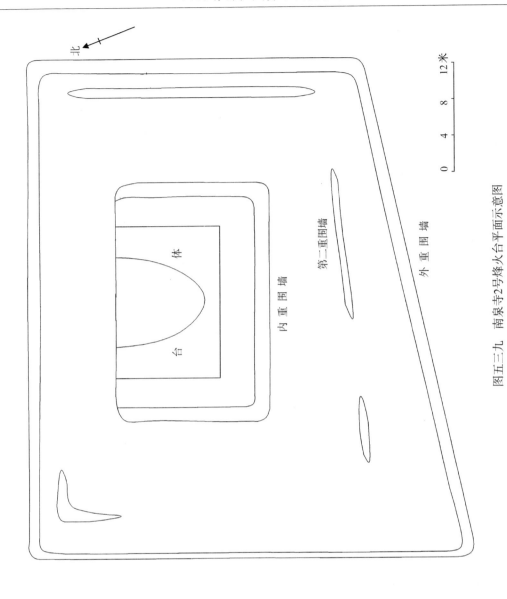

图五三九　南泉寺2号烽火台平面示意图

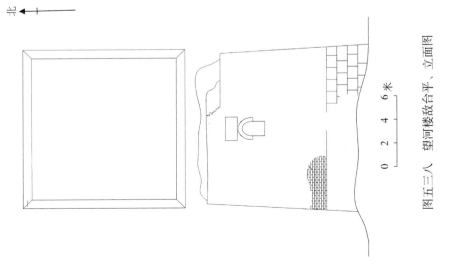

图五三八　望河楼敌台平、立面图

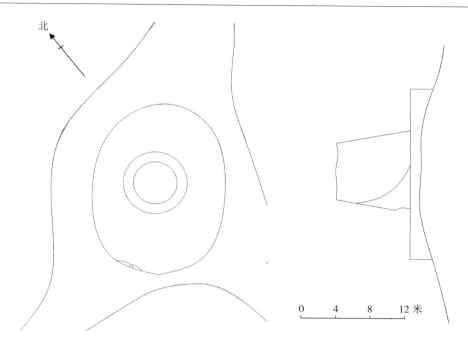

图五四〇　史家圪台 1 号烽火台平、立面图

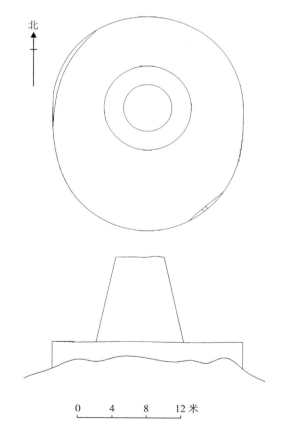

图五四一　史家圪台 2 号烽火台平、立面图

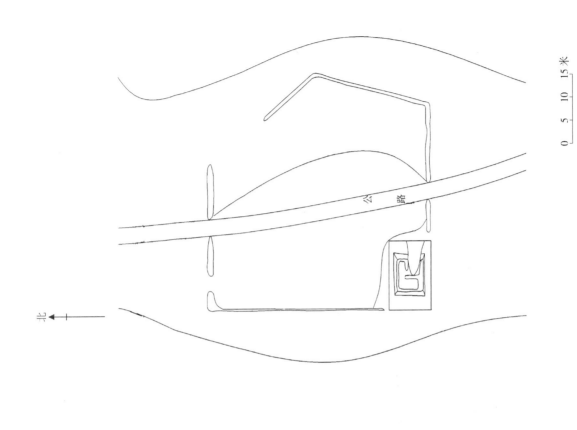

图五四三　教官嘴1号烽火台平面图

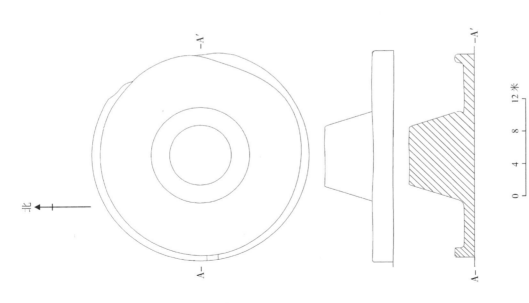

图五四二　尖坎湾1号烽火台平、立、剖面图